2025 改訂增補版

공동주택 및 집합건물
관리의 길라잡이(상)

공동주택관리법령과 질의 · 회신 중심

김덕일

공동주택관리법령 · 관리규약 준칙 등 대비 해석 사례
집합건물법령 · 임대주택법령 등 및 주요 판결 사례 등

범례(凡例)

* *「공동주택관리법」 등 관계 법령, 고시, 규약 등

☎ 국토교통부 및 법무부 질의 · 회신 등 사례

ㅎ 판례(판결 관련 기사 포함)

✿ 법제처 법령 해석 사례

☞ 법률 전문가 상담, 인용 사례 및 참고 사항 등

참고 자료

공동주거연구회(2008.) 「공동주거관리이론」 서울 : (주) 교문사

국립국어원 「한눈에 알아보는 공문서 바로 쓰기」 2009. 12. 29.

국토교통부 전자 민원 사이트

국토교통부 「주택관리업자 및 사업자 선정 지침 해설서」 국토교통부 2015.

대전지방법원 「아파트 주민들의 분쟁 예방을 위한 길잡이」 2010.

법무부 「집합건물법 해석 사례」 2011., 2014., 2015., 2022.

서울대학교 행정대학원(1983.) 「共同住宅管理士 養成 및 制度化에 관한 硏究」

오민석 「공동주택관리규약 준칙 해설」 서울 진원사 2015. 11. 25.

전상억 「공동주택관리법 해설서」 서울 부연사 2017. 11. 22.

최영동 「아파트 관리와 하자보수 소송」 시우커뮤니케이션 2012.

법무부 전자 민원 사이트

법제처 국가법령정보센터 법령 해석 사이트

한국아파트신문

아파트관리신문

전국아파트신문

한국주택관리신문

改訂增補版 머리글

신정판 발행(2019. 4. 3.) 이후 「공동주택관리법」이 8회(2023. 10. 24. 외), 「공동주택관리법 시행령」은 12번(2024. 10. 25. 등) 변경되고, 「서울특별시공동주택관리규약의 준칙」이 5차례 개정(2020. 6. 10., 2024. 7. 31. 등)되는 등 상당한 변화가 있었습니다. 그 주요 내용으로는 주택관리업자 선정 입찰(入札)·수의계약(隨意契約) 관련 중요 사항에 대한 입주자 등의 동의(同意) 제도 반영(법 제7조제1항제1호의 2), 주택관리업자 선정 수의계약 관련 중복 절차의 폐지(영 제5조제2항제2호 삭제), 관리비 등 공개 대상 공동주택 범위의 확장(법 제23조제5항, 영 제23조제10항·제11항 신설), 의무 관리 대상 전환 공동주택 관련 규정의 신설(법 제2조제1항제1호 마목, 제10조의 2 규정), 사용자의 동별 대표자·입주자대표회의 회장 선출 제도의 도입(법 제14조제3항 단서 규정·제14조제7항 단서 규정의 신설), 경비원의 업무 범위 설정(법 제65조의 2 신설) 등으로서 공동주택 관리 체계에 획기적인 변화를 가져왔다고 할 수 있을 것입니다. 그리고, 집합건물의 관리에 관한 감독 제도의 도입(법 제26조의 5 신설), 전유부분이 50개 이상인 건물의 관리인 선임 신고(법 제24조제6항)와 관리 회계 서류 작성·보관 의무 신설(법 제26조제2항), 수선적립금과 회계감사 제도의 반영, 구분소유 관계의 권리 변동을 수반하지 않는 공용부분 변경 요건의 완화 등 「집합건물의 소유 및 관리에 관한 법률」의 많은 규정들이 신설, 개정되었습니다. 이에 개정되거나 변경(變更)된 사항 등을 수정(修訂)·보완(補完)하고 부족한 부분을 보충(補充)하여 개정증보판을 내놓게 되었습니다.

한편, 개정증보판(改訂增補版)은 신정판과 같이 상권(제1장 ~ 제4장)과 하권(제5장 ~ 제11장, 부칙)으로 분리(分離)하여 출간[전자 책(Electronic Book, 電子冊) 포함]하게 되었습니다. 그리고, 공동주택관리법령 편제 중 성질상 '시설 관리'에 해당하는 「공동주택관리법 시행령」 제29조(주민공동시설의 위탁 운영), 제29조의 2(인근 공동주택단지 입주자 등의 주민공동시설 이용의 허용), 제29조의 3(사업주체의 어린이집 임대 계약 체결)을 하권 제5장 "시설 관리 및 행위 허가" 분야로 편성(編成)하였습니다.

끝으로, 신정판(新訂版) 주식회사 광문당 간행(인쇄인 행정학 박사 김홍립) 「공동주택 및 집합건물 관리의 길라잡이(2019. 4. 3. 펴냄)와 例解 「주택관리업자 및 사업자 선정 지침」을 구매·애용하여 주신 독자 여러분께 깊이 감사드립니다.

2025. 01. 01.

주택관리사 김 덕 일

全訂版 머리글

이 책은 2013.10.9. (제852호)부터 2016.3.30. (제971호)까지 한국아파트신문에 연재되었던 例解 「한달음에 이해할 수 있는 공동주택의 관리」를 단행본으로 출간(2014.10.30.)한 「공동주택 및 집합건물 관리의 길라잡이」를 공동주택관리법령의 체계와 규정에 맞춰 다시 편성한 전정판(全訂版)입니다.

2014.10.30. 구판(舊版) 발행 이후 공동주택 관리의 근거가 되었던 주택법령이 그 역사적 임무를 다하고, 2015.8.11. 새로운 공동주택관리법(법률 제13474호)이 제정·공포되었으며, 2016.8.11. 공동주택관리법 시행령(대통령령 제27445호), 2016.8.12. 공동주택관리법 시행규칙(국토교통부령 제354호)이 제정·공포되고, 2015.8.28. 민간임대주택에 관한 특별법[법률 제13499호, 전부 개정]과 2015.8.28. 공공주택 특별법[법률 제13498호] 등 관련 법령도 개정되어 2016.8.12. 일제히 시행되었습니다.

우리나라 국민의 약 70%가 공동주택에 거주하고 있으며, 그 공동주택의 관리비, 사용료, 장기수선충당금 등 공동주택 관리와 관련된 비용만도 연간 약 12조 원에 이르는 등 공동주택 관리의 중요성은 과거 어느 때보다도 커지고 있습니다. 한편, 기존 주택법은 주택에 관한 건설, 공급과 관리, 자금 조달의 내용을 모두 포함하고 있어 공동주택 관리를 체계적·효율적으로 지원하기에는 한계가 있었습니다.

이에 「주택법」 중 공동주택 관리와 관련된 내용만을 분리하면서 그간의 운영 과정에서 나타난 문제점 등에 대한 개선 사항들을 반영하여 별도의 공동주택 관리 전문 법률인 「공동주택관리법」을 제정함으로써 공동주택이 보다 전문적이며 체계적·효율적으로 관리되고, 공동주택의 입주자 등은 배려를 넘어 이웃을 이롭게 하려는 공동체 문화를 조성하게 되는 등 공동주택 관리 문화의 새로운 장을 열어갈 기틀을 마련했다는 데 그 의미가 있다고 할 수 있을 것입니다.

또한, 새로운 법령의 시행에 따라 공동주택관리법령에 부수되는 고시 등으로 2016.8
.31. 「공동주택 회계처리기준(국토교통부 고시 제2016 − 582호, 2017.1.1. 시행)」,
2016.12.30. 「주택관리업자 및 사업자 선정 지침(국토교통부 고시 제2016 − 943호)」,
2016.10.5. 「서울특별시공동주택관리규약 준칙(이하 "준칙")」이 개정되었습니다.

이 전정판의 구성은 「공동주택 및 집합건물의 길라잡이」 구판과 마찬가지로 「공동주택
관리법」의 편제에 따라 3단으로 세로 편집하고, 해당 법조에 상응하는 사안과 관계 법령,
국토교통부의 질의・회신과 법제처의 법령 해석 등을 골라 대입하여 공동주택관리법령 등
을 사례 중심으로 누구나 이해하기 쉽게 엮은 것입니다. 공동주택관리법령에 따른 사례가
많지 않아 구 주택법령에 의하여 이뤄진 예문의 취지를 훼손하지 않는 범위에서 그 질의・
회신의 근거는 모두 공동주택관리법령의 조문으로 치환하고, 원문에는 표기되지 아니 하
거나 누락된 근거 법령 등을 비롯하여 관련 준칙까지 보충하였습니다. 그리고, 어법에 맞
는 문장과 바른 단어를 사용하기 위하여 국립국어원 발행 「공문서 바로 쓰기(2009년)」를
참고하였으며, 인용문이나 보충 설명・법령 등 근거, 기타 편저자의 의견 등이 필요하다고
판단되는 부분은 각주(脚注)를 활용하였습니다.

2014년 첫 출판 때와 마찬가지로 흔쾌히 이 전정판을 발간하여 주신 법률출판사 김용
성 대표와 편집하는 데 수고를 마다하지 않으신 한석희 편집실장에게 고맙다는 인사를 드
립니다. 그리고, 拙著 법률출판사 간행 「공동주택 및 집합건물 관리의 길라잡이
(2016.1.20. 1판 3쇄 펴냄)」와 例解 「주택관리업자 및 사업자 선정 지침」을 구매・애용하
여 주신 독자 여러분께 깊이 감사 드립니다.

2017. 1.
주택관리사 김 덕 일

머리말

주거 시설과 건축물의 형태가 다양(多樣)해지면서 주택관리사 등의 업무 영역은 주택법령 소정의 '의무 관리 대상' 공동주택에 한정되지 않고 건설·매입 임대주택과 주상복합건축물, 오피스텔 등 집합건물, 단지형 연립주택 등 도시형 생활 주택, 분양과 임대주택이 혼재하는 혼합 공동주택 등에 이르기까지 그 외연(外延)을 넓혀가고 있습니다. 이런 경향에 맞춰 공동주택 관리 분야에 종사하는 주택관리사 등은 물론 공동주택과 복합건축물 및 집합건물 등에 거주하는 입주자 등과 구분소유자·입점자 등은 주택법령과 「공동주택관리규약」은 말할 것도 없고, 국토교통부 고시 「주택관리업자 및 사업자 선정 지침」과 「임대주택법」 및 「집합건물의 소유 및 관리에 관한 법률」을 숙지(熟知)하여야 할 필요가 있을 것입니다.

이와 관련하여, 공동주택 관리 분야의 종사자를 비롯하여 주택관리사보 자격시험을 준비하는 사람들, 공동주택 관리 업무 담당 공무원과 입주자대표회의의 구성원인 동별 대표자 및 일반 입주자 등 누구나 공동주택 관리를 쉽게 이해할 수 있도록 「주택법」을 기본으로 「주택법 시행령」과 「주택법 시행규칙」 및 「서울특별시공동주택관리규약 준칙(이하 "준칙"이라 한다)」을 세로로 4단 편성하고, 해당 조문에 상응하는 국토교통부(옛 국토해양부 포함)의 질의회신 사례 등을 인용하여 필요하다고 생각되는 약간의 해설 등과 함께 아래와 같이 한 권의 책으로 꾸며 보았습니다.

집합건물의 관리나 복합건축물 또는 임대주택의 관리와 사용 및 생활 등에 활용할 수 있도록 요소에 해당 법령의 규정을 첨가하고, 특히 법무부(법무심의관실)의 「집합건물의 소유 및 관리에 관한 법률」 해석 사례 및 판례를 함께 수록하였습니다.

또한, 질의 회신 자료는 한국아파트신문, 아파트관리신문, 전국아파트신문과 국토교통부 전자 민원 사이트 및 법제처 법령 해석 코너 등에서 중요하거나 표본적 사례를 찾아 골라 모으고, 집합건물법 관련 부분은 「집합건물법 해석 사례」(법무부 2011., 2014 ., 2015.)에서 선별하여 정리하였습니다.

1. 「주택법」의 체계에 따르는 것을 원칙(原則)으로 하되, 집합건물 등 공동주택 관리 관련 법령을 「주택법」의 구성에 적합하게 배치하고, 그에 어울리는 법령 해석 또는 질의 회신(엮은이가 서울특별시 공동주택 상담위원으로서 처리한 일부 상담 사례 포함)을 발췌(拔萃)하여 옮겨 실었습니다.

2. 해석 사례의 내용은 오자(誤字)·탈자(脫字)와 어법에 맞지 않은 것 또는 관계 법령이 개정된 부분을 제외하고는 원문 그대로 채택하려고 하였으며, 특히 근거 법령을 제시하지 않았거나 누락한 곳은 모두 보완하려고 노력하였습니다.

3. 주택 관리 관련 법규 및 질의 회신 중 중복된 부분이나 사례는 가급적 피하려고 하였으나, 내용의 전개 또는 공동주택 관리 업무의 이해에 필요하다고 판단되는 사항 등은 더불어 편성하였습니다.

4. 보충 설명 등 원용 사례와 일부 용어의 뜻풀이, 엮은이의 일부 의견 등은 각주(脚註)를 주로 이용하였습니다.

5. 국토교통부 고시 「주택관리업자 및 사업자 선정 지침」은 따로 엮었습니다. 그리고, 국토교통부와 법무부의 질의회신, 판례·법률 상담 등의 사례를 찾기 쉽고 활용하기 편리하도록 그 상세 제목을 주택법령의 조문 내용에 맞춰 그 목차와 함께 배치하고, '가나다' 순으로 정리한 별도의 색인(찾아보기)을 뒤편에 마련하였습니다.

앞에서 살핀 바와 같이 공동주택 관리 분야는 주택법령 소정의 일정 규모 이상인 분양 공동주택에서 임대 공동주택, 복합건축물과 기타 집합건물 등 시설물의 유지·관리와 운영 관리, 공동체 활성화에 이어 입주자 등의 다양한 생활 패턴과 욕구에 부응하여 주거 환경을 개선하거나 주거 생활의 질을 높이기 위한 관리가 요구되고 있고, 앞으로는 자산 관리 측면에까지 그 영역이 확대될 것으로 전망되고 있습니다. 주택관리사 등 주택 관리 업무에 종사하는 사람들은 자격증과 그 직분에 대한 처우를 바랄 것이 아니라 업무 수행 능력에 합당한 대우를 요구하여야 하며, 전문가로서의 자질과 능력을 끊임없이 연마하고 함양하여야 합니다. 그러기 위해서는 무엇보다 성실하고 정직한 관리 책임자로서의 품성과 덕목을 갖추고, 공동주택 관리의 시작이자 기초이며, 토양인 관계 법령 등 전문 지식의 습득을 위하여 끊임없이 노력하면서 더불어 어떤 상황에서도 실무에 능숙하게 대처할 수 있도록 자기 개발에 소홀함이 없이 투철한 사명감과 책임 의식을 갖고 맡은 일을 충실하게 수행하여야 할 것입니다.

끝으로, 엮은이가 서울특별시 공동주택 상담위원과 집합건물 분쟁조정위원으로 종사하면서 '자기 학습용'으로 준비한 것(「한달음에 이해할 수 있는 공동주택의 관리」, 「주택관리업자 및 사업자 선정 지침」)을 이렇게 세상에 내놓는 것에 대하여 무척 부끄럽다는 생각과 염려도 하였으나, '이 책을 읽는 사람들에게 조금이나마 도움이 되었으면 다행이겠다.' 라는 마음으로 용기를 내 출간하게 되었습니다.

2014년 10월

엮은이 주택관리사 김 덕 일

추천사

우리나라는 외국에 비하여 공동주택의 비율이 상당히 높아 전국 전체 주택 약 1,529만 호 중 아파트가 902만 호로서 59%를 차지하고 있으며, 2016년 경에는 1천만 호 시대에 진입할 것으로 추정되고 있습니다. 그리고, 전국 공동주택의 가격 총액은 공시가격 기준으로 1,569조 원으로서 실제 가격 총액은 2,000조 원에 이르고 있습니다.

'공동주택은 스스로 자산 가치가 상승한다.'는 기존의 개념은 상실되고 있으며, 이제는 어떻게 효율적으로 관리하느냐에 따라 그 가치가 변화하는 시대가 되었습니다. 이에 따라 공동주택이 단순 거주 수단에서 벗어나 관리 서비스의 질의 제고 욕구가 증대되고 있고, 관리의 중요성이 확대되면서 종래의 시설물 관리를 기본으로 하면서 공동체 관리, 나아가 자산 관리까지 원스톱 서비스(One-Stop Service)하는 새로운 패러다임(Paradigm)이 전개되고 있습니다.

주택 관리 제도의 전환점이 지속적으로 형성되는 기조 속에서 우리의 공동주택 관리 기법이 한 단계 진일보하고 성숙하는 계기를 만들어 가고 있습니다. 이와 같은 경향에 맞춰 공동주택 입주민의 권익의 보호에 만전을 기하고자 하는 사명감에서, 공동주택과 관련한 모든 주체 간의 다각적인 협조로 미래지향적인 지혜를 모아야 합니다.

이러한 시대적 소명이 요구되는 이 시점에서 주택관리사를 비롯한 관리 직원들의 전문성(專門性) 제고(提高)뿐만 아니라 공동주택 관리 업무 담당 공무원, 입주자대표회의의 구성원 등 여러 주체들이 접근하여 주택법령 등은 물론 공동주택 관리의 모든 내용과 집합건물의 관리에 관한 요점 등을 쉽게 이해(理解)할 수 있도록 사례 중심 「공동주택 및 집합건물 관리의 길라잡이」와 例解 「주택관리업자 및 사업자 선정 지침」이 편찬된 것은 매우 의미가 크다고 하겠습니다.

　주택관리사 1회 출신으로서 후배들의 귀감이 될 수 있도록 그 간의 남다른 열성과 노력의 산물을 정리하여 이렇게 한 권의 책으로 발간한 편저자 김덕일님의 선도적 정신에 심심한 경의를 표합니다. 사례 중심 「공동주택 및 집합건물 관리의 길라잡이」와 「주택관리업자 및 사업자 선정 지침」은 주택 관리 분야 전반에 관한 내용을 빠짐없이 망라하고 있어 관리 사무소장을 비롯하여 공동주택 관리 분야에 종사하는 사람들이 늘 가까이 하면서 실무에 수시로 활용할 수 있으며, 주택법 등 관계 법령을 학습하는 데 큰 도움이 될 것이라고 확신합니다.

　이 책을 통하여 공동주택의 관리 현장이 더욱 성숙되고, 공동주택 관리 문화가 창달되어 공동주택 관리 수준이 더욱 더 향상될 것을 믿어마지 않습니다. 공동주택 관리와 관련 있는 여러분들의 일독을 적극 권하며, 이 책의 편저자 김덕일님과 독자 여러분의 건승을 기원 드립니다. 감사합니다.

2014년 10월

대한주택관리사협회장 김찬길

추천사

지난 2013년 한 해는 아파트 관리에 있어 가히 혁명적 변화가 있었다고 할 수 있다.

그동안 잠재해 있던 아파트 관리상의 부정·비리가 언론을 통하여 집중적으로 표출되면서 그 어느 때보다도 입주민들의 관심을 불러 일으켰고, 봇물처럼 밀려드는 민원은 공공의 역할을 '중립적'이거나 '소극적'으로 안주하지 못하게 하였다.

즉, 2010년 정부의 아파트 관리 선진화 방안 발표 이후 매우 진일보한 정책들이 한꺼번에 쏟아져 나왔다. 예컨대, 아파트 관리 투명성 대책 발표('13.5.28.), 주택법 개정('13.12.24.), 우리가 함께 행복지원센터 개소('14.4.8.) 등이 그 대표적인 성과이다.

물론, 관리 투명화를 향한 출발점은 단연 서울특별시의 "아파트 관리 혁신 방안"과 "맑은 아파트 만들기 사업"임은 더 이상 설명할 필요가 없을 것이다.

또한, 2012년 말 집합건물의 소유 및 관리에 관한 법률의 개정으로 시·도에 표준 관리규약이 마련되고, 서울특별시집합건물분쟁조정위원회를 설치·운영되고 있다.

서울특별시에서는 분양 단지에만 그치지 않고, 오피스텔, 상가를 비롯한 집합건물과 임대주택, 심지어 주택정비사업조합(아파트)에 이르기까지 공동주택 관리와 관련된 모든 분야에 대한 실태조사를 실시하여 관리 투명화에 박차를 가하고 있다.

이러한 외적 환경 변화를 서울특별시에서 오랫동안 목도한 김덕일 주택관리사는 2010년 11월 서울특별시 공동주택상담실 개설 이후 현재까지 4년 동안 상담위원으로, 또한, 2013년 11월 설치된 초대 서울특별시집합건물분쟁조정위원회 조정위원(장)으로서 정부의 확립된 유권 해석과 사법부의 판결문 등에 입각하여 철저하고도 공정하게 상담 업무와 분쟁 조정 업무를 수행하고 있다.

즉, 주택관리사이므로 생각할 수도 있는 특정 단체의 입장을 대변한다거나 어느 한편으로 치우치는 듯한 상담 사례는 찾아볼 수 없었으며, 오히려 아파트 관리에 대한 냉철한 열정, 꼿꼿한 성실함은 공무원으로서도 자극이 되기에 충분하다.

특히, 공동주택 관리에 대하여 실무적으로 활용할 체계적인 교재가 부재한 현실에서 김덕일 주택관리사가 쓴 이 책은 관계자들에게 공동주택 관리의 객관적인 원칙과 공정한 기준을 제공할 것으로 기대된다.

이 책은 아파트 관리 분야에 몸담고 있는 주택관리사뿐만 아니라 동별 대표자, 공동주택관리기구 직원들과 입주민, 그리고 주택 관리 담당 공무원들도 함께 읽어야 할 바로 현장 중심의 공동주택 관리 교과서이다.

2014년 10월
서울특별시 주거복지팀장 장정호

차 례

제1장 총칙

제2장 공동주택의 관리방법

제3장 입주자대표회의 및 관리규약

제1절 입주자대표회의

제2절 공동주택관리규약 등

제4장 관리비 및 회계 운영

제 1 장 총 칙

목적[법 제1조]

공동주택관리법 제1조(목적) 이 법은 공동주택(共同住宅)의 관리에 관한 사항을 정하여 공동주택을 투명(透明)하고 안전(安全)하며, 효율적(效率的)으로 관리(管理)할 수 있게 함으로써 국민의 주거 수준의 향상에 이바지하는 것을 목적으로 한다.

정의[법 제2조 외] 등

1. 공동주택 관리 관련 법령 용어의 뜻 등

가. 공동주택관리법

공동주택관리법 제2조(정의) ① 이 법1)에서 사용하는 용어(用語)의 뜻은 다음과 같다. 〈개정 2015.8.28., 2015.12.29., 2016.1.19., 2017.4.18., 2019.4.23.〉

1. "공동주택(共同住宅, an Apartment House)"이란 다음 각 목의 **주택(住宅) 및 시설(施設)**을 말한다. 이 경우 일반인에게 분양되는 복리시설은 제외한다.

　가. 「주택법」 제2조제3호에 따른 **공동주택**

　나. 「건축법」 제11조에 따른 건축허가(建築許可)를 받아 **주택 외의 시설**과 **주택**을 **동일 건축물**로 **건축**하는 건축물

---

1) 「공동주택관리법」을 이하 "법"이라 한다. 또한, 「공동주택관리법 시행령」을 "영"이라 하며, 「공동주택관리법 시행규칙」은 "규칙"이라 한다. 이하 같다.

다. 「주택법」 제2조제13호에 따른 **부대시설** 및 같은 조 제14호에 따른 **복리시설**

2. "의무 관리 대상 공동주택"이란 해당 공동주택을 **전문적**으로 **관리**하는 **자**를 두고, **자치 의결 기구**[2]를 의무적으로 **구성**하여야 하는 **등** 일정한 **의무(義務)**가 **부과(賦課)**되는 공동주택으로서, 다음 각 목 중 어느 하나에 해당하는 공동주택을 말한다.

　　가. 300세대 이상의 공동주택

　　나. 150세대 이상으로서 승강기(昇降機)가 설치된 공동주택

　　다. 150세대 이상으로서 중앙집중식(中央集中式) 난방(煖房) 방식(지역난방 방식을 포함한다)의 공동주택

　　라. 「건축법」 제11조에 따른 건축허가(建築許可)를 받아 주택 외의 시설과 주택을 동일 건축물로 건축한 건축물로서 주택이 150세대 이상인 건축물

　　마. **가목부터 라목까지에 해당**하지 **아니 하는 공동주택** 중 입주자 등이 **대통령령**으로 정하는 **기준**에 따라 **동의**하여 정하는 공동주택 〈시행 2020.4.24.〉

「 * **공동주택관리법 시행령 제2조(의무 관리 대상 공동주택의 전환 기준, 절차)**

「공동주택관리법(이하 "법"이라 한다)」 제2조제1항제2호 마목에서 "대통령령으로 정하는 기준"이란 **전체 입주자 등의 3분의 2 이상**이 **서면**으로 **동의**하는 방법을 말한다.

[전문 개정 2020.4.24., 시행 2020.4.24.] * 」

3. "공동주택단지"란 「주택법」 제2조제12호에 따른 주택단지를 말한다.

4. "혼합주택단지(混合住宅團地)"란 분양(分讓)을 목적으로 한 공동주택과 임대주택(賃貸住宅)이 함께 있는 공동주택단지를 말한다.

5. "입주자(入住者)"란 공동주택의 소유자(所有者) 또는 그 소유자를 **대리**하는 배우자(配偶者) 및 직계존비속(直系尊卑屬)을 말한다(cf. 「주택법」 제2조제27호).

6. "사용자(使用者)"란 공동주택을 임차(賃借)하여 사용하는 사람(**임대주택의 임차인은 제외한다**) 등을 말한다(cf. 「주택법」 제2조제28호).

7. "입주자 등"이란 입주자와 사용자를 말한다(cf. 「주민등록법」 제10조).

8. "입주자대표회의"란 공동주택의 입주자 등을 대표하여 **관리**에 관한 **주요 사항**을

---

2) "자치의결기구"인 입주자대표회의(入住者代表會議)를 관리주체에 포함시키는 견해도 있으나, 타인 관리(또는 제3자 관리)를 의미하는 공동주택 관리 제도의 취지로 보아 적절하지 아니하다. 공동주거관리연구회(2008.2.28.). 「공동주거관리이론」. 서울 : (주) 교문사. p. 74. * 같은 취지 서울대학교 행정대학원 부설 행정조사연구소(1983.9.). 「共同住宅管理士 養成 및 制度化에 관한 研究」. p. p. 21. ~ 23.

결정하기 위해서 제14조에 따라 구성하는 **자치 의결(議決) 기구(機構)**를 말한다.

9. "관리규약"이란 공동주택의 입주자 등을 보호하고, 주거 생활의 질서를 유지하기 위하여 제18조제2항에 따라 입주자 등이 정하는 **자치(自治) 규범(規範)**을 말한다.

10. "관리주체"[3]란 공동주택을 관리(管理)하는 다음 각 목의 자를 말한다.

가. 제6조제1항에 따른 자치관리기구의 대표자인 공동주택의 관리사무소장

나. 제13조제1항에 따라 관리 업무를 인계하기 전의 **사업주체**

다. 주택관리업자(cf. 법 제2조제1항제15호, 제52조제1항)

라. **임대사업자**(cf. 법 제2조제1항제20호, 영 제8조제2항·제3항, 영 제10조제4항)

마. 「민간임대주택에 관한 특별법」 제2조제11호에 따른 수택임대관리업사(시설물 유지·보수·개량 및 그 밖의 주택 관리 업무를 수행하는 경우에 한정한다)

11. "주택관리사보(住宅管理士補)"란 제67조제1항에 따라 주택관리사보 자격시험 합격(合格) 증서(證書)를 발급받은 사람을 말한다. (cf. 규칙 제31조)

12. "주택관리사(住宅管理士)"라 함은 제67조제2항에 따라 주택관리사 자격증(資格證)을 발급받은 사람을 말한다. (cf. 영 제73조제1항·제2항)

13. "주택관리사 등"이란 주택관리사보와 주택관리사를 말한다.

14. **"주택관리업"**이란 공동주택을 안전하고 효율적으로 관리하기 위하여 입주자 등으로부터 **"의무 관리 대상 공동주택"**의 **관리**를 위탁받아 수행하는 업(業)을 말한다.

15. "주택관리업자"라 함은 주택관리업(住宅管理業)을 하는 자로서 제52조제1항에

---

3) 우리나라의 「공동주택관리법」상 주택 관리 제도는 공동주택의 관리권(管理權)을 2원화(2元化) 하여 의결 및 감독권은 입주자대표회의가 가지도록 하며, 집행권(협의의 관리권)은 관리주체(즉, 관리사무소장)가 갖도록 하고 있다. 그런데, 현실적으로 볼 때는 이와 같은 업무의 분담이 잘 이루어지지 않고 있어 문제가 발생하게 되는 것이다. 입주자대표회의와 관리사무소장 사이의 관계는 자치관리의 경우와 위탁관리의 경우가 겉으로는 약간 다르다고 할 수도 있겠으나, 그 내용을 조금만 더 따져보면 별로 다를 것이 없다. **업무 결정 분야**에 있어서 **관리권의 2원화**란 전제가 지켜지게 된다면, 대부분의 업무를 관리사무소장이 스스로 행할 수 있어야 하는 것이고, **법적으로 입주자대표회의의 회장은** 업무의 **집행·결정**이나 **결재**를 **할 수 없도록 되어 있다.** 그러나, 현장에서는 많은 업무를 입주자대표회의의 회장이 결정·결재하고 집행까지 하고 있는데, 이것은 그 업무의 중요성에 따라 신중을 기하려고 한다는 것보다도 입주자대표회의에서 관리 업무 전반에 관하여 보다 많은 영향력을 미치고자 한다는 점을 시사해 주는 것이다. 또한, 관리사무소의 인사와 공사·용역 등 사업자 선정 및 계약, 회계 업무 등에 관하여 관리사무소장의 집행 과정과 그 결과에 대한 감독적 기능만을 입주자대표회의에서 맡아야 하는데, 회장이 거의 모든 일을 간섭하고, 나아가서 스스로 결정하고 있는 실정이다. 서울대학교 행정대학원(1983.9.) 행정조사연구소. 「共同住宅管理士 養成 및 制度化에 관한 硏究」. p. p. 21. ~ 23.

따라 등록(登錄)한 자를 말한다. (cf. 영 제65조제1항)

16. 삭제 〈2016.1.19.〉

17. 삭제 〈2016.1.19.〉

18. "장기수선계획(長期修繕計劃)"이란 공동주택을 오랫동안 안전하고, 효율적으로 사용하기 위하여 필요한 **주요(主要) 시설(施設)의 교체(交替)** 및 **보수(補修)** 등에 관하여 제29조제1항에 따라 수립하는 **장기(長期) 계획(計劃)**을 말한다.

19. "임대주택"이란 「민간임대주택에 관한 특별법」에 따른 민간임대주택 및 「공공주택 특별법」에 따른 공공임대주택을 말한다.

20. "임대사업자"란 「민간임대주택에 관한 특별법」 제2조제7호에 따른 임대사업자 및 「공공주택 특별법」 제4조제1항에 따른 공공주택사업자를 말한다.

21. "임차인대표회의"란 「민간임대주택에 관한 특별법」 제52조에 따른 임차인대표회의 및 「공공주택 특별법」 제50조에 따라 준용되는 임차인대표회의를 말한다.

법 제2조(정의) ② 이 법에서 따로 정하지 아니 한 용어(用語)의 뜻은 「주택법」에서 정한 바에 따른다(cf. 「주택법」 제2조).

의무 관리 대상 공동주택 해당 여부(분양 149세대, 임대 2세대)

〈주택건설공급과 - 2016.03.15.〉 수정 2024.11.29.

질문 사항

16층 아파트 151세대 중 주택 2세대의 소유자가 임대사업자로 등록하여 그 부분이 **민간매입임대주택**으로 전환된 경우, 해당 공동주택이 「공동주택관리법」 제2조제1항제2호에 따른 의무 관리 대상 공동주택에 포함되는 것인지 알고 싶습니다.

답변 내용

분양 **주택**을 매입하여 그 주택의 **소유자(所有者)**가 **임대사업자(賃貸事業者)**로 **등록(登錄)**한 경우 해당 주택은 **임대주택(賃貸住宅)**일 것으로 판단됩니다. 이와 관련하여, 질의 사안 공동주택 151세대 중 민간매입임대주택 2세대를 제외한 나머지

149세대가 분양 주택인 경우에는 「공동주택관리법」 제2조제1항제2호에 따른 "의무 관리 대상 공동주택"이 아닌 "비의무 관리 대상 공동주택(이 경우 "마"목의 공동주택은 제외한다. 이하 같다.)"임을 알려 드립니다.[4)]

또한, 비의무 관리 대상 공동주택은 **"**해당 공동주택을 **전문적으로 관리하는 자**를 두고, **자치 의결 기구**를 의무적으로 구성하여야 하는 등 공동주택관리법상 일정한 의무(義務)가 부과(賦課)되는 공동주택**"**이 아니므로, 「집합건물의 소유 및 관리에 관한 법률」 제23조에 따라 구성되는 관리단의 집회에서 **관리인**을 **선임**하고, 설정된 **규약**에 따라 해당 집합주택을 **관리**하여야 할 것으로 판단됩니다.[5)]

나. 주택법

* **주택법 제2조(정의)** 이 법에서 사용하는 용어(用語)의 뜻은 다음과 같다. 〈개정 2018.8.14., 2020.6.9., 2020.8.18., 2021.12.21., 2023.6.7., 2023.12.26.〉

1. "**주택(住宅)**"이라 함은 세대(世帶)의 구성원이 장기간 독립된 주거 생활을 할 수 있는 구조로 된 건축물(建築物)의 전부 또는 일부 및 그 부속(附屬) 토지(土地)를 말하며, 단독주택과 공동주택으로 구분한다.

2. "단독주택"이란 1세대가 하나의 건축물 안에서 독립된 주거 생활을 할 수 있는 구조로 된 주택을 말하며, 그 종류와 범위는 대통령령으로 정한다.

3. "**공동주택(共同住宅)**"이란 건축물의 벽·복도·계단이나 그 밖의 설비 등의 전부 또는 일부를 공동으로 사용하는 각 세대가 하나의 건축물 안에서 각각 독립된 주거 생활을 할 수 있는 구조로 된 주택을 말하며, 그 종류와 범위는 대통령령으로 정한다.

『 * **주택법 시행령 제3조(공동주택의 종류와 범위)** ① 법 제2조제3호에 따른 공동주택의 종류(種類)와 범위(範圍)는 다음 각 호와 같다.

1. 「건축법 시행령」 제3조의 5 [별표 1] 제2호 가목에 따른 **아파트**

2. 「건축법 시행령」 제3조의 5 [별표 1] 제2호 나목에 따른 **연립주택**

---

4) cf. 「공동주택관리법」 제2조제1항제2호(·제2조제1항제6호 괄호), 같은 법 시행령 제2조

5) cf. 법 제2조제1항제2호, 법 제6조·영 제4조, 법 제9조·영 제6조, 법 제7조·영 제5조, 법 제11조·영 제8조, 법 제23조제5항·영 제23조제9항, 법 제52조제4항·제64조제1항 등

3. 「건축법 시행령」 제3조의 5 [별표 1] 제2호 다목에 따른 **다세대주택**

주택법 시행령 제3조 ② 제1항 각 호의 공동주택은 그 공급 기준 및 건설 기준 등을 고려하여 국토교통부령으로 종류를 세분(細分)할 수 있다. * 』

『 * 건축법 시행령 [별표 1] 용도별 건축물의 종류(제3조의 5 관련)

2. **공동주택**[공동주택의 형태를 갖춘 가정어린이집·공동생활가정·지역아동센터·노인복지시설(노인복지주택 제외) 및 「주택법 시행령」 제10조제1항제1호에 따른 소형 주택을 포함한다]. 다만, 가목이나 나목에서 층수를 산정할 때 1층 전부를 필로티 구조로 하여 주차장으로 사용하는 경우에는 필로티 부분을 층수에서 제외하고, 다목에서 층수를 산정할 때 1층의 전부 또는 일부를 필로티 구조로 하여 주차장으로 사용하고 나머지 부분을 주택 외의 용도로 쓰는 경우에는 해당 층을 주택의 층수에서 제외하며, 가목부터 라목까지의 규정에서 층수를 산정할 때 지하층을 주택의 층수에서 제외한다.

가. **아파트**: 주택으로 쓰는 층수가 5개(5個) 층(層) 이상(以上)인 주택

나. **연립주택(聯立住宅)**: 주택으로 쓰는 1개 동의 바닥 면적(2개 이상의 동을 지하 주차장으로 연결하는 경우에는 각각의 동으로 본다) 합계가 660제곱미터를 초과(超過)하고, 층수가 4개(4個) 층(層) 이하(以下)인 주택

다. **다세대주택(多世帶住宅)**: 주택으로 쓰는 1개 동의 바닥 면적 합계가 660제곱미터 이하(以下)이고, 층수가 4개(4個) 층(層) 이하(以下)인 주택(2개 이상의 동을 지하 주차장으로 연결하는 경우에는 각각의 동으로 본다)

라. **기숙사**: 학교 또는 공장 등의 학생 또는 종업원 등을 위하여 쓰는 것으로서 1개 동의 공동 취사 시설 이용 세대 수가 전체의 50퍼센트 이상인 것(「교육 기본법」 제27조제2항에 따른 학생 복지 주택을 포함한다) — 일반기숙사, 임대형기숙사 * 』

4. "**준주택(準住宅)**"이란 주택 외의 건축물과 그 부속 토지로서 주거 시설로 이용 가능한 시설 등을 말하며, 그 범위와 종류는 대통령령으로 정한다.

『 * **주택법 시행령 제4조(준주택의 종류와 범위)** 법 제2조제4호에 따른 준주택(準住宅)의 종류와 범위는 다음 각 호와 같다.

1. 「건축법 시행령」 제3조의 5 [별표 1] 제2호 라목에 따른 **기숙사(寄宿舍)**

2. 「건축법 시행령」 제3조의 5 [별표 1] 제4호 거목 및 제15호 다목에 따른 **다중(多衆) 생활(生活) 시설(施設)**

3. 「건축법 시행령」 제3조의 5 [별표 1] 제11호 나목에 따른 노인 복지 시설 중 「노인 복지법」 제32조제1항제3호의 **노인(老人) 복지(福祉) 주택(住宅)**

4. 「건축법 시행령」 제3조의 5 [별표 1] 제14호 나목 2)에 따른 **오피스텔 ***』

5. "국민주택(國民住宅)"이란 **다음 각 목**의 어느 하나에 해당하는 주택으로서 **국민주택 규모 이하**인 **주택**을 말한다.

가. 국가·지방자치단체, 「한국토지주택공사법」에 따른 한국토지주택공사(이하 "한국토지주택공사"라 한다) 또는 「지방 공기업법」 제49조에 따라 주택 사업을 목적으로 설립된 지방 공사(이하 "지방 공사"라 한다)가 건설하는 주택

나. 국가·지방자치단체의 재정 또는 「주택도시기금법」에 따른 주택도시기금(이하 "주택도시기금"이라 한다)으로부터 자금을 지원받아 건설되거나, 개량되는 주택

6. "**국민주택 규모(規模)**"란 주거의 용도로만 쓰이는 면적(이하 "주거전용 면적"이라 한다)이 **1호(戶)** 또는 **1세대당 85제곱미터 이하**인 주택(「수도권정비계획법」 제2조제1호에 따른 수도권을 제외한 도시 지역이 아닌 읍 또는 면 지역(*** 비수도권 읍·면 지역**)은 **1호** 또는 **1세대당 주거전용 면적**이 **100제곱미터 이하**인 주택을 말한다)을 말한다. 이 경우 주거전용 면적의 산정 방법은 국토교통부령으로 정한다.

『 *** 주택법 시행규칙 제2조(주거전용 면적의 산정 방법)** 「주택법」 (이하 "법"이라 한다) 제2조제6호 후단에 따른 주거전용 면적(주거의 용도로만 쓰이는 면적을 말한다. 이하 같다)의 산정 방법은 다음 각 호의 기준에 따른다.

1. **단독주택**의 경우: 그 바닥 면적(「건축법 시행령」 제119조제1항제3호에 따른 바닥 면적을 말한다. 이하 같다)에서 지하실(거실로 사용되는 면적은 제외한다), 본 건축물과 분리된 창고·차고 및 화장실의 면적을 제외한 면적

2. **공동주택**의 경우: **외벽(外壁)**의 **내부(內部) 선(線)**을 **기준(基準)으로 산정**한 **면적**. 다만, **2세대 이상**이 **공동으로 사용**하는 **부분**으로서 다음 각 목의 어느 하나에 해당하는 **공용 면적**은 **제외**하며, 이 경우 바닥 면적에서 주거전용 면적을 제외하고 남는 외벽 면적은 공용 면적에 가산한다(cf. 집합건물법 제2조제3호, 준칙 제5조제1항).

가. 복도, 계단, 현관 등 공동주택의 지상 층에 있는 공용 면적

나. 가목의 공용 면적을 제외한 지하층, 관리사무소 등 그 밖의 공용 면적 ***** 』

7. "민영주택(民營住宅)"이란 국민주택을 제외한 주택을 말한다.

8. "**임대주택(賃貸住宅)**"이란 임대를 목적으로 하는 주택으로서, 「공공주택 특별법」 제2조제1호 가목에 따른 **공공임대주택**과 「민간임대주택에 관한 특별법」 제2조제1호에 따른 **민간임대주택**으로 구분한다.

9. "토지임대부 분양주택"이란 토지의 소유권은 제15조에 따른 사업계획의 승인을 받아 토지임대부 분양주택 건설 사업을 시행하는 자가 가지고, 건축물 및 복리시설(福利施設) 등에 대한 소유권[건축물의 전유부분(專有部分)에 대한 구분소유권은 이를 분양받은 자가 가지고, 건축물의 공용부분·부속 건물 및 복리시설은 분양받은 자들이 공유한다]은 주택을 분양받은 자가 가지는 주택을 말한다.

10. "사업주체(事業主體)"란 제15조에 따른 주택건설사업계획 또는 대지조성사업계획의 승인을 받아 그 사업을 시행하는 다음 각 목의 자를 말한다.

가. 국가·지방자치단체

나. 한국토지주택공사 또는 지방 공사

다. 제4조에 따라 등록한 주택건설사업자 또는 대지조성사업자

라. 그 밖에 이 법에 따라 주택건설사업 또는 대지조성사업을 시행하는 자

11. "주택조합(住宅組合)"이라 함은 많은 수의 구성원이 제15조에 따른 사업계획의 승인을 받아 주택을 마련하거나, 제66조에 따라 리모델링하기 위하여 결성하는 다음 각 목의 조합을 말한다.

가. 지역주택조합: 다음 구분에 따른 지역(地域)에 거주(居住)하는 주민(住民)이 주택을 마련하기 위하여 설립한 조합(組合)

1) 서울특별시·인천광역시 및 경기도

2) 대전광역시·충청남도 및 세종특별자치시

3) 충청북도

4) 광주광역시 및 전라남도

5) 전북특별자치도

6) 대구광역시 및 경상북도

7) 부산광역시·울산광역시 및 경상남도

8) 강원특별자치도

9) 제주특별자치도

나. 직장주택조합: 같은 직장의 근로자가 주택을 마련하기 위하여 설립한 조합

다. 리모델링주택조합: 공동주택의 소유자들이 해당 주택을 리모델링(Remodeling)하기 위하여 설립한 조합

12. "**주택단지(住宅團地)**"란 제15조에 따른 주택건설사업계획 또는 대지조성사업계획의 승인을 받아 주택과 그 부대시설 및 복리시설을 건설하거나, 대지를 조성하는 데 사용되는 **일단(一團)의 토지(土地)**를 말한다.[6] 다만, 다음 각 목의 시설로 분리된 토지는 각각 별개의 주택단지로 본다.

가. 철도 · 고속도로 · 자동차전용도로

나. 폭 20미터 이상인 일반도로

다. 폭 8미터 이상인 도시계획예정도로

라. 가목부터 다목까지의 시설에 준하는 것으로서 대통령령으로 정하는 시설

13. "**부대시설**"이란 **주택에 딸린** 다음 각 목의 **시설** 또는 **설비**를 말한다.

가. 주차장, 관리사무소, 담장 및 주택단지 안의 도로

나. 「건축법」 제2조제1항제4호에 따른 건축설비

다. 가목 및 나목의 시설 · 설비에 준하는 것으로서 대통령령으로 정하는 시설(施設) 또는 설비(設備) (cf. 「주택법 시행령」 제6조)

14. "**복리시설(福利施設)**"이란 **주택단지**의 **입주자** 등의 **생활(生活) 복리(福利)**를 위한 다음 각 목의 **공동시설**을 말한다. (cf. 「주택법 시행령」 제7조)

가. 어린이놀이터, 근린생활시설, 유치원, 주민운동시설 및 경로당

나. 그 밖에 입주자 등의 생활 복리를 위하여 대통령령으로 정하는 공동시설

15. "기반시설(基盤施設)"이란 「국토의 계획 및 이용에 관한 법률」 제2조제6호에 따른 기반시설을 말한다.

16. "기간시설"(基幹施設)이란 도로 · 상하수도 · 전기시설 · 가스시설 · 통신시설 · 지역난방시설 등을 말한다.

17. "**간선시설**"(幹線施設)이란 도로 · 상하수도 · 전기시설 · 가스시설 · 통신시설 및 지역난방시설 등 주택단지(둘 이상의 주택단지를 동시에 개발하는 경우에는 각각의 주택단지를 말한다) 안의 기간시설(基幹施設)을 그 주택단지 밖에 있는 같은 종류의 기

---

6) cf. 「공동주택관리법」 제2조제1항제3호, 「서울특별시공동주택관리규약 준칙」 제3조제5호

간시설(基幹施設)에 연결(連結)시키는 시설(施設)을 말한다. 다만, 가스시설·통신시설 및 지역난방시설의 경우에는 주택단지 안의 기간시설을 포함한다.

18. "공구(工區)"라 함은 하나의 주택단지에서 대통령령으로 정하는 기준에 따라 둘 이상으로 구분되는 일단의 구역(區域)으로서, 착공 신고(着工 申告) 및 사용 검사(使用 檢査)를 별도(別途)로 수행(遂行)할 수 있는 구역을 말한다.

19. "세대구분형(世帶區分形) 공동주택(共同住宅)"이란 공동주택의 주택 내부 공간의 일부를 세대별로 구분하여 생활이 가능한 구조로 하되, 그 구분된 공간의 일부를 구분소유 할 수 없는 주택으로서 대통령령으로 정하는 건설 기준, 설치 기준, 면적 기준 등에 적합한 주택을 말한다. 〈개정 2018.8.14.〉

20. "도시형 생활주택"이란 300세대 미만의 국민주택 규모에 해당하는 주택으로서 대통령령으로 정하는 주택을 말한다(cf.「주택법 시행령」제10조).

『 * 주택법 시행령 제10조(도시형 생활주택) ① 법 제2조제20호에서 "대통령령으로 정하는 주택"이란 「국토의 계획 및 이용에 관한 법률」 제36조제1항제1호에 따른 도시 지역에 건설하는 다음 각 호의 주택을 말한다.

1. 원룸형 주택: 다음 각 목의 요건을 모두 갖춘 공동주택

가. 세대별 주거전용 면적은 50제곱미터 이하일 것

나. 세대별로 독립된 주거가 가능하도록 욕실 및 부엌을 설치할 것

다. 욕실 및 보일러실을 제외한 부분을 하나의 공간으로 구성할 것. 다만, 주거전용 면적이 30제곱미터 이상인 경우에는 두 개의 공간으로 구성할 수 있다.

라. 지하층에는 세대를 설치하지 아니 할 것

2. 단지형 연립주택: 원룸형 주택이 아닌 연립주택. 다만,「건축법」제5조제2항에 따라 같은 법 제4조에 따른 건축위원회의 심의를 받은 경우에는 주택으로 쓰는 층수(層數)를 5개 층까지 건축할 수 있다.

3. 단지형 다세대주택: 원룸형 주택이 아닌 다세대주택. 다만,「건축법」제5조제2항에 따라 같은 법 제4조에 따른 건축위원회의 심의를 받은 경우에는 주택으로 쓰는 층수를 5개 층까지 건축할 수 있다.

주택법 시행령 제10조 ② 하나의 건축물에는 도시형 생활주택과 그 밖의 주택을 함께 건축할 수 없다. 다만, 다음 각 호의 어느 하나에 해당하는 경우는 예외로 한다.

1. 원룸형 주택과 주거전용(住居專用) 면적(面積)이 85제곱미터를 초과하는 주택 1세대를 함께 건축하는 경우

2. 「국토의 계획 및 이용에 관한 법률 시행령」제30조제1호 다목에 따른 준주거지역 또는 같은 조 제2호에 따른 상업지역에서 원룸형 주택과 도시형 생활주택 외의 주택을 함께 건축하는 경우

주택법 시행령 제10조 ③ 하나의 건축물에는 단지형 연립주택 또는 단지형 다세대주택과 원룸형 주택을 함께 건축할 수 없다. ***** 』

『 *** 건축법 시행령 [별표 1] 용도별 건축물의 종류(제3조의 5 관련)**

2. **공동주택**[공동주택의 형태를 갖춘 가정어린이집·공동생활가정·지역아동센터·노인복지시설(노인복지주택 제외) 및 「주택법 시행령」제10조제1항1호에 따른 소형주택을 포함한다]. 다만, 가목이나 나목에서 층수를 산정할 때 1층 전부를 필로티 구조로 하여 주차장으로 사용하는 경우에는 필로티 부분을 층수에서 제외하고, 다목에서 층수를 산정할 때 1층의 전부 또는 일부를 필로티 구조로 하여 주차장으로 사용하고 나머지 부분을 주택 외의 용도로 쓰는 경우에는 해당 층을 주택의 층수에서 제외하며, 가목부터 라목까지의 규정에서 층수를 산정할 때 지하층을 주택의 층수에서 제외한다.

가. **아파트: 주택**으로 쓰는 **층수가 5개(5個) 층(層) 이상(以上)**인 **주택**

나. **연립주택(聯立住宅):** 주택으로 쓰는 1개 동의 바닥 면적(2개 이상의 동을 지하 주차장으로 연결하는 경우에는 각각의 동으로 본다)의 합계가 **660제곱미터를 초과(超過)**하고, 층수가 4개(4個) 층(層) 이하(以下)인 주택

다. **다세대주택(多世帶住宅):** 주택으로 쓰는 1개 동의 바닥 면적 합계가 **660제곱미터 이하(以下)**이고, 층수가 4개(4個) 층(層) 이하(以下)인 주택(2개 이상의 동을 지하 주차장으로 연결하는 경우에는 각각의 동으로 본다)

라. **기숙사:** 학교 또는 공장 등의 학생 또는 종업원 등을 위하여 쓰는 것으로서 1개 동의 공동 취사 시설 이용 세대 수가 전체의 50퍼센트 이상인 것(「교육 기본법」제27조제2항에 따른 학생 복지 주택을 포함한다) – 일반기숙사, 임대형기숙사 ***** 』

21. "에너지 절약형 친환경 주택"이란 저에너지 건물 조성 기술 등 대통령령으로 정하는 기술을 이용하여 에너지 사용량을 절감하거나, 이산화탄소 배출량을 저감할 수 있도록 건설된 주택을 말하며, 그 종류와 범위는 대통령령으로 정한다.

22. "건강 친화형 주택"이란 건강하고 쾌적한 실내 환경의 조성을 위하여 실내(室內) 공기(空氣)의 오염(汚染) 물질(物質) 등을 최소화(最小化)할 수 있도록 대통령령으로 정하는 기준에 따라 건설된 주택을 말한다.

23. "장수명(長壽命) 주택(住宅)"이란 구조적으로 오랫동안 유지·관리될 수 있는 내구성(耐久性)을 갖추고, 입주자의 필요에 따라 내부 구조를 쉽게 변경할 수 있는 가변성(可變性)과 수리(修理)의 용이성(容易性) 등이 우수한 주택을 말한다.

24. "공공택지"란 다음 각 목의 어느 하나에 해당하는 공공사업에 의하여 개발·조성되는 공동주택이 건설되는 용지를 말한다.

가. 제24조제2항에 따른 국민주택건설사업 또는 대지조성사업

나. 「택지개발촉진법」에 따른 택지개발사업. 다만, 같은 법 제7조제1항제4호에 따른 주택건설 등 사업자가 같은 법 제12조제5항에 따라 활용하는 택지는 제외한다.

다. 「산업 입지 및 개발에 관한 법률」에 따른 산업단지개발사업

라. 「공공주택 특별법」에 따른 공공주택지구조성사업

마. 「민간임대주택에 관한 특별법」에 따른 공공지원민간임대주택 공급촉진지구 조성사업(같은 법 제23조제1항제2호에 해당하는 시행자가 같은 법 제34조에 따른 수용 또는 사용의 방식으로 시행하는 사업만 해당한다) 〈개정 2018.1.16.〉

바. 「도시개발법」에 따른 도시개발사업(같은 법 제11조제1항제1호부터 제4호까지의 시행자가 같은 법 제21조에 따른 수용 또는 사용의 방식으로 시행하는 사업과 혼용 방식 중 수용 또는 사용의 방식이 적용되는 구역에서 시행하는 사업만 해당한다)

사. 「경제자유구역의 지정 및 운영에 관한 특별법」에 따른 경제자유구역개발사업(수용 또는 사용의 방식으로 시행하는 사업과 혼용 방식 중 수용 또는 사용의 방식이 적용되는 구역에서 시행하는 사업만 해당한다)

아. 「혁신도시 조성 및 발전에 관한 특별법」에 따른 혁신도시개발사업

자. 「신행정수도 후속 대책을 위한 연기·공주지역 행정중심복합도시 건설을 위한 특별법」에 따른 행정중심복합도시건설사업

차. 「공익 사업을 위한 토지 등의 취득 및 보상에 관한 법률」 제4조에 따른 공익 사업으로서 대통령령으로 정하는 사업

25. "리모델링(Remodeling)"이란 제66조제1항 및 제2항에 따라 건축물의 노후화

억제 또는 기능 향상 등을 위한 다음 각 목의 어느 하나에 해당하는 행위를 말한다.

가. 대수선(大修繕)

나. 제49조에 따른 사용검사일(주택단지 안의 공동주택 전부에 대하여 임시 사용 승인을 받은 경우에는 그 임시 사용승인일을 말한다) 또는 「건축법」 제22조에 따른 사용승인일부터 15년[15년 이상 20년 미만의 연수 중 특별시·광역시·특별자치시·도 또는 특별자치도(이하 "시·도"라 한다)의 조례로 정하는 경우에는 그 연수로 한다]이 지난 공동주택을 각 세대의 주거전용 면적(「건축법」 제38조에 따른 건축물대장 중 집합건축물대장의 전유부분의 면적을 말한다)의 30퍼센트 이내(세대의 주거전용 면적이 85제곱미터 미만인 경우에는 40퍼센트 이내)에서 증축하는 행위. 이 경우 공동주택의 기능 향상 등을 위하여 공용부분에 대하여도 별도로 증축할 수 있다.

다. 나목에 따른 각 세대의 증축 가능 면적을 합산한 면적의 범위에서 기존 세대수의 15퍼센트 이내에서 세대수를 증가하는 증축 행위(이하 "세대수 증가형 리모델링"이라 한다). 다만, 수직으로 증축하는 행위(이하 "수직증축형 리모델링"이라 한다)는 다음 요건을 모두 충족하는 경우로 한정한다.

1) 최대 3개 층 이하로서 대통령령으로 정하는 범위에서 증축할 것

2) 리모델링 대상 건축물의 구조도 보유 등 대통령령으로 정하는 요건을 갖출 것

26. "리모델링 기본 계획"이란 세대수 증가형 리모델링으로 인한 도시 과밀, 이주 수요 집중 등을 체계적으로 관리하기 위하여 수립하는 계획을 말한다.

27. "**입주자(入住者)**"란 다음 각 목의 구분에 따른 자를 말한다.

가. 제8조·제54조·제57조의 2·제64조·제88조·제91조 및 제104조의 경우: 주택을 공급(供給)받는 자 〈개정 2020.8.18., 2023.6.7.〉

나. 제66조의 경우: 주택의 소유자 또는 그 소유자를 대리하는 배우자 및 직계존비속

28. "사용자"란 「공동주택관리법」 제2조제1항제6호에 따른 사용자를 말한다.

29. "관리주체"란 「공동주택관리법」 제2조제1항제10호에 따른 관리주체를 말한다.

세대별 주거공용 면적, 그 밖의 공용 면적 표시 방법

성명 OOO 등록일 2013.08.02. 수정 2024.11.29.

질문 사항

「주택공급에 관한 규칙」에 따르면, 제21조에서 입주자(入住者) 모집(募集) 공고(公告)를 할 때 표시(表示)하여야 할 사항(事項)을 정해두고 있습니다. 그 중 같은 조 제3항제8호에서 "호당 또는 세대당 주택공급 면적 및 대지 면적"을 표시하도록 하고 있으며, 같은 조 제5항에서는 그 공급 면적을 세대별로 표시하는 경우 "전용 면적 외"에 **공용 면적**을 별도로 표시할 수 있도록 하고 있고, 그 "공용 면적"은 "주거공용 면적"과 **그 밖의 공용 면적**으로 구분하고 있습니다.

제21조제5항제1호에서 **주거공용 면적**을 "계단, 복도, 현관 등 공동주택의 지상 층에 있는 공용 면적"으로 정하고 있는데, 이 때 "주거공용 면적"을 세대별로 표시하려면 그 세대가 속한 "동(棟)" 또는 그 세대에 연결된 "계단, 복도, 현관"에 해당하는 주거공용 면적을 나누어 표시하는 것인지, 공동주택단지 안의 모든 "동(棟)"에 해당하는 주거공용 면적을 나누어 표시하여야 하는 것인지가 궁금합니다.

질의 요지

공용 면적(주거공용 면적, 그 밖의 공용 면적) 산정 기준

답변 내용

○ 주거공용(住居共用) 면적(面積)이란 「집합건물의 소유 및 관리에 관한 법률」 제3조제4항의 전유부분에 속하지 아니 하는 건물 부분으로서 **「주택공급에 관한 규칙」 제21조제5항제1호의 면적**을 말하며, 계단 + 복도 + 주현관 등 공동주택의 지상 층에 있는 공용 면적(이하 **"지상 공용"**이라 한다.)을 합산한 면적을 말합니다. 이에는 세대 안 벽체 공용 면적과 지상 공용 면적 중 복도, 계단실, 비상계단실, 주현관, 승강기 홀, 승강로 등 2세대 이상이 공용으로 사용하는 부분이 포함됩니다(단, PD, AD, AV, ST 등은 면적에 포함하지 아니 한다.).

○ 또한, **그 밖의 공용(共用) 면적(面積)**이란 「집합건물의 소유 및 관리에 관한 법률」 제3조제4항의 전유부분에 속하지 아니 하는 **주거공용 면적을 제외한 지하층, 관리사무소, 노인정, 경비실 등의 공용 면적**을 말하며, 지하 공용 면적으로 PIT층

계단실 면적 등과 관리 동, 경비실, 재활용품보관소 등 입주자 등이 공동으로 계단 + 복도 + 주현관으로 사용하는 부분의 면적을 말합니다.

o 한편, **주거공용(住居共用) 면적(面積)**은 1동의 건물(해당 동)의 "지상 공용" 부분의 합계 면적을 **주택단지별 세대 전용 면적 비율**로 **배분**한 면적을 말하며, 그 밖의 공용 면적은 주택단지별 세대 전용 면적 비율로 배분함을 알려드립니다.

단지형 다세대주택의 해당 여부(1개 동 건축의 경우)

성명 OOO 등록일 2014.02.18. 수정 2016.09.14.

질문 사항

「주택법 시행령」 제10조제1항제3호와 관련하여 1개 필지에 원룸형 주택이 아닌 다세대주택 1개 동(8세대)만을 건축할 경우 **단지형 다세대주택**에 해당되는지요?

답변 내용

「국토의 계획 및 이용에 관한 법률」에 따른 도시 지역에 건설하는 300세대 미만의 **국민주택 규모**에 해당하는 주택으로서 **원룸형 주택**이 **아닌 다세대주택**은 건물 동 수와 관계없이 「주택법 시행령」 제10조제1항제3호의 **단지형 다세대주택**에 해당되는 것입니다(cf. 「주택법」 제2조제20호, 같은 법 시행령 제10조제1항).

다. 건축법

* 건축법 제2조(정의) ① 이 법에서 사용하는 용어(用語)의 뜻은 다음과 같다. 〈개정 2014.5.28., 2014.6.3., 2016.1.19., 2016.2.3., 2017.12.26., 2020.4.7.〉

1. "대지(垈地)"란 「공간 정보의 구축 및 관리 등에 관한 법률」에 따라 각 필지(筆地)로 나눈 토지를 말한다. 다만, 대통령령으로 정하는 토지는 둘 이상의 필지를 하나의 대지로 하거나, 하나 이상의 필지의 일부를 하나의 대지로 할 수 있다.

2. "**건축물(建築物)**"이란 토지에 정착(定着)하는 공작물 중 지붕과 기둥 또는 벽이 있는 것과 이에 딸린 시설물, 지하나 고가(高架)의 공작물에 설치하는 사무소·공연장·점포·차고·창고, 그 밖에 대통령령으로 정하는 것을 말한다.

3. "건축물의 용도(用途)"란 건축물의 종류(種類)를 유사한 구조, 이용 목적 및 형태별로 묶어 분류(分類)한 것을 말한다(cf.「건축법 시행령」제3조의 5 [별표 1]).

4. "**건축설비(建築設備)**"란 건축물에 설치하는 전기·전화 설비, 초고속 정보통신 설비, 지능형 홈 네트워크 설비, 가스·급수·배수(配水)·배수(排水)·환기·난방·냉방·소화(消火)·배연(排煙) 및 오물 처리의 설비, 굴뚝, 승강기, 피뢰침, 국기 게양대, 공동 시청 안테나, 유선방송 수신 시설, 우편함, 저수조(貯水槽), 방범 시설, 그 밖에 국토교통부령으로 정하는 설비를 말한다.

5. "지하층(地下層)"이란 건축물의 바닥이 지표면 아래에 있는 층으로서, 바닥에서 지표면까지 평균 높이가 해당 층 높이의 2분의 1 이상인 것을 말한다.

6. "거실(居室)"이란 건축물 안에서 거주, 집무, 작업, 집회, 오락, 그 밖에 이와 유사한 목적을 위하여 사용되는 방을 말한다.

7. "**주요(主要) 구조부(構造部)**"란 내력벽(耐力壁), 기둥, 바닥, 보, 지붕틀 및 주계단(主階段)을 말한다. 다만, 사이 기둥, 최하층 바닥, 작은 보, 차양, 옥외 계단, 그 밖에 이와 유사한 것으로 건축물의 구조상 중요하지 아니 한 부분은 제외한다.

8. "건축(建築)"이란 건축물을 신축·증축·개축(改築)·재축(再築)하거나 건축물을 이전(移轉)하는 것을 말한다.

8의 2. "결합건축"이란 제56조에 따른 용적률을 개별 대지마다 적용하지 아니 하고, 2개 이상의 대지를 대상으로 통합 적용하여 건축물을 건축하는 것을 말한다.

9. "대수선(大修繕)"이란 건축물의 기둥, 보, 내력벽, 주계단 등의 구조나 외부 형태를 수선·변경하거나, 증설하는 것으로서 대통령령으로 정하는 것을 말한다.

10. "**리모델링(Remodeling)**"이란 건축물의 노후화를 억제하거나 기능 향상 등을 위하여 **대수선**하거나, **일부 증축**하는 행위를 말한다.

11. "도로"란 보행과 자동차 통행이 가능한 너비 4미터 이상의 도로(지형적으로 자동차 통행이 불가능한 경우와 막다른 도로의 경우에는 대통령령으로 정하는 구조와 너비의 도로)로서 다음 각 목의 어느 하나에 해당하는 도로나 그 예정 도로를 말한다.

가. 「국토의 계획 및 이용에 관한 법률」, 「도로법」, 「사도법(私道法)」, 그 밖의 관계 법령에 따라 신설 또는 변경에 관한 고시가 된 도로

나. 건축허가 또는 신고 때에 특별시장·광역시장·특별자치시장·도지사·특별자치도지사(이하 "시·도지사"라 한다) 또는 시장·군수·구청장(자치구의 구청장을 말한다. 이하 같다)이 위치를 지정하여 공고한 도로

12. "건축주(建築主)"란 건축물의 건축·대수선·용도 변경, 건축설비의 설치 또는 공작물의 축조(이하 "건축물의 건축 등"이라 한다)에 관한 공사를 발주하거나, 현장 관리인을 두어 스스로 그 공사를 하는 자를 말한다.

12의 2. "제조업자"란 건축물의 건축·대수선·용도 변경, 건축설비의 설치 노는 공작물의 축조 등에 필요한 건축 자재를 제조하는 사람을 말한다.

12의 3. "유통업자"란 건축물의 건축·대수선·용도 변경, 건축설비의 설치 또는 공작물의 축조에 필요한 건축 자재를 판매하거나, 공사 현장에 납품하는 사람을 말한다.

13. "설계자(設計者)"라 함은 자기의 책임(보조자의 도움을 받는 경우를 포함한다)으로 설계도서(設計圖書)를 작성(作成)하고, 그 설계도서에서 의도하는 바를 해설(解說)하며, 지도(指導)하고 자문(諮問)에 응하는 자를 말한다.

14. **설계도서(設計圖書)**"란 건축물의 건축 등에 관한 공사용 도면, 구조계산서, 시방서(示方書), 그 밖에 국토교통부령으로 정하는 공사에 필요한 서류를 말한다.

15. "공사(工事) **감리자(監理者)**"라 함은 자기의 책임(보조자의 도움을 받는 경우를 포함한다)으로 이 법으로 정하는 바에 따라 건축물, 건축설비 또는 공작물이 설계도서의 내용대로 시공되는지를 확인(確認)하고, 품질 관리·공사 관리·안전 관리 등에 대하여 지도(指導)·감독(監督)하는 사람을 말한다.

16. "공사(工事) 시공자(施工者)"라 함은 「건설산업기본법」 제2조제4호에 따른 건설 공사를 하는 사람을 말한다.

16의 2. "건축물(建築物)의 **유지(維持)·관리(管理)**"란 건축물의 소유자나 관리자가 **사용(使用) 승인(承認)**된 **건축물**의 대지·구조·설비 및 용도 등을 지속적으로 **유지**하기 위하여 건축물이 **멸실(滅失)**될 **때까지 관리(管理)**하는 **행위**를 말한다.

17. "관계 전문기술자"라 함은 건축물의 구조·설비 등 건축물과 관련된 전문기술 자격(資格)을 보유(保有)하고, 설계나 공사 감리에 참여하여 설계자 또는 공사 감리자와

협력(協力)하는 사람을 말한다.

18. "특별건축구역"이란 조화롭고, 창의적인 건축물의 건축을 통해서 도시 경관의 창출, 건설 기술 수준 향상 및 건축 관련 제도 개선을 도모하기 위하여 이 법 또는 관계 법령에 따라 일부 규정을 적용하지 아니 하거나, 완화 또는 통합하여 적용할 수 있도록 특별히 지정하는 구역을 말한다.

19. "고층(高層) 건축물(建築物)"이라 함은 층수가 30층(30層) 이상(以上)이거나, 높이가 120미터 이상인 건축물을 말한다.

20. "실내 건축"이란 건축물의 실내를 안전하고, 쾌적하며 효율적으로 사용하기 위하여 내부 공간을 칸막이로 구획하거나, 벽지, 천장재, 바닥재, 유리 등 대통령령으로 정하는 재료 또는 장식물을 설치하는 것을 말한다.

21. "부속 구조물"이란 건축물의 안전·기능·환경 등을 향상시키기 위하여 건축물에 추가적으로 설치하는 환기 시설물 등 대통령령으로 정하는 구조물을 말한다.

건축법 제2조(건축물의 용도) ② 건축물의 용도(用途)는 다음과 같이 구분하되, 각 용도에 속하는 건축물의 세부 용도는 대통령령으로 정한다. 〈개정 2022.11.15.〉

1. 단독주택

2. 공동주택

3. 제1종 근린생활 시설

4. 제2종 근린생활 시설

5. 문화 및 집회 시설

6. 종교 시설

7. 판매 시설

8. 운수 시설

9. 의료 시설

10. 교육 연구 시설

11. 노유자(老幼者 – 노인 및 어린이) 시설

12. 수련 시설

13. 운동 시설

14. 업무 시설

15. 숙박 시설

16. 위락(慰樂) 시설

17. 공장

18. 창고 시설

19. 위험물 저장 및 처리 시설

20. 자동차 관련 시설

21. 동물 및 식물 관련 시설

22. 자원 순환 관련 시설

23. 교정(矯正) 시설, 24. 국방·군사 시설 〈개정 2022.11.15.〉

25. 방송통신 시설

26. 발전 시설

27. 묘지 관련 시설

28. 관광 휴게 시설

29. 그 밖에 대통령령으로 정하는 시설

라. 민간임대주택에 관한 특별법

＊ 민간임대주택에 관한 특별법 제2조(정의) 이 법에서 사용하는 용어(用語)의 뜻은 다음과 같다. 〈개정 2016.1.19., 2017.1.17., 2020.8.18., 2021.3.16.〉

1. "민간임대주택"이란 임대 목적으로 제공하는 주택[토지를 임차하여 건설된 주택 및 오피스텔 등 대통령령으로 정하는 준주택(이하 "준주택"이라 한다) 및 대통령령으로 정하는 일부만을 임대하는 주택을 포함한다. 이하 같다]으로서 임대사업자가 제5조에 따라 등록한 주택을 말하며, 민간건설임대주택과 민간매입임대주택으로 구분한다.

「 **＊ 주택법 시행령 제4조(준주택의 종류와 범위)** 법 제2조제4호에 따른 준주택 (準住宅)의 종류와 범위는 다음 각 호와 같다.

1. 「건축법 시행령」 제3조의 5 [별표 1] 제2호 라목에 따른 **기숙사**

2. 「건축법 시행령」 제3조의 5 [별표 1] 제4호 거목 및 제15호 다목에 따른 **다중(多衆) 생활(生活) 시설(施設)**

3. 「건축법 시행령」 제3조의 5 [별표 1] 제11호 나목에 따른 노인 복지 시설 중 「노인 복지법」 제32조제1항제3호의 **노인 복지 주택**

4. 「건축법 시행령」 제3조의 5 [별표 1] 제14호 나목 2)에 따른 **오피스텔 * 」**

2. "민간건설임대주택(民間建設賃貸住宅)"이라 함은 다음 각 목의 어느 하나에 해당하는 민간임대주택을 말한다.

가. 임대사업자가 임대를 목적으로 건설하여 임대하는 주택

나. 「주택법」 제4조에 따라 등록한 주택건설사업자가 같은 법 제15조에 따라 사업계획승인을 받아 건설한 주택 중 사용 검사 때까지 분양되지 아니 하여 임대하는 주택

3. "민간매입임대주택"이란 임대사업자가 매매(賣買) 등으로 소유권을 취득(取得)하여 임대(賃貸)하는 민간임대주택을 말한다.

4. "기업형 임대주택"이란 기업형 임대사업자가 10년 이상 임대할 목적으로 취득하여 임대하는 민간임대주택을 말한다.

5. "준공공임대주택"이란 일반형 임대사업자가 8년 이상 임대할 목적으로 취득하여 임대하는 민간임대주택[아파트(「주택법」 제2조제20호의 도시형 생활주택이 아닌 것을 말한다)를 임대하는 민간매입임대주택은 제외한다]을 말한다.

6. "단기임대주택"이란 일반형 임대사업자가 4년 이상 임대할 목적으로 취득하여 임대하는 민간임대주택을 말한다.

7. "**임대사업자**"란 「공공주택 특별법」 제4조제1항에 따른 공공주택사업자(이하 "공공주택사업자"라 한다)가 아닌 자로서 주택을 임대하는 사업을 할 목적으로 제5조에 따라 등록한 자를 말하며, 기업형 임대사업자와 일반형 임대사업자로 구분한다.

8. "기업형 임대사업자"란 8년(8年) 이상(以上) 임대(賃貸)할 목적으로 100호 이상(以上)으로서 대통령령으로 정하는 호수(戶數) 이상의 민간임대주택을 취득(取得)하였거나, 취득하려고 하는 임대사업자를 말한다.

9. "일반형 임대사업자"란 기업형 임대사업자가 아닌 임대사업자로서 1호 이상의 민간임대주택을 취득하였거나, 취득하려는 임대사업자를 말한다.

10. "주택임대관리업"이란 주택의 소유자로부터 임대 관리를 위탁받아 관리하는 업(業)을 말하며, 다음 각 목으로 구분한다.

가. 자기관리형 주택임대관리업: 주택의 소유자로부터 주택을 임차하여 자기 책임으

로 전대(轉貸)하는 형태의 업

　　나.　위탁관리형 주택임대관리업: 주택의 소유자로부터 수수료를 받고 임대료 부과·징수 및 시설물 유지·관리 등을 대행하는 형태의 업

　　11.　"주택임대관리업자"란　주택임대관리업(住宅賃貸管理業)을 하기 위하여 제7조제1항에 따라 등록(登錄)한 자를 말한다.

　　12.　"기업형 임대주택 공급촉진지구"란 기업형 임대주택의 공급을 촉진하기 위하여 제22조에 따라 지정·고시한 지구를 말한다.

　　[시행일 : 2016.8.12.] 제2조

주거용 오피스텔의 관리 방법

질의 요지

　이용하는 사람이 사무 처리 등 업무와 숙식 등 주거를 할 수 있도록 된 시설인 **주거용 오피스텔**의 경우 「집합건물의 소유 및 관리에 관한 법률」에 따라 관리하고 사용하여야 하는 것인지요. 아니면, 주거용 시설이므로 「공동주택관리법」을 적용하여 **관리** 및 **사용**할 수 있을는지요.

회 신(수정 2023. 9. 11.)

　○ 오피스텔은 「건축법」상 **일반 업무 시설**(「건축법 시행령」 제3조의 5 관련 [별표 1] 제14호 나목)로서, 주택이 아니어서 「공동주택관리법」의 적용 대상이 아닙니다[cf. 「주택법 시행령」 제4조(준주택의 종류와 범위) 제4호]. 이와 관련, 오피스텔 등 **집합건물**은 「집합건물의 소유 및 관리에 관한 법률」에 따라 **관리단**이 당연 설립되므로(제23조 제1항), 관리단 집회에서 **관리인**을 **선임**(제24조)하고, **규약**을 **설정**(제28조 제1항, 제29조 제1항)하는 방법 등으로 해당 건물을 **관리**할 수 있습니다.

　○ 기타 「공동주택관리법」의 적용 범위 등 「공동주택관리법」과 관련된 구체적인 사항은 이 법률을 담당하는 국토교통부로 문의하여 도움을 받기 바랍니다.

마. 공공주택 특별법

* 공공주택 특별법 제2조(정의) 이 법에서 사용하는 용어(用語)의 뜻은 다음과 같다. 〈개정 2015.1.16., 2015.8.28., 2016.1.19., 2021.5.18., 2021.7.20.〉

1. "**공공주택**"이란 제4조제1항 각 호에 규정된 자 또는 제4조제2항에 따른 공공주택사업자가 국가 또는 지방자치단체의 재정이나 「주택도시기금법」에 따른 주택도시기금(이하 "주택도시기금"이라 한다)을 지원받아 이 법 또는 다른 법률에 따라 건설, 매입 또는 임차하여 공급하는 다음 각 목의 어느 하나에 해당하는 주택을 말한다.

가. 임대 또는 임대한 후 분양 전환을 할 목적으로 공급하는 「주택법」 제2조제1호에 따른 주택으로서 대통령령으로 정하는 주택(이하 "공공임대주택"이라 한다)

나. 분양을 목적으로 공급하는 주택으로서 「주택법」 제2조제5호에 따른 국민주택규모 이하의 주택(이하 "공공분양주택"이라 한다)

1의 2. "공공건설임대주택"이란 제4조에 따른 공공주택사업자가 직접 건설하여 공급하는 공공임대주택을 말한다.

1의 3. "공공매입임대주택"이란 제4조에 따른 공공주택사업자가 직접 건설하지 아니하고, 매매 등으로 취득하여 공급하는 공공임대주택을 말한다.

1의 4. "지분적립형 분양주택"이란 제4조에 따른 공공주택사업자가 직접 건설하거나 매매 등으로 취득하여 공급하는 공공분양주택으로서 주택을 공급받은 자가 20년 이상 30년 이하의 범위에서 대통령령으로 정하는 기간 동안 공공주택사업자와 주택의 소유권을 공유하면서 대통령령으로 정하는 바에 따라 소유 지분을 적립하여 취득하는 주택을 말한다. 〈신설 2021.5.18.〉

1의 5. "이익공유형 분양주택"이란 제4조에 따른 공공주택사업자가 직접 건설하거나 매매 등으로 취득하여 공급하는 공공분양주택으로서 주택을 공급받은 자가 해당 주택을 처분하려는 경우 공공주택사업자가 환매하되, 공공주택사업자와 처분 손익을 공유하는 것을 조건으로 분양하는 주택을 말한다. 〈신설 2021.7.20.〉

2. "공공주택지구"란 공공주택의 공급을 위하여 공공주택이 전체 주택 중 100분의 50 이상이 되고, 제6조제1항에 따라 지정·고시하는 지구를 말한다. 이 경우 제1호 각

목별 주택 비율은 전단의 규정의 범위에서 대통령령으로 정한다.

　　3. "공공주택사업"이란 다음 각 목에 해당하는 사업을 말한다.

　　　　가. 공공주택지구조성사업: 공공주택지구를 조성하는 사업

　　　　나. 공공주택건설사업: 공공주택을 건설하는 사업

　　　　다. 공공주택매입사업: 공공주택을 공급할 목적으로 주택(住宅)을 매입(買入)하거나, 인수(引受)하는 사업

　　　　라. 공공주택관리사업: 공공주택을 운영·관리하는 사업

　　4. "분양(分讓) 전환(轉換)"이란 공공임대주택을 제4조제1항 각 호에 규정된 자가 아닌 자에게 매각(賣却)하는 것을 말한다.

　　[시행일 : 2016.8.12.] 제2조

바. 집합건물의 소유 및 관리에 관한 법률

＊「집합건물의 소유 및 관리에 관한 법률」 제2조(정의) 이 법에서 사용하는 용어(用語)의 뜻은 다음과 같다. [전문 개정 2010.3.31.]

　　1. "**구분소유권(區分所有權)**"이란 제1조 또는 제1조의 2에 규정된 건물 부분[제3조 제2항 및 제3항에 따라 공용부분(共用部分)으로 된 것은 제외(除外)한다]을 목적(目的)으로 하는 소유권을 말한다.

　　2. "**구분소유자(區分所有者)**"란 구분소유권을 가지는 자를 말한다.

　　3. "**전유부분(專有部分)**"이란 구분소유권의 목적(물)인 건물 부분을 말한다.

　　4. "**공용부분**"이란 전유부분 외의 건물 부분, 전유부분에 속하지 아니 하는 건물의 부속물 및 제3조 제2항 및 제3항에 따라 공용부분으로 된 부속의 건물을 말한다.

　　5. "건물의 대지(垈地)"란 전유부분이 속하는 1동의 건물이 있는 토지 및 제4조에 따라 건물의 대지로 된 토지를 말한다.

　　6. "대지사용권(垈地使用權)"이란 구분소유자가 전유부분을 소유하기 위하여 건물의 대지에 대하여 가지는 권리를 말한다.

집합건물의 의의(意義)

질의 요지

「집합건물의 소유 및 관리에 관한 법률」이 규정하는 **"집합건물"**이란 무엇입니까? 그리고, 집합건물의 성립 요건은 무엇인지 알고 싶습니다.

회 신(수정 2023. 9. 11.)

○ 일물일권주의(一物一權主義)에 따라 하나의 물건에 대해서는 하나의 소유권이 성립하는 것이 원칙이므로 하나의 소유권은 **1동의 건물**을 그 대상으로 합니다. 그런데, 집합건물법은 1동의 건물의 **각 부분**이 **구조상(構造上)·이용상(利用上) 독립성(獨立性)**을 갖추고 있는 때에는 그 부분에 대하여 소유권(구분소유권)의 목적물이 될 수 있다는 것을 규정하고 있습니다(제1조). 따라서, 집합건물법의 적용을 받는 집합건물은 **구분소유 관계**가 **성립**되어 있는 **1동의 건물**을 말하는 것입니다.

○ 다만, 건물이 구분소유권의 목적이 될 수 있는 **객관적 요건**을 갖추고 있더라도 그 건물이 당연히 집합건물이 되는 것이 아니라, 그 건물을 집합건물로 하고자 하는 **건물 소유자의 의사표시(意思表示 – 구분 행위)**가 있어야 합니다.

○ 일반적으로 집합건물이란 위의 **객관적 요건**을 갖춘 후 **집합건축물대장**에 등록(登錄)되고, **부동산 등기부**에 집합건물로 등재(登載)된 건물을 뜻합니다. 또한, 집합건물법 제1조에서 그 용도에 대해서는 특별히 제한하지 않으므로 연립주택, 아파트, 상가, 오피스텔 등 용도와 종류를 불문합니다. (cf. 다가구주택)

구조상의 독립성(구분점포), 규약의 효력

질의 요지

오픈 상가에서 **전유부분**의 **경계(境界)**를 높이 130㎝까지만 차단할 수 있도록 규약으로 정한 경우 이러한 규약의 적법성 여부와 바닥경계표지를 인식 불가능하게 하는 행위에 대한 제재 여부에 관하여 알고 싶습니다.

회 신(수정 2023. 9. 14.)

○ 집합건물법에 따르면, 구분소유권의 목적물이 되기 위해서는 해당 전유부분이 다른 건물 부분과 구조상, 이용상 독립되어 있을 것을 요구하므로(제1조), 전유부분 사이에 경계 벽이 없는 경우에는 원칙적으로 구분소유권이 성립될 수 없습니다.

○ 다만, **집합건물법**이 정하는 일정한 **요건(용도, 바닥경계표지, 건물번호표지)**을 갖춘 때에는 예외적으로 구분소유권의 목적으로 할 수 있으며(제1조의 2, 개정 2020. 2. 4.), 이를 **구분점포(區分店鋪)**라고 합니다. 질의 사안의 오픈 상가가 구분점포에 해당할 경우 그 경계표지를 인식 불가능하게 하면 형사 처벌을 받게 되므로(제65조 제1항) 구분소유자가 임의로 막아서 사용할 수 없을 것입니다.

○ 또한, 건물의 관리나 사용에 관한 구분소유자 상호 간의 문제 중 법률로 규정하지 않은 사항에 대해서는 **규약(規約)**으로 정할 수 있으므로(제28조 제1항), 만일 이 사안의 상가가 집합건물법 제1조의 2의 **적용**을 받는 구분점포가 아니라 하더라도 해당 규약은 원칙적으로 **효력**이 있습니다(제42조 제1항).

○ **규약(規約)**은 다수의 구분소유자들의 합의에 근거한 일종의 **자치(自治) 규범(規範)**으로서 법률이 정한 절차(제29조)에 따라 성립된 규약은 해당 집합건물의 구분소유자 및 점유자에게 **효력**(제42조 제2항)이 있습니다. 다만, 예외적으로 규약의 어떤 규정이 구분소유자의 재산권(財産權) 침해(侵害)가 되는지 여부는 구체적인 사정을 고려하여 신중하게 판단하여야 하며, 필요하다면 관리단 집회의 결의를 통하여 해당 규약의 내용을 **변경(變更)**할 수 있을 것입니다(제29조 제1항).

이용상의 독립성

질의 요지

다른 구분소유자의 전유부분을 이용하여 출입할 수 있도록 되어 있고, 복도 등 외부로 통하는 주출입구가 없는 경우에 **구분소유권**이 **성립**될 수 있는지요.

회 신(수정 2023. 9. 11.)

ㅇ 1동의 건물의 부분이 구분소유권의 목적물이 되기 위해서는 "구조상의 독립성"과 "이용상의 독립성"을 갖출 것을 요구합니다(제1조). 이 때 **구조상(構造上)의 독립성(獨立性)"**이란 각각의 구분건물이 그 건물의 구성 부분인 바닥이나 천장, 벽, 출입문 등에 의하여 다른 건물 부분과 완전히 **차단(遮斷)**된 경우가 전형적이며, 당해 건물의 구성 부분이 아닌 합판 등에 의하여 차단되기는 하였으나 그것이 쉽게 이동, 제거될 수 있는 것은 구조상 독립된 것이라고 할 수 없습니다.

ㅇ 그리고, **"이용상(利用上)의 독립성(獨立性)"**이란 집합건물의 해당 부분이 주거, 점포, 사무소 등 건물로써의 **용도**에 제공될 수 있어야 함을 의미하며, 사안의 경우와 같이 그 건물 부분(cf. 제104호)으로부터 다른 전유부분을 통하지 않으면 공용부분 및 외부로의 출입이 불가능한 경우는 이용상의 독립성이 있다고 할 수 없습니다. 따라서, 사안의 "제104호"는 구분소유권의 목적물로 할 수 없을 것입니다.

고시원의 구분소유 요건(구조상 독립성·이용상 독립성) 등

질의 요지

이용하는 사람이 공부와 식사 및 숙박을 할 수 있도록 되어 있는 건물인 고시원의 각 실을 **구분(區分) 등기**할 수 있는지 여부와 그 **요건**은 무엇입니까?

회 신(수정 2023. 9. 11.)

ㅇ 집합건물법상 구분소유권이 성립하기 위해서는 구분건물(전유부분)의 객관적 요건으로서 구조상 독립성과 이용상 독립성을 갖추어야 합니다(제1조).

– 이 때 **구조상(構造上) 독립성(獨立性)**이 갖추어진 경우란 각각의 구분건물(전유부분)이 외형상 다른 건물 부분과 **구분**된 형태를 말하며, 그 건물의 구성 부분인 바닥이나 천장, 벽, 출입문 등에 의하여 **차단(遮斷)**된 경우가 전형적 모습입니다.

– **이용상(利用上) 독립성(獨立性)**이란 건물의 일부가 독립하여 이용·거래될

수 있는 건물로서 경제적 효용을 가지고 있어야 한다는 것이며, 각 부분이 독립하여 주거, 점포, 사무소 등 건물로써의 **용도**에 제공될 수 있다는 것을 의미합니다.

- 그 외 집합건물법에서는 제1조의 구분건물로써의 용도에 대한 제한은 없으므로, 사안의 건물이 해당 용도로써 **독립적**으로 **이용**될 수 있는지 여부 및 **구조적**으로도 **독립**되어 있는지 여부에 따라 판단하여야 할 것입니다.

○ 일반적으로 건물의 용도로서 '**이용상(利用上)**의 **독립성(獨立性)**'이 인정되기 위해서는 첫째, 그 부분이 독립한 **출입구**를 가지고 직접 또는 공용부분을 이용함으로써 외부로 통하고 있어야 하고, 둘째, 해당 부분이 독립적인 이용을 가능하게 하는 **내부 설비**가 설치되어 있어야 하며, 셋째, 그 건물 부분에 구분소유자 전원 또는 일부를 위한 설비, 즉 공용 설비가 존재하지 않아야 합니다.

○ 구체적 사안에서 구분소유권의 목적물이 되는 각 전유부분이 고정되고 쉽게 제거할 수 없는 시설에 의하여 건물의 다른 부분과 **차단**되어 있다면, '**구조상**의 **독립성**'은 갖춘 것으로 볼 수 있을 것입니다. 그 외 '**이용상의 독립성**'에 관하여는 앞서 말씀드린 바와 같이 그 건물의 목적에 따라 **독립적**으로 **사용**할 수 있어야 하므로, 고시원의 사용 목적을 달성하는 데 필요한 기능을 갖추어야 하며, 해당 건물이 집합건물로서의 요건을 갖추었는지 여부는 소관청에서 판단하게 될 것입니다.

구분소유권의 목적물이 될 수 있는 건물 부분의 요건

질의 요지

1동의 건물의 일부에 대하여 **구분소유권(區分所有權)**이 **성립(成立)**하려면 어떠한 **요건(要件)**을 갖추어야 하는 것인지 궁금합니다.

답변 내용(수정 2023. 9. 14.)

- 집합건물법상 구분소유권의 목적물로 될 수 있으려면 다음과 같은 두 가지 요건을 갖추어야 합니다. 첫 번째는 1동의 건물의 부분으로서 구조상(構造上) 구분(區分)되어 있을 것(**구조상의 독립성**)과, 두 번째로 독립(獨立)하여 건물로써 사용

(使用)될 수 있을 것(**이용상의 독립성**)입니다(제1조).

ㅇ **"구조상 독립성"**이 갖추어진 경우란 각각의 구분건물이 그 건물의 구성 부분인 바닥이나 천장, 벽, 출입문 등에 의하여 다른 건물 부분과 **차단**된 경우가 전형적이며, 건물의 구성 부분이 아닌 합판 등에 의하여 차단되기는 하였으나 그 것이 쉽게 이동, 제거될 수 있는 것은 구조상 독립된 것이라고 할 수 없습니다. 그리고, **"이용상 독립성"**을 갖춘 경우라 함은 건물의 일부가 **독립**하여 이용·거래될 수 있는 건물로써 **경제적 효용**을 가지고 있어야 한다는 것을 뜻하며, 각 부분이 독립하여 주거, 점포, 사무소 등 건물로써의 용도에 제공될 수 있어야 함을 의미합니다.

– 기타 집합건물법에서는 구분소유권의 성립을 위한 건물(建物)의 용도(用途)는 규정하지 않으므로 주택이나 아파트, 상가, 점포, 오피스텔, 고시원 등의 건물에 대하여 구분소유관계가 성립할 수 있습니다.

사. (서울특별시)공동주택관리규약 준칙

* 공동주택관리규약 준칙 제3조(정의) 이 규약에서 사용하는 용어(用語)의 정의는 다음 각 호와 같다. 〈개정 2020.6.10., 2021.4.5., 2022.8.17., 2023.9.26.〉

1. "입주자"라 함은 공동주택의 소유자 또는 그 소유자를 대리하는 배우자나 직계존비속을 말한다(cf. 법 제2조제1항제5호, 「주택법」 제2조제27호, 「주민등록법」 제10조·제11조).

2. "사용자(使用者)"라 함은 공동주택을 임차(賃借)하여 사용하는 자(임대주택의 임차인은 제외한다) 등을 말한다. (cf. 법 제2조제1항제6호, 「주택법」 제2조제28호)

3. "입주자 등"이란 입주자와 사용자를 말한다. (cf. 법 제2조제1항제7호)

4. "공동주택 등"이란 공동주택과 그 부대시설 및 복리시설을 말한다.

5. "공동주택단지"란 「주택법」 제2조제12호에 따른 주택단지를 말한다.[7]

6. "혼합주택단지"란 분양을 목적으로 한 공동주택과 임대주택이 함께 있는 공동주택단지를 말한다(cf. 법 제2조제1항제4호, 법 제10조·영 제7조, 준칙 제18조).

7. "입주자대표회의"란 공동주택의 입주자 등을 대표하여 관리에 관한 주요 사항을

---

7) cf. 「공동주택관리법」 제2조제1항제3호, 「주택법」 제2조제12호

결정하기 위하여 법 제14조에 따라 구성하는 자치 의결기구(自治 議決機構)를 말한다.

8. "임대사업자"란 「민간임대주택에 관한 특별법」 제2조제7호에 따른 임대사업자 및 「공공주택 특별법」 제4조제1항에 따른 공공주택사업자를 말한다.

9. "임차인대표회의"란 「민간임대주택에 관한 특별법」 제52조에 따른 임차인대표회의 및 「공공주택 특별법」 제50조에 따라 준용되는 임차인대표회의를 말한다.

10. "관리주체(管理主體)"란 법 제6조제1항에 따른 자치관리기구의 대표자인 공동주택의 관리사무소장, 주택관리업자(cf. 법 제2조제1항제15호), 법 제13조제1항에 따라 관리 업무를 인계하기 전의 사업주체, 임대사업자를 말한다.

11. "**자생단체(自生團體)**"란 공동주택 관련 법령에서 정한 법정 단체(法定 團體) 이외(以外)에 공동주택 입주자 등이 회원으로 활동하는 자생적 단체를 말하며, ○○부녀회, ○○노인회, ○○봉사회 등을 포함한다.

12. "**공동체 생활의 활성화 단체**"란 입주자 등의 소통 및 화합 증진을 위하여 주택단지 안 입주자 등(入住者 等) 10인 이상으로 구성된 자생단체(自生團體)로 공동체 생활의 활성화 사업을 위하여 제54조에 따라 입주자대표회의로부터 구성 승인을 받은 단체를 말한다(cf. 준칙 제54조 · 제56조). 단, 재건축 및 리모델링 등의 원활한 추진 또는 수행을 주된 목적으로 하는 단체는 제외한다. 〈개정 2022.8.17.〉

13. "**중임(重任)**"이란 해당 임기를 마치고, 다시 선출 · 선정되어 임용되는 것으로 임기가 연속되어 시작되는 형태(연임)와 임기가 연속되지 않는 형태 모두를 포함한다.

14. "공동주택 통합정보마당"(이하 "통합정보마당"이라 한다)이란 공동주택 관리와 관련된 정보를 입주자 등에게 공개하고 관리하기 위하여 서울시에서 **구축**하고, 관리주체가 **운영**하는 인터넷 홈페이지(https://openapt.seoul.go.kr/)를 말한다.

15. "S-apt 시스템"이란 공동주택단지 관리 업무에서 발생하는 문서를 전자문서 형태로 생산 및 보관하고 생산된 문서를 입주자 등에게 공개하며, 서울시와 자치구 및 공동주택단지 사이의 원활한 소통(문서 유통 및 상황 전파 등)을 지원하기 위하여 서울시에서 운영하는 시스템을 말한다. 〈개정 2023.9.26.〉

16. "공동주택 관련 시스템"이란 공동주택단지 관리 정보를 종합적으로 관리하기 위하여 서울시가 운영하는 시스템(공동주택 통합정보마당, S-apt 시스템 등)을 말한다.

17. "전자문서 시스템"이란 S-apt 시스템의 기능 중 공동주택단지를 관리하면서 생

산하는 문서를 「전자문서 및 전자 거래 기본법」 제2조제2호에 따라 관리하는 정보처리 시스템을 말한다. 〈개정 2023.9.26.〉

18. "의결권(議決權)"이란 입주자 등이 공동주택 등 관리에 따른 투표 등에 참가하여 의사를 표명할 수 있는 권리를 말한다.

19. **주민공동시설**"이란 「주택 건설 기준 등에 관한 규정」 제2조제3호 각 목에 해당하는 시설을 말한다. 단, **어린이집**은 **제외**한다.

20. "**점유자(占有者)**"란 제4조에 따른 관리 대상물을 점유 및 사용하는 자(입주자 등을 제외한다)를 말한다. (cf. 민법 제192조)

21. "하위 규정"이란 영 제14조제2항제2호에 따라 관리규약에서 위임한 사항과 그 시행을 위하여 입주자대표회의가 의결하여 제정한 규정을 말한다.

22. "층간소음"이란 법 제20조제1항에 정한 공동주택의 입주자 등이 공동주택에서 뛰거나 걷는 동작에서 발생하는 소음, 음향기기를 사용하는 등의 활동에서 발생하는 소음, 인접한 세대 간의 벽간 소음, 대각선에 위치한 세대 간의 소음을 말한다.

23. "공고"란 공동주택의 입주자 등이 알기 쉽게 동별 게시판 및 통합정보마당, 해당 공동주택단지의 인터넷 홈페이지(홈페이지가 없는 경우 관리사무소 게시판) 등에 게시하는 것을 말한다. 〈신설 2023.9.26.〉

24. "의결 정족수"란 입주자대표회의 또는 선거관리위원회의 의결이 성립하는 데 필요한 구성원의 찬성표 수로서 입주자대표회의의 경우 제27조제3항에 따른 구성원의 과반수를 말하며, 선거관리위원회의 경우 제47조제1항에 따른 정원의 과반수를 말한다.

25. 그 밖의 용어(用語)에 대하여는 「공동주택관리법(이하 "법"이라 한다)」, 「공동주택관리법 시행령(이하 "영"이라 한다)」 및 「공동주택관리법 시행규칙(이하 "규칙"이라 한다)」에서 사용하는 용어의 정의(定義)를 적용한다.

2. 공동주택의 관리 책임과 비용의 부담 등

* **전유부분 및 공용부분의 범위 등(준칙 제5조)**
－ **준칙 제5조(전유부분의 범위 등)** ① 전유부분은 입주자 등이 <u>세대</u>에서 **단독**

(單獨)으로* 사용(使用)하는 공간과 시설·설비 등으로서 [별표 2]와 같다. (cf. 집합건물법 제2조제3호, 제4호) (* 독립적·배타적 점유 - 지배, 단독 사용하는 부분)

* 준칙 [별표 2] 「전유부분의 범위(제5조제1항 관련)」

구 분	범 위
1.) 천장·바닥(cf. [별표 3]) 및 벽(壁)	• 세대(世帶) 내부의 마감(磨勘) 부분(部分)과 단독(單獨)으로 사용하는 벽체(壁體). 다만, 벽체 외부 도장 부분은 공용부분으로 한다. (cf. 발코니)
2.) 현관문 및 창(발코니 창을 포함한다)	• 세대가 단독(單獨)으로 사용하는 문틀·문짝, 창틀·창과 이에 부수된 잠금 장치 등의 시설 및 창틀 실리콘. 다만, 현관문의 외부(外部) 도장(塗裝)은 공용부분(共用部分)으로 한다.
3.) 배관·배선 및 닥트, 그 외 건물에 부속(附屬)되는 설비(設備)·시설물	• 개별 세대에서 단독(單獨)으로 사용(使用)하는 부분과 세대에 속하는 부속물(附屬物) • 계량기(計量器)가 설치된 배관·배선 : 전기, 가스, 난방 및 온수 등은 세대(世帶) 계량기 전까지의 부분(계량기는 제외한다) ※ 단, 공동주택의 특성(평면, 배관·배선 방식, 난방방식 등)에 따라 관리규약으로 정할 수 있다. • 오수관·배수관·우수관 등 : Y자관 및 T자관 등 2세대 이상이 공동(共同)으로 사용(使用)하는 시설 전(前)까지의 부분 (cf. Pit 안 배관 등) • 전유부분과 공용부분의 연결부 및 서로 연결되어 구분이 어려운 부분은 공용으로 간주한다.
4.) 세대별 전기·수도·가스·급탕 및 난방의 배관·배선·계량기[8) 등	• 계량기(計量器 - 위 전유부분에 설치되어 있는 것을 제외한다)까지는 공용부분으로 하고, 그 후의 배관 및 배선은 전유부분으로 한다.[9)

---

8) 전기·수도, 난방 및 급탕용 계량기, 특히 입주자 등의 전유부분인 주택 내부에 설치된 계량기를 공용부분으로 할 것인지 전유부분으로 할 것인지 여부와 발코니의 관리 책임 및 시설물의 관리 등에 드는 비용의 부담에 대하여 공동주택관리규약에 정하여야 할 것이다.

9) cf. 준칙 제90조는 계량기가 공용부분임을 전제로 하고 있다(cf. [별표 2] 4., [별표 3] 4.).

전유부분과 공용부분(집합건물법)

질의 요지

공동주택 등 집합건물은 공용부분과 전유부분으로 구성되어 있는데요. 집합건물의 어떤 부분이 **전유부분**이고, 어떤 부분이 **공용부분**에 해당하는 것인지요.

회 신(수정 2024. 1. 28.)

○ **전유부분**이란 구분소유권의 목적인 건물 부분입니다. 「**집합건물의 소유 및 관리에 관한 법률**」 **제1조**에서 정한 **요건**을 **갖춘 건물**의 **부분**이 실제로 **구분소유권**의 **객체**가 된 경우에 그 건물 부분이 집합건물법에서 말하는 전유부분에 해당합니다.

○ 제1조의 **구분소유권**이 **성립**하기 **위한 요건**으로, 1동의 건물 일부분이 구분소유권의 목적물이 되기 위해서는 그 건물의 다른 부분으로부터 구조상 독립성과 이용상 독립성을 갖출 것을 요구합니다(제1조). 이 때 **"구조상(構造上) 독립성"**이란 일반적으로 각 부분이 건물의 구성 부분인 바닥이나 천장, 벽, 출입문 등에 의하여 다른 건물 부분과 **차단**된 경우를 말하며, **"이용상(利用上) 독립성"**이란 해당 부분이 주거, 점포, 사무소 등 건물로써의 **용도**에 제공될 수 있어야 한다는 것을 뜻합니다.

○ 기타 집합건물법에서는 구분소유권의 성립을 위한 건물의 용도는 규정하지 않으므로 주택이나 상가, 오피스텔 등의 건물에 대하여 구분소유 관계(區分所有 關係)가 성립될 수 있습니다. 따라서, 전유부분의 시설 및 설비 등이 집합건물법 제1조의 요건을 갖춘 때에는 **구분소유권의 목적**으로 할 수 있을 것입니다.

○ 한편, **공용부분(共用部分)**이라 함은 ① **전유부분 이외의 건물의 부분**, ② 전유부분에 속하지 않는 **건물의 부속물**, ③ 집합건물법 제3조 제2항 및 제3항에 의하여 **규약상** 공용부분으로 **규정**한 **부속 건물**입니다. (cf. 법 제2조 제4호)

○ 판례(判例)는 건물의 **안전(安全)**이나 **외관(外觀)**을 유지하기 위하여 필요한 지주, 지붕, 외벽, 기초 공작물 등은 구조상 구분소유자의 전원 또는 그 일부의 공용에 제공되는 부분으로써 **구분소유권의 목적**이 **되지 않으므로 공용부분(共用部分)**에 해당한다고 봅니다(대법원 1996. 09. 10. 선고 94다50380 판결).

○ 또한, 집합건물에 있어서 여러 개의 전유부분으로 통하는 복도, 계단 기타 구조상 구분소유자의 전원 또는 그 일부의 공용에 제공되는 건물 부분은 공용부분으로써 구분소유권의 목적이 되지 않으며, **건물의 어느 부분**이 **구분소유자의 전원 또는 일부의 공용**에 **제공**되는지의 **여부**는 소유자들 사이에 특단의 합의가 없는 한 그 **건물의 구조**에 따른 **객관적(客觀的)**인 **용도(用途)**에 의하여 **결정**되어야 한다고 판시하였습니다(대법원 1995. 02. 28. 선고 94다9269 판결).

슬라브 철거와 내부 계단 설치(충간 슬라브의 전유부분 여부)

질의 요지

집합건물의 **충간 슬라브(Slab) 일부**를 **철거**하고 내부 계단을 설치하려면 다른 구분소유자의 동의를 받아야 하는지 여부와 그 **동의 요건**은 무엇입니까?

답변 내용(수정 2024. 1. 28.)

○ 일반적으로 **콘크리트 슬라브(Slab)**로 된 건물 **상부의 바닥**과 **하부의 천장** 사이의 공간(空間)은 **전선·배수관·난방 배관 등**이 **통과**하는 **공간**일 뿐만 아니라, 그 공간을 충분히 확보함으로써 **충간 소음의 방지 효과**라는 **공동(共同)의 이익(利益)과 관련**이 있으므로 바닥 슬라브가 **상부·하부의 전유부분**을 **구분**하고 있다고 하더라도 이를 상층과 하층 구분소유자들의 **일부 공용부분으로 볼 수는 없을 것**입니다. 또한, **건물의 일부**인 슬라브를 철거하는 행위는 건물의 보존 등에 위해(危害)가 되는 등 구분소유자의 공동의 이익에 반(反)할 수 있습니다(제5조 제1항).

○ 따라서, 집합건물 **충간 철근콘크리트 슬라브**의 **일부(一部)**를 **철거(撤去)**하고 내부 계단을 설치하는 것은 1동의 전체 구분소유자의 3분의 2 이상 및 의결권의 3분의 2 이상의 집회 결의(제15조, 개정 2020. 2. 4.)나 구분소유자의 4분의 3 이상 및 의결권의 4분의 3 이상의 서면이나 전자적 방법 또는 서면과 전자적 방법에 의한 합의(제41조)가 있어야 할 것입니다.

발코니가 공용부분(전유부분)인지 여부

질의 요지

아파트 등 공동주택의 **발코니(Balcony)**[10]가 「집합건물의 소유 및 관리에 관한 법률」상 전유부분입니까, 아니면 공용부분에 해당하는 것인지요.

회 신(수정 2023. 12. 31.)

○ 「건축법」에서 **발코니**를 "건축물의 내부와 외부를 연결하는 **완충(緩衝) 공간(空間)**으로서 전망·휴식 등의 목적으로 **건축물 외벽(外壁)**에 **접하여 부가적(附加的)으로 설치**되는 공간"으로 정의하면서, "**주택에 설치되는 발코니**로서 국토교통부장관이 정하는 기준에 적합한 발코니는 필요에 따라 **거실·침실·창고 등의 용도로 사용**할 수 있다."고 규정하고 있습니다(「건축법 시행령」 제2조 제14호).[11]

　- 이러한 발코니*는 건물의 몸체인 **외벽(슬래브)**의 **일부**를 이루고 있는 부분이므로 **일반적**으로 **공용부분**에 해당한다고 볼 수 있지만, **다양한 건축 공법**에 따라 그 **구조 등**이 **상이**하므로 **일률적**으로 **판단할 수 없습**니다. 따라서 발코니가 공용부분에 해당하는지 여부는 **해당 집합건물**의 구조나 이용 방법, 건축물대장의 기재나 건물 등기부의 기록 등을 **종합적**으로 **고려**하여 **판단**하여야 할 것입니다.

　- 준칙 제5조(공용부분의 범위 등) ② 공용부분(共用部分)은 제1항의 "<u>전유부분</u>"을 <u>제외한</u> <u>다음</u> <u>각</u> <u>호</u>의 <u>주택</u> <u>부분·부대시설</u>과 <u>복리시설</u> 및 그 <u>대지</u>로 하되, 그 범위

---

10) 서양식 건축물에서, 바깥으로 튀어나온 모양으로 난간(欄干)을 두른 대(臺). 건물 외부에 거실(居室)의 연장(延長)으로 달아 내서 만든 서양 건축의 노대(露臺)의 하나. 난간뜰(欄干 뜰). 건축물에서 거실의 연장으로 옥외(屋外)로 돌출(突出)하여 지붕·벽이 없고 낮은 벽 또는 난간으로 둘러싸인 곳을 말한다. (출처 : 다음, 네이버, 건축 용어 해설집)

11) 「건축법 시행령」 제2조 14. "발코니(Balcony)"란 건축물의 내부와 외부를 연결하는 완충 공간으로서 전망이나 휴식 등의 목적으로 건축물 외벽에 접하여 부가적(附加的)으로 설치되는 공간을 말한다. 이 경우 주택에 설치되는 발코니로서 국토교통부장관이 정하는 기준(「발코니 등의 구조 변경 절차 및 설치 기준」)에 적합한 발코니는 필요에 따라 거실·침실·창고 등의 용도로 사용할 수 있다. cf. 각주 8), 「건축법 시행령」 제119조제1항제3호 나목 국세심판원 국심2006서1170, 2006.6.8. 결정, 대법원 2010.9.9. 선고 2009두12303 판결

(範圍)는 [별표 3]과 같다. (cf. 집합건물법 제2조제4호, 제3호)

1. 주거(住居) 공용부분 : 공동주택의 복도·계단·현관, 승강기 등과 공동주택의 지상 층에 있는 건물로서 해당(該當) 동(棟)의 입주자 등이 공동으로 사용하는 시설

2. 그 밖의 공용부분 : 제1호의 "주거 공용부분"을 제외한 지하층·관리사무소·경비실·경로당·보육시설·주민공동시설 등 공동주택단지 안의 전체(全體) 입주자 등(入住者 等)이 공동으로 사용하는 시설

＊ 준칙 [별표 3] 「공용부분의 범위(제5조제2항 관련)」

구 분	범　위
1. 건물 부분	• 주요 구조부(構造部) : 벽, 기둥, **바닥**(cf. [별표 2]), 보, 지붕, 주계단(主階段), **외벽**에 부착된 **난간**(欄干, Handrail) • 그 밖에 전유부분에 속하지 않는 부분(cf. 집합건물법 제2조)
2. 부대시설 (cf. 주택법 제2조제13호)	• 주차장, 관리사무소, 담장, 입주자집회소 • 보안등, 대문, 경비실, 자전거보관소, 조경 시설, 옹벽, 축대, 공동주택단지 안의 도로, 안내표지판, 공중전화, 공중화장실, 저수시설, 지하 양수시설, 대피시설, 쓰레기 수거 및 처리 시설, 오수처리시설, 단독 정화조, 소방시설(세대 소화기 제외), 냉난방 공급 시설, 급탕 공급 시설, 공동 저탄장, 수해 방지 시설 • 전기, 전화, 가스, 급수, 배기, 배수, 환기, 난방, 소화, 배연 및 오물 처리의 설비와 굴뚝, 승강기, 피뢰침, 국기 게양대, 텔레비전 공동시청 안테나 및 종합 유선방송의 구내 전용 선로 설비, 우편물수취함, 지능형 홈네트워크 설비, 전기차충전시설 • 그 밖에 전유부분에 속하지 않는 시설
3. 복리시설 (cf. 주택법 제2조제14호)	• 어린이놀이터, 주민운동시설, 노인정, 유치원 및 보육 시설(개인에게 분양된 시설은 제외한다), 주민공동시설, 문고 • 그 밖에 거주자의 취미 활동, 종교 생활, 가정 의례 및 주민 봉사활동에 사용할 수 있는 시설 등
4. 관리 책임 시설	• 세대 및 공용 전기·수도·가스·급탕·난방 계량기 시스템 ＊ (원격표시부, 원격검침 시설 등 계량을 위한 부속품 일체를 포함한다) ＊ 산업통상자원부 고시 "중앙집중난방 방식의 공동주택에 대한 난방계량기 등의 설치 기준" [별첨] 공동주택 세대 난방계량기 및 난방온도조절기 설치 개념도의 난방계량기 시스템을 말한다. ＊ [별표 2] 제4호와 선택적으로 적용 ＊

공용부분의 의미(단지 공용부분)

질의 요지

「집합건물의 소유 및 관리에 관한 법률」 제2조 제4호에서 규정하는 집합건물의 **공용부분(共用部分)**의 의미(意味)가 무엇인지 알고 싶습니다.

회 신(수정 2023. 9. 14.)

o 「집합건물의 소유 및 관리에 관한 법률」 제2조 제4호의 **"공용부분"**은 1동의 건물 중 전유부분이 **아닌 건물 부분,** 전유부분에 속하지 않은 전기·수도·가스·엘리베이터 시설 등과 같은 **건물의 부속물** 및 독립한 건물의 화장실과 같이 동일한 건물에 있지 않더라도 **규약**에서 공용부분으로 정한 **부속(附屬) 건물**을 말합니다.

– 따라서, 여러 동의 건물이 하나의 단지를 이루고, **각 동의 모든 구분소유자**가 **공유**하는 **토지** 또는 **부속 건물**은 집합건물법 (제4조의 대지와) 제51조 이하의 **단지 (團地) 공용부분**으로 볼 수 있을 것입니다(cf. 같은 법 제3조).

일부 공용부분의 관리(집합건물법 제10조 제1항) 등

질의 요지

집합건물은 부속 건물·부속 시설 등 공용부분과 전유부분으로 구성되어 있는데요. **일부(一部) 공용부분**은 무엇이고, 어떻게 **관리**하는지 궁금합니다.

회 신(수정 2023. 9. 14.)

o 집합건물의 **일부 공용부분**이란 공용부분 가운데 **일부(一部)**의 **구분소유자(區分所有者)**만의 **공동사용(共同使用)**에 **제공**되는 것이 명백한 **부분**을 말합니다(제10조 제1항, cf. 「공동주택관리법 시행령」 제23조 제5항, 준칙 제5조 제1항·제2항).

ㅇ 예를 들어, 주상복합아파트의 경우 아래층 상가 부분만을 위하여 제공되는 출입구, 통로, 엘리베이터 등과 윗층의 주거 부분만을 위하여 제공되는 출입구, 계단, 엘리베이터실, 복도 등이 이에 해당한다고 볼 수 있습니다.

ㅇ <u>일부(一部)</u> 공용부분(共用部分)은 그것을 **공용**하는 구분소유자의 **공유**에 속하며(제10조 제1항), 그 **관리**에 관한 **사항**은 이를 공용하는 **일부 구분소유자만의 집회 결의로써 결정**할 수 있습니다. 다만, 구분소유자 전원에게 이해관계가 있는 사항이나 전체 규약에서 전체 구분소유자의 합의로 결정하도록 설정한 사항은 구분소유자 집회 결의(서면 방법 포함)로써 결정하여야 합니다(제14조)

스프링클러 설비가 전유부분인지 공용부분인지

성명 OOO 등록일 2013.06.21. 수정 2024.11.19.

질문 사항

아파트 <u>세대</u> 내부에 설치되어 있는 **스프링클러(Sprinkler) 헤드(Head)**의 파손으로 누수되어 피해가 발생하였습니다. 스프링클러 헤드는 세대 전유부분에 설치되어 있으며, 관리규약에서는 2세대 이상이 공동으로 사용하는 배관은 공용부분이라고 되어 있습니다. 이 경우 스프링클러 헤드가 전유부분인가요, 공용부분인가요?

답변 내용

공동주택의 공용부분과 전유부분의 구분·관리 책임 및 비용 부담은 「공동주택관리법」 제18조제2항 및 같은 법 시행령 제19조제1항제19호에 따라 공동주택 관리규약으로 정하는 사항입니다. 그런데, 공동주택의 **스프링클러(Sprinkler) 헤드(Head)**는 「공동주택관리법 시행규칙」 제7조제1항·제9조 관련 [별표 1] 제3호 라목 2)에서 정한 **「장기수선계획 수립 기준」**의 **대상**인 **공용부분(共用部分)** 주요 시설로서 공동주택의 **부대시설**인 **소화설비**이며, 세대 내부에 설치된 스프링클러(헤드 포함)는 공용 시설이므로 관리주체가 유지·보수하여야 할 것으로 판단됩니다.

한편, 「공동주택관리법」 제32조제1항에 "의무 관리 대상 공동주택의 관리주체는 해당 공동주택의 시설물로 인한 안전사고(安全事故)를 예방(豫防)하기 위하여 대통령령으로 정하는 바에 따라 **안전관리계획(安全管理計劃)**을 수립하고, 이에 따라 시설물별로 안전관리자 및 안전관리 책임자를 지정하여 이를 시행하여야 한다."라고 규정되어 있으며, 같은 법 시행령 제33조제1항제5호에서는 소방시설을 **안전관리의 대상 시설**에 포함하고 있다는 것을 알려드립니다.

화재감지기의 관리 책임(공용부분, 전유부분 구분)

성명 OOO 등록일 2013.08.07. 수정 2024.11.19.

질문 사항

화재 진압을 위한 방재시설에 공유부분과 전유부분이 있는 것으로 알고 있습니다. **세대 안**에 설치된(거실, 각 방 외) **화재감지기**가 고장나서 관리실에 정비를 요청했더니, 하자보수기간이 지났으므로 개인 점유물은 개별 **정비**를 해야 한다네요.

공유분(유도등, 방화 호스 등)은 관리실에서 수선유지비로 정비를 하고, 세대 내부에 있는 화재감지기는 개별 **부담·수리**를 하는 것이 맞는지 알고 싶습니다. 이번 기회에 소방시설 관련 아파트의 공용부분과 개별 점유물을 알고 싶습니다.

답변 내용

공동주택의 <u>스프링클러 헤드</u>는 「공동주택관리법 시행규칙」 제7조제1항·제9조 관련 [별표 1] 제3호 라목 2)에서 정한 **장기수선계획 수립 기준의 대상**(공용부분)이 되는 **"소화설비(消火設備)"**이며, 입주자 등을 화재로부터 보호하기 위한 정책적 목적 등의 필요성에서 **세대** 안에 있는 **화재감지기와 스프링클러(헤드 포함)** 등 소화설비를 관리주체가 유지·관리하는 것이 합리적이며 타당하다고 판단됩니다.

---

* 공동주택의 관리 책임 및 비용 부담(준칙 제70조제1항·제2항)[12]

– 준칙 제70조(전유부분의 관리 책임) ① 전유부분은 <u>입주자</u> 등의 책임(責任)과

---

12) cf. 「공동주택관리법」 제18조제1항·제2항, 같은 법 시행령 제19조제1항제19호

부담(負擔)으로 관리한다(cf. 준칙 제5조제1항 및 관련 [별표 2], 제25조).

　＊ **준칙 제70조(공용부분의 관리 책임)** ② 관리주체는 공용부분을 관리(管理)하고, 그 관리에 필요한 비용(費用)은 입주자 등이 영 제23조제1항·제2항 및 제3항(세대에서 개별적으로 사용하는 비용은 제외한다)에 따라 관리비 등으로 부담(負擔)한다(cf. 준칙 제5조제2항 [별표 3]·제88조, 법 제63조제1항·제64조제2항·제9조제1항).

공동주택(누수 부위)의 관리 책임과 비용의 부담

질문 사항

　누수(漏水) 부위가 각각 세대 전유부분인 경우와 공용부분인 경우의 **관리(管理) 책임(責任)**은 누구에게 있으며, 그 **비용(費用)**은 누가 **부담(負擔)**하는지요?

답변 내용(수정 2023. 10. 21.)

　－ "공동주택의 관리 책임 및 비용 부담"에 관한 사항은 **관리규약**으로 정하도록 규정하고 있으므로(법 제18조제2항, 영 제19조제1항제19호), **공용부분** 또는 **세대 전유부분**의 **구분**과 그 **관리 책임** 등에 대해서는 개별 **공동주택관리규약**에 정하여 **운영**하여야 한다(cf. 준칙 제70조제1항·제2항, 집합건물법 제2조제3호·제4호).

　＊ 영 제19조(관리규약의 준칙) ① 법 제18조제1항에 따른 관리규약의 준칙(이하 "관리규약 준칙"이라 한다)에는 다음 각 호의 사항이 포함되어야 한다. 이 경우 입주자 등이 아닌 자의 기본적인 권리를 침해하는 사항이 포함되어서는 아니 된다.

　　19. 공동주택의 관리 책임 및 비용 부담(cf. 준칙 제70조)

　＊ 공용부분의 관리 비용·의무 등의 부담과 이익의 취득(집합건물법 제17조)

　집합건물법 제17조(공용부분의 부담·수익) 각 공유자는 **규약**에 달리 정한 바가 없으면 그 **지분(持分)**의 비율에 따라 공용부분의 **관리 비용**과 그 밖의 **의무**를 **부담**하며, 공용부분에서 생기는 **이익**을 **취득**한다.[13] [전문 개정 2010. 3. 31.]

---

13) 법 제18조제1항 및 영 제19조제1항제18호에 따라 공동주택관리규약의 준칙에 포함되어야 하는 "관리 등으로 인하여 발생한 수입(잡수입, 관리 외 수익)의 용도 및 사용 절차"는 「서울특별시공동주택관리규약 준칙(예시)」 제62조에 구체적으로 규정되어 있다.

집합건물(연립주택, 빌라 등) 공용부분(옥상)의 유지·보수

질의 요지

빌라의 옥상(屋上)에 **누수**가 발생하여 **피해**를 입고 불편을 겪고 있습니다. 옥상이 공용부분에 해당하는지 여부와 옥상 방수 **공사**를 **결정**하는 **절차**가 궁금합니다.

회 신(수정 2023. 9. 14.)

○ 「집합건물의 소유 및 관리에 관한 법률」에 따르면, 집합건물은 구분소유권의 목적물인 전유부분과 구분소유자 전원이나 일부의 공용에 제공되는 공용부분으로 구성되어 있습니다(제2조, 제3조). 같은 법 제2조 제4호의 **"공용부분"**은 1동의 건물에서 전유부분이 아닌 건물 부분과 전기·수도·가스·엘리베이터 시설 등과 같은 건물의 부속물 및 독립한 건물의 화장실과 같이 동일한 건물에 있지 않더라도, 규약으로 정한 부속 건물을 말합니다. 또한, 옥상·현관·계단·물탱크·하수관 등 기타 공용부분은 **건물 전체**의 **유지·보전**이나 **기능·미관 등**을 위하여 **필요한 부분**이며, **객관적인 구조** 및 **이용상 모든 구분소유자**에게 **제공**되고 있다면 공용부분에 해당합니다. 따라서, 옥상은 건물 몸체의 상부로서 건물 전체의 유지·보전이나 미관을 위하여 필요한 부분이며, 사안의 경우 객관적인 구조 및 그 이용상 모든 구분소유자에게 제공되고 있으므로 공용부분인 것입니다.

○ **공용부분(共用部分)의 관리**에 관한 사항은 원칙적으로 구분소유자들이 모인 관리단 집회에서 구분소유자의 과반수 및 의결권(지분)의 과반수 찬성으로 **결정**하나(제16조 제1항, 제38조 제1항), 공용부분의 파손 부분을 보수하거나 노후된 부분을 교체하는 일 등은 **보존행위(保存行爲)**에 해당하므로, 관리단 집회의 결의 없이 구분소유자가 **단독**으로 할 수 있습니다(제16조 제1항 단서 규정).

○ 따라서, 사안의 옥상 방수 공사도 그 옥상의 정상적인 형상 또는 기능을 유지하기 위한 목적이라면 특정 구분소유자가 공사를 진행하고, 이에 관한 비용을 지분 비율에 따라 각 구분소유자에게 청구할 수 있을 것으로 판단됩니다(제17조).

ㅇ 끝으로, 「공동주택관리법」 제2조 제1항 제2호[14]에 따른 **"의무 관리 대상 공동 주택"** 외의 소규모 공동주택, 연립주택, 다세대, 빌라, 상가, 오피스텔 등 집합건물의 **관리 및 사용**에 관한 사항은 **「집합건물의 소유 및 관리에 관한 법률」**이 **적용**됩니다. 그리고, 담당 기관 등은 법무부(법무심의관)와 서울특별시 건축기획과(건축정책 팀) 및 기초지방자치단체의 집합건축물대장 담당 부서이므로, 보다 자세한 내용은 해당 업무를 관장하는 곳 또는 가까운 법률구조공단(국번 없이 132)이나 법률 전문 가에게 문의하여 도움을 받기 바랍니다.

옥상(공용부분) 임대 수익의 배분

질의 요지

상가 옥상(屋上)을 외부인에게 **임대(賃貸)**하여 **수익(收益)**이 발생한 경우 해당 수익은 누구에게 귀속(歸屬)되며, 그 귀속 비율은 어떻게 되는지 알고 싶습니다.

회 신(수정 2023. 9. 14.)

ㅇ 집합건물법에 따르면, **공용부분**의 **관리(管理)**와 **변경(變更)**에 관한 사항은 **관 리단 집회**에서 **결정**하고(제15조, 제15조의 2, 제16조), 공용부분에서 생기는 **이익 (利益)**은 **규약**에 달리 정한 바가 없으면, 구분소유자가 그 **지분(持分) 비율**에 따라 **취득**한다(제17조, 제12조 제1항). 그리고, 집합건물 규약 및 관리단 집회의 **결의**는 구분소유자의 특별승계인에게도 **효력**이 있다(제42조 제1항, 준칙 제107조).

---

14) 「공동주택관리법」 제2조제1항 2. "의무(義務) 관리(管理) 대상(對象) 공동주택(共同住宅)" 이란 해당 공동주택을 전문적(專門的)으로 관리(管理)하는 자를 두고, 자치 의결 기구(自治 議決 機構)를 의무적으로 구성(構成)하여야 하는 등 일정(一定)한 의무(義務)가 부과되는 공동주택으로서, 다음 각 목 중 어느 하나에 해당하는 공동주택을 말한다.
가. 300세대 이상의 공동주택
나. 150세대 이상으로서 승강기가 설치된 공동주택
다. 150세대 이상으로서 중앙집중식 난방 방식(지역난방 방식을 포함한다)의 공동주택
라. 「건축법」 제11조에 따른 건축허가를 받아 주택 외의 시설과 주택을 동일 건축물로 건축한 건 축물로서 주택이 150세대 이상인 건축물
마. 가목부터 라목까지에 해당하지 아니 하는 공동주택 중 입주자 등이 대통령령(cf. 「공동주택관 리법 시행령」 제2조)으로 정하는 기준에 따라 동의하여 정하는 공동주택

– 집합건물법 제17조의 **'수익(收益)'**이란 집합건물의 공용부분을 그 목적에 반하지 않는 범위 안에서 구분소유자나 제3자로 하여금 사용·수익하게 함으로써 발생하는 이익을 의미하며, 특정 공용부분을 임대한 경우의 임대료(賃貸料)나 전용사용권을 설정한 경우의 사용료(使用料)가 이에 해당한다.

○ 예컨대, 공용부분인 옥상의 임대로 인하여 발생하는 **수익**은 원칙적으로 지분의 비율로 구분소유자에게 귀속하지만(제17조), 구분소유자에게 분배하지 아니 하고 규약이나 집회의 결의에 근거하여 **관리 비용**에 **충당**하는 것도 가능하며, 그러한 규약이나 결의가 있었다면 현재의 구분소유자에게도 **효력**이 미치므로(제42조 제1항), 현재의 구분소유자는 해당 수익의 할당(割當)을 청구할 수 없을 것이다.

○ 다만, 그러한 **집회 결의(決議)**는 **변경(變更)**이 **가능(可能)**하므로, 다시 집회를 열어 구분소유자의 과반수 및 의결권의 과반수 찬성으로 옥상 등 공용부분의 임대 수익을 배분하도록 결정할 수 있는 것이다(제16조, 제38조 제1항).

3. 입주자 등의 자격·권리와 의무 등

* 입주자 등의 자격 등(준칙 제20조)

– 준칙 제20조(입주자 자격의 발생·소멸) ① 입주자의 자격(資格)은 소유자가 공동주택 1세대의 구분소유권을 취득한 때에 발생(發生)하고, 그 구분소유권을 상실한 때에 소멸(消滅)한다. 〈개정 2020.6.10.〉

* 준칙 제20조(사용자 자격의 발생·소멸) ② 사용자의 자격은 1세대의 주택 전세권 또는 임차권 등을 취득한 때 발생하고, 그 권리를 상실한 때에 소멸한다.

* 준칙 제20조(입주자 명부의 작성·제출 및 관리) ③ 공동주택에 입주한 입주자 등은 지체 없이 [별지 제1호 서식]에 따른 입주자(入住者) 명부(名簿)를 작성하여 관리주체에게 제출(提出)하여야 한다. 이 경우 관리주체는 「개인 정보 보호법」에 적합하게 자료를 관리하여야 한다.

* 준칙 제20조(입주자 등의 자격상실의 효과) ④ 입주자 등의 자격(資格)을 상실한 자는 이 관리규약과 관련한 모든 권리(權利)를 상실한다.

* 입주자 등의 권리(준칙 제21조)

- 준칙 제21조(입주자 등의 권리) 입주자 등은 법·영·규칙(이하 "공동주택관리법령"이라 한다)에서 정한 사항 외에 다음 각 호의 권리(權利)를 갖는다. 다만, 제3호 및 제4호에 따른 동별 대표자와 입주자대표회의의 회장 및 감사의 피선거권(被選擧權)은 1세대의 주택에 하나씩 주어지며, 사용자에게는 법 제14조제3항 및 제7항에 따라 한정적으로 부여된다. 〈개정 2020.6.10.〉

1. 전유부분을 주거의 목적으로 사용할 수 있는 권리(cf. 준칙 제21조제1호)
2. 공용부분을 관리규약 및 하위 규정에서 정하는 바에 따라 사용하는 권리
3. 선거구의 동별 대표자에 관한 피선거권·선거권 및 그 해임권
4. 입주자대표회의의 회장, 감사에 관한 피선거권(동별 대표자로 선출된 경우로 한정한다)·선거권 및 그 해임권(cf. 영 제12조제1항·제2항, 제13조제4항)
5. 공동주택의 관리에 대하여 입주자대표회의 및 관리주체에게 의견을 진술하는 권리
6. 선거관리위원회 위원의 해촉 요청권(cf. 준칙 제49조제2항)
7. 그 밖에 공동주택관리법령 및 이 관리규약에서 정한 권리

입주자 등의 선거권·의결권(투표권) 등

성명 OOO 등록일 2013.04.11. 수정 2016.09.14.

질문 사항

입주자 등(입주자, 전세자)의 **선거권(동의권)**에 관한 질문입니다. 관리사무소에 제출한 입주자 카드에는 등재되어 있지 않지만, 실제로는(주민등록부 등재 등) 소유자(전세자)이거나 소유자(전세자)의 직계존비속일 경우 이미 행사한 선거권 또는 동의권(관리규약, 동별 대표자 해임)이 유효한지요? 아니면, 무효인지요?

답변 내용

동별 대표자 선거권 및 관리규약의 결정·개정에 대한 투표권 등이 있는 자는 입

주자 등으로서 해당 공동주택의 **입주자 명부**에 등재되어 있지 않거나, 입주자 명부를 제출하지 아니 한 자를 모두 포함합니다(세입자 여부 불문, 주민등록 이전 여부 불문).[15] 다만, 질의 사안처럼 주민등록을 당해 공동주택에 두고 있으나 입주자 명부에 등재되지 않았다면, 관리주체 등이 동별 대표자 선거 등 공동주택 관리에 관한 의결권 행사 당시 해당자가 그 공동주택에 **거주**하고 있는지 여부를 **확인**하여 실제 거주하는 경우는 그 선거권 및 투표권을 인정할 수 있을 것으로 판단됩니다.

☞ 점유자의 의견 진술권(집합건물법 제40조 제1항)

- **집합건물법 제40조(점유자의 의견 진술권)** ① 구분소유자의 승낙을 받아 전유부분을 점유(占有)하는 자는 집회의 목적 사항에 관하여 이해관계가 있는 경우에는 집회에 출석하여 의견(意見)을 진술(陳述)할 수 있다.
- **집합건물법 제40조** ② 제1항의 경우 집회(集會)를 소집(召集)하는 자는 제34조에 따라 소집 통지를 한 후 지체 없이 집회의 일시, 장소 및 목적 사항을 건물 안의 적당한 장소에 게시(揭示)하여야 한다. [전문 개정 2010.3.31.]

---

* 입주자 등의 의결권 행사(준칙 제22조)

- **준칙 제22조(1주택 1의결권 보유 등)** ① 1세대의 주택에서는 하나의 의결권(議決權)을 갖는다. 다만, 1세대의 주택을 2세대(또는 2인) 이상이 **공유**하는 경우에는 의결권을 행사할 1인을 선임하여 미리 관리주체에 서면으로 통보하여야 한다.

* 준칙 제22조(의결권의 행사 방법) ② 입주자 등은 서면 또는 전자적 방법으로 의결권(議決權)을 행사(行使)할 수 있으며, 제51조에 따른 전자적 방법으로 의사를 결정할 수 있다. 〈개정 2023.9.26.〉

* 준칙 제22조(의결권 행사의 대리) ③ 소유자 또는 임차인(임차 등을 한 경우)이 아닌 입주자 등은 입주자 명부에 등재된 해당 주택의 소유자(所有者) 등을 대리하여 의

---

15) cf. 「공동주택관리법」 제14조제1항·제3항, 같은 법 시행령 제11조제1항·제12조제2항, 같은 법 제18조제2항, 같은 영 제20조제2항·제4항 등 (***** 해당 주택을 점유·사용할 권원)

결권을 행사할 수 있다. 〈개정 2021.4.5.〉

서면 결의의 요건(인감증명서의 첨부 여부)

질의 요지

「집합건물의 소유 및 관리에 관한 법률」 제41조에 따라 **서면(書面)**에 의한 **결의(決議)**를 할 경우 그 동의서에 인감증명서를 첨부하여야 하는지요.

회 신

서면에 의한 **결의**는 **해당 의결 사항**에 관한 **구분소유자의 의사를 기재**한 서면을 **제출**하는 **방식**으로 행하며, 집합건물법은 특별히 **인감증명서 등 증빙 서류의 제출**을 **요건(要件)**으로 하고 있지 않습니다. 다만, 그 의사(가령, 공용부분 변경에 대한 동의)의 **진실성**을 담보하기 위하여 인감증명서를 요구하는 경우가 있으나, 인감증명서가 첨부되지 않았다는 이유로 서면 결의의 **효력**이 문제되지는 않을 것입니다.

서면 위임(인감증명서 첨부 여부), 임시 관리단 집회 소집권자

질의 요지

관리인이 없는 집합건물의 경우 특정 구분소유자가 다른 구분소유자의 동의를 얻어 **관리단 집회**를 **소집**할 수 있는지요. 그리고, 이 때 동의서에는 관리단 집회 소집 요구에 동의한 구분소유자의 인감증명서를 첨부하여야 하는지요.

회 신(수정 2023. 9. 14.)

○ 집합건물법에 따른 임시 관리단 집회의 소집권자는 <u>관리인</u>이며, 구분소유자의 5분의 1 이상 및 의결권의 5분의 1 이상은 관리인에게 집회 소집을 청구할 수 있습니다(제33조 제1항, 제2항). 다만, 위의 청구에도 불구하고 관리인이 소집 절차를

밟지 않거나, **관리인**이 **없는 때**에는 구분소유자의 5분의 1 이상 및 의결권의 5분의 1 이상을 가진 자가 관리단 집회를 소집할 수 있습니다(제33조 제3항, 제4항).

○ 구체적 사안에서 특정 구분소유자가 구분소유자의 5분의 1 이상 및 의결권의 5분의 1 이상의 **서면 위임**을 받았다면, 그에 근거하여 관리단 집회를 소집할 수 있으며, 그 위임의 **형식**은 특별한 **제한**이 **없습**니다. 따라서, 인감증명서가 반드시 첨부되어야 하는 것은 아니며, 팩스(fax) 수신도 가능할 것으로 판단됩니다.

* 입주자 등의 의무 · 책임(준칙 제23조)

– 준칙 제23조(규약 등의 준수 의무) ① 입주자 등은 원활한 공동생활을 유지하기 위하여 공동주택관리법령, 공동주택 관리에 관계되는 법령, 이 관리규약 및 하위 규정을 준수하여야 한다(cf. 법 제35조제1항, 집합건물법 제5조).

– 준칙 제23조(입주자 등의 의무) ② 입주자 등은 공동주택관리법령에 정한 사항 외에 공동생활의 질서 유지와 주거 생활의 향상 및 제반 시설의 유지 · 관리를 위하여 다음 각 호의 의무를 진다(cf. 법 제35조제1항 · 제90조제2항).

1. 전유부분을 주거의 용도로 사용하는 의무(개별 법령이나 규정에서 따로 기준을 정한 경우에는 그에 따른다) (cf. 집합건물법 제5조)

2. 제반 시설을 선량한 관리자의 주의로 사용 · 보전 및 유지할 의무

3. 공동생활의 질서를 지킬 의무(cf. 준칙 제98조, 제93조)

4. 관리주체의 안전점검 및 그 진단 결과로 이용 제한 또는 보수 등의 조치(措置)에 협조(協助)할 의무(cf. 준칙 제25조제2항)

5. 시설물의 이용에 대한 안전 수칙 준수 및 공사장 등의 통제에 협조할 의무

6. 제83조에 따라 관리주체의 동의를 받을 의무(cf. 영 제19조제2항)

7. 경비원, 미화원, 관리사무소 직원 등 공동주택 근로자에 대한 인권 존중의 의무

8. 그 밖에 공동주택의 유지 · 관리를 위하여 지켜야 할 의무

* 준칙 제23조(분쟁 해결을 위한 노력 의무) ③ 입주자 등, 입주자대표회의, 선거관리위원회, 관리주체는 공동주택 관리 분쟁(分爭) 사항이 발생하는 경우 자치구별로 설치된 지방공동주택관리분쟁조정위원회의 조정 및 심의를 거치는 등 분쟁 해결(解決)을 위하여 노력(勞力)하여야 한다(cf. 준칙 제93조 · 제94조, 제98조 ~ 제101조).

* **준칙 제23조(입주자의 책임)** ④ 입주자는 그의 소유인 주택을 사용자에게 **임대**한 때에도 해당 **관리비·사용료** 및 **장기수선충당금 등**(이하 "관리비 등"이라 한다)의 체납 분을 부담할 **책임**이 있다.[16] (cf. 법 제23조제1항, 집합건물법 제17조)

* **준칙 제23조(입주자 등의 의무)** ⑤ 입주자 등은 관리주체가 <u>건물</u>을 <u>점검</u>하거나 <u>수리</u>하기 위하여 공동주택의 <u>전유부분</u>에 출입하려는 때에는 이를 거부할 수 없다.

* **준칙 제23조(입주자 등의 의무)** ⑥ 입주자 등, 입주자대표회의 및 관리주체 등은 경비원, 미화원, 관리사무소 직원 등 근로자에게 적정한 보수를 지급하고 휴게 공간 설치 및 근무 공간 적정 냉난방 온도 유지 등 근로자의 처우개선(處遇改善)과 인권 존중을 위하여 노력(努力)하여야 한다(cf. 법 제65조의 2). 〈신설 2021.4.5.〉

* **준칙 제23조(입주자 등의 의무)** ⑦ 입주자 등, 입주자대표회의 및 관리주체 등은 경비원, 미화원, 관리사무소 직원 등 근로자에게 계약서 및 취업규칙으로 정한 업무 범위 외의 부당한 업무를 지시하여서는 아니 된다. 〈신설 2021.4.5.〉

관리비 등의 납부 의무자(임차인 체납)

성명 OOO 등록일 2013.07.19. 수정 2024.11.19.

질문 사항

「공동주택관리규약 준칙」 제23조 "입주자 등의 의무" 규정 제4항에 **"입주자가 그의 소유인 주택을 사용자에게 임대한 경우 관리비·사용료 등의 체납분에 대하여는 해당 입주자가 부담할 책임이 있다."**고 명시되어 있는데, 이는 「공동주택관리법」 등 관련 법령의 어떤 근거 조항 또는 기준에 해당되는지 질의합니다.

---

16) 관리비의 부담 주체는 공동주택의 입주자 등(입주자 및 사용자)이다. 입주자와 사용자 사이에서는 특별한 사정이 없는 한 사용자가 부담한다고 할 것이다. 한편, 공동주택의 구분소유자와 사용자가 관리비 부담에 대해서 약정(約定)한 경우에는 그 약정에 따라 관리비를 부담(負擔)하여야 할 것이다. 구분소유자와 사용자 사이에 관리비에 대한 약정이 없는 경우 또는 그에 대하여 약정이 있더라도 사용자의 연체 관리비를 구분소유자에게 청구할 수 있는 지 여부에 관하여는 「공동주택관리규약의 준칙」 제23조제4항에서는 구분소유자에게 청구할 수 있다고 규정하고 있으나, 그 규정의 효력에 대해서는 아직 판례가 없다. 대전지방법원. 「아파트 주민들의 분쟁 예방을 위한 길잡이」. 2010. p. 88, 95. 〈수정 2020.6.10.〉

답변 내용

의무 관리 대상 공동주택의 **입주자 및 사용자**는 그 공동주택의 유지·관리를 위하여 필요한 **관리비**를 관리주체에게 **납부**하여야 하므로(「공동주택관리법」 제23조 제1항), 사용자인 세입자가 관리비(管理費)를 체납한 경우에는 그 관리비 등의 납부 의무자인 해당 사용자가 자신이 체납한 관리비 등을 부담하여야 할 것입니다.[17]

'공동의 이익'에 어긋나는 행위의 정지 청구 등

질의 요지

「집합건물의 소유 및 관리에 관한 법률」 제5조의 **위반 행위**가 있는 경우 건물 관리인이 관리위원회의 회의를 거쳐 같은 법 제43조의 **법적 조치**를 할 수 있는지요.

회 신(수정 2023. 9. 15.)

○ 집합건물법은 제5조 제1항에서 "구분소유자는 건물의 보존에 해로운 행위나 그 밖에 건물의 관리 및 사용에 관하여 구분소유자 공동의 이익에 어긋나는 행위를 하여서는 아니 된다." 라고 규정하고 있습니다.

○ 구분소유자가 집합건물법 제5조에서 규정하는 **금지(禁止) 행위(行爲)**를 한 때에는 관리인 또는 관리단 집회의 결의로 지정된 구분소유자가 그 행위의 **정지(停止)**나 **결과**의 **제거(除去) 등**을 **청구(請求)**할 수 있으며(제43조 제1항), 관리단 집회 결의를 거쳐 이를 **소송(訴訟)**으로 다툴 수도 있습니다(제43조 제2항). 이 때의 관리인은 관리단 집회에서 구분소유자의 과반수 및 의결권의 과반수 찬성으로 결정된 관리인을 가리킵니다(제24조, 제38조 제1항).

– 따라서, 관리단 집회의 결의(규약의 정함이 있는 경우 관리위원회의 결의)로 선임된 관리인은 집합건물법 제5조를 위반한 구분소유자에 대하여 그 행위의 정지

---

17) cf. "아파트 임차인이 관리비 납부하지 않았다면 소유자, 관리비 지급 의무 있어" – 의정부 지방법원 고양지원 판결 〈아파트관리신문 2013년 12월 09일(제988호)〉, 수원지방법원 오산 시법원 판결 〈아파트관리신문 2013년 09월 09일(제976호)〉, 의정부지방법원 제7민사 단독 (판사 안희길) 판결 〈아파트관리신문 2011년 09월 12일(제881호)〉, 준칙 제23조제4항, 제 26조제1항·제2항, 제103조, 집합건물법 제17조·제18조 〈수정 2021.5.17.〉

등을 청구할 수 있습니다. 만약, 해당 집합건물의 규약에 근거한 **관리위원회**가 설치되어 있는 경우라면 관리인은 규약에 달리 정한 바가 없는 한, 관리위원회의 **결의**를 거쳐 사무를 집행하여야 할 것입니다(제26조의 2 제3항). 나아가 이와 관련된 **소송**을 제기하기 위해서는 **관리단 집회**를 반드시 거쳐야 합니다.

○ 질의 내용만으로는 "건물 관리인"이 집합건물법상의 관리인을 의미하는지, 또한 "관리위원회"가 어떠한 기관[18]인지 불분명하나, 집합건물법 제5조 및 제43조의 취지는 **구분소유자 개인**의 **다른 구분소유자 개인**에 대한 **의무**일 뿐만 아니라 **구분소유자 전원**을 위하여 **의무 위반 행위**의 **금지**를 **규정한 것**이므로, 구분소유자가 제5조에서 규정하는 의무 위반 행위를 한 경우 건물의 공용부분에 대한 관리를 담당하는 자가 그 행위의 정지 등을 청구할 수 있을 것으로 생각됩니다.

전유부분의 사용 금지(使用 禁止) 청구

질의 요지

「집합건물의 소유 및 관리에 관한 법률」 제44조 '사용 금지 청구'와 관련하여 '구분소유자 및 의결권'의 의미와 의결 때 **사용 금지 대상**이 되는 **구분소유자**의 **의결권**을 **제한**할 수 있는지 여부 및 제23조의 관리단의 의미가 궁금합니다.

회 신(수정 2023. 10. 5.)

○ 집합건물법 제44조의 전유부분에 대한 사용 금지 청구권을 소(訴)로써 행사하기 위해서는 "구분소유자의 4분의 3 이상 및 의결권의 4분의 3 이상"의 **관리단 집회의 결의**가 있어야 합니다. 이 때 구분소유자는 아파트, 업무 시설, 상가 등 당해 건물에 대하여 구분소유권을 가지는 전체 구분소유자의 4분의 3 이상을 의미하고, **의결권**은 **규약**에 특별한 규정이 없다면 **지분권(전유 면적) 비율**이므로(제37조, 제12조) 아파트, 업무 시설, 상가 등 모든 전유부분의 면적을 합한 전체 전유 면적의 4분의 3 이상을 의미하며, 이 두 가지 요건을 모두 만족하여야 합니다.

---

18) cf. 「집합건물의 소유 및 관리에 관한 법률」 제26조의 3, 제26조의 4

o 한편, 집합건물법은 관리단 집회에서 결의할 것으로 정한 사항에 관하여 **구분소유자**의 **4분의 3 이상** 및 **의결권**의 **4분의 3 이상**의 **서면**이나 **전자적 방법** 또는 **서면과 전자적 방법**으로 **합의**하면 집회 결의가 있는 것으로 보므로(제41조 제1항), 위의 집회 결의 없이 이러한 서면 또는 전자적 방법에 의한 의결로도 사용 금지 청구권 행사를 결정할 수 있습니다. 이 때 '구분소유자 및 의결권'의 의미는 집회 결의 때와 동일합니다. 위의 결의(집회 결의 및 서면 또는 전자적 방법에 의한 의결)에 있어서 당해 **위반 행위**를 한 **구분소유자**는 **의무 위반 행위**의 **존부(存否)**가 아직 **확정(確定)**되지 **않은 상태**이므로 **의결권(議決權)** 행사가 **제한**되지 **아니 합**니다.

o 따라서, 아파트 구분소유자 20명(각 전유 면적 20평), 사무실 구분소유자 10명(각 전유 면적 20평), 상가 구분소유자 10명(각 전유 면적 40평)이라고 가정하면, 집회 결의인 경우 총 구분소유자 40명 중 30명 이상이 찬성하고, 이들이 소유한 전유 면적 합계 또한 1,000평 중 750평 이상이 되어야 합니다. 그리고, 서면 의결인 때 또한 구분소유자는 30명 이상, 전유 면적 합계는 750평 이상이 되어야 합니다.

o 집합건물법 제23조의 관리단은 별다른 설립 절차 없이 **구분소유 관계**가 **성립**되어 건물에 대한 **공동관리**의 **필요**가 **생긴 때**에 당연히 설립됩니다. 관리단의 구성원은 구분소유자이고, 구분소유자 전원은 본인의 의사와 관계없이 법률의 규정에 의하여 당연히 구성원이 되며, 구성원이 될 것을 거부할 수 없습니다. 대법원도 "구분소유자로 구성되어 있는 단체로서 이 법 제23조 제1항의 취지(趣旨)에 부합(符合)하는 것이면 그 존립 형식이나 명칭에 불구하고 관리단으로서의 역할을 수행할 수 있다."고 판시하였습니다(대법원 1996. 8. 23. 선고 94다27199 판결).

☞ '공동의 이익'에 어긋나는 행위가 있는 경우

- **집합건물법 제5조(구분소유자의 권리·의무 등)** ① 구분소유자는 건물의 보존(保存)에 해로운 행위나 그 밖에 건물의 관리 및 사용에 관하여 구분소유자 공동(共同)의 이익(利益)에 어긋나는 행위를 하여서는 아니 된다.
- * **집합건물법 제5조** ② 전유부분이 주거의 용도로 분양된 것인 경우에는 구분소

유자는 정당한 사유 없이 그 부분을 주거 외의 용도(用途)로 사용하거나, 그 내부벽을 철거하거나 파손하여 증축·개축하는 행위를 하여서는 아니 된다.

　* **집합건물법 제5조** ③ 구분소유자는 그 전유부분이나 공용부분을 보존하거나 개량하기 위하여 필요한 범위에서 **다른 구분소유자의 전유부분** 또는 자기의 공유(共有)에 속하지 아니 하는 **공용부분의 사용(使用)**을 **청구(請求)**할 수 있다. 이 경우 다른 구분소유자가 손해를 입었을 때에는 **보상**하여야 한다.

　* **집합건물법 제5조** ④ 전유부분을 점유하는 자로서 구분소유자가 아닌 자(이하 "점유자"라 한다)에 대하여는 제1항부터 제3항까지의 규정을 준용한다.

　– **집합건물법 제43조(공동의 이익에 어긋나는 행위의 정지 청구 등)** ① 구분소유자가 제5조 제1항의 행위를 한 경우 또는 그 행위를 할 우려가 있는 경우에는 관리인 또는 관리단 집회의 결의로 지정된 구분소유자는 구분소유자 공동의 이익을 위하여 그 행위를 정지(停止)하거나 그 행위의 결과를 제거(除去)하거나 그 행위의 예방에 필요한 조치(措置)를 할 것을 청구할 수 있다.

　* **집합건물법 제43조** ② 제1항에 따른 소송(訴訟)의 제기는 관리단(管理團) 집회의 결의(決議)가 있어야 한다. (cf. 준칙 제62조제5항제4호)

　* **집합건물법 제43조** ③ 점유자(占有者)가 제5조 제4항에서 준용하는 같은 조 제1항에 규정된 행위(行爲)를 한 경우 또는 그 행위를 할 우려(憂慮)가 있는 경우에도 제1항과 제2항을 준용한다. [전문 개정 2010.3.31.]

　– **집합건물법 제44조(사용 금지의 청구)** ① 제43조 제1항의 경우에 제5조 제1항에 규정된 행위로 구분소유자의 공동생활상의 장해가 현저하여 제43조 제1항에 규정된 청구로는 그 장해를 제거하여 공용부분의 이용 확보나 구분소유자의 공동생활의 유지를 도모하는 것이 매우 곤란할 때에는 관리인 또는 관리단(管理團) 집회의 결의(決議)로 지정된 구분소유자는 관리단 소(訴)로써 적당한 기간 동안 해당 구분소유자의 전유부분 사용 금지를 청구할 수 있다. 〈개정 2020.2.4.〉

　* **집합건물법 제44조** ② 제1항의 청구는 구분소유자(區分所有者)의 4분의 3 이상 및 의결권(議決權)의 4분의 3 이상의 관리단 집회 결의가 있어야 한다.

　* **집합건물법 제44조** ③ 제1항의 결의(決議)를 할 때에는 미리 해당 구분소유자에게 변명(辨明)할 기회(機會)를 주어야 한다.

* 업무 방해 금지 등(준칙 제24조)

- 준칙 제24조(업무 방해 금지) ① 입주자 등은 입주자대표회의, 선거관리위원회 또는 관리주체의 업무(業務)를 방해(妨害)하여서는 아니 된다.

- 준칙 제24조(업무 간섭 및 방해 금지) ② 입주자대표회의, 선거관리위원회 및 관리주체, 입주자대표회의의 회장과 감사는 서로의 업무(業務)를 부당하게 간섭(干涉)하거나 그 업무를 방해(妨害)하여서는 아니 된다(cf. 법 제65조, 제65조의 3).

- 준칙 제24조(권리 침해 및 방해 금지) ③ 입주자대표회의, 선거관리위원회 및 관리주체는 입주자 등의 권리를 부당하게 침해하거나 방해하여서는 아니 된다.

* 입주자 등의 손해배상책임, 원상 복구·회복 등(준칙 제25조)

- 준칙 제25조(입주자 등의 배상 책임 등) ① 입주자 등이 고의 또는 과실로 공동주택의 공용부분 또는 다른 입주자 등의 전유부분을 훼손하였을 경우에는 원상(原狀)을 회복(回復)하거나, 보수에 필요한 비용(費用)을 부담(負擔)하여야 한다. 이 경우 제3자에게 손해를 끼쳤을 경우에는 그 손해를 배상하여야 한다(cf. 「민법」 제750조).

- 준칙 제25조(입주자 등의 배상 책임 등) ② 입주자 등이 소유 또는 점유하는 전유부분의 시설 등에서 누수·누출(漏出) 등으로 다른 입주자 등의 시설 또는 공용부분에 피해를 입혔을 경우 원상을 회복(回復)하거나 원상 회복을 위한 관리주체의 업무 수행에 협조하고 이에 따른 손해를 배상(賠償)할 책임이 있다(cf. 「민법」 제758조).

- 준칙 제25조(관리주체의 배상 책임 등) ③ 관리주체는 입주자 등이 거주하는 공동주택의 전유부분에 출입하여 건물을 점검하거나 수리하는 과정에서 전유부분에 설치된 시설 등을 훼손한 경우에는 지체 없이 원상 복구(復舊)하여야 한다.

- 준칙 제25조(입주자 등의 배상 책임 - 제3자) ④ 입주자 등은 관리주체의 출입을 거부하여 제3자에게 손해를 끼쳤을 경우에는 그 손해를 배상할 책임이 있다.

* 공동주택관리규약의 효력(준칙 제107조, 법 제18조제4항)

- 준칙 제107조(규약의 효력) ① 이 규약은 법 제18조제4항에 따라 입주자의 지위를 승계(承繼)한 자(경락을 받아 취득한 자를 포함한다)에 대하여도 그 효력이 있다.

– 준칙 제107조(규약의 효력) ② 제4조 관리 대상물의 사용 방법에 대하여 이 규약에 정한 내용은 사용자 또는 점유자에 대하여도 입주자와 동일한 효력을 지닌다.

* 권리·의무의 승계(준칙 제26조)

– 준칙 제26조(권리·의무의 승계 – 관리비 등의 채권 행사) ① 관리주체는 입주자의 지위를 승계한 자에 대하여도 관리비 등의 채권(債權)을 행사(行使)할 수 있다 (cf. 집합건물법 제18조, 대법원 2006.6.29. 선고 2004다3598, 3604 판결).

– 준칙 제26조(권리·의무의 승계 – 체납 관리비 등) ② 관리비 등을 입주자 등이 체납(滯納)한 때에는 입주자의 지위를 승계(承繼)한 자가 부담하여야 한다. 특별승계인의 경우에는 「집합건물의 소유 및 관리에 관한 법률」 제18조를 준용한다.

체납 관리비의 승계 여부 및 청구·징수권자

질의 요지

관리인이 구분소유자가 체납(滯納)한 관리비(管理費)에 대한 지급 판결을 받은 경우 당해 집합건물을 경락(競落)받은 자에게 체납 관리비를 청구할 수 있는지요.

회 신(수정 2023. 9. 15.)

○ 집합건물법 제18조에서는 **"공유자**가 다른 공유자에 대하여 가지는 **채권(債權)**은 그 **특별승계인(特別承繼人)**에 대하여도 **행사(行使)**할 수 있다."라고 규정하고, 판례에서는 **관리단을 공유자에 준하는 지위**에 있는 것으로 보고 있으므로(**대법원** 2001. 9. 20. 선고 **2001다8677 판결**) 집합건물 관리단의 사무를 집행하는 관리인(管理人)은 구분소유자에 대하여 관리비를 청구, 징수할 수 있습니다.

○ 한편, 채권의 소멸시효(消滅時效)와 관련하여 '**판결**에 의하여 **확정(確定)**된 **채권(債權)**[19]의 **소멸시효** 기간은 **10년**'이므로(「민법」 제165조), 관리비 채권의 소

---

19) 전(前) 구분소유자에 대하여 '체납 관리비를 지급하라.'는 판결을 한 경우 해당 주택의 경락인에게 그 '확정 채권'을 행사할 수 있다는 것인지? 즉, '체납 관리비 지급 판결(判決)'의 효력(效力)이 그 경락인에게 승계된다는 의미인지 보충 판단이 필요하다.

멸시효인 3년(민법 제163조 제1호)이 지난 경우에도 경락인은 전(前) 구분소유자의 체납 관리비 중 공용부분에 관하여는 승계 의무가 있습니다(위 판결 및 대법원 2006. 6. 29. 선고 2004다3598, 3604 판결).

특별승계인에게 승계되는 관리비의 범위

질의 요지

경매를 통하여 상가의 구분소유권을 취득한 자가 전(前) 구분소유자(區分所有者)가 체납(滯納)한 관리비 중 구체적으로 어떤 범위를 승계하게 되는지요.

회 신

○ 경락인(競落人)이 승계(承繼)하여야 하는 체납 관리비(管理費)의 범위와 관련하여 대법원은 "집합건물의 전(前) 구분소유자의 특정승계인에게 승계되는 공용부분 관리비에는 집합건물의 공용부분 그 자체의 직접적인 유지·관리를 위하여 지출되는 비용뿐만 아니라, 전유부분을 포함한 집합건물 전체의 유지·관리를 위하여 지출되는 비용 가운데에서도 입주자 전체의 공동(共同)의 이익(利益)을 위하여 집합건물을 통일적으로 유지·관리하여야 할 필요가 있어 이를 일률적으로 지출하지 않으면 안 되는 성격의 비용은 그것이 입주자 각자의 개별적인 이익을 위하여 현실적·구체적으로 귀속되는 부분에 사용되는 비용으로 명확히 구분될 수 있는 것이 아니라면, 모두 이에 포함되는 것으로 봄이 상당하다."라고 하였습니다.[20]

○ 구체적으로 "상가 건물의 관리규약상 관리비 중 일반관리비, 장부 기장료, 위탁관리수수료, 화재보험료, 청소비, 수선유지비 등은, 모두 입주자 전체의 공동의 이익을 위하여 집합건물을 통일적(統一的)으로 유지·관리하여야 할 필요에 따라 일률적(一律的)으로 지출되지 않으면 안 되는 성격의 비용에 해당하는 것으로 인정되고, 그것이 입주자 각자의 개별적인 이익을 위하여 현실적·구체적으로 귀속되는 부분에 사용되는 비용으로 명확히 구분될 수 있는 것이라고 볼 만한 사정을 찾아볼

---

[20] cf. 「집합건물의 소유 및 관리에 관한 법률」제18조, 대법원 2004다3598, 3604 판결

수 없는 이상, 전 구분소유자의 특별승계인에게 승계되는 **공용부분 관리비로 보아야** 한다."고 판시하였습니다(대법원 2006. 6. 29. 선고 2004다3598, 3604 판결).

☞ 관리 비용 등의 부담과 체납 관리비의 승계

  – **집합건물법 제17조(공용부분 관리 비용 등의 부담·수익)** 각 공유자는 규약에 달리 정한 바가 없으면, 그 <u>지분의 비율</u>에 따라 공용부분의 관리 비용과 그 밖의 의무를 부담하며, 공용부분에서 생기는 이익을 취득한다.

  * 집합건물법 제17조의 2(수선적립금 등) [신설 2020. 2. 4.]

  – **집합건물법 제18조(공용부분에 관하여 발생한 채권의 효력)** 공유자가 <u>공용부분</u>에 관하여 다른 공유자에 대하여 가지는 <u>채권</u>은 그 특별승계인에 대하여도 행사할 수 있다. (cf.「서울특별시공동주택관리규약 준칙」 제26조 제1항·제2항)

집합건물법상 점유자의 지위

질의 요지

  건물의 전유부분을 임대 등을 통하여 **점유자(占有者)**가 사용하고 있는 경우, 그 점유자는 「집합건물의 소유 및 관리에 관한 법률」상 어떠한 **권리**와 **의무**가 있나요?

회 신(수정 2024. 8. 25.)

  ○ 구분소유자가 아닌 **전유부분**의 **점유자(占有者)**도 **구분소유자**가 건물이나 대지, 부속 시설의 사용과 관련하여 규약 또는 관리단 집회의 결의에 따라 **부담**하는 의무와 **동일(同一)**한 **의무(義務)**를 집니다(제42조 제2항). 따라서, 규약이나 집회의 결의에서 구분소유자와는 다르게 점유자에게만 건물의 사용에 관한 특별한 의무나 부담을 지우더라도 점유자는 이에 구속되지 아니 합니다.

  ○ 또한, 집합건물의 점유자는 의결권을 행사할 수는 없지만, 집회의 목적인 안건

이 건물이나 대지 또는 부속 시설의 사용과 관련한 사항인 경우에는 점유자가 **집회**에 **출석**하여 **의견을 진술할 수 있습**니다(제26조의 2 제2항 단서 규정 [신설 2020. 2. 4.], 제40조 제1항, 「민법」 제192조, 준칙 제21조 · 제22조).

국가 등의 의무[법 제3조]

법 제3조(국가 등의 의무) ① 국가 및 지방자치단체는 공동주택의 관리에 관한 정책을 수립 · 시행할 때에는 다음 각 호의 사항을 위하여 노력하여야 한다.

1. 공동주택에 거주하는 입주자 등 국민이 쾌적(快適)하고, 살기 좋은 주거(住居)생활(生活)을 할 수 있도록 할 것

2. 공동주택이 투명하고 체계적이며, 평온하게 관리될 수 있도록 할 것

3. 공동주택의 관리와 관련한 산업이 건전한 발전을 꾀할 수 있도록 할 것

법 제3조 ② 관리주체는 공동주택을 효율적이고, 안전하게 관리하여야 한다.

법 제3조 ③ 입주자 등은 공동체(共同體) 생활(生活)의 질서(秩序)가 유지(維持)될 수 있도록 이웃을 배려(配慮)하고, 관리주체의 업무에 협조(協助)하여야 한다.

다른 법률과의 관계[법 제4조 외]

1. 공동주택관리법[제4조]

법 제4조(다른 법률과의 관계) ① 공동주택의 관리에 관하여 이 법에서 정하지 아니 한 사항에 대하여는 「주택법」을 적용한다.

법 제4조 ② 임대주택의 관리에 관하여 「민간 임대주택에 관한 특별법」 또는 「공공주택 특별법」에서 정하지 아니 한 사항에 대하여는 이 법을 적용한다.

2. 주택법[제6조]

* **주택법 제6조(다른 법률과의 관계)** ① 임대주택의 건설 · 공급에 관하여 「민간임

대주택에 관한 특별법」 및 「공공주택 특별법」에서 정하지 아니 한 사항에 대하여는 이 법을 적용한다. 〈개정 2015.8.11., 2015.8.28.〉

＊ **주택법 제6조** ② 주거 환경의 정비에 관하여 「도시 및 주거 환경 정비법」에서 정하지 아니 한 사항에 대하여는 이 법을 적용한다.

[전문 개정 2009.2.3.] [시행일 : 2016.8.12.] 제6조

3. 민간 임대주택에 관한 특별법[제3조]

＊ **민간 임대주택에 관한 특별법 제3조(다른 법률과의 관계)** 민간 임대주택의 건설·공급 및 관리 등에 관하여 이 법에서 정하지 아니 한 사항에 대하여는 「주택법」, 「건축법」, 「공동주택관리법」 및 「주택 임대차 보호법」을 적용한다. 〈개정 2015.8.28.〉

[시행일 : 2016.8.12.] 제3조

4. 공공주택 특별법[제5조]

＊ **공공주택 특별법 제5조(다른 법률과의 관계)** ① 이 법은 공공주택사업에 관하여 다른 법률에 우선하여 적용한다. 다만, 다른 법률에서 이 법의 규제에 관한 특례보다 완화되는 규정이 있으면 그 법률에서 정하는 바에 따른다. 〈개정 2015.8.28.〉

＊ **공공주택 특별법 제5조** ② 공공주택의 건설·공급 및 관리에 관하여 이 법에서 정하지 아니 한 사항은 「주택법」, 「건축법」 및 「주택 임대차 보호법」을 적용한다.

5. 집합건물의 소유 및 관리에 관한 법률[제2조의 2]

＊ **집합건물법 제2조의 2(다른 법률과의 관계)** 집합주택의 관리 방법과 기준, 하자담보책임에 관한 「주택법」 및 「공동주택관리법」의 특별한 규정은 이 법에 저촉되어 구분소유자의 기본적인 권리를 해치지 아니 하는 범위에서 효력이 있다. 〈개정 2015.8.11.〉

[제목 개정 2015.8.11.] [시행일 : 2016.8.12.] 제2조의 2

집합건물법 제2조의 2의 의미(공동주택관리법과의 관계)

질의 요지

「집합건물의 소유 및 관리에 관한 법률[법률 제19282호, 2023. 3. 28.]」 제2조의 2(다른 법률과의 관계) "집합주택의 관리 방법과 기준, 하자담보책임에 관한 **「주택법」** 및 **「공동주택관리법」**의 특별한 **규정**은 이 법에 저촉되어 구분소유자의 기본적인 권리를 해치지 아니 하는 범위에서 **효력**이 있다. 〈개정 2015. 8. 11.〉" 라는 의미가 무엇인지 궁금합니다.

회 신(수정 2023. 9. 11.)

○ 「집합건물의 소유 및 관리에 관한 법률」은 1동(棟)의 건물에 대하여 구분소유 관계(區分所有 關係)가 성립되어 있다면 그 용도(用途)는 주택, 상가, 오피스텔 등 무엇인지를 묻지 않고 적용(適用)됩니다. 이에, **공동주택**의 경우 **'집합건물법'**과 「**주택법**」 및 **「공동주택관리법」**이 **모두 적용**되므로 **세 법률의 관계**를 규정하고 있는 것이 '집합건물법' 제2조의 2입니다. 즉, **아파트**와 같은 **집합주택의 관리 방법**과 **기준, 하자담보책임**에 관한 **「주택법」**과 **「공동주택관리법」**의 **규정**은 그것이 **'집합건물법'**에 **저촉(抵觸)**되어 **구분소유자**의 **기본적(基本的)**인 **권리(權利)**를 **침해**하는 **경우**를 **제외**하고 **'집합건물법'**에 **우선**하여 **적용**된다는 **취지**입니다. 따라서, '집합건물법'의 일반 규정이 원칙적으로 기준이 되고, 다만 '집합건물법'에 규정이 없거나 그보다 유리한 규정이 「공동주택관리법」에 있는 때에 한정하여 그 「공동주택관리법」의 규정이 **특별법**으로서 우선하여 적용됩니다.

○ "집합주택의 관리 방법과 기준에 관한 「공동주택관리법」의 특별한 규정"을 모두 열거할 수는 없고, **구체적**인 **사안**에 **따라 판단**될 수 있으며, 소관청의 관리 감독권에 관한 규정(「공동주택관리법」 제93조) 등이 이에 해당될 것입니다. 이외에도 구체적인 사안에 따라 「공동주택관리법」의 적용 규정을 식별(識別)하여야 할 것입니다. 한편, "하자담보책임에 관한 「공동주택관리법」의 특별한 규정"이란 "담보책임 및 하자보수 등"을 규정하고 있는 같은 법 제36조 · 제37조를 말합니다.

「공동주택관리법」

제2장 공동주택의 관리방법

공동주택의 관리방법 결정·변경과 신고 등[법 제5조 외]

법 제5조(공동주택의 관리방법) ① 입주자 등은 의무(義務) 관리(管理) 대상(對象) 공동주택을 제6조제1항에 따라 자치관리(自治管理)하거나, 제7조제1항에 따라 주택관리업자에게 위탁(委託)하여 관리(管理)하여야 한다.

법 제5조(공동주택 관리방법의 결정·변경) ② 입주자 등이 공동주택의 관리방법을 정하거나, 변경하는 경우에는 대통령령으로 정하는 바에 따른다.

공동주택관리법 시행령 제3조(관리방법의 결정·변경 방법) 법 제5조제2항에 따른 공동주택(共同住宅) 관리방법(管理方法)의 결정(決定) 또는 변경(變更)은 다음 각 호의 어느 하나에 해당하는 방법(方法)으로 한다.

1. 입주자대표회의의 의결로 **제안(提案)**하고, 전체 입주자 등의 과반수가 **찬성**

2. 전체 입주자 등(入住者 等)의 10분의 1 이상이 서면(書面)으로 **제안(提案)**하고, 전체 입주자 등의 과반수가 **찬성** 〈개정 2021.10.19., 시행 2021.10.21.〉

* 준칙 제7조(관리방법의 결정) ① 법 제10조의 2에 따라 의무 관리 대상 공동주택으로 전환(轉換)하였거나 법 제11조에 따라 관리의 이관을 요구(要求)받았을 경우, 입주자 등은 규약 제8조부터 제11조의 규정에 따른 자치관리와 제12조부터 제16조의 규정에 따른 위탁관리 중 하나의 관리방법(管理方法)을 정하여야 한다. 이 경우 입주자대표회의 의결 또는 입주자 등의 10분의 1 이상의 서면 동의로 관리방법을 제안하고, 전체 입주자 등의 과반수 찬성으로 결정(決定)한다. 〈개정 2023.9.26.〉

- 준칙 제7조(관리방법의 변경) ② 관리방법을 자치관리에서 위탁관리로 변경하거

나 위탁관리에서 자치관리로 변경할 때도 제1항의 절차를 따른다.

　＊ 법 제11조(관리방법 결정·변경의 신고 등) ③ 입주자대표회의의 회장(직무를 대행하는 경우에는 그 직무를 대행하는 사람을 포함한다. 이하 같다)은 입주자 등이 해당 공동주택의 **관리방법(管理方法)**을 **결정**(위탁 관리하는 방법을 선택한 경우에는 그 주택관리업자의 선정을 포함한다)한 경우에는 이를 사업주체(事業主體)에게 통지(通知)하고, 대통령령으로 정하는 바에 따라 관할 특별자치시장·특별자치도지사·시장·군수·구청장(자치구의 구청장을 말하며 이하 같다. 이하 특별자치시장·특별자치도지사·시장·군수·구청장은 "시장·군수·구청장"이라 한다)에게 **신고(申告)**하여야 한다. 신고한 사항이 **변경(變更)**되는 경우에도 또한 같다.

　＊ 법 제102조(과태료) ③ 다음 각 호의 어느 하나에 해당하는 자에게는 500만 원 이하의 과태료(過怠料)를 부과한다. 〈개정 2021.8.10., 시행 2021.9.11.〉

　3. 제10조의 2 제1항 본문 및 제4항에 따른 의무 관리 대상 공동주택의 전환 및 제외, 제11조제3항에 따른 **관리방법의 결정** 및 **변경,** 제19조제1항에 따른 관리규약의 제정 및 개정, 입주자대표회의의 구성 및 변경 등의 **신고(申告)**를 하지 아니 한 자

　＊ 공동주택관리법 시행령 제9조(관리방법 결정 등의 신고 기일) 법 제11조제3항에 따라 입주자대표회의의 회장(직무를 대행하는 경우에는 그 직무를 대행하는 사람을 포함한다. 이하 같다)은 공동주택 관리방법의 결정(위탁관리하는 방법을 선택한 경우에는 그 주택관리업자의 선정을 포함한다) 또는 변경 결정에 관한 신고를 하려는 경우에는 그 **결정 일** 또는 **변경 결정 일부터 30일 이내**에 신고서를 특별자치시장·특별자치도지사·시장·군수·구청장(구청장은 자치구의 구청장을 말하며, 이하 "시장·군수·구청장"이라 한다)에게 제출하여야 한다.

　＊ 공동주택관리법 시행규칙 제3조(관리방법의 결정 및 변경 결정 신고 서식) ① 「공동주택관리법 시행령(이하 "영"이라 한다)」 제9조에 따른 신고서(申告書)는 [별지 제1호의 2 서식]과 같다. 〈개정 2020.4.24.〉

　＊ 공동주택관리법 시행규칙 제3조(관리방법의 결정 및 변경 결정 신고 방법) ② 입주자대표회의의 회장(직무를 대행하는 경우에는 그 직무를 대행하는 사람을 포함한다. 이하 같다)은 시장·군수·구청장에게 제1항에 따른 신고서를 제출할 때에는 관리방법의 제안서 및 그에 대한 입주자 등의 동의서를 첨부하여야 한다.

최초 관리방법 결정의 동의 기준(입주자 등의 범위)

성명 OOO 등록일 2014.11.29. 수정 2024.01.28.

질문 사항

분양 후 최초로 **입주**를 시작한 **공동주택**으로서 분양 대상 물건은 537세대이며, 현재 442세대가 입주하였습니다. 이에 입주자대표회의에서 **관리방법**을 **결정**하기 위하여 입주자 등의 동의를 구하고 있습니다. 이와 관련, 관리방법의 결정 **기준**이 되는 '입주자 등의 과반수'에서 '입주자 등'의 범위가 분양 예정 세대(537세대)인지, 실제 입주한 세대(442세대)인지 답변을 부탁드립니다.

답변 내용

ㅇ 「공동주택관리법」 제5조제2항에 따른 **공동주택 관리방법(管理方法)**의 **결정(決定)** 또는 **변경(變更)**은 "1. 입주자대표회의의 의결로 **제안(提案)**하고, 전체 입주자 등의 과반수가 **찬성**, 또는 2. 전체 입주자 등(入住者 等)의 10분의 1 이상이 서면(書面)으로 **제안**하고, 전체 입주자 등의 과반수가 **찬성(贊成)**"하는 방법에 따릅니다(「공동주택관리법 시행령」 제3조, 같은 법 제11조제1항 앞절).

  – 이와 관련하여, **'전체 입주자 등'**은 입주예정자의 **과반수**가 **입주**한 경우 해당 공동주택에 **'실제 입주한 세대(입주자 등)'**를 **기준**으로 하는 것입니다.[21]

  * 법 제5조(공동주택의 관리방법) ① 입주자 등은 의무(義務) 관리(管理) 대상(對象) 공동주택을 제6조제1항에 따라 자치관리(自治管理)하거나, 제7조제1항에 따라 주택관리업자에게 위탁(委託)하여 관리(管理)하여야 한다.

  * 법 제5조(공동주택 관리방법의 결정·변경) ② 입주자 등이 공동주택의 관리방법을 정하거나, 변경하는 경우에는 대통령령으로 정하는 바에 따른다.

  * 공동주택관리법 시행령 제3조(관리방법의 결정·변경 방법) 법 제5조제2항에

---

21) cf. 「공동주택관리법」 제11조제1항, [입주예정자 수(數) 산정 – 분양 대상 건설 세대 기준 (* 舊 '주택법' 해석) 법제처 11 – 0255, 2011.6.16., 법제처 20 – 1474, 2020.11.19.]

따른 공동주택(共同住宅) 관리방법(管理方法)의 결정(決定) 또는 변경(變更)은 다음 각 호의 어느 하나에 해당하는 방법(方法)으로 한다.

1. 입주자대표회의의 의결로 제안하고, 전체 입주자 등의 과반수가 찬성

2. 전체 입주자 등(入住者 等)의 10분의 1 이상이 서면(書面)으로 제안(提案)하고, 전체 입주자 등의 과반수가 찬성 〈개정 2021.10.19., 시행 2021.10.21.〉

* cf. 준칙 제7조(관리방법의 결정 및 변경)

입주자 등의 과반수가 찬성하는 방법(관리방법의 결정 등)

〈주택건설공급과 – 2014.09.11.〉 수정 2023.09.26.

질문 사항

관리방법의 **변경**과 관련하여 서면 동의 **형식**과 입주자 등의 투표 **절차** 중 어느 것을 채택하여야 하는지요? 입주자대표회의에서 의결로 결정 가능한지요? (근거 – 영 제14조제2항제15호 '15. 입주자 등 상호 간에 이해가 상반되는 사항의 조정')

답변 내용

관리방법의 결정 또는 변경은 "1. 입주자대표회의의 의결로 **제안**하고, 전체 입주자 등의 과반수가 **찬성**, 또는 2. 전체 입주자 등의 10분의 1 이상이 서면으로 **제안**하고, 전체 입주자 등의 과반수가 **찬성**"하는 방법으로 **결정**하여야 합니다(「공동주택관리법 시행령」 제3조). 이와 관련하여, '**입주자 등의 과반수가 찬성하는 방법**'에 대해서는 공동주택관리법령에서 정하는 바가 없으므로, **관리규약 등**에서 특별히 규정하는 바가 없다면, 입주자대표회의에서 **의결**하여 결정할 수 있을 것입니다.[22]

관리방법의 변경 절차(입주자 등의 찬성 요건)

---

22) cf. 법 제18조제1항·제2항, 영 제19조제1항제4호·제29호, '서울특별시공동주택관리규약준칙' 제50조제2항제8호·제51조

성명 OOO 등록일 2015.11.20. 수정 2023.10.26.

질문 사항

관리방법의 변경(자치에서 위탁)에 따른 **주택관리업자 선정(選定)** 때 입주자 등의 과반수 동의 없이 가능합니까? **관리방법 변경**의 **신고** 없이 (자치관리 방법에서 위탁관리 방법으로) 주택관리업자를 선정하여도 되는지 알고 싶습니다.

답변 내용

－「공동주택관리법 시행령」 제3조에 "법 제5조제2항에 따른 공동주택 관리방법(管理方法)의 결정 또는 변경은 '1. 입주자대표회의의 의결로 **제안**하고, 전체 입주자 등의 과반수가 **찬성,** 또는 2. 전체 입주자 등의 10분의 1 이상이 서면으로 **제안**하고, 전체 입주자 등의 과반수가 **찬성**'하는 방법에 따른다."고 규정되어 있습니다.

－ 이에 자치관리에서 위탁관리로 공동주택의 관리방법을 변경하려면 "① 입주자대표회의 의결에 따른 제안 + 전체 입주자 등의 과반수 찬성, 또는 ② 전체 입주자 등의 10분의 1 이상의 서면 제안 + 전체 입주자 등의 과반수 찬성" 절차를 거쳐야 합니다(cf. 법 제5조제2항, 영 제3조). 그리고, 입주자 등이 공동주택의 관리방법을 **위탁 관리**하기로 정한 경우 입주자대표회의는 **주택관리업자**를 「공동주택관리법」 제7조제1항(제1호·제1호의 2 가목·제2호)에 따른 경쟁입찰의 방법으로 **선정**하여 공동주택 **관리방법**의 **결정·변경**(주택관리업자 선정을 포함한다.)을 사업주체에게 **통지**하고, 시장·군수·구청장에게 **신고**하여야 공동주택관리법령에 적합한 것입니다(cf. 법 제7조제1항, 영 제5조제2항제1호, '지침' 제2조제1항제1호·제4조제1항·제7조제2항 [별표 7], 법 제11조제3항, 영 제9조, 규칙 제3조).

－ 한편, 「공동주택관리법」 제102조제3항제3호에 따라 "3. 제10조의 2 제1항 본문 및 제4항에 따른 의무 관리 대상 공동주택의 전환 및 제외, **제11조제3항에 따른 관리방법의 결정 및 변경,** 제19조제1항에 따른 관리규약의 제정 및 개정, 입주자대표회의의 구성 및 변경 등의 **신고(申告)**를 하지 아니 한 자"에게는 500만 원 이하의 과태료(過怠料)가 부과될 수 있으니 참고하기 바랍니다[cf. 법 제11조제3항(·영 제9조, 규칙 제3조), 법 제19조제1항(·영 제21조, 규칙 제6조)].

공동주택 관리방법의 변경 절차(자치 → 위탁)

성명 OOO 등록일 2016.04.13. 수정 2021.10.21.

질문 사항

공동주택의 **관리방법(管理方法)**을 자치관리에서 위탁관리로 **변경**하고자 해당 공동주택 전체 입주자 등의 10분의 1 이상이 제안하면, 입주자대표회의의 의결 없이 전체 입주자 등의 과반수 찬성으로 관리방법을 **결정**할 수 있는지 궁금합니다.

답변 내용

공동주택의 관리방법을 결정 또는 변경하고자 하는 경우 "1. 입주자대표회의의 의결로 **제안**하고, 전체 입주자 등의 과반수가 **찬성**, 또는 2. 전체 입주자 등의 10분의 1 이상이 서면으로 **제안**하고, 전체 입주자 등의 과반수가 **찬성**"하는 방법으로 **결정**합니다(법 제5조제2항, 영 제3조, 준칙 제7조제1항). 따라서, 전체 입주자 등의 10분의 1 이상이 **제안**하였다면, 입주자대표회의에서 의결하지 않아도 전체 입주자 등의 과반수 **찬성**으로 관리방법을 **결정**하거나 **변경**할 수 있는 것입니다.

입주자 등의 과반수(관리규약의 변경, 관리방법의 결정)

성명 OOO 등록일 2016.05.03. 수정 2021.10.21.

질문 사항

1. 관리규약의 변경 기준인 **"입주자 등의 과반수"**의 의미가 총 입주 예정 세대(총 건설 세대)의 과반수인지, 실제 입주한 세대의 과반수를 의미하는 것입니까?

2. 공동주택 관리방법(위탁관리 또는 자치관리)의 결정 또는 변경 때 **"입주자 등(入住者 等)의 과반수"**의 의미가 총 입주 예정 세대(총 건설 세대수)의 과반수인지, 실제 입주한 세대의 과반수(過半數)를 의미하는 것인지요?

답변 내용

공동주택관리규약의 변경·공동주택 관리방법의 결정 또는 변경은 "1. 입주자대표회의의 의결로 **제안(提案)**하고, 전체 입주자 등의 과반수가 **찬성(贊成)**, 또는 2. 전체 입주자 등의 10분의 1 이상이 서면으로 **제안(提案)**하고, **전체 입주자 등**의 과반수가 **찬성(贊成)"**하는 방법에 따릅니다(「공동주택관리법 시행령」 제3조). 이 경우 공동주택관리규약의 변경·공동주택 관리방법의 결정과 관련하여, **"전체 입주자 등(入住者 等)의 과반수"**의 찬성은 총 입주 예정 세대(총 건설 세대) 중 **실제 입주한 세대**가 총 입주 예정 세대의 과반수인 경우로서 그 **"입주한 세대의 과반수"**의 찬성을 의미합니다(cf. 법 제11조제1항, 영 제3조·제20조제2항, [(* 舊 '주택법' 법령 해석) 법제처 11 - 0255, 2011. 6. 16., 법제처 19 - 0424, 2019. 12. 2.]).

복합건축물(일부 공용부분)의 관리 방법

질의 요지

아파트, 오피스텔과 상가 및 호텔로 구성된 **주상복합단지(住商複合團地)**에서 상가가 해당 건물 지하 1층, 2층에 위치하는 경우 상가(商家)를 아파트나 오피스텔 등과 분리(分離)하여 별도로 **관리(管理)**할 수 있는 것인지 궁금합니다.

회 신(개정 2023. 9. 16.)

ㅇ 「집합건물의 소유 및 관리에 관한 법률」에 따라 1동의 건물에 대하여 구분소유 관계가 성립하면 별도의 설립 절차 없이 구분소유자 전원을 구성원으로 하는 관리단(동별 관리단)이 당연 설립됩니다(제23조 제1항).

ㅡ 따라서, 원칙적으로 주상복합건축물의 **전체(全體) 공용부분**에 관한 사항을 **통일적(統一的)으로 관리(管理)**하기 위해서는 '집합건물법'에 따라 아파트, 오피스텔, 상가를 포함하는 **통합 관리단(統合 管理團)**에서 관리인 선임, 규약 설정 등을 하여 건물을 관리하는 것이 바람직할 것으로 생각됩니다.

ㅇ 그런데, 일부의 구분소유자의 공용에만 제공되는 것이 명백한 **일부 공용부분**이 있는 경우에는 그 일부 공용부분의 **관리**를 위하여 **별도**로 **규약**을 **설정**하고 **관리단(일부공용부분 관리단)**을 **설립**할 수 있습니다(제23조 제2항, 제28조 제2항). 즉, 일부 공용부분을 독자적으로 관리하여야 할 필요가 있는 경우에는 통합 관리단과는 별도로 일부공용부분 관리단을 구성하여 관리할 수 있을 것입니다.

– **일부공용부분 관리단**은 당해 **일부 공용부분**의 **관리**에 관한 **사항**을 **결정**할 수 있으나, **전체(全體) 공용부분**이나 일부 공용부분에 관한 사항 중 **구분소유자 전원(全員)**의 **이해**에 **관계**가 있는 **사항**은 **동별 관리단(**이 질의 사안의 경우 아파트, 오피스텔과 상가 및 호텔을 포함한 구분소유자 전원으로 구성된 관리단을 말한다. 이하 같다.**) 집회 결의로써 결정**하여야 합니다(제14조, 제15조, 제16조).

ㅇ 따라서, 질의 사안의 경우 상가 구분소유자들만의 공용에 제공되는 부분(기계실이나 기타 시설 등이 상가용으로 별도 설치되어 있는 경우)이 있다면 이에 대한 관리는 **일부공용부분 관리단**을 구성하여 상가 관리단이 **별도**로 할 수 있으나, 전체 공용부분 등에 관한 사항은 **동별 관리단**에서 관리를 담당하게 되므로, 아파트·오피스텔 및 호텔 측과 **협의**를 하여야 하는 것입니다.

복합건축물의 관리에 관한 근거 법률

질의 요지

아파트, 오피스텔, 상가 및 호텔로 구성된 **주상복합건축물(住商複合建築物)**의 **관리(管理)**에 관한 **근거(根據) 법령**이 무엇인지 알고 싶습니다.

회 신(수정 2023. 9. 11.)

ㅇ '집합건물의 소유 및 관리에 관한 법률'은 1동의 건물에 대하여 구분소유 관계가 성립하는 건물이면 그 용도는 주택, 상가, 오피스텔 등을 가리지 않고 적용됩니다. 이에 따라 **아파트**와 같은 **공동주택**의 경우는 '**집합건물의 소유 및 관리에 관한 법률**'과 '**주택법**' 및 '**공동주택관리법**'이 모두 **적용(適用)**되므로, 세 법률의 관계에

관하여 '집합건물의 소유 및 관리에 관한 법률' 제2조의 2에서는 집합주택의 관리 방법과 기준, 하자담보책임에 관한 '주택법'과 '공동주택관리법'의 규정을 '집합건물의 소유 및 관리에 관한 법률'에 우선(優先)하여 적용하도록 규정하고 있습니다.

○ 따라서 주상복합건축물의 **공동주택 부분**의 경우, '집합건물의 소유 및 관리에 관한 법률' 외에도 **'공동주택관리법'상 주택**의 관리에 관한 각 조항의 **요건을 갖추면 그 규정**들이 **적용**될 수 있으며, 이는 '집합건물법'에 저촉되어 구분소유자의 기본적 권리를 침해하지 않는 범위에서 그 규정들이 우선 적용됩니다(법 제2조의 2). 그러나, 해당 **주상복합건축물**의 **공동주택 부분**이 **'공동주택관리법'상** 일정한 **요건을 갖추지 못하였다면 '집합건물법'만 적용**될 것입니다.

○ 또한, 주상복합건축물의 상가 부분이 '유통산업발전법'에 따른 대규모 점포에 해당하는 경우에는 대규모 점포 관리자가 '유통산업발전법'의 규정을 준수하여 그 상가 부분을 관리하여야 합니다.

○ 이 사안 복합건축물의 경우 '공동주택관리법([시행 2016. 8. 12.] [법률 제 13786호, 2016. 1. 19. 개정])'에 따라 **아파트**(집합주택 부분)는 **'공동주택관리법'** 을 **적용**하여 **관리·사용**하더라도 **오피스텔**과 **상가** 및 **호텔**은 '주택법'과 '공동주택 관리법'이 적용되지 않아 **집합건물법**에 **따라 관리**하여야 하므로, **집합건물법**에 의하 여 당연 설립되는 **전체 관리단**에서 **집회**를 열어 **규약**을 **설정**하고, **관리인**을 **선임**하 여 **해당 건축물**을 **통일적**으로 **관리**하는 것이 바람직할 것으로 판단됩니다.

자치관리, 자치관리기구의 구성 등[법 제6조, 영 제4조]

법 제6조(자치관리기구의 구성) ① 의무 관리 대상 공동주택의 입주자 등이 공동주 택을 자치 관리할 것을 정한 경우 입주자대표회의는 제11조제1항에 따른 요구[23]가 있 은 날(제2조제1항제2호 마목에 따라 의무 관리 대상 공동주택으로 전환되는 경우에는

---

23) 「공동주택관리법」 제11조(관리의 이관, 사업주체 → 입주자) ① 의무 관리 대상 공동주택 을 건설한 사업주체는 입주예정자의 과반수가 입주할 때까지 그 공동주택을 관리하여야 하 며, 입주예정자의 과반수가 입주하였을 때에는 입주자 등에게 대통령령으로 정하는 바에 따 라 그 사실을 통지하고, 해당 공동주택을 관리할 것을 요구하여야 한다.

제19조제1항제2호에 따른 입주자대표회의의 구성 신고가 수리된 날을 말한다)부터 6개월 이내에 공동주택의 관리사무소장을 자치관리기구의 대표자로 선임하고, 대통령령(cf. 영 제4조제1항, 법 제9조제1항·영 제6조제1항)으로 정하는 기술인력 및 장비를 갖춘 자치관리기구를 구성하여야 한다. 〈개정 2021.8.10., 시행 2021.9.11.〉

 * 법 제100조(벌칙) 다음 각 호의 어느 하나에 해당하는 자는 1천만 원 이하의 벌금(罰金)에 처한다.

 1. 제6조제1항에 따른 기술인력 또는 장비를 갖추지 아니 하고 관리 행위를 한 자

 * 법 제102조(과태료) ③ 다음 각 호의 어느 하나에 해당하는 자에게는 500만 원 이하의 과태료(過怠料)를 부과한다. 〈개정 2015.12.29., 2016.1.19.〉

 1. 제6조제1항에 따른 자치관리기구를 구성하지 아니 한 자

 * 법 제9조(공동주택관리기구의 구성) ① 입주자대표회의 또는 관리주체는 공동주택 **공용부분**의 **유지·보수** 및 **관리 등**을 위하여 공동주택관리기구(제6조제1항에 따른 자치관리기구를 포함한다)를 구성하여야 한다.

 * 법 제9조(공동주택관리기구의 구성·운영 등에 필요한 사항) ② 공동주택관리기구의 구성·기능·운영 등에 필요한 사항은 대통령령으로 정한다(cf. 영 제6조).

 영 제4조(자치관리기구의 기술인력 및 장비) ① 법 제6조제1항에서 "대통령령으로 정하는 기술인력(技術人力) 및 장비(裝備)"란 [별표 1]에 따른 기술인력 및 장비를 말한다(cf. 법 제9조제1항, 영 제6조제1항, 준칙 제8조).

 − 준칙 제8조(자치관리기구 등의 구성) 법 제6조에 따라 입주자 등이 공동주택을 자치 관리할 것을 정한 경우 입주자대표회의는 관리사무소장(管理事務所長)을 자치관리기구의 대표자로 선임(選任)하고, 영 제4조제1항 [별표 1]에 따른 기술인력 및 장비를 갖춘 자치관리기구(自治管理機構)를 구성(構成)하여야 한다. 〈개정 2020.6.10.〉

* [별표 1] 「공동주택관리기구의 기술인력 및 장비 기준(영 제4조제1항 등 관련)」

구 분	기 준(개정 2022. 11. 29.)
1. 기술 인력	다음 각 호의 기술인력. 다만, 관리주체가 입주자대표회의의 동의를 받아 관리 업무의 일부를 해당 법령에서 인정하는 전문 용역업체에 용역하는 경우에는 해당 기술인력을 갖추지 않을 수 있다. 가. 승강기가 설치된 공동주택인 경우에는 '승강기 시설 안전관리법 시행령' 제28조에 따른 승강기 자체 검사 자격(資格)을 갖추고 있는 사람 1명 이상 〈개정 2019. 1. 22.〉 나. 해당 공동주택의 건축설비(建築設備)의 종류 및 규모 등에 따라 '전기안전관리법', '고압가스 안전관리법', '액화석유가스의 안전관리 및 사업법', '도시가스 사업법', '에너지 이용 합리화법', '소방기본법', '화재의 예방 및 안전관리에 관한 법률', '소방시설 설치 및 관리에 관한 법률' 및 '대기 환경 보전법' 등 관계 법령에 따라 갖추어야 할 기준(基準) 인원(人員) 이상의 기술자(技術者)
2. 장비	가. 비상용 급수펌프(수중펌프를 말한다) 1대 이상 나. 절연저항계(누전측정기를 말한다) 1대 이상 다. 건축물 안전점검의 보유 장비: 망원경, 카메라, 돋보기, 콘크리트 균열폭 측정기, 5미터 이상용 줄자 및 누수탐지기 각 1대 이상

비고 〈개정 2017. 8. 16.〉:

1. 관리사무소장과 기술인력 상호 간에는 겸직(兼職)할 수 없다.
2. 기술인력 상호 간에는 겸직할 수 없다. 다만, 입주자대표회의가 제14조제1항에 따른 방법으로 다음 각 목의 겸직을 허용(許容)한 경우에는 그러하지 아니 하다.
가. 해당 법령에서 「국가 기술 자격법」에 따른 국가 기술 자격(이하 "국가 기술 자격"이라 한다)의 취득을 선임 요건으로 정하고 있는 기술인력과 국가 기술 자격을 취득하지 않아도 선임할 수 있는 기술인력의 겸직
나. 해당 법령에서 국가 기술 자격을 취득하지 않아도 선임할 수 있는 기술인력 상호 간의 겸직

영　제4조(자치관리기구의 감독) ② 법 제6조제1항에 따른 자치관리기구(이하 "자치관리기구"라 한다)는 **입주자대표회의**의 감독(監督)을 받는다.

영　제4조(자치관리기구 관리사무소장의 선임) ③ 자치관리기구 관리사무소장은 입주자대표회의가 입주자대표회의 **구성원(構成員** – 관리규약으로 정한 정원을 말하며, 해당 입주자대표회의 구성원의 3분의 2 이상이 선출되었을 때에는 그 선출된 인원을

말한다. 이하 같다) 과반수의 찬성으로 선임한다.

– 준칙 제9조(자치관리기구 관리사무소장의 해임) ① 관리사무소장에게 법 제69조제1항 각 호의 어느 하나에 따른 자격 취소 및 자격 정지 등의 처분이 확정된 때에는 입주자대표회의는 관리사무소장을 해임(解任)하여야 한다. 〈개정 2020.6.10.〉

영 제4조(결원인 자치관리기구의 관리사무소장 선임) ④ 입주자대표회의는 제3항에 따라 선임된 관리사무소장이 해임되거나, 그 밖의 사유로 결원(缺員)이 되었을 때에는 그 **사유가 발생**한 날부터 **30일 이내**에 새로운 관리사무소장을 선임하여야 한다.

* 준칙 제9조(결원인 자치관리기구 관리사무소장의 선임) ② 입주자대표회의는 관리사무소장이 해임 및 그 밖의 사유로 결원(缺員)이 된 때에는 그 사유가 발생한 날부터 30일 이내에 새로운 관리사무소장을 선임(選任)하여야 한다.

* 준칙 제9조(입주자대표회의의 준수 사항) ③ 자치관리기구 직원이 선임된 경우 입주자대표회의는 그 선임된 자와 「근로기준법」에 따라 근로계약을 체결하여야 하며, 취업규칙 작성 등 「근로기준법」에 따른 고용주로서의 의무를 준수하여야 한다.

* 준칙 제9조(자치관리기구 직원의 임금 결정 등 처우) ④ 관리사무소장 및 자치관리기구 직원에 대한 임금은 최저임금 이상으로 하되, 직원의 선임 전에 입주자대표회의의 의결로 결정하고 근로계약서에 명시하여야 한다. 임금 인상 때에도 동일하다.

* 준칙 제9조(자치관리기구 직원의 임면 등에 관한 사항) ⑤ 경비, 청소, 주민공동시설 등을 직영하는 경우 해당 직원의 임면에 관한 사항은 제3항 및 제4항에 따른다.

영 제4조(입주자대표회의 구성원의 자치관리기구 직원 겸임 금지) ⑤ 입주자대표회의 **구성원**은 자치관리기구의 직원을 겸(兼)할 수 없다(cf. 준칙 제10조제2항).

– 준칙 제10조(자치관리기구 직원의 겸임 배치 금지) ① 제8조에 따라 자치관리기구를 구성할 때, 기술인력(技術人力)은 공동주택관리법령 또는 다른 법령에서 겸임을 허용하는 경우를 제외하고 겸임 배치를 하여서는 아니 된다.

* 준칙 제10조(자치관리기구 직원의 겸임 금지) ② 입주자대표회의의 **구성원** 또는 그 구성원의 **배우자**나 **직계존비속**은 자치관리기구의 직원이 될 수 없다.

– 준칙 제11조(자치관리기구의 업무 집행) ① 자치관리 때에도 관리비 등의 집행을 위한 사업자 선정 및 집행에 관한 사항은 영 제25조제1항 각 호에 따른다.

* 준칙 제11조(자치관리기구의 업무 감독) ② 의결기구인 입주자대표회의는 집행기

구인 자치관리기구를 영 제4조제2항에 따라 **감독**할 수 있으며, 이 때 감독은 입주자대표회의 **의결** 및 **감사 등**을 의미한다(cf. 영 제4조제2항).

 – **준칙 제11조(관리사무소장의 업무 부당 간섭 금지) ③** 입주자대표회의는 관리사무소장의 업무에 부당하게 간섭하여서는 아니 된다(cf. 법 제65조, 영 제14조제6항).

법 제6조(관리방법 변경에 따른 자치관리기구의 구성) ② 주택관리업자에게 위탁관리하다가 자치 관리로 관리방법을 변경(變更)하는 경우 입주자대표회의는 그 위탁관리의 종료일까지 제1항에 따른 자치관리기구를 구성(構成)하여야 한다.

* 법 제99조(벌칙) 다음 각 호의 어느 하나에 해당하는 자는 1년 이하의 징역(懲役) 또는 1천만 원 이하의 벌금(罰金)에 처한다.

5. 제67조에 따라 주택관리사 등의 자격(資格)을 취득하지 아니 하고 관리사무소장의 업무를 수행한 자 또는 해당 자격이 없는 자에게 이를 수행하게 한 자

자치관리기구의 기술인력 및 장비(관리방법 변경)

성명 OOO 등록일 2014.09.05. 수정 2016.06.28.

질문 사항

아파트 관리방법을 위탁에서 자치로 변경하는 경우에…… 「공동주택관리법 시행령」 제4조제1항 [별표 1]에서 정하는 **기술인력 및 장비**를 각각 모두 갖추어야만 변경 신고를 할 수 있는 것인가요? 한 개라도 부족하면, 변경 신고가 불가능한가요?

답변 내용

「공동주택관리법」 제6조제1항에 따른 「공동주택관리법 시행령」 제4조제1항에 따라 **자치관리기구가 구비(具備)**하여야 하는 **기술인력** 및 장비는 같은 영 제4조제1항 관련 [별표 1]과 같습니다. 따라서, 같은 [별표 1]을 **충족**하는 기술인력 및 장비를 갖추어야 적법(適法)한 자치관리기구를 **구성**할 수 있다는 것을 알려드립니다.

자치관리기구의 관리사무소장 선임 방법

〈국토해양부 - 4951, 2011.08.24.〉 수정 2023.02.17.

질문 사항

입주자 등이 공동주택을 **자치 관리**할 것을 정한 경우 「공동주택관리법」 제6조제1항, 같은 법 시행령 제4조제3항에 입주자대표회의가 사업주체로부터 관리에 대한 요구가 있는 날부터 6개월 이내에 공동주택 관리사무소장을 자치관리기구의 대표자로 그 구성원 과반수의 찬성으로 선임하도록 규정하고 있습니다. 우리 공동주택 입주자대표회의의 구성원의 정원은 19명이나, 현재 10명으로 운영하고 있어 여러 차례 회의를 개최하여도 **관리사무소장**의 **선임**이 이뤄지지 않고 있습니다.

이에, 부득이 서면(書面) 결의(決議)의 방법으로 동별 대표자 8명이 관리사무소장을 선임한 경우 어떤 불이익을 받게 되는 것인지요?

답변 내용

「공동주택관리법」 제6조제1항, 「공동주택관리법 시행령」 제4조제3항에 따라 자치관리 방법인 공동주택의 **입주자대표회의**는 해당 자치관리기구의 **관리사무소장**을 그 **"구성원(構成員 - 관리규약으로 정한 <u>정원</u>을 말하며, 해당 입주자대표회의 <u>구성원의 3분의 2 이상</u>이 <u>선출되었을</u> 때에는 <u>그 선출된 인원</u>을 말한다.)" 과반수(過半數)**의 **찬성(贊成)**으로 **선임(選任)**하도록 규정하고 있습니다.

이 질의 사항의 경우 동별 대표자 정원 19명 중 현재 10명이 선출되어 있으므로, 위 규정에 따라 **입주자대표회의**의 **구성원 과반수**의 **찬성**(이 사안은 10명 모두의 찬성)으로 **관리사무소장**을 **선임(選任)**할 수 있습니다. 이에 공동주택 관리 업무를 정상적으로 운영함으로써 입주자 등의 권익을 보호하기 위하여 입주자대표회의의 구성원들이 서로 잘 협의(協議)하고 결원인 동별 대표자를 선출(選出)하는 등 위 규정에 맞게 관리사무소장을 선임하여야 할 것입니다(cf. 법 제64조제1항제1호, 영 제4조제4항, 준칙 제9조제2항, 준칙 제32조의 2 제1항·제3항).

자치관리인 공동주택 관리기구 직원의 임면

성명 OOO 등록일 2015.04.07. 수정 2024.11.10.

질문 사항

우리 아파트는 관리방법을 자치관리로 하고 있으며, 관리규약에 **자치관리** 때 기술인력 및 장비를 갖춘 자치관리기구를 입주자대표회의가 구성하도록 되어 있습니다. 그리고, 직원의 인사·보수 등은 '인사 규정'으로 정하도록 규정하고 있으며, 취업 규칙에 관리사무소장은 입주자대표회의에서 임면하고, 그 외 직원은 관리사무소장이 임면하도록 규정하여 지난 13년 동안 자치관리기구를 운영하고 있습니다.

「공동주택관리법 시행령」 제14조제2항제9호에서 자치관리를 하는 경우 **"직원의 임면에 관한 사항"**을 입주자대표회의 의결 사항으로 규정하고 있는데, 이는 입주자대표회의에서 직원에 대한 임면(任免)을 직접 결정하라는 의미인가요?

답변 내용

"자치관리를 하는 경우 **자치관리기구 직원**의 **임면(任免)**에 관한 사항"은 입주자대표회의 구성원의 과반수 찬성으로 의결(議決)한다(「공동주택관리법 시행령」 제14조제2항제9호·제4조제3항·제19조제1항제7호, 「서울특별시공동주택관리규약 준칙」 제9조·제8조). 따라서, 입주자 등이 해당 공동주택을 자치 관리하기로 결정한 경우 자치관리기구 직원의 **모집, 선발, 채용 및 해임 등**은 입주자대표회의가 **의결(議決)**하는 방법으로 하는 것이 적법, 타당한 것으로 판단된다.

주택관리사 등의 배치 의무 및 배치 기일(期日)

〈주환 58070 - 2481, 2003.12.19.〉 수정 2023.03.27.

질문 사항

입주자 등이 공동주택을 자치 관리할 것을 정한 자치관리기구의 **관리사무소장**인

주택관리사 등의 **배치**는 그 사유가 발생된 날로부터 언제까지 하여야 하는지요?

답변 내용

「공동주택관리법」제52조제4항에 따른 같은 법 시행령 제66조제1항에 "법 제52조제4항에 따라 **주택관리업자**는 **관리**하는 **공동주택**에 배치된 **주택관리사 등**이 해임 그 밖의 사유로 **결원(缺員)**이 된 때에는 그 사유가 발생한 날부터 **15일 이내**에 새로운 주택관리사 등을 **배치(配置)**하여야 한다."고 규정되어 있습니다.

한편, 같은 법 제6조제1항에 따른 같은 영 제4조(자치관리기구의 구성 및 운영) 제3항과 제4항에서 "③ **자치관리기구 관리사무소장**은 <u>입주자대표회의</u>가 입주자대표회의 <u>구성원</u>(관리규약으로 정한 <u>정원</u>을 말하며, 해당 입주자대표회의 <u>구성원</u>의 <u>3분의 2 이상</u>이 <u>선출</u>되었을 때에는 <u>그 선출된 인원</u>을 말한다.) <u>과반수</u>의 <u>찬성</u>으로 <u>선임</u>한다. ④ 입주자대표회의는 제3항에 따라 선임된 관리사무소장이 해임되거나, 그 밖의 사유로 **결원(缺員)**이 되었을 때에는 그 사유가 발생한 날부터 **30일 이내**에 새로운 관리사무소장을 **선임(選任)**하여야 한다." 라고 규정하고 있습니다.

따라서, 자치관리 방법인 공동주택의 입주자대표회의는 자치관리기구의 관리사무소장인 주택관리사 등의 결원(缺員)이 발생한 경우 「공동주택관리법 시행령」제4조제4항의 규정에 따라 그 사유가 발생한 날부터 30일 이내에 새로운 주택관리사 등을 관리사무소장으로 선임(選任)하여야 하는 것입니다. [cf. 법 제64조제1항제1호(·제3호)·제5항, 영 제4조제4항(·제66조제1항), 규칙 제30조제2항]

관리사무소장 결원(병가) 때 다른 주택관리사 등 배치해야

〈주택건설공급과 - 2015.05.21.〉 수정 2020.06.28.

질문 사항

관리사무소장이 질병 치료를 받기 위해서 병가(病暇) 신청서를 제출하여 입주자대표회의 승인을 받아 3개월 동안 **관리사무소장**이 **결원(缺員)**됩니다. 3개월 동안 전기과장을 관리사무소장 직무대행으로 할 수 있는지요.

답변 내용

주택관리업자는 공동주택을 관리함에 있어 배치된 주택관리사 등이 해임 그 밖의 사유로 결원이 생긴 때에는 그 사유가 발생한 날부터 15일 이내에 새로운 주택관리사 등을 배치하여야 한다(법 제52조제4항, 영 제66조제1항). 따라서, **위탁관리 방법**인 **공동주택**에서 주택관리사 등인 관리사무소장이 **질병 등**으로 3개월 동안 **결원(缺員)**이 생기는 경우 그 사유가 발생한 날부터 **15일 이내**에 새로운 주택관리사 등을 관리사무소장으로 **배치(配置)**하여야 하는 것이다.

또한, **자치관리 방법**인 **공동주택**의 입주자대표회의는 선임된 관리사무소장이 해임되거나, 그 밖의 사유로 **결원(缺員)**이 되었을 때에는 그 사유가 발생한 날부터 **30일 이내**에 새로운 관리사무소장을 **선임(選任)**하여야 한다(같은 영 제4조제4항). 그러므로, 자치관리 방법인 공동주택에서 질의의 사안과 같이 주택관리사 등인 관리사무소장이 질병 치료로 12주 동안 결원이 생기는 경우 그 사유가 발생한 날부터 30일 이내에 다른 주택관리사 등을 관리사무소장으로 선임하여야 할 것이다.

위탁관리, 주택관리업자의 선정 등[법 제7조·영 제5조]

법 제7조(위탁관리 결정에 따른 주택관리업자 선정 기준) ① 의무 관리 대상 공동주택의 입주자 등이 공동주택을 위탁 관리할 것을 정한 경우에는 입주자대표회의는 다음 각 호의 기준(基準)에 따라 주택관리업자를 선정(選定)하여야 한다.

1. 「전자 문서 및 전자 거래 기본법」 제2조제2호에 따른 정보처리시스템을 통하여 선정[이하 "전자입찰방식(電子入札方式)"이라 한다]할 것. 다만, 선정 방법 등이 전자입찰방식을 적용하기 곤란한 경우로서 국토교통부장관이 정하여 고시(告示)하는 경우에는 전자입찰방식으로 선정하지 아니 할 수 있다.[24]

1의 2. 다음 각 목의 구분에 따른 사항에 대하여 **전체 입주자 등의** (과반수가 참여하고 참여자)[25] **과반수의 동의**를 얻을 것 〈신설 2022.6.10., 시행 2022.12.11.〉

---

24) cf. 국토교통부 고시 「주택관리업자 및 사업자 선정 지침」 제3조제3항, 제3조제1항제1호

가. 경쟁입찰(競爭入札): 입찰의 종류 및 방법, 낙찰 방법, 참가 자격 제한 등 입찰(入札)과 관련한 중요(重要) 사항(事項)

나. 수의계약: 계약 상대자 선정, 계약 조건 등 계약과 관련한 중요 사항

2. 그 밖에 입찰의 방법 등 대통령령으로 정하는 방식을 따를 것

* 법 제102조(과태료) ③ 다음 각 호의 어느 하나에 해당하는 자에게는 500만 원 이하의 과태료(過怠料)를 부과한다. 〈개정 2015.12.29., 2016.1.19.〉

2. 제7조제1항 또는 제25조를 위반하여 주택관리업자 또는 사업자를 선정한 자

영 제5조(주택관리업자 선정 전자입찰방식) ① 법 제7조제1항제1호에 따른 전자입찰방식의 세부 기준, 절차 및 방법 등은 국토교통부장관이 정하여 고시(告示)한다.[26]

영 제5조(주택관리업자의 선정 방식) ② 법 제7조제1항제2호에서 "입찰의 방법 등 대통령령으로 정하는 방식(方式)"이란 다음 각 호에 따른 방식을 말한다.

1. 국토교통부장관이 정하여 고시하는 경우 외에는 **경쟁입찰(競爭入札)**로 할 것. 이 경우 다음 각 목의 사항은 국토교통부장관이 정하여 고시(告示)한다.

가. 입찰의 절차(cf. '지침' 제14조 ~ 제17조, 제19조, 제20조)

나. 입찰 참가 자격(cf. '지침' 제18조)

다. 입찰의 효력(cf. '지침' 제21조, 제6조 [별표 3])

라. 그 밖에 주택관리업자의 적정한 선정을 위하여 필요한 사항(cf. '지침' 제1조 ~ 제13조·제14조 ~ 제21조, 준칙 제12조 ~ 제16조)

2. 삭제 〈2023.6.13.〉

3. 입주자대표회의의 감사가 입찰 과정 참관(參觀)을 원하는 경우에는 참관할 수 있도록 할 것(cf. 영 제25조제3항제2호, '지침' 제7조제2항 관련 [별표 7] 비고 3.)

4. 계약(契約) 기간(期間)은 장기수선계획의 조정 주기를 고려하여 정할 것

법 제7조(기존 주택관리업자의 입찰 참가 제한) ② 입주자 등은 기존 주택관리업자의 관리 서비스가 만족스럽지 못한 경우에는 대통령령으로 정하는 바에 따라 새로운 주택관리업자 선정을 위한 입찰에서 기존 주택관리업자의 참가를 제한하도록 입주자대표회의에 요구(要求)할 수 있다. 이 경우 입주자대표회의는 그 요구에 따라야 한다.

---

25) cf. 국회 계류 중인 개정 법률(동의 요건 완화)이 확정될 경우 이를 반영할 수 있도록 한 것이다. 관련 사항(「주택관리업자 및 사업자 선정 지침」, 관리규약 준칙 포함)은 이하 같다.

26) cf. 「주택관리업자 및 사업자 선정 지침」 제1조 목적, 제3조 전자입찰시스템 등

영 제5조(기존 주택관리업자의 입찰 참가 제한 절차) ③ 법 제7조제2항 전단에 따라 입주자 등이 새로운 주택관리업자 선정을 위한 입찰에서 기존 주택관리업자의 참가를 제한하도록 입주자대표회의에 요구하려면, 전체 입주자 등 과반수(過半數)의 서면 동의(同意)가 있어야 한다. (cf. 준칙 제16조, 제7조제2항)

1. 위탁관리하는 공동주택의 운영 방법

위탁관리 방법인 공동주택의 관리주체

〈주택건설공급과 - 2014.09.12.〉 수정 2023.09.12.

질문 사항

공동주택의 관리방법이 위탁관리인 경우 **관리주체(管理主體)**가 주택관리업자인지요, 아니면 주택관리업자가 선정·배치한 관리사무소장인지요?

답변 내용

공동주택의 관리방법이 주택관리업자에 의한 **위탁관리**인 경우, 공동주택의 관리주체는 "주택 관리를 **업(業)**으로 하는 자로서 「공동주택관리법」 제52조제1항에 따라 **등록**"한 해당 공동주택의 **주택관리업자(住宅管理業者)**입니다(cf. 법 제2조제1항제10호 다목·제15호, 법 제52조제4항·영 제66조제1항, 법 제64조제1항제3호).

위탁관리 방법인 경우 경비, 청소 등의 운영(자치)

성명 OOO 등록일 2015.06.26. 수정 2023.02.18.

질문 사항

아파트를 **위탁(委託) 관리(管理)**하고 있는데요, 해당 공동주택 입주자대표회의에서 경비원을 직접 고용하여 **경비(警備) 업무(業務)**를 수행하게 할 수 있는지요?

답변 내용

공동주택에서 주택관리업자와 위탁 · 수탁관리 계약을 체결하였다면, **경비**와 **청소 · 소독 등**은 해당 관리주체(선정된 주택관리업자)의 <u>업무</u>가 되는 것이며, 이 경우 경비 · 청소 등의 분야는 그 주택관리업자가 **직접 운영** 또는 **별도 위탁**의 방법으로 수행[27]할 수 있습니다(cf. 법 제25조, 영 제25조제1항제1호, '지침' 제16조제1항제2호, 준칙 제14조제4항). 이와 관련, 질의 사안과 같이 주택관리업자에게 위탁관리를 하면서 경비와 청소 등의 업무를 입주자대표회의가 관리하는 방식은 공동주택관리법령에 위배됩니다(cf. 법 제63조제1항제2호, 제64조제2항제3호 · 제4호, 제65조, 같은 법 시행규칙 제30조제1항제1호).[28]

위탁관리 방법인 경우 경비, 청소 등의 운영(직영)

성명 ○○○ 등록일 2015.06.04. 수정 2023.02.18.

질문 사항

「공동주택관리법」 제63조에 **공동주택단지 안의 경비, 청소, 소독** 및 **쓰레기 수거 등**을 관리주체의 업무로 규정하고 있습니다. 이에, 입주자대표회의는 관리주체의 업무 중 청소 업무를 별도로 **용역**하지 않고, 주택관리업자가 **직접 운영**하도록 일괄 입찰하고 위탁 · 수탁관리 계약을 체결하였습니다. 이 경우 아파트 대청소 업무를 입주자대표회의에서 의결하여 주택관리업자가 직접 **수행**하도록 할 수 있는지요?

---

27) cf. 법 제63조제1항제2호, 「경비업법」 제4조제1항, 「공중위생관리법」 제3조제1항

28) 입주자 등이 공동주택을 자치 관리할 것을 정한 경우에 입주자대표회의가 경비와 청소 등 업무를 직영하는 방법으로 해당 분야 담당 인력의 고용계약(雇傭契約) 등을 할 수 있다[영 제14조제2항제9호(입주자대표회의의 의결 사항) - 9. 자치관리를 하는 경우 자치관리기구 직원의 임면에 관한 사항, 준칙 제9조(자치관리기구 직원의 담당 업무, 인사 · 보수 및 책임 등) ⑤ 경비, 청소, 주민공동시설 등을 직영할 경우 해당 직원의 임면에 관한 사항은 제3항 및 제4항에 따른다(cf. 준칙 제9조제5항 · 제3항 · 제4항).].

답변 내용

공동주택을 주택관리업자에게 위탁하여 관리하는 경우 경비·청소 등은 **관리주체**인 주택관리업자의 **업무**이며, 이를 직접 또는 위탁의 방법으로 운영할 수 있습니다.[29] 이와 관련하여, **"직접 운영"** 은 주택관리업자가 단위별 공동주택관리기구에 해당 직무 수행에 필요한 **인력**과 **시설·장비 등**을 갖추고 **직접** 업무를 **담당**하는 방식을 의미하며, **"위탁 운영"** 은 주택관리업자가 국토교통부 고시 「주택관리업자 및 사업자 선정 지침」에 따른 경쟁입찰 등의 방법으로 **별도**의 **용역 사업자**를 **선정**하여 경비·청소 등 분야의 공동주택 관리 사무를 **수행**하는 경우를 뜻합니다.

위탁관리 방법인 경우 경비, 청소 등의 운영(변경 절차)

성명 OOO 등록일 2016.02.22. 수정 2024.12.02.

질문 사항

우리 아파트는 관리실, 경비실, 미화실 업무를 모두 주택관리업자가 관리하는 일괄 용역으로 계약되어 있으며, 용역 대금(代金)은 모두 위탁관리회사로 송금(送金)되어 임금(賃金)을 본사(本社)에서 지급(支給)하는 형태로 되어 있습니다.

아파트의 **위탁관리 형태**를 관리실만 직영 위탁으로 하고, 경비실과 미화실의 업무를 용역으로 **변경**하여 기존 계약 내용과 변경되는 사항은 없으나, 계약 형태만 3개로 나누어 관리실은 직영으로, 경비실과 미화실의 **운영 방법**은 용역으로 **변경**이 가능한지요? 계약 금액, 계약 기간, 인원 모두 동일합니다.

답변 내용

공동주택을 주택관리업자에게 <u>위탁</u> 관리하는 방법인 경우 **경비, 청소 업무 등**은 직접 운영 또는 별도 위탁의 방식으로 <u>이행</u>할 수 있습니다.[30] 여기서 **"직접 운영"** 은

---

29) cf. 법 제63조제1항제2호·제25조, 영 제25조제1항제1호, '지침' 제16조제1항제2호, 준칙 제38조제4항제4호·제14조제4항·제71조(* 비고 – 같은 준칙 제12조 *), 「경비업법」 제4조제1항, 「공중위생관리법」 제3조제1항

30) cf. 법 제63조제1항제2호·제25조, 영 제25조제1항제1호, '지침' 제16조제1항제2호, 준칙

주택관리업자가 산하(傘下) <u>공동주택관리기구</u>에 필요한 인력 및 장비를 갖추고, 관리사무소에서 해당 <u>업무</u>를 <u>집행</u>하는 형태를 의미하며, **"위탁 운영"**은 관리주체가 「주택관리업자 및 사업자 선정 지침」에 따른 경쟁입찰 등의 방법으로 해당 분야의 <u>용역 사업자</u>를 별도로 <u>선정</u>하여 그 직무를 <u>수행</u>하는 경우를 뜻합니다.

이와 관련, 주택관리업자 선정 때 "경비·청소 등의 <u>직접 운영</u> 또는 <u>위탁</u> 운영에 관한 사항"은 **입찰가격**을 **산출**하는 주요 **근거(根據)**가 되는 것이므로, 입찰공고문에 <u>명시(明示)</u>되어야 합니다. 따라서, 해당 내용이 입찰공고문에 명시되지 않았거나, 명시된 내용과 다르게 계약이 체결되었다면 같은 **'지침'**에 **위반**됩니다.[31]

위탁관리 방법인 공동주택의 운영(입찰, 용역 업무 등)

성명 OOO 등록일 2015.11.06. 수정 2023.06.13.

질문 사항

우리 아파트는 지금까지 **위탁관리**를 맡고 있는 주택관리업자가, **청소** 업무는 다른 **용역 사업**자를 선정하여 **위탁 운영**을 하고 있었습니다. 이번에 청소 업무를 위탁한 용역 사업자와의 계약 기간이 만료(滿了)되어, 해당 업무를 우리 아파트의 위탁관리를 맡고 있는 기존 **주택관리업자**가 맡아서 **운영**하려고 합니다.

이 경우에는 별도의 입찰 절차를 거치지 아니 하고 기존 **주택관리업자**가 청소원을 고용하여 청소 업무를 **직영(直營)**으로 관리하여도 되는지요? 경비와 청소는 관리주체(주택관리업자)의 업무이니 주택관리업자가 직영하여 경비와 청소를 하면, 별도의 입찰이나 계약이 필요하지 않을 것 같은데, 맞는지요?

답변 내용

「공동주택관리법」 제63조제1항제2호에서는 공동주택단지 안의 경비와 청소를

제38조제4항제4호·제14조제4항·제71조(* 비고 – 같은 준칙 제12조 *), 「경비업법」 제4조제1항, 「공중위생관리법」 제3조제1항

31) cf. 「주택관리업자 및 사업자 선정 지침」 제16조제1항제2호·제9호, 제24조제8호, 제20조, 제28조제2항, 제21조제2항, 제29조제2항, 준칙 제14조제4항

관리주체의 업무(業務)로 규정하고 있으므로, 해당 공동주택을 주택관리업자에게 **위탁 관리**하는 경우 **경비**와 **청소** 분야를 관리주체인 주택관리업자가 **직접(直接) 수행**[32]하는 것으로 하여 계약을 체결할 수 있습니다. 다만, 이러한 경우에는 주택관리업자 **선정** 때 "경비와 청소 <u>업무</u>는 용역 사업자를 통하지 않고 직접 운영한다."는 사항을 공고문에 **명시(明示)**하고, 해당 금액(인건비, 피복비 등 청소와 경비에 직접 소요되는 비용)이 포함된 가격 등으로 **입찰(入札)**이 추진되어야 할 것입니다.[33]

이러한 절차 없이 단순히 위탁관리수수료 <u>수급(受給)</u> 방법으로 주택관리업자를 선정한 후 계약 진행 도중 경비와 청소 분야의 용역을 관리주체가 직접 운영하는 것으로 **변경(變更)**·결정하고, 해당 금액을 합산해서 **계약(契約)**하는 것은 **주택관리업자**와 **용역** 사업자를 **선정(選定)**하는 **근거(根據)**와 **주체(主體)**, **요건(要件)** 및 **절차(節次)** 등을 서로 다르게 두고 있는 「주택관리업자 및 사업자 선정 지침」에 적합하지 아니 합니다. [cf. 법 제7조·영 제5조, 법 제25조·영 제25조, '지침' 제4조제4항·제5항, 제2장 제14조 ~ 제21조·제3장 제22조 ~ 제29조, 준칙 제12조(·제13조)·제71조(·제71조의 2), 제15조·제72조, 제16조·제73조 등]

2. 주택관리업자의 선정 및 계약 등

기존 주택관리업자의 재선정(수의계약) 절차 등

성명 ○○○ 등록일 2016.03.29. 수정 2024.08.11.

질문 사항

계약 기간이 끝나는 기존(旣存) **주택관리업자(住宅管理業者)**와의 **수의계약(隨意契約)**이 가능한지 **여부(與否)**와 수의계약의 **절차(節次)**를 알고 싶습니다.

---

32) cf. 「공동주택관리법」 제63조제1항제2호, 「경비업법」 제4조제1항, 「공중위생관리법」 제3조제1항, 「감염병의 예방 및 관리에 관한 법률」 제52조제1항·제51조제4항

33) cf. '지침' 제16조제1항제2호·제21조제2항. 직영과 위탁 운영, '위탁관리수수료 지급 방식'의 위탁관리와 '비용 도급계약' 형태의 위탁관리를 혼동하는 데서 오는 오류로 보인다.

입주자대표회의가 계약 기간이 만료된 주택관리업자와 재계약을 하기 위하여 구성원 과반수 찬성으로 의결·제안하고 **관리규약이 정하는 절차**에 따라 사전에 입주자 등의 **동의 절차**를 **진행**한 결과, 전체 입주자 등의 10분의 1 이상이 서면으로 **이의(異議)**를 **제기**하였습니다. 또한, 다른 10분의 1 이상의 입주자 등이 연서하여 **재계약**을 **요구**하는 의견이 입주자대표회의에 제출되었을 경우 입주자대표회의는 어떻게 처리하여야 하는지요?

이 경우 입주자대표회의는 ① 공개경쟁입찰 절차를 밟아야 하는지요? ② 아니면, 재계약을 요구하는 10분의 1 이상의 입주자 등의 의견을 반영하여 전체 입주자 등에게 이에 대한 입주자 등의 과반수 찬·반 의견을 묻고, 그 결과에 따라 입주자대표회의에서 의결하여 결정하여야 하는지요?

답변 내용

o 국토교통부 고시(제2023 – 341호, 제2024 – 196호) 「주택관리업자 및 사업자 선정 **지침**」 제4조제3항 **[별표 2] 제8호**에서 "계약 기간이 만료되는 **기존 주택관리업**자를 **제4조제5항**에 따른 방법을 통해 다시 관리주체로 선정하려는 경우" **수의계약**이 **가능**한 것으로 규정하고 있다. (개정 2023. 6. 13.)

o 이에 입주자대표회의가 계약 기간이 끝나는 기존 주택관리업자와 **재계약**하려면, 「주택관리업자 및 사업자 선정 **지침**」 제4조제3항 **[별표 2] 제8호**와 제4조제5항에 따라 **"수의계약 전**에 계약 상대자 선정, 계약 조건 등 **계약**과 **관련**한 **중요 사항**에 대하여 「공동주택관리법 시행령」 제14조제1항에 따른 방법으로 입주자대표회의의 **의결"**을 거쳐 **입주자 등의 동의**를 제안(提案)하여야 한다.

o 그리고, 입주자 등은 입주자대표회의가 제안(提案)한 "계약 상대자 선정, 계약 조건 등 **계약**과 **관련**한 **중요 사항**"에 대하여 「공동주택관리법」 제7조제1항제1호의2 나목에 따라 해당 공동주택 **전체 입주자 등의** (과반수가 참여하고 참여자) **과반수의 동의(同意)**를 얻어 **결정(決定)**하며, 입주자대표회의는 입주자 등의 동의 내용과 「주택관리업자 및 사업자 선정 지침」, 개별 공동주택관리규약에서 정하는 방법 등에 따라 수의계약 체결 등 **계약** 절차를 추진할 수 있다.

이에, **관리규약**에서 정하는 **절차**(* 계약 기간 만료 ○○일 전까지 입주자대표회의의 구성원 과반수의 찬성으로 의결·제안, 선거관리위원회에 통지·계약 기간 만료 60일 전까지 해당 공동주택 전체 입주자 등의 동의 *)에 따라 기존 주택관리업자의 **재선정**(입주자대표회의 제안 계약 관련 중요 사항)에 대해서 사전에 입주자 등의 동의 절차를 진행한 결과, **전체 입주자 등의** (과반수가 참여하고 참여자) **과반수의 동의**를 얻은 경우에 한정하여 **결정**할 수 있는 것이다.[34]

따라서, 개별 공동주택 **관리규약**에 기존 **주택관리업자**의 **재계약**에 대하여 입주자 등의 **동의**를 얻는 **방법**을 **규정**하고 있다면,[35] 같은 '지침' [별표 2] 제8호를 적용하여 관리규약으로 정하는 **절차**를 거쳐 기존의 주택관리업자를 **수의계약**의 방법으로 다시 해당 공동주택의 관리주체로 **선정**할 수 있다.

ㅇ 다만, 기존 주택관리업자와의 수의계약 관련 중요 사항에 대한 동의 절차 진행 결과 해당 공동주택 **전체 입주자 등의** (과반수가 참여하지 않거나 참여자) **과반수의 동의**를 **얻지 못하면**, 그 주택관리업자를 수의계약의 방법으로 해당 공동주택의 관리주체로 다시 선정할 수 없으며, 주택관리업자 선정 때 입주자대표회의는 국토교통부장관이 고시하는 **경쟁입찰**의 **방법**을 따라야 하는 것이다.[36]

ㅇ 끝으로, 질의한 내용 중 "1. 입주자대표회의의 의결로 제안하고, 전체 입주자 등의 과반수가 찬성, 또는 2. 전체 입주자 등의 10분의 1 이상이 서면으로 제안하고, 전체 입주자 등의 과반수가 찬성"하는 방법에 따라 결정하는 것은 주택관리업자 선정 방법에 관한 것이 아니라, 공동주택 관리방법(자치관리 또는 위탁관리)의 결정 또는 변경(cf. 「공동주택관리법 시행령」 제3조, 제20조제5항, 제29조제2항, 제29조의 2)에 관한 사항이니 업무에 참고하기 바란다.

---

34) cf. 「공동주택관리법」 제7조제1항제2호·제7조제1항제1호의 2 나목, 「주택관리업자 및 사업자 선정 지침」 제4조제3항 [별표 2] 제8호, 준칙 제15조

35) cf. 「서울특별시공동주택관리규약 준칙」 제15조, 제16조 *****

36) cf. 「공동주택관리법」 제7조제1항제2호·제7조제1항제1호의 2 가목, 같은 법 시행령 제5조제2항제1호, 같은 법 제7조제2항, 같은 영 제5조제3항, 준칙 제16조, 〈서울행정법원 2022.9.6. 선고 2021구합68834 판결, "시정 명령 취소 청구의 소" – **'기존 주택관리업자 입찰 참가 제한 의사,' '재계약 반대 의사, 이의 제기'와 동일**〉

주택관리업자의 재선정 절차(의결 정족수 등)

성명 OOO 등록일 2014.03.19. 수정 2023.10.06.

질문 사항

질문자의 아파트 입주자대표회의의 정원은 관리규약에 12명으로 규정되어 있으며, 현재 동별 대표자 7명이 선출되어 7명으로 구성되어 있습니다.

「주택관리업자 및 사업자 선정 지침」 제4조제3항 [별표 2] 제8호, 제4조제5항에 따르면, **주택관리업자**를 **수의계약으로** 선정하는 경우에는 수의계약 전에 계약 상대자 선정, 계약 조건 등 **계약**과 **관련한 중요 사항**에 대하여 영 제14조제1항에 따른 입주자대표회의 **의결로 제안**하고, 법 제7조제1항제1호의 2에 따라 **전체 입주자 등의** (과반수가 참여하고 참여자) **과반수의 동의**를 얻어야 합니다. 우리 아파트의 경우 어떻게 해야 하는지 답변하여 주시기 바랍니다.

답변 내용

1. 입주자대표회의는 4명 이상으로 **구성(構成)**하여야 하고(법 제14조제1항), 그 구성원 과반수의 찬성으로 **의결(議決)**합니다(영 제14조제1항). 이 경우 입주자대표회의 **구성원**은 관리규약으로 정한 **정원(定員)**을 말하며, 해당 입주자대표회의 구성원의 3분의 2 이상이 선출되었을 때에는 그 선출된 인원(人員)을 뜻합니다.[37]

— 이와 관련하여, 입주자대표회의는 그 **구성원 과반수의 찬성**으로 **의결**하므로(같은 영 제14조제1항), 공동주택의 관리규약으로 정한 입주자대표회의 구성 정원이 12명이고, 선출된 동별 대표자가 7명이므로 **선출된 동별 대표자 모두의 찬성**이 있으면, 이 사안 공동주택 입주자대표회의 구성원의 과반수로써 같은 법 제14조제10항에 따른 안건[38]을 의결할 수 있는 것입니다(이 경우 반드시 정원의 3분의 2 이상이 선출되어야 하는 것은 아니다.). (cf. 준칙 제32조, 제32조의 2)

2. 한편, 입주자대표회의가 계약 기간이 만료되는 **주택관리업자를 수의계약**의 방

---

37) 「공동주택관리법 시행령」 제4조제3항 본문·괄호 규정

38) cf. 영 제14조제2항 본문 외 부분 각 호, 준칙 제38조제4항 본문 외 부분 각 호

법으로 다시 관리주체로 선정하려면 「주택관리업자 및 사업자 선정 지침」 제4조제3 항 [별표 2] 제8호와 제4조제5항에 따라 **"수의계약 전에 계약 상대자 선정, 계약 조건 등 계약(契約)과 관련한 중요(重要) 사항(事項)**에 대하여 「공동주택관리법 시행령」 제14조제1항에 따른 방법으로 입주자대표회의의 **의결(議決)"**을 거쳐 **입주자 등**에게 **동의**를 요청·**제안(提案)**하여야 합니다.

ㅇ 이 경우 **입주자 등**은 입주자대표회의가 제안한 **"계약 상대자 선정, 계약 조건 등 계약과 관련한 중요 사항"**에 대하여 「공동주택관리법」 제7조제1항제1호의 2 나 목에 따라 해당 공동주택 **전체 입주자 등**의 (과반수가 참여하고 참여자) **과반수**의 **동의(同意)**를 얻어 **결정(決定)**합니다. (cf. 영 제5조제3항, '지침' 제4조제3항 [별표 2] 제8호·제4조제5항, 준칙 제15조·제16조)

ㅇ 그리고, 입주자대표회의는 입주자 등이 **동의**한 **내용**과 「주택관리업자 및 사업자 선정 지침」, 관리규약 등에서 정하는 방법 등에 따라 수의계약 체결 등 **계약** 절차를 추진하는 것입니다(cf. 준칙 제15조).

따라서, 이 질의 사안 공동주택의 경우 「주택관리업자 및 사업자 선정 지침」 제4 조제3항 [별표 2] 제8호와 제4조제5항에 따라 **"수의계약 전에 계약 상대자 선정, 계약 조건 등 계약(契約)과 관련한 중요(重要) 사항(事項)**에 대하여 「공동주택관리법 시행령」 제14조제1항에 따른 방법(7명 전원 찬성)으로 입주자대표회의의 **의결(議決)"**을 거쳐 **입주자 등의 동의**를 요청·**제안(提案)**할 수 있을 것입니다.

주택관리업자 재선정에 대한 입주자 등의 이의 제기 방법

성명 OOO 등록일 2013.07.22. 수정 2023.06.13.

질문 사항

계약 기간이 만료되는 **주택관리업자**를 다시 **선정**하고자 **"계약 상대자, 계약 조건 등 계약과 관련한 중요 사항"**에 대하여 입주자대표회의 구성원의 과반수 찬성으로 **의결(議決)**하여 주민에게 이를 **공고(公告)**하고, 「공동주택관리법」 제7조제1항제1 호의 2 나목에 따라 해당 공동주택 **전체 입주자 등**의 (과반수가 참여하고 참여자)

과반수의 **동의**를 얻어 결정, **재계약**을 체결하기로 하였습니다.

재계약에 관한 입주자 등의 의견을 듣기 위한 공고문에 이의 신청을 위한 장소(관리사무소), 기간, 시간, 방법(신분증 지참)을 명시하여 **이의 제기**를 받고 있는 중에 특정인(아파트 주민)이 별도의 신청 양식을 준비, 각 세대를 방문하여 **이의신청서**에 서명을 받아 **제출**하면, 이의 신청의 법적인 **효력**이 발생하는지요?

답변 내용

ㅇ 입주자대표회의가 계약 기간이 종료되는 기존 **주택관리업자**와 **재계약**하려면, 「주택관리업자 및 사업자 선정 지침」 제4조제3항 [별표 2] 제8호와 제4조제5항에 따라 "<u>수의계약</u> 전에 계약 상대자 선정, 계약 조건 등 **계약**과 **관련**한 **중요 사항**에 대하여 「공동주택관리법 시행령」 제14조제1항에 따른 방법으로 입주자대표회의의 **의결**"을 거쳐 입주자 등의(에게) 동의를 **제안** · 요청하여야 합니다.

ㅇ 이 경우 입주자 등은 입주자대표회의가 제안한 "계약 상대자 선정, 계약 조건 등 계약과 관련한 중요 사항"에 대하여 「공동주택관리법」 제7조제1항제1호의 2 나목에 따라 해당 공동주택 **전체 입주자 등의** (과반수가 참여하고 참여자) **과반수의 동의(同意)**를 얻어 **결정(決定)**합니다. (cf. 영 제5조제3항, '지침' 제4조제3항 [별표 2] 제8호 · 제4조제5항, 준칙 제15조 · 제16조)

ㅇ 그리고, 입주자 등의 동의 내용과 「주택관리업자 및 사업자 선정 지침」, 관리규약에서 정하는 방법 등에 따라 수의계약 체결 등 계약 절차를 추진하는 것입니다.

이와 관련하여, **공동주택관리법령**에서는 **입주자 등**이 **서면**으로 **이의**를 **제기**하는 **양식(樣式)**에 대하여 **별도로 정하고 있지 아니 합**니다(cf. '지침' 제4조제3항 [별표 2] 제8호, 준칙 제15조 · 제16조). 따라서, **연대 서명**으로 **제출**한 사안의 **이의 신청서**가 허위로 작성된 것이 아니라 실제로 입주자 등의 의견을 반영하고 있는 것이라면, 그 이의 신청을 **인정할 수 있을 것**으로 판단됩니다.

☞ 주택관리업자의 선정 · 재선정 절차

- 입주자 등이 공동주택의 **관리방법**을 주택관리업자에게 **위탁**하여 **관리**하기로 **결정**하는 경우 입주자대표회의는 「공동주택관리법」 제7조제1항제2호에 따라 **국토교통부장관**이 정하여 **고시**하는 경우 외에는 **경쟁입찰**의 방법으로 **주택관리업자**를 **선정**하여야 한다(「공동주택관리법 시행령」 제5조제2항제1호).

1. 수의계약 방법에 따른 재선정 절차

ㅇ 입주자대표회의가 계약 기간이 끝나는 기존 **주택관리업자**와 **재계약**하려면, 「주택관리업자 및 사업자 선정 지침」 제4조제3항 [별표 2] 제8호와 제4조제5항에 따라 **"수의계약 전**에 계약 상대자 선정, 계약 조건 등 **계약**과 **관련한 중요(重要) 사항(事項)**에 대하여 「공동주택관리법 시행령」 제14조제1항에 따른 방법으로 입주자대표회의의 **의결"**을 거쳐 **입주자 등**의 동의를 **제안(提案)** · 요청하여야 합니다.

ㅇ 이 경우 **입주자 등**은 입주자대표회의가 제안한 "계약 상대자 선정, 계약 조건 등 계약과 관련한 중요 사항"에 대하여 「공동주택관리법」 제7조제1항제1호의 2 나목에 따라 해당 공동주택 **전체 입주자 등의** (과반수가 참여하고 참여자) **과반수의 동의(同意)**를 얻어 **결정(決定)**합니다. (cf. 영 제5조제3항, '지침' 제4조제3항 [별표 2] 제8호 · 제4조제5항, 준칙 제15조 · 제16조)

ㅇ 그리고, 입주자 등의 동의 내용과 「주택관리업자 및 사업자 선정 지침」, 관리규약에서 정하는 방법 등에 따라 수의계약 체결 등 **계약** 절차를 추진하는 것입니다.

2. 입찰 방법에 따른 선정 절차

ㅇ 한편, 입주자대표회의가 해당 공동주택의 **주택관리업자**를 **입찰**의 방법으로 **선정**하는 경우에는 「주택관리업자 및 사업자 선정 지침」 **제4조제4항**에 따라 **"입찰공고 전**에 입찰의 종류 및 방법, 낙찰 방법, 참가 자격 제한 등 **입찰**과 **관련한 중요 사항**에 대하여 「공동주택관리법 시행령」 제14조제1항에 따른 방법으로 입주자대표회의의 **의결"**을 거쳐 **입주자 등**의(에게) **동의**를 요청 · **제안**하여야 합니다.

ㅇ 이 경우 **입주자 등**은 입주자대표회의가 제안한 **"입찰의 종류 및 방법, 낙찰 방법, 참가 자격 제한 등 입찰과 관련한 중요 사항"**에 대하여 「공동주택관리법」 제7조제1항제1호의 2 가목에 따라 해당 공동주택 **전체 입주자 등의** (과반수가 참여하고 참여자) **과반수**의 **동의(同意)**를 얻어 **결정**합니다.

ㅇ 그리고, 입주자 등의 동의 내용과 「주택관리업자 및 사업자 선정 지침」, 개별 공동주택관리규약에서 정하는 방법 등에 따라 입찰공고, 낙찰자 선정, **계약**의 체결 등 절차를 추진하여야 합니다.

ㅇ 이에, 입주자대표회의는 같은 법 제7조제1항제1호의 2 나목 및 같은 '지침' 제4조제3항 [별표 2] 제8호에 따라 입주자 등의 동의 절차를 진행한 결과 **전체 입주자 등의** (과반수가 참여하지 않거나 입주자 등의 과반수가 참여하더라도 참여자의) **과반수**가 **재계약**에 **부동의(不同意)**한 경우, 같은 법 제7조제1항제1호의 가목에 따라 **입찰 방법**으로 주택관리업자를 **선정**하여야 하는 것이며, 「공동주택관리법 시행령」 제5조제3항에 따라 **전체 입주자 등의 과반수**가 **서면**으로 기존 주택관리업자의 **교체(交替)**를 **요구(要求)**한 경우에는 해당 공동주택의 관리주체 선정 **입찰 참가**를 **제한**하여야 합니다(cf. 법 제7조제2항, 준칙 제16조, * 기존 사업자의 입찰 참가 제한 – 영 제25조제4항, 준칙 제73조).

* **준칙 제15조(수의계약을 통한 주택관리업자 선정 방법)** 입주자대표회의가 계약 기간이 만료되는 기존 주택관리업자를 수의계약을 통하여 다시 관리주체로 선정하고자 하는 경우 **계약 기간 만료일 ㅇㅇ일 전까지** 계약 상대자·계약 기간·계약 금액 등 계약과 관련한 중요 사항을 영 제14조제1항에 따라 입주자대표회의 의결을 거쳐 **제안**하고, 법 제7조제1항제1호의 2에 따라 다음 각 호의 수의계약에 따른 중요 사항에 대하여 **계약 기간 만료 60일 전까지** 전체 입주자 등의 과반수 **동의**[별지 제8호 서식]를 **얻어야** 한다. 〈개정 2023.9.26.〉

　1. 현재 계약 내용

　가. 주택관리업자(개인 또는 법인 명칭)

　나. 계약 기간

　다. 계약 금액

　라. 기타 계약 특수 조건 등 중요 사항

2. 수의계약 내용

가. 주택관리업자(개인 또는 법인 명칭)

나. 계약 기간

다. 계약 금액

라. 기타 계약 특수 조건 등 중요 사항

– 한편, 「공동주택관리법」 제7조제2항에 따르면, "입주자 등은 기존 주택관리업자의 관리 서비스가 만족스럽지 못한 경우에는 대통령령으로 정하는 바에 따라 새로운 주택관리업자 선정을 위한 입찰에서 **기존 주택관리업자의 참가**를 **제한**하도록 입주자대표회의에 **요구**할 수 있다. 이 경우 입주자대표회의는 그 요구에 따라야 한다." 이와 관련하여, 「공동주택관리법」 제7조제2항에 따른 「공동주택관리법 시행령」 제5조제3항에 따라 입주자 등이 새로운 주택관리업자 선정을 위한 입찰에서 기존 주택관리업자의 참가(參加)를 제한(制限)하도록 입주자대표회의에 요구(要求)하려면, 해당 공동주택의 **전체 입주자 등(入住者 等) 과반수(過半數)의 서면 동의(同意)**가 있어야 한다[cf. 법 제7조제2항, 영 제5조제3항, 준칙 제16조].

* **준칙 제16조(기존 주택관리업자의 입찰 참가 제한)** 입주자대표회의는 **전체 입주자 등**의 **과반수**가 **서면**으로 기존 주택관리업자의 입찰참가 제한을 **요구**한 경우에는 기존 주택관리업자의 입찰 참가를 제한하여야 한다. 〈개정 2023.9.26.〉.[39]

– 또한, 의무 관리 대상 공동주택의 관리주체 또는 입주자대표회의는 법 제7조제1항 또는 제25조에 따라 선정한 주택관리업자 또는 공사, 용역 등을 수행하는 사업자와 계약을 체결하는 경우 **계약 체결 일부터 1개월 이내**에 그 **계약서(契約書)**를 해당 **공동주택단지**의 **인터넷 홈페이지**와 **동별 게시판**에 **공개**하여야 한다. 이 경우 법 제27조제3항제1호의 정보[40]는 제외하고 공개(公開)하여야 한다[「공동주택관리법

---

39) cf. 각주 36) 서울행정법원 2022.9.16. 선고 2021구합68834 판결

40) 「공동주택관리법」 제27조(회계 서류 등의 작성·보관 및 공개 등) ① 의무 관리 대상 공동주택의 관리주체는 다음 각 호의 구분에 따른 기간 동안 해당 장부 및 증빙서류를 보관하여야 한다. 이 경우 관리주체는 「전자문서 및 전자거래 기본법」 제2조제2호에 따른 정보처리시스템을 통하여 장부 및 증빙서류를 작성하거나 보관할 수 있다. 〈개정 2022.6.10.〉
 1. 관리비 등의 징수·보관·예치·집행 등 모든 거래 행위에 관하여 월별로 작성한 장부(帳簿) 및 그 증빙서류(證憑書類): 해당 회계년도 종료 일부터 5년
 2. 제7조 및 제25조에 따른 주택관리업자 및 사업자 선정 관련 증빙서류(證憑書類): 해당 계약(契約) 체결 일부터 5년
② 국토교통부장관은 제1항에 따른 회계 서류에 필요한 사항을 정하여 고시할 수 있다.

」제28조(개정 2021.8.10.), 제102조제3항제9호, 제23조제4항].

　＊ **준칙 제14조(계약서의 공개)** ③ 관리주체 또는 입주자대표회의는 주택관리업자 또는 공사, 용역 등을 수행하는 사업자와 계약을 체결하는 경우 **계약 체결 일부터 1개월 이내**에 그 계약서를 **게시판**과 **통합정보마당**에 법 제27조제3항 각 호의 정보를 제외하고 **공개**하여야 한다(cf. 법 제28조, 준칙 제91조제3항제8호).

기존 주택관리업자의 입찰 참가 제한(법 제7조제2항)

성명 OOO 등록일 2016.05.12. 수정 2023.10.21.

질문 사항

1. 「공동주택관리법」 제7조제2항 및 같은 법 시행령 제5조제3항의 **입찰(入札) 참가(參加) 제한(制限)**과 관련하여 계약 기간이 만료된 기존 주택관리업자를 참가 자격(관리 실적 등) 제한으로 입찰에 참가할 수 없도록 할 수 있는지요?

2. 위 조항의 제한을 하려면, 같은 영 제5조제3항의 조문대로 **관리규약에서 정하는 절차**에 따라 전체 입주자 등의 과반수가 서면으로 관리주체의 교체를 요구한 경우에 해당 공동주택 관리업자 선정 입찰 참가를 제한할 수 있는 것이 아닌지요?

답변 내용

ㅇ 「공동주택관리법」 제7조제2항에 "② 입주자 등은 **기존 주택관리업자**의 관리 서비스가 만족스럽지 못한 경우에는 대통령령으로 정하는 바에 따라 새로운 주택관리업자 선정을 위한 **입찰**에서 기존 주택관리업자의 **참가**를 **제한**하도록 입주자대표

---

③ 제1항에 따른 관리주체는 입주자 등이 제1항제1호에 따른 장부나 증빙서류, 그 밖에 대통령령으로 정하는 정보(cf. 영 제28조제1항)의 열람(閱覽)을 요구하거나, 자기의 비용으로 복사(複寫)를 요구하는 때에는 관리규약으로 정하는 바에 따라 이에 응하여야 한다(cf. 준칙 제91조제1항제12호 ～ 15호·제17호, 제91조제2항, 제60조제3항). 다만, 다음 각 호의 정보는 제외하고 요구에 응하여야 한다. 〈개정 2021.8.10., 시행 2022.2.11.〉
1. 「개인 정보 보호법」 제24조에 따른 고유 식별 정보 등 개인(個人)의 사생활의 비밀 또는 자유를 침해할 우려가 있는 정보(情報)
2. 의사 결정 과정 또는 내부 검토 과정에 있는 사항 등으로서 공개될 경우 업무(業務)의 공정한 수행에 현저한 지장(支障)을 초래할 우려가 있는 정보(情報) (cf. 준칙 제91조제3항제1호)

회의에 **요구**할 수 있다. 이 경우 입주자대표회의는 그 요구에 따라야 한다."고 규정되어 있으며, 같은 법 시행령 제5조제3항은 "③ 법 제7조제2항 전문에 따라 입주자 등이 새로운 주택관리업자 선정을 위한 입찰(入札)에서 기존 주택관리업자의 참가(參加)를 제한(制限)하도록 입주자대표회의에 요구하려면, **전체 입주자 등 과반수(過半數)의 서면 동의(同意)**가 있어야 한다."고 규정하고 있습니다. 따라서, 이 조건에 해당되는 경우 기존 주택관리업자의 입찰 참가를 제한할 수 있습니다.[41]

　－ 또한, 입찰 참가를 **"관리 실적 등"**으로 못하게 하려면, 「주택관리업자 및 사업자 선정 지침」 [별표 1] 제1호 나목의 **제한경쟁입찰**의 **방법**에 따라 사업 실적 · 기술 능력 · 자본금의 하한을 정하여 입찰 **참가 자격**으로 **제한**할 수 있는 것입니다.

공동주택 위탁 · 수탁관리 계약 기간

성명 OOO　등록일 2014.07.05.　수정 2023.02.18.

질문 사항

우리 아파트 관리규약에 **"위탁관리 계약 기간**은 3년으로 한다." 라고 명시되어 있습니다. 그렇다면, 반드시 3년으로 하여야 되는지요? 계약 주체인 입주자대표회의에서 2년으로 계약한다면, 이 계약은 관리규약 위반으로 무효가 되는 것인지요.

답변 내용

주택관리업자를 선정하는 경우 그 **계약 기간**은 장기수선계획의 조정 주기를 고려하여 관리규약으로 정하도록 규정(영 제5조제2항제4호 · 제19조제1항제9호, 준칙 제14조제2항)하고 있습니다. 이와 관련하여, 해당 **공동주택관리규약**에서 "계약 기간은 3년으로 한다."고 규정하고 있는데, 입주자대표회의가 2년으로 계약하는 것은 적정하지 않은 것으로 판단됩니다. 다만, **계약의 효력 여부**에 대하여는 공동주택관리법령에서 명시하고 있지 않으므로, 법률 전문가의 도움을 받기 바랍니다.

---

41) cf. 준칙 제16조, 서울행정법원 2022.9.16. 선고 2021구합68834 판결, 법 제25조제2호, 영 제25조제4항, 준칙 제73조

관리규약의 '위탁·수탁관리 계약 기간' 임의로 조정 못해

〈주택건설공급과 - 2014.07.03.〉 수정 2024.11.10.

질문 사항

현재 관리규약에는 **위탁·수탁관리 계약 기간**을 "장기수선계획의 조정 주기를 고려하여 3년으로 한다." 라고 규정되어 있습니다. 공동주택 사정 등을 고려하여 계약 기간을 2년으로 하거나, 5년 등으로 하여 입주민 관리비 절감 등의 이익에 기여한다면, 관리규약의 계약 기간과 다르게 위탁·수탁관리 계약을 체결할 수 있는지요.

답변 내용

「공동주택관리법」 제7조제1항제2호에 따른 같은 법 시행령 제5조제2항제4호에서 **주택관리업자**를 **선정**하는 경우 "4. **계약(契約) 기간(期間)**은 **장기수선계획의 조정 주기를 고려**하여 정할 것"이라고 규정하고 있으므로, 해당 법령에 따라 **개별 「공동주택관리규약(共同住宅管理規約)」에 정하는 것**이 적법하다고 판단된다.[42]

이와 관련하여, 계약 기간을 2년이나 5년 등으로 정하는 것이 '관리비 절감 등'에 어떤 이익이 있다는 것인지 알 수 없으나, 해당 「공동주택관리규약」으로 정하는 계약 기간을 지키지 아니 하고 그 기간과 다르게 해서 계약하는 것은 **「공동주택관리법령」의 입법(立法) 취지(趣旨)에도 어긋나는 행위**가 될 것으로 이해된다.[43]

주택관리업자와의 공동주택 관리 계약 기간 결정

성명 OOO 등록일 2013.10.04. 수정 2023.03.28.

질문 사항

「공동주택관리법 시행령」 제5조제2항제4호는 **주택관리업자**를 선정하는 경우에

---

42) cf. 법 제7조제1항제2호, 영 제5조제2항제4호·제19조제1항제9호, 준칙 제14조제2항

43) cf. 「공동주택관리법」 제7조제1항제2호, 같은 법 시행령 제5조제2항제4호·제19조제1항제9호, 「서울특별시공동주택관리규약 준칙」 제14조제2항

는 **"계약 기간**은 장기수선계획의 조정 주기를 고려하여 정하여야 한다."고 규정하고 있습니다. 따라서, 그 조정 주기를 고려해서 3년으로 계약하여야 하는지요. 아니면, 입주자대표회의에서 의결하여 임의로 계약 기간을 정할 수 있는지요? 우리 아파트 의 경우 "주택관리업자와의 계약 기간은 장기수선계획의 조정 주기를 고려하여 3년 으로 한다." 라고 규정되어 있던 것을, 금번 관리규약 개정안 제안 때 '장기수선계획 을 고려하여 2년으로 한다.'고 입주자대표회의에서 결정을 하였는데, 「공동주택관 리법」 제29조제2항 및 제3항에 위배되는지 궁금합니다.

답변 내용

「공동주택관리법 시행령」 제5조제2항제4호에서 **주택관리업자**를 **선정**하는 경우 "**4. 계약(契約) 기간(期間)**은 **장기수선계획**의 **조정 주기**를 **고려**하여 정할 것"이라 고 규정하고 있습니다. 이 규정은 주택관리업자와의 계약 때 장기수선계획의 조정 주기를 참작하여 그 계약 기간을 **공동주택 관리규약으로 정하라는 것**으로서, 강제 조항은 아닙니다. 그러므로, 장기수선계획의 정기 검토 주기는 3년이지만 **조정**은 **필 요한 경우 수시**로 할 수 있으므로(cf. 법 제29조제2항 · 제3항), 개별 공동주택의 형 편에 따라 관리규약으로 주택관리업자와의 계약 기간을 정하여 운영할 수 있는 것 이니, 업무에 참고하기 바랍니다.[44]

공동관리와 구분관리[법 제8조 · 규칙 제2조, 준칙 제17조]

법 제8조(공동관리와 구분관리) ① 입주자대표회의는 해당 공동주택의 관리에 필 요하다고 인정하는 경우에는 국토교통부령으로 정하는 바에 따라 인접한 공동주택단지 (임대주택단지를 포함한다)와 공동으로 관리하거나, 500세대 이상의 단위로 나누어 관 리하게 할 수 있다(cf. 「민간임대주택에 관한 특별법」 제51조제4항, 같은 법 시행령 제 41조제5항 · 제6항 – 「공공주택 특별법」 제50조제1항, 같은 법 시행령 53조).

규칙 제2조(공동주택의 공동관리 등 절차) ① 입주자대표회의는 「공동주택관리

---

44) cf. 법 제18조제2항, 영 제5조제2항제4호 · 제19조제1항제9호, 준칙 제14조제2항

법(이하 "법"이라 한다) 제8조제1항에 따라 공동주택을 공동관리(共同管理)하거나 구분관리(區分管理)하려는 경우에는 다음 각 호의 사항을 입주자 등에게 통지(通知)하고 입주자 등의 서면 동의(同意)를 받아야 한다. 〈개정 2017.10.18.〉

　1. 공동관리 또는 구분관리의 필요성

　2. 공동관리 또는 구분관리의 범위

　3. 공동관리 또는 구분관리에 따른 다음 각 목의 사항

　가. 입주자대표회의의 구성 및 운영 방안

　나. 법 제9조에 따른 공동주택관리기구의 구성 및 운영 방안

　다. 장기수선계획의 조정 및 법 제30조에 따른 장기수선충당금의 적립 및 관리 방안

　라. 입주자 등이 부담하여야 하는 비용 변동의 추정치

　마. 그 밖에 공동관리 또는 구분관리에 따라 변경(變更)될 수 있는 사항 중 입주자대표회의가 중요(重要)하다고 인정하는 사항(事項)

　4. 그 밖에 관리규약으로 정하는 사항

－ 준칙 제17조(공동관리 및 구분관리에 관하여 규약으로 정하는 사항) ① 규칙 제2조제1항제4호에서 공동관리 및 구분관리에 대하여 "그 밖에 관리규약으로 정하는 사항"이라 함은 다음 각 호의 사항을 말한다.

　1. 공동관리(共同管理)의 경우

　가. 각 단지별 관리규약의 개정안(영 제23조제1항에 따른 관리비의 부담액 산정 방법, 입주자대표회의의 운영 방안을 포함한다)

　나. 하나의 공동주택관리기구의 설치안(설치 장소 및 조직 기구 등) 및 운영 방안

　다. 공동관리하는 기간

　라. 공동관리의 해제(解除) 및 해지(解止)

　2. 구분관리(區分管理)의 경우

　　가. 관리규약의 개정안[구분관리에 따르는 영 제23조제1항에 따른 관리비(管理費)의 부담액 산정(算定) 방법(方法), 입주자대표회의(入住者代表會議)를 단위별로 운영하는 방안과 전체적으로 운영(運營)하는 방안(方案)을 포함한다]

　　나. 구분 단위별(區分 單位別) 공동주택관리기구의 설치안 및 운영 방안

　　다. 구분관리하는 기간

라. 구분관리의 해제 및 해지

규칙 제2조(공동주택의 공동관리·구분관리 절차) ② 제1항에 따른 서면 동의는 다음 각 호의 구분에 따라 받아야 한다. 〈개정 2017.10.18.〉

1. 공동관리의 경우 : 단지별 입주자 등 과반수의 서면 동의. 다만, 제3항 단서에 해당하는 경우에는 단지별로 입주자 등 3분의 2 이상의 서면 동의를 받아야 한다.

2. 구분관리의 경우 : 구분관리 단위별 입주자 등 과반수의 서면 동의. 다만, 관리규약으로 달리 정한 경우에는 그에 따른다.

규칙 제2조(공동주택의 공동관리 등 통보) ④ 입주자대표회의는 법 제8조제1항에 따라 공동주택을 공동관리하거나, 구분관리할 것을 결정한 경우에는 지체 없이 그 내용을 특별자치시장·특별자치도지사·시장·군수·구청장(구청장은 자치구의 구청장을 말하며, 이하 "시장·군수·구청장"이라 한다)에게 통보하여야 한다.

법 제8조(공동관리의 요건·절차) ② 제1항에 따른 공동관리(共同管理)는 단지별로 입주자 등의 과반수의 서면 동의를 받은 경우[임대주택단지(賃貸住宅團地)의 경우에는 임대사업자와 임차인대표회의의 서면(書面) 동의(同意)를 받은 경우를 말한다]로서 국토교통부령으로 정하는 기준(基準)에 적합한 경우에만 해당한다.

규칙 제2조(공동주택의 공동관리 요건) ③ 법 제8조제2항에서 "국토교통부령으로 정하는 기준"이란 다음 각 호의 기준을 말한다. 다만, 특별자치시장·특별자치도지사·시장·군수 또는 구청장(구청장은 자치구의 구청장을 말하며, 이하 "시장·군수·구청장"이라 한다)이 지하도, 육교, 횡단 보도, 그 밖에 이와 유사한 시설의 설치를 통하여 단지 사이 보행자 통행의 편리성 및 안전성이 확보되었다고 인정하는 경우에는 제2호의 기준은 적용하지 아니 한다. 〈개정 2017.10.18.〉

1. 공동관리하는 총 세대수가 1천5백 세대 이하일 것. 다만, 의무 관리 대상 공동주택단지와 인접한 300세대 미만의 공동주택단지를 공동으로 관리하는 경우는 제외한다.

2. 공동주택단지 사이에 「주택법」 제2조제12호[45] 각 목의 어느 하나에 해당하는 시

---

45) 「주택법」 제2조 12. "주택단지(住宅團地)"란 제15조에 따른 주택건설사업계획 또는 대지조성사업계획의 승인을 받아 주택과 그 부대시설 및 복리시설을 건설하거나, 대지를 조성하는 데 사용되는 일단(一團)의 토지(土地)를 말한다. 다만, 다음 각 목의 시설로 분리(分離)된 토지는 각각 별개(別個)의 주택단지로 본다.
　가. 철도·고속도로·자동차전용도로
　나. 폭 20미터 이상인 일반도로
　다. 폭 8미터 이상인 도시계획예정도로

설(施設)이 없을 것

- 영 제6조(공동관리 또는 구분관리 단위별 공동주택관리기구의 구성) ② 입주자대표회의 또는 관리주체는 법 제8조에 따라 공동주택을 공동관리하거나, 구분관리하는 경우에는 공동관리 또는 구분관리 단위별(單位別)로 법 제9조제1항에 따른 공동주택관리기구(共同住宅管理機構)를 구성(構成)하여야 한다.

* 준칙 제17조(공동관리 및 구분관리 - 사용료 등의 부담) ② 공동관리하거나 구분관리하는 경우에도 영 제23조제3항의 사용료(使用料) 등은 "사용자 부담 원칙"에 따라 개별 입주자 등이 사용량 등에 따라 부담하고, 장기수선충당금(長期修繕充當金)은 공동주택단지별로 수립 또는 조정하는 장기수선계획에 따라 입주자가 부담한다.

공동관리할 경우, '공동주택관리법' 적용 조항(합산 세대 기준)

성명 OOO 등록일 2015.09.17. 수정 2021.10.21.

질문 사항

「공동주택관리법」 제8조제1항에 따라 각기(各其) 의무 관리 대상인 400세대 이상 + 400세대 이상 2개의 공동주택단지를 합하여 900세대 이상 세대를 **공동관리**(共同管理)할 경우, 공동주택관리법령의 적용에 의문점이 있어 문의 드립니다.

질문 1. 공동관리 단지 전체에서 선출된 동별 대표자 중 **입주자대표회의의 회장**(會長) 및 **감사(監事)를 선출(選出)**하는 경우, 같은 법 시행령 제12조제2항제1호·제2호 각 가목·나목·다목 및 라목 1)을 적용하여야 하는지, 제12조제2항제1호·제2호 각 라목 2)를 적용하여야 하는 것인지요.

질문 2. 「공동주택관리법」 제24조, 제26조, 제29조, 제30조, 제32조, 제33조의 **규정을 이행**하여야 할 **의무 등**은 각 의무 관리 단지별로 적용하여야 하는지, 공동관리 단지 전체를 하나의 단지로 보고 적용, 작성, 징수 등을 하여야 하는지요.

질문 3. 공동관리하는 공동주택관리기구의 **관리사무소장**으로 같은 법 제64조(관리사무소장의 업무 등) 주택관리사 배치 기준을, 각 단지가 500세대 미만이므로 제

라. 가목부터 다목까지의 시설에 준하는 것으로서 대통령령으로 정하는 시설

64조제1항 단서에 따른 주택관리사(보)를 배치하여도 되는지, 공동으로 관리되는 전체 세대수가 500세대 이상이 되므로 주택관리사를 **배치**하여야 하는지요.

답변 내용

1. 「공동주택관리법」 제8조제1항에 따라 각각(各各) 의무 관리 대상인 공동주택을 **공동관리(共同管理)**하는 경우 **(합산하여) 500세대 이상** 되는 공동주택단지에서 입주자대표회의의 회장과 감사의 **선출(選出)**은 같은 법 시행령 제12조제2항제1호·제2호 각 가목·나목·다목 및 라목 1)에 따른 방법(**＊** 전체 입주자 등의 직접선거)으로 하여야 할 것으로 판단됩니다.

2. 또한, 질의의 내용에서 적시한 사항 중 「공동주택관리법」 제17조(**입주자대표회의의 구성원 등 교육**), 제26조(**관리주체의 회계감사**), 제32조(**안전관리계획 및 교육 등**), 제33조(**안전점검**)에 대해서는 상기 제1항과 같이 **공동**으로 **합산(合算)한 세대수(世帶數)**를 **기준(基準)**으로 **적용**하여야 할 것으로 사료됩니다.

3. 「공동주택관리법」 제64조제1항에서는 "의무 관리 대상 공동주택을 관리하는 다음 각 호[1. 입주자대표회의(자치관리의 경우에 한정한다.), 2. 제13조제1항에 따라 관리 업무를 인계하기 전의 사업주체, 3. 주택관리업자, 4. 임대사업자]의 어느 하나에 해당하는 자는 **주택관리사**를 해당 공동주택의 관리사무소장으로 배치(配置)하여야 한다. 다만, 대통령령으로 정하는 세대수(500세대)[46] 미만의 공동주택에는 주택관리사를 갈음하여 주택관리사보를 해당 공동주택의 관리사무소장으로 배치할 수 있다."라고 규정하고 있습니다.

따라서, 각각 의무 관리 대상인 공동주택을 **공동**으로 **관리**하는 경우, 해당 공동주택의 관리 **세대(世帶)**를 **합산(合算)**하여 500세대 이상이라면, 주택관리사보가 아닌 주택관리사를 관리사무소장으로 **배치**하여야 하는 것으로 판단됩니다.

---

46) cf. 「공동주택관리법 시행령」 제69조제1항

공동관리하다가 구분관리하려고 할 경우

성명 OOO 등록일 2014.08.21. 수정 2021.08.07.

질문 사항

우리는 국민임대주택 1, 2, 3, 4단지를 현재 **공동관리(共同管理)**하고 있으며, 그 중 분리 요건이 되는 2단지를 **구분(區分)**하여 **관리**하려고 추진 중입니다.

「공동주택관리법 시행규칙」 제2조제2항의 "구분관리의 경우에는 구분관리 단위별 입주자 등의 과반수 동의를 얻어야 하며 ~." 라는 규정에서 **"구분관리 단위별"** 이라는 표현의 해석이 분리가 되는 2단지만을 의미하는 것인지, 아니면, 분리되는 2단지와 나머지 1, 3, 4단지도 포함하는 것인지를 알고 싶습니다.

답변 내용

의무 관리 대상 공동주택의 **공동관리**는 해당 **주택단지별(住宅團地別)**로 입주자 등의 **과반수 동의**를 받아야 합니다(법 제8조제1항, 규칙 제2조제2항제1호).

질의와 같이 이미 공동관리하고 있는 여러 공동주택 중 특정한 단지에서 해당 공동주택만의 관리를 원하는 경우의 절차에 대하여 공동주택관리법령에서 정하고 있지는 않으나, **"구분관리**의 경우 : **구분관리 단위별 입주자 등 과반수의 서면 동의.** 다만, 관리규약으로 달리 정한 경우에는 그에 따른다."고 규정하고 있습니다(같은 규칙 제2조제2항제2호, 민간임대주택법 시행령 제41조제2항제3호·「공공주택 특별법 시행령」 제53조, cf. 법 제8조제2항·제10조). 따라서, 어떤 공동주택에서 **일부 단지만**의 **(구분)관리**를 하려고 한다면, **해당(該當) 공동주택단지 입주자 등**의 **과반수 동의**를 받은 경우 그 단지만의 관리를 할 수 있을 것으로 사료됩니다.[47]

---

47) cf. 「공동주택관리법 시행규칙」 제2조제2항제2호

입주자 등의 과반수 동의 때 인접한 공동주택과 공동관리 가능

〈주택건설공급과 - 2014.08.18.〉 수정 2021.05.17.

질문 사항

아파트가 1블록과 2블록으로 구성되어 있는데, 당초 분양과 공사는 모두 한 건설사에서 시행하였다. 현재는 2개의 아파트가 각각 **입주자대표회의**를 구성, 운영하고 있으나, 여러 가지 입주민 공동 현안 해결에 비효율성을 보이고 있다. 향후 이 두 개 블록의 입주자대표회의를 하나로 묶어 **공동 운영**할 수 있는지 궁금하다.

답변 내용

입주자대표회의는 「공동주택관리법」 제8조제1항에 따라 공동주택을 인접한 공동주택단지와 **공동관리**하고자 하는 경우에는 "**1.** 공동관리 또는 구분관리의 필요성, **2.** 공동관리 또는 구분관리의 범위, **3.** 공동관리 또는 구분관리에 따른 다음 각 목의 사항(가. 입주자대표회의의 구성 및 운영 방안, 나. 법 제9조에 따른 공동주택 관리기구의 구성 및 운영 방안, 다. 장기수선계획의 조정 및 법 제30조에 따른 장기수선충당금의 적립 및 관리 방안, 라. 입주자 등이 부담하여야 하는 비용 변동의 추정치, 마. 그 밖에 공동관리 또는 구분관리에 따라 변경될 수 있는 사항 중 입주자대표회의가 중요하다고 인정하는 사항), **4.** 그 밖에 관리규약으로 정하는 사항"을 <u>입주자 등에게 통지</u>하고, **주택단지별**로 **입주자 등**의 **과반수 동의**를 받아야 한다.[48]

다만, 세대수가 **1,500세대**를 **초과**(의무 관리 대상 공동주택단지와 인접한 300세대 미만의 공동주택단지를 공동으로 관리하는 경우는 제외한다.)하거나, 공동주택단지의 사이에 **「주택법」** 제**2조제12호** 각 목의 철도 · 고속도로 · 자동차전용도로, 폭 20미터 이상 일반도로, 폭 8미터 이상 도시계획예정도로, 주간선도로 · 보조간선도로 · 집산도로 및 폭 8미터 이상인 국지도로, 일반국도 · 특별시도 · 광역시도 또는 지방도 등이 있는 경우에는 공동으로 관리할 수 없다(**「공동주택관리법 시행규칙」** 제**2조제3항** 각 호, 본문, 단서 규정). 이에 해당하지 않을 경우에는 하나의 입주자대

---

48) cf. 「공동주택관리법 시행규칙」 제2조제1항, 제2조제2항제1호

표회의를 구성하게 되면, 질의 사안과 같은 복수의 공동주택단지를 보다 효율적으로 공동관리할 수 있을 것으로 판단된다.

두 단지 사이 법령상 규정된 도로로 경계... 공동관리 못해

〈주택건설공급과 – 2015.12.13.〉 수정 2023.09.13.

질문 사항

두 개의 공동주택단지가 **도시계획예정도로**(폭은 8m 이상이며, 도로의 기능을 상실하였고, 오는 20**년 도시계획이 폐지될 예정이다.)를 **경계**로 **구분**되어 있을 경우, 이 두 개의 공동주택단지를 **공동관리(共同管理)**할 수 있는지요.

답변 내용

공동주택은 사업계획(승인)에 따른 주택단지별로 관리하는 것이 원칙이며, 「공동주택관리법」 제8조에 따라 일정한 요건(같은 법 시행규칙 제2조제1항, 제2항)과 절차를 거쳐 인근 공동주택단지와 공동관리할 수 있도록 되어 있으나, 다만 공동주택단지의 사이에 "철도·고속도로·자동차전용도로, 폭 20m 이상인 일반도로, **폭 8m 이상**인 **도시계획예정도로**, 주간선도로, 보조간선도로, 집산도로 및 폭 8m 이상인 국지도로, 일반국도·특별시도·광역시도 또는 지방도 등"이 있는 경우에는 공동관리 할 수 없습니다(「공동주택관리법 시행규칙」 제2조제3항제2호, 「주택법」 제2조제12호, 「주택법 시행령」 제5조제1항).

따라서, 두 개의 주택단지 사이에 현재 **폭 8m 이상**인 **도시계획예정도로**가 있다면, 그 두 단지의 공동관리는 허용되지 아니 함을 알려드립니다(cf. 같은 법 시행규칙 제2조제3항 단서 규정). 아울러, 해당 공동주택단지가 공동관리 요건 등을 구비하였는지 여부 등 별도의 확인 절차가 필요하므로, 보다 자세한 사항은 같은 법 제93조제1항 등에 따라 공동주택 관리 업무를 담당하는 관할 시·군·구에 문의하여 도움을 받기 바랍니다.

공동관리(건설임대주택) 적용 법령 및 관리사무소장의 배치

〈주택건설공급과 - 1246, 2011.02.28.〉 수정 2023.02.18.

질문 사항

1. 임대(賃貸)를 목적으로 건설한 공동주택(共同住宅)을 **공동관리(共同管理)**하는 경우 '공동주택관리법 시행령' 제6조제2항이 적용되는지요?

2. 임대를 목적으로 건설한 공동주택을 공동관리하는 경우 '공동주택관리법' 제8조제2항 및 '공동주택관리법 시행령' 제6조제2항에 규정된 절차의 이행 없이 임대사업자 A 소유 복수의 공동주택을 주택관리업자 B가 관리하며, C **관리사무소장**을 **배치**하여 관리하는 경우 '공동주택관리법' 제69조제1항제3호에 위반되는지요?

답변 내용

1. '공동주택관리법' 제8조제1항 및 제2항에 따라 가능합니다. 이와 관련, 질의 사안의 경우 '공동주택관리법 시행령' 제6조제2항(② 입주자대표회의 또는 관리주체는 법 제8조에 따라 공동주택을 **공동관리**하거나, **구분관리**하는 경우에는 공동관리 또는 구분관리 **단위별**로 법 제9조제1항에 따른 **공동주택관리기구**를 **구성**하여야 한다.)에 따라 공동관리 단위로 공동주택관리기구를 구성·설치할 수 있습니다.[49]

2. '공동주택관리법' 제8조제2항 및 '공동주택관리법 시행령' 제6조제2항의 규정에 따라야 하며, 이 경우 공동관리 단지에 배치된 관리사무소장은 같은 법 제69조제1항제3호(3. 의무 관리 대상 공동주택에 취업한 주택관리사 등이 다른 공동주택 및

---

49) cf. 「민간임대주택에 관한 특별법 시행령」 제41조(민간임대주택의 관리) ② 법 제51조제1항에 해당하는 민간임대주택의 관리에 대해서는 「공동주택관리법」 및 「공동주택관리법 시행령」 중 다음 각 호의 규정만을 적용한다. 〈개정 2018.7.16., 2022.12.9.〉 (민간임대주택특별법 준용 ← 「공공주택 특별법」 제50조, 「공공주택 특별법 시행령」 제53조)

1. 「공동주택관리법」 제8조에 따른 구분관리에 관한 사항
* 공동관리에 관한 사항의 적용 법규(민간임대주택법 제51조제4항, 같은 법 시행령 제41조제5항)
① (민간·공공)임대주택의 공동관리(* 세대수 제한 없음) – 민간임대주택법 제51조제4항·같은 법 시행령 제41조제5항, '공동주택 특별법' 제50조·같은 법 시행령 제53조
② 분양주택, 분양·임대주택의 공동관리(세대·시설 등 제한, 합계 1,500세대 이하 등) – 공동주택관리법 제8조제1항·같은 법 시행규칙 제2조('공동주택관리법' 준용 ← 민간임대주택법 제51조제4항·같은 법 시행령 제41조제5항, '공동주택 특별법' 제50조·같은 법 시행령 제53조)

상가 · 오피스텔 등 주택 외의 시설에 취업한 경우)에 해당되지 아니 합니다.

임대주택의 공동관리와 주택관리사 배치 여부

〈주택건설공급과 ­ 5394, 2010.07.09.〉 수정 2023.02.18.

질문 사항

A아파트 698세대, B아파트 500세대, C아파트 500세대를 합쳐 1,500세대를 초과하는 임대주택(賃貸住宅)을 **공동관리(共同管理)**할 수 있습니까? 이 경우 '공동주택관리법' 제64조제1항 및 같은 법 시행령 제71조에 따라 해당 공동주택의 **관리사무소장(管理事務所長)**으로 주택관리사를 **배치(配置)**하여야 하는지요?

답변 내용

'공동주택관리법' 제8조제1항, 제2항 및 같은 법 시행규칙 제2조제3항제1호에 따라 임대주택을 **공동**으로 **관리**하는 **규모**는 세대수가 **1,500세대 이하**('공동주택관리법' 제2조제1항제2호 각 목의 어느 하나에 해당하는 의무 관리 대상 공동주택단지와 인접한 300세대 미만의 공동주택단지를 공동으로 관리하는 경우 제외)여야 하며, 2010년 7월 6일부터 공동주택단지 사이에 **'주택법' 제2조제12호 각 목**의 어느 하나에 **해당**하는 **시설(도로 등)**이 **없는 인접**한 **단지**에 한정하여 공동관리(같은 법 시행령 제6조제2항에 따라 공동관리하거나 구분관리하는 경우에는 공동관리 또는 구분관리 단위별로 공동주택관리기구를 설치하여야 한다.)할 수 있습니다.

이와 관련하여, 위의 세 단지는 합산하면 1,500세대를 초과하므로 공동으로 관리할 수 없으며, 2010년 6월 22일부터는 2006년 6월 24일 전에 사용 검사를 받은 **임대주택**인 경우라도 주택법 제55조제1항(현행 '공동주택관리법' 제64조제1항) 및 같은 법 시행령 제72조(현행 '공동주택관리법 시행령' 제69조제1항)에 따라 **500세대 이상**인 공동주택의 **관리사무소장**으로 **주택관리사(住宅管理士)**를 **배치(配置)**하여야 합니다[cf. 법 제8조제1항 · 제2항, '민간임대주택에 관한 특별법' 제51조제4항(제1항) · 같은 법 시행령 제41조제4항 · 제6항, '공공주택 특별법' 제50조 · 같은 법 시행령 제53조 – 임대주택법령 ≠ 공동주택관리법령, 각주 49)·50) 참고.

공동관리 중 관리비의 일부를 별도 부과하고자 할 경우

〈주택건설공급과 – 4425, 2012.08.16.〉 수정 2021.06.27.

질문 사항

두 개의 공동주택단지를 **공동관리**하던 중, **관리비**의 일부(직원 인건비, 승강기유지비, 청소비 등)를 **별도 부과**하려면 관리규약 개정 후 시행하여야 하는지요?

답변 내용

"관리비 등의 세대별 부담액 산정 방법, 징수, 보관, 예치 및 사용 절차"는 **공동주택관리규약**에 정해서 **운용**할 수 있습니다(「공동주택관리법」 제18조제2항, 같은 법 시행령 제19조제1항제12호). 따라서, 이 사안의 경우 관리비 등을 별도 부과하기로 하는 내용 중 공동주택 관리규약과 **상치(相馳)되는 사항**이 있다면, 해당 관리규약을 먼저 **개정(改定)**한 후 **적용**하는 것이 타당할 것입니다(cf. 준칙 제17조).

공동주택관리기구의 구성·운영 등[법 제9조·영 제6조]

법 제9조(공동주택관리기구의 구성) ① 입주자대표회의 또는 관리주체는 공동주택 **공용부분(共用部分)**의 유지·보수 및 **관리(管理)** 등을 위하여 공동주택관리기구(제6조제1항에 따른 자치관리기구를 포함한다)를 구성하여야 한다.[50]

법 제9조(공동주택관리기구의 구성·기능·운영 등에 필요한 사항) ② 공동주택관리기구의 구성·기능·운영 등에 필요한 사항은 대통령령으로 정한다.

영 제6조(공동주택관리기구의 기술인력 및 장비) ① 법 제9조제1항에 따라 공동주

---

50) * 위반 행위자에 대한 직접 제재 규정 없음(cf. 법 제6조제1항, 제102조제3항제1호, 제100조제1호, 제63조제2항, 제102조제3항제22호) * 공용부분의 관리 – 법 제9조제1항·제23조제1항·제63조제1항제1호·제64조제2항제1호 가목, 준칙 제70조제2항

택관리기구는 [별표 1]에 따른 기술인력(技術人力) 및 장비(裝備)를 갖추어야 한다 (cf. 법 제6조제1항, 영 제4조제1항·제66조제2항).

영 제6조(공동주택관리기구의 구성·운영 − 공동관리·구분관리) ② 입주자대표 회의 또는 관리주체는 법 제8조에 따라 공동주택을 공동관리하거나, 구분관리하는 경 우에는 공동관리 또는 구분관리 단위별(單位別)로 법 제9조제1항에 따른 공동주택관 리기구(共同住宅管理機構)를 구성(構成)하여야 한다(cf. 민간임대주택 특별법 제51조 제4항, 민간임대주택 특별법 시행령 제41조제5항·제41조제2항제1호).

공동주택관리기구의 기술인력 및 장비 기준 등

성명 OOO 등록일 2014.07.08. 수정 2024.10.27.

질문 사항

「공동주택관리법 시행령」 제4조제1항에서 자치관리기구의 구성과 관련하여, 법 제6조제1항의 "대통령령으로 정하는 기술인력 및 장비란 [별표 1]에 따른 **기술인력 (技術人力) 및 장비**를 말한다."고 규정하고 있으며, 같은 영 제6조제1항에는 "법 제 9조제1항에 따라 공동주택관리기구는 [별표 1]에 따른 **기술인력 및 장비(裝備)**를 갖추어야 한다." 라고 규정되어 있습니다.

우리 아파트(의무 관리 대상)는 위탁관리를 하고 있는데요. 주택관리업자만 [별 표 1]에서 정하는 기술인력 및 장비를 보유하면 되는지요? 아니면, 그 주택관리업자 가 관리하는 각각(各各)의 공동주택 모두가 [별표 1]에서 정하는 기술인력 및 장비 를 구비(具備)하여야 하는 것인가요? 주민 사이에 이견이 있어서요.

답변 내용

「공동주택관리법」 제9조제1항·제2항에 따른 같은 법 시행령 제6조제1항은 "법 제9조제1항에 따라 **공동주택관리기구**는 [별표 1]에 따른 기술인력 및 장비를 **갖추 어야** 한다." 라고 규정하고 있다. 따라서, 위탁관리 방법인 공동주택의 경우 또한 같 은 영 제6조제1항 [별표 1] 기준에서 정하는 기술인력 및 장비를 마련하여야 하는 것이다. [cf. 법 제6조제1항・제2항, 영 제4조제1항, 법 제52조제4항, (영 제66조제2항), 법 제52조제3항제1호・제2호, (영 제65조제4항)]

그리고, **'공동주택관리기구**가 갖추어야 하는 **장비**'는 **공동주택 단위**로 **각기 구비**하여야 하는 것이므로,「공동주택관리법」 제9조제1항, 같은 법 시행령 제6조제1항 관련 [별표 1] '공동주택관리기구의 기술인력 및 장비 기준'), '공동주택관리기구가 갖추어야 하는 장비' **구입 대금**의 **부담자**는 **개별 공동주택**이라고 판단된다.[51]

공동주택관리기구 직원의 정원・보수 지급액 등에 관한 사항

〈주택건설공급과 – 서면 민원, 2014.04.09.〉 수정 2020.06.10.

질문 사항

아파트 위탁・수탁관리 계약서에 공동주택관리기구의 **직원**에 대한 **정원(定員)** 및 **보수(報酬) 지급액**이 명시되지 않고, 위탁관리수수료만 명시되어 있습니다. 이러한 상황일 경우 관리 직원의 정원 및 보수 지급액은 어떻게 **결정**하는지요.

답변 내용

위탁관리 방법인 **공동주택 관리기구**에 **배치**하는 관리 업무 **종사자**의 **직제**와 **정원・보수 지급액 등**에 관한 **사항**은 **공동주택관리규약** 및 **위탁・수탁관리 계약**에 포함 **되어야** 하며, 보다 구체적인 내용 등은 개별 공동주택의 입주자대표회의와 해당 주택관리업자가 협의를 통해서 결정하여야 할 사항이다.[52] (*** 준칙 제14조제1항 관련 「공동주택 위탁・수탁관리 계약서」 제5조, 제7조, 제8조, 제15조 등**)

---

51) cf. 법 제9조제1항・제2항(법 제6조제1항・제2항), 영 제6조제1항(영 제4조제1항)

52) cf. 영 제19조제1항제7호・제9호, 제14조제2항제4호・제9호, 제26조제1항

혼합주택단지의 관리[법 제10조·영 제7조]

법 제10조(혼합주택단지의 관리) ① 입주자대표회의와 임대사업자는 혼합주택단지의 관리에 관한 사항을 **공동(共同)**으로 **결정(決定)**하여야 한다. 이 경우 임차인대표회의가 구성된 혼합주택단지에서는 임대사업자가 「민간임대주택에 관한 특별법」 제52조제4항 각 호의 사항을 임차인대표회의와 **사전에 협의(協議)**하여야 한다.[53]

* 법 제2조(정의) ① 4. "혼합주택단지(混合住宅團地)"란 분양(分讓)을 목적으로 한 공동주택(共同住宅)과 임대주택(賃貸住宅)이 함께 있는 공동주택단지를 말한다.

* 법 제2조(정의) ① 1. "공동주택(共同住宅)"이란 다음 각 목의 주택 및 시설을 말한다. 이 경우 일반인에게 분양되는 복리시설은 제외한다. (cf. 준칙 제3조제4호)

　가. 「주택법」 제2조제3호에 따른 공동주택

　나. 「건축법」 제11조에 따른 건축허가(建築許可)를 받아 주택 외의 시설과 주택을 동일 건축물로 건축하는 건축물

　다. 「주택법」 제2조제13호에 따른 부대시설 및 같은 조 제14호에 따른 복리시설

* 법 제2조(정의) ① 19. "임대주택"이란 「민간임대주택에 관한 특별법」에 따른 민간임대주택 및 「공공주택 특별법」에 따른 공공임대주택을 말한다.

법 제10조(혼합주택단지의 관리에 필요한 사항) ② 제1항의 공동으로 결정할 관리에 관한 사항과 공동 결정의 방법 및 절차 등에 필요한 사항은 대통령령으로 정한다.

영 제7조(혼합주택단지의 관리에 관한 공동 결정 사항) ① 법 제10조제1항에 따라 혼합주택단지의 입주자대표회의와 임대사업자가 혼합주택단지의 관리에 관하여 공

---

53) 「민간임대주택에 관한 특별법」 제52조(임차인대표회의) ① 임대사업자가 20세대 이상의 범위에서 대통령령*으로 정하는 세대 이상의 민간임대주택을 공급하는 공동주택단지에 입주하는 임차인은 임차인대표회의를 구성할 수 있다. 다만, 임대사업자가 150세대 이상의 민간임대주택을 공급하는 공동주택단지 중 대통령령*으로 정하는 공동주택단지에 입주하는 **임차인은 임차인대표회의(賃借人代表會議)를 구성**하여야 한다. 〈개정 2018.8.14.〉
④ 제1항에 따라 임차인대표회의(賃借人代表會議)가 구성된 경우에는 임대사업자(賃貸事業者)는 다음 각 호의 사항에 관하여 **협의(協議)**하여야 한다. 〈개정 2018.8.14.〉
1. 민간임대주택 관리규약의 제정 및 개정
2. 관리비
3. 민간임대주택의 공용부분·부대시설 및 복리시설의 유지·보수
4. 임대료 증감
5. 그 밖에 민간임대주택의 유지·보수·관리 등에 필요한 사항으로서 대통령령으로 정하는 사항
* cf. '민간임대주택 특별법 시행령' 제42조, 「공공주택 특별법」 제50조, 같은 법 시행령 제53조

동(共同)으로 결정(決定)하여야 하는 사항은 다음 각 호와 같다(cf. 준칙 제18조).

1. 법 제5조제1항에 따른 관리방법의 결정 및 변경

2. 주택관리업자의 선정

3. 장기수선계획의 조정

4. 장기수선충당금(법 제30조제1항에 따른 장기수선충당금을 말한다. 이하 같다) 및 특별수선충당금(「민간임대주택에 관한 특별법」 제53조 또는 「공공주택 특별법」 제50조의 4에 따른 특별수선충당금을 말한다)을 사용하는 주요 시설(施設)의 교체(交替) 및 보수(補修)에 관한 사항

5. 법 제25조 각 호 외의 부분에 따른 관리비 능(이하 "관리비 능"이라 한다)을 사용하여 시행하는 각종 공사(工事) 및 용역(用役)에 관한 사항

영 제7조(혼합주택단지의 관리 – 각자 결정 요건) ② 제1항에도 불구하고 다음 각 호의 요건을 모두 갖춘 혼합주택단지에서는 제1항제4호 또는 제5호의 사항을 입주자대표회의와 임대사업자가 각자(各自) 결정(決定)할 수 있다.

1. 분양을 목적으로 한 공동주택과 임대주택이 별개(別個)의 동(棟)으로 배치되는 등의 사유로 구분(區分)하여 관리(管理)가 가능할 것

2. 입주자대표회의와 임대사업자가 공동으로 결정하지 아니 하고, 각자(各自) 결정(決定)하기로 합의(合意)하였을 것

영 제7조(혼합주택단지 관리에 관한 사항의 결정) ③ 제1항 각 호의 사항을 공동으로 결정하기 위한 입주자대표회의와 임대사업자의 **합의**가 **이루어지지 아니 하는 경우**에는 다음 각 호의 구분에 따라 혼합주택단지의 관리에 관한 사항을 결정한다.

1. 제1항제1호 및 제2호의 사항: 해당 혼합주택단지 공급 면적의 2분의 1을 초과하는 면적을 관리하는 입주자대표회의 또는 임대사업자가 결정

2. 제1항제3호부터 제5호까지의 사항: 해당 혼합주택단지 공급 면적의 3분의 2 이상을 관리하는 입주자대표회의 또는 임대사업자가 결정. 다만, 다음 각 목의 요건에 모두 해당하는 경우에는 해당 혼합주택단지 공급 면적의 2분의 1을 초과하는 면적을 관리하는 자가 결정한다. 〈개정 2020.4.24., 시행 2020.4.24.〉

가. 해당 혼합주택단지 공급 면적의 3분의 2 이상을 관리하는 입주자대표회의 또는 임대사업자가 없을 것

나. 제33조에 따른 시설물의 안전관리계획 수립 대상 등 안전관리에 관한 사항일 것

다. 입주자대표회의와 임대사업자 사이 2회(2回)의 협의(協議)에도 불구하고 합의(合意)가 이뤄지지 않을 것

영 제7조(혼합주택단지 관리 분쟁의 조정) ④ 입주자대표회의 또는 임대사업자는 제3항에도 불구하고 혼합주택단지의 관리에 관한 제1항 각 호의 사항에 관한 결정이 이루어지지 아니 하는 경우에는 법 제71조제1항에 따른 공동주택 관리 분쟁조정위원회에 분쟁의 조정을 신청할 수 있다(cf. 영 제19조제1항제24호, 준칙 제18조).

혼합주택단지 관리비 등의 부과·징수

작성일 2020.05.06. 수정 2024.01.28.

질문 사항

총 587세대, 분양주택(453)과 임대주택(134)이 함께 있는 **혼합주택단지**입니다. 134세대 **임대 주택**은 하나의 **법인 임대사업자**가 **소유**하고 있습니다.

1. 임대주택의 장기수선충당금, 위탁관리수수료, 화재보험료, 입주자대표회의 운영비를 어떤 방식으로 **부과, 징수**를 하여야 하는지요?

2. 위 항목 모두 임대사업자에게 별도 **청구**를 하는 것이 맞는지요?

3. 임대사업자 측에서는 장기수선충당금 외에는 줄 수 없다는 입장입니다. 관리주체에서 (위탁관리업자) **청구**가 가능하다면 그 **근거**는 무엇인지요?

답변 내용

1. 질의 대상 공동주택 중 분양주택은 공동주택관리법령에 따라 관리하여야 하며, **임대주택**은 「공공주택 특별법」 또는 「민간임대주택에 관한 특별법」에 **따라 관리**하여야 합니다만, 「**공동주택관리법**」 제10조 및 같은 법 시행령 제7조에 따라 아래의 사항에 대해서는 입주자대표회의와 임대사업자가 **공동**으로 **결정**하여야 합니다.

1. 법 제5조제1항에 따른 관리방법의 결정 및 변경
2. 주택관리업자의 선정

3. 장기수선계획의 조정

4. 장기수선충당금 및 특별수선충당금을 사용하는 주요 시설의 교체 및 보수에 관한 사항

5. 법 제25조 각 호 외의 부분에 따른 관리비 등을 사용하여 시행하는 각종 공사 및 용역에 관한 사항

이에 이 질의 사안의 '위탁관리수수료'와 '화재보험료'는 입주자대표회의와 임대사업자가 공동 결정하여야 할 사항이므로, 그 결정한 내용('혼합주택단지 관리에 관한 협약서 등')에 따라 처리하여야 할 것입니다.

한편, 임대주택 공용시설물의 교체·보수를 위한 **특별수선충당금**은 「**민간임대주택에 관한 특별법**」 제53조에 따라 **임대사업자**가 **적립**하여야 하고, 같은 임대사업자가 수립한 특별수선계획에 따라 공사를 실시하여야 하는 것이므로, 임대사업자에게 적립 의무가 있는 특별수선충당금을 적립하지 않고 분양주택에서 임대사업자 등에게 장기수선충당금으로 부과하는 것은 법령에 적합하지 않습니다.

아울러, 「**민간임대주택에 관한 특별법 시행규칙**」 제22조제4항제7호에 따라 임차인대표회의를 운영함으로써 발생하는 **임차인대표회의 운영비**는 임대주택의 **임차인들에게 부과하**여 임차인대표회의 운영에 소요되는 비용을 **충당**하면 되는 것이고, 분양주택의 입주자대표회의 운영비를 임대주택 임차인에게 부과하는 것은 적절하지 않음을 양지하기 바랍니다.

혼합주택 관리비 등 부과(개인 임대사업자 소유 공동주택 관리)

작성일 2020.05.06.   수정 2023.07.21.

질문 사항

우리 아파트는 총 587세대 중 **분양주택** 453세대, **법인 임대주택** 134세대의 혼합주택단지입니다. 그리고, 분양주택 중 **개인 임대사업자**의 **임대주택**이 45세대 있습니다. 그 45세대 대부분 각각의 개인 임대사업자(45명) 소유로 파악되고 있습니다.

1. **개인 임대사업자 소유**의 세대별 장기수선충당금, 위탁관리수수료, 화재보험료

청구를 누구에게 어떤 방식으로 하여야 하는지요?

2. 일반 분양주택의 **장기수선충당금**처럼 임차인에게 **부과, 징수**한 후 퇴거 때 납입 확인서 발행 등을 통하여 임대사업자에게 돌려받는 방식을 취하여도 되는지요?

답변 내용

이 질의 대상 '**개인 임대사업자**의 **임대주택**'은 민간임대주택에 관한 특별법령이 아닌 **공동주택관리법령**에 **따라 관리**할 수 있을 것이므로, 「공동주택관리법」 제23조 및 같은 법 시행령 제23조에 따라 의무 관리 대상 공동주택의 입주자 등은 그 공동주택의 유지 관리를 위하여 필요한 관리비를 관리주체에게 납부하여야 하는데, 질의 사안의 장기수선충당금, 위탁수수료, 화재보험료는 위 **관리비 등**에 해당합니다.

이 때 「공동주택관리법 시행령」 제31조에 따라 공동주택의 **소유자**는 **장기수선충당금**을 사용자가 대신하여 납부한 경우에는 그 금액을 **반환**하여야 하며(제8항), **관리주체**는 공동주택의 사용자가 장기수선충당금의 납부 확인을 요구하는 경우에는 지체 없이 **확인서**를 **발급**(제9항)하여야 합니다.

그러나, 임대차계약 당사자 등이 합의하여 장기수선충당금을 포함한 관리비 등의 비용 부담 주체를 달리 정한 경우라면, 그에 따라 당사자끼리 정산할 수 있을 것으로 판단되니 참고하시기 바라며, 이와 관련한 보다 자세한 사항은 해당 공동주택 관리의 지도·감독 권한이 있는 관할 지방자치단체에 문의하시기 바랍니다.

장기수선충당금 조정(인상) 절차(분양·임대 혼합주택)

성명 OOO 등록일 2016.01.21. 수정 2020.06.10.

질문 사항

435세대 **혼합주택단지**(일반 분양 338세대, 한국토지주택공사 97세대)에서 한국토지주택공사(임대주택) 97세대 동의를 포함하여 54% 입주자의 서면 동의가 되었을 경우 **장기수선충당금 조정**(인상)이 가능한지 여부가 궁금합니다.

답변 내용

분양을 목적으로 한 공동주택과 임대주택이 함께 있는 혼합주택단지의 경우 '공동주택관리법' 제10조제1항·제2항 및 같은 법 시행령 제7조제1항제3호·제4호에 따라 입주자대표회의와 임대사업자는 분양·임대 혼합주택단지의 "3. 장기수선계획의 조정, 4. 장기수선충당금(법 제30조제1항에 따른 장기수선충당금을 말한다. 이하 같다.) 및 특별수선충당금('민간임대주택에 관한 특별법' 제53조 또는 '공공주택 특별법' 제50조의 4에 따른 특별수선충당금을 말한다.)을 사용하는 주요 시설의 교체 및 보수에 관한 사항"을 공동으로 결정하여야 한다고 규정하고 있습니다.

이와 관련하여, **분양**을 **목적**으로 **건설**한 **공동주택**은 '공동주택관리법' 제30조제1항에 따라 공용부분의 주요 시설의 교체 및 보수에 필요한 **장기수선충당금(長期修繕充當金)**을 **적립**하여야 하고, **민간임대주택** 및 **공공임대주택**의 경우에는 각자 해당 법령에 따라 **특별수선충당금(特別修繕充當金)**을 **적립**하여야 할 것입니다.[54]

또한, '공동주택관리법' 제29조제2항과 제3항은 장기수선계획을 3년마다 검토하고, 필요하여 조정하려는 경우 입주자대표회의의 의결을 거쳐야 하며, 3년이 경과하기 전에 장기수선계획을 조정하려는 경우에는 전체 입주자 과반수의 서면 동의를 받도록 규정하고 있습니다. 따라서, 분양을 목적으로 한 공동주택에서 3년이 경과하기 전에 장기수선계획의 조정을 통하여 장기수선충당금을 인상하기 위해서는 분양을 목적으로 한 공동주택 입주자의 과반수 서면 동의를 받아야 하는 것입니다.

혼합주택단지의 주택관리업자 선정(재계약)

성명 OOO 등록일 2015.10.21. 수정 2023.02.18.

질문 사항

분양·임대 **혼합주택단지**의 **주택관리업자 선정(재계약)** 사항에 대하여 분양주택 입주자 등은 반대하고, 임대주택 세대는 찬성할 경우 재계약이 가능한 것인지요(임대주택단지 공급 면적이 더 많고, 통합대표회의가 구성되지 않은 상황입니다.).

---

54) cf. 「민간임대주택에 관한 특별법」 제53조제1항, 「공공주택 특별법」 제50조의 4 제1항

답변 내용

ㅇ '공동주택관리법' 제10조제1항·제2항 및 같은 법 시행령 제7조제1항제2호에 따라 혼합주택단지의 입주자대표회의(분양주택)와 임대사업자(임대주택)가 해당 혼합주택의 주택관리업자 선정에 관한 사항을 공동으로 결정하여야 합니다.

− 이와 관련하여, 입주자대표회의와 임대사업자 사이의 합의가 이루어지지 아니하는 경우 **'공동주택관리법 시행령' 제7조제3항**에 따르면, **"다음 각 호의 구분에 따라 혼합주택단지의 관리에 관한 사항을 결정한다. 1.** 제1항제1호 및 제2호의 사항: 해당 혼합주택단지 공급 면적의 2분의 1을 초과하는 면적을 관리하는 입주자대표회의 또는 임대사업자가 결정, **2.** 제1항제3호부터 제5호까지의 사항: 해당 혼합주택단지 공급 면적의 3분의 2 이상을 관리하는 입주자대표회의 또는 임대사업자가 결정. 다만, 다음 각 목의 요건에 모두 해당하는 경우에는 해당 혼합주택단지 공급 면적의 2분의 1을 초과하는 면적을 관리하는 자가 결정한다. 〈개정 2020.4.24.〉

가. 해당 혼합주택단지 공급 면적의 3분의 2 이상을 관리하는 입주자대표회의 또는 임대사업자가 없을 것, **나.** 제33조에 따른 시설물의 안전관리계획 수립 대상 등 안전관리에 관한 사항일 것, **다.** 입주자대표회의와 임대사업자 사이 2회의 협의에도 불구하고 합의가 이뤄지지 않을 것"이라고 규정하고 있습니다(cf. 준칙 제18조).

ㅇ 따라서, 질의 사안 혼합주택단지의 경우 임대사업자(賃貸事業者)가 주택관리업자의 선정(재계약)에 대한 사항을 결정(決定)하여야 할 것으로 판단됩니다.

기계설비유지관리자 선임 임대주택 관리주체(소유자)

건설산업과 2023.04.24. 수정 2024.08.16.

질문 사항

LH 국민임대아파트를 관리하고 있는 관리사무소장입니다. 한국토지주택공사와 주택관리업자가 계약하여 위탁관리를 하고 있습니다. **「기계설비법」 제17조제1항**에서 "소유자 또는 관리자"를 **관리주체**라고 하는데, 이 경우 "주택관리업자"가 관리자로서 관리주체가 될 수 있는지 문의합니다.

답변 내용

ㅇ 「기계설비법」 제19조제1항에서 **관리주체**는 국토교통부령으로 정하는 바에 따라 기계설비유지관리자를 선임하도록 규정하고 있으며, 이 질의 사안 임대아파트의 경우 관리주체는 그 **소유자**인 한국토지주택공사입니다.

ㅇ 「기계설비법」 제17조에 관리주체를 "**건축물 등**에 **설치**된 **기계설비**의 **소유자** 또는 **관리자**"로 규정하고 있으며, 이 경우 관리자는 「공동주택관리법」상의 **입주자대표회의**, 「집합건물의 소유 및 관리에 관한 법률」상의 **관리단**, 「민간투자법」상의 사업 시행자 및 「신탁법」상의 관리형 **수탁자 등** 관련 **법령**에 따라 해당 건축물 등에 대한 **관리 의무**가 **부여된 자 등**이 해당됩니다(cf. 민법 제192조, 제194조).

– 따라서, 임대주택의 관리주체는 일반적으로 소유자(한국토지주택공사 등)이며, '「기계설비법」 제18조에 따라 유지 관리 업무를 위탁받은 시설물 관리자(또는 사업자)'는 관리주체가 될 수 없다는 것입니다(cf. 민법 제195조).

계약서 공개 의무 여부(공공임대주택)

[법제처 22 – 0518, 2022.11.07.] 수정 2024.08.11.

【질문 사항】

「공동주택관리법」 제28조에 "의무 관리 대상 공동주택의 관리주체 또는 입주자대표회의는 같은 법 제7조제1항 또는 제25조에 따라 선정한 주택관리업자 또는 공사, 용역 등을 수행하는 사업자와 계약을 체결하는 경우 계약 체결일부터 1개월 이내에 그 **계약서**를 해당 공동주택단지의 인터넷 홈페이지 및 동별 게시판에 **공개**하여야 한다."고 규정되어 있습니다. 이에, 「공공주택 특별법」 제2조제1호 가목에 따른 **'공공임대주택'**[55]에 대하여 「공동주택관리법」 제28조가 적용되는지요?

---

55) 각주: 「공공주택 특별법」 제50조제1항에 따라 준용되는 「민간임대주택에 관한 특별법」 제52조제1항 단서에 따라 임차인대표회의를 구성하여야 하는 공동주택임을 전제로 한다(해당 공동주택의 기준은 「공동주택관리법」 제2조제1항제2호에 따른 "의무 관리 대상 공동주택"에

【질의 요지】

공공임대주택에 대하여 의무 관리 대상 공동주택에 부과되는 **계약서 공개 의무**가 **적용**되는지 **여부**(「공동주택관리법」 제28조 등 관련)

【회답】

「공공주택 특별법」 제2조제1호 가목에 따른 **공공임대주택**에 대해서는 **「공동주택관리법」 제28조**가 **적용되지 않습**니다.

【이유】

「공동주택관리법」 제28조에 **"의무 관리 대상 공동주택"**의 관리주체 또는 입주자대표회의는 주택관리업자 또는 공사, 용역 등을 수행하는 사업자와 계약을 체결하는 경우 계약 체결일부터 1개월 이내에 그 계약서를 해당 공동주택단지의 인터넷 홈페이지 및 동별 게시판에 공개하여야 한다고 규정(規定)되어 있는데, 같은 법 제2조제1항제2호에서 "의무 관리 대상 공동주택"이란 300세대 이상의 공동주택(가목) 등으로서 해당 공동주택을 전문적으로 관리하는 자를 두고 자치 의결기구를 의무적으로 구성하여야 하는 등 **일정**한 **의무**가 **부과**되는 공동주택이라 정의(定意)하고, 같은 법 제11조제2항에서는 의무 관리 대상 공동주택의 입주자 등은 **입주자대표회의**를 **구성**하여야 한다고 규정하고 있습니다. 이를 종합하면 의무 관리 대상 공동주택은 '입주자 등'이 자치 의결기구로써 '입주자대표회의'를 구성하여야 하는 공동주택임이 **전제(前提)**되어 있다고 보아야 합니다.

그런데, 「공동주택관리법」 제2조제1항제5호부터 제7호까지에 따르면 '입주자 등'에서 임대주택의 임차인이 제외되므로, 「공공주택 특별법」 제2조제1호 가목에 따른 공공임대주택의 임차인 역시 「공동주택관리법」에 따른 '입주자 등'에는 포함되지 않고, 「공공주택 특별법」 제2조제1호 가목에 따른 공공임대주택에 같은 법 제50조제1항에 따라 준용되는 「민간임대주택에 관한 특별법(이하 "민간임대주택법"이라 한다.)」 제52조제1항 단서에 따라 구성하여야 하는 임차인대표회의의 경우 「공동주택

─────────────

해당하는 기준 중 같은 호 가목부터 다목까지에 규정된 내용과 동일함).

관리법」에 따른 입주자대표회의와 달리 민간임대주택법 제52조제4항에서 규정하는 관리비 등 일부 사항에 관하여 임대사업자와 협의할 뿐 공동주택 관리에 관한 주요 사항을 결정할 권한이 없습니다. 따라서, 이를 '입주자대표회의'와 같은 의결기구라고는 볼 수 없는바, 결국 공공임대주택은 의무 관리 대상 공동주택에 해당한다고 볼 수 없으므로, 의무 관리 대상 공동주택을 대상으로 의무를 부과하는 「공동주택관리법」 제28조가 적용되지 않는다고 해석하는 것이 타당합니다.

또한, 「공공주택 특별법」 제50조제1항에서 공공임대주택의 관리에 관하여는 민간임대주택법 제51조를 준용하도록 하고 있고, 같은 조 제1항에서는 회계 서류 작성, 보관 등 관리에 필요한 사항은 대통령령으로 정하는 바에 따라 「공동주택관리법」을 적용하도록 규정하고 있으며, 그 위임에 따라 마련된 민간임대주택법 시행령 제41조제2항에서는 "다음 각 호의 규정만을 적용한다."고 제한적으로 규정하면서 같은 항 각 호의 내용으로 「공동주택관리법」 및 같은 법 시행령에 따른 여러 사항을 규정하면서도 같은 법 제28조에 따른 주택관리업자 또는 공사, 용역 등을 수행하는 사업자와의 계약서 공개 의무를 열거하고 있지 않은 점에 비추어 보더라도 「공공주택 특별법」 제2조제1호 가목에 따른 공공임대주택의 관리에 「공동주택관리법」 제28조가 적용된다고 볼 수는 없습니다.

아울러 침익적 행정행위의 근거가 되는 행정법규는 엄격하게 해석·적용하여야 하고 그 행정행위의 상대방에게 불리한 방향으로 지나치게 확장 해석하거나 유추 해석하여서는 안 될 것인데,56) 「공동주택관리법」 제102조제3항제9호에 같은 법 제28조를 위반하여 계약서를 공개하지 아니 하거나 거짓으로 공개한 경우 500만 원 이하의 과태료를 부과하도록 규정되어 있습니다. 이에, 「공공주택 특별법」 제2조제1호 가목에 따른 공공임대주택에 대하여 「공동주택관리법」 제28조가 적용된다고 본다면, 그 의무 위반 때 과태료 부과까지도 가능하다고 볼 여지가 있다는 점도 이 사안을 해석할 때 함께 고려할 필요가 있습니다.

따라서, 「공공주택 특별법」 제2조제1호 가목에 따른 공공임대주택에 대해서는 「공동주택관리법」 제28조가 적용되지 아니 합니다.

---

56) (각주: 대법원 2013. 12. 12. 선고 2011두3388 판결례 참조)

의무 관리 대상 공동주택 전환 등[법 제10조의 2]

 법 제10조의 2(**의무 관리 대상 공동주택 전환 신고**) ① 제2조제1항제2호 마목에 따라 의무 관리 대상 공동주택으로 **전환**(**轉換**)되는 공동주택(이하 "의무 관리 대상 전환 공동주택"이라 한다)의 관리인(管理人 ─ 「집합건물의 소유 및 관리에 관한 법률」에 따른 관리인을 말하며, 관리단이 관리를 개시하기 전인 경우에는 같은 법 제9조의 3 제1항에 따라 공동주택을 관리하고 있는 자를 말한다. 이하 같다)은 대통령령으로 정하는 바에 따라 관할 특별자치시장·특별자치도지사·시장·군수·구청장(자치구의 구청장을 말하며 이하 같다. 이하 특별자치시장·특별자치도지사·시장·군수·구청장은 "시장·군수·구청장"이라 한다)에게 의무 관리 대상 공동주택 전환 **신고**(**申告**)를 하여야 한다. 다만, 관리인이 신고하지 않는 경우에는 입주자 등(入住者 等)의 10분의 1 이상이 연서하여 신고할 수 있다. (cf. 법 제102조제3항제3호 * 영 제7조의 2 제1항 *)

 영 제7조의 2(**의무 관리 대상 공동주택 전환 신고**) ① 법 제10조의 2 제1항에 따라 의무 관리 대상 공동주택 전환 신고를 하려는 자는 입주자 등의 동의를 받은 날부터 30일 이내에 관할 특별자치시장·특별자치도지사·시장·군수·구청장(구청장은 자치구의 구청장을 말하며, 이하 "시장·군수·구청장"이라 한다)에게 국토교통부령으로 정하는 신고서를 제출하여야 한다. 〈신설·시행 2020.4.24.〉

 법 제10조의 2(**입주자대표회의의 구성 및 관리방법의 결정**) ② '의무 관리 대상 전환 공동주택'의 입주자 등은 제19조제1항제1호에 따른 관리규약의 제정 신고가 수리된 날부터 3개월 이내에 입주자대표회의를 구성(構成)하여야 하며, 제19조제1항제2호에 따른 입주자대표회의의 구성 신고가 수리된 날부터 3개월 이내에 제5조에 따른 공동주택의 관리방법을 결정(決定)하여야 한다(cf. 준칙 제7조제1항). 〈개정 2021.8.10.〉

 법 제10조의 2(**주택관리업자의 선정 ─ 위탁관리**) ③ '의무 관리 대상 전환 공동주택'의 입주자 등이 공동주택을 위탁 관리할 것을 결정한 경우 입주자대표회의는 입주자대표회의의 구성 신고가 수리(受理)된 날부터 6개월 이내에 제7조제1항 각 호의 기준에 따라 주택관리업자를 선정(選定)하여야 한다.

 법 제10조의 2(**의무 관리 대상 공동주택의 제외 결정, 신고**) ④ '의무 관리 대상 전환 공동주택'의 입주자 등은 제2조제1항제2호 마목의 기준에 따라 해당 공동주택을 의무 관리 대상에서 **제외(除外)**할 것을 정할 수 있으며, 이 경우 입주자대표회의의 회장(직무를 대행하는 경우에는 그 직무를 대행하는 사람을 포함한다. 이하 같다)은 대통령령으로 정하는 바에 따라 시장·군수·구청장에게 의무 관리 대상 공동주택 제외 신고(**申告**)를 하여야 한다. (cf. 법 제102조제3항제3호 * 영 제7조의 2 제2항 *)

영 제7조의 2(의무 관리 대상 공동주택 제외 신고) ② 법 제10조의 2 제4항에 따라 의무 관리 대상 공동주택 제외 신고를 하려는 입주자대표회의의 회장(직무를 대행하는 경우에는 그 직무를 대행하는 사람을 포함한다. 이하 같다)은 입주자 등의 동의를 받은 날부터 30일 이내에 시장·군수·구청장에게 국토교통부령으로 정하는 신고서를 제출하여야 한다. [본조 신설 2020.4.24., 시행 2020.4.24.]

규칙 제2조의 2(의무 관리 대상 공동주택 전환 등 신고) 「공동주택관리법 시행령」 (이하 "영"이라 한다) 제7조의 2 제1항 및 제2항에서 "국토교통부령으로 정하는 신고서"란 각각 [별지 제1호 서식]의 의무 관리 대상 공동주택 전환 등 신고서를 말하며, 해당 신고서를 제출할 때에는 다음 각 호의 서류를 첨부하여야 한다.

1. 제안서 및 제안자 명부
2. 입주자 등의 동의서
3. 입주자 등의 명부

법 제10조의 2(의무 관리 대상 공동주택 전환 신고 수리 여부 등의 통지) ⑤ 시장·군수·구청장은 제1항 및 제4항에 따른 신고를 받은 날부터 10일 이내에 신고 수리 여부를 신고인에게 통지하여야 한다. 〈신설 2021.8.10., 시행 2021.9.11.〉

법 제10조의 2(의무 관리 대상 공동주택 전환 신고 등의 수리 간주) ⑥ 시장·군수·구청장이 제5항에서 정한 기간 안에 신고 수리 여부 또는 민원 처리 관련 법령에 따른 처리 기간의 연장을 신고인에게 통지하지 아니 하면 그 기간(민원 처리 관련 법령에 따라 처리 기간이 연장 또는 재연장된 경우에는 해당 처리 기간을 말한다)이 끝난 날의 다음 날에 신고를 수리한 것으로 본다. 〈신설 2021.8.10., 시행 2021.9.11.〉

[본조 신설 2020.4.24.] [시행 2020.4.24.] (개정 2021.8.10., 시행 2021.9.11.)

관리의 이관[법 제11조, 영 제8조·제9조, 규칙 제3조]

법 제11조(관리의 이관) ① 의무 관리 대상 공동주택을 건설한 사업주체는 입주예정자의 과반수가 입주할 때까지 그 공동주택을 관리하여야 하며, 입주예정자의 과반수가 입주하였을 때에는 입주자 등에게 대통령령으로 정하는 바에 따라 그 사실을 통지하고, 해당 공동주택을 관리할 것을 요구하여야 한다(cf. 집합건물법 제9조의 3).

영 제8조(입주자 등에 대한 관리 요구의 통지 사항 – 사업주체) ① 사업주체(事業主體)는 법 제11조제1항에 따라 입주자 등에게 입주예정자의 과반수가 입주한 사실을 통지(通知)할 때에는 통지서에 다음 각 호의 사항을 기재하여야 한다.

1. 총 입주 예정 세대수 및 총 입주 세대수
2. 동별 입주 예정 세대수 및 동별 입주 세대수
3. 공동주택의 관리방법에 관한 결정의 요구
4. 사업주체의 성명 및 주소(법인인 경우에는 명칭 및 소재지를 말한다)

영 제8조(양도 임대주택 입주예정자 등에 대한 관리 요구의 통지 – 임대사업자) ② 임대사업자(賃貸事業者)는 다음 각 호의 어느 하나에 해당하는 경우에는 제1항을 준용(準用)하여 입주자 등에게 통지(通知)하여야 한다(* 양도·분양 전환에 따른 '공동주택관리규약 제정의 제안' 등 관리 이관에 수반되는 절차의 선행이 요구된다).

1. 「민간임대주택에 관한 특별법」 제2조제2호에 따른 민간건설임대주택을 같은 법 제43조에 따라 임대사업자 외의 자에게 양도(讓渡)하는 경우로서 해당 양도 임대주택 입주예정자(入住豫定者)의 과반수가 입주(入住)하였을 때

2. 「공공주택 특별법」 제2조제1호의 2에 따른 공공건설임대주택에 대하여 같은 조 제4호에 따른 분양 전환(分讓 轉換)을 하는 경우로서 해당 공공건설임대주택 전체 세대수(世帶數)의 과반수가 분양 전환(分讓 轉換)된 때

법 제11조(관리 요구의 통지에 따른 입주자대표회의 구성 기간) ② 입주자 등이 제1항에 따른 요구를 받았을 때에는 그 요구를 받은 날부터 3개월 이내에 입주자를 구성원으로 하는 입주자대표회의를 구성하여야 한다(* 선거관리위원회의 구성 *).

영 제8조(사업주체 등의 입주자대표회의 구성 협력) ③ 사업주체 및 제2항에 따른 임대사업자는 입주자대표회의의 구성에 협력(協力)하여야 한다.

법 제11조(관리방법의 결정·변경 등 통지, 신고) ③ 입주자대표회의의 회장은 입주자 등이 해당 공동주택의 관리방법을 결정[위탁관리하는 방법을 선택한 경우에는 그 주택관리업자의 선정을 포함한다(cf. 준칙 제7조제1항)]한 경우에는 이를 사업주체 또는 '의무 관리 대상 전환 공동주택'의 관리인에게 통지(通知)하고, 대통령령으로 정하는 바에 따라 관할 시장·군수·구청장에게 신고(申告)하여야 한다. 신고한 사항이 변경(變更)되는 경우에도 또한 같다. 〈개정 2019.4.23.〉[시행 2020.4.24.]

　＊ 법 제102조(과태료) ③ 다음 각 호의 어느 하나에 해당하는 자에게는 500만 원 이하의 과태료(過怠料)를 부과한다. 〈개정 2021.8.10., 시행 2021.9.11.〉

　3. 제10조의 2 제1항 본문 및 제4항에 따른 의무 관리 대상 공동주택의 전환 및 제외, 제11조제3항에 따른 관리방법의 결정 및 변경, 제19조제1항에 따른 관리규약의 제정 및 개정, 입주자대표회의의 구성 및 변경 등의 신고(申告)를 하지 아니 한 자

　영 제9조(관리방법 결정·변경, 주택관리업자 선정·변경 신고) 법 제11조제3항에 따라 입주자대표회의의 회장은 공동주택 관리방법의 결정(위탁 관리하는 방법을 선택한 경우에는 그 주택관리업자의 선정을 포함한다) 또는 변경 결정에 관한 신고를 하려는 경우에는 그 결정 일 또는 변경 결정 일부터 30일 이내에 신고서를 시장·군수·구청장에게 제출하여야 한다. 〈개정 2020.4.24.〉

　규칙 제3조(관리방법의 결정 및 변경 결정 신고 서식) ① 영 제9조에 따른 신고서는 [별지 제1호의 2 서식]과 같다. 〈개정 2020.4.24.〉

　규칙 제3조(관리방법의 결정 및 변경 결정 신고 절차) ② 입주자대표회의의 회장 (직무를 대행하는 경우에는 그 직무를 대행하는 사람을 포함한다. 이하 같다)은 시장·군수·구청장에게 제1항에 따른 신고서를 제출할 때에는 관리방법의 제안서 및 그에 대한 입주자 등의 동의서를 첨부(添附)하여야 한다.

　법 제11조(관리방법의 결정·변경 등 신고 수리 여부의 통지) ④ 시장·군수·구청장은 제3항에 따른 신고를 받은 날부터 7일 이내에 신고 수리 여부를 신고인에게 통지하여야 한다. 〈신설 2021.8.10., 시행 2021.9.11.〉

　법 제11조(관리방법의 결정·변경 등 신고 수리 간주) ⑤ 시장·군수·구청장이 제4항에서 정한 기간 안에 신고 수리 여부 또는 민원 처리 관련 법령에 따른 처리 기간의 연장을 신고인에게 통지하지 아니 하면 그 기간(민원 처리 관련 법령에 따라 처리

기간이 연장 또는 재연장된 경우에는 해당 처리 기간을 말한다)이 끝난 날의 다음 날에 신고를 수리한 것으로 본다. 〈신설 2021.8.10., 시행 2021.9.11.〉

✿ 사업주체 (직접) 관리의 의미 등

[법제처 12 - 0313, 2012.06.14.] 수정 2021.06.27.

1. 질의 요지

주택법 제43조제1항(현행 '공동주택관리법' 제11조제1항)에 따라 대통령령으로 정하는 공동주택을 건설한 **사업주체(事業主體)**는 입주예정자의 과반수가 입주할 때까지 그 공동주택을 **관리**하도록 되어 있습니다. 이 경우 사업주체가 해당 **공동주택**의 **관리(管理)**를 주택관리업자에게 **위탁(委託)**할 수 있는지요. 아니면, 사업주체가 해당 공동주택의 관리를 주택관리업자에게 위탁할 수는 없고, 같은 법 제55조제1항제3호(현행 '공동주택관리법' 제64조제1항제2호)에 따라 주택관리사를 관리사무소장으로 배치하여 사업주체가 직접 관리하여야 하는 것인지요?

2. 회답

사업주체가 주택관리업자나 자치관리기구에게 관리 업무를 인계하기 전의 기간 중에, 사업주체는 해당 **공동주택의 관리**를 주택관리업자에게 **위탁**할 수 있습니다.

3. 이유

주택법 제43조제1항 및 같은 법 시행령 제48조(현행 '공동주택관리법' 제11조제1항 및 제2조제1항제2호)에 따르면, 300세대 이상의 공동주택 등 대통령령으로 정하는 공동주택을 건설한 사업주체(事業主體)는 입주예정자의 과반수가 입주할 때까지 그 공동주택을 (직접) 관리(管理)하여야 하며, 입주예정자의 과반수가 입주하였을 때에는 입주자 등에게 대통령령으로 정하는 바('공동주택관리법 시행령' 제8조제1항)에 따라 그 사실을 통지하고, 해당 공동주택을 '공동주택관리법' 제5조제1항에 따라 관리할 것을 요구하여야 합니다. 그리고, 이러한 요구를 받은 입주자 등은 '공동주택관리법' 제6조제1항에 따라 해당 공동주택을 자치관리하거나, ('공동주택관리법' 제7조제1항에 기초하여) '공동주택관리법' 제52조에 따른 주택관리업자에게 위탁하여 관리하여야 합니다. 이에, 이 건 질의에서는 사업주체 관리 기간 중 "사업주체가 (직접) 관리하여야 한다."의 의미가 문제됩니다.

먼저, 사업주체란 '주택법' 제2조제10호에 따라 주택건설사업계획 등을 승인받아 그 사업을 시행하는 자이므로, 사업이 완료되어 입주가 시작된 이후에는 입주자 등(入住者 等)이 입주자대표회의 등을 구성하여 대상 공동주택을 관리(管理)하는 것이 원칙(原則)일 것입니다. 그러나, 입주 초기에 소수의 입주자 등만이 입주한 상태에서 입주자 등으로 하여금 공동주택을 관리하도록 한다면, 이들에게 지나친 부담(負擔)을 주거나 또는 전체 공동주택의 효율적 관리 측면에서 미흡(未洽)한 부분이 발생할 수 있으므로, '공동주택관리법' 제11조제1항을 두어 입주예정자의 과반수가 입주할 때까지는 "입주자 등(入住者 等)"이 아닌 "사업주체(事業主體)"로 하여금 그 공동주택을 관리(管理)하도록 한 것으로 보입니다.

그러므로, '공동주택관리법' 제11조제1항에서 사업주체가 공동주택을 "관리"한다는 의미는 비록 사업이 완료되어 입주가 시작되었다 하더라도 입주자 등이 대상 공동주택을 관리하는 것이 아니라, 사업주체가 관리한다는 의미에서 "(직접) 관리하여야 한다." 라고 한 것으로 판단됩니다.

또한, 사업주체가 (직접) 관리한다는 규정이 관리주체가 누구인지를 규정하는 것인지, 아니면 관리주체에서 더 나아가 위탁관리를 금지한다는 구체적인 관리방법까지 규정한 것인지가 문언상 명확하지는 아니 합니다. 그러나, 앞서 살펴본 바와 같이 사업주체란 주택건설사업계획 등을 승인받아 사업을 시행하는 자임에 비하여, **'공동주택관리법' 제52조**에 따른 **주택관리업자**는 **'공동주택관리법 시행령' 제65조제4항**과 **[별표 5] 등**이 정한 **자본금, 인력** 및 **시설 장비를 갖추어 공동주택**의 **관리를 업으로 하는 자**로서 **효율적 주택 관리 및** 이를 통한 **입주자 권익 보호** 측면에서 굳이 **위탁관리를 금지할 이유를 찾기 어렵습니다.** 또한, 주택법 제53조제4항(현행 '공동주택관리법' 제52조제6항)의 규정 등을 살펴볼 때 사업주체가 주택관리업자에게 관리를 위탁하는 것은 '민법'상 위임 또는 이와 같은 것으로 볼 수 있는데(대법원 1997. 11. 28. 선고, 96다22365 판결 참고), '민법'상 위임은 법령이 특별하게 금지하거나, 사무의 성질상 위임을 허용하는 것이 타당하지 않는 경우를 제외하고는 원칙적으로 허용될 수 있는 성질의 것입니다. 그리고, 이 건 질의의 경우 사업주체가 주택 관리를 주택관리업자에게 위임하는 것이 위와 같이 위임이 허용되지 않는 경우에 해당하는 것으로 보기 어렵다는 점에서, 사업주체의 (직접) 관리 규정은 관리주체가 누구인지를 밝히는 것일 뿐, 더 나아가 구체적 관리방법에 있어서 주택관리업자에게 위탁을 금지하는 것을 의도하는 것으로 보기는 곤란합니다.

이에 대하여, 2011. 9. 16. 법률 제11061호로 개정된 舊 주택법 제55조제1항제3호(현행 **'공동주택관리법' 제64조제1항제2호**)에서는 종전 "주택관리업자" 외에도 "제43조제6항(현행 '공동주택관리법' 제13조제1항)에 따라 관리 업무를 인계하기 전의 사업주체"에게도 주택관리사를 공동주택의 관리사무소장으로 배치하여야 할 의무를 부여하였으므로, 위 법령 시행 이후에는 종전과 달리 사업주체가 주택관리사 등을 배치하여 해당 공동주택을 직접 관리하여야 한다는 주장이 있을 수 있습니다. 그러나, 위 제55조제1항제3호(현행 '공동주택관리법' 제64조제1항제2호)의 **신설 취지**는 "공동주택의 **입주 전부터 체계적인 주택 관리**를 할 수 있도록 공동주택에 **주택관리사 등의 자격을 가진 관리사무소장**을 **의무적**으로 **배치(配置)**하여야 하는 관리주체에 **사업주체**를 **추가(追加)**하여 공동주택 **관리 업무의 전문성을 제고(提高)**함으로써 **입주자의 주거 복지(福祉) 수준을 향상(向上)시키려는 것(*** '주택법' 일부 개정 법률안 국회 검토 보고서 참고)**"일 뿐, 이를 두고 사업주체가 주택관리업자에게 주택 관리의 위탁을 금지하는 것으로 보기는 어렵습니다.

위와 같은 사항을 종합해 볼 때, 사업주체가 주택관리업자나 자치관리기구에게 관리 업무를 인계하기 전의 기간 중에, 그 사업주체는 해당 공동주택의 관리를 주택관리업자에게 위탁(委託)할 수 있다고 할 것입니다.

※ 법령 정비 의견

舊 '주택법' 제43조제1항에 따른 사업주체의 (직접) 관리의 의미를 구체적인 관리방법상 주택관리업자에게 관리를 위탁하는 것을 금지하는 것으로 해석(解釋)할 수는 없으나, 해당 규정에 대하여 이러한 오해(誤解)를 불러일으키지 않도록 하는 입법적 보완이 필요하다고 할 것입니다.[57]

✿ 입주예정자의 의미(공동주택관리법 제11조제1항 관련)

[법제처 19 - 0424, 2019.12.02.] 수정 2024.11.10.

1. 질의 요지

'공동주택관리법' 제11조제1항에서 "의무 관리 대상 공동주택58)을 건설한 사업주체는 입주예정자의 과반수가 입주할 때까지 그 공동주택을 관리"하도록 규정하고 있습니다. 이와 관련, **입주예정자**의 과반수는 **건설 세대수**의 과반수를 말하는지요. 아니면, 분양 계약 또는 임대59)계약을 체결한 세대의 과반수를 의미하는지요?

2. 질의 배경

민원인은 위의 질의 요지에 대하여 국토교통부에 문의하였고, 건설 세대의 과반수를 뜻한다는 회신을 받자 이에 이견이 있어 법제처에 법령 해석을 요청함.

3. 회답

이 사안의 경우 **"입주예정자"**의 과반수는 **"건설 세대"**의 과반수를 의미합니다.

4. 이유

'공동주택관리법' 제11조제1항에 의무 관리 대상 공동주택을 건설한 사업주체는 **입주예정자**의 **과반수가 입주할 때까지** 그 공동주택을 관리하도록 하고, 입주예정자의 과반수가 입주하였을 때에는 입주자 등60)에게 해당 공동주택을 관리할 것을 요

---

57) 舊 '주택법(법률 제12117호, 2013.12.24.)' 제43조제1항 및 「공동주택관리법」 제11조제1항에서는 "직접(直接)" 관리라는 표현을 삭제(削除)함으로써 이를 입법적으로 보완하였으나, 논란의 여지는 여전히 존재한다고 볼 것이다.

58) 150세대 이상으로서 승강기가 설치된 공동주택 등 해당 공동주택을 전문적으로 관리(管理)하는 자를 두고 자치 의결(議決) 기구를 의무적으로 구성하여야 하는 등 일정한 의무(義務)가 부과되는 공동주택으로서 「공동주택관리법」 제2조제1항제2호 각 목의 공동주택을 말한다(cf. 법 제2조제1항제2호. 이하 같다.).

59) 법 제2조제1항제19호에 따른 "임대주택"을 임대하는 경우가 아닌 것을 전제로 논의한다.

구하도록 규정되어 있습니다. 그리고, 같은 조 제2항에서는 입주자 등이 제1항에 따른 요구를 받았을 때에는 그 요구를 받은 날부터 3개월 이내에 입주자를 구성원으로 하는 입주자대표회의61)를 구성하여야 한다고 규정하고 있습니다.

이와 같이 '공동주택관리법' 제11조제1항에서 **입주예정자**의 **과반수**가 **입주**할 것을 **기준**으로 **공동주택**을 **관리하는** 자를 사업주체에서 **입주자 등으로 변경**하도록 하는 것은 **입주예정자의 <u>과반수</u>가 입주해야 <u>다수</u>의 <u>의사</u>를 <u>반영</u>**하여 공동주택 관리에 관한 **의사 결정 주체**를 **구성**하고, 공동주택을 **안정적**으로 **관리**할 수 있다는 **전제**하에 그 **이전까지**는 **사업주체**에게 **관리 의무**를 **부과**하는 것으로 보아야 합니다.

한편, '공동주택관리법' 제14조제1항 및 같은 법 시행령 제13조제1항에 따르면, 입주자대표회의는 동별 세대수에 비례하여 관리규약으로 정한 선거구에 따라 선출된 2년 임기의 동별 대표자로 구성합니다. 이와 관련, 입주예정자의 과반수를 분양계약 또는 임대 계약을 체결한 세대의 과반수로 볼 경우, **총 건설 세대수**의 **과반**이 **입주**하지 **않은 상황**에서도 입주자 등을 대표하는 입주자대표회의를 구성하게 되어 입주자대표회의가 구성된 이후에 입주하는 다수 입주자 등의 의사를 입주자대표회의가 동별 대표자의 임기 동안 대표하지 못하게 되는 **문제**가 **발생**할 뿐 아니라, 분양 계약 또는 임대 계약이 이루어지는 시점에 따라 **입주예정자의 수가 계속 변동**되어 공동주택 **관리자**의 **변동 시점**을 **확정**하기 **곤란**하므로 **법적 안정성**과 **예측 가능성**을 **확보**하기 **어려워**집니다.

이러한 점을 종합적으로 고려하면, '공동주택관리법' 제11조제1항의 "입주예정자(入住豫定者)"라는 용어(用語)는 같은 법 제2조제1항제7호에 따른 "입주자 등"과 연계(連繫)하여 향후 입주할 모든 세대를 아우르기 위한 것으로 보아야 하고 **"입주예정자의 과반수"**는 입주(분양)를 목적으로 건설된 **"총 건설 세대(總建設世帶)**의 과반수"**를 의미하는 것으로 보는 것이 타당합니다.

---

60) 공동주택의 소유자 또는 그 소유자를 대리하는 배우자 및 직계존비속과 공동주택을 임차하여 사용하는 사람(임대주택의 임차인은 제외한다.) 등을 말한다(「공동주택관리법」 제2조제1항제5호부터 제7호까지 참고, 이하 같다.).

61) 공동주택의 입주자 등을 대표하여 관리에 관한 주요 사항을 결정하기 위하여 '공동주택관리법' 제14조에 따라 구성하는 자치 의결 기구를 말한다(법 제2조제1항제8호, 이하 같다.).

입주예정자의 "과반수 입주"의 의의와 효과(사업주체 관리)

〈주택건설공급과 – 4087, 2013.10.21.〉 수정 2023.06.13.

질문 사항

신축(新築) 아파트 단지입니다. 입주예정자의 과반수가 입주한 경우 입주자대표회의(入住者代表會議)를 구성(構成)하도록 되어 있습니다. **전체 입주자 등**의 50% 기준인지, 동별로 50% 이상의 **입주(入住)**를 **기준(基準)**으로 하는 것인지요?

가. 입주예정자의 과반수가 입주하였으나, 사업주체가 입주자 등에게 관련 사실을 통보하지 않고, 관련 의무를 의도적으로 회피하고 있을 때 입주자 등이 자체적으로 공동주택관리법령에 따라 **입주자대표회의**를 **구성**할 수 있는 방법이 있습니까?

나. **사업주체**가 공동주택 관리 중 입찰을 통하지 않고, 500만 원 이상 최대 수억 원 해당의 **용역**과 **매매 계약**을 **체결**할 때 수의계약을 하였는데, 적법성 여부는요?

답변 내용

가. 의무 관리 대상 공동주택을 건설한 사업주체는 입주예정자의 과반수가 입주할 때까지 그 공동주택을 관리하여야 하며, 입주예정자의 과반수가 입주하였을 때에는 입주자 등에게 대통령령으로 정하는 바에 따라 그 사실을 통지하고, 해당 공동주택을 관리할 것을 요구하여야 한다. 그리고, 입주자 등이 이와 같은 요구를 받았을 때에는 그 요구를 받은 날부터 3개월 이내에 입주자를 구성원으로 하는 입주자대표회의를 구성하여야 한다(「공동주택관리법」 제11조제1항, 제2항).

이와 관련하여, **'입주예정자'**는 **총 입주 예정 세대(총 건설 세대)**를 의미하므로, 전체(全體) 입주 예정 세대의 과반수가 실제 입주(입주자 및 사용자)하였다면, 입주자대표회의를 구성할 수 있다(cf. 법제처 19 – 0424, 2019. 12. 2.). 한편, 입주예정자의 과반수가 입주하였음에도 불구하고 사업주체가 입주자 등에게 필요한 사항을 통지·요구하지 않고 있다면, 같은 법 제93조제1항 등에 따라 공동주택 관리에 관한 지도·감독 업무를 담당하는 지방자치단체에 문의하기를 바란다.

나. 사업주체 관리 기간 사업주체가 주택관리업자를 자율적으로 선정할 수 있을

것이나, 다른 사업자는 경쟁입찰에 의한 방법으로 선정하여야 한다.[62] 따라서, 수의계약으로 사업자를 선정한 것은 공동주택관리법령에 적합하지 아니 하다. 다만, '주택관리업자 및 사업자 선정 지침' 제4조제3항 관련 [별표 2]에서 정하는 수의계약의 대상에 해당[보험 계약, 500만 원 이하 공사 및 용역, 생활용품·전기용품(기존 "공산품")의 구입, 긴급한 경우 등]하면, 수의계약을 할 수 있는 것이다.

입주예정자의 과반수 입주한 경우 동별 대표자 선출 가능

〈주택건설공급과 - 2015.06.24.〉 수정 2020.06.10.

질문 사항

입주예정자의 과반수가 입주하였지만, 입주한 주택 소유자의 **등기**가 완료되지 않은 상태에서 선거관리위원회를 구성하여 **동별 대표자**를 **선출**할 수 있는지요.

답변 내용

공동주택을 분양받아 분양 대금 및 취득세 등을 납부하고, 해당 공동주택에 주민 등록을 마친 후 거주하고 있는 자로서, **사업주체**의 **사정**으로 **소유권 이전 등기**를 **경료받지 못한 자**의 경우, 소유권 이전 등기 전이라도 주택법 제50조제3항(현행 '공동주택관리법' 제14조제3항)에 따라 동별 대표자로 선출될 수 있는 **입주자**로 볼 수 있다[법제처 법령 해석, 법제처 12 - 0549(2013. 1. 14.).. cf. 준칙 제20조제1항].

또한, 「공동주택관리법」 제11조제1항에 따른 **'입주예정자'**는 **총 입주 예정 세대**를 의미하므로, 해당 **공동주택 총 건설 세대**[법제처 19 - 0424, 2019. 12. 2.]의 과반수가 실제 입주하였다면, 입주자대표회의를 구성할 수 있을 것이다.

동별 대표자 선출 가능 입주예정자, 입주 율 등

〈주택건설공급과 - 2014.08.12.〉 수정 2020.02.25.

---

62) cf. 법 제7조·영 제5조, 법 제25조·영 제25조, '지침' 제1조·제2조·제4조제1항

질문 사항

동별 대표자 선출과 **입주자대표회의**의 **구성 요건**이 미분양(未分讓) 세대를 포함(包含)한 **입주 율** 50%인지, 미분양을 제외(除外)한 계약 세대의 50%인지 서면으로 받아보고 싶습니다. 국토교통부 담당자는 "미분양 세대는 제외"라고 말씀해주셨는데요, 의견이 분분하여 정확히 알고 싶어서 서면 답변을 신청합니다.

답변 내용

동별 대표자 선출을 위한 **"입주자 등의 과반수"**란 '총 입주 예정 세대(총 건설 세대)의 과반수'가 아니라 '총 입주 예정 세대의 과반수'가 입주한 경우 **해당 선거구**에 **"실제(實際) 입주(入住)한 세대의 과반수"**를 의미한다(법령 해석 [법제처 11 - 0255, 2011. 6. 16.]., cf. 「공동주택관리법」 제11조제1항).

* (예시) 총 1,000 세대 중 600세대 입주 → 총 입주 예정 세대(총 건설 세대)의 과반수가 입주하였으므로, 입주자대표회의 구성 가능 → 그 중 하나인 '가' 동은 100 세대 중 40세대 입주 → 40세대의 과반수인 21세대의 투표와 21세대의 과반수인 11세대가 찬성하면 → (입후보자가 1명인 경우) 동별 대표자 선출 가능(cf. 같은 법 시행령 제11조제1항제2호) * 전체 입주예정자의 과반수 입주(입주자대표회의의 구성 요건) - 동별 실제 입주 세대의 과반수 찬성(동별 대표자 선출 요건) *

따라서, 사안 공동주택의 경우 '입주예정자(총 건설 세대[법제처 19 - 0424, 2019. 12. 2.])의 과반수'가 입주하여 입주자대표회의를 구성하고자 한다면, 50% 이하로 입주한 동(선거구)에서도 동별 대표자 선출을 진행할 수 있는 것이다.

최초 공동주택관리규약의 서면 동의 기준(입주예정자)

성명 OOO 등록일 2014.08.18. 수정 2020.02.25.

질문 사항

① 최초의 **관리규약 제정**과 관련하여, **'입주예정자'**의 과반수가 서면으로 동의하

는 방법......에서 '입주예정자'는 입주자(소유자)만을 의미하는 것인지요?

② '입주예정자'의 뜻은 사용자를 포함하는 '입주자 등'으로 해석함이 맞는지요?

답변 내용

공동주택관리법령에서의 **"입주예정자(入住豫定者)"**는 입주가 예정된 입주자뿐만 아니라, **입주가 예정된 주택(총 건설 세대**[법제처 19 - 0424, 2019. 12. 2.])의 **입주자와 사용자(입주자 등) 모두**를 **의미**합니다(cf. 법령 해석, 법제처 11 - 0255, 2011. 6. 16., 「공동주택관리법 시행령」 제20조제2항, 개정 2017. 8. 16.).

입주예정자와 '입주'자의 판단 기준 등

성명 OOO 등록일 2013.12.05. 수정 2020.02.25.

질문 사항

「공동주택관리법」 제11조에 의하면, **"입주예정자**의 과반수가 입주하였을 때에는 입주자 등에게 대통령령이 정하는 바에 따라 그 사실을 통지하고, 해당 공동주택을 관리할 것을 요구하여야 한다.**"** 라고 되어 있습니다. 현재 우리 아파트는 입주 중이어서 입주자대표회의를 구성하려고 합니다. 여기서 입주예정자의 **'입주(入住)'**라 함은 단순히 아파트에 실제 입주(거주)를 말하는 것입니까? 아니면, 동사무소에 전입신고를 마친 상태입니까? 토지 건물에 대한 등기를 마친 상태를 말합니까?

답변 내용

- 입주예정자는 **"총 건설 세대**[법제처 19 - 0424, 2019. 12. 2.]**"**를 **기준**으로 하는 것이고, **'입주자'**는 주민등록을 마쳤는지 여부, 주택의 소유자가 사업주체 또는 사업주체로부터 소유권을 이전받은 사람이거나에 관계없이 해당 공동주택에서 **'실제 거주하는 세대'**를 **기준**으로 판단합니다(cf. 법제처 11 - 0255, 2011. 6. 16.).

ㅇ 다만, 공동주택의 사업주체가 임대사업자로서 **임차인(賃借人)**에게 주택을 임대하였다면, 그 임차인은 「민간임대주택에 관한 특별법」 또는 「공공주택 특별법」에

따른 임차인대표회의(賃借人代表會議)를 구성(構成)하므로,[63] **분양 주택**의 **입주
자대표회의 구성**을 위한 **입주(예정)자에 해당되지 아니** 합니다.

사업주체(분양자)의 의무 관리(집합건물법 제9조의 3 등 관련)

질의 요지

주택이 **150세대 미만**인 **주상복합건축물**을 지은 경우 그 **사업주체**에게 입주자대
표회의가 구성될 때까지 해당 건물을 **관리**할 **의무**가 있는지 알고 싶습니다.

회 신(수정 2020. 2. 4.)

○ 집합건물법에서는 신축 집합건물의 경우 '사업주체로 하여금 일정 기간 의무
관리하도록' 규정하고 있지 않다. 다만, 신설된 '집합건물의 소유 및 관리에 관한 법
률' 제9조의 3 제1항, 제3항 및 제4항에 "① **분양자**는 제24조 제3항에 따라 선임(選
任)된 **관리인**이 **사무**를 **개시(開始)**할 **때까지** 선량한 관리자의 주의로 건물과 대지
및 부속 시설을 **관리**하여야 한다. ③ **분양자**는 예정된 매수인의 **2분의 1 이상**이 **이
전 등기를 한 때**에는 **규약 설정** 및 **관리인 선임**을 위한 **관리단 집회**(제23조에 따른
관리단의 집회를 말한다. 이하 같다.)를 **소집**할 것을 대통령령으로 정하는 바에 따
라 **구분소유자에게 통지**하여야 한다. 이 경우 통지 받은 날부터 3개월 이내에 관리
단 집회를 소집할 것을 명시하여야 한다. ④ **분양자**는 구분소유자가 제3항의 통지를
받은 날부터 3개월 이내에 **관리단 집회**를 소집하지 아니 하는 경우에는 지체 없이
관리단 집회를 **소집**하여야 한다. 〈신설 2012. 12. 18., 개정 2020. 2. 4.〉"고 규정
하고 있다. 따라서, 건물이 완성되어 관리인이 사무를 개시할 때까지 분양자(分讓
者)는 해당 건물을 관리(管理)하여야 하는 것이다. 그리고, **이전 등기**가 **완료**된 경
우 모든 구분소유자들을 구성원으로 하는 **관리단**이 **당연 설립**되며(제23조 제1항),
구분소유자들은 관리단 집회를 열어 관리규약을 설정(제28조, 제29조)하고, 관리
인을 선임(제24조)하여 집합건물을 관리하여야 한다.

---

63) cf. 「민간임대주택에 관한 특별법」 제52조제1항·같은 법 시행령 제42조, 「공공주택 특별
법」 제50조·같은 법 시행령 제53조

○ 150세대 미만 공동주택인 사안의 주상복합건축물은 '공동주택관리법' 제11조가 적용되는 공동주택이 아니므로(보다 자세한 사항은 '공동주택관리법'을 담당하는 국토교통부로 문의 바란다.) '사업주체에 의한 의무 관리'는 적용되지 않는다.[64] 따라서, 지금까지 **사업주체**가 행한 **건물 관리**는 **'민법'상 사무 관리(事務 管理)에 해당**하는 것으로 볼 수 있으며, 관리단이 설립된 이상 건물 관리에 관한 사업은 관리단이 시행하므로(제23조, 제15조) 관리단 집회를 열어 현재의 관리 회사를 유지하거나 또는 변경할 수 있을 것이다. (cf. 사무 관리 – '민법' 제734조 ~ 제740조)

신축 건물의 공용부분 관리

질의 요지

신축 집합건물(集合建物)에서 규약이 설정되어 있지 않는 동안 **공용부분의 관리(管理)**에 관한 사항을 어떻게 **결정**하여야 하는지요. 그리고, 집회 결의를 거치지 않은 가(假)규약과 대표회의 결의를 통해 건물을 관리할 수 있는지요.

회 신(수정 2021. 6. 28.)

○ 집합건물법에 따르면, **"공용부분의 변경 및 관리에 관한 사항"**은 관리단 집회에서 **결정(決定)**하도록 규정하고 있으며(제15조, 제15조의 2, 제16조), 이것은 **규약으로 달리 정할 수 없으므로**(제28조) 규약 설정 여부와 관계없이 **효력(效力)**이 있습니다. 한편, 집합건물법 제25조 제1항에서 규정하는 관리인(管理人)의 권한(權限) 중 '공용부분의 관리 및 변경에 관한 관리단 집회 결의를 집행하는 행위'란 관리인의 권한으로 이들 사항에 대하여 결정할 수 있다는 의미가 아니라 관리단 집회에서 결정된 사항을 집행(執行)하는 업무를 뜻하는 것입니다.

○ 따라서, 집합건물법 제15조·제15조의 2 및 제16조에서 규정하는 "공용부분

---

[64] 「공동주택관리법」 제11조(관리의 이관) ① 의무 관리 대상 공동주택을 건설한 사업주체(事業主體)는 입주예정자의 과반수가 입주할 때까지 그 공동주택을 관리(管理)하여야 하며, 입주예정자의 과반수가 입주하였을 때에는 입주자 등에게 대통령령으로 정하는 바에 따라 그 사실을 통지(通知)하고, 해당 공동주택을 관리할 것을 요구(要求)하여야 한다.

의 변경 및 관리에 관한 사항"은 **관리단 집회**의 **결의**를 통해서 **결정**하여야 하며, 사안의 **"대표회의"**는 이에 해당하지 않는 행위, 즉 **공용부분**의 **현상(現狀)**을 유지(維持)하거나 **구분소유자들**의 **공용부분**의 **이용**에 관한 **이해관계 조정(調停)** 등의 **업무**를 **수행**할 수 있을 것으로 생각됩니다. 또한, 집합건물법 제29조에 따른 절차를 거치지 않은 규약은 효력이 없으며, 대표회의도 규약에 근거한 자치 기관으로 볼 수 있으므로, 이 (가)규약에 근거하여 업무를 추진하는 것은 곤란할 것입니다.

☞ 분양자의 관리 의무 등(집합건물법 제9조의 3)

– **집합건물법 제9조의 3(분양자의 관리 의무 등)** ① 분양자는 제24조 제3항에 따라 선임(選任)된 관리인이 사무를 개시(開始)할 때까지 선량한 관리자의 주의로 건물과 대지 및 부속 시설을 관리하여야 한다.[65] 〈개정 2020.2.4.〉

* **집합건물법 제9조의 3** ② 분양자는 제28조 제4항에 따른 표준 규약 및 같은 조 제5항에 따른 지역별 표준 규약을 참고하여 공정 증서로써 규약에 상응하는 것을 정하여 분양 계약을 체결하기 전에 분양을 받을 자에게 주어야 한다.

* **집합건물법 제9조의 3** ③ 분양자는 예정된 매수인의 2분의 1 이상이 이전 등기를 한 때에는 규약 설정 및 관리인 선임을 위한 관리단 집회(제23조에 따른 관리단의 집회를 말한다. 이하 같다)를 소집할 것을 대통령령으로 정하는 바에 따라 구분소유자에게 통지하여야 한다. 이 경우 통지 받은 날부터 3개월 이내에 관리단 집회를 소집할 것을 명시하여야 한다.[66] 〈개정 2020.2.4.〉

* **집합건물법 시행령 제5조의 2(분양자의 관리단 집회 소집 통지 등)** ① 법 제9조 제1항에 따른 분양자(이하 "분양자"라 한다)는 법 제9조의 3 제3항에 따라 구분소유자에게 규약 설정 및 관리인 선임을 위한 관리단 집회(법 제23조에 따른 관리단의 집회를 말한다. 이하 같다)를 소집할 것을 다음 각 호의 사항을 기재한 서면으로 통지하여야 한다. 〈개정 2023.9.26.〉

---

65) 「공동주택관리법」 제11조 제1항 앞절

66) 「공동주택관리법」 제11조 제1항 뒷절, 제11조 제2항

1. 예정된 매수인 중 이전등기를 마친 매수인의 비율

2. 법 제33조 제4항에 따른 관리단 집회(管理團 集會)의 소집(召集) 청구(請求)에 필요한 구분소유자(區分所有者)의 정수(定數)

3. 구분소유자는 해당 통지를 받은 날부터 3개월 이내에 관리단 집회를 소집해야 하고, 그렇지 않은 경우에는 분양자가 법 제9조의 3 제4항에 따라 지체 없이 관리단 집회를 소집한다는 뜻

* **집합건물법 시행령 제5조의 2** ② 제1항의 통지는 구분소유자가 분양자에게 따로 통지 장소를 알린 경우에는 그 장소로 발송하고, 알리지 않은 경우에는 구분소유자가 소유하는 전유부분이 있는 장소로 발송하여야 한다. 이 경우 제1항의 통지는 통상적으로 도달할 시기에 도달한 것으로 본다(cf.「민법」제111조 제1항).

* **집합건물법 시행령 제5조의 2** ③ 분양자는 제1항의 통지 내용을 건물 안의 적당한 장소에 게시함으로써 건물 안에 주소를 가지는 구분소유자 또는 제2항의 통지 장소를 알리지 않은 구분소유자에 대한 소집 통지를 갈음할 수 있음을 법 제9조의 3 제2항에 따른 규약에 상응하는 것으로 정할 수 있다. 이 경우 제1항의 통지는 게시한 때에 도달한 것으로 본다. [본조 신설 2021.2.2.]

* **집합건물법 제9조의 3** ④ 분양자는 구분소유자가 제3항의 통지를 받은 날부터 3개월 이내에 관리단 집회를 소집하지 아니 하는 경우에는 지체 없이 관리단 집회를 소집하여야 한다.[67] 〈신설 2020.2.4.〉

사업주체의 주택관리업자 선정[법 제12조]

법 제12조(사업주체의 주택관리업자 선정) 사업주체는 입주자대표회의로부터 제11조제3항에 따른 통지가 없거나, 입주자대표회의가 제6조제1항에 따른 자치관리기구를 구성하지 아니 하는 경우에는 주택관리업자를 선정하여야 한다. 이 경우 사업주체는 입주자대표회의 및 관할 시장·군수·구청장에게 그 사실을 알려야 한다.

* **법 제11조(관리의 이관 - 관리방법의 결정·변경 등 통지, 신고)** ③ 입주자대

---

67) 「공동주택관리법」 제11조 제2항, 제12조, 제13조 제1항 제3호

표회의의 회장은 입주자 등이 해당 공동주택의 관리방법을 결정[위탁관리하는 방법을 선택한 경우에는 그 주택관리업자의 선정을 포함한다(cf. 준칙 제7조제1항)]한 경우에는 이를 사업주체 또는 의무 관리 대상 전환 공동주택의 관리인에게 통지(通知)하고, 대통령령으로 정하는 바에 따라 관할 시장·군수·구청장에게 신고(申告)하여야 한다. 신고한 사항이 변경되는 경우에도 또한 같다. 〈개정 2019.4.23.〉

  * 법 제6조(자치관리) ① 의무 관리 대상 공동주택의 입주자 등이 공동주택을 자치관리할 것을 정한 경우에는 입주자대표회의는 제11조제1항에 따른 요구[68]가 있는 날부터 6개월 이내에 공동주택의 관리사무소장을 자치관리기구의 대표자로 선임하고, 대통령령으로 정하는 기술인력 및 장비를 갖춘 자치관리기구를 구성하여야 한다.

사업주체 관리 기간 중 관리주체, 관리비 등의 부담자

성명 OOO   등록일 2016.02.12.   수정 2024.02.15.

질문 사항

준공을 앞둔 분양 아파트에서는 입주예정자들의 입주를 돕고, 관리사무소의 원활한 운영을 위하여 준공 검사를 받기 며칠 전 해당 공동주택 사업 시행자가 주택관리업자를 선정하여 투입하고 있습니다. 이와 관련하여, **입주자대표회의**가 **구성**되기 **전**까지의 **관리주체(管理主體)**는 사업 시행자인지요? 아니면, 분양받은 수분양자들인지요? 또한, 사업 시행자는 입주자대표회의가 구성되기 전이라도 위탁 관리에 소요된 수수료를 관리비로 청구할 수 있는지 알고 싶습니다.

답변 내용

1. ① 「공동주택관리법」 제2조제1항제10호 나목에서 "제13조제1항에 따라 관리업무를 인계하기 전의 사업주체"를 관리주체로 규정하고 있는 점, ② 공동주택관리

---

68) 「공동주택관리법」 제11조(관리의 이관) ① 의무 관리 대상 공동주택을 건설한 사업주체(事業主體)는 입주예정자의 과반수가 입주할 때까지 그 공동주택을 관리(管理)하여야 하며, 입주예정자의 과반수가 입주하였을 때에는 입주자 등에게 대통령령으로 정하는 바에 따라 그 사실을 통지(通知)하고, 해당 공동주택을 관리할 것을 요구(要求)하여야 한다.

법령에 따라 사업주체가 관리 업무를 입주자 등에게 인계하기 위해서는 입주자대표회의의 구성이 필수적*이라는 것 등을 고려하였을 때, 질의 내용과 같이 **입주자대표회의의 구성 전까지** 공동주택의 **관리주체**는 그 **"사업주체"**인 것으로 판단됩니다(cf. 법 제11조제1항·제3항, 제13조제1항제3호, '집합건물법' 제9조의 3 제1항).

* '공동주택관리법' 제13조제1항제1호 : 사업주체의 관리 업무 인계 관련, 입주자대표회의의 회장이 주택관리업자의 선정을 사업주체에 통지하도록 규정되어 있음.

* '공동주택관리법 시행령' 제10조제4항 본문 : 사업주체의 관리 업무 인계 때 입주자대표회의의 회장 및 1명 이상의 감사의 참관 의무를 규정하고 있음.

2. 사업주체 관리 기간이라고 하여 관리비를 무조건 사업주체가 부담하여야 하는 것은 아닙니다. **「공동주택관리법」 제23조제1항**에 따라 공동주택의 **입주자 및 사용자**는 그 공동주택의 유지 관리를 위하여 필요한 **관리비(管理費)**를 관리주체에게 **납부**하여야 합니다. 따라서, 미입주 세대에 부과한 관리비 등을 입주지정일까지는 사업주체가 부담하고, 입주지정일 이후에는 입주자(입주예정자, 주택의 소유자, 수분양자)가 부담하여야 할 것입니다. 그리고, 분양되지 아니 한 세대의 경우 사업주체가 해당 주택의 관리비를 부담하여야 하며, 분양되었으나 소유권이 이전되기 전인 경우에는 주택의 소유자인 사업주체가 해당 세대의 관리비를 부담하여야 할 것으로 사료됩니다. 다만, 사업주체와 입주예정자가 체결한 **계약 등**에 별도로 명시된 내용이 있다면, 그에 따를 수 있을 것으로 판단됩니다.

☞ '주택관리업자 및 사업자 선정 지침' 제2조제2항(적용 대상)

「공동주택관리법」 제11조제1항에 따라 의무 관리 대상 공동주택을 건설한 "사업주체"는 입주예정자의 과반수가 입주할 때까지 "관리주체"로서 그 공동주택을 관리하여야 합니다(cf. 법 제2조제1항제2호, 제2조제1항제10호 나목, 제64조제1항제2호).

이 '지침'의 위임 근거인 「공동주택관리법」 제7조제1항제2호·같은 법 시행령 제5조제2항에 따른 주택관리업자 선정의 주체는 "입주자대표회의"이며, 「공동주택관리법」 제25조제2호·같은 법 시행령 제25조제1항에 따른 "관리비 등"의 집행을 위한 사업자 선정의 주체는 "관리주체 또는 입주자대표회의"입니다. 즉, "① 입주자대표회의가 주택관리업자를 선정"하는 경우와 "② 관리주체 또는 입주자대표회의가 사업자를 선정하는 경우"에 같은 '지침'이 적용됩니다.

따라서, "(관리주체인) 사업주체가 (사업주체의 대행자인) 주택관리업자를 선정하는 경우" 이 '지침'의 적용 대상이 아니므로(* 규정 없음), 사업주체 관리 기간 중 관리주체인 사업주체는 수의계약의 방법으로 "주택관리업자"를 선정할 수 있습니다(cf. '지침' 제2조제2항, 제1항제1호). 그러나, 해당 공동주택의 입주자 등이 부담하는 관리비 등의 집행을 위한 "사업자"를 선정하는 경우는 같은 법 제25조제2호 등에 따라 같은 '지침'을 적용하여야 합니다(cf. '지침' 제2조제2항, 제1항제2호).

* 사업주체 관리 기간 중 사업주체가 주택관리업자를 선정하여 공동주택을 관리하였더라도, 그 관리의 책임은 관리주체인 사업주체에 귀속(歸屬)된다(cf. 「민법」 제680조). 아울러, 사업주체 관리 기간에는 입주자대표회의가 구성되지 않았을 것이므로, 사업주체가 입찰공고 내용 등을 결정하여 같은 '지침'에 따른 경쟁입찰의 방법으로 사업자를 선정하는 것이 적정합니다(cf. '지침' 제2조제2항·제1항제2호).

관리비 등의 부담(사업주체 관리 기간 등)

성명 OOO 등록일 2014.11.20. 수정 2024.08.18.

질문 사항

공동주택이 준공된 이후 입주를 하게 되면, **사업주체**가 주택관리업자를 임의로 선정한 후 관리사무소장의 급여 등을 입주민들이 부담하도록 관리비(管理費)로 부과, 징수하고 있습니다. 이와 관련하여, 입주민이 관리를 하는 것이 아니라 사업주체가 **관리**를 하여야 하는 상황에서 사업주체가 관리를 할 수 없어 관리 회사를 선정하여 관리하도록 하였다면, 「공동주택관리법 시행령」 제23조제1항에서 정하는 **관리비** 중에서 7. 난방비, 8. 급탕비를 제외한 다른 비용은 사업주체가 **부담**을 하는 것이 법령의 취지에 맞는 것 같습니다. 즉, 주택관리업자를 선정, 계약한 당사자가 「공동주택관리법 시행령」 제23조제1항의 제7호, 제8호를 제외한 비용을 부담하여야 하는 것이 법령에서 정한 내용에 부합한다고 생각합니다.

따라서, 이 법령 조항에 대하여 명확하게 해석을 해주시고, '입주자대표회의가 구성되기 전에 **사업주체**가 공동주택을 **관리**한다.'는 것의 의미와 이 때의 **관리 비용**을 누가 **납부**하여야 하는지요. 입주자대표회의가 구성되기 전 관리주체의 계약 당사자가 져야 하는 채무와 입주자대표회의가 선정한 관리주체와 계약을 체결한 상태의 채무가 어떻게 다른지요. 즉, 사업주체가 관리주체를 선정함에 있어 **관리사무소장**에 대한 **급여**를 월 500만 원으로 산정하더라도 입주민들이 이를 **부담**하는 것이 옳은 것인지에 대한 해석과 함께 그 해석의 근거를 제시하여 주시기 바랍니다.

〈사업주체가 관리하여야 한다면…… 자신들이 전기료, 수도료를 부과, 징수해서 납부하는 것이고, 경비, 청소 등의 업무를 사업주체가 수행하여야 하는 것이지만, 관리업체를 선정하여 사업주체의 업무를 대리하도록 한 것에 불과한 것입니다.〉

답변 내용

○ 「공동주택관리법」 제23조제1항에 따라 공동주택의 입주자 및 사용자는 그 공동주택의 유지·관리를 위하여 필요한 관리비(管理費)를 관리주체에게 납부하여야 합니다. 따라서, **미입주 세대**에 부과한 관리비 등을 **입주지정일까지**는 **사업주체**가 **부담**하고, 그 **입주지정일 이후**에는 **입주자 등**(해당 주택의 소유자와 사용자)이 **부담**하여야 할 것입니다. 또한, **분양되지 아니 한 주택**의 경우 **사업주체(소유자)**가 해당 세대의 관리비를 **부담**하여야 하며, **분양**은 되었으나 **소유권**을 **이전하기 전**인 경우 또한 **사업주체(소유자)**가 해당 주택의 관리비를 **부담**하여야 할 것입니다(cf. 영 제31조제7항). 다만, 사업주체와 입주예정자(또는 수분양자)가 체결한 **계약 등**에 별도로 명시된 내용이 있다면, 그에 따를 수 있을 것으로 판단됩니다.

○ 「공동주택관리법」 제13조(관리 업무의 인계) ① 사업주체(事業主體) 또는 의무 관리 대상 전환 공동주택의 관리인은 다음 각 호의 어느 하나에 해당하는 경우에는 대통령령으로 정하는 바에 따라 해당 관리주체에게 공동주택의 관리(管理) 업무(業務)를 인계(引繼)하여야 한다. 〈개정 2019. 4. 23.〉

1. 입주자대표회의 회장(會長)으로부터 제11조제3항에 따라 주택관리업자의 선정(選定)을 통지(通知)받은 경우

2. 제6조제1항에 따라 자치관리기구가 구성(構成)된 경우

3. 제12조에 따라 주택관리업자가 선정(選定)된 경우

② 공동주택의 관리주체가 변경(變更)되는 경우에 기존 관리주체는 새로운 관리주체에게 제1항을 준용하여 해당 공동주택의 관리 업무를 인계(引繼)하여야 한다.

- 따라서, **'사업주체 관리 기간'**은 「공동주택관리법」 제13조제1항 각 호에서 규정하는 관리주체에게 **공동주택**의 **관리 업무**를 **인계하기 전까지**로 보고 있습니다. 이와 관련하여, 사업주체 관리 기간 해당 사업주체가 위탁관리수수료를 부담하고, 같은 법 제13조제1항 (각 호)에 따른 관리주체에게 관리 업무를 인계한 다음에는 입주자 등이 위탁관리수수료를 부담하는 것이 합당함을 알려드립니다.

관리 업무 인계 전 위탁관리수수료는 사업주체 부담

〈주택건설공급과 - 2013.12.04.〉 수정 2024.08.18.

질문 사항

입주자대표회의가 구성되기 전 사업주체가 선정한 주택관리업자에 대한 **위탁관리수수료(委託管理手數料)**는 사업주체가 **부담(負擔)**하여야 하는지요.

답변 내용

'사업주체 **관리 기간**'은 공동주택의 사업주체가 「공동주택관리법」 제13조제1항 각 호에서 규정하는 경우에 해당하는 관리주체에게 그 **공동주택**의 **관리 업무**를 **인계하기 전까지**로 보고 있다. 또한, 사업주체는 사업주체 관리 기간 해당 공동주택의 관리를 주택관리업자에게 위탁(委託)하여 관리할 수 있다.[69] 따라서, 이 사안의 질의 내용이 '사업주체가 관리 업무를 인계하기 전에 주택관리업자에게 위탁하여 공동주택을 관리하는 경우'에 해당되는 것이라면, 그 사업주체가 위탁관리수수료를 부담하여야 하고, 「공동주택관리법」 제13조제1항에 따라 관리 업무를 인계한 다음에는 입주자 등이 위탁관리수수료를 부담하는 것이 타당하다고 판단된다.

---

69) cf. 법제처 법령 해석, [법제처 12 - 0313, 2012.6.14.], 법 제52조제6항, '민법' 제680조

사업주체가 주택관리업자를 선정하는 경우

성명 OOO 등록일 2016.01.28. 수정 2023.02.18.

질문 사항

「공동주택관리법」 제12조에 따라 **사업주체**가 **주택관리업자**를 **선정**할 경우에 「주택관리업자 및 사업자 선정 지침」에 의하여 입찰을 진행하여야 하는지요. 아니면, 수의계약 절차를 준용하여 입주자 등의 이의 제기 여부 확인 후 입주자대표회의를 대신하여 수의계약의 방법으로 선정하여도 되는지 여부가 궁금합니다.

답변 내용[* 사업주체의 주택관리업자 선정 – 각주 70) 참고]

「공동주택관리법」 제11조제1항에 따라 **의무 관리 대상 공동주택**을 **건설**한 **사업주체**는 입주예정자의 **과반수**가 **입주**할 **때까지** 그 공동주택을 **관리**하여야 하며, 입주예정자의 과반수가 입주하였을 때에는 **입주자 등**에게 대통령령으로 정하는 바에 따라 그 **사실**을 **통지**하고, 해당 공동주택을 **관리**할 것을 **요구(要求)**하여야 합니다. 그리고, 입주자 등이 제1항에 따른 요구를 받았을 때에는 그 요구를 받은 날부터 **3개월 이내**에 입주자를 구성원으로 하는 **입주자대표회의**를 **구성**하고, 같은 법 제5조제1항에 따라 자치관리 또는 위탁관리의 방법으로 **공동주택**을 **관리**하여야 합니다.

    * 공동주택의 "관리방법(管理方法)"은 자치관리와 위탁관리(주택관리업자에게 위탁하여 관리하는 형태) 2가지가 있습니다(cf. 법 제5조제1항).

따라서, 공동주택에서 주택관리업자에게 **위탁**하여 **관리**하는 **방법**을 선택한 경우에는, 같은 법 제11조제2항 및 제3항에 따라 사업주체로부터 관리 요구를 받은 날부터 **3개월 이내**에 "입주자대표회의 구성 + 관리방법(위탁관리) 결정 + 주택관리업자 선정 + 사업주체 통지 + 관할 지방자치단체 신고"가 **완료**되어야 합니다(cf. 舊 '주택법' 제43조제1항 · 제3항, 법 제11조제1항 ~ 제3항, 법 제6조제1항).

이와 관련, 상기 절차가 제대로 이루어지지 않아 사업주체에게 **통지**가 **없는 경우**, **사업주체**가 「공동주택관리법」 제12조에 따라 **주택관리업자**를 **선정**하고,70) 입주자대표회의 및 관할 시장·군수·구청장에게 그 사실을 알려야 합니다. 이 때의 사업주체 관리 기간은 같은 법 제13조제1항제3호에 따른 "관리주체에게 관리 업무를 인계할 때"까지이니 참고하시기 바랍니다(cf. 법 제12조, 제13조제1항제3호).

사업주체 관리 기간 중 용역 등 사업자의 선정 절차

성명 OOO 등록일 2015.01.20. 수정 2021.07.30.

질문 사항

분양 아파트의 입주 초기에 입주자대표회의가 구성되기 전에는 **사업주체**가 **선정**한 **주택관리업자**가 모든 **용역 계약** 때(경비, 청소, 소독, 광고, 재활용품 매각 등) 전자입찰방식이 아닌 수의계약을 하더라도 문제의 소지가 없는지 궁금합니다.

혹은, 입주자대표회의가 구성되기 전에도 관리주체가 경쟁입찰(競爭入札)의 방법으로 사업자(事業者)를 선정(選定)하여야 하는 것인지요?

답변 내용

「공동주택관리법」 제11조제1항에 따라 의무 관리 대상 공동주택을 건설한 **사업주체**는 **입주예정자**의 **과반수**가 **입주할 때까지** 그 공동주택을 **관리**하여야 합니다. 또한, **사업주체 관리 기간**에는 입주자대표회의가 구성되지 않았을 것이므로, 그 **사업주체**가 **입찰공고 내용 등**을 **결정**하여 「주택관리업자 및 사업자 선정 지침」에 따른 경쟁입찰의 방법으로 **사업자**를 **선정**하여야 합니다(cf. 같은 '지침' 제2조제2항·제1항제2호).[71] 이와 관련, "지침에 따른다."는 것은, '전자입찰에 대한 사항을 반영

---

70) 관리주체인 사업주체가 주택관리업자를 선정하는 경우에는 「주택관리업자 및 사업자 선정 지침」이 적용되지 않으므로, 사업주체가 경쟁입찰 또는 수의계약의 방법으로 선정할 수 있다(cf. '지침' 제1조, 제2조제1항제1호). 법령 해석, [법제처 12 - 0313, 2012.6.14.]

71) '지침' 제2조(적용 대상) ① 이 지침은 「공동주택관리법(이하 "법"이라 한다)」 제2조제1항제2호에 따른 의무 관리 대상 공동주택에서 다음 각 호에 해당하는 경우에 적용한다.
1. 「공동주택관리법 시행령(이하 "영"이라 한다)」 제5조제2항제1호에 따라 입주자대표회의가 주택관리업자(住宅管理業者)를 선정(選定)하는 경우
2. 영 제25조에 따라 입주자대표회의 또는 관리주체가 공사(工事) 및 용역(用役) 등 사업자(事業者)를 선정(選定)하는 경우

· 포함 · 적용한다.'는 것을 의미하는 내용이니 참고하기 바랍니다(cf. 「공동주택관리법」 제7조제1항제1호 · 같은 법 시행령 제5조제1항, 같은 법 제25조제1호 · 같은 법 시행령 제25조제2항 · 제3항, 같은 '지침' 제1조 · 제3조).

사업주체 관리 기간 중 수의계약 가능 여부 등

성명 OOO 등록일 2015.01.16. 수정 2024.10.30.

질문 사항

1. 사업주체가 수의계약으로 선정한 주택관리업자가 관리해오던 중 입주자대표회의가 구성되고, 입주자 등의 과반수 찬성으로 위탁 관리하기로 결정되었을 경우 **사업주체**가 **선정**한 **주택관리업자** 및 **용역 사업자**와 다시 **수의계약**을 할 수 있는지요? 아니면, 입주자대표회의는 반드시 입찰공고를 하여야 하는지요?

2. 비의무 관리 대상 공동주택(예 – 승강기가 없는 300세대 미만 공동주택)의 주택관리업자 선정을 입주자대표회의의 의결을 거쳐 수의계약을 할 수 있는지요?

답변 내용

1. 「공동주택관리법」 제11조제1항에 따른 **사업주체 관리 기간 중** 해당 **사업주체**는 **수의계약**의 **방법**으로 **주택관리업자를 선정할 수 있습**니다.[72]

2. 「주택관리업자 및 사업자 선정 지침」 제4조제3항 [별표 2] 제8호, 제9호에서 "8. 계약 기간이 만료되는 <u>기존 주택관리업자</u>를 제4조제5항에 따른 방법을 통해 다시 관리주체로 선정하려는 경우, 9. 계약 기간이 만료되는 <u>기존 사업자</u>([별표 7]의 사업자로서 공사 사업자는 제외한다.)의 사업수행실적을 관리규약에서 정하는 절차에 따라 평가하여 다시 계약이 필요하다고 영 제14조제1항에 따른 방법으로 입주자대표회의에서 의결(임대주택의 경우 임대사업자가 임차인대표회의와 협의)한 경

---

② 법 제11조제1항에 따른 사업주체 관리 기간 중 제1항제2호에 따라 사업자를 선정할 때에는 같은 '지침'에서 정하고 있는 입주자대표회의의 역할을 사업주체가 대신하는 것으로 적용한다. (* 사업주체 관리 기간 중 '사업주체의 주택관리업자 선정'에 관한 규정 없음 *)

72) cf. '지침' 제1조 · 제2조제1항제1호, 법령 해석 · [법제처 12 – 0313. 2012.6.14.]

우" 수의계약이 가능한 것으로 규정하고 있습니다.

이와 관련하여, 같은 법 제11조제1항에 따른 **사업주체 관리 기간** 중 당해 **사업주체가 선정, 계약**하였던 **주택관리업자 등**을 '**기존 사업자**'로 보아(법제처 11 - 0755, 2012. 1. 19.) 해당 공동주택의 입주자대표회의와 관리주체는 같은 '지침([별표 2] 제8호, 제9호)'의 수의계약 대상에 적합한 경우 수의계약을 할 수 있습니다.

3. 「주택관리업자 및 사업자 선정 지침」은 **"의무 관리 대상 공동주택"에 적용**하는 규정입니다(cf. 법 제7조제1항·제25조, 같은 '지침' 제2조제1항). 따라서, '의무 관리 대상 아닌 공동주택(집합건물)'에서 주택관리업자와 공사·용역 등 사업자를 선정하는 경우 같은 '지침'을 준용(準用)할 수 있을 것이나, 반드시 적용하여야 하는 것은 아니며, 개별 공동주택의 "관리규약"에서 정한 방법·절차(節次)에 따라 공사 및 용역 등 사업자 선정을 진행하는 것이 바람직하다고 판단됩니다.

관리 업무의 인계[법 제13조·영 제10조]

법 제13조(사업주체 관리 업무의 인계) ① 사업주체 또는 의무 관리 대상 전환 공동주택의 관리인(管理人)은 다음 각 호의 어느 하나에 해당하는 경우에는 대통령령으로 정하는 바에 따라 해당 관리주체에게 공동주택의 관리(管理) 업무(業務)를 인계(引繼)하여야 한다. 〈개정 2019.4.23.〉 [시행 2020.4.24.]

1. 입주자대표회의의 회장으로부터 제11조제3항에 따라 주택관리업자(住宅管理業者)의 선정(選定)을 통지(通知)받은 경우

2. 제6조제1항에 따라 자치관리기구(自治管理機構)가 구성(構成)된 경우

3. 제12조에 따라 주택관리업자가 선정(選定)된 경우

* 법 제102조(과태료) ② 다음 각 호의 어느 하나에 해당하는 자에게는 1천만 원 이하의 과태료(過怠料)를 부과한다. 〈개정 2016.1.19.〉

1. 제13조를 위반하여 공동주택의 관리 업무를 인계(引繼)하지 아니 한 자

영 제10조(사업주체 관리 업무의 인계 기간) ① 사업주체 또는 법 제10조의 2 제1항에 따른 의무 관리 대상 전환 공동주택의 관리인(이하 "의무 관리 대상 전환 공동주

택의 관리인"이라 한다)은 법 제13조제1항에 따라 같은 조 각 호의 어느 하나에 해당하게 된 날부터 1개월 이내에 해당 공동주택의 관리주체에게 공동주택의 관리 업무를 인계(引繼)하여야 한다. 〈개정 2020.4.24., 시행 2020.4.24.〉

영 제10조(사업주체 등 관리 업무의 인계 절차·방법) ④ 사업주체 또는 의무 관리 대상 전환 공동주택의 관리인은 법 제13조제1항에 따라 공동주택의 관리 업무를 해당 관리주체에 인계할 때에는 입주자대표회의의 회장 및 1명 이상의 감사의 참관하에 인계자와 인수자가 인계·인수서에 각각 서명·날인하여 다음 각 호의 서류를 인계하여야 한다. 기존 관리주체가 같은 조 제2항에 따라 새로운 관리주체에게 공동주택의 관리 업무를 인계하는 경우에도 또한 같다. 〈개정 2017.9.29., 2020.4.24.〉

1. 설계도서(設計圖書), 장비의 명세, 장기수선계획 및 법 제32조에 따른 안전관리계획(이하 "안전관리계획"이라 한다)

2. 관리비, 사용료, 이용료의 부과·징수 현황 및 이에 관한 회계 서류

3. 장기수선충당금의 적립 현황

4. 법 제24조제1항에 따른 관리비예치금(管理費豫置金)의 명세(明細)

5. 법 제36조제3항제1호에 따라 세대 전유부분을 입주자에게 인도한 날의 현황

6. 관리규약과 그 밖에 공동주택의 관리 업무에 필요한 사항(cf. 준칙 제19조)

법 제13조(관리 업무의 인계) ② 공동주택의 관리주체(管理主體)가 변경(變更)되는 경우에 기존 관리주체는 새로운 관리주체에게 제1항을 준용(準用)하여 해당 공동주택의 관리 업무를 인계(引繼)하여야 한다(cf. 법 제2조제1항제10호).

영 제10조(관리 업무의 인계 등) ② 법 제13조제2항에 따른 새로운 관리주체는 **기존 관리의 종료 일까지** 공동주택관리기구를 구성하여야 하며, 기존 관리주체는 해당 관리의 종료 일까지 공동주택의 관리 업무를 인계하여야 한다(cf. 준칙 제19조).[73)]

영 제10조(기존 관리주체의 관리 업무 인계 기한 등) ③ 제2항에도 불구하고 **기존 관리의 종료 일까지 인계·인수**가 이루어지지 **아니 한 경우** 기존 관리주체는 기존 관리의 종료 일(기존 관리의 종료 일까지 새로운 관리주체가 선정되지 못한 경우에는 새로운 관리주체가 선정된 날을 말한다)부터 1개월 이내에 새로운 관리주체에게 공동주택의 관리 업무를 인계하여야 한다. 이 경우 그 인계 기간에 소요되는 기존 관리주체

---

73) 「서울특별시공동주택관리규약 준칙」 제19조제1항(관리 업무의 인계), 제19조제2항(입주자대표회의 회장의 업무 인계)

의 인건비 등은 해당 공동주택의 관리비로 지급할 수 있다.

영 제10조(분양 전환 임대사업자의 관리 업무 인계) ⑤ 건설임대주택(「민간임대주택에 관한 특별법」 제2조제2호에 따른 민간건설임대주택 및 「공공주택 특별법」 제2조제1호의 2에 따른 공공건설임대주택을 말한다. 이하 같다)을 분양 전환(「민간임대주택에 관한 특별법」 제43조에 따른 임대사업자 외의 자에게의 양도 및 「공공주택 특별법」 제2조제4호에 따른 분양 전환을 말한다. 이하 같다)하는 경우 임대사업자는 **제1항** 및 **제4항**을 **준용**하여 관리주체에게 공동주택의 관리 업무를 인계하여야 한다.

사업주체가 공동주택 관리 업무를 인계할 시기

주택건설공급과 – 2537, 2010.03.30. 수정 2022.11.28.

질문 사항

231세대(미분양 48세대)인 공동주택을 건설하여 직접 관리하고 있는 사업주체로서 해당 **공동주택**의 **관리 업무**를 **인계(引繼)**할 **시기**는 언제인지 궁금합니다.

답변 내용

ㅇ 최초로 입주자대표회의를 구성하는 경우 「공동주택관리법」 제11조제1항 및 같은 법 시행령 제8조제1항에 따라 **사업주체**(임대사업자 포함)는 해당 공동주택의 입주자 등에게 **입주예정자**(전체 세대)의 **과반수**가 **입주**(열쇠 지급 등 주택의 명도)한 사실을 **통지**할 때에는 통지서에 다음 각 호의 사항을 **기재**하여야 합니다.

1. 총 입주 예정 세대수 및 총 입주 세대수
2. 동별 입주 예정 세대수 및 동별 입주 세대수
3. 공동주택의 관리방법에 관한 결정의 요구
4. 사업주체의 성명 및 주소(법인인 경우에는 명칭 및 소재지를 말한다.)

－ 입주자대표회의를 구성하는 **동별 대표자**는 해당 선거구 전체 입주자 및 사용자(입주자 등)의 과반수가 투표하고, 후보자 중 최다 득표자를 선출하거나 투표자 과반수의 찬성으로 선출하여야 그 **대표성**을 인정할 수 있는 것이며(영 제11조제1항제

1호·제2호), **입주자대표회의**는 **해당 공동주택단지 전체 입주예정자의 과반수가 입주**(열쇠 지급 등 주택의 명도)하여야 **구성**할 수 있습니다(cf. 법 제11조제1항).

  ㅇ 아울러, 입주자대표회의를 구성한 후에도 입주자대표회의가 관리주체를 선정(또는 자치관리기구의 구성)하지 않은 경우 사업주체는 「공동주택관리법」 제12조 및 제13조제1항제3호에 따라 주택관리업자를 선정하여[74] 해당 공동주택의 관리 업무를 인계하여야 하는 것이며, 입주자대표회의를 구성하지 않은 경우에는 사업주체가 (직접) 관리(임대사업자는 자체관리 등)하는 것입니다.[75]

  * 참고로, 공동주택 관리 업무의 인계·인수에 관한 공동주택관리법령의 규정은 아래와 같다. (위 답변은 업무 담당자가 질문의 내용을 오인한 것으로 추정된다.)

  사업주체가 **관리 업무**를 **인계**하는 **시기**는 「공동주택관리법」 제13조제1항 본문의 규정에 따라 같은 항 각 호에 정하는 "**1.** 입주자대표회의의 회장으로부터 제11조제3항에 따라 주택관리업자의 선정을 통지받은 경우 **2.** 제6조제1항에 따라 자치관리기구가 구성된 경우 **3.** 제12조에 따라 주택관리업자가 선정된 경우"일 것이다.

공동주택 관리 업무의 인계·인수 방법

성명 OOO 등록일 2013.07.28. 수정 2024.03.05.

---

74) cf. 「공동주택관리법」 제12조 앞글, 제13조제1항제3호

75) * 舊 '주택법' 제43조(관리주체 등) ① 대통령령으로 정하는 공동주택('건축법' 제11조에 따른 건축허가를 받아 주택 외의 시설과 주택을 동일 건축물로 건축하는 경우와 부대시설 및 복리시설을 포함하되, 복리시설 중 일반인에게 분양되는 시설은 제외한다. 이하 같다)을 건설한 사업주체(事業主體)는 입주예정자의 과반수가 입주할 때까지 그 공동주택을 관리(管理)하여야 하며, 입주예정자의 과반수가 입주하였을 때에는 입주자에게 그 사실을 알리고 그 공동주택을 제2항에 따라 관리할 것을 요구(要求)하여야 한다. 〈개정 2013.12.24.〉
③ 입주자는 제1항에 따른 요구를 받았을 때에는 그 요구를 받은 날부터 3개월 이내에 입주자대표회의를 구성(構成)하고, 그 공동주택의 관리방법을 결정(주택관리업자에게 위탁하여 관리하는 방법을 선택한 경우에는 그 주택관리업자의 선정을 포함한다)하여 이를 사업주체에게 통지(通知)하고, 관할 시장·군수·구청장에게 신고(申告)하여야 한다.
* 「공동주택관리법」 제11조(관리의 이관) ① 의무 관리 대상 공동주택을 건설한 사업주체(事業主體)는 입주예정자의 과반수가 입주할 때까지 그 공동주택을 관리(管理)하여야 하며, 입주예정자의 과반수가 입주하였을 때에는 입주자 등에게 대통령령으로 정하는 바에 따라 그 사실을 통지(通知)하고, 해당 공동주택을 관리할 것을 요구(要求)하여야 한다.
② 입주자 등이 제1항에 따른 요구를 받았을 때에는 그 요구를 받은 날부터 3개월 이내에 입주자를 구성원으로 하는 입주자대표회의를 구성하여야 한다. ③, 제12조, 제13조제1항

질문 사항

우리 아파트는 **임대주택**을 **분양 전환**하여, 현재는 분양 세대와 임대 세대가 **혼합**된 **공동주택**입니다. 분양 세대수가 전체 세대의 과반수가 되어서 **입주자대표회의**를 **구성**하여 **시에 신고를 마쳤으며, 입주자 등의 과반수가 **위탁관리**로 **결정**하여 주택관리업자 선정을 위한 입찰공고 후 주택관리업자를 선정하게 되었습니다.

질문 1) 사업주체가 입주자대표회의로만 **관리 업무**의 **인계·인수**를 원할 때는 사업주체가 선호하는 방법으로 인수(引受)를 하여야 하는지요?

질문 2) '공동주택관리법 시행령' 제10조는 사업주체가 자치관리기구 또는 주택관리업자에게 인계·인수하는 때에만 해당되는 사항으로 이해하면 되는지요?

답변 내용

답변 1) '공동주택관리법' 제13조제1항 및 제2항에 따라 ① **사업주체(事業主體)** 또는 의무 관리 대상 전환 공동주택의 **관리인(管理人)**은 다음 각 호의 어느 하나에 해당하는 경우에는 대통령령으로 정하는 바에 따라 해당 **관리주체에게** 공동주택의 관리 **업무(業務)**를 **인계(引繼)**하여야 한다.

1. 입주자대표회의의 회장으로부터 제11조제3항에 따라 주택관리업자(住宅管理業者)의 선정(選定)을 통지(通知)받은 경우

2. 제6조제1항에 따라 자치관리기구(自治管理機構)가 구성(構成)된 경우

3. 제12조에 따라 주택관리업자가 선정(選定)된 경우

② 공동주택의 **관리주체가** **변경(變更)**되는 경우에 **기존 관리주체**는 새로운 관리주체에게 제1항을 **준용**하여 해당 공동주택의 관리 업무를 인계(引繼)하여야 한다.

이와 관련하여, 질의 사안 공동주택의 경우 입주자대표회의가 사업주체에게 주택관리업자의 선정을 통지(通知)하였다면, 해당 사업주체는 그 통지를 받은 날부터 **1개월 이내**에 해당 공동주택의 **관리주체에게** 공동주택의 관리 **업무**를 **인계(引繼)**하여야 하며('공동주택관리법 시행령' 제10조제1항), 사업주체가 공동주택의 관리 업무를 주택관리업자에게 인계하는 때에는 입주자대표회의의 회장과 1명 이상의 감사가 참관을 하여야 합니다(같은 영 제10조제4항 각 호 외 부분 본문).

답변 2) 공동주택 관리 업무의 인계·인수에 관한 '공동주택관리법' 제13조 및 그에 따른 '공동주택관리법 시행령' 제10조의 규정은 기존 **관리주체(管理主體)**가 **변경(變更)**된 경우에도 **준용(準用)**되는 것입니다.[76) 또한, 건설임대주택('민간임대주택에 관한 특별법' 제2조제2호에 따른 민간건설임대주택 및 '공공주택 특별법' 제2조제1호의 2에 따른 공공건설임대주택을 말한다.)을 **분양 전환**('민간임대주택에 관한 특별법' 제43조에 따른 임대사업자 외의 자에게의 양도 및 '공공주택 특별법' 제2조제4호에 따른 분양 전환을 말한다.)하는 경우 임대사업자는 제1항 및 제4항을 **준용**하여 관리주체에게 공동주택의 관리 업무를 인계하여야 합니다.[77)

분양 전환 때 관리권은 사업주체에게서 인수한 시점부터 행사

〈주택건설공급과 - 777, 2013.02.20.〉 수정 2024.10.30.

질문 사항

분양 전환 대상 임대주택 세대의 과반수가 분양되어 입주자대표회의를 구성·운영하고 있을 경우, 해당 입주자대표회의가 **관리권**을 **행사**하는 **시점**이 언제인지요.

답변 내용

의무 관리 대상 공동주택을 건설한 사업주체는 입주예정자의 과반수가 입주하였을 때(**임대**를 **목적**으로 하여 **건설**한 **공동주택**을 **분양 전환**하는 경우에는 그 공동주택 **전체 세대수의 과반수**가 **분양 전환된 때**를 말한다.)에는 입주자 등에게 대통령령으로 정하는 바에 따라 그 사실을 통지하고, 해당 공동주택을 자치관리하거나 주택관리업자에게 위탁관리할 것을 요구하여야 한다(법 제11조제1항 뒷절).

그리고, "입주자대표회의의 회장으로부터 법 제11조제3항에 따라 주택관리업자의 선정을 통지(通知)받은 경우나, 법 제6조제1항에 따라 자치관리기구가 구성(構成)된 경우, 또는 법 제12조에 따라 주택관리업자가 선정(選定)된 경우" **사업주체**

---

76) cf. 「공동주택관리법」 제13조제2항, 「공동주택관리법 시행령」 제10조제4항 뒷글

77) 「공동주택관리법 시행령」 제10조제5항

(事業主體) 또는 의무 관리 대상 전환 공동주택의 **관리인(管理人)**은 1개월 이내에 해당 **관리주체에게** 공동주택의 **관리 업무**를 **인계**하여야 한다(「공동주택관리법」 제13조제1항, 같은 법 시행령 제10조제1항·제5항).

이와 관련하여, 분양 전환 공동주택의 **입주자대표회의**는 이러한 절차에 따라 사업주체(임대사업자)로부터 **관리 업무**를 **인수(引受)**한 **시기부터** 해당 공동주택의 **관리 업무(業務)**를 **수행(遂行)**할 수 있을 것으로 판단된다.

관리비예치금의 인계, 관리비 등의 금원 지출 업무

주택건설공급과 – 2014.09.08. 수정 2024.08.16.

질문 사항

1) 관리비예치금의 인계와 관련하여 사업주체가 **관리비예치금**을 입주자대표회의에 먼저 인계하고, 그 후에 그 명세를 **인계**하는 것인지요(영 제10조제4항제4호)?

2) 주택관리업자의 대표자가 **관리비 등 금원의 지출 등**을 직접 할 수 있는지요?

답변 내용

1) 사업주체가 자치관리기구 또는 주택관리업자에게 해당 공동주택의 관리 업무를 인계할 때 "관리비예치금의 명세(明細)" 서류를 인계하므로(「공동주택관리법 시행령」 제10조제4항제4호), 질의 사안의 경우에는 **관리 업무**를 인계할 때 **관리비예치금의 명세**와 그 **예치금을 함께 인계**하는 것이 합당한 것임을 알려 드립니다.[78]

2) 관리비·장기수선충당금이나 그 밖의 경비의 청구·수령·지출 및 그 금원을 관리하는 것 등은 **관리사무소장의 직무**이므로(「공동주택관리법」 제64조제2항제1호 나목), 질의 사안의 경우 공동주택의 관리사무소장이 **관리비** 등 해당 **공동주택**의 **관리 업무**에 **수반**되는 **비용**의 **지출 등**을 할 수 있을 것으로 판단됩니다.[79]

---

78) * 통상 금액 등 물품(物品)과 그 명세(明細)는 함께 인계(引繼)하는 것이므로, '공동주택 관리법 시행령' 제10조제4항제4호의 내용은 관리비예치금의 인계를 원론적으로 규정한 것이고, '명세' 인계 후 별도로 관리비예치금을 인계하라는 의미는 아닌 것으로 판단된다.

79) cf. 영 제23조제7항, 「공동주택 회계처리기준」 제5조제1항·제8조제1항, 준칙 제77조

혼합주택단지의 관리방법과 관리 업무의 인계

성명 OOO   등록일 2014.10.18.   수정 2023.02.18.

질문 사항

「공동주택관리법」 제11조제1항 및 제13조에 공동주택 입주예정자의 과반수가 입주한 경우 사업주체는 새로운 관리주체에게 공동주택의 관리 업무를 인계하도록 규정되어 있습니다. 그리고, 같은 법 제10조제1항은 입주자대표회의와 임대사업자가 **혼합주택단지(混合住宅團地)**의 관리에 관한 사항을 공동(共同)으로 결정(決定)하도록 규정하고, 같은 법 시행령 제7조제1항은 관리방법의 결정, 주택관리업자의 선정 등을 공동 결정 사항으로 규정하고 있습니다. 한편, 「민간임대주택에 관한 특별법」 제51조제2항에는 민간임대주택의 관리방법은 주택관리업자에게 위탁하여 관리하거나, 임대사업자가 자체 관리하도록 규정되어 있습니다.

가. 입주자대표회의와 임대사업자의 공동(共同) 결정(決定) 사항(事項)인 **공동주택의 관리방법** 중에 "임대사업자에 의한 자체 관리"도 포함되는지요?

나. 혼합주택단지의 경우 기존 사업주체(또는 임대사업자)가 선정, 해당 공동주택 관리 업무를 위탁한 주택관리업자가 계속 공동주택을 관리하기로 입주자대표회의와 임대사업자가 결정한 경우에도 **공동주택 관리 업무**를 **인계**하여야 하는지요?

답변 내용

질의하신 분양·임대 혼합주택단지의 관리와 관련하여, 「공동주택관리법」 제10조제1항·제2항에 **"입주자대표회의와 임대사업자**는 혼합주택단지의 관리에 관한 사항을 **공동(共同)**으로 **결정(決定)**하여야 하며, 그 관리에 관한 사항, 공동 결정의 방법 및 절차 등에 필요한 사항은 대통령령으로 정한다."라고 규정되어 있습니다.

그리고, 「공동주택관리법 시행령」 제7조제1항에서는 **혼합주택단지(混合住宅團地)**의 **관리(管理)**에 관하여 "① 관리방법의 결정 및 변경, ② 주택관리업자의 선정, ③ 장기수선계획의 조정, ④ 장기수선충당금 및 특별수선충당금을 사용하는 주요 시설의 교체 및 보수에 관한 사항, ⑤ 관리비 등을 사용하여 시행하는 각종 공사 및 용역에 관한 사항"을 **공동(共同)**으로 **결정(決定)**하도록 규정하고 있습니다.

따라서, 위와 같이 공동주택관리법령으로 정하는 사항에 대하여 입주자대표회의와 임대사업자가 공동으로 결정하여야 할 것이며, 여기서 관리방법의 결정은 해당 공동주택단지를 자치 관리(임대주택의 경우는 해당 임대사업자의 자체 관리)하거나 주택관리업자에게 위탁하여 관리하는 방법 등을 결정하는 것[80]으로, 질의하신 방법은 이에 해당하지 않음을 알려드리니 참고하시기 바랍니다.

아울러, **임대주택 전체 세대**의 **과반수**가 **분양 전환**되어 입주자대표회의가 구성된 경우 임대사업자는 그 입주자대표회의에게 **관리권(업무)**을 **인계**하여야 할 것이며, 「민간임대주택에 관한 특별법」 제53조제2항에 따라 임대사업자는 해당 임대주택에 대하여 적립한 "특별수선충당금" 및 공동주택관리법령에 따라 분양 전환 주택의 소유자로부터 징수·적립한 "장기수선충당금"을 새로이 구성된 입주자대표회의에게 관리 업무를 인계할 때 함께 넘겨주어야 할 것입니다.[81]

따라서, 질의하신 사안과 같이 어떤 분양 전환 공동주택을 동일한 주택관리업자가 계속 관리하기로 결정된 경우에도 해당 임대사업자(사업주체)는 입주자대표회의에게 상기 공동주택 관리 업무와 관련된 사항을 인계하여야 할 것입니다.

다만, **건설임대주택**의 **분양 전환**에 따른 **관리 업무 인계·인수 범위**와 **절차 등**에 관해서는 「공동주택관리법 시행령」 제10조제5항에서 "제1항 및 제4항을 준용"하도록 규정하고 있으므로, **입주자대표회의와 임대사업자**가 **협의하여 결정**할 사항임을 알려 드립니다. (cf. 민간임대주택 특별법 제51조제1항·같은 법 시행령 제41조제2항제13호, 「공공주택 특별법」 제50조·같은 법 시행령 제53조)

☞ 임대주택의 관리 업무(특별수선충당금) 인계·인수

– '민간임대주택에 관한 특별법' 제53조(특별수선충당금 인계 – 임대사업자)

---

80) cf. 법 제5조제1항·제6조제1항·제7조제1항·제10조, '민간임대주택에 관한 특별법' 제51조제2항·같은 법 시행령 제41조제3항, '공공주택 특별법' 제50조·같은 법 시행령 제53조

81) cf. 「민간임대주택에 관한 특별법」 제53조제2항, 「공공주택 특별법」 제50조의 4 제2항

② 임대사업자가 제51조제1항에 따른 민간임대주택을 양도하는 경우에는 특별수선충당금을 「공동주택관리법」 제11조에 따라 최초로 구성되는 **입주자대표회의에게** 넘겨주어야 한다(cf. 영 제31조제6항 단서 규정). 〈개정 2015.8.28.〉

  * **'공공주택 특별법' 제50조의 4(특별수선충당금 인계 - 공공주택사업자)** ② 공공주택사업자가 임대 의무 기간이 지난 공공건설임대주택을 분양 전환하는 경우에는 특별수선충당금을 「공동주택관리법」 제11조에 따라 최초로 구성되는 **입주자대표회의에게** 넘겨주어야 한다(cf. 「공동주택관리법」 제11조제2항).

  * **영 제10조(관리 업무의 인계)** ⑤ 건설임대주택(「민간임대주택에 관한 특별법」 제2조제2호에 따른 민간건설임대주택 및 「공공주택 특별법」 제2조제1호의 2에 따른 공공건설임대주택을 말한다. 이하 같다)을 분양 전환(「민간임대주택에 관한 특별법」 제43조에 따른 임대사업자 외의 자에게의 양도 및 「공공주택 특별법」 제2조제4호에 따른 분양 전환을 말한다. 이하 같다)하는 경우 임대사업자는 제1항 및 제4항을 준용하여 **관리주체에게** 공동주택의 관리 업무를 인계하여야 한다. 이 경우 제4항제5호의 "입주자"는 "임차인"으로 본다. 〈개정 2017.9.29.〉

  - **영 제10조(관리 업무의 인계)** ① 사업주체 또는 법 제10조의 2 제1항에 따른 의무 관리 대상 전환 공동주택의 관리인(이하 "의무 관리 대상 전환 공동주택의 관리인"이라 한다)은 법 제13조제1항에 따라 같은 조 각 호의 어느 하나에 해당하게 된 날부터 1개월 이내에 해당 공동주택의 **관리주체에게** 공동주택의 관리 업무를 인계하여야 한다. (cf. 법 제13조제1항) 〈개정 2020.4.24.〉

  * **영 제10조(관리 업무의 인계)** ④ 사업주체 또는 의무 관리 대상 전환 공동주택의 관리인은 법 제13조제1항에 따라 공동주택의 관리 업무를 해당 **관리주체에게** 인계할 때에는 입주자대표회의의 회장 및 1명 이상의 감사의 참관하에 인계자와 인수자가 인계·인수서에 각각 서명·날인하여 다음 각 호의 서류를 인계하여야 한다. 기존 관리주체가 같은 조 제2항에 따라 새로운 관리주체에게 공동주택의 관리 업무를 인계하는 경우에도 또한 같다. 〈개정 2020.4.24.〉

  1. 설계도서(設計圖書), 장비의 명세, 장기수선계획 및 법 제32조에 따른 안전관리계획(이하 "안전관리계획"이라 한다)

  2. 관리비, 사용료, 이용료의 부과·징수 현황 및 이에 관한 회계 서류

3. 장기수선충당금의 적립 현황

4. 법 제24조제1항에 따른 관리비예치금(管理費豫置金)의 명세(明細)

5. 법 제36조제3항제1호에 따라 세대 전유부분을 입주자에게 인도한 날의 현황

6. 관리규약과 그 밖에 공동주택의 관리 업무에 필요한 사항(cf. 준칙 제19조)

임대주택 관리 업무의 인계 · 인수, 임차인대표회의 구성 등

성명 OOO 등록일 2014.10.21. 수정 2024.02.15.

질문 사항

임대아파트에 거주하는 입주민입니다. 공동주택관리법령에는 사업주체와 관리주체의 **업무 인계 · 인수**에 관한 사항이 명시되어 있는 줄 압니다. 공동주택관리법령에 명시된 **관리 업무 인계 · 인수**에 관한 사항은 임대주택에도 공히 적용되는 사항인지요. 그리고, **임차인대표회의**의 **구성**을 위한 선거관리위원의 자격 요건이나 결격사유 또한 공동주택관리법령에 명시된 내용을 **적용**하면 되는지도 궁금합니다.

답변 내용

ㅇ 임대주택이 분양 전환되는 경우, 그 분양 전환 대상 임대주택의 과반이 분양 전환되면 새로 구성된 입주자대표회의가 공동주택 관리방법을 결정(관리권 인수)하게 될 것이나, 질의 사안 **공동주택관리법령**상 관리 업무의 **인계 · 인수 관련 규정**(cf. 법 제11조제1항, 영 제8조제1항)은 「공동주택관리법 시행령」 제8조제2항 및 제10조제5항에 따라 **분양 전환 임대주택**의 **관리 업무 인계**에 대하여 **준용**됩니다.

- 이와 관련하여, 질의하신 **관리 업무**의 **인계 · 인수 범위** 및 **절차 등**에 관해서는 「공동주택관리법 시행령」 제10조제5항의 규정 외에 별도로 정하고 있지 아니 합니다. 따라서, **입주자대표회의와 관리주체(임대사업자)**가 **협의**하여 합리적으로 **결정**하여야 할 것으로 사료됩니다. (cf. 「민간임대주택에 관한 특별법」 제53조제2항, 「공공주택 특별법」 제50조의 4 제2항, 준칙 제19조)

ㅇ 한편, **임차인대표회의**의 구성 등과 관련하여, 공동주택관리법령에 따른 **입주**

자대표회의와 「민간임대주택에 관한 특별법」 등 임대주택법령에 따른 임차인대표회의는 그 **구성원 등 구성 요건**과 **기능** 및 **권한 등**이 **서로 다르므로**, 질의하신 바와 같이 공동주택관리법령에서 정하고 있는 동별 대표자 등의 선출과 입주자대표회의의 구성 및 선거관리 등과 관련된 규정은 「민간임대주택에 관한 특별법 시행령」 제42조제2항에 의하여 임대주택에는 적용되지 아니 합니다.

 - 다만, 질의하신 사항(임대주택의 선거관리위원의 자격 요건, 결격사유 등)에 관한 구체적인 사항은 「민간임대주택에 관한 특별법」 등 임대주택법령에서 별도로 정하고 있지 아니 하므로, 사안 임대주택의 현행 **관리규약**(또는 **선거관리규정**)에 규정된 사항에 따라야 할 것이며, 아울러 관리규약 등에서 정한 사항의 세부적인 적용(기준)에 대해서는 임대사업자(관리주체)와 임차인(임차인대표회의)이 서로 **협의(協議)**하여 **결정**할 사항임을 알려드리니 업무에 참고하기 바랍니다.

제3장 입주자대표회의 및 관리규약

제1절 입주자대표회의

입주자대표회의의 구성 등[법 제14조]

법 제14조(입주자대표회의의 구성과 동별 대표자 선거구 획정) ① 입주자대표회의는 4명 이상으로 구성하되, 동별 세대수에 비례하여 관리규약으로 정한 선거구에 따라 선출된 대표자(이하 "동별 대표자"라 한다)로 구성한다. 이 경우 선거구는 2개 동 이상으로 묶거나, 통로 또는 층별로 구획(區劃)하여 정할 수 있다(cf. 준칙 제27조).

법 제14조(입주자대표회의의 순차적 구성 등) ② 하나의 공동주택단지를 여러 개의 공구(工區)[82]로 구분하여 순차적(順次的)으로 건설(建設)하는 경우(임대주택은 분양 전환된 경우를 말한다) 먼저 입주한 공구의 입주자 등은 제1항에 따라 입주자대표회의를 구성할 수 있다. 다만, 다음 공구의 입주예정자의 과반수가 입주한 때에는 다시 입주자대표회의를 구성하여야 한다(cf. 영 제13조제1항, 준칙 제28조제1항).

법 제14조(동별 대표자의 자격 요건·선출 방법) ③ 동별 대표자는 동별 대표자 선출 공고에서 정한 각종 서류 제출 마감일(이하 이 조에서 "서류 제출 마감일"이라 한다)을 기준으로 다음 각 호의 요건(要件)을 갖춘 입주자(입주자가 법인인 경우에는 그 대표자를 말한다) 중에서 대통령령으로 정하는 바에 따라 선거구 입주자 등의 보통·평등·직접·비밀선거를 통하여 선출한다. 다만, 입주자인 동별 대표자 후보자가 없는 선거구에서는 다음 각 호 및 대통령령으로 정하는 요건을 갖춘 사용자(使用者)도 동별

---

82) 「주택법」 제2조 17. "공구(工區)"란 하나의 주택단지에서 대통령령으로 정하는 기준에 따라 둘 이상으로 구분되는 일단의 구역(區域)으로, 착공 신고(着工 申告) 및 사용 검사(使用 檢査)를 별도(別途)로 수행(遂行)할 수 있는 구역을 말한다. 〈신설 2013.6.4.〉

대표자로 선출될 수 있다. 〈개정 2019.4.23.〉 [시행 2020.4.24.]

1. 해당 **공동주택단지** 안에서 **주민등록**을 마친 후 **계속**하여 대통령령으로 정하는 기간 이상 **거주**하고 있을 것(최초의 입주자대표회의를 구성하거나, 제2항 단서에 따른 입주자대표회의를 구성하기 위하여 동별 대표자를 선출하는 경우는 제외한다)[83]

2. 해당 선거구에 주민등록을 마친 후 거주하고 있을 것[84]

영 제11조(동별 대표자의 선출 방법) ① 법 제14조제3항에 따라 동별 대표자(같은 조 제1항에 따른 동별 대표자를 말한다. 이하 같다)는 **선거구별(選擧區別)**로 **1명(1名) 씩 선출**하되,[85] 그 선출 방법은 다음 각 호의 구분에 따른다.

1. 후보자가 2명 이상인 경우: 해당 선거구 전체 입주자 등의 과반수(過半數)가 투표(投票)하고, 후보자 중 최다(最多) 득표자(得票者)를 선출

2. 후보자가 1명인 경우: 해당 선거구 전체 입주자 등의 과반수(過半數)가 투표(投票)하고, 투표자(投票者) 과반수(過半數)의 찬성(贊成)으로 선출

영 제11조(사용자인 동별 대표자 선출 절차와 요건 등) ② 사용자(使用者)는 법 제14조제3항 각 호 외의 부분 단서 및 같은 조 제9항에 따라 **2회의 선출 공고**(직전 선출 공고일부터 **2개월 이내**에 공고하는 경우만 2회로 계산한다)에도 불구하고 **입주자**[입주자가 법인인 경우에는 그 대표자를 말한다. 이하 이 조에서 같다]**인 동별 대표자의 후보자가 없는 선거구**에서 직전 선출 공고일부터 **2개월 이내**에 선출 공고를 하는 경우로서 같은 조 제3항 각 호와 다음 각 호의 어느 하나에 해당하는 요건(要件)을 모두 갖춘 경우에는 동별 대표자가 될 수 있다. 이 경우 입주자(入住者)인 후보자가 있으면 사용자는 후보자의 자격을 상실한다(cf. 준칙 제28조제4항). 〈신설 2020.4.24.〉

1. 공동주택을 임차(賃借)하여 사용(使用)하는 사람일 것. 이 경우 법인(法人)인 경우에는 그 대표자(代表者)를 말한다.

2. 제1호 전단에 따른 사람의 배우자 또는 직계존비속일 것. 이 경우 제1호 전단에 따른 사람이 서면으로 위임한 대리권(代理權)이 있는 경우만 해당한다.

영 제11조(동별 대표자의 자격 요건 – 주민등록·거주 기간) ③ 법 제14조제3항

---

83) 해당 공동주택단지(共同住宅團地) 주민등록 및 거주 요건

84) 해당 선거구(選擧區) 주민등록 및 거주 요건

85) 동별 대표자 선거구의 소선거구제(小選擧區制) 채택·적용, cf. 준칙 제27조제1항

제1호에서 "대통령령으로 정하는 기간"이란 **3개월**을 말한다. 〈개정 2024.4.9.〉

　법 제14조(동별 대표자의 결격사유) ④ (동별 대표자 선출 공고에서 정한 각종) 서류 제출 마감일을 기준으로 다음 각 호의 어느 하나에 해당하는 사람은 동별 대표자가 될 수 없으며, 그 자격(資格)을 상실(喪失)한다.

　　1. 미성년자, 피성년후견인 또는 피한정후견인(cf. '후견등기사항 부존재 증명서')

　　2. 파산자로서 복권되지 아니 한 사람

　　3. 이 「법」 또는 「주택법」, 「민간임대주택에 관한 특별법」, 「공공주택 특별법」, 「건축법」, 「집합건물의 소유 및 관리에 관한 법률」을 위반한 범죄로 금고(禁錮) 이상(以上)의 실형(實刑) 선고를 받고, 그 집행이 끝나거나(집행이 끝난 것으로 보는 경우를 포함한다) 집행이 면제된 날부터 **2년**이 지나지 아니 한 사람

　　4. 금고 이상의 형의 집행유예 선고를 받고 그 유예 기간 중에 있는 사람

　　5. 그 밖에 대통령령으로 정하는 사람(cf. 영 제11조제4항)

　영 제11조[동별 대표자의 결격사유(缺格事由)] ④ 법 제14조제4항제5호에서 "대통령령으로 정하는 사람"이란 다음 각 호의 어느 하나에 해당하는 사람을 말한다. 〈개정 2020.4.24., 2021.1.5.〉

　　1. 「법」 또는 「주택법」, 「민간임대주택에 관한 특별법」, 「공공주택 특별법」, 「건축법」, 「집합건물의 소유 및 관리에 관한 법률」을 위반한 범죄로 벌금형(罰金刑)을 선고받은 후 **2년**이 지나지 아니 한 사람[86] 〈개정 2021.1.5.〉

　　2. 법 제15조제1항에 따른 선거관리위원회 위원(사퇴하거나, 해임 또는 해촉된 사람으로서 그 남은 임기 중에 있는 사람을 포함한다)

　　3. 공동주택의 소유자가 서면(書面)으로 위임(委任)한 대리권(代理權)이 없는 그 주택 소유자의 배우자나 직계존비속

　　4. 해당 공동주택 관리주체의 소속 임직원(任職員)과 해당 공동주택 관리주체에 용역을 공급하거나, 사업자로 지정된 자의 소속 임원(任員). 이 경우 관리주체가 주택관리업자인 경우에는 해당 주택관리업자를 기준으로 판단한다(cf. 「주택관리업자 및 사업자 선정 지침」 제18조제1항제6호, 제26조제1항제5호).

---

86) 공동주택 관리 관련 법령을 위반한 범죄로 '금고(禁錮) 이상(以上)의 실형 선고를 받고, 그 집행이 끝나거나(집행이 끝난 것으로 보는 경우를 포함한다.) 집행이 면제된 날부터 2년이 지나지 아니 한 사람(법 제14조제4항제3호)'을 포함(包含)하는 것이다.

5. 해당 공동주택의 동별 대표자를 **사퇴(辭退)**한 날부터 **1년**(해당 동별 대표자에 대한 **해임**이 **요구**된 후 **사퇴**한 경우에는 **2년**을 말한다)이 지나지 아니 하거나, **해임(解任)**된 날부터 **2년**이 지나지 아니 한 사람

6. 제23조제1항부터 제5항까지의 규정에 따른 관리비 등을 **최근(最近) 3개월 이상 연속(連續)**하여 체납(滯納)한 사람

7. 동별 대표자로서 임기 중에 제6호에 해당하여 법 제14조제5항에 따라 **퇴임(退任)**한 사람으로서 그 **남은 임기(任期 -** 남은 임기가 1년을 초과하는 경우에는 **1년**을 말한다) 중에 있는 사람 〈신설 2020.4.24.〉

영 제11조(공유 등 공동주택 소유자의 동별 대표자 결격사유 판단 기준) ⑤ 공동주택 소유자(所有者) 또는 공동주택을 임차(賃借)하여 사용(使用)하는 사람의 결격사유(법 제14조제4항 및 이 조 제4항에 따른 결격사유를 말한다. 이하 같다)는 그를 대리(代理)하는 자에게 미치며, 공유(共有)인 공동주택 소유자의 결격사유(缺格事由)를 판단(判斷)할 때에는 **지분(持分)**의 **과반(過半)**을 **소유(所有)한** 자의 결격사유를 **기준(基準)**으로 한다. 〈개정, 신설 2020.4.24.〉

법 제14조(동별 대표자의 당연 퇴임) ⑤ 동별 대표자가 임기 중에 제3항에 따른 **자격 요건**을 충족하지 아니 하게 된 경우나 제4항 각 호에 따른 **결격사유**에 해당하게 된 경우에는 당연(當然)히 퇴임(退任)한다. 〈신설 2018.3.13.〉 [시행일 2018.9.14.]

1. 동별 대표자 선거구, 선출 절차 등[법 제14조제1항 등]

입주자대표회의 구성 최소 동별 대표자의 수 등

성명 OOO 등록일 2015.05.21. 수정 2022.11.09.

질문 사항

우리 아파트는 4개 동에 171세대이고, 동별 대표자는 관리규약상 각 동에 1명씩 **정원 4명**입니다. 지난 3월 30일 선거에 의해서 4명의 **동별 대표자**(제3기)가 **선출**되

었습니다. 그러나, 갑자기 동별 대표자 중 **1명**이 개인 사정으로 인하여 **사표**를 내게 되었습니다. 이와 관련하여, 아래와 같이 몇 가지 질문 사항을 드립니다.

1. 공동주택관리법령에 **입주자대표회의**에는 **회장, 감사 2인 이상, 이사 1인 이상**을 두어야 한다고 되어 있습니다. 이는 **강행규정**인가요? 임의 사항인가요?

2. 보궐선거를 하여 새로운 동별 대표자가 선출되기 전, 기존 3명의 대표로서는 아무런 **의결(議決)**도 할 수 없는지요?

3. 입주자대표회의의 구성원의 3분의 2 이상이 선출되고, 선출된 인원의 과반수가 찬성하면 **의결 효력(效力)**이 있는지요?

4. **선거관리위원**(세3기 선출 낭시)이 **사임(辭任)**하면, 세3기 보궐신서 내 동별 대표자 선거에 **입후보**할 수 있는지 궁금합니다.

답변 내용

1. 「공동주택관리법」 제14조제1항 및 같은 법 시행령 제12조제1항에 따라 입주자대표회의는 4명 이상의 동별 대표자로 구성하며, 입주자대표회의에는 회장 1명, 감사 2명 이상, 이사 1명 이상의 임원을 두어야 합니다. 이는 **입주자대표회의의 구성**에 **필요**한 **최소 인원**을 **규정한 것**으로서 **입주자대표회의의 구성 요건**에 관한 사항은 **강행규정**으로 보아야 합니다(cf. 법제처 14 - 0628, 2014. 11. 14.).

2 ~ 3. 입주자대표회의가 4명 이상의 동별 대표자로 적법하게 구성된 후 그 일부가 결원되어 일시적으로 3명이 된 경우에도 입주자대표회의를 운영할 수 있습니다(법제처 법령 해석, [법제처 14 - 0628, 2014. 11. 14., 국토교통부]). 이에, 질의 사안 공동주택의 입주자대표회의는 **정원 4명**으로 **구성**된 후 **1명**이 **궐위**되어 3명이 된 경우 그 **구성원 3명**의 **과반수**인 **2명**의 **찬성**으로 **의결**할 수 있을 것으로 판단됩니다(cf.「공동주택관리법 시행령」 제4조제3항, 제14조제1항).

4. 선거관리위원회 위원(사퇴하거나, 해임 또는 해촉된 사람으로서 그 남은 임기 중에 있는 사람을 포함한다.)은 동별 대표자가 될 수 없으며, 그 자격을 상실합니다(「공동주택관리법」 제14조제4항제5호, 같은 법 시행령 제11조제4항제2호). 따라서, 선거관리위원회 위원을 사퇴한 사람은 그 사퇴할 당시의 임기가 종료되는 날의 다음날부터 동별 대표자로 선출될 수 있는 자격이 부여될 것입니다.

동별 대표자 선거 때 선출 시기를 달리 할 수 있는지요?

질문 사항

공동주택의 **동별 대표자** 선거 때 대규모 단지여서 한꺼번에 선거를 하기 어려운 경우 동별 또는 구역으로 나눠 그 **선출 시기**를 달리 할 수 있는지 궁금합니다.

답변 내용

공동주택에서 **동별 대표자 선거**를 할 경우 그 **선출 시기**에 관하여는 별도의 규정이 없고, **동별 대표자**의 선거구·**선출 절차** 등은 **공동주택관리규약**으로 정할 수 있으므로(법 제18조제2항, 영 제19조제1항제3호), 개별 공동주택관리규약으로 이를 정할 경우에는 **순차 선출**도 **가능**할 것으로 사료됩니다(cf. 법 제14조제2항 앞글).

✿ 입주자대표회의의 구성과 운영(법 제14조제1항 관련)

[법제처 14 - 0628, 2014.11.14.] 수정 2024.08.26.

【질의 요지】

가. 입주자대표회의를 **최초**로 **구성(構成)**할 때 4명 이상의 동별 대표자가 확보되지 못한 경우, 주택법 시행령 제50조제1항(현행 '공동주택관리법' 제14조제1항) 전단에 따른 입주자대표회의의 구성 **요건**을 충족한 것으로 볼 수 있는지요?

나. 주택법 시행령 제50조제1항(현행 '공동주택관리법' 제14조제1항) 전단에 따라 입주자대표회의가 **4명 이상**의 동별 대표자로 **구성**된 후 그 **일부**가 **궐위(闕位)**되어 일시적으로 **3명**이 된 경우, 입주자대표회의를 **운영**할 수 있는지요?

※ 질의 배경

○ 공동주택의 **입주자대표회의 구성·운영**과 **관련**된 분쟁이 증가함에 따라, 舊

주택법 시행령 제50조제1항(현행 '공동주택관리법' 제14조제1항) 전단에 따른 입주자대표회의의 "4명 이상"에 대하여 논란이 제기됨.

ㅇ 특히, 처음부터 입주자대표회의의 구성 요건에 해당하는 동별 대표자가 선출되지 아니 하거나, 당초 구성원 중 그 일부가 궐위되어 **4명 미만**으로 구성된 입주자대표회의가 적법한지 부적법한지에 대한 다툼이 있고, 이에 **"4명 이상"의 의미**가 무엇인지에 대하여 국토교통부와 민원인이 이 건 법령의 해석을 요청한 것임.

【회답】

가. 질의 가에 대하여

입주자대표회의를 **최초로 구성**할 때 **4명 이상**의 **동별 대표자**가 확보되지 **못한 경우**에는 주택법 시행령 제50조제1항(현행 '공동주택관리법' 제14조제1항) 전단에 따른 입주자대표회의의 **구성(構成) 요건(要件)**을 **충족**한 것으로 **볼 수 없습**니다.

나. 질의 나에 대하여

주택법 시행령 제50조제1항(현행 '공동주택관리법' 제14조제1항) 전단에 따라 입주자대표회의가 **4명 이상**의 **동별 대표자**로 **구성**된 **후** 그 **일부**가 **궐위(闕位)**되어 일시적으로 **3명**이 된 경우에도 입주자대표회의를 **운영(運營)**할 수 있습니다.

【이유】

가. 질의 가 및 질의 나의 공통사항

'공동주택관리법' 제14조제10항에 "입주자대표회의의 구성 및 운영에 필요한 사항과 입주자대표회의의 의결 방법"은 대통령령으로 정한다고 규정되어 있으며, '공동주택관리법' 제14조제1항 전단에서는 **입주자대표회의는 4명 이상으로 구성**하되, 동별 세대수에 비례하여 '공동주택관리법' 제18조제2항에 따른 공동주택관리규약(이하 "관리규약"이라 한다.)으로 정한 선거구에 따라 선출된 대표자(이하 "동별 대표자"라 한다.)로 구성한다고 규정하고 있습니다.

나. 질의 가에 대하여

이와 관련하여, 이 사안은 입주자대표회의를 최초로 구성할 때 4명 이상의 동별 대표자가 확보(確保)되지 못한 경우에 입주자대표회의의 구성 요건을 충족(充足)한 것으로 볼 수 있는지에 관한 것이라고 하겠습니다.

먼저, **공동주택**의 **입주자대표회의**는 그 **법적 성격**이 스스로 **권리·의무의 주체**가 될 수 있는 **단체**로서의 **조직**을 갖추고 **의사결정기관**과 **대표자**가 있을 뿐만 아니라, **현실적**으로도 **자치관리기구**를 **지휘·감독**하는 등 **공동주택**의 **관리 업무**를 **수행**하고 있으므로, 특별한 다른 사정이 없는 한 **법인 아닌 사단(社團)**에 해당합니다(대법원 2007. 6. 15. 선고 2007다6307 판결 참고). 이와 관련하여, **입주자대표회의**는 **입주자 단체**의 단순한 **대표 기관·집행 기관**에 그치지 아니 하고 **독자적 조직체(組織體)**로서의 **지위(地位)**가 **인정(認定)된다**고 할 것입니다.

따라서, 법인 아닌 사단으로서 **입주자대표회의**의 **구성**과 **관련**된 **규정**은 그 구성원과 제3자의 이해관계에 중요한 영향을 미치는 사항이며, '공동주택관리법' 제11조제2항, 제19조제2호에서 "입주자 등은 3개월 이내에 입주자대표회의를 구성하여야 하고, 관할 시장·군수·구청장에게 신고하여야 한다."고 규정하고 있는 점을 고려할 때 **입주자대표회의**의 **구성 요건**에 관한 **사항**은 **강행규정**으로 보아야 합니다.

또한, 종전에는 입주자대표회의의 구성원의 수에 관하여 전혀 규정하지 아니 하던 것을 2010년 7월 6일 舊 '주택법 시행령' 제50조제1항(현행 '공동주택관리법' 제14조제1항에 해당) 전단을 개정하여 **입주자대표회의**의 **최소 구성원**의 수를 **"4명 이상"**으로 **명시**한 점, **일부 선거구**에서 동별 대표자가 선출되지 아니 하여 4명 이상으로 구성되지 못한 경우에는 해당 선거구 **입주자 등**의 **의사(意思)** 또는 **이익(利益)**의 **대표성**이 **침해(侵害)**될 소지가 있다는 점 등을 고려할 때, 입주자대표회의를 **최초로 구성(構成)할 경우**에는 '공동주택관리법' 제14조제1항 전단에 따른 **"4명 이상"**의 **구성 요건(要件)**을 **반드시 충족(充足)**하여야 한다 할 것입니다.

이상과 같은 점을 종합해 보면, 입주자대표회의를 최초로 구성(構成)할 때 4명 이상의 동별 대표자가 확보(確保)되지 못한 경우에는 주택법 시행령 제50조제1항(현행 '공동주택관리법' 제14조제1항) 전단에 따른 입주자대표회의의 구성 요건(構

成 要件)을 충족(充足)한 것으로 볼 수 없습니다.

다. 질의 나에 대하여

이 사안은 '공동주택관리법' 제14조제1항 전단에 따라 입주자대표회의가 4명 이상의 동별 대표자로 구성(構成)된 후 그 일부가 궐위(闕位)되어 일시적으로 3명이 된 경우 입주자대표회의를 운영(運營)할 수 있는지에 관한 것이라 하겠습니다.

살피건대, **'공동주택관리법' 제14조제1항 전단**에 따른 **"4명 이상"**은 "질의 가"에서 살펴본 것과 같이 **입주자대표회의의 구성(構成)에 필요한 최소(最少) 인원(人員)을 규정한 것**이라고 할 수 있는데, 이러한 기준에 맞게 입주자대표회의가 구성된 후 그 기준이 계속 유지되어야 하는지에 대해서는 공동주택관리법령에서 특별한 규정을 두고 있지 않으므로, 입주자대표회의 구성원의 변동 가능성, 입주자대표회의의 기능 및 성격 등을 종합적으로 고려해서 판단하여야 할 것입니다.

먼저, **입주자대표회의의 운영 과정**에서 해임이나 사퇴 등으로 인한 **구성원의 결원**은 **통상적으로 발생**할 수 있고, **궐위(闕位)된 동별 대표자**는 공동주택관리법령과 해당 관리규약에서 정하는 바에 따라 상당한 기간이 소요되더라도 **새로 선출**하면 될 것입니다. 그리고, **입주자대표회의의 구성원의 수가 3명인 경우**라도 회의체로서의 기능을 온전히 수행할 수 없다고 보기는 어려우므로, **일부 구성원이 공석(公席)**이라는 **이유**로 입주자대표회의를 운영할 수 없다고 하는 것은 오히려 **해당 공동주택의 입주자 등의 이익을 저해하는 결과를 초래**할 수도 있다고 할 것입니다.

또한, **입주자대표회의의 구성원인 동별 대표자**는 해당 동(棟)의 의견을 대변(代辯)하는 지위와 함께, **해당 공동주택 전체에 대한 입주자대표(入住者代表)로서의 지위** 또한 **보유**하고 있다고 할 것인바(법제처 2014. 4. 8. 회신 14 - 0122 해석 사례 참고), 입주자대표회의의 구성원들은 **결원(缺員)인 동별 대표자의 선거구**에 거주하는 **입주자 등의 의사를 대변**하고 **이익을 보호**하는 **역할도 수행**하여야 할 것입니다. 그러므로, 일부 구성원이 궐위된 경우라도 입주자 등의 대표 기구로서의 성격을 상실하지 않은 경우라면, 계속하여 그 기능을 수행할 수 있도록 하는 것이 입주자대표회의 제도를 둔 입법 취지에 부합하는 해석(解釋)이라 할 것입니다.

이상과 같은 점을 종합해 볼 때, 주택법 시행령 제50조제1항(현행 '공동주택관리법' 제14조제1항) 전단에 따라 **입주자대표회의가 4명 이상의 동별 대표자로 구성(構成)된 후** 그 **일부**가 **궐원(闕員)**되어 일시적(一時的)으로 **3명**이 된 경우에도 해당 **입주자대표회의를 운영(運營)**할 수 있습니다.

동별 대표자 선거구 및 선출 인원의 적법 여부

성명 OOO 등록일 2016.04.26. 수정 2023.02.05.

질문 사항

우리 공동주택의 관리규약은 **1개 선거구**에 동별 대표자 **3명**을 **선출**하도록 되어 있습니다. 그러므로, 관리규약대로 선출하는 것이 **위법**인지 **여부**와 위법인 경우에는 관리규약을 개정하여 동별 대표자를 다시 선출하여야 하는지요.

답변 내용

공동주택의 동별 대표자 선출을 위한 선거구는 2개 동 이상으로 묶거나, 통로 또는 층별로 구획하여 정할 수 있도록 규정하고 있습니다(「공동주택관리법」 제14조제1항 후문). 그리고, 동별 대표자는 **선거구별로 1명씩 선출**하며(같은 법 시행**령 제11조제1항 본문),** 동별 대표자 선거의 입후보자가 2명 이상인 경우 최다 득표자를 선출(여러 명의 후보자 중 1명만 선출)하도록 하고 있으므로(같은 영 제11조제1항 제1호), 1개 선거구에서(선거구당) 1명의 동별 대표자를 선출하여야 합니다.

따라서, 질의 사안과 같이 1개 선거구에 동별 대표자 3명을 선출하는 내용으로 **공동주택 관리규약**이 정해져 있다면, 그 관리규약을 **개정**하고 **새로 획정(劃定)된 선거구별로 1명의 동별 대표자를 다시 선출**하는 것이 적법·타당할 것입니다.

참고로, 법제처는 법령 해석(법제처 14 - 0751, 2014. 12. 11.)에서 舊 주택법 시행령 제50조(현행 「공동주택관리법」 제14조제3항, 같은 법 시행령 제11조제1항)에 따라 입주자대표회의의 구성원인 동별 대표자를 선출하는 경우, 1개의 선거구에서 1명의 동별 대표자만을 선출하도록 해석하고 있다는 것을 알려드립니다.

1개 선거구 2명의 동별 대표자 선출 가능 여부

성명 OOO 등록일 2016.03.21. 수정 2021.06.28.

질문 사항

우리 아파트 단지는 동별 대표자 정원이 19명이고, 현재 13명이 선출되어 정원의 3분의 2인 13명으로 입주자대표회의가 구성되어 있습니다. 이와 관련, 동별 대표자 선거구는 세대수에 따라 동별(棟別) 1개 또는 2개로 구분하여 정하고, **2개의 선거구로 획정**된 **동(棟)**은 **라인(Line)별**로 **구획(區劃)**하고 있습니다.

2개의 선거구로 된 동(棟)에서 A 선거구에서는 동별 대표자가 선출되었으나, 나머지 B 선거구에서는 동별 대표자 후보자가 나오지 않고 있습니다. 이 경우 B 선거구의 동별 대표자도 A 선거구에서 선출할 수 있는지 답변주시기 바라며, 이런 경우를 예방하기 위하여 관리규약에 "라인별 또는 층별로 구획하지 아니 하고, 2명의 동별 대표자를 선출할 수 있다." 라고 규정할 수 있는지 답변을 주시기 바랍니다.

답변 내용

舊 주택법 시행령 제50조(현행 「공동주택관리법」 제14조)에 따라 공동주택 입주자대표회의의 구성원인 동별 대표자를 선출하는 경우, 1개의 선거구에서 1명의 동별 대표자만을 선출하여야 합니다(법령 해석, [법제처 14 – 0751, 2014. 12. 11.]). 이와 관련하여, 동별 대표자 선출을 위한 선거구는 2개 동(棟) 이상으로 묶거나, 통로 또는 층별로 구획하여 정할 수 있도록 하고 있습니다(「공동주택관리법」 제14조제1항 뒷글). 그리고, 동별 대표자는 **선거구별**로 **1명**을 **선출**하며(같은 법 시행**령 제11조제1항 본문),** 동별 대표자 선거의 입후보자가 2명 이상인 경우 최다 득표자(여러 명의 후보자 중 1명의 동별 대표자만 선택)를 선출하도록 하고 있는 등(같은 영 제11조제1항제1호) 공동주택관리법령의 조문이나 취지 등을 고려할 때 1개 선거구에서 1명의 동별 대표자를 선출하여야 하므로, 선거구별로 2명 이상 선출하는 내용으로 관리규약을 개정하는 것은 적법·타당하지 아니 합니다.

동별 대표자의 복수 선출 여부 및 선거구 획정

한국아파트신문 2015-12-24 수정 2020.06.10.

질문 사항

해당 공동주택의 선거구별로 세대수의 편차(偏差) 및 동별 대표자 선거의 출마자 수에 차이가 있으므로, 2 ~ 3개 선거구를 한 개 **선거구**로 **통합**하는 것으로 관리규약을 개정하고, 한 선거구에서 **2 ~ 3명**의 **동별 대표자**를 **선출**할 수 있는지요?

답변 내용

舊 주택법 시행령 제50조제1항(현행 「공동주택관리법」 제14조제1항·제3항 및 같은 법 시행**령 제11조제1항)**에 따라 입주자대표회의의 구성원인 동별 대표자를 선출하는 경우 **1개의 선거구**에서 **1명의 동별 대표자**를 **선출**하여야 합니다(법제처 14 - 0751, 2014. 12. 11.). 참고로, 동별 대표자 제도는 다양한 **입주자 등의 요구**를 선거구(동별, 통로별 또는 층별 등으로 획정)별로 **수렴**하여 공동주택을 민주적·합리적으로 **관리**하도록 하려는 것으로서, 동별 대표자 선거구는 2개 동 이상으로 묶거나, 통로 또는 층별로 **구획(區劃)**하여 정할 수 있다는 것을 알려드립니다.[87]

동별 대표자 선거구 획정과 세대 편차 기준

한국아파트신문 2015-11-19 수정 2024.08.26.

질문 사항

공동주택의 동별 대표자는 선거구별로 1명의 인원을 선출하도록 되어 있는데요. 동별 대표자 **선거구 획정**과 **세대 편차**에 대한 **기준**을 **제한**하는 **근거**는 무엇인지요?

---

87) cf. 「공동주택관리법」 제14조제1항 뒷글, 「서울특별시공동주택관리규약 준칙」 제27조제2항. **헌법재판소 2014.10.30. 선고 2014헌마53 결정(헌법 불일치)**

답변 내용

입주자대표회의는 4명 이상으로 구성하되, 동별 세대 수에 비례하여 공동주택 관리규약으로 정한 선거구(선거구 획정)에서 1명씩 선출된 동별 대표자로 구성하여야 합니다.[88] 이와 관련, 「공동주택관리법」 제18조제2항 본문 및 같은 법 시행령 제19조제1항제3호에 따라 **동별 대표자**의 **선거구, 선거 절차 등**은 **공동주택 관리규약**으로 정하는 것입니다. 따라서, 공동주택 관리규약으로 **동별 세대 수**에 **비례**하여 **선거구**를 **책정**할 때 **선거구별 세대 수의 비례의 범위**는 **개별 공동주택**에서 단지의 **규모, 동 수, 동별 세대 수,** 선거구 설정에 따른 **선거구별 세대 수 등**을 **감안**하여 해당 공농주택의 **구체적**인 **상황**에 맞게 만들 사항임을 알려드립니다.

다만, **최다 세대** 선거구와 **최소 세대** 선거구의 세대 수 **차이**가 **2배(2倍) 이상** 나는 것은 **바람직하지 않은 것**으로 판단됩니다. [cf. "선거구 획정 인구 편차 기준은 2 : 1 이하로 조정해야" 대한민국 **헌법재판소 2014. 10. 30. 선고 2014헌마53 결정 (헌법 불일치),** 준칙 제27조제1항 각 호 외의 부분 본문 괄호 규정]

동별 대표자 선거구 획정('동별 세대 수 비례'의 기준)

성명 OOO 등록일 2016.09.13. 수정 2024.01.29.

질문 사항

「공동주택관리법 시행령」에 따르면, **동별 세대(世帶) 수(數)**에 **비례(比例)**하여 관리규약으로 정한 선거구에 따라 선출된 동별 대표자로 구성하도록 하고 있는데, '동별 세대 수에 비례'의 **기준(基準)**은 어느 정도까지를 말하는지요?

답변 내용

입주자대표회의는 4명 이상으로 구성하되, **동별 세대 수**에 **비례**하여 **관리규약**으로 정한 **선거구**에 따라 선출된 동별 대표자로 구성합니다(「공동주택관리법」 제14

---

88) 「공동주택관리법」 제14조제1항 앞글·제14조제3항, 같은 법 시행령 제11조제1항, 「서울특별시공동주택관리규약 준칙」 제27조제1항

조제1항). 이 경우 해당 공동주택 관리규약으로 정한 **개별 선거구**의 **세대 수 편차**가 **2배 이상** 나는 것은 **적법하지 않은 것**입니다(cf. 준칙 제27조제1항 본문 괄호).

(* 최소 선거구의 입주자 등에 대한 최다 세대 선거구 입주자 등의 비율이 2배를 초과하는 것은 '**평등선거**'와 '**투표권의 등가성 원칙**'에 배치되는 것이기 때문이다.)

동별 대표자 선거구 획정(선거구별 1명 선출)

성명 OOO 등록일 2015.11.06. 수정 2020.06.10.

질문 사항

공동주택 298세대를 관리하고 있는 관리사무소장입니다. 우리 아파트 3개 동, 10개 통로, 10개소의 선거구에서 7명이 선출되어 입주자대표회의를 구성하여 운영하고 있습니다. 동별 대표자 직을 모두 꺼려하고 있어, 서로 하지 않으려고 하니 어려움이 많습니다. 하여...... 공동주택관리규약을 "**동별 대표자**를 한 **선거구**에서 **복수(2명 이상)**로 **선출**할 수 있다." 라는 문구를 넣어 개정하여도 되는지 질의합니다.

ex) 제1선거구 101동 5명, 제2선거구 102동 3명, 제3선거구 103동 2명, 각 선거구마다 다득표자 순으로 동별 대표자를 선출한다.

답변 내용

o 舊 주택법 시행령 제50조제1항(현행 「공동주택관리법」 제14조제1항 및 같은 법 시행령 제11조제1항)에 따라 입주자대표회의의 구성원인 동별 대표자를 선출하는 경우, **1개의 선거구**에서 **1명의 동별 대표자**만을 **선출**하여야 할 것입니다(법제처 14 - 0751, 2014. 12. 11.). 이와 관련, 동별 대표자 선출을 위한 선거구는 2개 동 이상으로 묶거나, 통로 또는 층별로 구획하여 정할 수 있도록 하고 있으며(같은 법 제14조제1항 뒷글, 준칙 제27조제2항), 동별 대표자는 **선거구별**로 **1명씩 선출**하고, 동별 대표자 입후보자가 2명 이상인 경우 **최다 득표자**(여러 명의 후보자 중 1명의 동별 대표자만 선택)를 **선출**하도록 규정[89]하고 있는 등 공동주택관리법령의 조항

---

[89] cf. 「공동주택관리법 시행령」 제11조제1항 본문 앞 절·제1호

이나 취지 등을 고려할 때 **선거구별**로 **1명의 동별 대표자**를 **선출**하여야 합니다.

– 따라서, 질의와 같이 1개 선거구에서 2명 이상 선출하는 내용으로 공동주택관리규약을 개정하는 것은 적법하지 아니 하다는 것을 알려드립니다.

집합건물 관리단 설립 절차(창립 총회 개최 등)

질문 사항

「집합건물의 소유 및 관리에 관한 법률(제23조 제1항)」에 보면 구분소유자 10인 이상이면 **관리단(管理團)**이 **구성(構成)**된다고 명시되어 있는데, 어떤 사람은 창립 총회를 개최하여 구분소유자 80% 이상의 찬성을 받아야 관리단이 구성된다는 말씀을 합니다. 법률에는 그런 내용이 없는데요. 어떤 것이 맞는지요?

검토 의견 (* 설립 ≠ 구성)

이 사안의 질의 요지는 관리단의 설립(設立) 절차에 대하여 묻는 것으로 인식됩니다. 「집합건물의 소유 및 관리에 관한 법률」은 **"1동의 건물**에 대하여 **구분소유 관계**가 **성립**되면 특별한 절차 없이 **구분소유자 전원**을 **구성원**으로 하는 **관리단**이 **당연(當然) 설립**된다."고 규정하고 있습니다(제23조 제1항). 따라서, 구분소유자의 숫자나 건물의 규모, 창립 총회, 구분소유자의 찬성 여부 등의 요건 없이 집합건물의 관리단은 당연히 설립되게 됩니다. 또한, 구분소유자가 10인 이상일 때에는 **관리인**을 선임하도록 규정되어 있으며, 관리인은 **대내적**으로 집합건물의 공용부분을 **관리**하고, **대외적**으로 관리단을 **대표**하는 자를 말합니다(제24조, 제25조).

집합건물 관리단의 설립 요건 및 절차 등

질의 요지

「집합건물의 소유 및 관리에 관한 법률」에 따른 집합건물 **관리단**의 **구성원**은 누구이며, 관리단을 **설립**하기 위한 집회 **요건** 및 **절차 등**이 어떠한지 궁금합니다.

회 신(수정 2023. 9. 16.)

○ 관리단(管理團)은 별다른 설립 절차 없이 구분소유 관계가 성립되어 건물에 대한 공동관리의 필요가 생긴 때 **당연**히 **설립**됩니다(법 제23조 제1항). 따라서, 관리단 설립을 위한 준비 위원회 등의 구성이나, 규약의 설정, 관리인의 선임, 구분소유자의 동의 절차 등은 집합건물 관리단 설립의 요건이 아닙니다.

○ 관리단의 구성원(構成員)은 **구분소유자**이며, 구분소유자(區分所有者) 전원(全員)은 본인의 의사와 관계없이 법률의 규정(cf. '집합건물법' 제23조 제1항)에 의하여 **당연**히 그 **구성원**이 되는 것이고, 구성원이 될 것을 거부할 수 없습니다.

○ 또한, 구분소유자의 지위를 가지는 동안에는 탈퇴도 허용되지 않습니다. 한편, 대법원은 **"구분소유자로 구성되어 있는 단체**로서 '집합건물법' 제23조 제1항의 취지에 부합하는 것이면, 그 존립 형식이나 명칭에 불구하고 **관리단**으로서의 **역할**을 **수행**할 수 있다."고 판시하였습니다(대법원 1996. 8. 23. 선고 94다27199 판결).

입주자대표회의와 집합건물 관리단의 관계

질의 요지

「집합건물의 소유 및 관리에 관한 법률」의 집합건물 **관리단**과 「공동주택관리법」의 공동주택 **입주자대표회의**는 같은 단체인지, 다른 단체인지 알고 싶습니다.

회 신(수정 2023. 2. 18.)

○ **관리단**은 「집합건물의 소유 및 관리에 관한 법률」에 근거하여 **구분소유자(區分所有者) 전원**으로 당연(當然)히 **설립(設立)**되어 해당 건물·대지 및 부속 시설의 관리에 관한 사항을 결정하는 단체이고, **입주자대표회의**는 「공동주택관리법」에 따라서 해당 공동주택의 **선거구별**로 입주자 등에 의하여 **선출(選出)**된 **동별 대표자(棟別 代表者)**들로 **구성(構成)**되어 공동주택의 관리에 관한 사항을 의결하는 단체

입니다(cf. 법 제23조 제1항, 「공동주택관리법」 제2조 제1항 제8호).

○ 따라서, **공동주택**의 경우 **이론상** 집합건물법에 의한 **관리단(管理團)**과 「공동주택관리법」에 따른 **입주자대표회의(入住者代表會議)**가 **동시**에 **존재**할 수 있지만, 아파트와 같이 「**공동주택관리법**」의 **적용**을 받는 경우는 일반적으로 **입주자대표회의**가 **구성(構成)**되어 해당 공동주택의 **관리 업무**를 **담당**하고 있습니다.

○ 관리단이 구성되어 있지 않고 사안에 따라 입주자대표회의가 관리단의 역할을 수행하는 경우 입주자대표회의를 관리단과 동일한 지위(관리단에 준하여 본 사례)로 보는 판례가 있습니다(서울행정법원 2007. 3. 16. 선고 2006구합39086 판결).

○ 한편, **오피스텔**이나 **상가 건물**과 같이 「**공동주택관리법**」의 **적용**을 받지 않는 경우는 **집합건물법**에 따라 **관리단**이 **설립(設立)**되며, 관리단 집회에서 **규약**을 **설정**하고 **관리인**을 **선임**하여 **건물**을 **관리**하여야 합니다(법 제28조, 제24조·25조).

2. 동별 대표자의 결격사유, 자격상실 등[법 제14조제4항]

✿ 동별 대표자의 결격사유를 추가로 규정할 수 있는지

[법제처 12 - 0510, 2012.12.10.] 수정 2021.06.30.

【질의 요지】

주택법 제44조제2항(현행 '공동주택관리법' 제18조제2항)에 따라 입주자와 사용자가 정하는 **공동주택관리규약**에서 같은 법 시행령 제50조제4항(현행 '공동주택관리법' 제14조제4항 및 '공동주택관리법 시행령' 제11조제4항) 각 호에 규정된 공동주택 동별 대표자의 **결격사유** 외의 결격사유를 **추가(追加)**로 규정할 수 있는지요?

【회답】

주택법 제44조제2항(현행 '공동주택관리법' 제18조제2항)에 따라 입주자와 사용자가 정하는 **관리규약**에서 같은 법 시행령 제50조제4항(현행 '공동주택관리법' 제

14조제4항 및 '공동주택관리법 시행령' 제11조제4항) 각 호에 규정된 공동주택 동별 대표자의 **결격사유** 외의 결격사유를 **추가**로 **규정할 수**는 **없다**고 할 것입니다.

【이유】

'공동주택관리법' 제18조제1항에 시·도지사는 공동주택의 입주자 및 사용자를 보호하고, 주거 생활의 질서를 유지하기 위하여 대통령령으로 정하는 바에 따라 공동주택의 관리 또는 사용에 관하여 준거(準據)가 되는 공동주택관리규약(이하 "관리규약"이라 한다.)의 준칙을 정하여야 한다고 규정되어 있고, '공동주택관리법' 제18조제2항에서 입주자와 사용자는 '공동주택관리법' 제18조제1항에 따른 관리규약의 준칙(準則)을 참조(參照)하여 관리규약을 정한다고 규정하고 있습니다.

그리고, '공동주택관리법' 제14조 및 '공동주택관리법 시행령' 제11조에서는 입주자대표회의의 구성 등에 대하여 규정하면서, '공동주택관리법' 제14조제4항 및 '공동주택관리법 시행령' 제11조제4항에서 공동주택의 동별 대표자의 결격사유(缺格事由)로 미성년자, 피성년후견인 또는 피한정후견인(법 제14조제4항제1호), 파산자로서 복권되지 아니 한 사람(법 제14조제4항제2호), 해당 공동주택의 동별 대표자를 사퇴한 날부터 1년(해당 동별 대표자에 대한 해임이 요구된 후 사퇴한 경우에는 2년을 말한다. 이하 이 사안에서 같다.)이 지나지 아니 하거나, 해임된 날부터 2년이 지나지 아니 한 사람(영 제11조제4항제5호), 제23조제1항부터 제5항까지의 규정에 따른 관리비 등을 최근 3개월 이상 연속하여 체납한 사람(영 제11조제4항제6호) 등 10가지의 사유를 규정하고 있습니다. 이와 관련하여, 공동주택의 입주자와 사용자가 정하는 관리규약에 '공동주택관리법' 제14조제4항 및 '공동주택관리법 시행령' 제11조제4항 각 호의 결격사유 외의 사유를 동별 대표자의 결격사유로 추가(追加)하여 규정할 수 있는지가 문제(問題)될 수 있습니다.

먼저, **'공동주택관리법' 제14조제4항 및 '공동주택관리법 시행령' 제11조제4항 각 호의 규정**이 열거 규정인지, 예시적 규정인지 살펴볼 필요가 있는데, 예시적 규정(例示的 規定)이 일반적으로 추상적·포괄적 성격을 가지는 일반 조항을 두는 데 반하여, 위 규정은 **구체적**인 **사유 10가지만**을 **나열**하고 있고 추상적·포괄적 조항은 두고 있지 않은 것을 볼 때 **열거 규정(列擧 規定)**으로 보입니다.

또한, **"일반적**으로 **결격사유**란 임용·고용·위임 관계 등에서 사용되는 개념으로, 고도의 전문기술 또는 윤리성이 요구되는 직(職)이나 사업 영역에 종사하는 자의 자질을 일정 수준 이상으로 유지함으로써 **일반 국민을 불완전한 서비스로부터 보호하기 위한 것**이지만, **그 결과**로 해당 **자격 요건을 갖추지 못한 자**는 특정 분야의 직업이나 사업을 영위할 수 없게 되어 헌법상 보장되는 **기본권인 직업 선택의 자유나 경제활동의 자유 등 사회활동**에 있어 **제한**을 받게 된다."고 할 것입니다(법제처 2012. 6. 28. 회신 12 - 0346 해석 참고). 그렇다면, **결격사유**를 규정하는 경우에는 **공익상**의 **목적**을 **달성**하는 데 **필요한 최소한의 사유로 제한**하여야 하고, **결격사유 규정**의 **해석** 역시 **가능한** 한 **엄격**하게 하는 것이 타당하다 할 것입니다.

이와 관련, 舊 주택법 시행령(2010. 7. 6. 대통령령 제22254호로 개정되기 전의 것을 말함) 제57조제1항제3호(현행 '공동주택관리법 시행령' 제19조제1항제3호)에서는 입주자와 사용자가 관리규약을 정할 때 참조하는 **관리규약의 준칙**에 "동별 대표자의 선임, 해임 및 임기에 관한 사항"이 포함되어야 한다고 규정함으로써 공동주택 동별 대표자의 결격사유에 대하여는 규율하지 않고, 자율적으로 정하도록 하고 있었는데, 이에 따라 **지역별·공동주택단지별**로 **일관성**이 **없거나** 지나치게 **비합리적인 사유**를 결격사유로 정하는 등 **문제점(問題點)**이 **발생**하여 왔습니다. 이에 따라 2010. 7. 6. 舊 주택법 시행령을 개정하여 제50조에 제4항 등 공동주택 동별 대표자의 결격사유 및 임기 규정을 두면서 같은 영 제57조제1항제3호(현행 '공동주택관리법 시행령' 제19조제1항제3호)에서 동별 대표자의 임기에 관한 사항을 삭제하고, 동별 대표자의 "선임"에 관한 사항을 동별 대표자의 "선거구·선출 절차와 해임 사유·절차 등"에 관한 사항으로 한정하였습니다. 이에, 주택법 시행령 제50조제4항(현행 **'공동주택관리법' 제14조제4항** 및 **'공동주택관리법 시행령' 제11조제4항**)의 **입법 취지**는 자율적으로 정하도록 하던 **결격사유를 직접(直接) 규율(規律)**하려는 것이고, 주택법 시행령 제50조제4항(현행 **'공동주택관리법' 제14조제4항 및 '공동주택관리법 시행령' 제11조제4항**) **각 호**에서 **규정**한 **결격사유 외 새로운 사유**를 **관리규약**에서 **추가**하는 것을 **허용하지 않으려는 것**이라고 할 것입니다.

한편, 관리규약은 자치 규범으로서 결격사유를 추가로 규정할 수 있어야 한다는 의견이 있을 수 있으나, **"공동주택의 사적 자치가 보장**되어야 한다 하더라도, **공동**

주택은 그 **특성상** 한 세대의 전속적인 주거 공간이 아니라 **여러 세대가 하나의 건축물**에서 같이 **주거 생활을 하는 곳**으로서, 순수한 사적 자치의 영역이라기보다는 **공법적(公法的) 규율**이 **함께 적용**되는 **영역**"이라고 보는 것이 타당할 것입니다.

이와 같은 사항을 종합해 볼 때, '공동주택관리법' 제18조제2항에 따라 입주자와 사용자가 정하는 관리규약에서 '공동주택관리법' 제14조제4항 및 '공동주택관리법 시행령' 제11조제4항 각 호에 규정된 공동주택 동별 대표자의 결격사유(缺格事由) 외의 결격사유를 추가(追加)로 규정할 수는 없다고 할 것입니다.

동별 대표자가 임기 중 다른 선거구로 이사한 경우

한국아파트신문 2016-02-04 수정 2023.04.02.

질문 사항

A동에서 살면서 동별 대표자로 선출되어 활동하던 사람이 **임기 중**에 같은 아파트 단지 B동으로 **이사**할 경우 그 동별 대표자의 자격이 상실되는지요?

답변 내용

동별 대표자는 **개별 선거구**(동을 합치거나, 하나의 동을 나눠 복수의 선거구를 운영하는 것도 가능)에서 **선출**되어 입주자 등을 대표하는 자이며, 동별 대표자 제도를 둔 것은 해당 **선거구**에 **거주하는 자**를 **대표자**로 뽑아 이해관계가 얽힌 부분에 대해서는 그 선거구 입주자 등의 **의견**을 **수렴**·개진(開陳)하고, 공동주택 관리 업무 수행에 그 사정을 **반영**할 수 있도록 한 것입니다.

따라서, 각 선거구에 **주민등록**을 마친 후 실제 **거주**(같은 공동주택단지 안에서 주민등록을 마친 후에 대통령령으로 정하는 기간 거주)하는 **입주자 등**에 한정하여 **당해 선거구**의 **동별 대표자**가 될 수 있으며, 다른 선거구로 **주민등록**을 **이전**하거나 **이사**할 경우 그 **자격**이 **자동(自動)**으로 **상실**(박탈, 퇴임)되는 것입니다.[90]

---

90) cf. 공동주택관리법 제14조제3항제2호·제5항, 주민등록법 제10조·제11조·제40조제4항

동별 대표자 자격 여부 등(소유 주택과 다른 선거구의 사용자)

성명 OOO 등록일 2016.04.08. 수정 2024.10.30.

질문 사항

가. 해당 공동주택 A 선거구에서 동별 대표자로 선출된 후 B 선거구의 입주자 또는 사용자로 **이사(移徙)**한 경우 동별 대표자 자격이 유지되는지요.

나. 해당 공동주택 A 선거구의 주택 **소유자**가 B 선거구에서 **사용자**로 거주하는 경우 동별 대표자 선출을 위한 보궐선거에 출마가 가능한지 알고 싶습니다.

답변 내용

가. 동별 대표자는 각 **선거구**(동을 합치거나, 하나의 동을 나누어 복수의 선거구를 운영하는 것도 가능하다.)를 대표하는 자이며, 동별 대표자 제도를 둔 것은 단위별 선거구에 거주하는 자를 대표자로 뽑아 이해관계가 얽힌 부분에 대해서는 해당 선거구 입주자 등의 의견을 수렴·개진할 수 있도록 함으로써 그 사정이 공동주택 관리 업무 수행에 반영될 수 있도록 하기 위한 것이다. 따라서, 자기 선거구에 **주민 등록**을 마친 후 **거주**(같은 공동주택단지 안에서 주민등록을 마친 후 대통령령으로 정하는 기간 거주)하는 자가 그 선거구의 **동별 대표자**가 될 수 있으므로,[91] 질의 사안과 같이 동별 대표자가 다른 선거구나 단지 밖으로 **이사**하게 되면, 그 **자격**이 **자동**으로 **상실**된다(cf. 법 제14조제5항, 신설 2018. 3. 13., 시행일 2018. 9. 14.).

나. 한편, **"입주자**인 **동별 대표자 후보자**가 **없는 선거구**에서는 다음 각 호(1. 해당 공동주택단지 안에서 주민등록을 마친 후 계속하여 대통령령으로 정하는 기간 이상 거주하고 있을 것, 2. 해당 선거구에 주민등록을 마친 후 거주하고 있을 것)와 대통령령으로 정하는 **요건**(cf. 영 제11조제2항)을 갖춘 **사용자**도 동별 대표자로 **선출"** 될 수 있다(cf. 법 제14조제3항 단서 규정, 개정 2019. 4. 23., 시행 2020. 4. 24.).

---

91) 「공동주택관리법」 제14조제3항제2호(·제1호), 같은 법 시행령 제11조제3항

동별 대표자 자격 여부(소유 주택과 다른 선거구 거주자)

성명 OOO 등록일 2016.04.07. 수정 2024.04.09.

질문 사항

가. 동별 대표자(101동)로 선출된 후 자기 **소유**의 **주택**은 **전세**를 주고, **다른 선거구**(102동)에서 사용자로 **거주**하는 경우 동별 대표자 자격이 유지되는지요. 이와 같이 다른 선거구에서 사용자로 거주하면서 다시 동별 대표자가 될 수 있는지요.

나. 동별 대표자 자격이 **상실**될 경우, 다시 동별 대표자로 **선출**되기 위해서는 본인 소유의 주택(101동)에서 거주하여야 하는지요.

답변 내용

가. 동별 대표자는 동별 대표자 선출 공고에서 정한 각종 서류 제출 마감일을 기준으로 **해당 공동주택단지** 안에서 **주민등록**을 마친 후 **계속**하여 **3개월 이상 거주**하고, **해당 선거구**에서 **주민등록**을 마친 후 **거주**하고 있는 입주자 등 중에서 선출하도록 규정하고 있습니다(법 제14조제3항 각 호 외 본문 단서 규정 · 제1호 · 제2호, 영 제11조제2항 · 제3항). 이에 질의 사안의 경우, 본인 소유의 주택에서 거주하지 않으며, 다른 선거구에서 입주자 등으로 거주한다면 **동별 대표자**의 **자격**은 **자동**으로 **상실**되며(cf. 법 제14조제5항, 신설 2018. 3. 13.), 이사한 주택(102동)의 사용자로 거주하면서 요건 등을 갖춘 경우 그 선거구에서는 새로이 사용자인 동별 대표자로 선출될 수 있습니다(cf. 법 제14조제3항 단서 규정, 영 제11조제2항).

나. 이와 관련하여, 위와 같은 이유로 동별 대표자의 **자격**이 **상실**된 사람이 **해당 선거구**(101동)에서 **주민등록**을 마친 후 **거주**(입주자 등)하게 되고, 중임 제한 및 다른 결격사유가 없을 경우에는 **다시** 동별 대표자로 **선출**될 수 있을 것입니다.

해당 공동주택 관리주체의 소속 임직원(동별 대표자 결격사유)

성명 OOO 등록일 2016.02.02. 2021.06.30.

질문 사항

"갑" 아파트 입주자대표회의의 회장이 "을"이라는 주택관리업자가 도급 관리하고 있는 상가의 관리사무소장으로 **재직**하는 **중** "갑" 아파트 위탁관리회사로 "을" **주택관리업자**가 **선정**된 경우, 동별 대표자의 직책을 계속 수행할 수 있는 것인지요?

답변 내용

- "해당 공동주택 **관리주체**의 **소속 임직원**과 해당 공동주택 관리주체에 **용역**을 **공급**하거나, **사업자**로 지정된 자의 **소속 임원**"은 당해 공동주택의 동별 대표자가 될 수 없습니다. 이 경우 관리주체가 주택관리업자인 경우에는 해당 주택관리업자를 기준으로 판단합니다(법 제14조제4항제5호, 영 제11조제4항제4호).

ㅇ 따라서, 질의 내용과 같이 어떤 **동별 대표자**가 임직원으로 소속되어 있는 주택관리업자가 해당 공동주택의 관리주체로 선정될 경우, 그 관리주체의 소속 임직원은 **결격사유**에 해당하게 되므로 동별 대표자 **자격**이 자동으로 **상실**됩니다(cf. 법 제14조제5항 - 신설 2018. 3. 13., '지침' 제18조제1항제6호 · 제26조제1항제5호).

해당 공동주택 관리주체의 소속 임직원의 범위

성명 OOO 등록일 2015.05.07. 수정 2021.06.30.

질문 사항

「공동주택관리법 시행령」 제11조제4항제4호 관련, 우리 아파트의 동별 대표자가 해당 아파트 **위탁관리업체 소속 직원**(기전주임, 관리사무소장 등)으로 다른 아파트(같은 관리주체)에 근무하는 경우 동별 대표자 사임 사유가 되는지 문의합니다.

답변 내용

해당 공동주택 관리주체의 **소속 임직원**(이 경우 관리주체가 주택관리업자인 경우에는 **해당 주택관리업자**를 **기준**으로 판단한다.)은 그 공동주택의 동별 대표자가 될 수 없습니다(「공동주택관리법」 제14조제4항제5호, 같은 법 시행령 제11조제4항 제4호). 이는 질의 사안의 공동주택 관리사무소에 근무하는 직원(소장 포함)과 그 주택관리업자가 관리하는 **다른 공동주택**의 **관리사무소장 등 직원**이 **해당**되는 것입니다(법제처 법령 해석, [법제처 14 - 0533, 2014. 8. 29.] 반영, '14. 9.).

✿ 동별 대표자로 선출될 수 없는 관리주체 소속 임직원의 범위

[법제처 14 - 0533, 2014.08.29.] 수정 2020.04.27.

【질의 요지】

주택법 시행령 제50조제4항제8호(현행 '공동주택관리법 시행령' 제11조제4항제4호)에 따르면, **"해당 공동주택 관리주체의 소속 임직원**과 해당 공동주택 관리주체에 용역을 공급하거나 사업자로 지정된 자의 소속 **임원"**은 동별 대표자가 될 수 없으며, 그 자격을 상실한다고 규정되어 있습니다.

이와 관련하여, 공동주택 A와 공동주택 B의 관리 업무를 위탁받아 수임하고 있는 **관리주체 C의 소속 임직원** K가 공동주택 B의 관리 업무를 수행하는 경우에 K는 주택법 시행령 제50조제4항제8호(현행 '공동주택관리법 시행령' 제11조제4항제4호)에 따라 공동주택 A의 동별 대표자가 될 수 없는 자에 해당하는지요?

【회답】

공동주택 A와 공동주택 B의 관리 업무를 위탁받아 수임(受任)하고 있는 주택관리업자 C의 소속 임직원 K가 공동주택 B의 관리 업무를 수행하는 경우 K는 주택법 시행령 제50조제4항제8호(현행 '공동주택관리법 시행령' 제11조제4항제4호)에 따라 공동주택 A의 동별 대표자가 될 수 없는 자에 해당한다고 할 것입니다.

* 이 문제는 '공동주택관리법 시행령(대통령령 제27445호, 시행일 2016. 8. 12.)' 제11조제3항제4호(개정 제11조제4항제4호, 2020. 4. 24.)에서 "해당 공동주택 관리주체의 소속 임직원과 해당 공동주택 관리주체에 용역을 공급하거나, 사업자로 지정된 자의 소속 임원. 이 경우 관리주체가 주택관리업자인 경우에는 해당(該當)

주택관리업자를 기준으로 판단한다."라고 규정함으로써 입법적으로 해결하였다.

【이유】

'공동주택관리법' 제14조제1항에 따르면, 입주자대표회의는 4명 이상으로 구성하되, 동별 세대수에 비례하여 공동주택관리규약으로 정한 선거구에 따라 선출된 대표자(이하 "동별 대표자"라 한다.)로 구성하도록 하고 있습니다. 그리고, '공동주택관리법' 제14조제4항, 같은 법 시행령 제11조제4항 각 호에서 동별 대표자가 될 수 없는 결격사유를 규정하고 있으며, '공동주택관리법 시행령' 제11조제4항제4호에는 동별 대표자의 결격사유로 해당 공동주택 관리주체의 소속 임직원과 관리주체에 용역을 공급하거나 사업자로 지정된 자의 소속 임원을 규정되어 있습니다.

이와 관련하여, 이 사안에서는 공동주택 A와 공동주택 B의 관리 업무를 위탁받아 수임하고 있는 주택관리업자 C의 소속 임직원 K가 공동주택 B의 관리 업무를 수행하는 경우 K가 '공동주택관리법 시행령' 제11조제4항제4호에 따라 공동주택 A의 동별 대표자가 될 수 없는 자에 해당하는지 여부가 문제될 수 있습니다.

먼저, 법률의 문언 자체가 비교적 명확한 개념으로 구성되어 있다면, 원칙적으로 더 이상 다른 해석 방법은 활용할 필요가 없거나 제한될 수밖에 없습니다. 따라서, '공동주택관리법 시행령' 제11조제4항제4호에서는 "해당 공동주택 관리주체의 소속 임직원(任職員)과 관리주체에 용역을 공급하거나 사업자로 지정된 자의 소속 임원(任員)으로만 결격사유를 규정하고 있을 뿐, 해당 임직원이나 소속 임원이 자신이 거주하고 있는 공동주택을 직접 관리하고 있을 것을 요건으로 두고 있지 않다."는 점을 고려할 때, '공동주택관리법 시행령' 제11조제4항제4호에 따라 임직원 K는 공동주택 A의 동별 대표자가 될 수 없다고 할 것입니다.

또한, '공동주택관리법' 제14조제4항, 같은 법 시행령 제11조제4항에서 **"동별 대표자의 결격사유를 규정한 취지는 공정(公正)한 의사 결정(決定)에 문제가 되는 자를 배제하려는 것"**입니다. 이에 '공동주택관리법' 제11조제2항·제3항, 제14조에 따르면, 입주자대표회의는 공동주택의 관리를 위해서 주민의 의사를 반영하여 권한을 행사하는 대의제 기구로서 공동주택의 관리를 위한 관리주체를 선정할 수 있고, 선정된 관리주체에 공동주택 관리를 위한 사항을 요구하는 업무를 수행하는 권한을 가지고 있습니다. 이러한 업무 수행 과정에서 **관리주체**의 **이익**과 **반하는 사항**을 **요구**할 수도 있는데, 동별 대표자가 해당 관리주체의 소속 임직원일 경우 직접 · 간접적으로 **자기가 속한 관리주체**의 **이익에 영향**을 받을 수밖에 없는 것이고, 이로 인하여 **공정한 의사 결정**이 **방해**될 수 있다는 점을 고려하더라도 **관리주체 C**의 **소속 임직원**은 **공동주택 A**의 **동별 대표자**가 **될 수 없다**고 보아야 할 것입니다.

따라서, 공동주택 A와 공동주택 B의 관리 업무를 위탁받아 수임(受任)하고 있는 관리주체 C의 소속 임직원 K가 공동주택 B의 업무를 수행하는 경우 K는 주택법 시행령 제50조제4항제8호(현행 '공동주택관리법 시행령' 제11조제4항제4호)에 따라 공동주택 A의 동별 대표자가 될 수 없는 자에 해당한다고 할 것입니다.

관리주체에 용역을 공급하거나 사업자로 지정된 자

성명 OOO 등록일 2016.02.11. 수정 2020.04.27.

질문 사항

「공동주택관리법 시행령」 제11조제4항제4호는 "해당 공동주택 관리주체의 소속 **임직원**과 해당 공동주택 관리주체에 용역을 공급하거나, 사업자로 지정된 자의 소속 **임원**"을 동별 대표자 결격사유로 규정하고 있습니다.

그런데, 아파트 입주자대표회의에서는 **명절**마다 동별 대표자들과 직원들의 **선물**을 특정한 업체에서 **구매**하고 있으며, 이 업체는 입주자대표회의 감사의 배우자가 운영하는 것입니다. 따라서, 해당 업체에서 명절 선물 등을 구매하는 행위가 위 시행령 규정과 관련하여 적법한지 여부를 회신하여 주시기 바랍니다.

답변 내용

o 「공동주택관리법」 제14조제4항제5호 및 같은 법 시행령 제11조제4항제4호에 따르면, "해당 공동주택 관리주체의 소속 **임직원**과 해당 공동주택 관리주체에 용역을 공급하거나, 사업자로 지정된 자의 소속 **임원**(이 경우 관리주체가 주택관리업자인 경우에는 해당 **주택관리업자**를 **기준**으로 판단한다.)"은 동별 대표자가 될 수 없

으며, 동별 대표자인 경우 그 자격을 상실합니다(cf. 법 제14조제5항).

– 이와 관련, 앞에서 인용한 규정은 **'입주자대표회의의 구성원**으로서 **해당 공동주택**에서 **투명성**과 **공정성**을 **저해**하는 **거래**를 **할 수 없다.'**는 취지를 담고 있는 것으로, 「주택관리업자 및 사업자 선정 지침」에 따른 계약 방법(경쟁입찰, 수의계약)이나 그 계약 기간에 관계없이 동별 대표자가 될 수 없을 것으로 판단됩니다.

용역을 공급하거나 사업자로 지정된 자의 범위

성명 OOO 등록일 2015.11.19. 수정 2020.04.27.

질문 사항

「공동주택관리법 시행령」 제11조제4항제4호의 **관리주체**에 **용역(用役)**을 **공급(供給)**하는 **사업자(事業者)**의 **범위(範圍)**에 대한 민원이 있어 질의합니다.

우리 아파트 관리주체가 수탁 관리하는 아파트 **단지**에 "B보안"이라는 **경비 용역 사업자**가 우리 아파트 관리주체와 계약을 체결하고, 경비 용역 업무를 수행하고 있습니다. 이 "B보안" **소속 임원**은 우리 아파트 동별 대표자 자격이 있는지요?

답변 내용

ㅇ "해당 공동주택 **관리주체**의 소속 **임직원**과 해당 공동주택 **관리주체**에 용역을 **공급**하거나, 사업자로 지정된 자의 소속 **임원**(이 경우 **관리주체**가 주택관리업자인 경우에는 **해당 주택관리업자**를 **기준**으로 **판단**한다.)"은 동별 대표자가 될 수 없습니다(「공동주택관리법」 제14조제4항제5호, 같은 법 시행령 제11조제4항제4호).

– 이와 관련, 위탁관리 방법인 공동주택의 경우 관리주체가 주택관리업자이므로, 그 주택관리업자가 관리하는 **'여타 공동주택'**에서 **용역**을 **제공**하거나, **사업자**로 선정된 자의 소속 **임원**은 해당 공동주택의 동별 대표자 결격사유에 해당됩니다.

용역 사업자의 정의와 공사 사업자와의 구분

성명 OOO 등록일 2016.01.11. 수정 2016.07.07.

질문 사항

「주택관리업자 및 사업자 선정 지침」에서는 용역 사업자와 공사 사업자로 구분하고 있습니다. 용역 사업자의 경우 계약이행보증금으로 계약 금액의 10%를 받도록 하고 있으며, 공사 사업자의 경우는 계약 금액의 20%를 계약이행보증금으로 받도록 하고 있습니다. 그리고, 기존 사업자의 경우 기존 **용역 사업**자만 수의 재계약이 가능토록 하고 있으며, **공사 사업**자는 수의 재계약을 할 수 없도록 하였습니다.

그렇다면, 경비 용역, 청소 용역, 소독 용역, 승강기 유지 보수 용역, 재활용품 수거 용역, 게시판 광고 용역, 정수 시설 유지 관리 용역, 알뜰시장, 물탱크 청소 용역, 열교환기 청소 용역, 전산 프로그램 사용 용역, 세무 대행 용역, 조경 관리 용역, 정수기 임대, 복사기 임대 등 계약 기간을 정하고, 계약서를 작성하여 관리에 임하고 있는데, 이 중에서 용역 사업은 무엇이고, 공사 사업은 무엇인지 알고 싶습니다.

답변 내용

하자보수(瑕疵補修), 도장 공사·방수 공사·승강기 교체 등 장기 수선(長期 修繕)과 일반 보수(一般 補修)는 **"공사(工事)"**에 해당하며, 경비·청소·소독·승강기 유지 관리·정화조 관리·저수조 청소·주민공동시설의 위탁 등은 **"용역(用役)"**에 해당하고, 광고 게재 등은 **"잡수입(雜收入) 취득"**에 해당합니다.[92]

이와 관련, 「주택관리업자 및 사업자 선정 지침」 제7조제2항 관련 **[별표 7]**에서 용역 사업자와 공사 사업자 등을 **구분**하여 **규정**하고 있으니 참고하기 바랍니다.

☞ **임차인대표회의, 선수관리비('공공주택 특별법' 제50조 외)**

---

92) cf. 국토교통부 고시 「주택관리업자 및 사업자 선정 지침」 제7조제2항 관련 [별표 7]

– '민간임대주택에 관한 특별법' 제52조(임차인대표회의의 구성) ① 임대사업자가 20세대 이상의 범위에서 <u>대통령령으로 정하는</u> 세대 이상의 **민간임대주택**을 공급하는 **공동주택단지**에 입주하는 **임차인**은 임차인대표회의(賃借人代表會議)를 **구성**할 수 있다. 다만, 임대사업자가 150세대 이상의 민간임대주택을 공급하는 공동주택단지 중 **<u>대통령령으로 정하는 공동주택단지</u>**에 입주하는 임차인은 임차인대표회의를 구성(構成)하여야 한다. 〈개정 2018.8.14.〉

  * '민간임대주택에 관한 특별법 시행령' 제42조(임차인대표회의) ① 법 제52조제1항 본문에서 "대통령령으로 정하는 세대"란 20세대를 말한다.

  * '민간임대주택에 관한 특별법 시행령' 제42조(임차인대표회의) ② 법 제52조제1항 단서에서 **"대통령령으로 정하는 공동주택단지"**란 다음 각 호의 어느 하나에 해당하는 공동주택단지를 말한다. 〈신설 2019.2.12., 개정 2020.12.8.〉

  1. 300세대 이상의 공동주택단지

  2. 제41조제3항제2호(* 150세대 이상의 공동주택으로서 승강기가 설치된 공동주택) 또는 제3호(* 150세대 이상의 공동주택으로서 중앙집중식 난방 방식 또는 지역난방 방식인 공동주택)에 해당하는 공동주택단지

  * '민간임대주택에 관한 특별법' 제52조(임차인대표회의) ② 임대사업자는 입주예정자의 과반수가 입주한 때에는 과반수가 입주한 날부터 30일 이내에 입주 현황과 임차인대표회의를 구성할 수 있다는 사실 또는 구성하여야 한다는 사실을 입주한 임차인에게 통지(通知)하여야 한다. 다만, 임대사업자가 본문에 따른 통지를 하지 아니 하는 경우 시장·군수·구청장이 임차인대표회의를 구성하도록 임차인에게 통지할 수 있다. 〈개정 2018.8.14.〉

  * '민간임대주택에 관한 특별법' 제52조(임차인대표회의의 구성 지원) ③ 제1항 단서에 따라 임차인대표회의를 구성하여야 하는 임차인이 임차인대표회의를 구성하지 아니 한 경우 임대사업자는 임차인이 임차인대표회의를 구성할 수 있도록 대통령령으로 정하는 바에 따라 지원(支援)하여야 한다. 〈신설 2018.8.14.〉

  * '민간임대주택에 관한 특별법 시행령 제42조(임차인대표회의 구성의 지원)' ③ 임대사업자는 법 제52조제3항에 따라 같은 조 제1항 단서에 따른 임차인이 임차인대표회의를 구성하지 않는 경우에 임차인대표회의를 구성하여야 한다는 사실과

같은 조 제4항에 따른 협의 사항 및 이 조에 따른 임차인대표회의의 구성·운영에 관한 사항을 **반기 1회 이상 임차인에게 통지**하여야 한다. 〈신설 2019.2.12.〉

   * '민간임대주택에 관한 특별법' 제52조(임대사업자와 임차인대표회의 협의 사항) ④ 제1항에 따라 임차인대표회의가 구성된 경우에는 임대사업자는 다음 각 호의 사항에 관하여 협의(協議)하여야 한다. 〈개정 2018.8.14.〉

   1. 민간임대주택 관리규약의 제정 및 개정

   2. 관리비

   3. 민간임대주택의 공용부분·부대시설 및 복리시설의 유지·보수

   4. 임대료 증감

   5. 그 밖에 민간임대주택의 유지·보수·관리 등에 필요한 사항으로서 대통령령 (大統領令)으로 정하는 사항

   * '민간임대주택에 관한 특별법 시행령' 제42조(임대사업자와 임차인대표회의의 협의 사항) ④ 법 제52조제4항제5호에서 "대통령령으로 정하는 사항"이란 다음 각 호의 사항을 말한다. 〈개정 2018.7.16., 2018.12.31., 2019.2.12.〉

   1. 하자 보수

   2. 공동주택의 관리에 관하여 임대사업자와 법 제52조제1항에 따른 임차인대표회의(이하 "임차인대표회의"라 한다)가 합의한 사항

   3. 임차인 외의 자에게 민간임대주택 주차장을 개방하는 경우 다음 각 목의 사항

   가. 개방할 수 있는 주차 대수(臺數) 및 위치

   나. 주차장의 개방 시간

   다. 주차료 징수 및 사용에 관한 사항

   라. 그 밖에 주차장의 적정한 개방을 위해 필요한 사항

   * '민간임대주택에 관한 특별법 시행령' 제42조(임대사업자의 협의 의무) ⑤ 임대사업자는 임차인대표회의가 법 제52조제4항 각 호의 사항에 대하여 협의를 요청하면, 성실히 응하여야 한다. 〈개정 2019.2.12.〉

   * '민간임대주택에 관한 특별법' 제52조(임차인대표회의의 구성 및 운영 등에 필요한 사항) ⑤ 제1항의 임차인대표회의의 구성 및 운영 등에 필요한 사항은 대통령령(大統領令)으로 정한다. 〈개정 2018.8.14.〉

*‘민간임대주택에 관한 특별법 시행령’ 제42조(임차인대표회의의 구성 방법) ⑥ 임차인대표회의는 민간임대주택의 동별 세대 수에 비례하여 선출한 대표자(이하 "동별 대표자"라 한다)로 구성한다. 〈개정 2019. 2. 12.〉

　*‘민간임대주택에 관한 특별법 시행령’ 제42조(임차인대표회의 구성원의 요건) ⑦ 동별 대표자가 될 수 있는 사람은 해당 민간임대주택단지에서 6개월 이상 계속 거주하고 있는 임차인으로 한다. 다만, 최초로 임차인대표회의를 구성하는 경우에는 그러하지 아니 하다. 〈개정 2019. 2. 12.〉

　*‘민간임대주택에 관한 특별법 시행령’ 제42조(임차인대표회의의 구성) ⑧ 임차인대표회의(賃借人代表會議)는 회장 1명, 부회장 1명 및 감사 1명을 동별 대표자 중에서 선출(選出)하여야 한다.

　*‘민간임대주택에 관한 특별법 시행령’ 제42조(임차인대표회의) ⑨ 임차인대표회의를 소집하려는 경우에는 소집 일 5일 전까지 회의의 목적·일시 및 장소 등을 임차인에게 알리거나, 공고하여야 한다(cf. 준칙 제36조제1항).

　*‘민간임대주택에 관한 특별법 시행령’ 제42조(임차인대표회의) ⑩ 임차인대표회의는 그 회의에서 의결한 사항, 임대사업자와의 협의 결과 등 주요 업무의 추진 상황을 지체 없이 임차인에게 알리거나, 공고하여야 한다. 〈개정 2019. 2. 12.〉

　*‘민간임대주택에 관한 특별법 시행령’ 제42조(임차인대표회의) ⑪ 임차인대표회의는 회의를 개최하였을 때에는 회의록을 작성하여 보관하고, 임차인이 회의록의 열람을 청구하거나 자기의 비용으로 복사를 요구할 경우에는 그에 따라야 한다.

　*‘민간임대주택에 관한 특별법 시행령’ 제42조의 2(주차장의 외부 개방) 임대사업자는 제42조제4항제3호에 따라 임차인대표회의와 협의(協議)하여 결정한 사항에 대해서 전체 임차인 과반수의 서면 동의를 받은 경우 지방자치단체와 협약(協約)을 체결하여 주차장을 개방할 수 있다. 이 경우 개방하는 민간임대주택 주차장의 운영·관리자는 지방자치단체, 「지방 공기업법」 제76조에 따라 설립된 지방 공단 또는 지방자치단체의 장이 지정하는 자 중에서 지방자치단체와의 협약에 따라 정한다. 〈개정 2019. 2. 12.〉 [본조 신설 2018. 12. 31.]

　－‘공공주택 특별법’ 제50조(공공임대주택의 관리 등에 관한 사항) ① 공공임대주택의 관리, 임차인대표회의 및 분쟁조정위원회 등에 관한 사항은 「민간임대주

택에 관한 특별법」 제51조, 제52조 및 제55조를 대통령령(大統領令)으로 정하는 바에 따라 준용(準用)한다. 〈개정 2019.4.30.〉

  * '공공주택 특별법 시행령' 제53조(공공임대주택의 관리 등) ① 법 제50조제1항에 따라 주택의 관리, 임차인대표회의 및 분쟁조정위원회 등에 관하여는 「민간임대주택에 관한 특별법」 제51조, 제52조 및 제55조를 **준용**하되, 같은 법 제51조제3항에 따른 자체 관리를 위한 시장·군수 또는 구청장의 인가나 관리비와 관련된 회계감사는 **국토교통부령**으로 정하는 바에 따라 **준용**하지 **아니** 한다.

  – '공공주택 특별법 시행규칙' 제37조(자체관리 인가 신청 등의 예외) 영 제53조에 따라 공공임대주택의 관리에 대해서는 「민간임대주택에 관한 특별법 시행규칙」 제21조제1항 및 제22조제7항·제8항·제9항을 준용하지 아니 한다.

  * '민간임대주택에 관한 특별법' 제51조(선수관리비) ⑥ 임대사업자는 민간임대주택을 관리하는 데 필요한 경비를 임차인이 최초로 납부하기 전까지 해당 민간임대주택의 유지 관리 및 운영에 필요한 경비(이하 **"선수관리비"**라 한다)를 대통령령으로 정하는 바에 따라 부담할 수 있다. 〈신설 2023.8.16., 시행 2024.2.17.〉

  – '공공주택 특별법' 제50조(공공임대주택의 관리에 필요한 경비) ② 공공주택사업자는 공공임대주택을 관리하는 데 필요한 경비를 임차인이 최초로 납부하기 전까지 해당 공공임대주택의 유지 관리 및 운영에 필요한 경비(이하 **"선수관리비"**라 한다)를 대통령령으로 정하는 바에 따라 부담할 수 있다. 〈신설 2019.4.30.〉

  [전문 개정 2015.8.28.] [시행일 : 2019.11.1.] 제50조제2항

  * '공공주택 특별법 시행령' 제53조(공공임대주택의 선수관리비 부담) ② 공공주택사업자는 법 제50조제2항에 따라 공공임대주택의 유지 관리 및 운영에 필요한 경비(이하 **"선수관리비"**라 한다)를 부담하는 경우에는 해당 임차인의 입주 가능일 전까지 「공동주택관리법」 제2조제1항제10호에 따른 관리주체(이하 "관리주체"라 한다)에게 선수관리비를 지급하여야 한다. 〈신설 2019.10.29.〉

  * '공공주택 특별법 시행령' 제53조(공공임대주택의 선수관리비 반환) ③ 관리주체는 해당 임차인의 임대 기간이 종료되는 경우 제2항에 따라 지급받은 **선수관리비**를 공공주택사업자에게 반환하여야 한다. 다만, 다른 임차인이 해당 주택에 입주할 예정인 경우 등 공공주택사업자와 관리주체가 협의하여 정하는 경우에는 **선수관**

리비를 반환하지 않을 수 있다. 〈신설 2019.10.29.〉

> * '공공주택 특별법 시행령' 제53조(공공임대주택의 선수관리비 책정) ④ 제2항에 따라 관리주체에게 지급하는 **선수관리비(先受管理費)**의 금액(金額)은 해당 공공임대주택의 유형 및 세대수 등을 고려하여 공공주택사업자와 관리주체가 협의(協議)하여 정한다. 〈신설 2019.10.29.〉

입주자대표회의 임원의 선출, 업무 범위 등[법 제14조]

법 제14조(입주자대표회의에 두는 임원) ⑥ 입주자대표회의에는 대통령령(大統領令)으로 정하는 바에 따라 회장, 감사 및 이사를 임원으로 둔다. 〈개정 2018.3.13.〉

법 제14조(사용자인 동별 대표자의 회장 선출) ⑦ 제6항에도 불구하고 사용자(使用者)인 동별 대표자는 회장이 될 수 없다. 다만, 입주자인 동별 대표자 중에서 회장 후보자가 없는 경우로서 선출 전에 전체 입주자(入住者) 과반수의 서면 동의(同意)를 얻은 경우에는 그러하지 아니 하다. 〈신설 2019.4.23.〉 [시행 2020.4.24.]

영 제12조(입주자대표회의의 구성 - 임원 편제) ① 법 제14조제6항에 따라 입주자대표회의에는 다음 각 호의 임원(任員)을 두어야 한다. 〈개정 2018.9.11.〉

1. 회장 1명
2. 감사 2명 이상
3. 이사 1명 이상

* **법 제14조(입주자대표회의의 구성·운영 등) ⑩** 동별 대표자의 임기나 그 제한에 관한 사항, 동별 대표자 또는 입주자대표회의 임원의 선출이나 해임 방법 등 입주자대표회의의 구성 및 운영에 필요한 사항과 입주자대표회의의 의결 방법은 대통령령으로 정한다. 〈개정 2019.4.23., 2022.6.10.〉 [시행일: 2022.12.11.]

영 제12조(입주자대표회의 임원의 선출 방법) ② 법 제14조제10항에 따라 제1항의 임원(任員)은 동별 대표자 중에서 다음 각 호의 구분에 따른 방법으로 선출(選出)한다.[93] 〈개정 2021.10.19., 2022.12.9.〉

---

93) 입주자대표회의 임원 선출·해임 방법 통일(영 제12조 및 제13조 개정)

1. 회장(會長) 선출 방법

　가. 입주자 등의 보통·평등·직접·비밀선거를 통하여 선출

　나. 후보자가 2명 이상인 경우: 전체 입주자 등의 10분의 1 이상이 투표하고, 후보자 중 최다 득표자를 선출

　다. 후보자가 1명인 경우: 전체 입주자 등의 10분의 1 이상이 투표하고, 투표자 과반수의 찬성으로 선출

　라. 다음의 경우에는 입주자대표회의 구성원 과반수의 찬성으로 선출하며, 입주자대표회의 구성원 과반수 찬성으로 선출할 수 없는 경우로서 최다 득표자가 2인 이상인 경우에는 추첨으로 선출

　　1) 후보자가 없거나 가목부터 다목까지의 규정에 따라 선출된 자가 없는 경우

　　2) 가목부터 다목까지의 규정에도 불구하고 500세대 미만의 공동주택 단지에서 관리규약으로 정하는 경우

2. 감사(監事) 선출 방법

　가. 입주자 등의 보통·평등·직접·비밀선거를 통하여 선출

　나. 후보자가 선출 필요 인원을 초과하는 경우: 전체 입주자 등의 10분의 1 이상이 투표하고, 후보자 중 득표자 순으로 선출

　다. 후보자가 선출 필요 인원과 같거나 미달하는 경우: 후보자별로 전체 입주자 등의 10분의 1 이상이 투표하고, 투표자 과반수의 찬성으로 선출

　라. 다음의 경우에는 입주자대표회의 구성원 과반수의 찬성으로 선출하며, 입주자대표회의 구성원 과반수 찬성으로 선출할 수 없는 경우로서 최다 득표자가 2인 이상인 경우에는 추첨(抽籤)으로 선출

　　1) 후보자가 없거나 가목부터 다목까지의 규정에 따라 선출된 자가 없는 경우 (선출된 자가 선출 필요 인원에 미달하여 추가 선출이 필요한 경우를 포함한다)

---

1) 기존 500세대 이상 공동주택 및 미만 단지를 구분하여 임원 선출 방법을 달리 정하고 있고, 500세대 미만 단지는 관리규약으로 정하지 아니 하는 경우에는 전체 입주자 등에 의한 직접선거 방식에 의한 선출이 사실상 차단되어 입주자대표회의 구성원의 간접선거 방식으로 선출함에 따라 입주자대표회의 구성원 사이의 담합이 우려되므로 이를 개선할 필요가 있다는 의견이 제기되고 있었음.

2) 이에 따라 500세대 미만 단지도 원칙적으로 전체 입주자 등에 의한 직접선거 방식으로 선출하도록 하되, 관리규약으로 정하는 경우에는 기존과 같이 입주자대표회의에서 선출할 수 있도록 함.

3) 500세대 미만 공동주택 단지의 회장 및 감사를 원칙적으로 전체 입주자 등이 직접선거 방식으로 선출하도록 개정함에 따라 이와 연계하여 해임 절차도 규정함.

2) 가목부터 다목까지의 규정에도 불구하고 500세대 미만의 공동주택 단지에서 관리규약으로 정하는 경우

3. 이사 선출 방법: 입주자대표회의 구성원 과반수의 찬성으로 선출하며, 입주자대표회의 구성원 과반수 찬성으로 선출할 수 없는 경우로서 최다 득표자가 2인 이상인 때에는 추첨(抽籤)으로 선출한다. 〈개정 2021.10.19., 시행 2021.10.21.〉

영 제12조(입주자대표회의 '공동체 생활의 활성화 이사'의 선임) ③ 입주자대표회의는 입주자 등의 소통(疏通) 및 화합(和合)의 증진(增進)을 위하여 그 이사 중 공동체 생활의 활성화에 관한 업무를 담당하는 이사를 선임할 수 있다.

영 제12조(입주자대표회의 임원의 업무 범위 등) ④ 입주자대표회의 임원의 업무 범위 등은 국토교통부령(國土交通部令)으로 정한다. [시행일 2018.9.14.] 제12조

규칙 제4조(입주자대표회의 회장의 업무 범위) ① 입주자대표회의의 회장(이하 이 조에서 "회장"이라 한다)은 입주자대표회의를 대표하고, 그 회의의 의장이 된다.

규칙 제4조(입주자대표회의 이사의 업무 범위) ② 이사(理事)는 회장을 보좌(補佐)하고, 회장이 사퇴 또는 해임으로 궐위(闕位)된 경우 및 사고 등 그 밖에 부득이한 사유로 그 직무를 수행할 수 없을 때에는 관리규약에서 정하는 바에 따라 그 직무(職務)를 대행(代行)한다.[94] 〈개정 2024.5.22.〉

규칙 제4조(입주자대표회의 감사의 업무 범위) ③ 감사(監事)는 관리비·사용료 및 장기수선충당금 등의 부과·징수·지출·보관 등 회계 관계 업무와 관리 업무 전반에 대하여 관리주체(管理主體)의 업무(業務)를 감사(監査)한다.

규칙 제4조(입주자대표회의 감사의 감사 보고서 작성·제출·공개) ④ 감사(監事)는 제3항에 따른 감사를 한 경우에는 감사(監査) 보고서(報告書)를 **작성**하여 입주자대표회의와 관리주체에게 **제출**하고, 인터넷 홈페이지(인터넷 홈페이지가 없는 경우에는 인터넷포털을 통하여 관리주체가 운영·통제하는 유사한 기능의 웹사이트 또는 관리사무소의 게시판을 말한다) 및 동별 게시판(통로별 게시판이 설치된 경우에는 이를 포함한다)에 **공개**하여야 한다. 〈개정 2019.10.24.〉

규칙 제4조(입주자대표회의 감사의 안건 재심의 요청) ⑤ 감사는 입주자대표회의에서 의결한 안건이 관계 법령 및 관리규약에 위반된다고 판단되는 경우에는 입주자대

---

94) cf. '서울특별시공동주택관리규약 준칙' 제29조제4항

표회의에 재심의(再審議)를 요청(要請)할 수 있다(cf. 준칙 제42조).

규칙 제4조(감사가 재심의 요청한 안건의 심의) ⑥ 제5항에 따라 재심의(再審議)를 요청받은 입주자대표회의는 지체 없이 해당 안건을 다시 심의하여야 한다.

법 제14조(입주자대표회의 회의록 작성·보관) ⑧ 입주자대표회의는 그 회의를 개최한 때에는 회의록을 작성(作成)하여 관리주체에게 보관(保管)하게 하게 하여야 한다. 〈개정 2022.8.10., 시행 2022.12.11.〉 (cf. 준칙 제43조, 제91조제2항).

법 제14조(입주자대표회의 회의록 공개, 열람·복사) ⑨ 300세대 **이상(以上)**인 공동주택의 관리주체는 관리규약으로 정하는 범위·방법 및 절차 등에 따라 회의록을 입주자 등에게 공개하여야 하며, 300세대 **미만(未滿)**인 공동주택의 관리주체는 관리규약으로 정하는 바에 따라 회의록을 공개(公開)할 수 있다. 이 경우 관리주체는 입주자 등이 회의록의 열람을 청구하거나 자기의 비용으로 복사를 요구하는 때에는 관리규약으로 정하는 바에 따라 이에 응하여야 한다. 〈신설 2022.6.10., 시행 2022.12.11.〉

* 법 제102조(과태료) ③ 다음 각 호의 어느 하나에 해당하는 자에게는 500만 원 이하의 과태료(過怠料)를 부과한다. 〈개정 2018.3.13., 2019.4.23., 2022.6.10.〉

4. 제14조제8항을 위반하여 회의록을 작성하여 보관하게 하지 아니 한 자

4의 2. 제14조제9항 후단을 위반하여 회의록의 열람(閱覽) 청구 또는 복사(複寫) 요구에 응하지 아니 한 자

1. 입주자대표회의의 임원 선출[법 제14조제6항]

입주자대표회의 회장, 감사 선출 방법(500세대 미만 공동주택)

성명 OOO 등록일 2016.03.24. 수정 2023.02.05.

질문 사항

우리 아파트(500세대 미만) 관리규약 제29조(임원의 구성) 제1항 "영 제12조제1항에 따라 **입주자대표회의**에는 다음 각 호의 **임원**을 둔다. 회장 1인, 감사 2인 이

상, 이사 1인 이상......" 선거관리위원회에서 회의 중 동별 대표자 선출 후 "회장, 감사를 입주자 등이 직접 투표하여 **선출**하는 **방법**을 논의"하였는데, 선거관리위원회가 공동주택관리규약과 다른 방법으로 진행하여도 타당한지 궁금합니다.

답변 내용

o 「공동주택관리법」 제14조제10항에 따른 같은 법 시행령 제12조제2항에 입주자대표회의의 "임원(任員)은 동별 대표자 중에서 다음 각 호의 구분에 따른 방법으로 선출(選出)한다. **1. 회장(會長) 선출 방법** - **가.** 입주자 등의 보통·평등·직접·비밀 선거를 통하여 선출, **나.** 후보자가 2명 이상인 경우: 전체 입주자 등의 10분의 1 이상이 투표하고, 후보자 중 최다 득표자를 선출, **다.** 후보자가 1명인 경우: 전체 입주자 등의 10분의 1 이상이 투표하고 투표자 과반수의 찬성으로 선출, **라.** 다음의 경우에는 입주자대표회의 구성원 과반수의 찬성으로 선출하며, 입주자대표회의 구성원 과반수 찬성으로 선출할 수 없는 경우로서 최다 득표자가 2인 이상인 경우에는 추첨으로 선출한다. **1)** 후보자가 없거나 가목부터 다목까지의 규정에 따라 선출된 자가 없는 경우, **2)** 가목부터 다목까지의 규정에도 불구하고 **500세대 미만의 공동주택** 단지에서 **관리규약**으로 정하는 경우. **2. 감사 선출 방법** - **가.** 입주자 등의 보통·평등·직접·비밀 선거를 통하여 선출, **나.** 후보자가 선출 필요 인원을 초과하는 경우: 전체 입주자 등의 10분의 1 이상이 투표하고 후보자 중 다득표자 순으로 선출, **다.** 후보자가 선출 필요 인원과 같거나 미달하는 경우: 후보자별로 전체 입주자 등의 10분의 1 이상이 투표하고, 투표자 과반수의 찬성으로 선출, **라.** 다음의 경우에는 입주자대표회의 구성원 과반수의 찬성으로 선출하며, 입주자대표회의 구성원 과반수 찬성으로 선출할 수 없는 경우로서 최다 득표자가 2인 이상인 경우에는 추첨으로 선출한다. **1)** 후보자가 없거나 가목부터 다목까지의 규정에 따라 선출된 자가 없는 경우(선출된 자가 선출 필요 인원에 미달하여 추가 선출이 필요한 경우를 포함한다.), **2)** 가목부터 다목까지의 규정에도 불구하고 **500세대 미만의 공동주택** 단지에서 **관리규약**으로 정하는 경우. **3. 이사 선출 방법:** 입주자대표회의 구성원 과반수의 찬성으로 선출하며, 입주자대표회의 구성원 과반수 찬성으로 선출할 수 없는 경우로서 최다 득표자가 2인 이상인 때에는 추첨으로 선출한다."고 규정되

어 있습니다. 〈개정 2021. 10. 19., 시행 2021. 10. 21.〉

따라서, 이 질의 사안 **공동주택(500세대 미만)**의 경우 500세대 이상인 공동주택과 마찬가지로 같은 영 제12조제2항제1호 가목·나목·다목과 제12조제2항제2호 가목·나목·다목에 따라 **전체 입주자 등의 직접선거 방법**으로 **입주자대표회의의 회장과 감사를 선출**하는 것입니다. **다만,** 같은 영 제12조제2항제1호 라목 **1)**과 제12조제2항제2호 라목 **1)**에 따른 경우, 또는 제12조제2항제1호 라목 **2)**와 제12조제2항제2호 라목 **2)**에 따라 500세대 미만의 공동주택 단지에서 **관리규약**으로 정하는 경우 입주자대표회의의 구성원 과반수의 찬성에 의한 **간접선거의 방법**으로 회장과 감사를 **선출**할 수 있는 것입니다.[95]

* 500세대 미만인 공동주택의 입주자대표회의 회장과 감사 및 이사의 선출 절차와 관련, 「공동주택관리법 시행령」 제12조제2항제1호{회장(會長) 선출 방법} 라목 **2)**에 "**다음의 경우**에는 **입주자대표회의 구성원 과반수의 찬성**으로 **선출**하며, 입주자대표회의 구성원 과반수 찬성으로 선출할 수 없는 경우로서 최다 득표자가 2인 이상인 경우에는 추첨으로 선출한다. – 2) 가목부터 다목까지의 규정에도 불구하고 **500세대 미만의 공동주택** 단지에서 **관리규약**으로 정하는 경우,[96]" 제12조제2항제2호{감사(監事) 선출 방법} 라목 **2)**에서 "**다음의 경우**에는 **입주자대표회의 구성원 과반수의 찬성**으로 **선출**하며, 입주자대표회의 구성원 과반수 찬성으로 선출할 수 없는 경우로서 최다 득표자가 2인 이상인 경우에는 추첨(抽籤)으로 선출한다. – 2) 가목부터 다목까지의 규정에도 불구하고 **500세대 미만의 공동주택** 단지에서 **관리규약**으로 정하는 경우,[97]" 제12조제2항제3호{이사(理事) 선출 방법}에서는 "**입주자대표회의 구성원 과반수의 찬성**으로 **선출**하며, 입주자대표회의 구성원 과반수 찬성으로 선출할 수 없는 경우로서 최다 득표자가 2인 이상인 경우에는 추첨(抽籤)으로 선출한다."고 규정되어 있습니다.

---

95) 500세대 미만인 공동주택으로서 「공동주택관리규약」으로 정하는 경우 예외적(例外的)으로 「공동주택관리법 시행령」 제12조제2항제1호 라목 2) 및 제12조제2항제2호 라목 2)의 적용(適用) 대상이 된다. (cf. 준칙 제30조제1항·제2항)

96) cf. 「서울특별시공동주택관리규약 준칙」 제30조제1항·제2항

97) cf. 「서울특별시공동주택관리규약 준칙」 제30조제1항·제2항

입주자대표회의 회장, 감사 선출 방법(500세대 이상 공동주택)

성명 OOO 등록일 2016.04.21. 2024.08.26.

질문 사항

우리 아파트는 500세대 이상으로서 동별 대표자 선거 후 입주자대표회의 **회장, 감사 선출** 때 감사 입후보자가 없어 입주자대표회의 회장만 직접선거로 선출하고, 감사는 **간선제**로 **선출**하여 구청에 구성 신고를 완료하였습니다. 몇 개월 후 간접선거로 선출된 감사가 개인 사정으로 감사의 직을 **사임**하였습니다. 이 경우 **새로운 감사**를 직선제로 선출하여야 되는지요? 아니면, 간선제로 **선출**할 수 있는지요.

답변 내용

입주자대표회의의 회장과 감사는 해당 공동주택 **전체 입주자 등**의 **보통·평등·직접·비밀선거**를 통하여 **선출**하여야 합니다.[98] 다만, **후보자가 없거나 선거 후 선출된 사람**이 없을 경우(감사의 경우는 선출된 자가 선출 필요 인원에 미달하여 추가 선출이 필요한 경우를 포함한다.), **500세대 미만 공동주택** 단지에서 **관리규약**으로 정하는 경우에는 **입주자대표회의**의 **구성원 과반수**의 **찬성으로 선출**할 수 있습니다 [「공동주택관리법 시행령」 제12조제2항제1호 라목·제12조제2항제2호 라목(신설 2021. 10. 19., 시행 2021. 10. 19.), 준칙 제30조제1항·제2항].

따라서, 공동주택 입주자대표회의의 **회장** 또는 **감사**가 **사퇴하**거나 **해임**되는 등 **궐위**되어 다시 **선출**할 경우, 입후보자가 있으면 「공동주택관리법 시행령」 제12조제2항제1호 또는 제12조제2항제2호 각 가목·나목·다목에 따라 **전체 입주자 등**의 **보통·평등·직접·비밀선거 방법**으로 진행하여야 하는 것입니다.

입주자대표회의 회장, 감사의 간접 선출 방법

성명 OOO 등록일 2016.04.25. 수정 2024.08.26.

---

98) 영 제12조제2항제1호 가목·나목·다목, 제12조제2항제2호 가목·나목·다목

질문 사항

500세대 이상인 공동주택에서 입주자대표회의의 **감사 선출** 공고를 3차까지 하였으나 입후보자가 없으며, 관리규약으로 정하지 않은 경우 「공동주택관리법 시행령」 제12조제2항제2호 라목 1)에 따른 방법으로 감사를 선출할 수 있는지요.

답변 내용

500세대 이상인 공동주택의 관리규약에서 '후보자가 없거나, 선거 후 선출된 사람이 없을 경우 입주자대표회의가 회장과 감사(선출된 자가 선출 필요 인원에 미달하여 추가 선출이 필요한 경우를 포함한다.)를 선출하는 사항'을 규정하고 있지 않은 경우에도 **「공동주택관리법 시행령」 제12조제2항제1호 라목 1), 제12조제2항제2호 라목 1)**에 따라 입주자대표회의에서 회장과 감사를 선출할 수 있습니다.[99]

따라서, 질의 사안과 같이 입주자대표회의의 구성원 과반수의 찬성으로 회장과 감사를 선출하는 방법을 해당 **공동주택관리규약**으로 **정하지 않더라도** 「공동주택관리법 시행령」 제12조제2항제1호 라목 1), 제12조제2항제2호 라목 1)에 따라 "후보자가 없거나, 선출된 자가 없는 경우(감사의 경우는 선출된 자가 선출 필요 인원에 미달하여 추가 선출이 필요한 경우를 포함한다.)"에는 **입주자대표회의의 구성원 과반수의 찬성으로 회장과 감사를 선출**할 수 있다는 것을 알려드립니다.

입주자대표회의의 감사 선출 방법(500세대 이상 공동주택)

〈전자 민원 2016.09.13. 수정 2023.02.05.〉

질문 사항

「공동주택관리법 시행령」에 따른 500세대 이상인 공동주택의 **감사 선거**에서 2명의 후보자 중 **1명**은 전체 입주자 등의 10분의 1 이상의 투표와 투표자 과반수의 찬성으로 **당선**되었습니다. 그리고, **1명**은 과반수의 찬성을 받지 못해서 뽑지 못한 경

---

99) cf. 영 제12조제2항제1호 라목 1) · 제12조제2항제2호 라목 1), 준칙 제30조제1항 · 제2항

우 다른 1명의 감사를 간접선거로 **선출**(낙선한 사람 포함)할 수 있는지요.

답변 내용

500세대 이상인 공동주택에서 입주자대표회의의 감사를 선출하는 방법은 「**공동주택관리법 시행령**」 **제12조제2항제2호 가목·나목·다목 및 라목** 1)에 따라야 한다. 따라서, 입주자대표회의 **감사 선거 후보자가 2명**이라면, 그 후보자가 선출 필요 인원과 같거나 미달하는 경우로서 **같은 영 제12조제2항제2호 다목**에 따라 "후보자별로 전체 입주자 등의 10분의 1 이상이 투표하고, 투표자 과반수의 찬성으로 **선출**"한다. 이와 관련하여, 감사 선거 **후보자 중**에서 **투표자의 과반수 찬성을 얻지 못한 경우**에는 **같은 영 제12조제2항제2호 라목** 1)에 따라 입주자대표회의 구성원의 과반수 찬성으로 선출할 수 있다(cf. 준칙 제30조제1항·제2항).

아울러, 입주자대표회의 **감사(監事) 선거 입후보자가 1명**인 **경우** 그 후보자 1명은 입주자 등 10분의 1 이상이 투표하고, 투표자의 과반수 찬성으로 선출하며[영 제12조제2항제2호 다목], 후보자가 없어 뽑지 못해서 공석(空席)인 감사 1명은 입주자대표회의 구성원의 과반수 찬성으로 선출할 수 있는 것이다[영 제12조제2항제2호 라목 1), 준칙 제30조제1항·제2항].

✿ 500세대 이상인 공동주택 입주자대표회의 회장, 감사 선출

[법제처 15 - 0066, 2015.03.27.] 수정 2021.10.21.

【질의 요지】

500세대 이상(以上)인 공동주택 단지에서 동별 대표자 전원의 임기가 만료된 후 주택법 제44조제2항(현행 「공동주택관리법」 제18조제2항)의 공동주택관리규약에 따라 **새로 선출**된 **동별 대표자가 3명**인 **경우**, 같은 법 시행령 제50조제6항(현행 「공동주택관리법 시행령」 제12조제2항제1호 가목·나목·다목, 제12조제2항제2호 가목·나목·다목)에 따라 새로 선출된 동별 대표자 중에서 전체 입주자와 사용자의 보통·평등·직접·비밀선거를 통하여 입주자대표회의 회장(會長)과 감사(監

事)를 선출(選出)할 수 있는지요?

【회답】

　500세대 이상인 공동주택에서 동별 대표자 전원의 임기가 만료된 후 주택법 제44조제2항(현행 「공동주택관리법」 제18조제2항)에 따른 공동주택관리규약에 좇아 새로 선출된 동별 대표자가 3명인 경우, 같은 법 시행령 제50조제6항[**「공동주택관리법 시행령」 제12조제2항제1호 가목·나목·다목, 제12조제2항제2호 가목·나목·다목**]에 따라 **새로 선출**된 **동별 대표자 중**에서 **전체 입주자**와 **사용자**의 **보통·평등·직접·비밀선거**를 통하여 입주자대표회의의 **회장**과 **감사를 선출**할 수 있습니다(cf. 법제처 14 - 0457, 2014. 9. 1. 법령 해석, 법 제14조제1항).

입주자대표회의의 구성(회장 등 임원 선출) 요건

성명 ○○○ 등록일 2016.02.04. 수정 2023.02.05.

질문 사항

　동별 대표자가 20명 정원인 아파트에서 「공동주택관리법」이 정한 최소 4명 이상인 5명이 **선출**되었다면, 이는 입주자대표회의가 **구성**된 것으로 볼 수 있는 것입니까? 과반수 **의결**은 하지 못하더라도 전원 찬성 의결과 입주자대표회의 구성, 임원 **선출**에는 문제가 없는 것으로 봐도 무방합니까? 구성 여부에 따라 일반 결재권이 전임 회장에게 있느냐, 추후 선출될 구성원에게 있는지 차이가 있을 것입니다.

답변 내용

　ㅇ 의무 관리 대상 공동주택에서 입주자대표회의 구성원의 과반수(過半數)가 선출되지 아니 하였더라도 **「공동주택관리법」 제14조제10항**에 따른 **같은 법 시행령 제12조제2항제1호 가목·나목·다목, 제12조제2항제2호 가목·나목·다목**에 따라 전체 입주자 등의 보통·평등·직접(直接)·비밀선거를 통하여 입주자대표회의의 **회장**과 **감사를 선출(選出)**할 수 있다고 할 것입니다.

− 또한, 주택법 시행령 제50조제1항(현행 「공동주택관리법」 제14조제1항 전단 규정)은 **입주자대표회의를 4명 이상으로 구성하도록 하고 있을 뿐,** 주택법령(**현행 '공동주택관리법령'**)이나 **관리규약**에서 **입주자대표회의의 구성 요건**에 대하여 **별도**로 **명시한 규정**이 **없습**니다(법제처 법령 해석, [법제처 14 − 0457, 2014. 9. 1.]). 따라서, 사안의 공동주택이 500세대 이상(以上)이든 미만(未滿)이든 정원 20명 중 5명의 동별 대표자가 선출된 경우에도 입주자대표회의의 회장과 감사의 선출(選出)이 가능할 것으로 판단됩니다[단, **500세대 미만인 공동주택**으로서 관리규약으로 정하는 경우는 입주자대표회의 구성원의 과반수(過半數)가 선출되어야 한다. − cf. 같은 법 시행령 제12조제2항제1호 라목 2), 제12조제2항제2호 라목 2)].

ㅎ 후임자 미선출 이유로 입주자대표회의 회장 지위 유지되나

대전지방법원 판결 2013/04/10 한국아파트신문

후임 입주자대표회의 회장이 선출되지 않았다고 해서 기존 입주자대표회의 회장의 지위가 계속 유지되는 것은 아니라는 해석이 나왔다. 대전지방법원 제11민사부(재판장 이현우 부장판사)는 최근 대전 서구 소재 모 아파트 입주자 A씨가 이 아파트 입주자대표회의를 상대로 제기한 무효 확인 청구 소송에서 "B씨가 입주자대표회의 회장의 지위에 있지 않음을 확인한다."고 주문(主文)하였다.

앞서 이 아파트 입주자대표회의는 B씨의 회장 임기가 2010년 12월 31일자로 만료(滿了)된 것은 사실이지만, 이후 후임(後任) 회장이 선출(選出)되지 않았으므로 이 아파트 관리규약 제18조 제2항 또는 「민법」 제691조의 유추 적용에 따라 B씨의 회장 지위가 계속 유지(維持)되고 있다는 취지로 주장(主張)하였다.

이에 대하여 재판부는 판결문에서 "이 아파트 **관리규약** 제18조 제2항의 내용은 **'동별 대표자의 임기 만료 후** 같은 **규약 제24조의 절차**에 의거 **동별 대표자를 선출**한 **결과** 정원의 과반수가 **선출되지 않을 경우**에는 **선출되지 않은** 해당 **동**에 **한정**하여 **정원의 과반수**가 **선출될 때까지 임기가 연장된다.'는 것**"이라며. "이 아파트 관리규약 제18조 제2항이 동별 대표자 임기의 연장에서 더 나아가 회장 임기의 연장까지 의미하는 것이라고 볼 수는 없으므로, 위 조항에 의하여 B씨에게 입주자대표회의 회장의 지위가 인정된다고 할 수 없다."고 설명하였다.

이어 **"임기**가 **만료**된 **종전 대표자**에게 **후임 대표자**가 **선임될 때까지 직무수행권**을 **인정할 필요**가 **있는 경우**가 있지만, 이는 **급박한 사정**을 **해소**하기 위하여 **직무**를 **수행**하게 할 **필요**가 있는지를 **개별적 · 구체적**으로 **가려 인정**할 수 있는 것이지, 임기 만료 후 후임자가 아직 선출되지 않았다는 사정만으로 **당연히 포괄적**으로 **부여되는 것은 아닐 것"**이라며, **"「민법」 제691조는 종전 대표자**가 **임기 만료 후**에 **수행**한 **업무**를 **사후**에 **개별적 · 구체적**으로 **구분**하여 **예외적**으로 그 **효력**을 **인정**하게 하는 **근거**가 될 수 있을 뿐 그로 하여금 **장래**를 **향하여 대표자**로서의 **업무수행권**을 **포괄적**으로 **행사**하게 하는 **근거**가 **될 수는 없다."** 라고 밝혔다.

재판부는 또 **"종전 입주자대표회의**의 **회장**으로서 **급박한 사정**을 **해소**하기 위한 **필요**에 의하여 **개별적 · 구체적인 직무**를 **수행**할 **권한**은 임기 중에 있는 회장으로서 갖고 있는 포괄적인 직무수행 권한과 **구분(區分)**되고, 포괄적인 직무수행 권한을 전제로 하는 개념인 회장으로서의 **'지위(地位)'**가 이 사건 변론 종결 당시 B씨에게 계속 **유지**되고 있다고 **볼 수는 없다."**고 지적하였다.

게다가 "B씨의 입주자대표회의 회장 임기가 만료된 때로부터 2년 이상의 기간이 도과한 점, B씨는 임기가 만료되었음에도 불구하고 입주자대표회의 회장 직무를 계속 수행하는 것에 대해서 A씨가 이 사건 소(訴) 제기 및 직무 집행정지 가처분 신청을 하는 등 **입주자대표회의**의 **회장 지위**를 둘러싸고 **분쟁**이 **계속**되고 있는 점, B씨는 입주자대표회의 회장 임기가 만료된 후 장기수선계획에 반영되어 있지 않은 공사 등의 명목으로 장기수선충당금을 사용함으로 인하여 대전시 **구청장으로부터 과태료 처분**을 받는 등 **부적절**하게 **임무 수행**을 한 **사실**이 인정되는 점 등을 종합해 보면, B씨에게는 **입주자대표회의 회장**의 **임무**를 **수행함**이 **부적당**하다고 **인정**할만한 **특별한 사정**이 **있다**고 판단된다."며, "B씨에게 「민법」 제691조의 유추 적용(類推 適用)에 의하여 종전 회장에게 부여되는 업무수행권이 존재한다고 보기도 어렵기에 임기가 만료된 대표자의 업무수행권을 근거로 한 입주자대표회의의 주장(主張) 또한 어느 모로 보나 이유 없다." 라고 판단하였다.

재판부는 따라서, "B씨는 더 이상 입주자대표회의 회장 지위(地位)에 있지 않다고 할 것이고, 입주자대표회의가 이에 대하여 다투면서 B씨로 하여금 회장 지위를 계속하여 수행(遂行)하도록 하고 있는 이상 확인(確認)의 이익(利益)도 있다."며, "A씨의 청구는 이유 있어 인용하기로 한다."고 판시하였다.

2. 입주자대표회의 임원의 업무 범위 등[법 제14조제10항]

입주자대표회의의 임원인 회장과 이사의 업무 범위

주택건설공급과 – 2015.04.13. 수정 2023.02.05.

질문 사항

의무 관리 대상 공동주택의 **입주자대표회의에는** 1인의 회장과 2인 이상의 감사 및 1인 이상의 이사를 **임원**으로 두도록 되어 있는데요. 임원인 **회장**과 **이사**의 **업무 범위**와 **관계**는 어떠한지요.

답변 내용

입주자대표회의에는 동별 대표자 중에서 회장 1명, 감사 2명 이상, 이사 1명 이상을 두어야 하며, 입주자대표회의의 **회장**은 입주자대표회의를 **대표**하고, 그 회의의 **의장**이 됩니다(법 제14조제6항·제10항, 영 제12조제1항·제4항, 규칙 제4조제1항, 준칙 제29조제3항). 한편, **이사**는 회장을 **보좌**하고, 회장이 부득이한 사유로 그 직무를 수행할 수 없을 때에는 공동주택관리규약에서 정하는 바에 따라 그 **직무**를 **대행**합니다(같은 법 시행규칙 제4조제2항, 준칙 제29조제4항).

이와 관련하여, 입주자대표회의 **임원의 업무**는 **상호 보완적인 것**으로 판단되며, 입주자대표회의의 임원은 **각자** 「공동주택관리법 시행령」 제12조제4항에 따른 같은 법 시행규칙 제4조에 **규정**된 **업무**를 **수행**하여야 할 것임을 알려드립니다.[100]

---

100) cf. 「서울특별시공동주택관리규약 준칙」 제29조제3항, 제4항, 제5항

의결 정족수 부족으로 의결이 불가한 경우의 업무 집행

주택건설공급과 - 2015.10.26. 수정 2024.04.21.

질문 사항

입주자대표회의의 구성원이 현재 1명으로 의결이 불가할 경우, 공동주택 공용 시설물(승강기 등)의 교체 및 보수가 필요한 경우 **장기수선계획의 조정** 및 **장기수선충당금 사용**을 어떤 **방식**으로 하여야 하는지요?

답변 내용

입주자대표회의의 의결 정족수가 부족하여 의결이 불가하다면, 조속히 궐위된 동별 대표자를 추가로 선출하여 공동주택관리법령에 정한 절차에 따라 관리 업무를 진행하여야 할 것입니다. 다만, 기존 동별 대표자의 임기가 만료되었으나 **동별 대표자를 선출**하려는 **노력**에도 불구하고 **선출**이 **힘든 상황**이라면, **"새로이 동별 대표자를 미처 선출하지 못한 경우**에는 **기존 동별 대표자**가 그 **임무**를 **수행**함이 **부적당**하다고 **인정**될 만한 **특별한 사정**이 **없는 한** 그 **급박한 사정**을 **해소**하기 위하여 **필요한 범위** 안에서 **새로운 동별 대표자**가 **선출**될 **때까지**는 그 **직무**를 계속 **수행**할 수 있다.**"는 **대법원**의 **판례**(대법원 2007. 6. 15. 선고 2007다6307 판결)에 따라 **현재 선출**된 **동별 대표자·전임 동별 대표자** 및 **관리주체**가 **입주자 등**과 **협의 등**을 거쳐 **해결**(통상적인 범위 안의 업무 수행)하여야 할 것으로 판단됩니다.[101]

---

101) cf. **「서울특별시공동주택관리규약 준칙(예시)」 제38조제3항** – **"**제1항에도 불구하고 입주자대표회의가 그 구성원의 과반수에 미달하여 의결할 수 없는 경우에는 **전체 입주자 등의 과반수의 찬성으로 의결**을 **대신**할 수 있다. 다만, 장기수선계획의 수립과 조정, 공동주택 공용부분의 담보책임 종료 확인에 관하여는 제2항제1호를 준용한다.**"는 내용을 **규정**하는 경우, **입주자 등**이 **결정**할 수 있을 것으로 판단된다. 국토교통부는 이와 같은 내용을 2016.4. 11. 국토교통부 고시 제2016 - 481호로 입법예고(「공동주택관리법 시행령 제정안」 제13조제1항 단서 규정)한 바 있다. '지침' 제4조제6항, 준칙 제71조의 2 제2항·제75조

입주자대표회의의 회장 직무대행 임기 만료 후 업무 수행

성명 OOO 등록일 2015.12.30. 수정 2024.04.21.

질문 사항

입주자대표회의 회장 직무대행(職務代行)으로서 동별 대표자의 **임기 만료** 후, 새로 입주자대표의의 **회장**을 **선출**하기 **불가능**한 급박한 **상황**에서, 아파트 업무 처리의 단절을 막고 주민의 손실이 초래되지 않도록 업무의 연속을 위하여 **기존** 입주자대표회의 회장 **직무대행**이 차기 새로운 입주자대표회의의 회장을 선출하기 전까지 그 **업무(業務)**를 계속 **수행(遂行)**할 수 있는지에 대하여 질의 합니다.

답변 내용

기존 동별 대표자의 임기가 만료되었으나 **"새로이 동별 대표자를 미처 선출하지 못한 경우**에는, **기존 동별 대표자**가 그 **임무**를 **수행함**이 **부적당**하다고 **인정**될 만한 **특별한 사정**이 **없는 한** 그 **급박(急迫)한 사정**을 **해소**하기 위하여 **필요한 범위** 안에서 **새로운 동별 대표자**가 **선출**될 **때까지**는 그 **직무**를 계속 **수행"**할 수 있을 것입니다(대법원 2007. 6. 15. 선고 2007다6307 판결 인용). 다만, 이 경우에도 임기가 만료된 동별 대표자는 '최소한의 범위 안에서 필요한 업무'를 수행하는 것이 타당한 것입니다. 이와 관련, 보다 자세한 사항은 「공동주택관리법」 제93조에 따라 해당 공동주택의 관리 감독 권한이 있는 지방자치단체에 문의하여 주시기 바랍니다.[102]

입주자대표회의 감사의 업무 범위(임기 중 업무 한정 여부)

주택건설공급과 - 2014.09.23. 수정 2023.02.05.

---

102) * 500세대 이상이든 미만(未滿)이든 공동주택 입주자대표회의의 회장은 새로이 선출된 동별 대표자 중(몇 명이 선출되었는지는 문제가 되지 아니 한다.)에서 주택법 시행령 제50조제6항(현행 「공동주택관리법 시행령」 제12조제2항제1호 가목·나목·다목) 및 공동주택관리규약이 정하는 바에 따라 (직접) 선출할 수 있다[cf. 법령 해석, 법제처 14 - 0457, 2014.9.1., 15 - 0066, 2015.3.27.]. cf. 법 제14조제10항, 영 제12조제4항, 규칙 제4조제2항, 영 제14조제4항 단서 규정 뒷절, 준칙 제29조제4항·제34조제1항·제36조제2항

질문 사항

전임 입주자대표회의에서 시행한 공사 관련 부분이 입주자대표회의 **감사(監事)** 의 **업무 범위(範圍)** 에 포함되는지요. 업무 범위에 해당하지 않는다면, 감사 받기를 거부할 경우 입주자대표회의의 의결로 감사를 요구할 수 있는지 궁금합니다.

답변 내용

입주자대표회의의 감사는 관리비·사용료 및 장기수선충당금 등의 부과·징수·지출·보관 등 **회계 관계 업무**와 **관리 업무 전반**에 대하여 **관리주체**의 **업무**를 **감사** 하도록 규정되어 있습니다(법 제14조제10항, 영 제12조제4항, 규칙 제4조제3항).

입주자대표회의의 감사가 앞에서 기술한 바와 같이 감사를 실시하는 경우에는 관리주체로부터 「공동주택관리법 시행령」 제26조제3항에 따른 사업 실적서 및 결산서를 제출받아 감사한 후 **감사 보고서(監査 報告書)**를 작성하여 입주자대표회의와 관리주체에 제출(提出)하고, 해당 공동주택의 **인터넷 홈페이지(인터넷 홈페이지가 없는 경우**에는 **인터넷포털**을 통하여 **관리주체**가 **운영·통제**하는 **유사한 기능**의 **웹사이트** 또는 **관리사무소**의 **게시판**을 말한다. 이하 같다.) **및 동별 게시판(통로별 게시판**이 설치된 경우에는 이를 **포함**한다. 이하 같다.)에 **공개(公開)**하여야 합니다. (「공동주택관리법 시행규칙」 제4조제4항, 준칙 제91조제3항제1호)

질의 사안의 경우 현실적으로 입주자대표회의 감사의 **임기**와 **회계년도** 및 **감사할 수 있는 시기**가 일치하지 않는 상황에서 단순히 감사의 임기 안에 일어나는 관리주체의 업무에 한정하여 감사를 실시할 수 있다고 본다면, 종전의 감사에서 누락된 위법 사항 등을 알게 된다고 하더라도 감사를 하지 못하는 불합리한 결과를 초래할 수 있습니다. 그러므로, 주택법 시행규칙 제21조제5항·제6항(현행 「공동주택관리법 시행규칙」 제4조제3항)에 따른 **입주자대표회의 감사(監事)의 감사(監査) 범위(範圍)**는 해당 감사의 **임기 중**에 **일어나는 관리주체**의 업무에 **한정되는 것**은 **아닙니다.** (법제처 법령 해석, 법령해석총괄과 - 5059, 2011. 10. 12. 인용)

관리주체가 계약자인 경우 입주자대표회의의 업무

성명 OOO 등록일 2015.11.02. 수정 2023.10.07.

질문 사항

'공동주택관리법 시행령' 제25조(관리비 등의 집행을 위한 사업자 선정) 제1항 "제1호: 관리주체가 **사업자**를 **선정**하고, **집행**하는 다음 각 목의 사항

가. 청소, 경비, 소독, 승강기 유지, 지능형 홈네트워크, 수선 유지(냉방·난방시설의 청소를 포함한다.)를 위한 용역 및 공사"로 규정되어 있습니다.

여기서, 관리주체가 계약자인 경우 "관리주체가 사업자를 선정(選定)하고 집행(執行)한다."는 **의미**가 무엇이며, 그 관리주체와 입주자대표회의 (회장, 감사 등) **권한(權限)**의 **범위(範圍)**를 명확히 밝혀 주시기 바랍니다.

답변 내용

'주택관리업자 및 사업자 선정 지침' 제4조제4항, 제5항에서 "④ 제2항에 따른 입찰의 경우 입찰공고 전에 입찰의 종류 및 방법, 낙찰 방법, 참가 자격 제한 등 입찰과 관련한 중요 사항에 대하여 영 제14조제1항에 따른 방법으로 입주자대표회의의 의결(議決)을 거쳐야 한다(cf. '지침' 제7조제2항 [별표 7] 비고 2.). 다만, 주택관리업자를 선정하는 경우에는 영 제14조제1항에 따른 입주자대표회의 **의결**로 (입주자 등의 동의를) 요청·**제안**하고, 법 제7조제1항제1호의 2에 따라 **전체 입주자 등의**(과반수가 참여하고 참여자) **과반수**의 **동의**를 얻어야 한다. ⑤ 제3항에 따른 수의계약의 경우 수의계약 전에 계약 상대자 선정, 계약 조건 등 계약과 관련한 중요 사항에 대하여 영 제14조제1항에 따른 방법으로 입주자대표회의의 의결을 거쳐야 한다. 다만, 주택관리업자를 선정하는 경우에는 영 제14조제1항에 따른 입주자대표회의 **의결**로 (입주자 등의 동의를) 요청·**제안**하고, 법 제7조제1항제1호의 2에 따라 **전체 입주자 등의** (과반수가 참여하고 참여자) **과반수**의 **동의**를 얻어야 한다."고 규정하고 있다.[103] 이는 입찰 여부, 입찰 및 낙찰의 방법, 참가 자격의 제한, 계약 조건

---

103) cf. 법 제63조제1항제6호·제64조제2항제1호·제3호, 규칙 제30조제1항제1호

등 **"입찰과 관련된 중요 사항, 수의계약과 관련한 중요 사항"** 및 입주자 등의 동의 절차 진행을 **사전**(입찰공고 전, 수의계약 전)에 **입주자대표회의**에서 **의결, 제안**하라는 것이다(cf. 법 제63조제1항제6호, 제64조제2항제1호).

앞에서 기술한 절차를 거친 후 사업자의 **선정 주체(계약자)**인 관리주체가 입찰 업무를 **주관**하여, 해당 입찰의 유효·무효 여부와 유찰 여부의 결정, 낙찰자 선정 기타 계약 체결 등을 '주택관리업자 및 사업자 선정 지침'에 적합하게 판단하여 진행하는 것이며, 이 입찰 과정에 **입주자대표회의**의 감사가 **참관**할 수 있다(cf. 영 제25조제3항제2호, '지침' [별표 7] 비고 3.).

위탁관리 공동주택의 경비, 청소 등 직영 여부

성명 OOO 등록일 2015.01.26. 수정 2021.07.02.

질문 사항

공동주택을 주택관리업자에게 **위탁관리**하면서 **경비, 청소 업무**는 입주자대표회의가 그 종사자(경비원, 청소원)를 채용하여 직접 **운영, 관리**할 수 있는지요?

답변 내용

공동주택관리법령에서는 공동주택의 관리방법으로 법 제6조제1항에 따라 입주자대표회의가 관리사무소장을 자치관리기구의 대표자로 선임하는 등 **자치 관리**하거나, 같은 법 제7조제1항에 의하여 공동주택의 관리 업무를 주택관리업자에게 맡겨 **위탁 관리**하는 두 가지 방법을 규정하고 있으며(「공동주택관리법」 제5조제1항), 자치관리와 위탁관리를 혼용(混用)하는 경우를 채택하고 있지 아니 합니다.

또한, "공동주택단지 안의 경비·청소·소독 및 쓰레기 수거"는 관리주체(위탁관리 방법인 공동주택 = 주택관리업자)의 업무로 규정(법 제63조제1항제2호. cf. 법 제9조제1항·제64조제2항제1호, 준칙 제70조제2항)하고 있습니다.

☞ 관리위원회의 설치·기능과 구성 및 운영

- **집합건물법 제26조의 3(관리위원회의 설치 및 기능)** ① 관리단(管理團)에는 규약(規約)으로 정하는 바에 따라 관리위원회(管理委員會)를 둘 수 있다.

* **집합건물법 제26조의 3** ② 관리위원회는 이 법 또는 규약으로 정한 관리인(管理人)의 사무(事務) 집행(執行)을 감독(監督)한다.

* **집합건물법 제26조의 3** ③ 제1항에 따라 관리위원회를 둔 경우 관리인은 제25조 제1항 각 호의 행위를 하려면 관리위원회의 결의를 거쳐야 한다. 다만, 규약으로 달리 정한 사항은 그러하지 아니 하다. (* cf. 제25조 제1항)

[본조 신설 2012.12.18.]

[제26조의 2에서 이동, 종전 제26조의 3은 제26조의 4로 이동 〈2020.2.4.〉]

- **집합건물법 제26조의 4(관리위원회의 구성 및 운영)** ① 관리위원회의 위원은 구분소유자 중에서 관리단 집회의 결의에 의하여 선출한다. 다만, 규약으로 관리단 집회의 결의에 관하여 달리 정한 경우에는 그에 따른다.

* **집합건물법 제26조의 4** ② 관리인은 규약에 달리 정한 바가 없으면 관리위원회의 위원이 될 수 없다. 〈개정 2020.2.4.〉

* **집합건물법 제26조의 4** ③ 관리위원회 위원(委員)의 임기(任期)는 2년의 범위에서 규약으로 정한다. 〈신설 2020.2.4.〉

* **집합건물법 제26조의 4** ④ 제1항부터 제3항까지에서 규정한 사항 외에 관리위원회의 구성 및 운영에 필요한 사항은 대통령령으로 정한다. 〈개정 2020.2.4.〉

(cf. 「집합건물의 소유 및 관리에 관한 법률 시행령」 제7조 ~ 제11조)

* **집합건물법 제26조의 4** ⑤ 구분소유자의 승낙을 받아 전유부분을 점유하는 자는 제1항 본문에 따른 관리단 집회에 참석하여 그 구분소유자의 의결권(議決權)을 행사(行使)할 수 있다. 다만, 구분소유자와 점유자가 달리 정하여 관리단에 통지하거나 구분소유자가 집회 이전에 직접 의결권을 행사할 것을 관리단에 통지한 경우에는 그러하지 아니 하다. 〈신설 2020.2.4.〉

[본조 신설 2012.12.18.] [제26조의 3에서 이동 〈2020.2.4.〉]

단지 관리단의 설립 및 운영

질의 요지

하나의 단지 안에 여러 동의 집합건물이 있는 경우 **단지(團地) 관리단**을 설립하여 **단지** 안 **건물 전체**를 **관리**할 수 있는지와 그 관리단의 **설립 방법**은 어떠한지요.

회 신(수정 2023. 9. 16.)

○ 「집합건물의 소유 및 관리에 관한 법률」에 따라 **건물**에 대하여 구분소유 관계가 성립되면, 전체 구분소유자를 구성원으로 하는 관리단이 당연 **설립(設立)**됩니다(제23조 제1항). 이처럼 1동의 **건물**에 대하여 **관리단**이 설립되어 그 건물에 대한 관리 업무를 수행할 수 있으며, **한 단지**에 **여러 동**의 **건물**이 있고, 그 **단지 안**의 **토지**나 **부속 시설**을 **구분소유자**가 **공유**하는 **경우**에는 동별(棟別) 관리단과는 별도로 **단지(團地) 관리단**을 **구성(構成)**할 수 있습니다(제51조 제1항).

○ 위와 같이 **동별 관리단**과 단지 관리단이 중첩적(重疊的)으로 존재하여 건물의 관리에 관한 사항은 동별 관리단이, 단지 안의 토지나 부속 시설에 대한 관리는 **단지 관리단**이 담당하는 것이 **비효율적(非效率的)**일 수 있으므로, 집합건물법은 제51조 제3항을 두어 각 동별로 구분소유자의 4분의 3 이상 및 의결권의 4분의 3 이상의 다수에 의한 관리단 집회 결의가 있는 경우 동별 관리단의 사업의 전부 또는 일부를 단지(團地) 관리단(管理團)이 수행할 수 있도록 하였습니다.

○ 따라서, 각 동별로 위의 결의 요건을 충족하여 단지 관리단이 공유 토지나 부속 시설뿐만 아니라 **단지 전체**를 **공동관리**하게 되면 **단지 관리단**이 하나의 단체가 되어 관리인을 선출하고, 규약을 설정하며, 집회를 개최할 수 있습니다. 이 때 결의 요건은 각각 동 단위가 아닌 전체의 요건을 만족하면 됩니다. 예를 들어, 단지 관리단 규약을 설정할 경우 단지 전체 구분소유자의 4분의 3 이상 및 의결권의 4분의 3 이상의 찬성이 있으면 되는 것입니다(제52조에 의한 제29조 준용).

동별 대표자의 임기, 중임 제한·해임 등[법 제14조제10항]

법 제14조(동별 대표자의 임기, 중임 제한·해임 등) ⑩ 동별 대표자의 임기나 그 제한에 관한 사항, 동별 대표자 또는 입주자대표회의 임원의 선출이나 해임 방법 등 입주자대표회의의 구성 및 운영에 필요한 사항과 입주자대표회의의 의결 방법은 대통령령(大統領令)으로 정한다. 〈개정 2018.3.13., 2019.4.23., 2022.6.10.〉

영 제13조(동별 대표자의 임기) ① 법 제14조제10항에 따라 동별 대표자의 임기(任期)는 2년으로 한다. 다만, 보궐선거 또는 재선거로 선출된 동별 대표자의 임기는 다음 각 호의 구분에 따른다. 〈개정 2019.10.22., 2020.4.24., 2022.12.11.〉

1. 모든 동별 대표자의 임기가 동시(同時)에 시작(始作)하는 경우: 2년
2. 그 밖의 경우: 전임자 임기(재선거의 경우 재선거 전에 실시한 선거에서 선출된 동별 대표자의 임기를 말한다)의 남은 기간(cf. 준칙 제28조제1항, 제28조제2항 뒷글)

– 준칙 제28조(동별 대표자의 임기) ① 동별 대표자의 임기(任期)는 2년으로 한다. 다만, 보궐선거 또는 재선거로 선출된 동별 대표자의 임기는 다음 각 호의 구분에 따른다(cf. 영 제13조제1항). 〈개정 2020.6.10., 2024.7.31.〉

1. 모든 동별 대표자의 임기가 동시에 시작하는 경우: 2년
2. 그 밖의 경우: 전임자 임기(재선거의 경우 재선거 전에 실시한 선거에서 선출된 동별 대표자의 임기를 말한다)의 남은 기간

영 제13조(동별 대표자의 중임 제한, 임기 산정) ② 법 제14조제10항에 따라 동별 대표자는 한 번만 중임(重任)할 수 있다. 이 경우 보궐선거(補闕選擧) 또는 재선거(再選擧)로 선출된 동별 대표자의 임기가 6개월 미만인 경우에는 임기의 횟수에 포함하지 아니 한다. 〈개정 2018.9.11., 2019.10.22.〉 (시행 2019.10.24.)

* 준칙 제28조(동별 대표자의 중임 제한 및 임기 산정) ② 동별 대표자는 영 제13조제2항에 따라 한 번만 중임(重任)할 수 있다. 이 때 보궐선거 또는 재선거로 선출된 동별 대표자의 임기가 6개월 미만인 경우에는 임기의 횟수에 포함하지 아니 한다.

영 제13조(동별 대표자의 중임 제한 완화) ③ 제11조제1항 및 이 조 제2항에도 불구하고 **2회의 선출 공고**(직전 선출 공고일부터 2개월 이내에 공고하는 경우만 2회로

계산한다)를 하였으나 **동별 대표자 선거**의 **후보자**가 **없거나 선출된 사람**이 **없는 선거구**에서 직전 선출 공고일부터 2개월 이내에 선출 공고를 하는 경우에는 동별 대표자를 중임(重任)한 사람도 **해당 선거구 입주자 등**의 **과반수(過半數)**의 **찬성**으로 다시 동별 대표자로 선출(選出)될 수 있다. 이 경우 후보자 중 동별 대표자를 중임하지 않은 사람이 있으면 동별 대표자를 중임한 사람은 후보자(候補者)의 자격(資格)을 상실(喪失)한다. 〈개정 2018.9.11., 2020.4.24.〉 (cf. 준칙 제28조제3항)

 * 준칙 제28조(동별 대표자를 중임한 사람의 선출 요건) ③ 제2항에 불구하고, **2회(2回)**의 **선출 공고**를 하였으나 **후보자**가 **없거나 선출된 사람**이 **없는 선거구**의 경우에는 3차(3次) 선출 공고부터 동별 대표자를 중임(重任)한 사람도 **해당 선거구 입주자 등**의 **과반수 찬성**으로 다시 선출될 수 있다. 이 경우 후보자 중 동별 대표자를 중임하지 아니 한 사람이 있으면 동별 대표자를 중임한 사람은 후보자의 자격을 상실한다. 〈개정 2019.2.22., 2020.6.10., 2024.7.31.〉 (cf. 영 제13조제3항)

 * 준칙 제28조(사용자인 동별 대표자 선출 요건) ④ 법 제14조제3항 및 영 제11조제2항에 따라, **2회(2回)**의 **선출 공고**에 **입주자인 후보자**가 **없는 선거구**의 경우에는 3차(3次) 선출 공고부터 사용자(使用者)도 해당 선거구 동별 대표자 후보자가 될 수 있다. 이 경우 입주자(동별 대표자를 중임한 입주자를 포함한다)인 후보자가 있으면 사용자는 후보자의 자격을 상실한다(cf. 법 제14조제3항, 영 제11조제2항).

 * 준칙 제28조(선출 공고 횟수의 산정) ⑤ 제3항 및 제4항에 따른 2차, 3차 선출 공고는 직전 선출 공고일부터 2개월 이내에 선출 공고를 하는 경우에만 2차, 3차 선출 공고로 인정한다(cf. 영 제11조제2항, 제13조제3항).

 영 제13조(동별 대표자 등의 해임) ④ 법 제14조제10항에 따라 동별 대표자 및 입주자대표회의의 임원은 관리규약(管理規約)으로 정한 사유(事由)가 있는 경우에 다음 각 호의 구분에 따른 방법으로 해임한다(cf. 영 제19조제1항제3호, 준칙 제31조).

 1. 동별 대표자: 해당 선거구 전체 입주자 등의 과반수가 투표(投票)하고, 투표자 과반수의 찬성(贊成)으로 해임(cf. 준칙 제31조제3항)

 2. 입주자대표회의의 임원: 다음 각 목의 구분에 따른 방법으로 해임

 가. 회장 및 감사: 전체 입주자 등의 10분의 1 이상이 투표(投票)하고, 투표자 과반수의 찬성으로 해임.[104] 다만, 제12조제2항제1호 라목 2) 및 같은 항 제2호 라목 2)

에 따라 입주자대표회의에서 선출된 회장 및 감사는 관리규약(管理規約)으로 정하는 절차(節次)에 따라 해임한다(cf. 준칙 제31조제4항·제5항). 〈개정 2021.10.19.〉

　나. 이사: 관리규약으로 정하는 절차에 따라 해임(cf. 준칙 제31조제5항)

　－ 준칙 제31조(동별 대표자 등의 결격사유) ① 동별 대표자의 결격사유는 법 제14조제4항 및 영 제11조제4항에 따른다. 〈개정 2020.6.10.〉

　－ 준칙 제31조(동별 대표자 등의 해임 사유 등) ② 영 제19조제1항제3호에 따른 동별 대표자 및 임원의 해임 사유(解任 事由)는 다음 각 호의 어느 하나와 같다. 다만, 동별 대표자의 임기(연임의 경우 직전 임기와 현 임기를 포함하며, 연임이 아닌 중임의 경우 현 임기만을 포함한다) 중에 한 행위에 한정하며, 객관적 증거 자료(證據 資料 － 행정기관의 과태료 처분 등의 통보서, 사법기관의 판결 또는 결정문, 당사자의 사실 인정서 등)를 제시하여야 한다. 〈개정 2023.9.26.〉

　1. 「공동주택관리법」, 「주택법」 등 공동주택과 관련한 법령을 위반하여 행정기관으로부터 **과태료** 또는 그 **이상의 처분**을 **통보**받은 경우 〈개정 2023.9.26.〉

　2. 관리규약 및 하위 규정 등을 위반하여 행정기관으로부터 시정 명령을 받았으나, 해당 시정 명령 미이행으로 **과태료** 또는 그 **이상의 처분**을 **통보**받은 경우

　3. **관리비 등**을 **횡령**한 경우

　4. 고의 또는 중대한 과실로 공용 시설물을 없어지게 하거나, 파손 또는 훼손하여 입주자 등에게 **손해**를 끼친 경우

　5. 주택 관리 업무와 관련하여 **벌금형 이상**을 **선고**받은 경우(명예훼손죄, 모욕죄, 폭행죄, 배임죄, 횡령죄 등을 포함한다)

　6. 주택관리업자, 공사 또는 용역 사업자 선정과 관련하여 해당 업체에 **입찰 정보**를 **제공**하거나, 관리주체에 압력을 행사하는 등의 **입찰의 공정성**을 **훼손**한 경우

　7. 주택관리업자, 공사 또는 용역 사업자에게 **금품·향응**을 요구하거나 받은 경우

　8. 제46조제3항부터 제5항에 따른 기간(期間) 안에 4시간의 운영·윤리 **교육(敎育)**을 **이수(履修)**하지 않은 경우

　9. 제44조제3항에 따라 30일 이내에 **겸임 금지** 사항을 해소하지 아니 한 경우

---

104) 입주자대표회의의 임원 선출·해임 방법 통일(영 제12조 및 제13조 개정) － 500세대 미만 공동주택 단지의 회장 및 감사를 원칙적으로 전체 입주자 등이 직접선거 방식으로 선출(選出)하도록 개정함에 따라 이와 연계(連繫)하여 해임(解任) 절차를 규정함.

10. 사전에 회의 불참 사유를 입주자대표회의 회장에게 유선 또는 서면으로 통보하지 아니 하고 **3회 이상 연속**하여 입주자대표회의에 **참석**하지 아니 한 자(회의 도중 자진 **퇴장**한 자도 **포함**한다)

* 준칙 제31조(동별 대표자의 해임 절차) ③ 동별 대표자가 제2항 각 호의 어느 하나의 해임 사유에 해당할 때에는 다음 각 호에 따라 해임 절차를 진행할 수 있다.

1. 해임 사유에 해당하는 객관적 증거 자료(證據 資料)를 첨부하여 **해당 선거구**의 10분의 1 이상 **입주자 등**의 <u>서면 동의</u>를 받거나, **입주자대표회의 구성원**의 <u>과반수</u> <u>찬성</u>으로 의결하여 **선거관리위원회에 해임 절차**의 **진행**을 **서면**으로 **요청**할 수 있다.

2. 제1호에 따른 요청을 받은 **선거관리위원회**는 해임 사유에 대한 객관적 증거 자료와 함께 입주자 등의 서면 동의서(서면 동의서에는 그 서면 동의를 하는 사람의 동·호수를 명확히 기재하고, 입주자 등으로부터 대리권이나 위임을 받아서 하는 경우라면, 그 본인과 대리권 등을 행사하는 자를 모두 표시하여야 한다. 이하 같다) 또는 입주자대표회의의 회의록이 제출되면, **해임 절차**를 **진행**하여야 한다.[105]

3. 해임이 요청된 동별 대표자의 직무(職務)는 **해임 요청**을 **받은 때부터** 해임 투표 결과 확정 때까지 정지된다. 임원의 경우 그 직무도 함께 정지(停止)된다.

4. 선거관리위원회는 당사자인 동별 대표자에게 **7일 이상**의 **소명(疏明) 자료**를 **제출**할 **기간**을 주어야 하며, 해임 사유(解任 事由)와 소명 자료(資料)를 **해당 선거구**의 입주자 등에게 **투표 공고**와 **동시**에 **7일 이상** 동별 게시판 및 통합정보마당에 **공개(公開)**하여야 한다. 〈개정 2022.8.7., 2023.9.26.〉

5. 해임은 <u>요청받은 날부터</u> **30일 이내**에 해당 선거구 입주자 등의 과반수가 투표(投票)하고, 투표자 과반수의 찬성(贊成)으로 <u>결정</u>한다. 단, 해임 투표가 부결(否決)된 경우 제3호에 따른 직무정지가 해제(解除)되고, 이전의 직무를 수행한다.

* 준칙 제31조(직접 선출된 회장·감사의 해임 절차) ④ 회장·감사가 제2항의 해임 사유에 해당할 때에는, 다음 각 호에 따라 해임 절차를 진행할 수 있다(cf. 「공동

---

105) 해임(解任) 투표(投票): 해임안 발의에 대한 형식적 요건이 구비되면, 공동주택 선거관리 위원회는 해임 여부에 대한 찬반 투표를 실시한다. * 해임 투표 실시 여부 결정: 해임 요청 서를 확인하여 형식적 요건이 구비된 것이 확인된 경우에는 의무적으로 해임 투표를 실시하여야 한다. ※ 해임은 본인 의사와 무관하게 동별 대표자 등 지위에서 물러나게 하는 것이 므로, 잔여 임기와 상관없이 투표를 실시하여야 한다. 「공동주택 선거관리 매뉴얼」 p. 21, 68. 중앙선거관리위원회 2014. (cf. '서울특별시공동주택관리규약 준칙' 제47조제9항)

주택관리법 시행령」제13조제4항제2호 가목).

1. 해임 사유에 해당하는 개관적 증거 자료(證據 資料)를 첨부하여 **전체 입주자 등**의 10분의 1 이상의 서면 동의를 받거나, **입주자대표회의**의 **구성원** 과반수의 찬성으로 의결하여 **선거관리위원회에 해임 절차**의 **진행**을 **서면**으로 **요청**할 수 있다.

2. 제1호에 따른 요청을 받은 **선거관리위원회**는 해임 사유에 대한 객관적 증거 자료와 함께 입주자 등의 서면 동의서 또는 입주자대표회의의 회의록이 제출되면, 그 **해임 절차**를 **진행**하여야 한다(cf. 영 제13조제4항제2호 가목 본문).

3. 해임이 요청된 회장·감사의 직무(職務)는 **해임 요청**을 **받은 때부터** 해임 투표의 결과 확정 때까지 정지(停止)된다. 〈개정 2022.8.17.〉

4. 선거관리위원회는 당사자인 회장·감사에게 **7일 이상**의 **소명 자료(疏明 資料)**를 **제출**할 **기간(期間)**을 주어야 하며, 해임 사유(事由)와 소명 자료(資料)를 **전체 입주자 등에게 투표 공고**와 **동시**에 **7일(7日) 이상** 동별 게시판 및 통합정보마당에 **공개(公開)**하여야 한다. 〈개정 2023.9.26.〉

5. 해임을 요청받은 날부터 **30일 이내**에 전체 입주자 등의 10분의 1 이상이 투표(投票)하고, 그 투표자 과반수의 찬성(贊成)으로 해임한다. 단, 해임 투표가 부결(否決)된 경우 제7항에 따른 직무정지(職務停止)가 해제(解除)되고, 이전의 직무를 수행한다.

* 준칙 제31조(이사, 간접 선출 공동주택의 회장·감사의 해임) ⑤ 제4항에도 불구하고 이사 또는 입주자대표회의 구성원 과반수의 찬성으로 선출된 회장 및 감사가 제2항의 **해임 사유**에 해당할 경우 다음 각 호에 따라 **해임 절차**를 **진행**할 수 있다(cf. 영 제13조제4항제2호 가목 단서·나목, 준칙 제30조제2항).

1. 해임 사유에 해당하는 **객관적 증거 자료**를 **첨부**하여 전체 입주자 등의 10분의 1 이상의 서면 동의를 받거나 입주자대표회의 구성원 과반수 찬성으로 의결하여 선거관리위원회에 **해임 절차**의 **진행**을 서면으로 **요청**할 수 있다.

2. 요청을 받은 선거관리위원회는 해임 사유에 대한 객관적 **증거 자료(證據資料)**와 함께 **입주자 등의 서면 동의서(同意書)** 또는 **입주자대표회의**의 **회의록(會議錄)**이 **제출**되면 **해임 절차**를 **진행**하여야 한다.

3. 해임이 요청된 이사나 회장 및 감사의 **직무**는 해임 요청을 받은 때부터 입주자대표회의 구성원 과반수 찬성 여부의 확정 때까지 **정지**된다.

4. 선거관리위원회는 당사자인 이사나 회장 및 감사에게 7일 이상의 소명 자료를 제출할 기간을 주어야 하며, 해임 사유와 소명 자료(疏明資料)를 전체 입주자등에게 7일 이상 동별 게시판 및 통합정보마당에 공개(公開)하여야 한다.

5. 선거관리위원회는 제1호에 따른 해임을 요청받은 날부터 30일 이내에 해임을 위한 회의의 소집과 진행을 주재하여야 하며, 당사자는 입주자대표회의 구성원 과반수의 찬성으로 해임한다. 회의는 당사자가 출석하여 소명할 기회가 보장되어야 한다.

6. 입주자대표회의 구성원 과반수의 찬성을 달성하지 못한 경우 제3호에 따른 직무정지가 해제되고, 이전의 직무를 수행한다. 〈개정 2022.8.17.〉

 * **준칙 제31조(회장·감사 등 임원 해임의 효과)** ⑥ 해임된 임원은 그 직위(職位)를 상실(喪失)하되, 동별 대표자의 자격은 유지된다. (cf. 준칙 제29조제2항)

 * **준칙 제31조(동별 대표자 등의 사퇴)** ⑦ 동별 대표자 또는 임원이 자진 사퇴하고자 하는 경우에는 입주자대표회의, 선거관리위원회 또는 관리사무소장(부재 때 입주자대표회의 회장 또는 선거관리위원회 위원장)에게 서면 사퇴서를 제출하여야 하며, 서면 사퇴서를 제출한 즉시 사퇴의 효력이 발생된다. 〈개정 2023.9.26.〉

 * **준칙 제31조(동별 대표자 등의 해임 및 사퇴 통보)** ⑧ 제7항에 따라 입주자대표회의, 입주자대표회의 회장, 선거관리위원회 위원장 또는 관리사무소장이 동별 대표자 또는 임원으로부터 서면 사퇴서(辭退書)를 제출(提出)받은 경우에는 즉시 선거관리위원회에 통보(通報)하여야 한다. 〈신설 2023.9.26.〉

 * **준칙 제31조(동별 대표자 등의 해임 결정 및 사퇴 공고)** ⑨ 선거관리위원회는 제3항에 따른 동별 대표자(棟別 代表者)의 해임의 결정, 제4항 또는 제5항에 따른 임원(任員)의 해임(解任)의 결정, 제7항의 사퇴(辭退)에 관한 사항을 입주자 등이 알 수 있도록 지체 없이 동별 게시판 및 통합정보마당에 공고(公告)하여야 한다.

1. 동별 대표자의 임기, 해임 등(영 제13조제1항 등)

동별 대표자의 임기(선출이 늦어진 경우)

질문 사항

해당 공동주택 관리규약에 동별 대표자의 임기가 2월 1일부터 다음다음 연도 1월 31일까지로 규정되어 있습니다. 그런데, **동별 대표자 선출(選出)이 늦어져 관리규약**으로 정한 **임기 시작 일**에 그 임기를 개시하지 **못한 경우**, 이 사안 동별 대표자의 임기(任期)가 만료(滿了)되는 날은 언제인지 궁금합니다.

납변 내용

'공동주택관리법 시행령' 제13조제1항제1호에 따라 임기가 종료되었으나 동별 대표자의 선출(選出)이 늦어져 공동주택 관리규약으로 정한 임기 개시 일에 그 임기를 시작하지 못한 경우 **해당 동별 대표자**의 **선출**이 **확정(確定)된 날**(선출 공고에서 명시한 날)을 그 **임기 개시(開始) 일**로 하고, **그로부터 2년**이 **경과(經過)한 날**을 **임기 만료(滿了) 일**로 하는 것입니다.[106] 보다 상세한 문제는 '공동주택관리법' 제93조에 따른 공동주택 관리·감독 업무 담당 지방자치단체에 문의하기 바랍니다.

동별 대표자 임기 시작 일(당선이 확정된 날)

성명 OOO 등록일 2015.08.04. 수정 2024.08.11.

질문 사항

제1기 동별 대표자의 임기가 해당 공동주택관리규약에 따라 20**. 7. 1. 시작되어 다음다음 연도 6. 30. 만료되었으나 제2기 **동별 대표자**의 선출이 늦어져 2개월 뒤인 8월 8일 선출된 경우, **임기 시작 일**은 언제부터인가요?

답변 내용

– '공동주택관리법 시행령' 제13조(동별 대표자의 임기 등)제1항에서 다음과 같

---

106) cf. 영 제13조제1항제1호, 「서울특별시공동주택관리규약 준칙」 제28조제1항

이 규정되어 있습니다. "법 제14조제10항에 따라 동별 대표자의 **임기**는 **2년**으로 한다. 다만, **보궐선거** 또는 **재선거**로 선출된 동별 대표자의 **임기**는 다음 각 호의 구분에 따른다. 〈개정 2019. 10. 22., 2022. 12. 11.〉[시행 2019. 10. 24.]

　1. 모든 동별 대표자의 임기가 동시(同時)에 시작(始作)하는 경우: 2년

　2. 그 밖의 경우: 전임자 임기(재선거의 경우 재선거 전에 실시한 선거에서 선출된 동별 대표자의 임기를 말한다.)의 남은 기간"

　– 이에 동별 대표자의 임기가 종료되었으나 선출이 늦어지거나 전원 사퇴 등으로 관리규약으로 정한 임기 개시 일에 임기를 시작하지 못한 경우는 **해당 동별 대표자의 당선**이 **확정(確定)된 날**(선출 공고에서 적시한 날)을 그 **임기 시작(始作) 일**로 하고, **임기 만료(滿了) 일**은 **임기 개시 일**(예: 20**. 8. 8.)로부터 **2년(2年) 되는 날**로 하는 것이 타당한 것이니 업무에 참고하기 바랍니다.[107]

ㅎ 입주자대표회의 회장·감사인 동별 대표자의 해임 절차

한국아파트신문 2016.03.09. 수정 2021.10.21.

서울서부지방법원, 동별 대표자 해임 결의 효력 정지

입주자대표회의 감사인 동별 대표자 해임, 해당 동 입주자 등 동의만으로는 불가
"전체 입주자 등의 10분의 1 이상 투표 및 투표자 과반수 찬성 있어야"

500가구가 넘는 서울 은평구의 A아파트에서 동별 대표자 및 입주자대표회의 감사를 맡고 있던 B씨는 해당 동 입주민의 해임 동의에 따른 선거관리위원회의 해임 투표 결과 동별 대표자 및 감사 자격을 박탈당하였다. B씨에게 적용된 해임 사유는 ▲ 위탁관리회사에 찾아가 관리사무소장의 교체를 요구함으로써 관리주체 업무의 부당한 간섭·방해 ▲ 경비 용역 사업자 선정 심사 과정에서 부적격 회사에 최고 점수 부여하여 경비 용역 사업자 선정 ▲ 경비 용역 사업자 재선정을 위한 입주자대표

---

107) cf. 영 제13조제1항제1호, 「서울특별시공동주택관리규약 준칙」 제28조제1항

회의의 의결 과정에서 경비 용역 사업자의 변경을 반대하며 무단 퇴장하여 정족수 부족으로 의결을 방해, 법령 및 관리규약을 위반하였다는 것이다.

그러자, B씨는 자신에게는 해임 사유가 없으며, 해임 과정의 절차상 하자도 있어 해임 결의 자체가 무효라면서 입주자대표회의를 상대로 해임 결의 효력 정지 가처분 신청을 냈고, 서울서부지방법원 제21민사부(재판장 이건배 부장판사)는 최근 이를 받아들여 해임 결의의 효력을 정지시켰다(cf. 법령 해석, 법제처 18 - 0524).

재판부는 우선 **절차(節次)상 하자(瑕疵)**와 관련, 선거관리위원회가 입주자대표회의의 감사인 동별 대표자 B씨를 해임함에 있어 **전체 입주민**이 **아닌 해당 동 입주자 등만을 상대로 해임 투표를 진행**하였냐는 것을 **문제(問題)** 삼았다.

주택법 시행령 제50조제6항 본문(**'공동주택관리법 시행령' 제12조제2항제2호 가목ㆍ나목ㆍ다목**)에서는 공동주택 입주자대표회의의 감사를 전체 입주자 등이 직접 선거로 **선출**하도록 명시하고 있으며, 같은 조 제7항제2호(**'공동주택관리법 시행령' 제13조제4항제2호 가목**)에서는 같은 조 제6항 본문['공동주택관리법 시행령' 제12조제2항제2호 가목ㆍ나목ㆍ다목ㆍ라목 1)]에 따라 전체 입주자 등의 투표로 선출된 감사를 **해임**하기 위한 의결 정족수(요건)를 '전체 입주자 등의 10분의 1 이상 투표 및 투표자 과반수 찬성'으로 규정하고 있다(cf. 준칙 제31조제4항제1호ㆍ제5호).

재판부는 **"500가구 이상 공동주택의 동별 대표자 겸 입주자대표회의의 감사의 동별 대표자 지위**를 주택법 시행령 제50조제7항제1호(**'공동주택관리법 시행령' 제13조제4항제1호**)에 따라 **해당 선거구 입주자 등의 과반수 투표와 투표자의 과반수 찬성으로 해임**할 수 있도록 하되, 그에 따라 당연히 **입주자대표회의의 감사 지위**마저 **함께 상실**되는 것을 허용한다면, 주택법 시행령 제50조제7항제2호(**'공동주택관리법 시행령' 제13조제4항제2호 가목**)가 정한 엄격한 **의결 정족수 요건**이 **쉽게 잠탈(潛脫)**될 수 있다."고 우려하였다. 이에 "500가구 이상인 공동주택의 동별 대표자 겸 입주자대표회의의 감사인 사람에 대해서는, 동별 대표자에서 해임하는 경우라도 주택법 시행령 제50조제7항제2호('공동주택관리법 시행령' 제13조제4항제2호 가목)가 정한 의결 정족수(해임 요건)를 충족하여야 한다."면서, **"적어도 동별 대표자 해임(解任) 사유(事由)가 입주자대표회의의 감사 직무와 관련된 경우**라면, 이는 사실상 **입주자대표회의의 감사를 해임**하는 **것과 다를 바 없다."**고 밝혔다.

재판부는 B씨의 경우 동별 대표자이자 전체 입주민 10분의 1 이상의 투표에 의해서 감사로 선출된 점, 관리사무소장 교체 요구 및 경비 용역 사업자 선정에 관여한 것 등은 입주자대표회의 감사로서의 직무와 무관하지 않은 점 등을 종합해보면, B씨를 해당 사유로 동별 대표자에서 해임하려면 주택법 시행령 제50조제7항제2호('공동주택관리법 시행령' 제13조제4항제2호 가목)가 정한 '전체 입주자 등의 10분의 1 이상의 투표 및 투표자 과반수 찬성'이라는 의결 정족수를 충족하여야 함에도 해당 동 입주민만을 상대로 해임 투표를 진행한 데는 치유할 수 없는 중대·명백한 하자가 있다고 판시하였다. 아울러, B씨에게 적용된 해임 사유 또한 정당한 사유 없이 이뤄졌다고 판단한 재판부는 내용상 하자도 있다고 보고, B씨에 대한 해임 결의 효력을 정지한다고 주문하였다. (cf. [법제처 18 - 0524, 2019. 1. 16.])

평석 변호사 최승관

1. 500가구 이상 공동주택 입주자대표회의 회장·감사 선출, 해임

500가구 이상이든 미만이든 의무 관리 대상 공동주택은 원칙적으로 전체 입주자 등의 보통·평등·직접·비밀선거를 통하여 동별 대표자 중에서 회장과 감사를 **선출**하여야 하며, 이들에게 공동주택관리법령이나 공동주택관리규약 등으로 정한 해임 사유가 있을 경우 전체 입주자 등의 10분의 1 이상이 투표하고, 투표자 과반수의 찬성으로 **해임**하도록 규정하고 있다[주택법 시행령 제50조제6항·제7항 – '공동주택관리법 시행령' 제12조제2항제1호 가목·나목·다목, 제12조제2항제2호 가목·나목·다목, 제13조제4항제2호 가목, 준칙 제31조제2항, 제4항제1호·제5호].

2. 채권자의 해임 결의 효력 정지 가처분 신청

본 사건의 경우, 603가구 공동주택 입주자대표회의인 채무자가 동별 대표자임과 동시에 감사인 채권자를 해임하기로 의결한 후, 선거관리위원회에서 채권자의 해당 동 입주자 등 과반수의 찬성만으로 동별 대표자 및 감사 직에 대한 해임(解任) 절차를 진행한 문제이다. 채권자는 자신이 동별 대표자임과 동시에 500가구 이상으로 구성된 이 사건 아파트 입주자대표회의의 감사이므로, 자신을 해임을 하기 위해서는 동별 대표자로서의 해임 의결 정족수(해당 동 입주자 등 과반수의 찬성)뿐만 아니라, 감사로서의 해임 의결 정족수도 함께 충족하여야 함에도 해당 선거구 입주자 등만을 상대로 해임 투표를 실시하였으므로, 해임 절차가 무효라고 주장하였다.

3. 법원의 판단

법원은 ① 채권자가 이 사건 아파트 해당 선거구의 동별 대표자이자 전체 입주자 등 10분의 1 이상의 투표에 의해서 감사로 선출(選出)된 사람인 점, ② 채권자에 대한 해임 투표를 할 때 그 투표 시행 공고에 '감사 및 동별 대표자 해임 요구서'와 '감사 해임 입주자 등 동의서' 등과 같이 채권자를 감사의 지위에서 해임(解任)한다는 취지로 이해되는 내용으로 기재된 점, ③ 채권자에 대한 해임 사유인 주택관리업자에게 관리사무소장의 교체를 요구하였다거나, 경비 용역 사업자의 선정에 관여하는 것 등은 채권자의 감사로서의 직무와 무관하지 않은 점 등의 사실을 인정하였다.

따라서, 위와 같은 사유로 **채권자**를 **해임(解任)**하기 위해서는 '**전체 입주자 등 10분의 1 이상의 투표 및 투표자 과반수 찬성**'이라는 **의결 정족수**(해임 결정 요건)를 **충족하여야 함**에도, 채무자 입주자대표회의는 **해당 선거구 입주자 등만을 상대로** 채권자에 대한 **해임 투표**를 **진행**하여 **감사의 지위마저 상실**되게 하였으므로, 이 사건 **해임 결의**는 **중대·명백한 하자**가 있다고 판단하였다.

4. 평석

입주자대표회의의 임원이 되기 위해서는 반드시 동별 대표자의 지위를 갖고 있어야 하므로, 동별 대표자의 지위를 잃게 되는 경우 당연히 임원의 지위도 상실되게 된다. 다만, 입주자대표회의의 회장과 감사를 전체 입주자 등의 직접 투표 또는 입주자대표회의의 구성원 과반수의 찬성으로 선출하도록 규정하고 있기 때문에, 동별 대표자의 자격을 상실하는 경우 당연히 회장·감사의 자격도 상실하는 것인지 여부에 대한 견해 대립이 발생할 수 있다.

본 사안에서 담당 재판부는 일단 **입주자대표회의의 회장·감사의 선출(選出) 방법(方法)**이 **동별 대표자의 선출 방법과 다르다는 점**에 **착안(着眼)**하여, **동별 대표자로서 해임**이 된다 하더라도 **당연히 회장·감사로서의 자격을 상실하는 것은 아니**

라고 **판단**하였다. 즉, 입주자대표회의의 회장·감사의 해임은 회장·감사로서의 직무(職務)와 관련(關聯)된 해임 사유(事由)가 있을 경우에 그 회장·감사에 대한 해임(解任) 절차(節次)에 따라 해임하여야 하는 것이며, 동별 대표자 해임 절차만 밟아서는 회장·감사를 해임할 수는 없다고 본 것이다.

이 사건 아파트 관리규약에서는 '동별 대표자의 자격을 상실한 때에는 임원 자격도 상실한다.' 라고 규정하는 반면에, '해임된 임원은 그 지위를 상실하되, 동별 대표자의 자격은 유지된다.'고 해석하고 있다는 점에서 본 결정을 쉽게 납득하기 어려운 점이 있다(cf. 준칙 제29조제2항 뒷절·제31조제6항, 영 제12조제2항 본문).

500가구 이상 아파트의 입주자대표회의 회장·감사의 해임 사유와 절차 등은 법령의 개정을 통해서 관련 조항을 더 명확하게 규정하여야 할 필요성이 크다.

ㅎ 해임 투표 기간 미준수, 방문 투표... 중대한 절차상 하자

한국아파트신문 2016-05-12 수정 2023.06.28.

평석 변호사 최승관

1. 지위 보전 가처분의 신청

채권자들은 서울 양천구 소재 모 아파트의 동별 대표자들이다. 그런데, 2015. 11. 20. 이 사건 아파트 입주민의 10분의 1 이상이 채권자들의 해임을 요청하는 서류를 선거관리위원회에 제출하였고, 선거관리위원회는 2015. 12. 19.부터 2016. 1. 2.까지는 방문 투표 방식으로, 2016. 1. 3.에는 직접 투표 방식으로 해임 절차를 진행하였다. 결국, 해임 투표 절차를 통해 채권자들에 대한 해임이 결정되자, 채권자들은 이 사건 아파트 입주자대표회의와 **선거관리위원회**를 **채무자로 삼아** 본안 판결의 확정 때까지 자신들이 이 사건 아파트의 동별 대표자 및 임원의 지위에 있음을 임시(臨時)로 정하는 취지의 **가처분**을 **신청**하였다.

2. 선거관리위원회의 당사자 능력 유무

채무자 선거관리위원회는 자신은 사단법인이나 법인 아닌 사단에 해당하지 아니하고, 채무자 입주자대표회의의 산하 기관(傘下機關)에 불과하기 때문에 당사자(當事者) 능력(能力)이 없다고 항변을 하였다. 이에, 법원은 이러한 항변을 받아들여 선거관리위원회에 대한 가처분 신청은 각하(却下) 결정을 하였다.

3. 해임 투표의 절차상 하자 유무

가. 채권자의 주장

채권자는 이 사건 해임 결의가 **해임 요청**이 **있는 날로부터 30일 이내**에 **투표 절차**가 **완료되었어야 함**에도 불구하고 **투표(投票) 기간(期間)**을 **준수**하지 **않았다**는 점과 투표소에서 투표를 진행하였어야 하나, 주로 선거관리위원이 입주민들의 집을 찾아가는 **방문(訪問) 투표(投票) 방식**으로 **업무**를 **진행**한 점 등의 절차상 하자가 있고, 그에 따라 이 사건 해임 결의는 효력이 없다고 주장하였다.

나. 해임 투표 기간을 준수하지 않은 하자

채무자 입주자대표회의는 **관리규약상 해임 투표 기간**은 단순한 훈시 규정으로서, 이 기간을 넘겨 해임 투표를 하였다고 하더라도 무방하다고 항변하였다.

그러나, 법원은 관리규약상 해임 요청이 있을 때 해임 요청 공고일부터 해임 투표 확정일까지 해임 투표 대상자의 직무 집행 권한이 정지되고, 해임(解任) 투표(投票) 기간(期間)이 지날 경우 해임 투표 대상자의 직무 집행 권한이 회복되도록 규정하고 있다. 그러므로, **해임 투표 기간**을 제한하는 것은 단순히 투표 절차가 신속하게 진행되도록 하는 차원을 넘어, 해임 투표 대상자의 직무 집행 권한의 정지 기간이 지나치게 길어지지 않도록 하는 기능을 수행하기 때문에, 관리규약상 해임 투표 기간 제한 규정을 단순한 **훈시 규정으로 볼 수 없다**고 판단하였다.

다. 방문 투표[108] 방법에 따라 해임 절차를 진행한 점

---

108) cf. 「○○아파트선거관리위원회 규정(예시 − 중앙선거관리위원회 2014년 제정)」 제32조 (방문 투표 등) ① **후보자가 1인(一人)인 경우**에는 제26조(투표소 설치) 규정에 불구하고 일반 투표소 투표 방법이 아닌 **호별 방문**을 통하여 **찬반 투표**를 실시할 수 있다.

법원은 동별 대표자의 선임 및 해임 투표 절차에 대해서 규정한 이 사건 선거관리 규정을 보면, 미리 선거관리위원회에 의하여 지정된 투표소(投票所)에서 투표(投票) 절차를 진행하는 것을 원칙으로 하되, 후보자가 1인 또는 선출 정수 이내인 경우 일반 투표소 투표 방법이 아닌 호별 방문을 통해 찬반 투표를 실시할 수 있는 것으로 규정하고 있다. 따라서, 위 규정은 '후보자가 1인 또는 선출 정수 이내인 상태에서 선임 투표를 진행하는 경우를 제외하고는 모두 투표소 투표 방식을 취해야 한다.'는 의미로 해석하여야 한다고 판단하였다. 즉, **해임 투표**의 경우 **선거관리규정**에 **별도의 근거 규정**이 **없는 한 방문 투표 방식**은 **허용되지 않는다**고 판단한 것이다.

4. 평석

방문(訪問) 투표(投票)는 방문의 시기와 방법, 횟수에 따라 투표가 가능한 사람의 수에 현격한 차이가 발생하게 되고, 실제 투표를 하는 사람은 입주자 등이 아닌 가족이 될 수도 있으며, 이를 진행하는 사람이 선택적으로 특정 세대에 대하여는 투표권 행사를 방해할 여지도 있다. 따라서, 방문 투표 방식은 선거관리규정에 그 사유가 명시된 경우에 한정하여 허용되는 것으로 엄격히 해석하여야 할 것이다.

동별 대표자 해임의 효력 발생 시기

성명 OOO 등록일 2015.07.03. 수정 2021.08.20.

질문 사항

입주자대표회의의 회장이 입주자 등의 투표로 동별 대표자 지위에서 **해임(解任)** 되고, 해임 무효 소송(訴訟)을 제기하여 패소함으로써 해임이 **확정(確定)**되었습니다. 이 경우 동별 대표자 선거 후보 등의 결격사유를 적용하는 **"해임된 날부터 2년"** 의 **기산 시기**는 언제로 하여야 하는지 알려주시기 바랍니다.

동별 대표자 해임 주민 투표로 결정된 날부터 2년 또는 동별 대표자 해임 무효 소송에서 해임이 확정된 날부터 2년, 어느 것을 적용하여야 하나요?

답변 내용

　개별 공동주택의 관리규약 등에 동별 대표자 또는 입주자대표회의의 회장 등 임원 **해임**의 **효력 발생 시기**에 대한 별도의 규정이 없다면, 원칙적으로 **해임 절차에 의하여 결정된 때**(해임이 결정된 날)로부터 그 효력이 발생할 것으로 사료됩니다. (cf. 영 제11조제4항제5호 – 해임된 날 ~, 준칙 제31조제3항·제4항·제5항)

동별 대표자 및 입주자대표회의 회장의 해임 효과

성명 OOO 등록일 2015.09.11. 수정 2020.06.10.

질문 사항

　○ 500세대 이상인 공동주택의 동별 대표자로서 해당 공동주택 전체 입주자 등의 직접선거로 선출된 입주자대표회의의 회장이 「공동주택관리법 시행령」 제13조제4항제1호 규정에 따라 **동별 대표자(棟別 代表者)**의 **지위**에서 **해임(解任)**되었을 경우, 입주자대표회의 회장(會長)의 자격(資格)도 함께 상실(喪失)되는 것입니까? 아니면, 입주자대표회의의 회장 지위는 그대로 유지(維持)되는 것인지요?

　○ 500세대 이상인 공동주택에서 입주자 등의 직접선거로 선출된 입주자대표회의의 회장이 「공동주택관리법 시행령」 제13조제4항제2호 가목의 규정에 따라 **입주자대표회의의 회장의 지위**에서 **해임**되었을 경우 동별 대표자의 지위도 함께 상실되는 것인지요? 아니면, 동별 대표자의 지위는 그대로 유지되는 것인지 궁금합니다.

답변 내용

　입주자대표회의의 **임원**은 동별 대표자 중에서 **선출**하므로, 「공동주택관리법 시행령」 제13조제4항제1호에 따라 **동별 대표자**를 **해임**하였다면, 당연히 입주자대표회의 **회장**의 **자격**도 같이 **상실**될 것입니다.[109] 다만, 입주자대표회의 **회장**의 지위가

---

109) cf. "입주자대표회의의 회장 또는 감사인 동별 대표자 해임, 해당 동 입주자 등의 동의만으로는 불가" – 서울서부지방법원 제21민사부(이건배 부장판사), 사건 2015카합50500 '해임 결의 효력 정지 가처분', 영 제13조제4항제1호, 영 제13조제4항제2호 가목·나목, 준칙 제31조제3항·제4항·제5항, 제29조제2항., 법령 해석(법제처 18 – 0524, 2019.1.16.)

해임된 경우에는 **동별 대표자 자격**은 **유지**되는 것입니다(cf. 준칙 제31조제6항).

2. 동별 대표자의 중임 제한 등(영 제13조제2항 등)

✿ 동별 대표자의 중임이 제한되는 임기의 범위

[법제처 15 - 0387, 2015.08.03.] 수정 2023.04.02.

질의 요지

2010년 7월 6일 이후 임기 만료된 공동주택의 동별 대표자가 후임 동별 대표자가 선출되지 않아 **후임자**의 **선출 때까지 동별 대표자**의 **업무**를 **계속**하여 **수행**한 경우, 그 기간을 주택법 시행령 제50조제8항(현행 '공동주택관리법 시행령' 제13조제1항 · 제2항)에 따라 중임이 제한되는 별도의 **임기(任期)**로 볼 수 있는지요?

질의 배경

대전광역시 **구청에서는, 동별 대표자의 중임을 제한하는 규정이 신설된 舊 '주택법 시행령(2010. 7. 6. 대통령령 제22254호로 개정되어 같은 날 시행된 것)' 시행 후 임기가 만료된 동별 대표자가, 해당 공동주택의 관리규약에 따라 **후임 동별 대표자**가 **선출될 때까지 2년** 동안 **동별 대표자**의 **업무**를 **수행**한 경우, 그 기간을 중임이 제한되는 **별도(別途)**의 **임기(任期)로 볼 수 있는지**에 대하여 국토교통부에 질의하였고, 국토교통부에서는 중임이 제한되는 별도의 임기에 해당한다고 회신하자, 이에 이견이 있어 대전광역시 **구청에서 직접 법제처에 질의한 사안임.

회답

2010년 7월 6일 이후 임기가 만료된 공동주택의 동별 대표자가 후임 동별 대표자가 선출되지 않아 후임자의 선출 때까지 동별 대표자의 업무를 계속하여 수행한 경우, 그 기간은 주택법 시행령 제50조제8항(현행 '공동주택관리법 시행령' 제13조

제1항·제2항)에 따라 **중임**이 **제한**되는 **별도의 임기로 볼 수 없습**니다.

이유

'공동주택관리법' 제14조제1항에 입주자대표회의는 4명 이상의 동별 대표자로 구성한다고 규정하고 있으며, '공동주택관리법' 제14항제3항에는 동별 대표자를 입주자 등의 보통·평등·직접·비밀선거를 통하여 선출한다고 규정되어 있습니다. 그리고, '공동주택관리법 시행령' 제13조제1항·제2항에서는 동별 대표자의 임기는 2년으로 하고, 한 번만 중임(重任)할 수 있다고 규정하고 있습니다.

한편, 舊 '주택법 시행령(2010. 7. 6. 대통령령 제22264호로 개정되어 같은 날 시행된 것을 말한다. 이하 "舊 주택법 시행령"이라 한다.)'에서 제50조제7항을 신설하여 동별 대표자의 임기는 한 차례만 중임(重任)할 수 있도록 제한하면서, 같은 영 부칙(附則) 제2조제2항에서는 "제50조제7항의 개정 규정은 이 영 시행 후 최초로 선출되는 동별 대표자부터 적용한다." 라고 규정하고 있습니다.

이에 이 사안은 공동주택 동별 대표자의 임기가 만료되었으나, 후임 동별 대표자가 선출되지 않아 동별 대표자가 선출될 때까지 계속하여 종전 동별 대표자가 동별 대표자의 업무를 수행한 경우에도, 동별 대표자로 선출된 것으로 보아 중임 제한 횟수를 산정할 때 이를 포함하여 계산할 것인지에 관한 것이라 하겠습니다.

먼저, 동별 대표자 등을 구성원으로 하는 **공동주택의 입주자대표회의**는 법인 아닌 **사단(社團)**으로서, 그 구성원의 임기나 중임 제한에 관한 사항은 일반적으로 그 단체를 구성하는 자들의 합의에 의하여 자율적으로 결정할 수 있는 사항입니다. 그러나, **동별 대표자의 장기 직무 수행**에 따라 **발생**하는 **각종 비리** 및 **업무 경직 등의 부작용**을 **개선**하기 **위하여**, 舊 '주택법 시행령'에서 제50조제7항(개정 '주택법 시행령' 제50조제8항, 현행 '공동주택관리법 시행령' 제13조제1항·제2항)을 신설하여 **동별 대표자의 임기**는 **2년**으로 **제한**하고, **중임 횟수**는 **한 차례(번)**로 **제한**하였는바, 위 규정은 동별 대표자의 임기 및 중임 횟수에 대한 **강행규정(强行規定)**이라고 할 것입니다(법제처 2015. 5. 12. 회신 15 – 0184 법령 해석 사례 참고).

그런데, **후임 동별 대표자가 선출되지 않아 후임 동별 대표자가 선출될 때까지 임기가 만료**된 **동별 대표자가 동별 대표자의 업무**를 **계속**하여 **수행**한 경우, 이는 **실질**

적으로 후임 동별 대표자의 **업무 공백**을 **보완**하기 위하여 **후임 동별 대표자의 선임 때까지** 그 **업무**를 **대행**한 것에 **불과하다**고 하겠습니다. 따라서, 종전 동별 대표자가 동별 대표자의 업무를 대신하여 처리하는 기간 역시 후임 동별 대표자가 선출될 때까지로 제한되어 '공동주택관리법 시행령' 제13조제1항 전단에서 규정하고 있는 동별 대표자의 임기(2년)가 보장되는 것도 아니라 할 것이므로, '공동주택관리법 시행령' 제13조제1항 전단 등에 따른 동별 대표자의 임기와 같다고 볼 수 없습니다.

또한, 일반적으로 **개정**된 **법령**의 **부칙(附則)**에 두는 **적용례 규정**은 **신(新)·구(舊) 법령**의 **변경 과정**에 있어서 **新 법령**의 **적용 대상 등**에 관하여 **논란의 소지**가 있을 수 있는 경우 **최초**의 **적용 대상 등**을 **구체적으로 명시**함으로써 **법령의 집행**이나 **해석상 논란**을 **사전**에 **방지**하기 **위한 것**입니다. 이에 舊 '주택법 시행령' 부칙 제2조제2항에 적용례를 둔 취지는 舊 '주택법 시행령' 제50조(현행 '공동주택관리법' 제14조제10항, 같은 법 시행령 제13조제2항)에 따라 최초로 선출되는 동별 대표자부터 새로 한 차례만 중임을 할 수 있도록 중임 제한 규정의 적용 관계를 명시한 것이라고 할 것입니다(법제처 2011. 6. 9. 회신 11 - 0188 해석 사례 참고). 이에, 舊 '주택법 시행령' 시행 후 임기가 만료된 동별 대표자가 관리규약에 따라 후임 동별 대표자가 선출될 때까지 후임 동별 대표자의 업무를 대신하여 수행한 경우, 이는 **舊 '주택법 시행령' 부칙 제2조제2항**의 **문언**과 **입법 취지상 "선출"**에 **해당하지 아니 함**이 **분명**하므로, **해당 기간**은 **중임**이 **제한**되는 **임기로 볼 수 없다**고 할 것입니다.

한편, 관리규약에 따라 후임 동별 대표자의 업무를 대행하는 종전 동별 대표자도 실질적으로 정식 대표자로서 업무를 수행하는 것이므로, 그 기간도 중임이 제한되는 임기에 포함된다는 의견이 있을 수 있습니다. 그러나, 앞에서 살펴본 바와 같이, **종전 동별 대표자**는 **후임 대표자**가 **선출**될 **때까지** 불안(不安)한 지위에서 불가피(不可避)하게 그 **업무**를 **대행(代行)한 것**으로 볼 수 있고, **후임 동별 대표자**의 **선출 시점(時點)**에 **따라 연장**되는 **임기**가 크게 다를 수 있는데도 **동일하게 중임**이 **제한**되는 임기로 **판단**하는 것은 **불합리**하며, **중임 제한 규정**은 **개인**의 직업 선택의 자유나 경제활동의 자유 등 **사회활동**을 **제한**하는 **규정**으로서 **문언**의 **취지대로 해석하여야 하는 점 등**에 비추어 보면, 그러한 의견은 타당하지 않다고 할 것입니다.

이상과 같은 점을 종합해 볼 때, 2010년 7월 6일 이후 임기가 만료된 공동주택의

동별 대표자로서 후임 동별 대표자가 선출되지 않아 후임 동별 대표자의 선출 때까지 동별 대표자의 업무를 계속하여 수행한 경우 그 기간은 주택법 시행령 제50조제8항(현행 '공동주택관리법 시행령' 제13조제1항·제2항)에 따라 중임이 제한되는 별도(別途)의 임기(任期)로 볼 수 없다고 할 것입니다.

동별 대표자의 임기 산입 여부(보궐선거, 재선거)

성명 OOO 등록일 2021.07.02. 수정 2024.08.26.

질문 사항

우리 아파트의 동별 대표자 두 사람이 임기 종료일로부터 5개월 전에 **보궐선거**로 선출되어 **5개월**의 **임기**를 마치고, 다음해에 동별 대표자로 새로 선출되어 2년의 임기를 역임한 경우 다시 한 번 동별 대표자 선거에 출마가 가능한지요. 보궐선거로 선출되어 5개월 재직한 기간이 **횟수 산정 임기**에 포함되는지 문의합니다.

답변 내용

동별 대표자의 임기는 2년으로 하며, 한 번만 중임할 수 있습니다. 이 경우 **보궐선거**로 **선출**된 동별 대표자의 **임기**가 **6개월 미만**인 **경우**에는 임기의 **횟수**에 **포함**하지 **아니 합**니다(「공동주택관리법 시행령」 제13조제1항·제2항, 시행일 2016. 8. 12.). 해당 규정에 의한 동별 대표자의 중임 제한은 재선거, 보궐선거 구분 없이 2010. 7. 6. 이후 새로이 선출된 동별 대표자부터 적용합니다(2010. 7. 6. 대통령령 제22254호로 개정된 '주택법 시행령' 부칙 제2조제2항, 대법원 2016. 9. 8. 선고 2015다39357 판결, 국토교통부 질의회신 2016. 12. 30.). 따라서, 동별 대표자 선출 공고 당시 **관리규약**에 **중임 제한 규정**이 있었거나 2010. 7. 6. 이후 보궐선거를 포함하여 2회 동별 대표자로 선출되었다면, 중임 제한 대상에 해당되어 차기 동별 대표자 선거에 입후보할 수 없습니다. 다만, 「공동주택관리법 시행령」 제13조제2항 뒷글("보궐선거 또는 재선거로 선출된 동별 대표자의 임기가 6개월 미만인 경우에는 임기의 횟수에 포함하지 아니 한다." 개정 2019. 10. 22.)에 따라 2016. 8. 12. 이후 보궐선거(2019. 10. 24. 이후 재선거 적용)로 선출된 동별 대표자의 임기가 6개월 미만인 경우는 중임 제한 임기 횟수에 산입되지 아니 하므로, 이에 해당하는 자의 경우는 한 번 더 동별 대표자를 할 수 있을 것입니다(cf. 영 제13조제3항).[110]

동별 대표자의 임기 산입 여부(중임 중 사퇴한 경우)

성명 OOO 등록일 2021.04.10. 수정 2023.05.10.

질문 사항

「공동주택관리법 시행령」 제13조(동별 대표자의 임기 등) 제1항·제2항에서 "동별 대표자의 임기는 2년으로 하며, 한 번만 중임할 수 있다." 라고 규정하고 있으며, 같은 영 제11조제4항제5호 규정은 "해당 공동주택의 동별 대표자를 사퇴한 날부터 1년(해당 동별 대표자에 대한 해임이 요구된 이후 사퇴한 경우에는 2년을 말한다.)이 지나지 아니 하거나, 해임된 날부터 2년이 지나지 아니 한 사람"을 동별 대표자의 결격사유(자격상실 사유)로 들고 있습니다. 그렇다면, 2019년 6월 1일 임기 시작인 동별 대표자로 **선출**되어 2021년 5월 31일 임기를 마치고, **재선**되어 2021년 6월 1일부터 중임하던 중 2023년 1월에 **사퇴**한 경우

 1. 중임 중 **사퇴**한 것은 **중임**한 것이므로 더 이상 동별 대표자가 될 수 없는지요?

 2. 중임 중 **사퇴**한 경우 임기를 다 채우지 않은 것으로 간주하여 1년이 지난 후 동별 대표자로 **입후보**할 수 있는 것인지요?

답변 내용

동별 대표자의 임기는 2년으로 하며, 한 번만 중임할 수 있습니다(「공동주택관리법 시행령」 제13조제1항·제2항). 이와 관련, 2010. 7. 6. 이후(2010. 7. 5. 이전 해당 공동주택 관리규약으로 중임 제한을 한 경우를 포함한다.) 새로이 선출된 동별 대표자로서[111] **2회 선출**되어 그 **임기**가 **시작**되었을 경우(임기 도중 **사퇴**한 경우를

---

110) 이는 「공동주택관리법 시행령(대통령령 제27445호, 2016.8.12.)」 시행일 이후 보궐선거(대통령령 제30147호, 2019.10.24. 이후 재선거를 포함한다.)로 선출된 동별 대표자부터 적용되는 것이니 유의하기 바랍니다.

포함한다.)에는 **중임 제한 대상**에 **해당**되므로, 해당 공동주택에서는 더 이상 동별 대표자로 선출될 수 없습니다. 다만, 같은 영 제13조제3항에 따라, **2회의 선출 공고**(직전 선출 공고일부터 2개월 이내에 공고하는 경우만 2회로 계산한다.)를 하였으나 동별 대표자 선거의 **후보자가 없거나 선출된 자가 없는 선거구**의 경우에는 **동별 대표자를 중임(重任)한 사람**도 선출 공고를 거쳐 **해당 선거구 입주자 등의 과반수(過半數) 찬성**으로 **다시 동별 대표자로 선출**될 수 있으며, 이 경우 후보자 중 동별 대표자를 중임하지 아니 한 사람이 있으면, 동별 대표자를 중임한 사람은 후보자의 자격을 상실(喪失)하는 것이니 업무에 참고하기 바랍니다. (「공동주택관리법 시행령」 제13조제3항, 개성·시행 2018. 9. 11., 2020. 4. 24.)

동별 대표자의 임기 산입 여부(사퇴, 해임, 자격상실 등)

성명 OOO 등록일 2015.08.23. 수정 2021.07.02.

질문 사항

1. 동별 대표자로 당선되어 그 임무를 수행(3월, 6월, 12월, 18월 등)하다가 **자격상실** 사유(법 제14조 ④, 영 제11조 ④)에 해당되어 **해임(퇴임)**된 경우 그 당사자는 동별 대표자 **임기**에 포함하여야 하는지요?

2. 포함된다면, 한 번의 동별 대표자 자격(임기)이 남게 될 것이고, 포함되지 않는다면 두 번의 임기(동별 대표자 자격)를 주어야 할 것이므로 판단을 구합니다.

답변 내용

o 동별 대표자의 임기는 2년으로 하며, 한 번만 중임할 수 있습니다. 이 경우 보궐선거 또는 재선거로 선출된 동별 대표자의 임기가 **6개월 미만**인 경우에는 임기의 횟수에 포함하지 아니 합니다(「공동주택관리법 시행령」 제13조제1항·제2항).

― 이와 관련하여, 2010. 7. 6. 이후(2010. 7. 5. 이전 해당 공동주택 관리규약으로 중임 제한을 한 경우를 포함한다.) 새로이 동별 대표자로 **선출되어**[112] 그 **임기**

---

111) cf. 대통령령 제22254호(공포·시행 2010.7.6.) 舊 '주택법 시행령' 부칙 제2조제2항, 대법원 2016.9.8. 선고 2015다39357 판결

를 **시작**하였을 경우 **중임 제한 규정**이 **적용**되는 **임기**에 **해당**되며, 「공동주택관리법」 시행일(2016. 8. 12.) 이후 보궐선거(2019. 10. 24. 이후 재선거를 포함한다.)로 선출된 동별 대표자의 임기가 6개월 미만인 경우에는 임기의 횟수에 반영되지 아니합니다. (cf. '서울특별시공동주택관리규약 준칙' 제28조제2항 뒷글)

임기 산입 여부(결격사유, 자격상실, 당연 퇴임, 법원의 판결)

〈주택건설공급과 – 2016.03.15.〉 수정 2020.04.24.

질문 사항

동별 대표자로 선출되어 법원에서 **당선 무효(當選 無效)** 처리된 동별 대표자가 한 번 더 동별 대표자로 선출되어 **임기(任期)**가 종료된다면, 중임에 해당하는지요?

답변 내용

주택법 시행령 제50조제4항 각 호(현행 「공동주택관리법」 제14조제4항, 「공동주택관리법 시행령」 제11조제4항)에 따른 **결격사유**에 **해당**함에도 불구하고 동별 대표자로 **선출**된 후 **그 결격사유로** 인하여 **임기**를 **다 마치지 못한 경우** 이는 같은 조 제8항(「공동주택관리법 시행령」 제13조제1항·제2항)에 따른 **임기로 산입**됩니다 (법제처 법령 해석, [법제처 15 – 0829, 2016. 1. 13.]). 따라서, 질의 사안과 같이 동별 대표자로 선출된 후 법원의 판결(判決)에 따라 당선 무효(當選 無效) 처리되어 2년의 임기를 모두 채우지 못한 경우에도 「공동주택관리법 시행령」 제13조제2항의 **중임(重任) 제한(制限)** 규정이 적용되는 **임기(任期)**에 **해당**되는 것입니다.

✿ 동별 대표자의 임기 및 중임 횟수(영 제13조제1항 등 관련)

[법제처 15 – 0184, 2015.05.12.] 수정 2024.08.11.

---

112) cf. 대통령령 제22254호(공포·시행 2010.7.6.) 舊 '주택법 시행령' 부칙 제2조제2항, 대법원 2016.9.8. 선고 2015다39357 판결

【질의 요지】

　주택법 시행령 제50조제8항(현행 '공동주택관리법 시행령' 제13조제1항ㆍ제2항)에서는 동별 대표자의 임기는 2년으로 하며, 한 번만 중임할 수 있다고 규정하고 있습니다. 이와 관련, 주택법 제44조제2항(현행 '공동주택관리법' 제18조제2항)에 따른 **공동주택관리규약**에서 동별 대표자의 **임기**를 2년을 초과(超過)하게 하거나, 두 번 이상 **중임(重任)**할 수 있도록 규정(規定)할 수 있는지요?

【회답】

　주택법 제44조제2항(현행 '공동주택관리법' 제18조제2항)에 따른 **공동주택관리규약(共同住宅管理規約)**에서 **동별 대표자**의 **임기(任期)**를 **2년**을 **초과(超過)**하게 하거나, **두 번 이상 중임(重任)할 수**는 없습니다.

【이유】

　'공동주택관리법' 제14조제10항에서 "입주자대표회의의 구성ㆍ운영 등에 필요한 사항"은 대통령령으로 정하도록 규정하고 있고, '공동주택관리법' 제14조제1항에는 입주자대표회의는 4명 이상의 동별 대표자로 구성한다고 규정되어 있으며, 그 위임에 따라 '공동주택관리법 시행령' 제13조제1항ㆍ제2항에서는 "동별 대표자의 임기는 2년으로 하며, 한 번만 중임할 수 있다."고 규정하고 있습니다. 이에, 이 사안은 '공동주택관리법' 제18조제2항에 따른 개별 공동주택관리규약에서 동별 대표자의 임기(任期)를 2년을 초과(超過)하게 하거나, 두 번 이상 중임(重任)할 수 있도록 정할 수 있는지 여부(與否)에 관한 것이라고 하겠습니다.

　먼저, 동별 대표자 등을 구성원으로 하는 공동주택의 입주자대표회의는 법인 아닌 사단(社團)에 해당하는 것으로서(대법원 2007. 6. 15. 선고 2007다6307 판결 사례 참고), 법인이 아닌 사단의 구성원의 임기나 중임 제한에 관한 사항은 일반적으로 그 단체를 구성하는 자들의 합의에 의하여 자율적(自律的)으로 결정(決定)할 수 있는 사항이고, 그에 따라 종전에는 동별 대표자의 임기나 중임 횟수에 대하여 법령에서 직접 규율(規律)하지 아니 하였습니다.

그러나, **동별 대표자**의 **장기 직무 수행**에 따라 업무 수행의 경직, 입주자 상호 간의 분열과 반목, 공동주택과 관련된 각종 비리 등의 **폐해(弊害)**가 **발생**하고, 공동주택에 관한 중요 사항을 결정하는 입주자대표회의의 정상적인 운영이 어려워지는 등의 **문제**를 **입법적**으로 **개선(改善)**하기 위하여 2010. 7. 6. '주택법 시행령'을 개정하여 동별 대표자의 임기를 2년으로 제한하고, 한 차례만 중임할 수 있도록 한정하게된 것입니다['주택법 시행령(2010. 7. 6. 대통령령 제22254호로 개정·시행된 것') 개정 이유서, 법제처 2013. 8. 14. 회신 13 - 0314 해석 등 참고].

舊 '주택법 시행령' 제50조제8항의 위와 같은 입법 취지와 주택법령(현행 '공동주택관리법령')의 전체적인 규정 형식에 비추어 볼 때, 舊 '주택법 시행령' 제50조제8항(현행 '공동주택관리법 시행령' 제13조제1항·제2항에 해당)은 **동별 대표자**의 **임기 및 중임 횟수**에 대한 **강행규정(强行規定)**으로 보아야 하고, 이와 달리 공동주택관리규약에서 동별 대표자의 임기를 2년을 초과하게 하거나, 두 번 이상 중임할 수 있도록 정하는 것은 허용되지 않는다고 할 것입니다.

한편, '공동주택관리법 시행령' 제13조제2항의 문언상 "한 번만 중임하여야 한다." 라고 규정하지 않고 **"한 번만 중임(重任)할 수 있다."**고 규정되어 있으므로, 동별 대표자는 두 번 이상 중임할 수 있다는 의견이 있을 수 있습니다. 그러나, "한 번만 중임할 수 있다." 라는 조문은 **동별 대표자**의 **중임**이 **강제(强制)**되는 것은 **아니라는 점**을 나타내는 **표현(表現)**일 뿐이고, 중임 횟수 제한 규정이 당사자가 임의로 적용(適用)을 배제(排除)할 수 있는 임의 규정이라는 의미는 아닙니다.

이상과 같은 점을 종합해 볼 때, 주택법 제44조제2항(현행 '공동주택관리법' 제18조제2항)에 따른 공동주택관리규약에서 동별 대표자의 임기를 2년을 초과하게하거나, 두 번 이상 중임할 수 있도록 규정할 수는 없다고 할 것입니다.

☞ 동별 대표자 사퇴 (의사) 철회의 효력과 직무 수행

한국아파트신문 2016-11-07 수정 2023.05.10. 법률상담

질문 사항 – 동별 대표자 사퇴 철회의 효력 등

우리 아파트 입주자대표회의는 총 10명의 동별 대표자로 구성되어 있는데, 101동 동별 대표자이자 입주자대표회의 회장이 동별 대표자 **사퇴서(辭退書)**를 **작성**하여 입주자대표회의에 **제출**하였습니다. 이후 한 차례 입주자대표회의 회의를 진행하였으며, 당시 작성된 회의록 말미에는 "101동 동별 대표자가 개인사정으로 사퇴서를 제출해서 현재 재적 인원은 총 9명"이라고 기재되어 있었습니다. 그런데, 갑자기 101동 동별 대표자가 **사퇴 철회(撤回)** 의사를 밝혀 왔고, 입주자대표회의에서는 사퇴 철회를 인정하기로 의결하였습니다. 이와 같은 방식으로 사퇴 철회를 **인정**할 수 있는지 **여부**와 101동 동별 대표자가 적법하게 직무를 수행할 수 있는 것인지요?

답변 내용

우리 법은 입주자대표회의의 법적 성격을 법인격 없는 사단(社團)으로 보므로, 그 기관인 회장이나 이사와의 관계는 「민법」상 위임(委任)과 유사한 계약 관계로서 수임자는 언제라도 사임할 수 있습니다. (cf. 「민법」 제689조 제1항)

이 때 **사임의 의사표시는 관리규약**[113] 등에서 **특별히** 다르게 **정한 것이 없다면,** 입주자대표회의의 대표자에게 도달함으로써 그 효력이 발생하며,[114] **별도의 의결**이 **필요한 것은 아닙니다.** 이와 같이 **입주자대표회의의 회장이 사임**하는 경우에는 그 **권한을 대행하게 될 자**에게 **도달**한 **때에 사임의 효력이 발생하며,** 사임의 효력이 발생한 뒤에는 그것을 철회할 수 없습니다(대법원 2006. 10. 27. 선고 2006다23695 판결, 1991. 5. 10. 선고 90다10247 판결 등 참고). 따라서, 이후 입주자대표회의에서 사퇴 철회를 인정하기로 의결하였더라도 이미 효력이 발생한 사임의 효력을 번복할 수 없고, 그 사퇴 철회의 효력은 발생하지 아니 합니다.

이 경우 후임자가 선임될 때까지는 직무 집행이 가능한 것인지 문제될 수 있습니다. **「민법」 제691조**는 **"위임 종료 때의 긴급 처리"**라는 제하로 "위임 종료의 경우에 급박한 사정이 있는 때에는 수임인, 그 상속인이나 법정대리인은 위임인, 그 상속인

---

113) cf. '서울특별시공동주택관리규약 준칙' 제31조제7항

114) 「민법」 제111조(의사표시의 효력 발생 시기) ① 상대방이 있는 의사표시는 상대방에게 도달(到達)한 때에 그 효력(效力)이 생긴다.
② 의사 표시자가 그 통지(通知)를 발송(發送)한 후 사망하거나 제한 능력자가 되어도 의사표시의 효력(效力)에 영향을 미치지 아니 한다. [전문 개정 2011.3.7.]

이나 법정대리인이 위임 사무를 처리할 수 있을 때까지 그 사무의 처리를 계속하여야 한다. 이 경우에는 위임의 존속과 동일한 효력이 있다."고 규정하고 있습니다.

기관(機關)에 의해서 행위할 수밖에 없는 입주자대표회의가 당장 정상적인 활동을 중단할 수밖에 없는 상태라면, 그 급박(急迫)한 사정을 해소하기 위하여 임기가 만료되거나 사임한 기관이라도 그 임무를 수행하도록 예외를 두는 것입니다.

살피건대, 이 **사안의 경우** 101동 동별 대표자가 없더라도 **나머지 동별 대표자들**만으로 **충분히 입주자대표회의**를 **구성**해서 그 **직무**를 **수행**할 수 있어 보이므로, 동별 대표자를 사임한 사람이 101동 동별 대표자의 직무를 수행하여야 할 만한 **급박(急迫)한 사정**은 **인정될 수 없습**니다. 따라서, 사임한 사람이 그 직무를 수행하여서는 아니 될 것입니다. (서울고등법원 2009. 1. 6. 선고 2009라1073 결정)

입주자대표회의의 소집·운영, 의결 사항 등[법 제14조]

법 제14조(입주자대표회의의 운영 등) ⑩ 동별 대표자의 임기나 그 제한에 관한 사항, 동별 대표자 또는 입주자대표회의 임원의 선출이나 해임 방법 등 입주자대표회의의 구성 및 운영에 필요한 사항과 입주자대표회의의 의결 방법은 대통령령으로 정한다.

영 제14조(입주자대표회의의 의결 방법) ① 법 제14조제10항에 따라 입주자대표회의는 입주자대표회의 구성원 과반수의 찬성으로 의결한다. 〈개정 2020.4.24.〉

＊ 영 제4조(입주자대표회의의 구성원 및 의결 정족수) ③ 자치관리기구 관리사무소장은 입주자대표회의가 **입주자대표회의의 구성원[構成員** - 관리규약으로 정한 정원(定員)을 말하며, 해당 입주자대표회의 구성원의 3분의 2 이상이 선출(選出)되었을 때에는 그 선출된 인원(人員)을 말한다. 이하 같다] 과반수의 찬성으로 선임한다.

법 제14조(입주자대표회의의 의결 사항) ⑪ 입주자대표회의의 의결(議決) 사항(事項)은 관리규약, 관리비, 시설의 운영에 관한 것 등으로 하며, 그 구체적인 내용은 대통령령으로 정한다. 〈개정 2018.3.13., 2019.4.23.〉

영 제14조(입주자대표회의의 의결 사항) ② 법 제14조제11항에 따른 입주자대표회의의 의결 사항은 다음 각 호와 같다. 〈개정 2018.9.11., 2020.4.24., 2021.1.5.〉

1. 관리규약 개정안의 제안(제안서에는 개정안의 취지, 내용, 제안 유효기간 및 제안자 등을 포함한다. 이하 같다)

2. 관리규약에서 위임한 사항과 그 시행에 필요한 규정의 제정·개정 및 폐지

3. 공동주택 관리방법의 제안

4. 제23조제1항부터 제5항까지에 따른 관리비 등의 집행을 위한 사업계획 및 예산의 승인(변경 승인을 포함한다)

5. 공용 시설물(共用 施設物) 이용료(利用料) 부과 기준(基準)의 결정

6. 제23조제1항부터 제5항까지에 따른 관리비 등의 회계감사(會計監査) 요구(要求) 및 회계감사 보고서(報告書)의 승인(承認)

7. 제23조제1항부터 제5항까지에 따른 관리비 등의 결산의 승인

8. 공동주택단지 안의 전기·도로·상하수도·주차장·가스 설비·냉난방 설비 및 승강기 등의 유지·운영 기준(cf. 영 제19조제1항제12호·제23조제4항, 준칙 제64조제2항 [별표 7] 기타 사항 – '공용 시설물 이용료' 부과 기준의 결정)

9. 자치관리를 하는 경우 자치관리기구 직원의 임면에 관한 사항

10. 장기수선계획에 따른 공동주택 공용부분의 보수·교체 및 개량

11. 법 제35조제1항에 따른 공동주택 공용부분의 행위 허가 또는 신고 행위의 제안

12. 제39조제5항 및 제6항에 따른 공동주택 공용부분의 담보책임 종료 확인

13. 「주택 건설 기준 등에 관한 규정」 제2조제3호에 따른 주민공동시설(이하 "주민공동시설"이라 하며, 이 조, 제19조, 제23조, 제25조, 제29조 및 제29조의 2에서는 제29조의 3 제1항 각 호의 시설은 제외한다) 위탁 운영의 제안 〈개정 2021.1.5.〉

13의 2. 제29조의 2에 따른 인근 공동주택단지 입주자 등의 주민공동시설 이용에 대한 허용 제안(提案) 〈신설 2017.1.10.〉

14. 장기수선계획 및 안전관리계획의 수립(樹立) 또는 조정(調整 – 비용 지출을 수반하는 경우로 한정한다)

15. 입주자 등 상호 간에 이해가 상반되는 사항의 조정

16. 공동체 생활의 활성화 및 질서 유지에 관한 사항

17. 그 밖에 공동주택의 관리(管理)와 관련하여 관리규약(管理規約)으로 정하는 사항(cf. 준칙 제38조제4항 – 의결 사항, 제15조, 제71조 ~ 제73조, 제40조 등)

법 제14조(사용자인 동별 대표자가 과반수인 경우) ⑫ 제10항 및 제11항에도 불구하고 입주자대표회의의 구성원 중 사용자(使用者)인 동별 대표자가 과반수인 경우에는 대통령령으로 그 의결 방법 및 의결 사항을 달리 정할 수 있다. 〈개정 2022.6.10.〉

영 제14조(입주자대표회의 구성원 중 사용자인 동별 대표자가 과반수인 경우) ③ 제1항 및 제2항에도 불구하고 입주자대표회의 구성원 중 사용자인 동별 대표자가 과반수인 경우에는 법 제14조제12항에 따라 제2항제12호에 관한 사항은 의결 사항에서 제외하고, 같은 항 제14호 중 장기수선계획의 수립 또는 조정에 관한 사항은 전체 입주자 과반수의 서면 동의를 받아 그 동의 내용대로 의결한다. 〈신설 2020.4.24.〉

영 제14조(입주자대표회의 소집, 회장 직무대행) ④ 입주자대표회의는 관리규약으로 정하는 바에 따라 회장(會長)이 그 명의로 소집한다. 다만, 다음 각 호의 어느 하나에 해당하는 때에는 회장은 해당 일부터 14일 이내에 입주자대표회의를 소집하여야 하며, 회장이 회의를 소집하지 아니 하는 경우에는 관리규약으로 정하는 이사(理事)가 그 회의를 소집하고, 회장의 직무를 대행한다. (cf. 준칙 제29조제4항, 제34조제1항)

1. 입주자대표회의 구성원의 3분의 1 이상이 청구하는 때

2. 입주자 등의 10분의 1 이상이 요청하는 때

3. 전체 입주자의 10분의 1 이상이 요청하는 때(제2항제14호 중 장기수선계획의 수립 또는 조정에 관한 사항만 해당한다) 〈신설 2020.4.24.〉

영 제14조(입주자대표회의 의결권의 한계) ⑤ 입주자대표회의는 제1항 각 호의 사항을 의결할 때에는 입주자 등이 아닌 자로서 해당 공동주택의 관리에 이해관계를 가진 자의 권리를 침해하여서는 아니 된다(cf. 준칙 제39조제5항). 〈개정 2020.4.24.〉

영 제14조(주택관리업자 업무 집행의 간섭 금지) ⑥ 입주자대표회의는 주택관리업자가 공동주택을 관리하는 경우에는 주택관리업자의 직원 인사·노무관리 등의 업무 수행에 부당(不當)하게 간섭(干涉)하여서는 아니 된다(cf. 법 제65조제1항·제65조의3·제99조제5호·제102조제2항제8호, 준칙 제24조제2항). 〈개정 2020.4.24.〉

법 제14조(입주자대표회의의 회의록 작성·보관·열람 및 복사) ⑧ 입주자대표회의는 그 회의를 개최한 때에는 회의록을 작성하여 관리주체에게 보관하게 하여야 한다. 이 경우 입주자대표회의는 관리규약으로 정하는 바에 따라 입주자 등에게 회의를 실시간 또는 녹화·녹음 등의 방식으로 중계하거나 방청하게 할 수 있다(cf. 법 제102조제3

항제4호, 영 제28조제2항제1호, 준칙 제43조·제91조제2항).〈개정 2023.10.24.〉

　법 제14조(입주자대표회의의 회의록 공개, 열람 및 복사) ⑨ 300세대 이상인 공동주택의 관리주체는 관리규약으로 정하는 범위·방법 및 절차 등에 따라 회의록을 입주자 등에게 공개(公開)하여야 하며, 300세대 미만인 공동주택의 관리주체는 관리규약으로 정하는 바에 따라 회의록을 공개할 수 있다. 이 경우 관리주체는 입주자 등이 회의록의 열람(閱覽)을 청구하거나 자기의 비용으로 복사(複寫)를 요구하는 때에는 관리규약으로 정하는 바에 따라 이에 응하여야 한다.〈신설 2022.6.10.〉

1. 입주자대표회의의 소집 및 운영[법 제14조제10항]

입주자대표회의의 소집권자 및 임의 개최한 회의의 효력

〈주택건설공급과 - 4156, 2012.08.03.〉 수정 2022.11.28.

질문 사항

　입주자대표회의의 **회장**이 **회의 소집 공고**를 하였음에도 불구하고 동별 대표자 7명이 회의를 개최한다는 공고를 하는 것은 「공동주택관리법」 위반이 아닌지요? **동별 대표자들**에 의하여 **소집**된 **회의**에서 의결된 사항이 **법적 효력**을 갖는지요?

답변 내용

　입주자대표**회의**는 관리규약으로 정하는 바에 따라 **회장(會長)**이 그 **명의로 소집**하도록 하고 있습니다. 다만, 입주자대표회의 구성원의 3분의 1 이상이 **청구**하는 때 또는 입주자 등의 10분의 1 이상이 **요청**하는 때에는, **회장**은 해당 일부터 14일 이내에 입주자대표회의를 소집하여야 하며, 회장이 **회의를 소집**하지 **아니 하는 경우**에는 **관리규약**으로 정하는 **이사(理事)**가 그 회의를 **소집**하고, 회장의 **직무**를 **대행**하도록 하고 있습니다(「공동주택관리법」 제14조제10항, 같은 법 시행령 제14조제4항, 같은 법 시행규칙 제4조제2항, 준칙 제34조제1항·제29조제4항).

이와 관련하여, 입주자대표회의의 **회장**이 정해진 기한 안에 회의를 **소집**하였음에도 불구하고 권한(權限) 없는 **동별 대표자들**이 **별도의 회의 소집(召集) 공고**를 하고, **의결(議決)**을 하였다면, 이는 **공동주택관리법령을 위반(違反)**한 것입니다. 이에 대해서는 「공동주택관리법」 제93조제1항에 따라 공동주택의 관리에 관한 감독 업무를 담당하는 지방자치단체에서 사실 조사를 통해 시정 명령 등을 할 수 있을 것이므로, 보다 자세한 내용을 갖고 해당 지방자치단체에 문의하시기 바랍니다.

입주자대표회의의 소집 및 회의 결과의 공고 등

〈주택건설공급과 - 6831, 2010.09.02.〉 수정 2023.09.07.

질문 사항

공동주택 **입주자대표회의**의 **회의(會議) 소집(召集)** 및 그 회의 **결과(結果)**는 누구가 **공개(公開)**하고, 공고는 누구의 **명의(名義)**로 하는 것인지 궁금합니다.

답변 내용

입주자대표**회의**는 「공동주택관리법 시행령」 제14조제4항에 따라 입주자대표회의의 **회장**이 그 **명의**로 **소집**(서면 위임 및 대리 참석 불가)하는 것이며, 회장이 **궐위**된 경우 또는 같은 조 같은 항 단서에 따라 회장이 회의를 **소집하지 아니 하는 경우**에는 **관리규약**으로 정하는 **이사**가 그 회의를 **소집**하고, 회장의 **직무**를 **대행**합니다(cf. 준칙 제34조제1항·제29조제4항). 또한, 그 **회의 결과**는 **입주자대표회의의 회장 명의(名義)로 공고**하여야 합니다. 다만, 입주자대표회의의 소집 및 그 회의에서 의결한 사항을 **공개**하는 **사무(事務) 행위**는 「공동주택관리법 시행령」 제28조제2항 각 호 외의 부분 본문 및 제1호에 의하여 **관리주체**가 하는 것입니다.[115]

---

115) cf. 「공동주택관리법」 제14조제8항·제9항·제10항, 같은 법 시행령 제14조제4항·제28조제2항제1호, 같은 법 시행규칙 제4조제1항·제30조제1항제2호, 「서울특별시공동주택관리규약 준칙」 제43조제1항·제2항, 법령 해석(법제처 23 - 0616, 2023.8.28.)

관리사무소장 결원... 관리주체가 회의 소집 공고할 수 있어

〈주택건설공급과 - 2014.06.17.〉 수정 2023.09.07.

질문 사항

관리사무소장이 해임이나 그 밖의 사유로 결원이 되어 직무를 수행할 수 없는 상황일 경우 **입주자대표회의**의 회장이나 입주자대표회의의 이사가 관리사무소장을 대신하여 **회의 소집 공고문(公告文)**을 게시(揭示)할 수 있는지 궁금합니다.

답변 내용

입주자대표회의의 회장이 **회의**를 **소집**하고자 할 때에는 일시·장소 및 안건을 동별 대표자와 관리주체에게 통지하고, **관리주체**는 이를 게시판 및 공동주택 통합정보마당에 **공개**하여야 한다(cf. 준칙 제36조제1항). 그리고, **관리주체**는 '입주자대표**회의**의 **소집** 및 그 회의에서 **의결**한 **사항**'을 그 공동주택의 인터넷 홈페이지 및 동별 게시판에 **공개**하거나, 입주자 등에게 개별 **통지(通知)**하여야 한다(「공동주택관리법 시행령」 제28조제2항제1호, 준칙 제43조제2항). 따라서, 관리사무소장의 결원 여부와 관계없이 해당 공동주택의 **관리주체(管理主體)**가 입주자대표회의의 **소집 공고문**을 게시(揭示)할 수 있는 것으로 판단된다.[116)]

입주자대표회의의 회장을 선출 못할 경우 회의 소집·진행자

성명 OOO 등록일 2016.06.30. 수정 2023.02.06.

질문 사항

우리 아파트는 새로운 동별 대표자를 선출하였습니다. 그런데, 내부적인 문제가 있어서 **입주자대표회의**의 회장과 감사를 선출하지 못하고 있습니다. 참고로, 우리

---

116) cf. 「공동주택관리법」 제14조제8항·제9항·제10항, 같은 법 시행령 제14조제4항·제28조제2항제1호, 같은 법 시행규칙 제4조제1항·제30조제1항제2호, 「서울특별시공동주택관리규약 준칙」 제43조제1항·제2항, 법령 해석(법제처 23 - 0616, 2023.8.28.)

아파트는 500세대 미만입니다. 이런 경우 입주자대표회의를 **소집**하였을 때 **회의 진행(進行)**을 누구가 하여야 하는가요? 동별 대표자로 선출된 분 중에서 가장 연장자가 하는 것인지, 아니면 관리사무소장이 회의 진행을 하는 것인지요.

답변 내용

입주자대표**회의**는 공동주택**관리규약**이 정하는 바에 따라 **회장**이 그 **명의**로 소집합니다. 다만, 입주자대표회의의 회장이 **선출되지 않았거나,** 회장이 회의를 **소집**하지 **아니 하는 경우**에는 **관리규약**으로 정하는 **이사(理事)**가 그 회의를 **소집**하고, 회장의 **직무**를 **대행**합니다.[117] 이와 관련하여, 입주자대표회의의 회장이 선출되지 아니 하고, 공동주택 관리규약으로 정한 이사도 선출되지 않았다면, 감사를 제외한 동별 대표자 중 **임시 직무대행(職務代行)**을 **선출**하거나 **연장자(年長者)**가 직무를 **대행**할 수 있을 것으로 판단됩니다.

ㅎ 입주자대표회의 결의의 부존재 및 무효 확인

[대법원 2013.2.14. 선고 2010다102403 판결]

【판시 사항】

입주자대표**회의**를 **소집**할 때 **회의(會議)**의 **목적(目的) 사항(事項)** 기재의 **정도** 및 **목적 사항**으로 **기재하지 않은 사항**에 관한 결의의 **효력**(원칙적 무효)[118]

【참고 조문】

주택법 시행령 제51조('공동주택관리법 시행령' 제14조), '민법' 제71조 · 제72조

【참고 판례】

---

117) cf. 법 제14조제10항, 영 제14조제4항, 규칙 제4조제2항, 서울특별시공동주택관리규약 준칙 제34조제1항 · 제29조제4항

118) 입주자대표회의 등 회의 '소집 목적 통지 외 사항'에 대한 의결의 효력에 관한 판례이다. cf. 전주지방법원 2023.2.1. 선고 2022가합387 판결

대법원 1993. 10. 12. 선고 92다50799 판결(공1993하, 3062),

대법원 1996. 10. 25. 선고 95다56866 판결(공1996하, 3409),

대법원 2001. 9. 25. 선고 2001다23379 판결(공2001하, 2338).

입주자대표**회의**를 **소집**함에 있어 회의(會議)의 **목적(目的) 사항(事項)**을 **기재**하도록 하는 **취지**는 결의할 사항이 무엇인가를 구성원이 **사전**에 알아 회의 참석 여부나 의결 사항에 대한 찬반 의사를 미리 **준비**하게 하는 데 있으므로, 회의의 목적 사항은 **안건(案件)**이 무엇인가를 구성원이 알기에 족한 정도로 **구체적(具體的)**으로 **기재(記載)**하여야 한다. 그리고, 회의 소집 통지를 함에 있어 회의 목적 사항을 열거한 다음 '**기타 사항**'이라고 기재한 경우, 회의 소집 통지에는 회의의 목적 사항을 기재하도록 한 '민법' 제71조 등 법 규정의 입법 취지에 비춰 볼 때, '기타(其他) 사항(事項)'이란 "**회의**의 **기본적인 목적 사항과 관계(關係)**가 되는 **사항** 및 **일상적인 운영(運營)**을 위하여 **필요한 사항(事項)**에 **국한**된다."고 보아야 한다. 만일, **회의 소집 통지**에 목적 사항으로 **기재**하지 **않은 사항**에 관하여 **결의**한 때에는 "**구성원 전원(全員)**이 **회의**에 **참석**하여 그 사항에 관하여 **의결한 경우가 아닌 한** 그 결의는 **무효**"라고 할 것이다(대법원 1993. 10. 12. 선고 92다50799 판결, 대법원 1996. 10. 25. 선고 95다56866 판결, 대법원 2001. 9. 25. 선고 2001다23379 판결 등).

☞ 임시 입주자대표회의의 소집·개최 요구와 절차 등

- 「공동주택관리법 시행령」 제14조제4항에 "**입주자대표회의는 관리규약**이 정하는 바에 **따라 회장**이 그 **명의**로 **소집**한다. 다만, '1. 입주자대표회의 구성원의 3분의 1 이상이 **청구**하는 때, 2. 입주자 등의 10분의 1 이상이 **요청**하는 때, 또는 3. 전체 입주자의 10분의 1 이상이 **요청**하는 때(제2항제14호 중 장기수선계획의 수립 또는 조정에 관한 사항만 해당한다.)'에는 회장은 해당 일부터 **14일 이내**에 입주자대표회의를 **소집**하여야 하며, 회장이 회의를 **소집**하지 **아니 하는 경우**에는 **관리규약**으로 정하는 **이사**가 그 회의를 **소집**하고, 회장의 **직무**를 **대행**한다."고 규정되어 있다(cf. 규칙 제4조제2항, 준칙 제29조제4항).

- 그리고, 「서울특별시공동주택관리규약 준칙(예시)」 제34조제1항에서 "① 영 제14조제4항에 따라 입주자대표회의는 정기 회의와 임시 회의(이하 "회의"라 한다.)로 구분하며, 회장이 이를 소집하고, 회의의 의장(이하 "의장"이라 한다.)이 된다. 다만, 회장이 해당 일로부터 14일 이내에 회의를 소집하지 아니 하거나 불참 의사를 명확히 한 경우 이사(직무를 대행할 이사가 없는 경우 동별 대표자) 중 연장자 순으로 그 회의를 소집하고, 회장의 직무를 대행한다."고 규정하고 있다.

- 또한, 같은 준칙 제34조제2항·제3항에는 "② **정기(定期) 회의(會議)**는 원칙적으로 매월 1회 개최한다. ③ **임시(臨時) 회의(會議)**는 다음 각 호에서 정하는 '1. 회장이 공동주택의 관리를 위하여 필요하다고 인정하는 때, 2. 감사 결과를 보고하기 위하여 감사가 회의 소집을 요구하는 때, 3. 관리주체가 회의의 소집 이유 등을 분명하게 적어 회의 소집을 요청하는 때, 4. 입주자 등의 10분의 1 이상이 연서하여 회의 소집을 요구하는 때, 5. 입주자대표회의 구성원 3분의 1 이상이 청구하는 때, 6. 감사, 관리주체, 입주자 등이 제42조에 따른 재심의를 요청하는 때'의 어느 하나에 해당하는 경우에 개최(開催)한다." 라고 규정되어 있다.

- 끝으로, 입주자대표회의의 소집 요구 등에 관한 서식(書式)은 별도로 정해져 있지 않으며, "**회의 개최 사유, 안건,** 회의 개최 **요청(요구, 청구)자,** 회의 개최 **기일 등"**의 요건을 갖추어 **관리사무소**에 **제출**하면, **관리사무소장**은 입주자대표회의에 **회의 개최 요청서 등**을 **첨부**하여 **서면**으로 **제출**하도록 규정되어 있다. 공동주택관리법령 및 개별 공동주택 관리규약 등에 정한 요건과 절차 등을 구비하여 회의 소집을 요구(요청, 청구)하였음에도 불구하고 회장이 회의를 소집하지 아니 할 경우에는 규약 등이 정하는 방법으로 직무대행자가 진행하여야 할 것이다(cf. 법 제14조제10항, 영 제14조제4항, 규칙 제4조제2항, 준칙 제34조제1항·제29조제4항).

- 한편, 입주자대표회의의 **회장**이 **정당한 사유 없이** 입주자 등의 **회의 소집 요구 등**을 **거부**하는 경우에는 **영** 제14조제4항 및 관리**규약**(준칙 제34조 등)의 **위반**을 이유로, 같은 규약 제31조에 정한 요건을 갖추어 선거관리위원회에 입주자대표회의의 회장 해임 절차의 진행을 요청할 수 있다(cf. 준칙 제31조제4항·제5항).

☞ 집합건물법에 정한 의결의 방법(집합건물법 제38조, 제41조)

- **집합건물법 제38조(의결 방법)** ① 관리단 집회의 의사는 이 법 또는 규약에 특별한 규정이 없으면 **구분소유자의 과반수 및 의결권의 과반수**로써 의결한다.

- **집합건물법 제38조** ② 의결권은 **서면**이나 **전자적 방법**(전자 정보 처리 조직을 사용하거나 그 밖에 **정보통신기술**을 **이용**하는 방법으로써 대통령령으로 정하는 방법을 말한다. 이하 같다)으로 또는 **대리인**을 통하여 **행사**할 수 있다.

  (cf.「집합건물의 소유 및 관리에 관한 법률 시행령」제13조)

- **집합건물법 제38조** ③ 제34조에 따른 관리단 **집회**의 **소집 통지**나 소집 통지를 **갈음**하는 **게시**를 할 때에는 제2항에 따라 **의결권(議決權)**을 **행사**할 수 있다는 **내용**과 구체적인 **의결권 행사 방법**을 **명확히** 밝혀야 한다. 〈신설 2012.12.18.〉

- **집합건물법 제38조** ④ 제1항부터 제3항까지에서 규정한 사항 외에 의결권 (議決權) 행사(行使)를 위하여 필요한 사항(事項)은 대통령령(cf. 집합건물법 시행령 제13조)으로 정한다. 〈신설 2012.12.18., 시행 2013.6.19.〉

- **집합건물법 제41조(서면 또는 전자적 방법에 의한 결의 등)** ① 이 법 또는 규약에 따라 관리단 집회에서 결의할 것으로 정한 사항에 관하여 **구분소유자의 4분의 3 이상 및 의결권의 4분의 3 이상**이 **서면이나 전자적 방법** 또는 **서면과 전자적 방법**으로 합의하면, **관리단 집회**에서 **결의**한 것으로 **본다**. 〈개정 2023.3.28.〉

- **집합건물법 제41조** ② 제1항에도 불구하고 다음 각 호의 경우에는 그 구분에 따른 **의결 정족수** 요건을 갖추어 **서면**이나 **전자적 방법** 또는 **서면과 전자적 방법**으로 **합의**하면 **관리단 집회**를 소집하여 **결의**한 것으로 본다. 〈신설 2023.3.28.〉

  1. 제15조 제1항 제2호의 경우: 구분소유자의 과반수 및 의결권의 과반수

  2. 제15조의 2 제1항 본문, 제47조 제2항 본문 및 제50조 제4항의 경우: 구분소유자의 5분의 4 이상 및 의결권의 5분의 4 이상

  3. 제15조의 2 제1항 단서 및 제47조 제2항 단서의 경우: 구분소유자의 3분의 2 이상 및 의결권의 3분의 2 이상

- **집합건물법 제41조** ③ **구분소유자들**은 미리 그들 중 **1인**을 **대리인**으로 정하

여 관리단에 **신고**한 경우에는, 그 대리인은 그 구분소유자들을 **대리**하여 관리단 집회에 참석하거나 서면 또는 전자적 방법으로 **의결권**을 **행사**할 수 있다.

　－ **집합건물법 제41조** ④ 제1항 및 제2항의 서면 또는 전자적 방법으로 기록된 정보에 관하여는 제30조를 준용한다. 〈개정 2012.12.18., 2023.3.28.〉

　＊ cf. 집합건물법 제31조부터 제42조의 2("관리단 집회" 관련 사항)까지 ＊

　＊ cf. 집합건물법 제66조(과태료)제3항제5호・제6호 ＊

대리인에 의한 의결권의 행사(집합건물법 제38조 제2항)

질문 사항

구분소유자를 **대신**하여 **의결권(議決權)**을 **행사하는 자**는 관리규약으로 정하거나 「집합건물의 소유 및 관리에 관한 법률」 제41조 제3항에 따라 반드시 구분소유자이어야 하며, 구분소유자의 친족이 대리인으로서 의결권을 행사할 수 없는지요.

답변 내용(수정 2023. 9. 16.)

ㅇ 집합건물법 **제38조 제2항**의 '**대리인**에 의한 **의결권 행사**'는 구분소유자가 **관리단 집회**에 직접 **출석**하지 **않더라도 대리인**에 의하여 **의결권**을 **행사할 수 있다는 것**을 **의미**합니다. 따라서, 대리인으로 되는 사람은 규약에서 일정한 범위(예를 들어 친족, 점유자, 다른 구분소유자 등)로 제한할 수 있으나, 이에 관한 **규정**이 **없다면 친족**이나 **구분소유자**인지 **여부에 관계없이 대리인**이 **될 수 있을 것**입니다.

ㅇ 한편, 집합건물법 **제41조 제3항**은 같은 법 제38조 제2항에 따른 의결권의 개별적인 대리 행사와는 달리 관리단 집회의 결의를 간편하게 할 수 있도록 **여러 명의 구분소유자 중 1인을 대리인으로 선출하여 미리 관리단에 신고**한 경우, 그 **대리인**이 모인 **집회**로 하여금 **관리단 집회**의 **기능을 수행**하도록 한 것입니다. 비슷한 예로, **아파트 단지**에서 각 **동별 대표자**를 뽑아 그 동별 대표자 **회의**가 관리단 집회의 **기능을 담당**하는 경우를 들 수 있습니다. (cf. 「공동주택관리법」 제2조 제1항 제8호)

ㅇ 구체적 사안에서 제38조 제2항에 따라 대리인에 의한 의결권을 행사하고자 하

고, 규약에서 대리인의 자격을 구분소유자로 제한하였다면, 구분소유자의 친족으로서 구분소유자가 아닌 사람은 대리인으로서 의결권을 행사할 수 없습니다.

☞ 입주자대표회의의 소집·개최 등 관련 규정

- **영 제14조(입주자대표회의 소집)** ④ 입주자대표회의는 **관리규약**으로 정하는 바에 따라 **회장**이 그 **명의**로 **소집**한다. 다만, **다음 각 호**의 어느 하나에 해당하는 때에는 **회장**은 해당 일부터 **14일 이내**에 입주자대표회의를 **소집**하여야 하며, 회장이 회의를 **소집**하지 **아니 하는 경우**에는 **관리규약으로 정하는 이사**가 그 회의를 **소집**하고, 회장의 **직무**를 **대행**한다(cf. 법 제14조제10항, 규칙 제4조제2항).

  1. 입주자대표회의 구성원 3분의 1 이상이 청구하는 때
  2. 입주자 등의 10분의 1 이상이 요청하는 때
  3. 전체 입주자의 10분의 1 이상이 요청하는 때(제2항제14호 중 장기수선계획의 수립 또는 조정에 관한 사항만 해당한다)

- **준칙 제34조(입주자대표회의 소집 등)** ① 입주자대표**회의**는 정기 회의와 임시 회의(이하 "회의"라 한다)로 구분하며, **회장**이 이를 **소집**하고, 회의의 **의장**(이하 "의장"이라 한다)이 된다. 다만, 회장이 영 제14조제4항 각 호에 따른 회의 소집 요청 일로부터 14일 이내에 회의를 소집하지 아니 하거나 불참 의사를 명확히 한 경우 **이사**(직무를 대행할 이사가 없는 경우 감사가 아닌 동별 대표자 중 연장자 순)가 그 회의를 **소집**하고, 회장의 **직무**를 **대행(代行)**한다(cf. 준칙 제29조제4항).

  * **준칙 제34조(정기 회의 개최)** ② 정기 회의는 원칙적으로 매월 1회 개최한다.

  * **준칙 제34조(임시 회의 개최)** ③ 임시(臨時) 회의(會議)는 다음 각 호의 어느 하나에 해당하는 경우에 개최(開催)한다.

  1. 회장이 공동주택의 관리를 위하여 필요하다고 인정하는 때
  2. 감사 결과를 보고하기 위하여 감사가 회의 소집을 요구하는 때
  3. 관리주체가 회의의 소집 이유 등을 분명하게 적어 회의 소집을 요청하는 때
  4. 입주자 등의 10분의 1 이상이 연서하여 회의 소집을 요구하는 때

5. 입주자대표회의 구성원 3분의 1 이상이 청구하는 때

6. 감사, 관리주체, 입주자 등이 제42조에 따른 재심의를 요청하는 때

– 준칙 제36조(회의 소집 일정 및 절차) ① 회장이 회의를 소집(召集)하고자 할 때는 **회의 개최 일 5일 전**까지 일시·장소 및 안건을 동별 대표자와 관리주체에게 서면 또는 수신 확인이 가능한 전자우편 등 전자적 방법으로 **통지(通知)**하고, 관리주체는 이를 게시판과 공동주택 통합정보마당에 **공개(公開)**하여야 한다. 이 때 모든 안건에 대하여 사전 공개를 원칙으로 하며(기타 안건 등의 명칭으로 상정하는 것은 금지한다), 같은 목적으로 회의를 다시 소집하거나 긴급을 요하는 사항에 대해서는 회의 개최 일정(日程)을 단축(短縮)할 수 있다. 〈개정 2023.10.4.〉

* 준칙 제36조(입주 초기 또는 분양 전환 등 최초 회의 소집·진행) ② 입주 초기 또는 임대주택의 분양 전환, 의무 관리 대상 공동주택으로의 전환 등으로 인하여 최초로 입주자대표회의를 구성하는 때의 **회의(會議) 소집(召集)**은 **관리사무소장(管理事務所長)**이 하며, 이 때의 **회의 진행(進行)은** 선출된 **동별 대표자 중에서 연장자(年長者)**가 수행하여야 한다. 〈개정 2020.6.10.〉

2. 입주자대표회의의 의결 사항, 회의록 등

주택관리업자 선정을 위한 입주자대표회의의 의결 사항 등

성명 OOO 등록일 2013.10.02. 수정 2024.11.22.

질문 사항

1. 우리 아파트는 500세대 이상이며, 관리규약으로 정한 입주자대표회의 **정원**은 7명이고, 동별 대표자는 최소 구성원인 4명만 **선출**된 상태입니다.

우리 아파트의 **기존 주택관리업자**를 **수의계약**으로 **선정**하고자 할 경우 입주자 등의 10분의 1 이상이 서면으로 이의를 제기하지 않는다면, 입주자대표회의 구성원 4명의 전원 참석에 전원 찬성으로 수의계약을 할 수 있는지 궁금합니다[입주자대표

회의 정원 7명의 3분의 2 이상(5명)이 선출되지 않은 상태이다.).

2. 수의계약을 할 수 없으면, **입찰공고**를 하여 주택관리업자를 선정하여야 하는데, 입찰공고를 할 때도 입주자대표회의의 **의결**로써 공고를 하여야 하는지요?

3. 입찰공고를 **의결**함에 있어 입주자대표회의의 구성원 4명 중 한 명이라도 반대를 하면, 입찰공고를 할 수 없는지요(최소 구성원으로서 의결하려면, 4명이 전원 참석하고, 전원이 찬성을 하여야 의결이 될 수 있다고 알고 있습니다.)?

4. 입찰공고를 하여 **주택관리업자 선정**을 **의결**한다 하더라도 4명 중 한 명이라도 반대를 하면, 그 주택관리업자 선정 의결이 성립하는지요?

5. 입주자대표회의의 의결이 성립되지 않아 **새로운 주택관리업자**를 **선정**하지 **못하였을 경우**, 기존 주택관리업자의 계약 기간이 만료되면, 기존 주택관리업자의 계약은 그대로 유지되는 것인지도 궁금하오니 답변을 주시기 바랍니다.

답변 내용

1. 「공동주택관리법」 제7조제1항제1호의 2 나목에 따른 '지침' 제4조제3항 [별표 2] 제8호에 따라 같은 '지침' 제4조제5항에 정한 방법[119]을 통해 계약 기간이 만료되는 기존 주택관리업자를 수의계약의 방법으로 다시 관리주체로 선정할 수 있습니다(cf. '지침' 제4조제3항 [별표 2] 제8호, 법 제7조제1항제1의 2, 준칙 제15조).

2. 주택관리업자를 선정하는 경우에는 입찰공고 전에 입찰 또는 수의계약 시행 여부, 입찰방법·낙찰의 방법, 참가 자격의 제한(요건), 낙찰자 결정 방법 등 **입찰**과 **관련**된 **중요**한 **사항(발주 기준)**에 대하여 **입주자대표회의**의 **의결(議決)**로 입주자 등의 동의 절차 진행을 요청·**제안**하고, 공동주택관리법 제7조제1항제1호의 2에 따라 **전체 입주자 등**의 (과반수가 참여하고 참여자) **과반수의 동의**를 받아야 합니다. 이에, 입주자대표회의의 **의결**이 필요합니다.[120]

---

119) '지침' 제4조 ⑤ 제3항에 따른 수의계약의 경우 수의계약 전에 계약 상대자 선정, 계약 조건 등 계약과 관련한 중요 사항에 대하여 영 제14조제1항에 따른 방법으로 입주자대표회의의 의결을 거쳐야 한다. 다만, 주택관리업자를 선정하는 경우에는 영 제14조제1항에 따른 입주자대표회의 의결로 제안하고, 법 제7조제1항제1호의 2에 따라 전체 입주자 등의 (과반수가 참여하고 참여자) 과반수의 동의를 얻어야 한다. 〈개정 2023.6.13.〉

120) 법 제7조제1항제1호의 2·제63조제1항제6호, '지침' 제4조제4항, 제7조제2항 [별표 7] 〈비고〉 제2호, 제16조제1항(주택관리업자 선정·계약자 → 입찰공고의 내용이 되는 발주 기준 등 의결, 입주자 등의 동의 요청·제안), 준칙 제13조

3. 2번 답변을 참고하시기 바랍니다.

4. 입주자대표회의 또는 관리주체는 「주택관리업자 및 사업자 선정 지침」 제7조 제2항 [별표 7]에서 규정하는 방법과 제10조(* 제7조의 기준 적용)에 따라 **낙찰자(落札者)**를 **선정(選定)**합니다. 이에, **별도의 의결(議決)을 필요로 하지 아니 하며,** 유효한 입찰 참가자 중에서 최저가 낙찰제라면 최저가 입찰 참여 사업자, 적격심사 제일 경우는 가장 높은 점수를 받은 사업자가 낙찰자로 선정되는 것입니다. 다만, 낙찰자와의 계약에 대하여 개별 공동주택관리규약에서 "입주자대표회의의 의결이 필요하다." 라고 규정하고 있다면, 그에 따르는 문제는 해당 공동주택의 관리규약에 따라 자율적으로 판단할 사항입니다.

5. 4번 답변을 참고하시기 바랍니다.

「주차장 운영 기준」은 입주자대표회의의 의결 사항

〈주택건설공급과 – 2013.12.24.〉 수정 2018.09.11.

질문 사항

해당 아파트 입주자대표회의 의결로 「**주차관리규정**」을 제정하여 타인 명의의 차량과 우리 아파트에 주민등록이 되어 있지 않은 입주자 등의 차량은 **주차장 사용**을 **제한**하고 있는데, 관련 사항이 적법한 것인지요.

답변 내용

공동주택 "단지 안의 전기 · 도로 · 상하수도 · **주차장** · 가스설비 · 냉난방설비 및 승강기 등의 유지 · **운영 기준**"은 **입주자대표회의의 의결(議決) 사항(事項)**이므로 (「공동주택관리법 시행령」 제14조제2항제8호 · 제2호), '주차장의 사용에 관한 사항'은 개별 공동주택 **입주자대표회의의 의결로 결정**할 수 있다. 다만, 해당 공동주택에 실제 거주하고 있으나 부득이한 사유로 주민등록을 그 공동주택에 둘 수 없는 등의 사유가 있는 입주자 등도 있을 수 있으므로, 사안 **입주자 등**의 생활에 불편이 초래되지 않도록 충분히 **의견**을 **수렴**하여 의사를 **결정**하는 것이 바람직할 것으로 사

료된다. [cf. 「서울특별시 공동주택 주차장관리규정(안)」 제25조제2항]

아파트 주차규정 개정 따른 픽업 트럭 주차 제한 "정당"

한국아파트신문 변호사 김미란 승인 2023.04.03. 수정 2023.07.22.

사건의 경위

가. A는 이 건 아파트의 입주자로서 2020. 11. 30. 관리사무소에 A소유의 닷지램 1500 차량을 신고하여 주차 등록을 마친 후 단지 안 주차장에 주차해왔다. 이 건 아파트는 전체 세대수 1420세대로 당시 주차 등록된 차량은 1585대인 반면, 주차 가능 주차 면수는 1427대에 불과하여 늘 주차 공간 부족 문제를 겪어왔다.

나. 입주자대표회의는 2021. 02. 09. 관리규약의 세부 시행 규정인 '주차시설 관리 및 주차 수입 부과 규정'을 개정하면서 차량등록증 제원상 너비 2000㎜ 이하, 길이 5300㎜ 이하의 차량만 주차 등록할 수 있도록 제한하고, 2021. 4.경 입주자 등 과반수 서면 동의를 받았다.

다. 입주자대표회의는 A에게 이 건 차량의 경우 위 개정 주차규정에서 정한 등록 대상 차량의 규격을 초과하여 더 이상 주차장을 이용할 수 없게 됐음을 고지하고, 출차할 것을 요청하였다. A가 불응하여 이 건 아파트 입주자대표회의는 2021. 08. 01. 이 건 차량의 주차 등록을 말소하였다. 2021. 08. 16.부터는 이 건 차량 전면 유리에 주차위반스티커를 강력접착제로 부착하고, 입주자대표회의 의결을 거쳐 매월 10~20만 원의 주차위반금을 부과하였다.

라. A는 개정 주차규정은 구분소유자의 주차장 사용권을 과도하게 제한하거나 침해하는 규정으로서, 구분소유자의 대지사용권을 보장하고 전유부분과 공용부분의 일체성을 규정한 집합건물법 제11조 및 제13조를 위배하여 무효라고 주장하였다. A는 아파트 입주자대표회의를 상대로 무효인 위 규정을 근거로 차량에 주차위반스티커를 부착하고, 주차위반금을 부과하는 등 주차를 방해하는 행위를 멈추고, 위법한 주차방해행위로 인한 위자료를 지급하라면서 소를 제기하였다.

마. 법원은 A의 청구를 기각하며, 입주자대표회의의 손을 들어주었다.

법원의 판단

가. 관련 법리

1동의 건물의 구분소유자들이 그 건물의 대지를 공유하고 있는 경우 각 구분소유자는 별도의 규약이 존재하는 등 특별한 사정이 없는 한 그 대지에 대하여 가지는 공유지분의 비율에 관계없이 그 건물의 대지 전부를 용도에 따라 사용할 수 있는 적법한 권원을 가진다. 집합건물의 규약은 그 내용이 강행법규에 위반되거나 구분소유자의 소유권을 필요하고 합리적인 범위를 벗어나 과도하게 침해 또는 제한함으로써 선량한 풍속 기타 사회질서에 위반된다고 볼 정도로 사회 관념상 현저히 타당성을 잃었다고 여겨지는 등의 특별한 사정이 있는 경우를 제외하고는 이를 유효한 것으로 인정하여야 한다.

나. 주차규정의 개정 이유와 취지

이 건 개정 주차규정은 차량의 주차장 이용을 원천적으로 봉쇄하는 것이 아니라 일정 규격을 초과하는 차량의 주차장 이용만 제한하고 있다. 따라서, 구분소유자들의 대지사용권이나 입주자 등의 공용부분 사용권을 본질적으로 박탈하거나 제한하는 것이 아니라 이 같은 권리의 행사에 관한 이해관계를 상호 조정하는 것이다. 또한 주차 등록된 차량에 비하여 주차면이 현저히 부족한 상황에서 한정된 주차 구역을 균등하게 이용하기 위하여 일정 규격 초과 차량의 주차장 이용 제한 조치는 일정 범위 안에서 불가피하다.

이 건 아파트의 주차 구획 1면당 주차 면적을 감안하면 위 면적에 거의 맞닿거나 이를 상회하는 크기의 대형 차량이 주차돼 있다면 그 위치에 따라 인접 주차 공간을 사용하지 못할 수 있으며, 실제로 지속적인 민원이 발생하였다. 따라서, 일정 규격 초과 대형 차량의 주차를 금지시킨 조치가 합리적인 범위를 넘어서는 과도한 제한이라 보기 어렵다. 기존에 주차 등록된 차량에 대해서까지 이 건 개정 주차규정을 일률적으로 적용한 것 역시 대형 차량 주차로 인한 문제를 해소하기 위한 것으로서 정의 관념에 비춰 용인할 수 없는 것으로 단정할 수 없다.

다. 이 건 개정 주차규정의 효력

이 건 개정 주차규정은 공동주택관리법령에 따라 입주자대표회의 의결 및 입주자 과반수의 동의를 거쳐 적법하게 개정됐고, 강행법규에 위반된다거나 구분소유자의 소유권을 과도하게 침해하거나 제한함으로써 선량한 풍속 기타 사회질서에 위반된다고 볼 정도로 사회 관념상 현저히 타당성을 잃은 것으로 보기 어렵다. 따라서, 위 규정은 유효하며, 이에 근거하여 이 건 차량의 주차를 금지한 이 건 아파트 입주자대표회의의 행위는 정당하다.

평석

아파트는 여럿이 사는 곳이니 내 마음대로 살 수 없는 것이 당연하다. 주차 면적을 꽉 채우거나 이를 초과하는 대형 차량이 주차장에 떡하니 세워져 있으면, 안 그래도 부족한 주차 공간은 더욱 부족해지고, 입주민의 불편은 가중된다. 이를 해소하기 위해서 적법한 절차에 따라 주차규정이 개정되었고, 대형 차량의 주차 제한이 제반 사정에 비춰볼 때 사회 관념상 현저히 타당성을 잃은 것이 아니라면 본인의 불편은 감수하고 마땅히 따라야 한다.

물품 구입·매각 사업자 선정은 입주자대표회의의 의결 사항

성명 OOO 등록일 2014.04.03. 수정 2023.02.18.

질문 사항

공동주택 물품의 구입과 매각을 위한 사업자(事業者) 선정(選定)에 관하여 질의합니다. **물품의 구입과 매각을 위한 사업자 선정** 때 입주자대표회의의 의결 사항인가요? 아니면, 관리주체에서 선정하여야 하는 것인지요?

답변 내용

「주택관리업자 및 사업자 선정 지침」 제4조제4항, 제7조제2항 [별표 7]의 〈비고〉 제2호에 "2. 입찰의 경우 입찰공고 전에 입찰의 종류 및 방법, 낙찰 방법, 참가 자격 제한 등 **입찰**과 **관련**된 **중요(重要)**한 **사항(事項)**에 대하여 영 14조제1항에 따른 방법으로 **입주자대표회의의 의결(議決)**을 거쳐야 한다."고 규정되어 있습니다. 따라서, 물품 등 자산 구입, 고정자산 처분 등을 위한 사업자를 선정할 경우 **해당 업무의 집행 여부**와 **사업자 선정 방법·절차 등 중요한 사항**에 대하여 입주자대표회의의 **의결**을 거친 후 **관리주체가** 사업자를 **선정**하고, **계약**하는 것이 적법·타당합니다(cf. 영 제25조제1항제1호 나., '지침' 제30조·제2조제1항제2호·같은 [별표 7] 2. – 다., 준칙 제38조제4항제4호).[121]

하자보수 손해배상 소송의 입주자대표회의의 의결 사항 여부

성명 OOO 등록일 2014.09.04. 수정 2023.10.07.

질문 사항

아파트 시설의 미시공 및 변경 시공 등과 관련하여 사업주체와의 하자 합의가 되지 않아 **손해배상 청구 소송(訴訟)**을 하려고 합니다. 손해배상 청구 소송 여부를 결정하는 것이 「공동주택관리법 시행령」 제14조에 의한 입주자대표회의 의결 사항에 해당되는지요? 아니면, 입주민의 찬반 의사에 따라 결정하여야 하는 것인지요?

답변 내용

입주자대표회의는 "17. 그 밖에 **공동주택의 관리**와 **관련**하여 **관리규약으로 정하는 사항**"에 관하여 그 구성원 과반수의 찬성으로 **의결**합니다(영 제14조제2항제17호·제1항, 준칙 제38조제4항).[122] 따라서, 질의 사안(하자 관련 손해배상 청구 소

---

121) 「공동주택관리법 시행령」 제26조제1항, 법 제63조제1항제6호, 법 제64조제2항제1호·제3호, 규칙 제30조제1항제1호, 「공동주택 회계처리기준」 제50조제1항

122) * '공동주택관리법' 제14조(입주자대표회의의 운영 등) ⑩ 동별 대표자의 임기나 그 제한에 관한 사항, 동별 대표자 또는 입주자대표회의의 임원의 선출이나 해임 방법 등 입주자대표회의의 구성 및 운영에 필요한 사항과 입주자대표회의의 의결 방법은 대통령령으로 정한다.
* '공동주택관리법 시행령' 제14조(입주자대표회의의 의결 방법) ① 법 제14조제10항에 따라 입주자대표회의는 입주자대표회의 구성원 과반수의 찬성으로 의결한다. 〈개정 2022.12.9.〉

송)은 해당 **공동주택 관리규약**에 정해진 내용123)을 따라야 할 것이며, 보다 자세한 문제는 「공동주택관리법」 제93조제1항 등에 기하여 공동주택 관리에 관한 지도·감독 업무를 담당하는 해당 시·군·구에 문의하시기 바랍니다.

의결 사항에 대한 동별 대표자의 서면 동의 결정 여부

성명 OOO 등록일 2014.10.02. 수정 2023.10.07.

질문 사항

우리 아파트 입주자대표회의는 분란과 갈등으로 수차 회의가 무산되고 있는 실정입니다. 2,416세대의 대단지로서 관리규약 개정과 장기수선공사 등의 중요한 현안 문제들이 답보(踏步)되어 있으며, 노후된 승강기로 인한 잦은 고장과 사고는 하루하루가 불안한 상황입니다. 이에 매회 발생되는 **의결 정족수 부족 등**으로 현안 문제를 처리하지 못하고 있습니다. 이에, 현안별(懸案別)로 **동별 대표자**의 **서면 동의**로 **의결** 가능한지 문의하며, 또한 공동주택관리규약 개정과 장기수선 공사 진행 여부를 서면 동의서로 **대체**가 **가능한지** 답변해 주시기 바랍니다.

답변 내용

입주자대표회의는 회장이 그 명의로 회의를 **소집**하도록 되어 있으며(「공동주택관리법」 제14조제10항, 같은 법 시행령 제14조제4항), 그 회의를 개최한 때에는 **회의록을 작성**하여 **관리주체에게 보관**하도록 한 점(같은 법 제14조제8항) 등을 감안할 때 동별 대표자가 입주자대표회의에 **참석**하여 **의결**하지 않고, 서면으로 동의하는 것은 타당하지 않은 것으로 판단됩니다(cf. 준칙 제34조제1항, 제36조제1항, 제38조, 제39조제1항, 제43조제1항 - 참석한 동별 대표자 전원의 서명).124)

---

* 법 제14조(입주자대표회의의 의결 사항) ⑪ 입주자대표회의의 의결 사항은 관리규약, 관리비, 시설의 운영에 관한 사항 등으로 하며, 그 구체적인 내용은 대통령령으로 정한다.
* '공동주택관리법 시행령' 제14조(입주자대표회의의 의결 사항) ② 법 제14조제11항에 따른 입주자대표회의의 의결 사항은 다음 각 호와 같다. 〈개정 2022.12.9.〉
  17. 그 밖에 공동주택의 관리와 관련하여 관리규약으로 정하는 사항

123) cf. 준칙 제62조제5항제4호, 舊 준칙(2017.11.14.) 제30조 각 호 외 본문 단서 규정

공동체 생활의 활성화의 의미

성명 OOO 등록일 2015.09.09. 수정 2023.02.06.

질문 사항

「공동주택관리법 시행령」 제14조를 보면, 제2항 입주자대표회의의 의결 사항 중에 "16. **공동체 생활의 활성화** 및 질서 유지에 관한 사항"이 있습니다. 여기서 공동체(共同體) 생활(生活)의 활성화의 **의미**가 무엇인지요. 아파트의 전반적인 공동체 생활을 의미하는 것인지, 자생단체의 활성화를 뜻하는 것인지 궁금합니다.

답변 내용

질의하신 「공동주택관리법 시행령」 제14조제2항제16호의 "공동체 생활의 활성화 및 질서 유지에 관한 사항"은 '자생단체'의 활성화에 한정되는 것은 아니며, **해당 공동주택의 전반적(全般的)인 공동체 생활의 활성화(活性化)**를 의미한다고 할 것입니다. (cf. 「공동주택관리법」 제21조제1항, 준칙 제3조제12호·제11호, 준칙 제6장 '공동체 생활의 활성화 단체' – 제54조 ~ 제58조)

입주자대표회의의 구성원, 의결 사항의 효력 여부

성명 OOO 등록일 2015.06.13. 수정 2021.07.31.

질문 사항

우리 아파트 관리규약 제27조[동별 대표자의 선출]에 "입주자대표회의를 구성하는 **동별 대표자**는 법 제14조제1항에 따라 다음 각 호의 **선거구별**로 **1명씩** 총 8명의 정원을 **선출**한다." 라고 규정되어 있습니다.

---

124) cf. 준칙 제39조(의결 및 회의록 기재 방법, 의결의 범위·절차 등) ① 동별 대표자는 입주자대표회의 회의 장소에 직접 출석하여야만 의결권을 행사할 수 있다.
② 동별 대표자의 의결권은 대리할 수 없다. (cf. 준칙 제43조제1항)

1. 의무 관리 대상 아파트의 경우 **동별 대표자**는 '공동주택관리법' 제14조제1항에 따라 4명 이상이 **선출(選出)**되어야 하는지요?

2. 우리 아파트 관리규약은 8명이 입주자대표회의 **정원**이지만, 실제 선출된 동별 대표자는 6명인데, 입주자대표회의 **구성원(構成員)**이 되는지요?

3. 동별 대표자 4명 이하로 입주자대표회의에서 **결정(決定)**을 하였는데, 그 의결은 무효(無效)로 보아야 하는 것인지요?

4. 6명을 입주자대표회의의 구성원으로 운영하는 도중 3명이 입주자대표회의를 개최하여 **결정**을 하였을 경우, 그 의결은 유효로 봐야 하는지 궁금합니다.

답변 내용

1. 입주자대표회의는 「공동주택관리법」 제14조제1항에 따라 **4명 이상**의 동별 대표자로 **구성(構成)**하여야 한다. (cf. 영 제12조제1항, 준칙 제29조제1항)

2 ~ 3. 입주자대표회의의 **구성원(構成員)**은 관리규약으로 정한 동별 대표자의 **정원**을 말하며, 해당 입주자대표회의 구성원의 3분의 2 이상이 선출되었을 때에는 그 **선출된 인원**을 말한다(같은 법 시행령 제4조제3항 괄호 규정). 따라서, 관리규약으로 정한 8명의 정원 중 6명의 동별 대표자가 선출된 경우 그 구성원은 6명(관리규약으로 정한 정원의 3분의 2 이상이 선출되었을 때에는 그 선출된 인원이 구성원이 된다.)으로, 6명의 과반수인 4명 이상의 찬성으로 안건을 의결할 수 있다.

4. 앞에서 설시한 바와 같이 6명의 과반수인 4명 이상의 찬성으로 의결하는 것이고, 질의 사안과 같이 3명이 결정한 것이면, 그 "의결"은 적법하지 아니 하다.

부결된 안건(의안)의 재상정 여부 등 관련 사항

작성일 2023.05.12. 수정 2023.07.19.

질문 사항

우리 아파트 입주자대표회의에서 의결된 안건이 입주자 등의 찬반 의사를 묻는 동의 절차 진행 결과 **부결**되었습니다. 이와 같이 부결된 **안건**을 해당 입주자대표회의(기수)에서 다시 안건으로 **상정**할 수 있는지 궁금하여 문의드립니다.

답변 내용

「공동주택관리법」 제18조제2항과 같은 법 시행령 제19조제1항제2호에 따라 "입주자대표회의의 구성·운영과 그 구성원의 의무 및 책임에 관한 사항"은 시·도지사가 정하는 관리규약의 준칙에 포함되는 사항으로, 개별 공동주택에서 같은 준칙을 참조하여 관리규약으로 정하여 운영하도록 하고 있습니다. 이에, 입주자대표회의의 운영에 관한 사항은 공동주택 관리규약으로 정한 바에 따라야 할 것이므로, 해당 공동주택 관리규약을 확인해보시기 바랍니다.

참고로, 이 질의 대상 공동주택 관리규약의 참조가 되는 「서울특별시 공동주택관리규약 준칙」 제39조제4항에 따르면, **"회의에서 일단 부결된 의안은 그 회의 중**에는 다시 **발의**하거나 **심의할 수 없다."**고 규정되어 있으며, 부결된 **안건**의 경우 재상정이 가능한지 여부에 대해서 공동주택관리법령에서는 별도로 규정하고 있지 않습니다. 이에 부결된 **의안**은 **그 해당 회의 중**에 다시 발의하거나 심의할 수 없다고 명시하고 있는 상기 준칙(예시)을 고려하면, **부결**된 **안건**의 **다음 회의 때 반복적 제안**에 관하여 **제한**하고 있지 **않으므로** 의안 재상정 자체가 공동주택관리법령에 현저히 침해하거나 해당 공동주택 입주자 등에게 피해를 주는 경우가 아니라면 해당 공동주택 관리규약으로 정한 안건 상정 절차를 거쳐 회의에 논의할 의안으로 재상정하는 것은 가능할 것입니다. 다만, 선택을 달리할 만한 중요 사항이 변경된 경우가 아니라면 동일한 내용을 다시 안건으로 상정하는 것은 바람직하지 않을 것으로 판단되니 업무에 참고하시기 바랍니다.

끝으로, 공동주택관리규약 '준칙'의 해석 및 적용에 관한 보다 자세한 사항은 「공동주택관리법」 제18조에 따라 관리규약 준칙을 제·개정하는 관할 시·도 업무 담당 부서나 같은 법 제93조에 따라 해당 공동주택 관리에 관한 지도·감독 권한이 있는 관할 지방자치단체에 문의하시기 바랍니다.

입주자대표회의의 소집 및 의결한 사항의 공개 명의

성명 OOO 등록일 2015.07.30. 수정 2024.09.04.

질문 사항

영 제28조에서 "관리주체는 '입주자대표회의의 **소집** 및 그 회의에서 **의결**한 **사항**'을 해당 공동주택의 게시판 등에 **공개**하여야 한다."고 규정하고 있습니다.

이 때 그 **공고문**의 **명의(名義)**를 입주자대표회의와 관리주체 중 어느 것으로 하여야 하는지 실의합니다. '관리수제에게 공고 의무가 있으니 관리수제 명의로 공고문을 붙여야 한다.'는 의견과 '공고문의 명의는 입주자대표회의이며, 관리주체는 공고문을 작성하고, 부착할 단순한 의무만 있다.' 라는 주장이 있습니다.

답변 내용

관리주체는 공동주택 관리 관련 공개 대상 자료인 "다음 각 호의 사항"을 그 공동주택단지의 인터넷 홈페이지 및 동별 게시판에 **공개**하거나, 입주자 등에게 **개별 통지**하여야 합니다(「공동주택관리법 시행령」 제28조제2항 본문). 따라서, 질의하신 **"입주자대표회의 소집** 및 그 회의에서 **의결**한 **사항"**은 같은 영 제28조제2항제1호에 해당하므로 이를 **관리주체**가 **공개**하되, 그 **명의(名義)**는 입주자대표회의 **회장**으로 하여야 할 것으로 판단됩니다.[125] [cf. 법 제23조제4항·제63조제1항제6호, 영 제23조제8항, 규칙 제4조제1항·제30조제1항제2호, 준칙 제43조제2항·제91조제3항, 법령 해석(법제처 23 - 0616, 2023. 8. 28.)]

입주자대표회의의 소집 및 의결 사항의 공개 의무자

성명 OOO 등록일 2015.04.14. 수정 2022.11.28.

---

125) 법 제14조제10항, 영 제14조제4항·제28조제2항, 준칙 제34조제1항·제36조·제43조, cf. 전주지방법원 2023.2.1. 선고 2022가합387 판결 "주택관리업자 지위 확인의 소(訴)"

질문 사항

공동주택 **입주자대표회의의** 회의 **소집** 및 **회의의 결과 공고(公告)**는 누구가 하고, 누구[관리주체, 입주자대표회의(회장)]의 **명의(名義)**로 하는 것인지요?

답변 내용

○ 관리주체(管理主體)는 「공동주택관리법 시행령」 제28조제2항 본문 외 각 호의 사항을 그 공동주택단지의 인터넷 홈페이지 및 동별 게시판에 **공개**하거나, 입주자 등에게 **개별 통**지하여야 합니다(「공동주택관리법 시행령」 제28조제2항 본문). 따라서, 질의 사안의 **"입주자대표회의의 소집** 및 그 회의에서 **의결한 사항"**은 「공동주택관리법 시행령」 제28조제2항제1호에 해당하므로, **관리주체**가 입주자대표회의 회장의 **명의(名義)**로 공개(公開)하여야 할 것으로 판단됩니다.[126]

＊「공동주택관리법 시행령」 제28조(관리 현황의 공개) ② **관리주체(管理主體)**는 다음 각 호의 사항을 그 공동주택단지의 인터넷 홈페이지 및 동별 게시판에 **공개(公開)**하거나, 입주자 등에게 **개별 통지(通知)**하여야 한다(cf. 「공동주택관리법 시행령」 제23조제8항). 다만, 입주자 등의 세대별 사용 명세 및 연체자의 동·호수 등 기본권 침해의 우려가 있는 것은 공개하지 아니 한다.

1. 입주자대표회의의 소집 및 그 회의에서 의결한 사항

2. 관리비 등의 부과 명세(제23조제1항부터 제4항까지의 관리비, 사용료 및 이용료 등에 대한 항목별 산출 명세를 말한다) 및 연체 내용

3. 관리규약 및 장기수선계획·안전관리계획의 현황

4. 입주자 등의 건의 사항에 대한 조치 결과 등 주요 업무의 추진 상황

5. 동별 대표자의 선출 및 입주자대표회의의 구성원에 관한 사항

6. 관리주체 및 공동주택관리기구의 조직에 관한 사항

---

126)   법   제14조제10항·제63조제1항제6호·제64조제2항제1호,   영   제14조제4항·제28조제2항,   규칙   제4조제1항·제30조제1항제2호, 「서울특별시공동주택관리규약 준칙」 제34조제1항·제36조·제43조제1항 ～ 제2항·제91조제3항제1호, cf. 전주지방법원 2023.2.1. 선고 2022가합387 판결, 법령 해석(법제처 23 － 0616, 2023.8.28.)

공개(공고)하지 않은 입주자대표회의 의결 사항의 효력

성명 OOO 등록일 2016.03.17. 수정 2023.02.06.

질문 사항

「공동주택관리법 시행령」 제28조제2항은 "입주자대표회의에서 **의결**한 **사항**을 **공개(公開)**하여야 한다."라고 규정하고 있습니다. 이는 입주자 등과의 관계에서는 공개하여야 **효과(效果)**이 발생하는 효력 요건(要件)으로 보이고, 또한 공개한 대로 효력이 발생하여 중요 내용을 공개하지 않은 것은 무효라고 보며, 이것이 「공동주택관리법 시행령」 제28조의 입법 취지가 아닐까 생각합니다.

답변 내용

o 입주자대표회의는 그 **구성원**(관리규약으로 정한 **정원**을 말하며, 해당 입주자대표회의 구성원의 3분의 2 이상이 선출되었을 때에는 그 **선출된 인원**을 말한다.)[127] 과반수의 찬성으로 **의결**하며(「공동주택관리법 시행령」 제14조제1항), "입주자대표회의의 **소집** 및 그 회의에서 **의결**한 **사항**"은 같은 영 제28조제2항제1호 외 본문에 따라 **관리주체**가 **공개(公開)**하여야 합니다(cf. 같은 영 제14조제4항).

– 다만, 상기 법령에 따라 입주자대표회의에서 **의결(議決)**한 **사항**을 관리주체가 **공개(公開)**하지 아니 한 것을 무효 사유로 볼 수는 없을 것으로 판단됩니다.[128]

o 참고로, 관리 감독청인 해당 지방자치단체의 장은 공동주택 관리의 효율화와 입주자 등의 보호를 위하여 입주자대표회의 및 관리주체 등에게 업무에 관한 사항을 보고하게 하거나, 자료의 제출이나 필요한 명령 등 행정조치를 할 수 있으므로(법 제93조제1항, 영 제96조), 공동주택관리법령 및 공동주택관리규약 등을 위반한 입주자대표회의와 관리주체 등에게 시정 명령 등을 할 수 있는 것입니다.

---

127) 「공동주택관리법 시행령」 제4조제3항 괄호 규정, 준칙 제27조제3항

128) cf. 전주지방법원 2023.2.1. 선고 2022가합387 판결 "주택관리업자 지위 확인의 소(訴)" 원고 유한회사 OO종합관리

입주자대표회의 회의록 열람, 녹음물 청취·복사 절차

작성일 2023.04.25. 수정 2023.10.31.

질문 사항

서울 동대문구 소재 *****아파트입니다. 우리 아파트는 **입주자대표회의 회의** 때 녹음을 하고 있습니다. 안건의 의결 과정을 자세히 알고 싶어 **녹음**한 **내용**을 **청취**하려고 합니다. (필요한 경우 **복사** 요청) 어떤 **절차**를 거쳐야 하는지요? 아파트 생활지원센터에서 입주자대표회의의 회의 녹취록 공개를 하지 않습니다. 어떻게 해야 회의 녹취록을 열람·복사할 수 있는지 알려주시기 바랍니다.

답변 내용

1. 「공동주택관리법」 제14조제9항에 "300세대 이상인 공동주택의 관리주체는 관리규약으로 정하는 범위·방법 및 절차 등에 따라 회의록을 입주자 등에게 공개하여야 하며, 300세대 미만인 공동주택의 관리주체는 관리규약으로 정하는 바에 따라 **회의록**을 **공개**할 수 있다. 이 경우 관리주체는 입주자 등이 회의록의 **열람**을 청구하거나 자기의 비용으로 **복사**를 요구하는 때에는 **관리규약**으로 정하는 바에 따라 이에 응하여야 한다."고 규정되어 있습니다.

2. 그리고, 같은 법 제18조제1항·제2항에 따라 질의 사안 공동주택 관리규약의 참조가 되는 「서울특별시 공동주택관리규약 준칙(2023. 9. 26. 개정)」 제91조제1항제11호에 **관리주체**가 **보관 및 관리**하여야 **하는 자료**로 "11. 입주자대표회의 **회의록, 녹음·녹화물,** 회의 참석자 전원의 개인 정보 수집·이용 및 제3자 제공 동의서와 선거관리위원회 **회의록**"이 명시되어 있고, 같은 조 제2항에서는 "② 입주자 등이 관리주체에게 제1항의 자료와 법 제27조 및 영 제28조의 서류를 단일 건씩 **열람**하거나 **복사**를 서면으로 요구하는 경우, 관리주체는 법 제27조제3항 각 호의 정보가 포함된 경우 해당 정보를 식별하지 못하도록 **조치**한 후, 다음 각 호에 따라 비용을 **청구**할 수 있다. 단, 통합정보마당에 **공개**된 자료는 열람·복사 대상에서 **제외**하며, 관리주체는 입주자 등이 통합정보마당에서 해당 자료를 확인할 수 있도록 **안내**하여

야 한다."고 규정하고 있습니다.

　3. 이와 관련, 이 질의 사안 공동주택관리규약이 상기 준칙과 동일하게 운영되고 있는 경우에는 위에서 적시한 규정에 따라 관리주체에게 해당 자료(cf. **입주자대표회의 회의 녹음물**)의 **열람**을 **청구**하거나 **복사**를 **요구할 수 있을 것**으로 사료되니 참고하시기 바라며, 질의 사항 등을 포함하여 공동주택 관리에 관한 행정 지도 등 자세한 사항은 공동주택관리규약 등 구체적인 사실관계를 가지고 「공동주택관리법」 제93조제1항에 따라 공동주택 관리의 지도·감독 권한이 있는 관할 구청으로 문의하여 도움을 받아 보시기 바랍니다.

☞ 관리단 집회의 의사록(집합건물법 제39조, 제30조 준용)

　– 집합건물법 제39조(관리단 집회의 의장) ① 관리단 집회의 의장은 관리인 또는 집회를 소집한 구분소유자 중 연장자가 된다. 다만, 규약에 특별한 규정이 있거나 관리단 집회에서 다른 결의를 한 경우에는 그러하지 아니 하다.

　* 집합건물법 제39조(관리단 집회의 의사록 작성) ② 관리단 집회의 의사에 관하여는 의사록(議事錄)을 작성하여야 한다. (cf. 「공동주택관리법」 제14조 제8항)

　* 집합건물법 제39조(관리단 집회의 의사록 작성 방법 등) ③ 의사록에는 의사의 경과와 그 결과를 적고, 의장과 구분소유자 2인 이상이 서명날인하여야 한다.

　* 집합건물법 제39조(집회의 의장과 의사록) ④ 의사록(議事錄)에 관하여는 제30조를 준용(準用)한다. [전문 개정 2010.3.31.]

　– 집합건물법 제30조(규약을 보관할 사람) ① 규약은 관리인 또는 구분소유자나 그 대리인으로서 건물을 사용하고 있는 자 중 1인이 보관하여야 한다.

　* 집합건물법 제30조(규약을 보관할 구분소유자나 그 대리인의 결정) ② 제1항에 따라 규약(規約)을 보관(保管)할 구분소유자나 그 대리인은 규약에 다른 규정이 없으면 관리단 집회의 결의로써 정한다.

　* 집합건물법 제30조(규약의 열람 및 등본 발급의 청구) ③ 이해관계인은 제1항에 따라 규약을 보관하는 자에게 규약의 열람(閱覽)을 청구하거나 자기 비용으로

등본(謄本)의 발급을 청구할 수 있다. [전문 개정 2010.3.31.]

* **집합건물법 제66조(과태료)** ③ 다음 각 호의 어느 하나에 해당하는 자에게는 200만 원 이하의 과태료(過怠料)를 부과한다. [전문 개정 2020.2.4.]

5. 제30조 제1항, 제39조 제4항, 제41조 제4항(이들 규정을 제52조에서 준용하는 경우를 포함한다)을 위반하여 규약(規約), 의사록(議事錄) 또는 서면(전자적 방법으로 기록된 정보를 포함한다)을 보관하지 아니 한 자 〈개정 2023.3.28.〉

6. 제30조 제3항, 제39조 제4항, 제41조 제4항(이들 규정을 제52조에서 준용하는 경우를 포함한다)을 위반하여 정당한 사유 없이 규약, 의사록 또는 서면(전자적 방법으로 기록된 정보를 포함한다)의 열람이나 등본의 발급 청구를 거부한 자

7. 제39조 제2항 및 제3항(이들 규정을 제52조에서 준용하는 경우를 포함한다)을 위반하여 의사록(議事錄)을 작성하지 아니 하거나 의사록에 적어야 할 사항을 적지 아니 하거나 거짓으로 적은 자

* **집합건물법 제66조(과태료 부과 등)** ④ 제1항부터 제3항까지의 규정에 따른 과태료는 대통령령으로 정하는 바에 따라 **소관청(所管廳** – 제2항 제1호의 2의 경우에는 시·도지사 또는 시장·군수·구청장을 말한다**)이 부과(賦課)·징수(徵收)한다.** (cf.「공동주택관리법」제102조 제4항) [개정 2023.3.28.]

의사록 열람 거부 행위는 과태료 부과 대상

질의 요지

관리단 집회 **의사록(議事錄)** 등 집합건물 관리에 관한 서류의 열람을 청구할 수 있는 법적 근거(根據)와 이에 불응할 경우 취할 수 있는 법적 조치는 무엇인지요.

회 신(수정 2021. 7. 31.)

○ 집합건물법에 따르면, **이해관계인은 집회 의사록**을 보관(保管)하는 자에게 그 **열람**을 청구하거나 자기 비용으로 **등본의 발급을 청구**할 수 있으며(제39조 제4항, 제30조 제3항), 열람이나 등본 발급을 거부한 경우 소관청(시장, 군수, 구청장)은

200만 원의 과태료를 부과합니다(제66조 제3항 제6호, 같은 조 제4항).

　－ 질의 사안의 경우, 집합건물의 구분소유자는 위의 **이해관계인**에 해당하므로 집회 의사록(議事錄)의 **열람(閱覽)** 등을 청구할 수 있으며, 의사록을 보관하는 자가 이를 거부할 경우 소관청에 과태료(過怠料) 부과를 요청할 수 있을 것입니다(제30조 제4항, 제39조 제2항·제4항, 제66조 제3항 제5호·제6호·제7호).

동별 대표자 등의 선거 관리, 선거관리위원회의 구성·운영 등

　법 제15조(선거관리위원회의 구성) ① 입주자 등은 **동별 대표자** 또는 **입주자대표회의의 임원을 선출(選出)**하거나 **해임(解任)**하기 위하여 선거관리위원회(이하 "선거관리위원회"라 한다)를 **구성(構成)**한다.[129]

　* 법 제15조(선거관리위원회 위원의 결격사유) ② 다음 각 호의 어느 하나에 해당하는 사람은 선거관리위원회 위원이 될 수 없으며, 그 자격을 상실(喪失)한다.

　1. 동별 대표자 또는 그 후보자

　2. 제1호에 해당하는 사람의 배우자 또는 직계존비속

　3. 그 밖에 대통령령(大統領令)으로 정하는 사람

　* 영 제16조(선거관리위원회 위원의 결격사유) 법 제15조제2항제3호에서 "대통령령으로 정하는 사람"이란 다음 각 호의 어느 하나에 해당하는 사람을 말한다.

　1. 미성년자, 피성년후견인 또는 피한정후견인(***** 「후견 등기 사항 부존재 증명서」)

　2. 동별 대표자를 사퇴하거나 그 지위에서 해임된 사람 또는 법 제14조제5항에 따라 퇴임한 사람으로서 그 남은 임기 중에 있는 사람

　3. 선거관리위원회 위원을 사퇴하거나, 그 지위에서 해임 또는 해촉된 사람으로서 그 남은 임기 중에 있는 사람 〈개정 2020.4.24., 시행 2020.4.24.〉

　법 제15조(선거관리위원회의 구성 및 운영에 필요한 사항) ③ 선거관리위원회의 구성원 수, 위원장의 선출 방법, 의결의 방법 등 선거관리위원회의 **구성(構成)** 및 운영(運

---

129) 500세대 미만인 공동주택 입주자대표회의 회장·감사 간접선거, 이사 선출이나 해임의 제안 등을 선거관리위원회의 소관 사항으로 할 것인지 문제될 수 있다. cf. 준칙 제50조제2항 제3호, 제31조제5항, 제30조제2항·제1항 〈개정 2021.4.5., 2022.8.17., 2023.9.26.〉

營)에 필요한 사항은 <u>대통령령(大統領令)</u>으로 정한다.

영 제15조(선거관리위원회 구성원 수 등) ① 법 제15조제1항에 따른 선거관리위원회(이하 "선거관리위원회"라 한다)는 <u>입주자 등(**서면**으로 **위임**된 **대리권**이 **없는** 공동주택 소유자의 배우자 및 직계존비속이 그 소유자를 **대리**하는 경우를 **포함**한다) 중에서 위원장을 포함하여 다음 각 호의 구분에 따른 위원으로 구성한다.[130]

1. 500세대 이상인 공동주택: 5명 이상 9명 이하(cf. 준칙 제47조제1항 · 제8항)
2. 500세대 미만인 공동주택: 3명 이상 9명 이하(cf. 영 제15조제4항 괄호 규정)

영 제15조(선거관리위원회 위원장의 선출 방법) ② 선거관리위원회 위원장은 위원 중에서 호선(互選)한다.

영 제15조(선거관리위원회 위원 위촉) ③ 제1항에도 불구하고 500세대 이상인 공동주택은 「선거관리위원회법」 제2조에 따른 선거관리위원회 소속 직원 1명을 관리규약으로 정하는 바에 따라 위원으로 위촉할 수 있다(cf. 준칙 제47조제2항 단서 규정).

영 제15조(선거관리위원회의 의사 결정 등) ④ 선거관리위원회는 그 **구성원(構成員 – 관리규약**으로 정한 **정원**을 말한다) **과반수**의 **찬성**으로 그 **의사**를 **결정**한다(cf. 준칙 제47조제8항). 이 경우 이 영 및 관리규약으로 정하지 아니 한 사항은 선거관리위원회 규정으로 정할 수 있다. (cf. 준칙 제50조제1항제1호 괄호 규정)

영 제15조(선거관리위원회의 구성 · 운영 · 업무 · 경비, 위원의 선임 · 해임 및 임기 등에 관한 사항) ⑤ 선거관리위원회의 구성 · 운영 · 업무(법 제14조제4항 각 호에 따른 동별 대표자 결격사유의 확인을 포함한다) · 경비, 위원의 선임 · 해임 및 임기 등에 관한 사항은 관리규약으로 정한다.[131]

법 제15조(선거관리 지원 요청) ④ 선거관리위원회는 제1항에 따른 선거관리를 위하여 「선거관리위원회법」 제2조제1항제3호에 따라 해당 공동주택의 소재지를 관할하는 구 · 시 · 군선거관리위원회에 투표 및 개표 관리 등 선거 지원을 요청할 수 있다.

---

130) cf. 준칙 제47조제1항, 「○○아파트 선거관리위원회 규정」 제7조 – 공동주택 선거관리위원회 위원 정수(26쪽) – 「공동주택 선거관리 매뉴얼(중앙선거관리위원회 2014.11.13.)」

131) cf. 법 제18조제2항, 영 제19조제1항제4호, 준칙 제5장 – 제47조 ~ 제53조

선거관리위원의 위촉·해촉, 위원회의 업무·운영 등(준칙)

– 준칙 제47조(선거관리위원회 구성) ① 영 제15조제1항에 따라 선거관리위원회(이하 "위원회"라 한다)는 입주자 등 중에서 **O명**의 위원(※ 500세대 미만인 공동주택의 경우는 3 ~ 9명, 500세대 이상인 공동주택의 경우는 5 ~ 9명의 범위에서 하나의 **정수**로 정한다)으로 구성하고, 위원장은 위원 중에서 호선한다. (법 제15조제1항·제3항, 영 제15조제1항) 〈개정 2020.6.10., 2023.9.26.〉

* 준칙 제47조(선거관리위원회 위원 모집 및 위촉) ② 위원회의 위원은 입주자 등 중 희망하는 사람을 다음 각 호에 따라 **선거관리위원장**(제52조제2항에 따른 직무대행자를 말하며, 선거관리위원회가 구성되지 않는 등 직무대행자가 없는 경우 입주자대표회의의 회장, 회장의 직무대행, 관리사무소장의 순(順)으로 한다. 이하 이 조에서 같다)이 **임기 만료 60일 전까지** 공개 **모집 공고**하고, **임기 만료일 전**에 **위촉**하여야 한다. 다만, 최초 입주 때에는 관리사무소장이 공개 모집하여 위촉하고, 500세대 이상 공동주택의 경우에는 영 제15조제3항에 따라 선거관리위원회 소속 직원 1명을 위원으로 우선 위촉할 수 있다. 〈개정 2020.6.10., 2022.8.17., 2023.9.26.〉

1. 선거관리위원회의 위원(이하 "선거관리위원"이라 한다) 공개 모집(募集) 공고문은 신청 접수 마감 7일 전(긴급을 요하는 경우 3일)에 전체 입주자 등이 알 수 있도록 동별 게시판과 공동주택 통합정보마당에 공고(公告)하여야 한다.

2. 공개 모집을 위한 공고문에는 다음 각 목을 포함하여야 한다.

가. 위촉 기간

나. 신청자 접수 기간 및 장소

다. 선거관리위원의 신청 자격

라. 모집 인원

마. 모집 인원 초과(超過) 때 위원 선정 결정 방법은 공개 추첨(抽籤)으로 한다는 내용(공개 추첨 일시 및 장소를 포함한다)

3. 모집 인원이 초과(超過)된 경우 공개 추첨(抽籤)으로 위원을 선정한다.

* 준칙 제47조(위원 모집 및 추천) ③ 제2항에 따른 **공개 모집**은 신청자가 **정원(定員)**에 **이를 때까지 반복**하여 **실시**하여야 한다. 다만, 긴급한 선거 업무를 수행하여

야 하나 선거관리위원의 해촉, 사퇴 등으로 위원회 활동이 불가능하여 긴급 공개 모집을 하였으나 **신청자**가 **정원**에 **미달**하는 **경우**, 또는 2회 이상 공개 모집을 실시하였으나 **신청자**가 **정원**에 **미달**된 **때**는 다음 각 호의 순서로 **추천**을 받아 선거관리위원장이 위원을 **위촉**할 수 있다. 다만, 추천권자 본인(을) 또는 상호 추천할 수 없다.

   1. 입주자대표회의의 회장이 추천(推薦)한 자 1인
   2. 「지방자치법」에 따른 통장이 추천(推薦)한 자 1인
   3. 노인회에서 추천(推薦)한 자 1인
   4. 부녀회에서 추천(推薦)한 자 1인
   5. 제3호 및 제4호를 제외한 공동체 생활의 활성화 단체에서 추천(推薦)한 자 1인

  ＊ 준칙 제47조(결격사유 확인, 조회) ④ 제2항 및 제3항의 위촉 때, 위원장은 영 제16조에 따른 선거관리위원의 결격사유 확인서(공고일 이후 발급된 것을 말한다)를 선거관리위원 신청자로부터 **제출**받아 이를 **확인**하여야 한다. 〈개정 2024.7.31.〉

  ＊ 준칙 제47조(위원 위촉 및 구성) ⑤ 선거관리위원의 임기 중 사퇴 또는 해촉 등으로 위원회에 **결원(缺員)**이 발생한 경우 그 결원이 발생한 날로부터 **30일 이내**에 제2항의 절차에 따라 다시 공개 모집·위촉하며, **위원장**이 **궐위(闕位)**된 경우에는 제1항에 따라 그 궐위된 날부터 **15일 이내**에 다시 선출한다. 〈개정 2023.9.26.〉

  ＊ 준칙 제47조(위원의 모집, 위촉권자) ⑥ 제2항부터 제5항까지의 규정에 따라 선거관리위원을 공개 모집하거나 위촉하는 경우 **위촉권자**가 선거관리위원 또는 입주자 등으로부터 **해촉(해임) 요청**을 **받은 당사자**일 때에는 **다음 순위 위촉권자(委囑權者)**가 그 직무를 **수행**한다. 〈개정 2023.9.26.〉

  ＊ 준칙 제47조(위원 위촉 및 구성) ⑦ 선거 사무 사유 발생 후 1개월이 경과하여도 위원회가 정상적으로 구성되지 아니 하여 선거 업무가 지연될 경우, 제2항 및 제3항에도 불구하고 관할 **구청장**은 학식과 사회경험이 풍부한 자(입주자 등과 **외부인을 포함한다) 중**에서 위원을 **위촉**할 수 있으며, 입주자 등은 이에 따라야 한다.

  ＊ 준칙 제47조(위원회의 의사결정) ⑧ 위원회는 그 **구성원**(제1항에서 **정한 인원**을 말한다) **과반수**의 **찬성**으로 그 **의사**를 **결정**한다(cf. 영 제15조제4항).

  ＊ 준칙 제47조(선거관리위원회 업무 기준) ⑨ 동별 대표자 등의 선출에 관하여 관련 법령 및 관리규약으로 정하지 않은 사항은 국토교통부가 정한 "공동주택 선거관리

업무 안내서"를 참조하여 "선거관리위원회 규정"을 정할 수 있고, "선거관리위원회 규정"을 정한 경우 이에 따라 선거를 진행하여야 한다.[132] 〈개정 2024.7.31.〉

   – 준칙 제48조(위원의 임기 등) ① 선거관리위원의 임기는 **2년**으로 하되, **한 번만 연임(連任)**할 수 있으며, 위원장의 임기는 그 위원의 임기가 끝나는 날까지로 한다. 다만, 임기 중 사퇴하거나 해촉된 위원의 후임으로 위촉된 위원의 임기는 **전임자의 남은 기간**으로 하며, 선거관리위원 전원 해촉 등으로 인하여 모든 위원의 임기가 동시에 시작하는 경우 후임자의 임기는 **2년**으로 한다. 〈개정 2023.9.26.〉

   * 준칙 48조(연임자의 응모) ② 제1항의 규정에도 불구하고, **2회 공개 모집**을 하였으나 **정원**에 **미달**된 경우에는 3차 공개 모집부터 연임자도 신청할 수 있다.

   – 준칙 제49조(선거관리위원의 결격사유) ① 선거관리위원의 결격사유는 법 제15조제2항 및 영 제16조 각 호에 따른다. 〈신설 2023.9.26.〉

   * 준칙 제49조(선거관리위원의 해촉 사유) ② 선거관리위원의 해촉 사유는 다음 각 호와 같다. 다만, 선거관리위원의 **임기(直前 임기**와 **現 임기를 포함**한다) 중에 한 행위에 한정하며, **객관적 증거 자료**(행정기관의 과태료 처분 등의 통보서, 사법기관의 판결 또는 결정문, 당사자의 사실 인정서 등)를 **제시**하여야 한다. 〈개정 2023.9.26.〉

   1. 「공동주택관리법」, 「주택법」 등 공동주택과 관련한 법령을 위반하여 행정기관으로부터 **과태료** 또는 그 **이상**의 **처분**을 **통보**받은 경우 〈개정 2023.9.26.〉

   2. 관리규약 및 하위 규정 등을 위반하여 행정기관으로부터 시정 명령을 받았으나, 해당 시정 명령의 미이행으로 **과태료** 또는 그 **이상**의 **처분**을 **통보**받은 경우

   3. 동별 대표자 및 임원 선거 때 특정 후보의 **선거운동**을 한 때

   4. 선거관리 업무와 관련하여 **업무**를 **방해**하거나, **기피 등**으로 물의를 일으킨 때

   5. 선거 업무와 관련하여 **금품** 또는 **향응**을 제공받은 때

   6. 사전에 회의 불참 사유를 위원장에게 유선 또는 서면으로 통보하지 아니 하고, **3회** 이상 **불참**할 때(**회의 도중** 자진 **퇴장**한 자를 **포함**한다)

   * 준칙 제49조(선거관리위원의 해촉 절차) ③ 선거관리위원이 제2항 각 호를 위반한 경우, 해임 사유(事由)에 해당하는 **객관적 증거 자료(證據 資料)**를 **첨부**하여 **전체 입주자 등의 10분의 1 이상**의 **서면 동의** 또는 **선거관리위원**의 **제안(提案)**으로 선거관

---

132) cf. 「공동주택 선거관리 업무 안내서(공동주택 선거관리위원회 규정 등) 2022」, 국토교통부・중앙공동주택관리지원센터, 2022.1.

리위원회에 해촉 절차의 진행을 **요청(要請)**할 수 있다.

  * **준칙 제49조(선거관리위원의 해촉)** ④ 제3항의 해촉 요청을 받은 **선거관리위원회**는 7일 이내에 해당 위원에게 5일 이상의 **소명 기회**를 **부여**하고, 소명 기간이 끝난 날부터 7일 이내에 제52조를 준용하여 선거관리위원회 **구성원 과반수 찬성**으로 해촉 여부를 **결정**하여야 한다. 만약 **기한** 안에 선거관리위원회의 **의결**이 **없는 경우 입주자대표회의**가 선거관리위원회를 대신하여 위 절차에 따라 **해촉 여부**를 **의결**하여야 한다.

  * **준칙 제49조(선거관리위원 전원의 해촉 요청 절차)** ⑤ 선거관리위원회가 업무 해태 및 불공정한 선거관리 업무 등으로 입주자 등에게 피해를 주는 경우, 이에 대한 객관적 증거 자료를 첨부하여 **전체 입주자 등의 10분의 2 이상의 서면 동의**를 받아 **입주자대표회의에** 선거관리위원 전원의 **해촉**을 **요청**할 수 있다. 〈개정 2023.9.26.〉

  * **준칙 제49조(선거관리위원 전원 해촉)** ⑥ 제5항의 전원 해촉 요청을 받은 입주자대표회의의 **회장**은 7일 이내에 선거관리위원회에 5일 이상의 소명 기회를 부여하고, 소명 기간이 끝나면 **관리사무소에 서면 동의** 절차 **진행**을 **요청**하여야 한다. 관리사무소장은 30일 이내에 서면 동의 절차를 진행하여야 하며, **입주자 등 과반수의 서면 동의서**를 입주자대표회의의 회장에게 **제출**하면, 입주자대표회의의 회장은 서면 동의자가 입주자 등이 맞는지 확인한 후 선거관리위원 전원을 **해촉**한다. 〈개정 2023.9.26.〉

  * **준칙 제49조(선거관리위원 사퇴 절차 등)** ⑦ 선거관리위원이 자진 **사퇴(辭退)**하고자 하는 경우 선거관리위원회, 선거관리위원회 위원장 또는 관리사무소장에게 서면 사퇴서를 제출하여야 하며, 서면 사퇴서를 제출한 즉시 사퇴의 효력(效力)이 발생된다.

  * **준칙 제49조(선거관리위원의 사퇴서 제출 통보)** ⑧ 제7항에 따라 선거관리위원회 위원장 또는 관리사무소장이 선거관리위원으로부터 서면 사퇴서를 제출받은 경우에는 즉시 선거관리위원회에 통보하여야 한다. 〈신설 2023.9.26.〉

  * **준칙 제49조(선거관리위원의 사퇴 공고)** ⑨ 선거관리위원회는 제4항에 따른 해촉, 제7항의 사퇴에 관한 사항을 입주자 등이 알 수 있도록 즉시 공고하여야 한다. 다만, 제6항에 따른 선거관리위원회 전원의 해촉에 관한 사항은 입주자대표회의 회장이 지체없이 공고하여야 한다. 〈신설 2023.9.26.〉

  * **준칙 제49조(위원의 직무정지)** ⑩ 선거관리위원에 대한 해촉 요청이 있는 경우 대상자인 선거관리위원의 직무는 요청을 받은 때부터 정지된다. 직무정지의 기간은 제3

항에 의한 해촉 요청의 경우 해촉 여부의 결정이 있는 때까지, 제5항에 의한 해촉 요청의 경우는 입주자대표회의 회장의 확인이 있는 때까지로 한다. 〈개정 2023.9.26.〉

- 준칙 제50조(선거관리위원회 위원의 선량한 관리자의 주의 의무) ① 선거관리위원회 위원은 선량한 관리자의 주의로 그 직무를 수행하여야 한다. 특히, 정당한 사유 없이 선거관리 업무를 지연 · 거부 · 기피 및 방해하는 행위를 하여서는 아니 된다.

* 준칙 제50조(선거관리위원회의 업무) ② 선거관리위원회는 다음 각 호의 업무 (業務)를 수행(遂行)한다. 〈개정 2023.9.26.〉

1. 선거관리위원회 규정의 제정 · 개정(입주자대표회의의 의결을 받아야 한다)[133]

2. 동별 대표자의 선출 및 해임에 관한 선거관리 업무

3. 입주자대표회의의 임원의 선출 및 해임에 관한 선거관리 업무

4. 법 제14조제4항, 제5항 및 영 제11조제4항 각 호에 따른 동별 대표자, 그 후보자의 결격사유 및 자격(資格) 유지(維持) 여부의 확인(법 제16조 및 영 제17조의 범죄경력 조회 및 확인을 포함한다)

5. [별지 제4호 서식]에 따른 임원 당선증, [별지 제4 - 2호 서식]에 따른 동별 대표자의 당선증, [별지 제4 - 3호 서식]의 선거관리위원의 위촉장 교부(交付)

6. 선거관리위원의 위촉 및 해촉에 관한 사항

7. 동별 대표자 및 임원, 선거관리위원의 사퇴서 접수 처리

8. 제7조에 따른 공동주택의 관리방법의 결정에 관한 입주자 등의 동의 업무

9. 제13조 및 제15조에 따른 주택관리업자 재계약 관련 입주자 등의 동의 업무

10. 제38조제2항제1호와 제61조제3항에 따른 장기수선계획(長期修繕計劃) 수립 · 조정 입주자 서면 동의

11. 제38조제3항에 따른 입주자대표회의 의결정족수(議決定數) 미달 때 입주자 등 과반수의 찬성으로 하는 의결

12. 제51조에 따른 전자투표 및 투표소(投票所) 운영(運營)에 관한 업무를 포함한 투표(投票) · 개표(開票) 업무 전반

13. 제62조제5항제4호에 따른 잡수입 소송비용 지출에 대한 입주자 등의 동의 업무

14. 제71조의 2 제2항에 따른 일정 금액 이상 공사 또는 용역 사업자의 낙찰(落札)

---

133) cf. 「공동주택관리법 시행령」 제14조제2항제2호

방법(方法)에 대한 입주자 등의 동의 업무

    15. 제75조제2항에 따른 입주자대표회의의 의결정족수 미달 때 입찰에 대한 의견 청취

    16. 제84조 및 제85조에 따른 입주자 등의 동의 업무 〈신설 2023.9.26.〉

    17. 제104조제3항에 따른 이 관리규약의 개정에 관한 입주자 등의 동의 업무

    18. 관리규약 이외의 공동주택관리법령에서 의견 청취나 동의를 요구하는 업무

    19. 입주자대표회의의 의결로 선거관리위원회에 동의나 의견 청취를 요청하는 업무

– 준칙 제51조(전자적 방법을 통한 입주자 동의 의사결정) ① 입주자 등은 공동주택의 관리와 관련하여 의사(意思)를 결정(決定)하는 경우(서면 동의에 의하여 의사를 결정하는 경우를 포함한다) 전자적(電子的) 방법(「전자 문서 및 전자 거래 기본법」 제2조제2호에 따른 정보 시스템을 사용하거나 그밖에 정보통신기술을 이용하는 방법)으로 의사를 결정할 수 있으며, 이는 서면 동의(書面 同意)에 의한 의사결정과 동일한 효력(效力)을 갖는다(cf. 법 제22조). 〈개정 2021.4.5.〉

* 준칙 제51조(전자적 방법을 통한 입주자 등의 의사결정 – 본인 확인 방법) ② 입주자 등이 법 제22조에 따라 전자적 방법으로 의결권을 행사하는 경우에는 영 제22조제1항 각 호 중 하나의 방법으로 **본인(本人) 확인(確認)**을 거쳐야 하며, 영 제22조제1항제3호에 따른 본인 확인의 방법은 다음 각 호와 같다. 〈개정 2021.4.5.〉

    1. 전자우편 또는 휴대 전화 문자 등 「전자 서명법」 제2조제1호에 따른 전자(電子) 문서(文書)를 제출하는 방법 〈개정 2024.7.31.〉

    2. 「전산 조직에 의한 투표 및 개표에 관한 규칙」 제3조에 따른 터치 스크린 전자 투표 때 「공직 선거법」 제157조제1항에 따른 신분증명서(身分證明書)를 확인한 후, 투표권(投票權) 카드(Card)를 사용하는 방법

* 준칙 제51조(전자적 방법을 통한 입주자 등의 의사결정) ③ 제1항에 따른 전자 투표를 실시하는 경우에도 보통·평등·직접·비밀 투표가 보장되어야 하며, **현장 투표(전자적 방법을 포함한다)**가 가능하도록 **별도의 투표소를 운영**하여야 한다.

* 준칙 제51조(전자적 방법 외 다른 투표 방식의 병행) ④ 제1항에 따른 전자 투표를 실시하는 경우에도 **선거관리위원회**의 **의결**을 통하여 전자 투표 외의 **다른 투표 방식을 병행(竝行)**할 수 있다. 이 때 다른 투표 방식도 보통·**평등**·**직접**·비밀 투표가 보장되어야 하며, **전자 투표와 같은 기간** 동안 **투표를 실시**하여야 한다. 또한 해당 투표

방법의 공지에 관하여서는 제5항을 준용한다. 〈개정 2024.7.31.〉

* **준칙 제51조(전자 투표 방법 등 필요한 사항 등의 공개)** ⑤ 선거관리위원회는 전자 투표를 실시하려는 경우에는 **전자 투표 방법, 전자 투표 기간, 그 밖에 전자 투표에 필요한 사항 등**을 투표 일 5일 전까지 입주자 등에게 동별 게시판 및 통합정보마당에 **공개**하여야 한다. 〈개정 2023.9.26.〉

- **준칙 제52조(선거관리위원회 위원장의 지위 및 역할)** ① 위원장은 위원회를 대표하고, 그 업무를 총괄한다.

* **준칙 제52조(선거관리위원회 위원장의 직무대행)** ② 위원장이 부득이한 사유로 그 직무를 수행할 수 없거나, 임기 도중 사퇴 또는 위촉 해지 등으로 궐위(闕位)된 때에는 **위원 중**에서 **연장자 순**으로 그 **직무**를 **대신**하여 **수행**한다.

* **준칙 제52조(회의 소집 통지 및 공개 - 게시판 등)** ③ 회의(會議)는 **위원장**이 **소집(召集)**한다. 다만, **위원의 과반수 요구**가 있을 경우 위원장은 회의를 **소집**하여야 하며, 위원장이 회의 소집을 **거부**할 때에는 그 회의 **소집**을 **요구**한 **과반수 위원**이 직접 회의를 **소집**할 수 있다. 또한 선거관리위원회 위원 **임기**가 **종료**되고, 새로운 선거관리위원회가 구성된 경우 **최초**의 **회의 소집**은 **입주자대표회의 회장**(궐위 때 회장 **직무대행**, 회장 직무대행 궐위 때 **관리사무소장**)이 **소집**할 수 있다. 회의를 소집하고자 하는 경우에는 **회의 개최 일 5일 전까지** 일시·장소 및 안건을 위원에게 서면 또는 수신 확인이 가능한 전자우편 등 전자적 방법으로 **통지(通知)**하고, 관리주체는 이를 동별 게시판과 공동주택 통합정보마당에 **공개(公開)**하여야 한다(cf. 준칙 제91조제3항제1호). 다만, 같은 목적으로 회의를 다시 소집하거나 긴급을 요하는 사항 등에 대해서는 회의 개최 일정을 단축할 수 있다(cf. 준칙 제36조제1항). 〈개정 2023.9.26., 2024.7.31.〉

* **준칙 제52조(회의록의 작성 요령, 보관·관리)** ④ 위원장이 회의를 개최한 때에는 **회의록**을 [별첨 3]의 회의록 작성 방법 및 서식에 따라 **의결 사항**과 **주요 발언 내용** 등을 명확히 **작성**하여야 하며, **의결 사항**은 참석한 위원 전원의 서명을 받은 후 다음날까지, **발언록** 및 **안건 세부 명세**는 회의 종료 후 5일 이내에 관리주체에게 통보하여 이를 보관·관리하도록 하여야 한다. 이 경우 선거관리위원회는 관리주체로부터 **행정 사무 지원**을 받을 수 있다(cf. 규칙 제30조제1항제2호). 〈개정 2024.7.31.〉

* **준칙 제52조[회의 결과(회의록)의 공개 - 게시판 등]** ⑤ 관리주체는 제4항의

회의록을 통보 받은 날, 해당 **회의 결과**를 동별 게시판과 공동주택 통합정보마당에 **공개**하여야 한다. (cf. 준칙 제91조제3항제1호)

* **준칙 제52조(회의 방청)** ⑥ 선거관리위원회의 회의 방청은 제35조를 준용한다.

– **준칙 제53조(운영 경비 – 운영 예산의 구성 명세)** ① 선거관리위원회의 운영비(運營費)는 다음 각 호와 같이 구성(構成)한다.[134]

　　1. 위원의 출석 수당 : 회의 1회당 5만 원(월 20만 원을 초과할 수 없다)

　　2. 투표업무수당: 1회당 ○만 원(투표 1회당 최대 5만 원) 〈개정 2023.9.26.〉

　　3. 개표업무수당: 1회당 ○만 원(개표 1회당 최대 5만 원) 〈개정 2023.9.26.〉

　　– 투표 또는 개표의 기간과 관계없이 하나의 안건에 대한 투표 또는 개표의 완료 때까지를 1회로 본다. 〈개정 2023.9.26.〉

　　4. 투표참관인 수당: 1회당 ○만 원(투표 1회당 최대 5만 원)

　　5. 개표참관인 수당: 1회당 ○만 원(개표 1회당 최대 5만 원)

　　– 투표 또는 개표의 기간과 관계없이 하나의 안건에 대한 투표 또는 개표의 완료 때까지를 1회로 본다. 〈개정 2023.9.26.〉

　　6. 회의, 투표 또는 개표에 소요되는 식대나 간식비(회의 1회, 1인당 ○만 원 이내)

　　7. 전자투표 및 투표소 운영에 소요되는 비용

　　8. 선거 홍보물 인쇄비

　　9. 법 제15조제4항에 따라 해당 소재지를 관할하는 자치구 선거관리위원회에 투표 및 개표 관리 등 선거관리 지원을 요청한 경우 그 필요한 비용

　　10. 후보자 자격 확인 등에 소요되는 교통비

– **준칙 제53조(운영 경비 – 사용 명세서 제출)** ② 선거관리위원회는 제1항 각 호의 수당과 비용에 대하여 증빙자료를 포함한 운영비 사용 명세서를 작성하여 관리주체에 제출하여야 한다. 〈개정 2019.2.22., 2020.6.10. 2021.4.5., 2022.8.17.〉

---

134) cf. 舊 준칙 제53조제1호 – "선거 1회"의 기준은 동별 대표자 및 임원 선출·해임, 관리규약 제정·개정, 관리방법의 변경 등 하나 이상의 안건이 상정되는 경우 그 안건이 결정될 때까지를 회의 개최 횟수와 관계없이 "선거 1회"로 본다. 다만, 동별 대표자 또는 임원 선출 후 2개월을 경과하여 재선거와 보궐선거를 하는 경우에는 선거 2회차로 본다.

선거관리위원회 위원의 자격 요건(주민등록 여부)

성명 OOO 등록일 2015.07.23. 수정 2024.01.30.

질문 사항

아파트 선거관리위원회 위원의 **자격 요건(要件)**으로, 선거관리위원이 되고자 하는 사람은 그 선거관리위원 모집 신청일 현재 **주민등록**을 마쳤으면 되는지요. 아니면, 선거관리위원 모집 공고일 현재 주민등록을 마쳤어야 하는 것인가요.

답변 내용

o 입주자 등은 **동별 대표자** 또는 **입주자대표회의**의 **임원**을 **선출**하거나 **해임**하기 위하여 선거관리위원회(이하 "선거관리위원회"라 한다.)를 구성합니다(「공동주택관리법」 제15조제1항). 그리고, 선거관리위원회는 **입주자 등**이 해당 공동주택의 **입주자 등 중**에서 모집·위촉, **구성**하므로(「공동주택관리법」 제15조제3항, 같은 법 시행령 제15조제1항), 입주자 등은 선거관리위원이 될 수 있습니다.

– 이와 관련, 입주자 등이란 입주자와 사용자를 말하고,[135] **입주자 및 사용자**는 모두 **당해 공동주택**에서 **거주**하는 것을 **전제**로 하고 있습니다. 그리고, 공동주택 자체 선거관리위원의 경우 주민등록 요건을 별도로 정하고 있지 않으므로,[136] 해당 공동주택에 **실제 거주**하고 있는 입주자 등으로서 결격사유(cf. 같은 법 제15조제2항, 같은 영 제16조)가 없다면, 선거관리위원회 위원이 될 수 있는 것입니다.

✿ 최소 구성원 미만의 인원만 남은 선거관리위원회의 존치 여부

[법제처 15 - 0176, 2015.04.30.] 수정 2018.09.11.

【질의 요지】

---

135) 「공동주택관리법」 제2조제1항제7호 – "입주자 등"이란 입주자와 사용자를 말한다.

136) cf. 「주민등록법」 제10조제1항, 제11조제1항, 제40조제4항

주택법 시행령 제50조의 2 제2항(현행 '공동주택관리법 시행령' 제15조제1항제1호)에서 500세대 이상인 공동주택의 경우 선거관리위원회(選擧管理委員會)는 위원장을 포함하여 5명 **이상** 9명 **이하**의 위원으로 **구성(構成)**한다고 규정하고 있습니다. 이에, 500세대 이상인 공동주택의 선거관리위원회가 **5명 이상으로 구성(構成)**된 후 그 구성원의 **일부(一部)**가 **궐위(闕位)**되어 일시적으로 5명 미만이 된 경우, 해당 선거관리위원회가 구성되지 않은 것으로 볼 수 있는지 궁금합니다.

【회답】

주택법 시행령 제50조의 2 제2항(현행 '공동주택관리법 시행령' 제15조제1항제1호)에 따라 500세대 이상인 공동주택의 선거관리위원회가 **5명 이상으로 구성(構成)**된 후 그 구성원의 **일부**가 **궐위(闕位)**되어 일시적으로 **5명 미만**이 되었다는 사정만으로 **해당 선거관리위원회가 구성**되지 **않은 것**으로 **볼 수**는 **없습**니다.

【이유】

'공동주택관리법' 제15조제1항에 "입주자 등은 동별 대표자 또는 입주자대표회의의 임원을 선출하거나 해임하기 위하여 선거관리위원회를 구성한다."라고 규정되어 있고, '공동주택관리법 시행령' 제15조제1항·제2항에서는 "법 제15조제3항에 따른 선거관리위원회는 입주자 등 중에서 위원장을 포함하여 5명(500세대 미만의 공동주택의 경우에는 3명) 이상 9명 이하의 위원으로 구성한다. 선거관리위원회의 위원장은 위원 중에서 호선(互選)한다."고 규정하고 있습니다.

이에, 이 사안은 '공동주택관리법 시행령' 제15조제1항제1호에 따라 **500세대 이상**인 **공동주택**의 **선거관리위원회**가 **5명 이상**으로 **구성(構成)**된 후 그 **구성원의 일부**가 **궐위(闕位)**되어 일시적으로 **5명 미만**이 된 경우, **해당 선거관리위원회**가 **구성**되지 **않은 것**으로 **볼 수 있는지**에 관한 것이라고 하겠습니다.

먼저, '공동주택관리법 시행령' 제15조제1항제1호에서는 500세대 이상인 공동주택의 선거관리위원회 구성과 관련하여 구성원의 최소 인원(5명)과 최대 인원(9명)만을 규정하고 있을 뿐이고, 이러한 기준에 맞게 선거관리위원회가 구성된 후 그 기준이 계속 유지되어야 하는지에 대해서는 '공동주택관리법령'에서 별도의 규정을 두고 있지 않습니다. 따라서, 이 사안의 경우에는 선거관리위원회의 기능, 선거관리위원회 구성원의 변동 가능성 등을 종합적으로 고려하여 판단하여야 할 것입니다.

그런데, 선거관리위원회는 공동주택 입주자 등의 이해관계에 직접적인 영향을 주는 사항인 입주자대표회의의 회장과 감사 및 동별 대표자를 선출하거나 해임하는 선거를 관리하는 기능을 수행하고, **선거관리위원회**의 **운영 과정**에서 구성원의 해임이나 사퇴 등으로 그 **구성원**의 **결원(缺員)**은 **통상적**으로 **발생**할 수 있는 것입니다. 이에 궐위된 선거관리위원회의 구성원은 '공동주택관리법령'과 해당 공동주택 관리규약에서 정하는 바에 따라 새로 선임하면 된다고 할 것입니다.

이와 관련, **선거관리위원회 구성원**의 **수**가 **일시적**으로 **5명 미만**이 되었다는 **사유**만으로 곧바로 그 선거관리위원회의 **구성** 자체가 **되지 않은 것**으로 보아 선거관리위원회의 **기능**을 **상실**시키는 것은, 선거관리위원회라는 **별도**의 **기구**를 두어 **입주자대표회의**의 **회장**과 **감사** 및 **동별 대표자**를 **선출**하거나 **해임**하는 **선거**를 **관리**하도록 한 주택법령(현행 '**공동주택관리법령**')의 **취지**에 **맞지 않다**고 할 것입니다.

다만, 이 사안과 같이 구성원이 일시적으로 법정 정족수에 미달하게 된 선거관리위원회가 **회의체**로서의 **기능**을 **수행**할 수 있는지는 해당 공동주택의 **관리규약**에서 정하고 있는 **구성원**의 **정원**과 **현재 구성원**의 **수**, '공동주택관리법 시행령' 제15조제4항에서 정하고 있는 **의결 정족수** 등에 따라 **개별적**으로 **판단**되어야 **할 것**입니다.

이상과 같은 점을 종합해 볼 때, 주택법 시행령 제50조의 2 제2항(현행 '공동주택관리법 시행령' 제15조제1항제1호)에 따라 500세대 이상인 공동주택의 선거관리위원회가 최소 인원 5명 이상으로 구성(構成)된 후 그 구성원 일부(一部)가 궐위(闕位)되어 일시적으로 5명 미만이 되었다는 사정만으로 해당 선거관리위원회가 구성(構成)되지 않은 것으로 볼 수는 없다고 할 것입니다.

✿ 공동주택 선거관리위원회 의결 정족수의 산정 기준

[법제처 15 - 0737, 2016.02.17.] 수정 2023.05.07.

【질의 요지】

주택법 시행령 제50조의 2 제2항(현행 '공동주택관리법 시행령' 제15조제1항제1호)에 500세대 이상인 공동주택의 선거관리위원회는 '5명 **이상** 9명 **이하**의 위원'으로 **구성**한다고 규정되어 있고, 같은 조 제4항('공동주택관리법 시행령' 제15조제4항)에서 '선거관리위원회는 그 **구성원**(관리규약으로 정한 인원을 말한다.) **과반수**의 찬성으로 그 **의사**를 **결정**한다.'고 규정하고 있습니다. 그리고, 같은 조 제6항('공동주택관리법 시행령' 제15조제5항)에는 '선거관리위원회의 구성 · 운영 · 업무 등에 관한 사항은 관리규약으로 정한다.'고 규정되어 있습니다.[137]

이에, 공동주택의 관리규약에서 선거관리위원회의 구성원 수를 정수(定數)로 정하지 않고, '5명 **이상** 9명 **이하**(또는 6명 이상 8명 이하 등)'와 같이 그 **최소 인원**과 **최대 인원**을 **정하는 방식**으로 **규정**한 경우로서, 그 구성원의 일부가 궐위되었으나 궐위된 인원을 제외한 **현원(現員)**이 **관리규약**으로 정한 **최소 인원 이상**인 때, 주택법 시행령 제50조의 2 제4항(현행 '공동주택관리법 시행령' 제15조제4항)에 따른 **구성원**의 과반수는 최초로 선거관리위원회를 구성할 당시의 인원 수를 **기준**으로 산정하여야 하는지요. 아니면, 의결 당시 현원을 기준으로 하여 산정할 수 있는지요?

〈질의 배경〉

○ ○○아파트의 관리규약에서는 선거관리위원회는 5명 이상 9명 이하로 구성한다고 규정하고 있는데, 해당 선거관리위원회는 최초에 9명으로 구성되었으나, 이후 구성원 일부가 사퇴 등의 이유로 궐위되었음.

○ 민원인은 선거관리위원회 **의결 당시 현원**을 **기준**으로 **의결(議決) 정족수(定足數)**를 **산정(算定)**할 수 있는지에 대하여 국토교통부에 문의하였는데, 국토교통부로부터 최초 구성된 인원을 기준으로 의결 정족수를 산정하여야 한다는 답변을 받자 이에 이견이 있어 직접 법제처에 법령 해석을 요청함.

【회답】

공동주택의 **관리규약**에서 선거관리위원회의 **구성원 수**를 **정수**로 **정하지 않고**, "5명 이상 9명 이하(또는 6명 이상 8명 이하 등)"와 같이 **그 최소 인원**과 **최대 인원**을

---

137) 법 제18조제2항 · 제1항, 영 제19조제1항제4호, 준칙 제47조 ～ 제53조

정하는 방식으로 규정한 경우로서, 그 구성원의 일부가 궐위되었으나 **궐위**된 **인원**을 **제외**한 **현원(現員)**이 **관리규약**으로 정한 **최소 인원 이상**인 **경우,** 주택법 시행령 제50조의 2 제4항(현행 **'공동주택관리법 시행령'** 제15조제4항)에 따른 **구성원 과반수**는 의결 당시 **현원**을 기준(基準)으로 하여 **산정(算定)**할 수 있습니다.

【이유】

'공동주택관리법' 제15조제1항에 "입주자 등은 동별 대표자 또는 입주자대표회의의 임원을 선출하거나 해임하기 위하여 선거관리위원회(이하 "선거관리위원회"라 한다.)를 구성한다."고 규정되어 있고, '공동주택관리법 시행령' 제15조제1항제1호에서는 500세대 이상인 공동주택의 선거관리위원회는 위원장을 포함하여 5명 이상 9명 이하의 위원으로 구성한다고 규정하고 있습니다. 그리고, '공동주택관리법 시행령' 제15조제4항에 "선거관리위원회는 그 구성원(관리규약으로 정한 정원을 말한다.) 과반수의 찬성으로 그 의사를 결정한다."고 규정되어 있으며, 같은 영 제15조제5항에서는 선거관리위원회의 구성·운영·업무('공동주택관리법' 제14조제4항 각 호에 따른 동별 대표자 결격사유의 확인을 포함한다.) 등에 관한 사항은 공동주택관리규약(이하 "관리규약"이라 한다.)으로 정한다고 규정하고 있습니다.

한편, '공동주택관리법' 제18조제1항에 시·도지사는 공동주택의 입주자 및 사용자를 보호하고, 주거 생활의 질서를 유지하기 위하여 대통령령으로 정하는 바에 따라 공동주택의 관리 또는 사용에 관하여 준거(準據)가 되는 공동주택관리규약의 준칙(準則)을 정하여야 한다고 규정되어 있으며, '공동주택관리법' 제18조제2항에서 입주자와 사용자는 '공동주택관리법' 제18조제1항에 따른 관리규약의 준칙을 참조(參照)하여 관리규약을 정한다고 규정하고 있습니다.

이에, 이 사안은 **공동주택**의 **관리규약**에서 **선거관리위원회**의 **구성원 수**를 **정수**로 **정하지 않고,** 5명 이상 9명 이하(또는 6명 이상 8명 이하 등)와 같이 그 **최소 인원**과 **최대 인원**을 정하는 **방식**으로 **규정한 경우**로서, 그 구성원의 **일부**가 **궐위**되었으나 궐위된 인원을 제외한 **현원**이 **관리규약**으로 정한 **최소 인원 이상**인 **때,** '공동주택관리법 시행령' 제15조제4항에 따른 **구성원의 과반수**는 최초로 선거관리위원회를 구성할 당시의 인원 수를 기준으로 산정하여야 하는지, 아니면 **의결 당시 현원(現**

員)을 **기준으로** 하여 **산정할 수 있는지**에 관한 것이라 하겠습니다.

먼저, '공동주택관리법 시행령' 제15조제4항에서 "선거관리위원회는 그 구성원 과반수의 찬성으로 그 의사를 결정한다."고 하여 공동주택의 선거관리위원회의 의결 정족수와 관련한 원칙(原則)을 규정하고 있는바, 그 밖에 선거관리위원회의 구성원 일부가 궐위된 경우 그 의결 정족수의 산정 등에 관한 사항은 '공동주택관리법령'에서 별도의 규정을 두고 있지 않습니다. 또한, 이 사안의 경우 같은 영 제15조제5항에 따라 제정된 관리규약(의 준칙)에서도 선거관리위원회의 구성에 관하여 '공동주택관리법 시행령' 제15조제1항에 따른 최소 인원 및 최대 인원의 범위에서 구성원의 최소 인원 및 최대 인원에 관한 규정(cf. 준칙 제47조제1항)만 두고 있고, '최초로 선거관리위원회를 구성할 당시의 인원을 선거관리위원회의 구성원 수로 한다.'는 등으로 구성원 수에 관하여 달리 별도의 규정을 두고 있지 않습니다.

그렇다면, 선거관리위원회가 최초로 구성되고, 그 이후에 선거관리위원회의 위원 중 일부가 사퇴, 해임 등의 사유로 궐위되어 그 궐위된 인원을 충원하지 않은 상태에서 선거관리위원회가 의결을 하게 되는 경우, 남은 **현원(現員)**이 **관리규약**에서 정한 **최소(最少) 인원(人員) 이상(以上)**이라면, **궐위**된 **인원**을 **제외**한 **현원**을 **구성원 수**로 보아 **과반수 여부**를 **결정**할 수 있다고 할 것입니다.

그리고, 공동주택의 선거관리위원회는 입주자대표회의의 회장과 감사 및 동별 대표자를 선출하는 선거를 관리하는 등 공동주택 입주민의 이해관계에 직접적인 영향을 미치는 기능을 수행하는바, **선거관리위원회**의 **운영 과정**에서 **구성원**의 해임이나 사퇴 등으로 **결원**이 **발생**하는 것은 **통상적**으로 **예견**할 수 있는 **사항**입니다. 그러므로, **구성원**의 **일부**가 **공석**이 되었다고 하더라도 그 **궐위**된 **인원**을 **제외**하고 남은 **현원**이 **관리규약**으로 정한 선거관리위원회 **구성**의 **최소 인원 이상**이라면, 그 **선거관리위원회**는 **정상적**으로 **운영**되어 그 **기능**을 **유지**할 수 있어야 할 것입니다.

이와 달리 최초 구성원의 일부가 이미 궐위되어 이를 충원하지 못하고 있음에도 불구하고 선거관리위원회가 최초로 구성될 당시의 인원 수를 기준으로 의결 정족수를 산정하여야 한다면, 의결 당시 선거관리위원회의 구성원 전원의 의견 일치 또는 의결 당시 구성원의 과반수를 훨씬 상회(上廻)하는 비율의 찬성을 의결 정족수로 요구하는 결과를 가져오게 되는 점도 이 사안을 해석할 때 고려되어야 합니다.

따라서, 공동주택의 관리규약에서 **선거관리위원회의 구성원 수**를 정수로 정하지 않고, 5명 이상 9명 이하(또는 6명 이상 8명 이하 등)와 같이 그 최소 인원과 최대 인원을 정하는 방식으로 규정한 경우로서, 구성원의 일부가 궐위되었으나 그 궐위된 인원을 제외한 현원(現員)이 관리규약으로 정한 최소 인원 이상인 때, 주택법 시행령 제50조의 2 제4항(현행 '공동주택관리법 시행령' 제15조제4항)에 따른 구성원 과반수는 **의결 당시 현원**을 **기준(基準)**으로 하여 **산정**할 수 있다고 하겠습니다.

동별 대표자의 임기 및 선거관리위원회의 업무

성명 OOO 등록일 2013.07.12. 수정 2024.10.31.

질문 사항

1. 동별 대표자의 **임기(任期)**는 제척 기간임에도 불구하고 직무정지 가처분 등으로 **업무**가 **중지**된 **기간**을 산정하여 임기를 **추가적**으로 **연장, 조정**이 가능한지요?

2. 선거관리위원회의 업무 중 **동별 대표자 선출(選出)** 및 **해임(解任)**에 관한 업무가 선거관리위원회의 고유 **소관(所管)**인지, 입주자대표회의의 요청에 의해서만 동별 대표자 선출 및 해임 업무가 가능한지 알고 싶습니다.

답변 내용

1. 동별 대표자의 **임기**는 **2년**으로 하며(영 제13조제1항), 그 시작 일과 종료 일을 개별 공동주택 관리규약 등으로 정하여야 하므로,[138] **직무정지 가처분 기간 등**을 고려하여 그 임기를 **추가적**으로 **연장, 조정할 사항**이 **아니라**고 할 것입니다.

2. "입주자 등은 동별 대표자 또는 입주자대표회의의 임원을 **선출**하거나, **해임**하기 위하여 **선거관리위원회를 구성**"합니다(법 제15조제1항). 그리고, 선거관리위원회의 구성·운영·**업무**(법 제14조제4항 각 호에 따른 동별 대표자 결격사유의 확인을 포함한다.)·경비, 위원의 선임·해임 및 임기 등에 관한 사항은 **관리규약**으로 정합니다(같은 영 제15조제5항·제19조제1항제4호, 준칙 제47조 ~ 제53조).

---

138) cf. 법 제18조제2항, 영 제19조제1항제2호, 「서울특별시공동주택관리규약 준칙」 제28조

또한, **동별 대표자**의 선거구, **선출 절차**와 **해임** 사유·해임 **절차** 등은 공동주택 **관리규약**으로 정하도록 하고 있으므로(같은 법 제18조제2항, 같은 영 제19조제1항 제3호), 선거관리위원회의 업무와 동별 대표자의 선출 및 해임의 절차는 당해 공동 주택 관리규약에서 정한 내용139)에 따라야 하는 것입니다.

선거관리위원회가 입주자대표회의의 하부 기관인지 여부

성명 OOO 등록일 2013.07.26. 수정 2023.10.23.

질문 사항

어떤 입주자 등이 선거관리위원회가 입주자대표회의의 **하부 기관**이어서 입주자 대표회의의 **관리·감독**을 받아야 하며, 따라서 모든 선거 관련 업무 또한 입주자대 표회의 **결정**에 따라야 한다고 주장하는데, 맞는지 유권 해석을 부탁드립니다.

답변 내용

입주자 등은 **동별 대표자** 또는 **입주자대표회의**의 **임원**을 **선출**하거나, **해임**하기 위하여 선거관리위원회를 **구성**하므로('공동주택관리법' 제15조제1항), 두 단체는 **다른 조직**으로서 동별 대표자의 선출 및 해임 등에 관한 사항은 선거관리위원회의 **고유 업무**이며, 입주자대표회의의 **관리·감독을 받아**서 **하는 것**은 **아닙**니다.140)

한편, 선거관리위원회의 구성·운영·업무(법 제14조제4항 각 호에 따른 동별 대표자 결격사유의 확인을 포함한다.)·경비, 위원의 선임·해임 및 임기 등에 관한 사항은 **공동주택관리규약**으로 정하는 것입니다(같은 법 시행령 제15조제5항, 제19 조제1항제4호, 준칙 제47조 ~ 제53조). 그리고, 동별 대표자의 선출 방법과 해임 사유·해임 절차 등은 개별 공동주택관리규약으로 정하도록 하고 있으므로(같은 법

---

139) cf. 법 제15조제1항·제3항, 제16조, 영 제15조제5항·제19조제1항제4호, 준칙 제50조 제2항, 준칙 제27조·제30조·제32조 ~ 제33조, 제31조제2항 ~ 제5항·제9항

140) cf. 「공동주택관리법」 제15조제1항, 같은 법 시행령 제15조제4항, 같은 법 제93조제1항 (舊 '주택법' 제59조제1항, 개정 2013.12.24.) 지방자치단체의 장의 행정지도·감독 등 대 상 – "선거관리위원회나 그 위원 등", 준칙 제50조제2항제1호 괄호 규정

제18조제2항, 같은 영 제19조제1항제3호, 준칙 제27조 ~ 제33조), 선거관리위원회의 업무와 관련된 사항은 공동주택관리규약에서 정한 내용에 따라야 합니다.

선거관리위원회가 선거관리규정 제정·개정 가능

〈주택건설공급과 - 574, 2013.02.06. 수정 2023.12.18.〉

질문 사항

아파트 선거관리위원회에서 **제정** 및 **개정**한 '**선거관리규정**'은 입주자대표회의의 의결을 받아야만 **효력**이 있는지요(공동주택관리규약 및 '선거관리위원회 규정'에는 선거관리위원회에서 '선거관리규정'의 제정 및 개정을 하도록 규정하고 있음).

답변 내용

'공동주택관리법령'에 따르면 "**관리규약**에서 **위임**한 **사항**과 그 **시행**에 필요한 **규정의 제정·개정 및 폐지**"는 입주자대표회의의 **의결 사항**으로 되어 있습니다(영 제14조제2항제2호). 다만, 질의에서의 사안과 같이 개별 **공동주택 관리규약**에 "선거관리위원회 규정의 제정·개정" 사항을 **선거관리위원회**의 **업무**로 **규정**하고 있다면[cf. 같은 영 제15조제5항(·제4항)·제19조제1항제4호, 준칙 제50조제2항제1호], 입주자대표회의의 별도 **의결**을 **필요**로 **하지 않는 것**이라고 판단됩니다.

ㅎ 공동주택 선거관리위원회, 소송 당사자 적격 인정

한국아파트신문 2015-10-13 수정 2021.07.31.

평석 변호사 최승관

1. 사건의 경위

서울 금천구 소재 어떤 아파트는 최초의 입주자대표회의의 구성을 위하여 선거관리위원회가 설립되었고, 그 후 12명의 동별 대표자가 선출되었다.

원고는 12명의 동별 대표자 중 1인으로서 회장 선거에 후보자로 등록하였으나, 아파트 입주자 등 중 일부가 원고의 제출 서류에 허위 사실이 기재되어 있다는 이의를 제기하였고, **선거관리위원회**가 이를 받아들여 원고의 **회장 후보 등록 무효**를 **의결**하였다. 이에, 원고는 선거관리위원회를 피고로 삼아 자신이 이 사건 아파트 입주자대표회의 회장 **후보자**의 **지위**에 있음을 **확인**하는 취지의 **소(訴)**를 제기하였다.

2. 선거관리위원회의 당사자 능력 유무

피고 선거관리위원회는 입주자대표회의로부터 선거관리 업무를 위임받은 산하 기관에 불과하여 당사자 능력(當事者 能力)이 없다고 항변하였다.

이에 대하여 법원은 피고 **선거관리위원회**가 다음과 같은 이유로 입주자대표회의의 산하 기관이 아니라 **당사자 능력**이 **있는 비법인 사단(社團)**에 **해당**한다고 **판단**하였다. 즉, 선거관리위원회는 입주자대표회의의 구성원과 임원을 선출하고 해임한다는 **고유의 목적**이 있고, **구성원들의 가입** 및 **탈퇴**에도 불구하고 그 **실체**가 유지되며, **관리규약**[141]에서 **대표자**의 **선출** 방법, 업무 내용, **의사결정**의 **방법** 등이 **확정**되어 있으므로, 당사자 능력을 갖춘 **독자적**인 **비법인 사단**에 해당한다고 본 것이다.

3. 본안 판단(원고의 제출 서류에 허위 사실의 기재 여부)

법원은 **"피선거권**은 단체의 민주적 정당성을 확보하기 위한 고유하고 기본적인 권리로서 **최대한 보장**되어야 하므로, 이를 **제한**하는 **규정**은 **엄격**하게 **해석**되어야 한다."고 전제하면서, "원고의 제출 서류의 기재 부분에 후보 등록을 무효로 하여야 할 정도로 명백한 허위 사실은 없었다."고 판단하였다.

4. 평석

법원은 이미 서울행정법원 2014구합71047 판결에서 선거관리위원회가 소송의 당사자 능력이 있음을 인정한 바 있으나, 이 사건은 선거관리위원회가 피고가 아닌 원고였고, 민사 소송이 아닌 **행정소송**이라는 점에서 선거관리위원회의 당사자 능력

---

141) cf. 「서울특별시공동주택관리규약 준칙」 제5장(선거관리위원회) 제47조 ~ 제53조

을 부정해 온 기존 법원의 판단이 변경된 것이라고 보기가 부족한 점이 있었다.

이 판결은 선거 사무 관련 **민사 소송**에서 선거관리위원회의 피고 적격을 인정한 최초의 판결이라고 할 것인바, 상급심에서 같은 판단이 이어지기를 기대해 본다.

ㅎ '재량권 일탈' 선거관리위원회에 대한 시정 명령 '정당'

한국아파트신문 2015-11-19 수정 2016.07.11.

평석 변호사 최승관

1. 제1심 판결(서울행정법원 2014구합71047 판결)

서울 000구 소재 모 아파트 동별 대표자 선거가 있었는데, 해당 아파트 선거관리위원회가 당선된 동별 대표자 중 2명이 <u>허위</u> <u>학력</u>을 <u>기재</u>하였다는 이유로, 그들에 대한 당선 <u>무효</u> 결정을 하였다. 이에 **000구청장**이 해당 **아파트 선거관리위원회**에게 동별 대표자 **당선 무효 결정**을 **시정(是正)**하라는 취지의 **명령(命令)**을 하였고, 해당 아파트 <u>**선거관리위원회**</u>가 000구청장의 **시정 명령**에 대한 **취소**를 구하는 **소(訴)**를 **제기**하였으나, <u>**제1심**</u>에서는 000구청장의 **시정 명령**이 **적법(適法)**하다는 **판결**이 **선고(宣告)**되었고, 이에 원고 선거관리위원회가 항소를 제기하였다.

2. 선거관리위원회가 당선 무효에 대한 판단의 재량권을 갖는가?

법원은 이 사건 아파트 **선거관리규정**에서 "공동주택 선거관리위원회는 선거 무효 또는 당선 무효를 결정한 때"라고만 규정하여 선거관리위원회가 당선 무효를 결정할 수 있다는 근거를 마련하고 있다. 그리고, 선거관리규정에는 **"선거 결과**에 대한 **이의 신청**이 있는 경우 **선거관리위원회**가 이의의 내용을 **검토**하여 **선거** 또는 **당선**의 **효력**에 관한 **결정**을 할 수 있다."고 규정할 뿐, **구체적인 당선(當選) 무효(無效) 사유(事由)**에 대해서는 전혀 **정하고 있지 않고 있다**. 이에, 선거관리위원회는 **공동주택 관리규약** 및 **선거관리규정**에 따라 어떤 사유가 **당선 무효 사유**에 해당하는지를 **판단(判斷)**할 수 있는 **재량권(裁量權)**을 **갖는다**고 판단하였다.

3. 선거관리위원회의 재량권 판단의 행사 범위

법원은 선거관리위원회가 당선 무효 결정에 관한 재량권을 가진다고 하더라도, 선거 절차에서 법령에 위반한 사유가 있는 경우 그 사정만으로 당해 선거에 의한 당선이 무효가 되는 것은 아니고, 이와 같은 법령 위배의 선거 운동으로 선거인들의 자유로운 판단에 의한 투표를 방해하여 **선거**의 **기본이념**인 **선거**의 **자유와 공정**을 현저하게 침해하고, 그로 인하여 **선거의 결과**에 영향을 미쳤다고 인정될 때에만 그 선거 및 이를 기초로 한 당선인 결정은 무효라고 보아야 한다고 판단하였다.

4. 평석

전국적으로 많은 아파트에서 동별 대표자 및 입주자대표회의의 회장 등 선거와 관련된 분쟁이 다수 발생하고 있으며, 그러한 분쟁 중 상당수가 당선된 동별 대표자 또는 회장의 당선이 유효인지 무효인지 여부의 판단에 대한 사항이다.

이 번 판결은 '**선거관리위원회**가 당선(當選)된 **동별 대표자 등**의 **당선 무효(無效) 사유(事由)**에 대한 **판단(判斷)**의 **재량권(裁量權)**을 **갖는다**는 것'을 확인하면서, 다만 선거 절차에서 법령 위반의 사유가 있다고 해서 바로 당선이 무효가 되는 것이 아니라, 그러한 **사유**로 인하여 **선거 결과**에 **영향**을 미칠 정도에 이르러야 **당선 무효**가 된다는 **기준**을 명확하게 **제시**하였다는 점에서 의미가 있다고 보겠다.

앞으로, 공동주택 선거관리위원회는 허위 학력 기재와 같은 사유가 있다고 하여 바로 당선 무효를 선언하여서는 아니 되고, 그러한 허위 학력 기재가 선거의 결과에 어떠한 영향(影響)을 미쳤는지 여부까지 신중하게 확인하여야 할 것이다.

선거관리위원회 위원의 결격사유[법 제15조제2항 등]

공동주택관리법 제15조(선거관리위원회 위원의 결격사유) ② 다음 각 호의 어느 하나에 해당하는 사람은 선거관리위원회 위원이 될 수 없으며, 그 자격을 상실한다.

1. 동별 대표자 또는 그 후보자

2. 제1호에 해당하는 사람의 배우자 또는 직계존비속

3. 그 밖에 대통령령으로 정하는 사람

공동주택관리법 시행령 제16조(선거관리위원회 위원의 결격사유) 법 제15조제2항제3호에서 "대통령령으로 정하는 사람"이란 다음 각 호의 어느 하나에 해당하는 사람을 말한다. 〈개정 2020.4.24., 시행 2020.4.24.〉 (cf. 준칙 제49조제1항)

1. 미성년자, 피성년후견인 또는 피한정후견인(* 후견 등기 사항 부존재 증명서)

2. 동별 대표자를 사퇴(辭退)하거나 그 지위에서 해임(解任)된 사람 또는 법 제14조제5항에 따라 퇴임(退任)된 사람으로서 그 남은 임기 중에 있는 사람

3. 선거관리위원회 위원을 사퇴(辭退)하거나, 그 지위에서 해임(解任) 또는 해촉(解囑)된 사람으로서 그 남은 임기 중에 있는 사람

선거관리위원회 위원의 결격사유(거주 요건, 주민등록 요건 등)

성명 OOO 등록일 2015.10.30. 수정 2024.12.04.

질문 사항

「공동주택관리법」 제15조제2항 및 같은 법 시행령 제16조에서는 "다음 각 호의 어느 하나에 해당하는 사람은 **선거관리위원회 위원(委員)**이 될 수 없으며, 그 **자격(資格)**을 **상실**한다." 라고 규정하고 있습니다.

1. 동별 대표자 또는 그 후보자

2. 제1호에 해당하는 사람의 배우자 또는 직계존비속

3. 그 밖에 대통령령으로 정하는 사람(같은 영 제16조 ① 미성년자, 피성년후견인 또는 피한정후견인, ② 동별 대표자를 사퇴(辭退)하거나 그 지위에서 해임(解任)된 사람 또는 법 제14조제5항에 따라 퇴임(退任)된 사람으로서 그 남은 임기 중에 있는 사람, ③ 선거관리위원회 위원을 사퇴(辭退)하거나, 그 지위에서 해임(解任) 또는 해촉(解囑)된 사람으로서 그 남은 임기 중에 있는 사람)

이와 관련하여, 우리 아파트 **'선거관리규정'**에 "선거관리위원은 <u>6개월</u> 이상 단지 안에 거주하면서 주민등록이 되어 있어야 한다." 등 5가지 사항을, 법으로 규정한 **결**

격사유 외에 **추가(追加)**로 정할 수 있는 것인지 궁금합니다.

관리주체에서는 「공동주택관리법 시행령」 제15조제4항의 내용인 "선거관리위원회는 그 구성원 과반수의 찬성으로 그 의사를 결정한다. 이 경우 '제1항에 따른 선출에 관하여' 이 영 및 관리규약으로 정하지 아니 한 사항은 '선거관리위원회 규정'으로 정할 수 있다." 라는 근거를 제시하며, 가능하다고 하고 있는 상황입니다.

답변 내용

○ 입주자 등은 동별 대표자 또는 입주자대표회의의 임원을 선출하거나 해임하기 위하여 **선거관리위원회**(이하 "선거관리위원회"라 한다.)를 구성합니다(「공동주택관리법」 제15조제1항). 그리고, 선거관리위원회는 **입주자 등이 "입주자 등(入住者 等)"** 중에서 **위원**을 **선임**하여 **구성**하므로(같은 법 제15조제3항, 같은 법 시행령 제15조제1항) 입주자 등에 해당하는 경우 선거관리위원이 될 수 있습니다.

– 이와 관련, **"입주자 등"**은 입주자와 사용자를 말하고, 입주자 및 사용자는 모두 **당해 공동주택**에서 **거주**하는 것을 **전제**로 하고 있으며, ***개월**의 **거주 요건**과 **주민등록 요건**을 별도로 정하고 있지 아니 합니다.[142] 따라서, 해당 공동주택에 실제 거주하고, 같은 법 제15조제2항 및 같은 영 제16조에 따른 결격사유가 없는 입주자 등은 그 공동주택 선거관리위원이 될 수 있는 것입니다(cf. 준칙 제49조제1항).

선거관리위원의 자격 여부(사퇴한 동별 대표자의 배우자)

성명 OOO 등록일 2016.04.05. 수정 2023.10.23.

질문 사항

아파트 선거관리위원의 결격사유 중 「공동주택관리법 시행령」 제16조제2호에 **"2. 동별 대표자를 사퇴하거나 그 지위에서 해임된 사람 또는 법 제14조제5항에 따라 퇴임한 사람으로서 그 남은 임기 중에 있는 사람"**이라고 명시되어 있습니다.

아파트 소유자의 위임을 받은 배우자가 동별 대표자로 활동하다 중도에 사퇴한

---

142) cf. '공동주택관리법' 제2조제1항제7호, '주민등록법' 제10조 · 제11조제1항 · 제40조제4항, '공동주택관리법 시행령' 제15조제3항, '서울특별시공동주택관리규약 준칙' 제20조(제4항)

경우 그 아파트의 소유자가 선거관리위원이 될 수 있는지 여부를 확인 바랍니다.

답변 내용

ㅇ "2. 동별 대표자를 **사퇴**하거나 그 지위에서 **해임** 또는 법 제14조제5항에 따라 **퇴임**된 사람으로서 그 남은 임기 중에 있는 **사람**"은 선거관리위원회 위원이 될 수 없습니다(「공동주택관리법」 제15조제2항제3호, 같은 법 시행령 제16조제2호).

　－ 이와 관련, '동별 대표자를 사퇴한 사람의 **배우자**'는 이에 해당하지 않으므로 같은 공동주택 선거관리위원회의 위원이 될 수 있다는 것을 알려드립니다.[143]

입주자대표회의의 회장 직무대행자, 선거관리위원 될 수 없어

〈주택건설공급과, 2016.02.11.〉 수정 2021.07.03.

질문 사항

임기(任期) 만료(滿了)된 입주자대표회의의 **회장(會長)**이 다음 임기의 입주자대표회의가 구성되지 않아 **직무대행(職務代行)**을 할 경우 선거관리위원회의 **위원(委員)**이 될 수 있는지 궁금합니다.

답변 내용

「공동주택관리법」 제15조제2항 및 같은 법 시행령 제16조에 "다음 각 호의 어느 하나에 해당하는 사람은 선거관리위원회 위원이 될 수 없다."고 명시하고 있다. 따라서, 이 사안과 같이 **임기가 만료**된 **입주자대표회의의 회장 직무대행자**는 결격사유에 해당하지 아니 하므로 선거관리위원회 위원이 될 수 있을 것으로 판단된다.

다만, 임기가 만료된 입주자대표회의의 회장 직무대행자가 같은 공동주택의 선거관리위원이 된 경우에는 입주자대표회의의 회장 직무대행(사실상 동별 대표자)을 할 수 없다(*** "**결격사유에 해당하지 아니 하나, 겸임은 불가하다." *****).

---

143) cf. 법 제15조제2항제2호 · 제3호, 영 제16조제2호, 준칙 제49조제1항

입주자대표회의의 의결 정족수, 선거관리위원의 결격사유

성명 OOO 등록일 2014.12.19. 2023.10.09.

질문 사항

1) 「공동주택관리법」 제19조제2호, 같은 법 시행령 제21조, 같은 법 시행규칙 제6조제2항제2호에 따라 입주자대표회의의 구성을 20**년 1월 9명 신고(**정원** 12명)하였고, 그 후 입주자대표회의의 구성원이 변경되어 20**년 8월 **8명**(정원 12명의 3분의 2)으로 **신고**되어 있습니다. 만약, 동별 대표자 1 ~ 2명이 **결원**이 된다면, 보궐선거 없이 의결이 가능한지요? **의결 정족수**는 어떻게 되는지요? 예) 동별 대표자 7명, 또는 동별 대표자가 6명일 경우 등과 잔여 임기가 6월 이내이어야만 공동주택관리법령에 의하여 보궐선거를 하지 않아도 되는 것인지요.

2) **선거관리위원** 자격을 「공동주택관리법」 제14조제4항 및 같은 법 시행령 제11조제4항의 동별 대표자 **결격사유**를 준용하여 제한하는 것이 정당한지요.

답변 내용

1. 입주자대표회의는 그 구성원 과반수의 찬성으로 **의결**합니다(「공동주택관리법 시행령」 제14조제1항). 이에 질의 사안 공동주택의 관리규약으로 정한 동별 대표자의 정원이 12명이면, 동별 대표자가 7명 이상 선출되어 7명 이상의 찬성이 있어야 결의 가능하므로(반드시 정원의 3분의 2 이상이 선출되어야 하는 것은 아니다.), 6명으로서는 의결이 불가합니다. 다만, **동별 대표자**를 **추가**로 **선출**할지 **여부**는 개별 공동주택에서 **관리규약 등**에 따라 **자율적**으로 **판단**할 **문제**입니다(cf. 준칙 제32조・제32조의 2. 궐위된 선거구 입주자 등의 권익을 보호하고 보다 원활한 입주자대표회의의 운영을 위해서는 추가로 동별 대표자를 선출하는 것이 바람직하다.).

2. 「공동주택관리법」 제15조제2항 및 「공동주택관리법 시행령」 제16조에서 선거관리위원회 위원의 결격사유를 규정하고 있습니다. 따라서, 질의의 내용과 같이 동별 대표자 결격사유를 준용(準用)하여 선거관리위원회 위원의 결격사유로 정하는 것은 적법하지 아니 한 것으로 판단됩니다(cf. 준칙 제49조제1항).

입주자대표회의 회장의 선거관리위원 전원 해촉, 재위촉 여부

〈주택건설공급과 – 2015.09.05.〉 수정 2023.10.09.

질문 사항

선거관리위원회의 **위원** 임기 중 입주자대표회의 회장이 선거관리위원 전원을 해촉(解囑)한 후 그 **해촉**된 위원 중에서 일부 선거관리위원을 **재위촉**할 수 있는지요?

답변 내용

선거관리위원회 위원이 될 수 없는 사람은 "1. 동별 대표자 또는 그 후보자, 2. 제 1호에 해당하는 사람의 배우자 또는 직계존비속, 3. 그 밖에 대통령령으로 정하는 사람(①. 미성년자, 피성년후견인 또는 피한정후견인, ②. 동별 대표자를 **사퇴(辭退)**하거나 그 지위에서 **해임(解任)**된 사람 또는 법 제14조제5항에 따라 **퇴임(退任)**된 사람으로서 그 남은 임기 중에 있는 사람, ③. 선거관리위원회 위원을 **사퇴(辭退)**하거나, 그 지위에서 **해임(解任)** 또는 **해촉(解囑)**된 사람으로서 그 남은 임기 중에 있는 사람)"입니다(법 제15조제2항, 영 제16조, 준칙 제49조제1항).

따라서, 선거관리위원회 위원 임기 중에 **'사퇴'** 또는 질의 사항과 같이 **'해촉된 사람'**은 결격사유에 해당하므로, 사퇴하거나 그 해촉 당시 선거관리위원의 **남은 임기 중**에는 **재위촉**이 **불가능**합니다(영 제16조제3호, 준칙 제49조제1항).

선거관리위원회 위원의 결격사유(임기 중 사퇴한 사람)

한국아파트신문 2016-08-08 수정 2023-10-09

질문 사항

아파트 선거관리위원회(選擧管理委員會) **위원(委員)**이 임기가 끝나기 전에 **사퇴(辭退)**를 하였다면, 다시 선거관리위원회 위원이 될 수 있는지요?

답변 내용

"선거관리위원회 위원을 **사퇴(辭退)**하거나, 그 지위에서 **해임** 또는 **해촉**된 사람으로서 그 **남은 임기** 중에 있는 사람"은 선거관리위원회 위원의 **결격사유**에 해당합니다(법 제15조제2항, 영 제16조제3호, 준칙 제49조제1항). 따라서, 선거관리위원회 위원의 임기를 남겨두고 사퇴한 사람은, 그 사퇴할 당시의 **임기가 종료된 날의 다음날**부터 선거관리위원회 위원으로 위촉될 수 있다는 것을 알려드립니다.

동별 대표자 후보자 등에 대한 자격 요건 등 확인

법 제16조(동별 대표자 후보자의 범죄 경력 등 확인) ① 선거관리위원회 위원장(선거관리위원회가 구성되지 아니 하였거나, 위원장이 사퇴, 해임 등으로 궐위된 경우에는 입주자대표회의의 회장을 말하며, 입주자대표회의의 회장도 궐위된 경우에는 관리사무소장을 말한다. 이하 같다)은 동별 대표자 **후보자**에 대하여 제14조제3항에 따른 동별 대표자의 **자격 요건** 충족 **여부**와 같은 조 제4항 각 호에 따른 **결격사유** 해당 **여부**를 **확인**하여야 하며, 결격사유 해당 여부를 확인하는 경우에는 동별 대표자 후보자의 동의를 받아 **범죄 경력**을 관계 기관의 장에게 **확인**하여야 한다. 〈개정 2018.3.13.〉

법 제16조(동별 대표자에 대한 자격 요건 충족 여부와 결격사유 확인) ② 선거관리위원회 위원장은 **동별 대표자**에 대하여 제14조제3항에 따른 **자격 요건(要件)** 충족 **여부**와 같은 조 제4항 각 호에 따른 **결격사유(缺格事由)** 해당 **여부**를 확인할 수 있으며, 결격사유 해당 여부를 확인하는 경우에는 동별 대표자의 **동의**를 받아 **범죄 경력**을 관계 기관의 장에게 **확인**하여야 한다.[144] 〈신설 2018.3.13., 시행 2018.9.14.〉

법 제16조(동별 대표자 등에 대한 범죄 경력 확인의 절차 등) ③ 제1항 및 제2항에 따른 범죄 경력 확인의 절차, 방법 등에 필요한 사항은 대통령령으로 정한다.

영 제17조(동별 대표자 후보자 등에 대한 범죄 경력 조회) ① 법 제16조제3항(제1항 또는 제2항)에 따라 선거관리위원회 위원장은 동별 대표자 후보자 또는 동별 대표

---

144) cf. 행정안전부(행정정보공유과) 지침 「**결격사유 조회 업무 처리 요령(2019.10.15.)**」

자에 대한 **범죄 경력의 확인**을 경찰관서의 장에게 요청하여야 한다. 이 경우 동별 대표자 후보자 또는 동별 대표자의 **동의서**를 **첨부**하여야 한다. 〈개정 2018.9.11.〉

영 제17조(동별 대표자 후보자 등의 범죄 경력 회신) ② 제1항에 따른 요청을 받은 경찰관서의 장은 동별 대표자 후보자 또는 동별 대표자가 법 제14조제4항제3호·제4호 또는 이 영 제11조제4항제1호에 따른 범죄의 경력이 있는지 여부를 확인하여 회신(回信)하여야 한다. 〈개정 2018.9.11., 2020.4.24.〉[시행일 : 2018.9.14.]

규칙 제5조(동별 대표자 후보자 등에 대한 범죄 경력 확인 요청 서식) ① 영 제17조제1항 전단에 따른 범죄 경력의 확인 요청은 [별지 제2호 서식]에 따른다.

규칙 제5조(동별 대표자 후보자 등에 대한 범죄 경력 확인 동의서) ② 영 제17조제1항 후단에 따른 동의서는 [별지 제3호 서식]과 같다.

규칙 제5조(동별 대표자 후보자 등에 대한 범죄 경력 회신 서식) ③ 영 제17조제2항에 따른 회신은 [별지 제4호 서식]에 따른다. [제목 개정 2018.9.14.]

동별 대표자의 범죄 경력 공개 관련 사항

성명 OOO 등록일 2013.08.23. 수정 2021.08.15.

질문 사항

공동주택 동별 대표자 및 입주자대표회의의 회장, 감사 등의 선거와 관련하여 공정하고 민주적인 아파트의 관리 업무의 운영을 위한 목적으로, 「개인 정보 보호법」상의 규정에 따라 본인 동의를 얻어 **범죄(犯罪) 경력(經歷)**을 **공개**(소명 사유 첨부)하는 내용으로 선거관리위원회 규정을 개정하였습니다.

이 때 「개인 정보 보호법」의 규정에 의거 본인이 **공개**를 거부할 권리가 있음을 알리고, 공개에 대한 **동의**를 **거부**할 경우에는 입주민들에게 '해당 후보자가 동의하지 아니 하여 관련 사항을 공개하지 못한다.' 라는 내용으로 **고지**(공개)하려고 하는데, 상기 사항에 따라 선거관리위원회가 그 내용을 입주민에게 알려도 되는지요.

답변 내용

"개인의 사생활의 비밀 또는 자유를 침해할 우려가 있는 정보와 국민의 기본권을 침해할 우려가 있는 사항"은 공개하지 않아야 하므로(「공동주택관리법」 제27조제3항제1호, 같은 법 시행령 제28조제2항 각 호 외의 부분 본문 후단), 동별 대표자와 입주자대표회의의 회장 및 감사 등의 **범죄 경력 조회서(내용, 결과)**를 입주자 등에게 **공개**하는 것은 적법·타당하지 아니 합니다(cf. 「형법」 제307조).

☞ 입주자대표회의 구성원(동별 대표자)의 범죄 경력 공개에 관하여

한국아파트신문 2013.10.09. 변호사 오민석 수정 2021.08.15.

주택법 시행령 제50조 제4항(현행 '공동주택관리법' 제14조 제4항 제3호·제4호 및 같은 법 시행령 제11조 제4항 제1호)에 따르면, '금고 이상의 실형 선고를 받고 그 집행이 끝나거나 집행이 면제된 날로부터 5년(현행 2년)이 지나지 않은 사람', '금고 이상의 형의 집행유예 선고를 받고 그 유예기간 중에 있는 사람', '공동주택 관리와 관련하여 벌금형(罰金刑)을 선고받은 후 5년(현행 2년)이 지나지 아니 한 사람'은 동별 대표자가 될 수 없다. 입주자 등의 재산권을 보호하고, 투명하며 공정한 공동주택 관리를 정착시키기 위한 이 같은 동별 대표자의 결격사유(缺格事由) 규정은 입주자의 동별 대표자 피선출권(被選出權)에 대한 합리적 제한(合理的 制限)이라고 판단된다. 따라서, 이 같은 **결격사유가 있는 입주자**는 **동별 대표자**가 되었더라도 사후에 결격사유가 드러날 경우, 그 **자격**을 **당연 상실**하게 된다.

이러한 주택법령(현행 '공동주택관리법령')의 동별 대표자 결격사유 규정에 따라 입주자대표회의 관련 선거를 관리하는 선거관리위원회에서는 관리규약 및 선거관리규정에 근거하여 입후보 예정자로부터 결격사유에 해당하는 범죄(犯罪) 경력(經歷)이 없다는 내용을 담은 확인서를 제출받아 입후보자 등록을 수리하고 있다. 여기에 더하여 범죄 경력과 관련한 결격사유의 확인을 하고자 대상자 본인의 위임장을 제출받아 관할 경찰서에 범죄 경력 조회를 하기도 한다.

문제는 후보자 등록을 신청한 동별 대표자 후보의 범죄 경력을 입주자 등에게 공개(公開)할 수 있는가 여부다. 이러한 상황은 동별 대표자 선거에 후보자 등록을 신청한 입주자에게 '결격사유에는 해당하지 않지만, 다른 범죄 경력이 존재하는 경우'와 '결격사유에 해당하는 범죄 경력이 존재하는 경우' 모두 문제(問題)가 된다.

우선, **결격사유에 해당**하지 **않는** 다른 **범죄(犯罪) 경력(經歷)**이 존재하는 경우'에는 선거관리위원회가 입후보자 등록을 거부할 수 없을 뿐 아니라 **선거(選擧)**와 **무관(無關)**한 **사항**이므로, **공개**를 하여서는 **아니 될 것**이다. 만약, 이를 공개할 경우에는 결격사유에 해당하지 않음에도 선거권자에게 해당 입후보자에 대한 부정적 선입견을 불러일으킬 수 있고, 선거 결과에 영향을 미칠 수 있으므로 해당 선거의 유효·무효에 관한 분쟁까지도 야기할 수 있다. 설혹, **범죄 경력**이 **동별 대표자 결격사유에 해당**한다고 하더라도 **선거관리위원회**에서는 이를 근거로 **입후보자 등록(登錄)**을 **거부(拒否)**할 수 있을지언정 **범죄 경력**까지 **공개할 필요**는 **없겠다**.

주택법 시행령 제55조 제3항 제1호(현행 '공동주택관리법' 제27조 제3항 제1호)는 관리주체에게 '개인의 사생활의 비밀 또는 자유를 침해할 우려가 있는 정보'의 공개를 제한하도록 규정하고 있다. 이는 동별 대표자 선거관리 업무와 관련하여서도 참고가 될 수 있다. 동별 대표자 결격사유인 범죄 경력으로 입후보자 등록을 반려하였다면, 이는 입후보 지원자와 선거관리위원회 및 입주자대표회의 사이의 문제이므로, 입후보 탈락자가 이의를 제기할 경우 당사자들 사이에서 민사 소송 등으로 다투면 족하다. **어느 경우라도** 입후보자의 **범죄 경력**을 입주자 등에게 **공개**하게 되면, 해당 선거관리위원회는 **명예훼손**의 **형사 책임**으로부터 **자유로울 수 없다**. **'형법'**은 **진실한 사실**일지라도 **명예**를 **훼손**할 수 있는 **사실**을 **공개적**으로 **적시**할 경우에는 **명예훼손죄**의 **형사 책임**을 **인정**하고 있기 때문이다(**'형법' 제307조 제1항**).

어느 아파트에서는 선거관리위원회가 동별 대표자 선거의 입후보 신청을 받으면서 본인의 범죄 경력을 입주자 등에게 공개하는 데 대한 동의서를 징구하였다. 동의서를 제출한 후보자에 대해서는 범죄 경력을 공개하였고, 동의서를 제출하지 않은 후보자에 대하여는 "해당 후보자가 동의를 하지 않아 범죄 경력을 공개하지 못한다."는 내용을 입주자들에게 고지하였다. 이는 정보 주체의 동의를 받은 경우 해당 개인의 정보를 수집, 이용 및 제공할 수 있다는 '개인 정보 보호법'의 관련 규정(같은 법 제15조 제1항 제1호, 제17조 제1항 제1호, 제18조 제2항 제1호 등)을 참고한 것이다. 하지만, 당사자에게 **동의**를 **거부(拒否)**할 **권리(權利)**가 있다는 **사실** 및 **동**

의 **거부**에 따른 **불이익(不利益)**이 있는 경우에는 그 불이익의 **내용 등**을 **고지(告知)**하여야 그 **동의**가 **유효**하다(같은 법 제18조 제3항 제1호 ~ 제5호).

따라서, 범죄 경력이 공개되는 개인은 '동의를 거부할 권리가 있다.'는 사실을 고지받지 못하였다는 등의 주장을 하며, 법적 대응에 나설 수 있으므로, 굳이 번거로운 동의 절차까지 밟아 범죄 경력을 입주자들에게 공개(公開)할 실익(實益)은 크다고 할 수 없다. 사안이 이러하니 선거관리위원회 및 관리주체는 선거관리의 필요상 입수한 동별 대표자 입후보자들의 범죄 경력 관련 자료(資料)가 유출(流出)되지 않도록 하는 것에도 각별히 관심(關心)을 쏟아야 할 것이다.

입주자대표회의의 구성원 등 교육[법 제17조]

법 제17조(입주자대표회의의 구성원 등 교육) ① 시장·군수·구청장은 대통령령으로 정하는 바에 따라 입주자대표회의 구성원에게 입주자대표회의의 운영(運營)과 관련하여 필요한 교육 및 윤리 **교육(教育)**을 **실시**하여야 한다. 이 경우 입주자대표회의의 구성원은 그 교육을 성실히 **이수(履修)**하여야 한다(cf. 준칙 제46조제3항).

법 제17조(입주자 등의 교육) ③ 시장·군수·구청장은 관리주체·입주자 등이 희망하는 경우에는 제1항의 교육을 관리주체·입주자 등에게 실시할 수 있다. 〈신설 2018.3.13., 개정 2023.10.24.〉

영 제18조(입주자대표회의의 구성원 등 교육 공지) ① 법 제17조제1항 또는 제3항에 따라 시장·군수·구청장은 입주자대표회의 구성원 또는 입주자 등에 대하여 입주자대표회의의 운영과 관련하여 필요한 교육 및 윤리 교육(이하 이 조에서 "운영·윤리 교육"이라 한다)을 하려면, 다음 각 호의 사항을 교육 10일 전까지 공고하거나, 교육 대상자에게 알려야 한다. 〈개정 2018.9.11.〉[시행일 : 2018.9.14.]

1. 교육 일시, 교육 기간 및 교육 장소

2. 교육 내용

3. 교육 대상자

4. 그 밖에 교육에 관하여 필요한 사항

법 제17조(입주자대표회의의 구성원 등 교육 내용) ② 제1항에 따른 교육 내용에는 다음 각 호의 사항을 포함하여야 한다. 〈개정 2022.6.10., 2023.10.24.〉

　　1. 공동주택의 관리에 관한 관계 법령 및 관리규약의 준칙에 관한 사항

　　2. 입주자대표회의의 구성원의 직무·소양 및 윤리에 관한 사항

　　3. 공동주택단지 공동체의 활성화에 관한 사항

　　4. 관리비·사용료 및 장기수선충당금에 관한 사항

　　4의 2. 공동주택 회계 처리에 관한 사항

　　5. 층간소음 예방 및 입주자 등 사이 분쟁의 조정에 관한 사항

　　6. 하자 보수에 관한 사항

　　7. 그 밖에 입주자대표회의의 운영에 필요한 사항

법 제17조(입주자대표회의의 구성원 등의 교육에 필요한 사항) ④ 제1항 및 제3항에 따른 교육의 시기·방법, 비용 부담 등에 필요한 사항은 대통령령으로 정한다. 〈개정 2018.3.13.〉[제목 개정 2018.3.13.] [시행일 : 2018.9.14.]

영 제18조(입주자대표회의 구성원의 교육 이수 및 시간) ② 입주자대표회의 구성원은 **매년 4시간**의 운영·윤리 교육을 이수하여야 한다(cf. 준칙 제46조제3항).

영 제18조(입주자대표회의 구성원 등의 교육 방법) ③ 운영·윤리 교육은 **집합교육(集合 敎育)**의 방법으로 한다. 다만, 교육 참여 현황의 관리가 가능한 경우에는 그 전부 또는 일부를 **온라인(On – line) 교육**으로 할 수 있다.

영 제18조(입주자대표회의의 구성원 등의 교육 수료 증명) ④ 시장·군수·구청장은 운영·윤리 교육을 이수한 사람에게 **수료증**을 내주어야 한다. 다만, 교육 수료 사실을 입주자대표회의의 구성원이 소속된 입주자대표회의에 문서로 **통보**함으로써 수료증의 수여를 갈음할 수 있다. 〈개정 2018.9.11.〉[시행일 : 2018.9.14.]

영 제18조(입주자대표회의의 구성원 등의 교육 비용) ⑤ 입주자대표회의 구성원(構成員)에 대한 운영·윤리 교육의 수강 비용은 제23조제3항제8호에 따른 **입주자대표회의 운영 경비**에서 부담하며, 입주자(入住者) 등에 대한 운영·윤리 교육의 수강 비용은 수강자 본인이 부담한다(cf. 준칙 제45조제2항제4호 가목). 다만, 시장·군수·구청장은 필요하다고 인정하는 경우에는 그 비용의 전부 또는 일부를 지원할 수 있다. 〈개정 2018.9.11.〉[시행일 : 2018.9.14.]

영 제18조(입주자대표회의 구성원 교육 미이수자 관리 등) ⑥ 시장·군수·**구청장**은 입주자대표회의 구성원의 운영·윤리 **교육 참여 현황**을 엄격히 **관리**하여야 하며, 운영·윤리 교육을 **이수하지 아니 한** 입주자대표회의 **구성원**에 대해서는 법 제93조제1항에 따라 필요한 **조치**를 하여야 한다(cf. 준칙 제31조제2항제8호).

입주자대표회의 운영 및 윤리 교육 방법에 관한 사항

성명 OOO 등록일 2014.02.07. 수정 2018.09.25.

질문 사항

「공동주택관리법」 제17조(입주자대표회의의 구성원 등 교육) 및 같은 법 시행령 제18조제2항에 따라 자치구청장은 매년 4시간 입주자대표회의 운영과 관련하여 입주자대표회의의 구성원에게 시간과 장소를 정하여 교육을 실시하여야 합니다.

자치구 등 지방자치단체에서 실시하는 공동주택 관리 등에 관한 **사이버(인터넷) 교육** 과정을 **수료**하는 동별 대표자를 같은 법 제17조의 "입주자대표회의의 운영 교육"을 이수한 것으로 인정하는 것이 공동주택관리법령에 적합한지 질의합니다.

답변 내용

공동주택관리법령에는 입주자대표회의의 구성원 등 교육 방법을 **사이버(인터넷) 교육**의 형식으로 실시하는 것에 대하여 별도로 **제한**하는 **사항**이 **없습**니다. 그리고, 「공동주택관리법 시행령」 제18조제3항에서는 입주자대표회의의 구성원 등 운영 및 윤리 교육 방법과 관련하여 "운영·윤리 교육은 **집합 교육**의 방법으로 한다. 다만, 교육 참여 현황의 관리가 가능한 경우에는 그 전부 또는 일부를 **온라인 교육**으로 할 수 있다."고 규정하고 있으므로, 사이버(인터넷) 교육이 가능할 것입니다.

입주자대표회의의 회장 교육 참석 수당 지급 여부

성명 OOO 등록일 2011.10.14. 수정 2023.02.19.

입주자대표회의 회장이 시청 등 기타 관공서에서 실시하는 공동주택 관련 **교육**에 **참석**하였을 때 개인적인 시간 사용 대가 및 교통비 등으로 **수당**을 지급하고자 하는데…… 가능한지요? 가능하다면, 지급할 수당 금액은 얼마 정도가 적당합니까?

* 예산 – 입주자대표회의 운영 경비 중 교육 훈련비가 잡혀 있습니다. 예산의 교육 훈련비에서 위 사항에 대한 교육 참석 수당을 지급할 수 있는지요?

답변 내용

「공동주택관리법 시행령」 제18조제5항에서 **"입주자대표회의 구성원**의 운영·윤리 **교육**의 수강 **비용**은 제23조제3항제8호에 따른 **입주자대표회의 운영 경비**에서 **부담**하며, **입주자 등**에 대한 운영·윤리 교육의 수강 비용은 수강자 **본인**이 **부담**한다. 다만, 시장·군수·구청장은 필요하다고 인정하는 경우에는 그 비용의 전부 또는 일부를 지원할 수 있다."고 규정하고 있습니다. 이와 관련, "운영 경비"에 **교육 훈련비**가 책정되어 있다면 교육 훈련비를 지급할 수 있을 것이며, **지급 여부**와 그 **금액**은 개별 공동주택의 **관리규약** 등으로 정하여 **운영**할 **사항**입니다.[145]

동별 대표자의 운영 교육 등에 소요되는 비용 지급 여부

〈주택건설공급과 – 3325, 2013.09.13.〉 수정 2024.11.11.

질문 사항

입주자대표회의의 구성원이 **운영 교육**에 **참석**할 경우 **업무 지원비**(식대 및 교통비 등) 명목으로 입주자대표회의의 의결을 거쳐 **잡수입**에서 **지출**할 수 있는지요?

답변 내용

---

145) cf. 영 제19조제1항제6호 – 제23조제3항제8호에 따른 입주자대표회의 운영 경비의 용도 및 사용 금액(운영·윤리 교육 수강 비용을 포함한다.), 준칙 제45조제2항제4호 가목

공동주택의 **잡수입**은 해당 공동주택 **전체 입주자 등의 공동 이익**에 **부합**하고(이하 같다.), ① 개별 **공동주택관리규약**에 **규정**한 경우(「공동주택관리법 시행령」 제19조제1항제18호·제26호, 준칙 제62조제5항), ② 관리비 등의 **사업계획 및 예산에 편성**하여 **입주자대표회의의 승인**을 받은 경우(「공동주택관리법 시행령」 제26조제1항), ③ 또는 **공동체 활성화에 관한 사항 등**으로 **입주자대표회의 의결**을 받은 경우(「공동주택관리법」 제21조제2항·제3항, 같은 법 시행령 제14조제2항제16호, 준칙 제56조제3항·제62조)에 한정하여 **사용**할 수 있습니다.146)

제2절 공동주택관리규약 등

공동주택관리규약의 준칙, 관리주체의 동의 사항 등

법 제18조(관리규약의 준칙 제정) ① 특별시장·광역시장·특별자치시장·도지사 또는 특별자치도지사(이하 "시·도지사"라 한다)는 공동주택의 입주자 등을 보호하고, 주거 생활의 질서를 유지하기 위하여 대통령령으로 정하는 바에 따라 공동주택의 관리 또는 사용에 관하여 준거(準據)가 되는 관리규약의 준칙147)을 정하여야 한다.

영 제19조(관리규약의 준칙에 포함되어야 하는 사항) ① 법 제18조제1항에 따른 관리규약의 준칙(이하 "관리규약 준칙"이라 한다)에는 다음 각 호의 사항이 포함되어야 한다. 이 경우 입주자 등이 아닌 자의 기본적(基本的)인 권리(權利)를 침해(侵害)하는 사항이 포함되어서는 아니 된다. 〈개정 2020.4.24., 2021.1.5., 2024.4.29.〉

---

146) cf. 영 제19조제1항제6호 – 제23조제3항제8호에 따른 입주자대표회의 운영 경비의 용도 및 사용 금액(운영·윤리 교육 수강 비용을 포함한다.), 준칙 제45조제2항제4호 가목

147) 「**공동주택관리규약 준칙(準則)**」의 의미 – "공동주택관리규약(의) 준칙"이라 함은 공동주택의 입주자 및 사용자를 보호하고, 주거 생활의 질서를 유지하기 위하여 「공동주택관리법」 제18조제1항과 같은 법 시행령 제19조제1항에 따라 시·도지사가 정하는 공동주택의 관리 또는 사용에 관하여 준거(準據)가 되는 개별 **공동주택관리규약(자치 규범)의 전범(典範)**을 말한다. 예컨대, 공동주택의 입주자 등이 관리규약을 제정하거나 개정할 때 개별 공동주택관리규약의 본보기가 되는 모범 관리규약 또는 표준 관리규약이라고 보겠다.

1. 입주자 등의 권리 및 의무(제2항에 따른 의무를 포함한다) (cf. 준칙 제21조 외)

2. 입주자대표회의의 구성·운영(회의의 녹음·녹화·중계 및 방청에 관한 사항을 포함한다)과 그 구성원의 의무 및 책임 (cf. 준칙 제29조, 제35조, 제36조 ~ 제42조, 제43조·제43조의 2, 제46조 외) 〈개정 2023.6.13.〉

3. 동별 대표자의 선거구·선출 절차와 해임 사유·절차 등에 관한 사항

4. 선거관리위원회의 구성·운영·업무·경비, 선거관리위원회 위원의 선임·해임 및 임기 등에 관한 사항 (cf. 준칙 제47조 ~ 제53조)

5. 입주자대표회의 소집 절차, 임원의 해임 사유·절차 등에 관한 사항

6. 제23조제3항제8호에 따른 입주자대표회의 운영 경비의 용도 및 사용 금액(운영·윤리 교육 수강 비용을 포함한다) (cf. 준칙 제45조제2항)

7. 자치관리기구의 구성·운영 및 관리사무소장과 그 소속 직원의 자격 요건·인사·보수·책임 (cf. 준칙 제8조 ~ 제11조)

8. 입주자대표회의 또는 관리주체가 작성·보관하는 자료(資料)의 종류 및 그 열람(閱覽) 방법(方法) 등에 관한 사항 (cf. 준칙 제91조)

9. 위탁·수탁관리 계약에 관한 사항 (cf. 준칙 제14조, 제12조 ~ 제16조)

10. 제2항 각 호의 행위에 대한 관리주체의 동의 기준 (cf. 준칙 제83조)

11. 법 제24조제1항에 따른 관리비예치금의 관리 및 운용 방법 (cf. 준칙 제59조)

12. 제23조제1항부터 제5항까지의 규정에 따른 관리비 등의 세대별 부담액 산정 방법, 징수, 보관, 예치 및 사용 절차 (cf. 준칙 제60조, 제63조 ~ 68조)

13. 제23조제1항부터 제5항까지의 규정에 따른 관리비 등을 납부하지 아니 한 자에 대한 조치 및 가산금의 부과 (cf. 준칙 제69조, 제103조)

14. 장기수선충당금의 요율 및 사용 절차 (cf. 준칙 제61조, 제65조)

15. 회계 관리 및 회계감사에 관한 사항 (cf. 준칙 제77조, 제81조)

16. 회계 관계 직원의 책임 및 의무(재정보증에 관한 사항을 포함한다) (cf. 제78조)

17. 각종 공사 및 용역의 발주와 물품 구입의 절차 (cf. 준칙 제38조제4항제4호)

18. 관리 등으로 인하여 발생한 수입의 용도 및 사용 절차 (cf. 준칙 제62조)

19. 공동주택의 관리 책임 및 비용 부담 (cf. 준칙 제70조, 제5조, 제25조, 제90조)

20. 관리규약을 위반한 자 및 공동생활의 질서를 문란하게 한 자에 대한 조치

21. 공동주택의 어린이집 임대 계약(지방자치단체에 무상 임대하는 것을 포함한다)에 대한 다음 각 목으로 정하는 임차인 선정 기준. 이 경우 그 기준은 「영유아 보육법」 제24조제2항 각 호 외의 부분 후단에 따른 '국공립 어린이집 위탁체 선정 관리 기준'에 따라야 한다. (cf. 준칙 제84조) 〈개정 2020.4.24.〉

　　가. 임차인의 신청 자격

　　나. 임차인 선정을 위한 심사 기준

　　다. 어린이집을 이용하는 입주자 등 중 어린이집 임대에 동의하여야 하는 비율

　　라. 임대료 및 임대 기간

　　마. 그 밖에 어린이집의 적정한 임대를 위하여 필요한 사항

22. 공동주택의 층간소음 및 간접흡연에 관한 사항 (cf. 준칙 제98조 ~ 제101조)

23. 주민공동시설의 위탁에 따른 방법 또는 절차에 관한 사항 〈개정 2017.1.10.〉

23의 2. 제29조의 2에 따라 주민공동시설을 인근 공동주택단지 입주자 등도 이용할 수 있도록 허용하는 경우에 대한 다음 각 목의 기준 〈신설 2017.1.10.〉

　　가. 입주자 등 중 허용에 동의하여야 하는 비율 (cf. 준칙 제87조)

　　나. 이용자의 범위

　　다. 그 밖에 인근 공동주택단지 입주자 등의 이용을 위하여 필요한 사항

24. 혼합주택단지의 관리에 관한 사항 (cf. 준칙 제18조)

25. 전자 투표의 본인 확인 방법에 관한 사항 (cf. 준칙 제51조제2항)

26. 공동체 생활의 활성화에 관한 사항 (cf. 준칙 제54조 ~ 제58조)

27. 공동주택의 주차장 임대 계약 등에 대한 다음 각 목의 기준 〈개정 2020.4.24.〉

　　가. 「도시교통 정비 촉진법」 제33조제1항제4호에 따른 승용차 공동 이용을 위한 주차장(駐車場) 임대(賃貸) 계약의 경우 (cf. 준칙 제85조)

　　1) 입주자 등 중 주차장의 임대에 동의하는 비율

　　2) 임대할 수 있는 주차 대수 및 위치

　　3) 이용자의 범위

　　4) 그 밖에 주차장의 적정한 임대를 위하여 필요한 사항

　　나. 지방자치단체와 입주자대표회의가 체결한 협약(協約)에 따라 지방자치단체 또는 「지방 공기업법」 제76조에 따라 설립된 지방 공단이 직접(直接) 운영·관리하거나

위탁(委託)하여 운영·관리하는 방식으로 입주자 등 외의 자에게 공동주택의 주차장(駐車場)을 개방(開放)하는 경우 (cf. 준칙 제86조) 〈개정 2020.4.24.〉

1) 입주자 등 중 주차장의 개방에 동의하는 비율

2) 개방할 수 있는 주차 대수(臺數) 및 위치(位置)

3) 주차장의 개방 시간

4) 그 밖에 주차장의 적정한 개방을 위하여 필요한 사항

다. 삭제 〈2017.8.16.〉

라. 삭제 〈2017.8.16.〉

28. 경비원 등 근로자에 대한 괴롭힘의 금지 및 발생 때 조치에 관한 사항 (cf. 준칙 제89조의 2, 제89조의 3, 제23조제6항·제7항)

29. 「주택 건설 기준 등에 관한 규정」 제32조의 2에 따른 지능형 홈네트워크 설비(이하 "지능형 홈네트워크 설비"라 한다)의 기본적인 유지·관리에 관한 사항

30. 그 밖에 공동주택의 관리에 필요한 사항 〈개정 2024.4.9.〉

영 제19조(관리주체의 동의를 받아야 하는 입주자 등의 행위) ② 입주자 등은 다음 각 호의 어느 하나에 해당하는 행위(行爲)를 하려는 경우에는 관리주체(管理主體)의 동의(同意)를 받아야 한다(cf. 준칙 제83조). 〈개정 2017.1.10.〉

1. 법 제35조제1항제3호에 따른 경미(輕微)한 행위(行爲)로서 주택 내부의 구조물과 설비를 증설하거나, 제거하는 행위

2. 「소방 시설 설치 및 관리에 관한 법률」 제16조제1항에 위배되지 아니 하는 범위에서 공용부분(共用部分)에 물건(物件)을 적재(積載)하여 통행·피난 및 소방 활동을 방해하는 행위 〈개정 2022.12.9.〉

3. 공동주택에 **광고물·표지물** 또는 **표지**를 **부착(附着)**하는 행위

4. 가축(장애인 보조견은 제외한다)을 사육하거나, 방송 시설 등을 사용함으로써 공동 주거 생활에 피해를 미치는 행위

5. 공동주택의 발코니 난간 또는 외벽에 **돌출물(突出物)**을 **설치**하는 행위

6. 전기실·기계실·정화조 시설 등에 출입하는 행위

7. 「환경 친화적 자동차의 개발 및 보급 촉진에 관한 법률」 제2조제3호에 따른 전기 자동차의 이동형 충전기를 이용하기 위한 차량무선인식장치[전자 태그(RFID tag)]를

말한다)를 콘센트 주위에 부착하는 행위 〈신설 2017.1.10.〉

＊ 준칙 제83조(관리주체의 동의 기준) 관리주체가 영 제19조제2항에 따른 입주자 등의 행위에 대한 관리주체의 동의(同意) 기준(基準)은 다음 각 호와 같다. 다만, 관리주체는 행위의 구체적 내용(적재물의 종류 및 적재 기간, 게시물의 내용 및 게시 기간 등)에 따라 공용 시설과 공동 주거 생활에 끼치는 피해 정도를 검토하여 동의 여부를 결정하여야 하며, 부동의하는 경우 지체 없이 해당 입주자 등에게 그 사유를 서면으로 알려야 한다. 〈개정 2020.6.10., 2023.9.26.〉

1. 「소방 시설 설치 및 관리에 관한 법률」 제16조제1항에 위배되지 아니 하는 범위 범위에서 공용부분에 임시로 물건 등을 적재하는 행위

가. 동의 기준 : 공동주택단지 안의 상가 입점자의 권익을 침해하지 않는 범위에서 입주자 등에게 이익이 있거나 필요하다고 판단되는 경우 〈개정 2023.9.26.〉

나. 동의 사항 〈신설 2023.9.26.〉

1) 자생단체의 농수산물 직거래, 자선 바자회 등의 목적을 위해서 주차장을 사용하는 행위는 관계 법령에 적합하고, 입주자대표회의에서 의결한 경우로 한정한다.

2) 공동주택단지 안의 보행 통로를 일시적으로 사용하는 행위

3) 기타 동의 기준에 따른 행위 〈신설 2023.9.26.〉

다. 부동의 사항 〈신설 2023.9.26.〉

1) 자동차를 소방차(消防車) 전용(專用) 구역(區域)에 주차하거나, 주차(駐車) 구역(區域) 외의 장소에 주차하여 통행을 방해하는 행위

2) 건물 내부의 계단 또는 통로에 **물건**을 **적재**하는 행위

3) 차로에 물건을 적재하거나, 자동차를 주차시키는 행위(소방 훈련, 도로공사 및 이사 등의 경우는 제외한다)

4) 적재량(積載量) 2.5톤 이상의 **화물자동차(貨物自動車), ○인승(人乘)** 이상 **승합자동차(乘合自動車) 등**의 차고지(車庫地)로 사용하는 행위 〈개정 2022.8.17.〉

5) 적재로 인하여 입주자 등에게 피해가 발생한다고 판단되는 행위

6) 기타 동의 기준을 준수하지 않은 행위 〈신설 2023.9.26.〉

2. 광고물·표지물 또는 표지를 **설치**하거나, 게시물을 **게시**하는 행위

가. 동의 기준 : 공동주택의 미관을 해치지 않는 범위 안에서 지정된 장소에 게시

또는 부착하는 경우 〈개정 2023.9.26.〉

    나. 동의 사항 〈신설 2023.9.26.〉

    1) 국가, 지방자치단체 또는 공공기관에서 지정된 공동주택 게시판(揭示板)에 공고 사항 등을 붙이는 행위

    2) 입주자 등의 소통이나 정보를 제공하는 게시물

    3) 안전 수칙과 관련하여 지정된 시설에 부착하여 홍보하는 행위

    4) 기타 동의 기준에 따른 행위 〈신설 2023.9.26.〉

    다. 부동의 사항 〈신설 2023.9.26.〉

    1) 대형 광고물을 공동주택단지 안에 설치하는 행위

    2) 발코니 전면과 건물 외벽을 이용하는 광고 행위

    3) 광고물, 선전물, 스티커 등을 게시 또는 부착하는 광고 행위

    4) 기타 동의 기준을 준수하지 않은 행위 〈신설 2023.9.26.〉

3. 가축(장애인 보조견은 제외한다)의 사육 또는 방송 시설(확성기 포함) 등을 사용하는 행위 〈개정 2023.9.26., 2024.7.31.〉

    가. 동의 기준 〈신설 2023.9.26.〉

    1) (가축 사육) 제6호에 따른 입주자 등의 동의를 받은 경우 〈개정 2024.7.31.〉

    2) (방송 시설 사용) 입주자 등에 대한 고지 또는 협조가 필요하다고 판단되는 경우

    나. 동의 사항

    1) (가축 사육) 제6호에 따른 입주자 등의 동의를 받아 가축을 사육하는 행위

    2) (방송 시설 사용) 입주자 등에 대한 고지 또는 협조가 필요하다고 판단되는 행위

    다. 부동의 사항 : 기타 동의 기준을 준수하지 않은 행위 〈신설 2023.9.26.〉

4. 발코니(Balcony)의 난간 또는 외벽에 **돌출물(突出物)**을 **설치**하는 사항

    가. 동의 기준 : 돌출물 설치에 따른 안전사고 책임에 대한 서약서를 제출한 경우에 한정하여 안전·소음 및 미관에 지장이 없는 행위 〈개정 2023.9.26.〉

    나. 동의 사항 〈신설 2023.9.26.〉

    1) 발코니(Balcony)의 철재(鐵材) 난간(欄干)에 태양광 모듈, 위성안테나·무선안테나 및 화분 등을 설치하는 행위

    2) 외벽(콘크리트 벽을 말한다)에 돌출물(突出物)을 설치하기 위해서 못을 박거

나 구멍을 뚫는 행위

　　3) 에어컨 실외기(室外機, Outdoor Fan) 설치(단, 「주택 건설 기준 등에 관한 규정」 제37조제5항 및 제6항에 따라 세대 안에 냉방설비의 배기 장치를 설치할 수 있는 공간이 마련된 경우, 냉방설비의 배기 장치를 위한 돌출물 부착 금지)

　　4) 「환경 친화적 자동차의 개발 및 보급 촉진에 관한 법률」 제2조제3호에 따른 전기자동차의 이동형 충전기를 이용하기 위한 차량무선인식장치[전자 태그(RFID tag를 말한다)]를 콘센트 주위에 부착(附着)하는 행위

　　5) 기타 동의 기준에 따른 행위 〈신설 2023.9.26.〉

　다. 부동의 사항 : 기타 동의 기준을 준수하지 않은 행위 〈신설 2023.9.26.〉

5. 통제구역인 전기실·기계실 또는 위험 구역인 정화조 시설 등에 출입하는 행위는 관리자가 동행하여야 한다.

6. 전유부분을 **세대 안 과외**(놀이방, 어린이집, 공부방 등) 또는 **합숙소 등**으로 사용하고자 하는 경우 통로식(계단식)은 해당 통로(계단)을 따라, 복도식은 해당 복도 층에 거주하는 입주자 등의 과반수 동의를 받아야 한다. 이 경우 직접적인 피해를 받는 인접 세대(직상하층 포함)의 동의는 반드시 받아야 한다. 〈개정 2023.9.26.〉

7. 주택 내부(전유부분)의 설비 또는 구조물을 증설하거나 제거하는 행위

　가. 동의 기준 : 같은 규격(색상 등)이나 모양을 가진 설비 〈신설 2023.9.26.〉

　나. 동의 사항 〈신설 2023.9.26.〉

　1) 외부 창틀, 문틀, 난간의 교체

　2) 급수관·배수관 등 배관 설비 교체

　3) 지능형 홈네트워크 설비 교체(제90조의 2에 따라 보안 취약점을 개선하기 위한 경우는 규격의 상향 변경 또는 설비 증설 행위도 동의 사항에 해당한다)

　4) 기타 동의 기준에 따른 행위 〈신설 2023.9.26.〉

　다. 부동의 사항: 기타 동의 기준을 준수하지 않은 행위 〈신설 2023.9.26.〉

　라. 기타 사항: 구조물의 증설 또는 제거(영 제35조 및 [별표 3]에 따른 행위 허가 또는 신고 사항으로, 관리주체의 동의 여부와 관계없이 해당 규정의 절차에 따라 이행할 수 있다) 〈신설 2023.9.26.〉

8. 관계 법령에 의하여 금지된 사항은 부동의

1) 음식물쓰레기를 분쇄하여 옥내 배관으로 배출하는 제품의 사용. 단, 환경부 인증 제품을 설치한 경우 동의 가능(「하수도법」제33조)

2) 기타 법령에서 금지한 사항 〈신설 2023.9.26.〉

영 제19조(돌출물 설치 금지) ③ 제2항제5호에도 불구하고 「주택 건설 기준 등에 관한 규정」제37조제5항 본문에 따라 세대 안에 냉방설비의 배기 장치를 설치할 수 있는 공간이 마련된 공동주택의 경우 입주자 등은 냉방설비의 배기 장치를 설치하기 위하여 돌출물을 설치하는 행위를 하여서는 아니 된다. 〈개정 2016.10.25.〉

공동주택관리규약 준칙의 이행 강제 등

〈주택건설공급과 - 3187, 2013.09.09.〉 수정 2021.06.30.

질문 사항

1. 공동주택관리법령 등을 개정하여 시·도지사가 만드는 '공동주택관리규약 **준칙(準則)**'을 개별 공동주택에서 꼭 따르도록 **강제(强制)**할 의향은 없는지요?

2. 개별 공동주택 관리규약이 관리규약 **준칙**에 **위배**되었을 경우를 대비하여 감독 기관의 대응 조치 관련 사항 등을 **업무** 처리 **지침 등**으로 지시할 용의가 있습니까?

답변 내용

「공동주택관리법」제18조제1항 및 제2항에 "시·도지사는 공동주택의 입주자 및 사용자를 보호하고, 주거 생활의 질서를 유지하기 위하여 대통령령으로 정하는 바에 따라 공동주택의 관리 또는 사용에 관하여 준거가 되는 '공동주택관리규약의 **준칙(準則)**'을 정하여야 한다. 그리고, 공동주택의 입주자 등은 제1항에 따른 관리규약의 준칙을 **참조(參照)**하여 관리규약을 정한다."고 규정되어 있습니다.

따라서, 개별 **공동주택**의 **입주자 등**은 같은 법 제18조제2항에 따라 시·도지사가 정한 '**공동주택관리규약의 준칙**'을 **참조(參照)**하되, 해당 **공동주택**의 제반 **여건**을 **감안**하여 **공동주택관리법령 등**에 위배되지 않는 **범위**에서 **관리규약**을 **자율적(自律的)**으로 **정할 수 있습**니다. 아울러, 공동주택에서 관리규약을 정할 때 '공동주택관리규약의 **준칙**'을 반드시 따르도록 **강제화(強制化)** 할 경우에는 **개별 공동주택**의 구체적인 **여건**이나 **관리 환경**이 다른 점, 기타 **민간 자치 영역**에 대한 **과도(過度)**한 **개입**이라는 문제 등을 고려할 때 적법·타당하지 않을 것으로 판단됩니다.

어린이집 임대료의 결정(보육료 수입의 5% 범위 여부)

〈주택건설공급과 - 2016.03.25.〉 수정 2023.02.19. .

질문 사항

시·도지사가 정한 '공동주택관리규약의 준칙(準則)'에 따라 **어린이집 임대료(賃貸料)**는 보육료의 5% 범위 안에서 결정하여야 하는지요?

답변 내용

특별시장·광역시장·특별자치시장·도지사 또는 특별자치도지사(이하 "시·도지사"라 한다.)는 공동주택의 입주자 등을 보호하고, 주거 생활의 질서를 유지하기 위하여 대통령령으로 정하는 바에 따라 공동주택의 관리 또는 사용에 관하여 준거가 되는 '공동주택관리규약의 **준칙(準則)**'을 정하여야 합니다(「공동주택관리법」 제18조제1항). 그리고, 공동주택의 입주자 등은 제1항에 따른 관리규약의 준칙을 **참조(參照)**하여 **관리규약**을 **정합**니다(같은 법 제18조제2항 앞글).

"이 경우 「주택법」 제35조에 따라 **공동주택**에 설치하는 **어린이집**의 **임대료 등**에 관한 사항은 「공동주택관리법」 제18조제1항에 따른 **공동주택관리규약**의 준칙, **어린이집**의 안정적 **운영, 보육 서비스 수준**의 향상 **등**을 **고려(考慮)**하여 **결정**하여야" 합니다(같은 법 제18조제2항 뒷글, 개정 2021. 8. 10.). 따라서, 질의한 어린이집의 임대료는 관할 시·도지사가 상기 법령에 따라 공동주택관리규약의 준칙으로 정한 내용 등을 반영하여 결정, 운영할 문제이므로, 보다 자세한 사항은 해당 지방자치단체에 문의하시기 바랍니다(cf. 준칙 제84조).

♂ 관리규약 준칙·법률 위임 근거 없는 '선정 지침', 강제성 없다

아파트관리신문 2016.11.04. (제1125호)

서울행정법원 판결

아파트 청소·공사 등 용역 업체 선정 당시 시행되던 '주택관리업자 및 사업자 선정 지침'의 제정 근거인 시행령이 관련 법 조항 신설 전의 것이라면, 해당 '선정 지침'은 법규성이 인정되지 않는 "행정규칙"에 불과하므로 강제성이 없으며, **시·도지사**가 정한 **관리규약**의 **'준칙(準則)'**은 **공동주택의 입주민 등이** 이를 **참조**하여 **자체적인 관리규약**을 **제정하**도록 하는 하나의 **'기준(基準)'**에 불과하므로, 이들 '지침'· **'준칙'**을 **준수**하지 **않았다**고 **위법**한 것이라 **볼 수 없다**는 법원의 판결이 나왔다.

서울행정법원 제1부(재판장 김용철 판사)는 최근 서울 강서구 A아파트 공용부분 위탁·수탁관리 계약을 체결한 B사가 **구청장을 상대로 제기한 과징금 부과 처분 취소 청구 소송에서 "피고 **구청장이 원고 위탁관리업체 B사에 대해서 행한 과징금 540만 원의 부과 처분을 취소한다."는 원고 승소 판결을 하였다.

**구청장은 A아파트 실태 조사를 실시한 강서구의 요청에 따라 A아파트 위탁관리업체 B사에 영업정지 처분 통지를 하였고, 과징금 부과 처분을 원한다는 B사의 의견을 들은 후 ▲ 청소 용역 사업자 선정 부적정 및 관리비 낭비(제1처분 사유) ▲ 제1기계실 온도 자동제어 장치 교체 공사 관리비 낭비(제2처분 사유) ▲ 노후 난방 시설 교체 공사 부적정 및 공사비 과다 설정(제3처분 사유)의 주택법령(현행 '공동주택관리법령') 위반 사유가 있고, 각 사유가 중대한 과실에 의한 경우에 해당한다고 보아 "주택법 시행령 [별표 9] 2. 마. 2) [현행 '공동주택관리법 시행령' 제67조 제3항 [별표 6] 2. 다. 2)]"가 정하는 기준에 따라 각 영업정지 2개월씩을 합산해서 영업정지 6개월을 갈음하는 540만 원의 과징금을 부과하였다.

재판부는 **구청장의 처분(處分) 사유(事由)에 대하여 제3처분 사유의 일부만 인정하고, 대부분 사유를 인정할 수 없다고 판단하였다.

먼저, **제1처분 사유**에 대하여 **"청소 용역 업체의 선정 당시 시행되던 '주택관리업자 및 사업자 선정 지침(국토교통부 고시 제2010 – 445호)' [별표 4]는 舊 주택법 시행령(2013. 1. 9. 개정 전) 제55조의 4 제1항의 위임에 따라 제정됐고, 위 시행령 규정은 '주택법' 등 **법률(法律)**에 **위임(委任)의 근거(根據)**가 **없으므로**(위 시행령 규정에 관한 舊 주택법 제45조 제5항은 2013. 12. 24. 신설, 2014. 6. 25. 시행), 위 '선정 지침'은 법규성(法規性)이 인정되지 않는 행정규칙에 불과하다."며 "따라서, 원고 B사가 A아파트에 배치한 관리사무소장 C씨가 청소 용역 업체를 선정하는 과정에서 위 '선정 지침'이 정하는 최저낙찰제를 따르지 않고, 적격심사 방식을 택했다고 하여 이를 위법하다고 할 수 없다."고 밝혔다. 이러한 '선정 지침' 관련 판단은 기계실 온도 제어장치, 난방시설 교체 공사 업체 선정에 관해서도 적용되었다.

제2처분 사유에 대해서는 "**공동주택관리규약**의 **준칙(準則)**은 '주택법' 제44조 제1항[148])에 근거하여 시·도지사가 **공동주택관리규약**의 **제정**을 위한 '**표준(標準)**'으로 정한 것으로서, **공동주택**의 **입주자 등**이 이를 **참조(參照)**하여 **자체적인 관리규약**을 **제정**하도록 하는 하나의 '**기준(基準)**'에 불과하다. 그러므로, **이를 준수하지 않았다고 해서** 이를 **위법**한 것이라고 볼 수 **없다.**"는 판단이 포함되었다.

제3처분 사유에 대해서는 "장기수선충당금을 다른 관리비와 구분하여 징수·적립하는 것은 관리주체의 업무에 해당하는 바, 원고 B사가 선량한 관리자의 주의를 다하지 못한 의무 위반은 인정되며, 원고 B사는 A아파트에 정상적인 금액보다 현저히 낮은 장기수선충당금의 징수 관행이 있었다는 취지로 주장하나, 그러한 관행만으로 원고 B사의 의무 위반을 정당화할 수 없다."며 일부 인정하였다.

그러나, 관리사무소장 C씨가 장기수선충당금 1억 원, 하자손해배상금 2억3000만 원, 잡수입 1억 원, 에스코 기금 대출금 5억 원을 재원으로 노후 난방 배관 교체 공사 계약을 직접 체결하고, 긴급히 시행한 것에 대해서는 ▲ 입주자대표회의가 없는 상황에서 노후 난방 배관에 파열 및 누수 등의 문제가 계속되었고, 장기수선계획에 따른 배관 교체 주기가 4년 이상 도과되었으므로 급박(急迫)한 필요성이 있었던 점 ▲ A아파트 **장기수선계획**에 의하면 **난방 배관**의 **교체 주기**가 **15년**이므로, 이에 필요한 **재원(財源)**을 **15년**에 걸쳐 **적정**하게 나누어 **징수·적립**하였어야 할 것이나, **모자란 장기수선충당금**에 대해서 **모두 원고** B사의 **탓**으로 **돌릴 수는 없는 점** 등을 종합하여, **중대한 과실**에 의한 경우는 **아니라**고 **판단**하였다.

---

148) cf. 현행 「공동주택관리법」 제18조제1항

재판부는 또한 과징금(課徵金) 산정의 적법 여부에 관하여 "舊 주택법 시행령에 의하면, 같은 등록 사업자가 둘 이상의 위반 행위를 한 경우로서 그에 해당하는 각각의 처분 기준이 다른 경우, 각 위반 행위에 대한 처분 기준이 영업정지(營業停止)인 경우에는 가장 중한 처분의 2분의 1까지 가중할 수 있되, 각 처분 기준을 합산한 기간을 초과할 수 없다고 규정돼 있는데, 피고가 제1, 2, 3 처분 사유에 대하여 각각 1차로 '중대한 과실로 공동주택을 잘못 관리해서 입주자 및 사용자에게 재산상의 손해를 입힌 경우'에 해당한다고 보고, 이에 해당하는 영업정지 2개월씩을 단순히 합산하여 영업정지 6개월을 기준으로 환산한 과징금을 부과한 것은 처분 기준에 관한 위 시행령을 위반한 것으로서 위법하다."고 판단하였다.

이에 따라 재판부는 "원고 B사의 나머지 주장에 관하여는 나아가 살필 필요 없이 이 사건 처분(處分)은 위법하므로 취소(取消)되어야 한다."며 "그렇다면, 원고 B사의 청구는 이유 있으므로 이를 인용(認容)한다." 라고 판시하였다.

외벽에 광고물을 설치하는 행위(집합건물법)

질의 요지

집합건축물(集合建築物)의 **외벽(外壁)**에 **광고물(廣告物)·간판**을 **설치(設置)**하기 위한 구분소유자의 동의 **요건(要件)**과 **절차(節次)** 등은 어떠한지 궁금합니다.

회 신(수정 2023. 10. 9.)

○ 공용부분은 구분소유자 전원의 공유에 속하는 (전체) 공용부분과 일부 구분소유자의 공용에만 제공되는 것이 명백한 일부 공용부분이 있습니다(제10조). 집합건물의 **외벽(外壁)**은 그 **건물의 구성 부분**으로서 **(전체) 공용부분**에 해당하고(대법원 1996. 9. 10. 선고 94다50380 판결), **외벽**에 **간판**을 설치하는 **행위**는 **공용부분의 관리**에 **해당**할 것으로 판단됩니다(대법원 2011. 4. 28. 선고 2011다12163 판결).

○ **공용부분**의 **관리**에 관한 **사항**은 규약에 특별히 정하지 않는다면 **통상 결의(通常 決議 – 구분소유자의 과반수 및 의결권의 과반수 찬성의 집회 결의)**로써 **결정**하

여야 합니다(제16조 제1항·제2항, 제38조 제1항). 따라서, 규약상 별도의 정한 것이 없으면 구분소유자의 과반수 및 의결권(전유 면적 비율)의 과반수 찬성의 집회 결의가 있어야 할 것입니다.

○ 만약, 집회를 개최하지 아니 하고 **서면**이나 **전자적 방법** 또는 **서면과 전자적 방법**에 의하여 **결의**하는 경우에는 **구분소유자의 4분의 3 이상** 및 **의결권의 4분의 3 이상의 합의(合意)**가 있어야 할 것입니다[제41조 제1항, 대법원 1996. 10. 25. 선고 95누14190 판결, cf. 「공동주택관리법 시행령」제19조 제2항 제3호·제5호, 준칙 제83조 제2호·제4호]. 아울러, 이러한 공용부분의 관리로 인하여 다른 구분소유자의 권리에 특별한 영향을 미칠 때에는 그 구분소유자의 **승낙(承諾)**을 받아야 합니다(제16조 제4항, 제15조 제2항).

ㅎ 옥외 광고물 설치를 위한 구분소유자의 동의 요건(판례)

대법원 1996.10.25. 선고 95누14190 판결 수정 2023.03.28.

【판시 사항】

[1] 공동 대표이사 중 1인이 작성해 준 **동의서(同意書)**가 옥외 광고물 표시 허가 신청 때 요구되는 건물 소유자의 승낙 서류에 해당하는지 여부(한정 적극)

[2] 집합건물의 옥탑 광고물 표시 허가를 위하여 **승낙(承諾)**을 필요로 하는 구분소유자(區分所有者)의 수와 지분(持分) 비율(각 과반수 또는 5분의 4)

【판결 요지】

[1] 회사의 공동 대표이사 2명 중 1명이 단독(單獨)으로 동의(同意)한 것이라면 특별한 사정이 없는 한 이를 회사의 동의라고 볼 수 없으나, 다만 나머지 1명의 대표이사가 그로 하여금 건물의 관리에 관한 대표 행위를 단독으로 하도록 용인(容認) 내지 방임(放任)하였고, 또한 상대방이 그에게 단독으로 회사를 대표할 권한이 있다고 믿은 **선의(善意)의 제3자**에 해당한다면 이를 회사의 동의로 볼 수 있다.

[2] 「집합건물의 소유 및 관리에 관한 법률」제16조, 제23조, 제32조, 제33조, 제

35조, 제37조, 제38조, 제41조의 규정을 종합해 보면, **집합건물의 공용부분**에 광고물을 표시하는 내용의 **광고물 표시 허가**를 받기 위하여는 구분소유자들 전원으로부터 그 동의 서류를 받아야 하는 것은 아니지만, **구분소유자들 전원**으로 법률상 당연히 **구성**되는 **관리단**의 정기 집회, 임시 집회, 전원 소집 **집회**에서 **구분소유자**의 **과반수** 및 **의결권**의 **과반수**로 **찬성 결의**를 하거나(광고물의 표시는 **공유부분의 관리**에 관한 **사항**이라 할 것이므로), 그러한 **관리단** 집회의 **결의**로 간주되는 **구분소유자**의 **4분의 3 이상** 및 **의결권**의 **4분의 3 이상**의 **서면 동의**를 받아야 한다.

외벽의 구조물 철거(집합건물법)

질의 요지

집합건물의 외벽 일부에 설치된 **구조물(構造物)**을 **철거(撤去)**하기 위한 구분소유자 **동의(同意) 요건(要件)** 및 일부 구분소유자가 임의로 구조물을 철거할 경우 입주자대표회의나 관리사무소에서 어떠한 **조치(措置)**를 취할 수 있는지요.

회 신(수정 2023. 10. 9.)

○ 집합건물법에 따르면, 집합건물은 공용부분과 전유부분으로 구분되며(제2조, 제3조), 집합건물의 외벽(外壁)은 건물의 본질적 구성 부분(本質的 構成 部分)으로서 (전체) 공용부분에 해당합니다(대법원 1993. 6. 8. 선고 92다32272 판결).

― 질의의 사안과 같이 **공용부분**의 **형상(形狀)**의 **변경(變更)**을 가져오는 **행위**는 구분소유자의 3분의 2 이상 및 의결권의 3분의 2 이상의 **집회 결의**나(제15조 제1항), 구분소유자의 4분의 3 이상 및 의결권의 4분의 3 이상의 **서면**이나 **전자적 방법** 또는 서면과 **전자적 방법**에 의한 **합의**가 있어야 합니다(제41조 제1항).

○ 집합건물의 **공용부분**은 구분소유자 전원 또는 일부의 공유에 속하므로 특정 구분소유자가 **임의**로 **변경**할 수 없으며, 어떤 구분소유자가 앞에서 적시한 요건을 갖춘 집회 결의 없이 마음대로 **구조물**을 **철거**한 경우는 다른 구분소유자의 공용부분에 대한 지분권을 침해한 것으로 **위법**합니다.

– 따라서, 다른 구분소유자나 관리인은 그 **원상회복 등**을 **청구**할 수 있을 것입니다('민법' 제214조). 원상회복에 응하지 않는 경우에는 공용부분을 임의로 손상시킨 행위를 한 자에게 원상회복에 필요한 **수리비 상당액**을 **손해배상**으로 **청구**할 수 있다고 할 것입니다(대법원 1996. 9. 10. 선고 94다50380 판결 참조).

냉방설비의 배기 장치 설치 금지 등에 관한 사항

성명 OOO 등록일 2015.06.17. 수정 2023.02.19.

질문 사항

우리 아파트는 2014년 3월 23일 입주를 시작한 공동주택으로서 세대 안에 냉방설비(冷房設備)의 배기(排氣) 장치(裝置)를 설치할 수 있는 공간이 마련되어 있습니다(단, 거실 1, 방 3개 중 거실과 안방에만 배관이 설치되어 있습니다.).

주택법 시행령 제57조제5항(현행 '공동주택관리법 시행령' 제19조제3항) 냉방설비의 배기 장치 설치와 관련하여 문의하고자 합니다. 우리 아파트의 특정 세대는 세대주의 지병으로 인하여 사업주체와 상의한 후 2014년 03월 입주 때 냉방설비의 배기 장치를 공동주택의 세대 외벽에 돌출하여 설치를 완료하였습니다. '공동주택관리법 시행령' 제19조제3항에 의하면, "입주자 등은 **냉방설비의 배기 장치**를 **설치**하기 위하여 **돌출물**을 **설치**하는 **행위**를 하여서는 아니 된다." 라고 되어 있습니다. 상기 세대와 같이 이미 2014년 03월에 냉방설비의 배기 장치 설치를 완료한 세대에 대한 **위법의 적용**의 **시점**이 어떻게 되는지 알려 주시기 바랍니다.

답변 내용

2006. 1. 9. 이후 사업계획의 **승인**을 **신청**한 **공동주택**의 경우 그 공동주택의 입주자 등은 해당 공동주택의 발코니 난간 또는 외벽에 냉방설비의 배기 장치를 설치하기 위하여 돌출물을 설치하는 행위를 하여서는 아니 된다(舊 주택법 시행령 제57조제5항, 현행 '공동주택관리법 시행령' 제19조제3항).

다만, 해당 규정은 舊 주택법 시행령 제57조제5항(현행 '공동주택관리법 시행령'

제19조제3항)의 시행일인 **2014. 11. 4. 이후 공동주택**의 **발코니 난간** 또는 **외벽**에 **냉방설비**의 **배기 장치**를 설치하기 위하여 **돌출물**을 **부착**하는 경우부터 **적용**된다.

☞ 냉방설비의 배기 장치 설치를 위한 돌출물 부착

* **舊 주택법 시행령 제57조** ⑤ 제4항제5호에도 불구하고 '주택 건설 기준 등에 관한 규정' 제37조제4항 본문에 따라 세대 안에 냉방설비의 배기 장치를 설치할 수 있는 공간이 마련된 공동주택의 경우 입주자 등은 냉방설비의 배기 장치를 설치하기 위하여 돌출물을 부착하는 행위를 해서는 아니 된다.149) 〈신설 2014.11.4.〉

* **부칙(경과조치)** 〈대통령령 제25702호, 2014.11.4.〉

제1조(시행일) 이 영은 공포한 날부터 시행한다.

제3조(냉방설비의 배기 장치 설치를 위한 돌출물 설치 행위에 관한 적용례) 제57조제5항의 개정 규정은 이 영 시행 이후 공동주택의 발코니 난간 또는 외벽에 냉방설비의 배기 장치 설치를 위하여 돌출물을 부착하는 경우부터 적용한다.

* **공동주택관리법 시행령 제19조(관리규약의 준칙 – 냉방설비의 배기 장치 설치용 돌출물 부착 금지)** ③ 제2항제5호에도 불구하고 '주택 건설 기준 등에 관한 규정' 제37조제5항 본문에 따라 세대 안에 냉방설비의 배기 장치를 설치할 수 있는 공간이 마련된 공동주택의 경우 입주자 등은 냉방설비의 배기 장치를 설치하기 위하여 돌출물을 부착하는 행위를 하여서는 아니 된다.150) 〈개정 2016.10.25.〉

---

149) 현행 「공동주택관리법 시행령」 제19조제3항, 준칙 제83조제4호 나목 3)

150) cf. 준칙 제83조제4호 나. 3) – 에어컨 실외기(室外機, Outdoor Fan) 설치(단, '주택 건설 기준 등에 관한 규정' 제37조제5항 및 제6항에 따라 세대 안에 냉방설비의 배기 장치를 설치할 수 있는 공간이 마련된 경우, 냉방설비의 배기 장치를 위한 돌출물 부착 금지)

* '주택 건설 기준 등에 관한 규정' 제37조(난방시설 등) ⑤ 공동주택의 각 세대에는 발코니 등 세대 안에 냉방설비의 배기 장치를 설치할 수 있는 공간을 마련하여야 한다. 다만, 중앙 집중식 냉방 방식의 경우에는 그러하지 아니 하다. 〈신설 2006.1.6., 개정 2016.10.25.〉

공동주택관리규약의 제정·개정[법 제18조제2항] 등

법 제18조(관리규약) ② 입주자 등은 제1항에 따른 관리규약의 <u>준칙(準則)</u>을 <u>참조</u>(<u>參照</u>)하여 <u>관리규약을 정한다</u>.151) 이 경우 「주택법」 제35조에 따라 공동주택에 설치하는 어린이집의 임대료 등에 관한 사항은 제1항에 따른 관리규약의 준칙, 어린이집의 안정적 운영, 보육 서비스 수준의 향상 등을 고려하여 결정하여야 한다.

법 제18조(관리규약의 제정·개정 방법 등) ③ 입주자 등이 관리규약을 제정·개정하는 방법 등에 **필요**한 **사항**은 **대통령령**으로 정한다. 〈신설 2016.1.19.〉

영 제20조(관리규약 제정안의 제시) ① **사업주체**는 입주예정자와 관리 계약을 체결할 때 관리규약 제정안을 **제시**하여야 한다. 다만, **제29조의 3**에 따라 사업주체가 입주자대표회의가 구성되기 전에 같은 조 **제1항 각 호**의 **시설**의 **임대 계약**을 체결하려는 경우에는 입주 개시일 3개월 전부터 관리규약 제정안을 제시할 수 있다.

영 제20조(관리규약의 제정 방법) ② 법 제18조제2항에 따른 공동주택 분양 후 최초의 관리규약은 제1항에 따라 **사업주체**가 **제안**한 **내용**을 해당 **입주예정자의 과반수**가 **서면**으로 **동의**하는 방법으로 **결정**한다. 〈개정 2017.8.16.〉

영 제20조(관리규약의 제정 절차) ③ 제2항의 경우 **사업주체**는 해당 공동주택단지의 인터넷 홈페이지(인터넷 홈페이지가 없는 경우에는 인터넷포털을 통하여 관리주체가 운영·통제하는 유사한 기능의 웹사이트 또는 관리사무소의 게시판을 말한다. 이하 같다)에 **제안 내용**을 **공고(公告)**하고, **입주예정자에게 개별 통지(通知)**하여야 한다. 〈개정 2017.8.16., 2019.10.22.〉 (cf. 준칙 제104조제2항)

---

151) * "공동주택관리규약의 준칙(準則)"과 달리 정할 수 있다는 근거 *
- '공동주택관리법' 제18조제2항에 **"입주자와 사용자는 제1항에 따른 관리규약의 준칙(시·도지사가 정한 공동주택관리규약의 준칙)을 참조하여 관리규약을 정한다."**고 규정하고 있다.
- 여기서, 참조(參照)의 의미는 시·도지사가 정한 관리규약을 그대로 따른다는 의미가 아니므로, 개별 공동주택에서는 해당 공동주택 입주자 등의 의견과 상황 등 여건을 고려(考慮)하여 '공동주택관리법령' 등 관계 법규와 법리(法理) 및 사회적 통념에 위반되지 않는 범위에서 시·도지사가 정한 '공동주택관리규약의 준칙'과 달리 정할 수 있다는 것을 뜻한다.
- 이와 관련, '공동주택관리법 시행령' 제20조제5항에서 관리규약을 개정할 경우 해당 공동주택단지의 인터넷 홈페이지와 동별 게시판 등에 공고하고, 입주자 등에게 개별 통지(通知)할 사항(事項)으로 **"1. 개정 목적, 2. 종전의 관리규약과 달라진 내용, 3. 관리규약의 준칙과 달라진 내용"**을 적시하고 있다. 따라서, 개별 공동주택에서는 시·도지사가 정한 관리규약의 준칙과 달리 정할 수 있다는 것을 '공동주택관리법 시행령'에서 스스로 드러내고 있다.

영 제20조(의무 관리 대상 전환 공동주택의 관리규약 제정 절차) ④ 법 제10조의 2 제1항에 따른 의무 관리 대상 전환 공동주택의 관리규약 제정(안)은 의무 관리 대상 전환 공동주택의 **관리인**이 **제안(提案)**하고, 그 내용을 **전체 입주자 등 과반수의 서면 동의로 결정(決定)**한다. 이 경우 **관리규약 제정(안)**을 제안하는 관리인은 제3항의 방법에 따라 **공고(公告)·통지(通知)**하여야 한다. 〈신설 2020.4.24.〉

영 제20조(관리규약의 개정 절차·방법) ⑤ 법 제18조제3항에 따라 관리규약을 개정하려는 경우에는 **다음 각 호의 사항을 기재한 개정안**을 제3항의 방법에 따른 **공고(公告)·통지(通知)**를 거쳐 **제3조 각 호의 방법으로 결정**한다. 〈개정 2020.4.24.〉

1. 개정 목식
2. 종전의 관리규약과 달라진 내용
3. 관리규약 준칙과 달라진 내용

영 제20조(관리규약의 보관 등) ⑥ 공동주택의 관리주체는 관리규약을 보관하여 입주자 등이 열람을 청구하거나, 자기의 비용으로 복사를 요구하면 응하여야 한다.

법 제18조(관리규약의 효력) ④ 관리규약은 입주자 등의 지위를 승계(承繼)한 사람에 대하여도 그 효력(效力)이 있다(cf. 준칙 제107조제1항). 〈개정 2016.1.19.〉

☞ 공동주택관리규약의 제정·개정 절차 및 신고에 관한 사항

– 공동주택관리규약의 제정(制定) –

공동주택관리규약의 제정 절차 등과 관련하여, 「공동주택관리법 시행령」 제20조 제1항과 제2항에 **"사업주체는 입주예정자와 관리 계약을 체결할 때 관리규약 제정 안을 제시(提示)**하여야 한다. 다만, **제29조의 3**에 따라 사업주체가 입주자대표회의 가 구성되기 전에 같은 조 **제1항 각 호의 주민공동시설의 임대 계약**을 체결하려는 경우에는 **입주 개시 일 3개월 전부터** 관리규약 **제정안을 제시(提示)**할 수 있다(개정 2021.1.5.). 법 제18조제2항에 따른 공동주택 분양 후 **최초의 관리규약**은 제1항에 따라 **사업주체가 제안한 내용**을 해당 **입주예정자의 과반수가 서면(書面)으로 동의(同意)**하는 방법으로 **결정**한다."고 규정되어 있습니다. 그리고, 같은 **영 제20조제**

3항과 **제4항**에서 "③ 제2항의 경우 **사업주체**는 해당 공동주택단지의 **인터넷 홈페이지**[인터넷 홈페이지가 없는 경우에는 인터넷포털을 통하여 관리주체가 운영·통제하는 **유사한 기능의 웹사이트**(Web Site) 또는 **관리사무소**의 **게시판**을 말한다. 이하 같다.] 및 **동별 게시판(통로별 게시판**이 설치된 경우에는 이를 포함한다. 이하 같다.)에 **제안 내용**을 **공고(公告)**하고, **입주예정자**에게 **개별 통지(通知)**하여야 한다(개정 2019.10.22.). ④ 법 제10조의 2 제1항에 따른 **의무 관리 대상 전환 공동주택**의 관리규약 **제정(안)**은 의무 관리 대상 전환 공동주택의 **관리인**이 **제안**하고, **그 내용**을 **전체 입주자 등 과반수의 서면 동의로 결정**한다. 이 경우 관리규약 제정(안)을 제안하는 **관리인**은 <u>제3항</u>의 방법에 따라 **공고·통지**하여야 한다(신설 2020.4.24.)" 라고 규정하고 있습니다(cf. 준칙 제104조제2항).

– 공동주택관리규약의 개정(改定) –

○ 제정된 공동주택관리규약을 「공동주택관리법」 제18조제3항·제2항에 의하여 입주자 등이 **개정(改定)**할 때에는 「공동주택관리법 시행령」 **제20조제5항**에 따라 그 절차 및 방법은 같은 **영 제3조 각 호의 방법**[152]으로 입주자대표회의가 의결로써 **제안(提案)**하거나, 또는 전체 입주자 등의 10분의 1 이상이 서면으로 **제안**(제안서에는 개정안의 취지, 주요 내용, 제안 유효기간 및 제안자 등을 포함한다.)합니다.

○ 그리고, 그 **개정안(改定案)**에 「공동주택관리법 시행령」 **제20조제5항** 각 호의 "1. 개정 목적, 2. 종전의 관리규약과 달라진 내용, 3. 관리규약의 준칙(관할 시·도지사가 정한 '공동주택관리규약의 준칙')과 달라진 내용"을 **기재**(달라진 조문 내용을 대비표로 작성)하여, 그 개정안을 **제3항**에 따른 **공고**와 **통지**[해당 공동주택단지의 **인터넷 홈페이지**(인터넷 홈페이지가 없는 경우에는 인터넷포털을 통하여 관리주체가 운영·통제하는 **유사한 기능의 웹사이트** 또는 **관리사무소**의 **게시판**을 말한다. 이하 같다.) 및 **동별 게시판(통로별 게시판**이 설치된 경우에는 이를 포함한다. 이하 같다.)에 제안 내용을 **공고**하고, **입주자 등**에게 **개별 통지**, cf. 준칙 제104조제

---

152) 「공동주택관리법 시행령」 제3조(관리방법의 결정 방법) 법 제5조제2항에 따른 공동주택 관리방법의 결정 또는 변경은 <u>다음</u> 각 호의 어느 하나에 해당하는 **방법**으로 한다.
  1. 입주자대표회의의 의결로 **제안(提案)**하고, 전체 입주자 등의 과반수가 찬성(贊成)
  2. 전체 입주자 등의 10분의 1 이상이 서면으로 **제안**하고, 전체 입주자 등의 과반수가 찬성

2항]를 거쳐 「공동주택관리법 시행령」 **제3조 각 호**의 전체 입주자 등의 과반수가 **찬성**하는 방법으로 이를 **결정(決定)**하는 것입니다.

ㅇ 한편, **입주자 등**의 의견을 묻는 것은 '서울특별시공동주택관리규약 준칙(예시)' 제50조제2항제17호(17. 제104조제3항에 따른 이 관리규약의 개정에 관한 입주자 등의 **동의** 업무)에서 **선거관리위원회**가 담당하도록 규정하고 있습니다.

* 준칙 제104조(관리규약의 개정) ① 입주자대표회의(제3호의 경우에는 관리사무소장을 말한다)는 영 제20조제5항에 따라 다음 각 호의 어느 하나에 해당되는 때에는 이 관리규약의 개정을 입주자 등에게 **제안(提案)**하고, 선거관리위원회에 관리규약 개정에 관한 투표·개표 업무를 **요청(要請)**하여야 한다. 〈개정 2023.9.26.〉

　1. 공동주택관리법령 및 '서울특별시공동주택관리규약 준칙'이 개정된 때

　2. 입주자대표회의 구성원 과반수의 의결로 제안한 때

　3. 입주자 등의 10분의 1 이상이 연서하여 제안한 때

② 관리규약을 개정할 때에는 영 제20조제5항에 따른 다음 각 호의 사항을 기재한 개정안을 영 제20조제3항에 따라 **공고**하고, 입주자 등에게 **개별 통지**하여야 한다(cf. 영 제20조제5항·제3항, 제3조). (개정 2023.9.26.)

　1. 개정 목적

　2. 종전의 관리규약과 달라진 내용

　3. '서울특별시공동주택관리규약 준칙' 대비(對比) 달라진 내용

　4. 조항별 개정 사유

③ 선거관리위원회는 제1항에 따라 선거관리 업무를 요청받은 날부터 30일 이내에 전체 입주자 등의 **동의 여부**를 묻고, 입주자 등 과반수의 찬성으로 관리규약 개정을 **결정**한다. (cf. 준칙 제50조제2항제17호)

* 준칙 제105조(규약의 공포) 이 규약을 개정한 경우에는 관할 구청장에게 신고(申告)하고, 관할 구청장이 수리한 날 입주자대표회의의 **회장**(최초로 제정하는 경우에는 **사업주체** 또는 **관리인**를 말한다)이 공포(公布)하여야 한다. 다만, 7일이 지나도록 회장이 이를 공포하지 아니 할 때에는 **관리사무소장**이 공포한다.

− 공동주택관리규약을 **제정**하거나 **개정**한 경우 입주자대표회의의 회장(관리규약 제정의 경우는 **사업주체** 또는 의무 관리 대상 전환 공동주택의 **관리인**을 말한

다.)은 그 사유가 발생한 날부터 **30일 이내**에 시장·군수·구청장에게 **신고(申告)** 하여야 한다[법 제19조제1항(제1호)·제2항·제3항, 영 제21조].

공동주택관리규약 변경의 동의 비율 관련 사항

성명 OOO 등록일 2016.03.28. 수정 2021.10.21.

질문 사항

1. 약 1,300세대가 입주하여 있는 공동주택(아파트)에서 **특정 세대**에 **관리비**를 **중과**하는 내용으로 **관리규약**을 **변경**하고자 할 경우, 그 절차 및 동의 비율은요?

2. 위 질의 사안의 **동의 율**과 관련하여, 「공동주택관리법 시행령」 제14조제1항 **"그 구성원"**은 입주자대표회의 구성원을 의미하는지, 아니면 구분소유자 또는 의결권자를 의미하는지 알고 싶습니다.

3. **관리규약**의 **변경** 때 「공동주택관리법」에 따른 동의 율(과반수)과 「집합건물의 소유 및 관리에 관리 법률」 제29조에 의한 동의 율(4분의 3)이 상충되고, 「집합건물의 소유 및 관리에 관한 법률」 제2조의 2(다른 법률과의 관계)에서 "「주택법」 및 「공동주택관리법」의 특별한 규정은 「집합건물의 소유 및 관리에 관리 법률」에 저촉되어 구분소유자의 기본적인 권리를 해치지 아니 하는 범위에서 효력이 있다."고 규정하고 있습니다. 이에 특정 구분소유자에게 불이익을 주는 공동주택의 관리규약 변경 때 **동의 비율**은 어느 **법령**을 **적용**하여야 하는 것인지요?

답변 내용

1. 「공동주택관리법 시행령」 제20조제2항에 따라 **"최초의 공동주택관리규약은 사업주체가 제안한 내용을 해당 입주예정자의 과반수가 서면으로 동의하는 방법으로 결정"**하며, 같은 영 제20조제5항에 따른 관리규약의 **변경**은 **"입주자대표회의의 의결로써 제안**하거나, 또는 전체 입주자 등의 10분의 1 이상이 서면으로 **제안**하고, 전체 입주자 등의 과반수가 **찬성"**하는 방법(cf. 같은 영 제3조)에 따르도록 되어 있습니다. 다만, 특정(特定) 세대에 대한 관리비 부과의 동의 기준은 별도로 정하고

있지 아니 합니다(cf. 영 제19조제1항제12호, 준칙 제63조 ~ 제65조).

2. 「공동주택관리법 시행령」 제14조제1항의 입주자대표회의의 **"구성원"**이라 함은 관리규약으로 정한 **정원**을 말하며, 해당 입주자대표회의 구성원의 3분의 2 이상이 선출되었을 때에는 그 **선출된 인원**을 말합니다(cf. 같은 영 제4조제3항).

3. 「집합건물의 소유 및 관리에 관한 법률」의 "규약의 설정·변경 및 폐지에 따른 동의 율"은 해당 법령을 소관(所管)하는 법무부(법무심의관)에 문의하여 주시기 바랍니다. (cf. 집합건물법 제2조의 2, 제29조, 제28조)

비의무 관리 대상(소규모) 공동주택의 관리규약

성명 OOO 등록일 2015.09.16. 수정 2024.11.11.

질문 사항

국토교통부는 비의무 관리 대상 주상복합건물이나, 비의무 관리 대상 공동주택이라 하더라도 공동주택관리규약 등은 공동주택관리법령에 따라야 한다고 회신하였습니다. 하지만, 해당 건물은 **'집합건물의 소유 및 관리에 관한 법률'**에 의한 관리단이 구성되어 있는바, 이 법에 따라 관리하고 있으며, 관리규약(管理規約) 관련 **공동주택관리법령**의 적용은 무리가 있습니다. 일례로, **관리단 이사회**는 일반 공동주택의 **입주자대표회의**와는 **구성 과정**이나 **구성원**의 **자격 요건 등**이 다르고, **선거관리위원회**가 아니라 **관리단 총회**에서 관리단 이사회를 구성하며, 자격 요건도 소유자이면 족하고, 거주 또한 무관합니다. 심지어, **입주자대표회의 회장**에 해당하는 의장 **(관리단 대표)**은 소유자일 필요조차 없습니다. 또한, **'주택관리업자 등 선정 지침'**의 적용도 받지 않아 **'공동주택관리규약 준칙'**은 매우 많은 부분이 '집합건물법'에 의한 주상복합건축물의 적용에는 맞지 않습니다. 더욱이, **'법무부 집합건물 표준 관리규약'**이 존재하는데요. 그래도 '공동주택관리법'에 의한 '관리규약 준칙'을 따라야 하는지, '집합건물법'에 따른 '표준 관리규약'을 좇아야 하는지 문의 드립니다.

답변 내용

특별시장 등 시·도지사는 공동주택의 입주자 및 사용자를 보호하고, 주거 생활의 질서를 유지하기 위하여 대통령령으로 정하는 바에 따라 공동주택의 관리 또는 사용에 관하여 준거가 되는 「**공동주택관리규약**(이하 "관리규약"이라 한다.)의 **준칙**」을 정하며(법 제18조제1항), 입주자와 사용자는 제1항에 따른 '관리규약의 준칙(準則)'을 **참조**하여 관리규약을 정합니다(법 제18조제2항). 따라서, '비의무 관리 대상 공동주택'의 경우에도 **'공동주택관리법' 제18조제1항** 및 **제2항**에 **따라 관리규약의 "준칙"**을 **참조**하여 **관리규약**을 **정해야 할 것**(cf. 법 제2조제1항제2호, 영 제20조제1항 ~ 제5항, 집합건물법 제2조의 2·제28조제1항)으로 **판단**(cf. 법 제10조의 2 제1항·제2항, 제19조제1항 본문 괄호 규정)되나, 보다 자세한 사항은 그 '관리규약의 준칙'을 정한 지방자치단체에 문의하기 바랍니다.

집합건물(소규모 공동주택) 관리규약의 제정·개정(적용 준칙)

법무부 법무심의관 2014.06.25., 수정 2024.11.11.

질문 내용

질의자가 근무하고 있는 곳은 7개 동의 262세대로 구성된 공동주택관리법령에 따른 '**의무 관리 대상이 아닌 공동주택**'입니다. 2009년 최초 입주 이후 지금까지 사실상 의무 관리 대상 공동주택처럼 입주자대표회의를 구성하고, '공동주택관리규약의 준칙'에 따라 관리규약(管理規約)을 제정·개정하여 관리하고 있습니다. 최근 개정된 집합건물법과 '집합건물 표준 규약'을 참조하여 **규약**을 **변경**하여야 할지 궁금합니다. 만약, '**도 단지형 집합건물 표준 규약'을 따르지 않고, 현행 '**도 공동주택관리규약의 준칙'을 따라 관리규약을 개정해서 이용한다면, 위법한 것인가요?

1. 질의의 요지

귀하는 '집합건물의 소유 및 관리에 관한 법률'이 적용되는 공동주택(**집합주택**)의 경우 **규약(規約)의 설정(設定)** 또는 **변경(變更)**과 관련하여 질의하셨습니다.

2. 검토 의견

《관련 규정 - 수정 2023. 3. 28.》

'집합건물의 소유 및 관리에 관한 법률' 제28조(규약) ① 건물과 대지 또는 부속시설의 관리 또는 사용에 관한 **구분소유자들 사이의 사항** 중 이 법(法)에서 규정하지 아니 한 사항은 **규약(規約)**으로써 정할 수 있다.

② **일부 공용부분(一部 共用部分)**에 관한 사항으로써 구분소유자 전원에게 이해 관계가 있지 아니 한 사항은, 구분소유자 전원의 규약에 따로 정하지·아니 하면, 일부 공용부분을 공용하는 구분소유자의 **규약(規約)**으로써 정할 수 있다.

③ 제1항과 제2항의 경우에 **구분소유자 외의 자의 권리**를 **침해**하지 못한다.

④ **법무부장관**은 이 법을 적용받는 건물과 대지 및 부속시설의 효율적이고 공정한 관리를 위하여 **표준 규약**을 **마련**하여야 한다. 〈개정 2023.3.28.〉

⑤ **시·도지사**는 제4항에 따른 표준 규약을 참고하여 대통령령으로 정하는 바에 따라 **지역별 표준 규약**을 **마련**하여 **보급**하여야 한다.[153] 〈신설 2023.3.28.〉

제29조(규약의 설정·변경·폐지) ① 규약의 설정(設定)·변경(變更) 및 폐지(廢止)는 **관리단 집회**에서 **구분소유자의 4분의 3 이상** 및 **의결권의 4분의 3 이상**의 **찬성**을 받아서 한다. 이 경우 규약의 설정·변경 및 폐지가 **일부** 구분소유자의 권리에 특별한 **영향**을 미칠 때에는 그 구분소유자의 **승낙(承諾)**을 받아야 한다.

② 제28조 제2항에 규정한 사항에 관한 구분소유자 전원의 규약의 설정·변경 또는 폐지는 그 일부 공용부분을 공용하는 구분소유자의 4분의 1을 초과하는 자 또는 의결권의 4분의 1을 초과하는 의결권을 가진 자가 반대할 때에는 할 수 없다.

○ '집합건물의 소유 및 관리에 관한 법률'이 **적용**되는 **공동주택**의 **규약(規約)**은 같은 법이 정하는 **절차**에 따라 **설정** 또는 **변경**되어야 합니다. 이에 제29조에 따라 구분소유자 전원으로 구성된 **관리단**의 **집회**에서 **구분소유자의 4분의 3 이상** 및 **의결권의 4분의 3 이상**의 **찬성**을 받아야 하고, 이로 인하여 일부 구분소유자의 권리에 특별한 영향을 미치는 경우에는 그 구분소유자의 **승낙**도 얻어야 합니다.

○ **규약**은 각 **집합건물**의 규모, 이용 관계, 관리 현황 등 **특성**을 **고려**하여 건물의

---

153) cf. 법 제18조제1항·제2조제1항제2호, 영 제20조제4항, 집합건물법 제28조제4항

관리 또는 **사용**에 관한 **사항**을 **구분소유자들**이 **자치적으로 정하는 것**이기 때문에, 시·도에서 배포한 '표준 규약'을 절대적으로 채택하여야 하는 것은 아닙니다.

ㅇ 따라서, **집합건물법**을 **준수**하면서 해당 집합건물의 특성을 고려하여 **집합건물법**에 근거한 '**표준 규약**'과 '**공동주택관리법**'에 따른 '**공동주택관리규약의 준칙**'의 **내용**을 **취사선택**하여 그 조항들 간에 **모순**되지 않도록 **규정**을 두는 것도 **가능**합니다. **또한,** 규약의 **전반적인 내용**을 '공동주택관리법'에 근거한 '**공동주택관리규약(共同住宅管理規約)의 준칙(準則)**'에 **따를 수도 있을 것**이나, 그 내용은 **집합건물법**의 **강행규정**에 위배되지 않는 **범위** 안에서 **가능**할 것으로 판단됩니다.

입주자 등이 공동주택관리규약을 개정할 수 있다

성명 OOO 등록일 2015.06.03. 수정 2021.10.21.

질문 사항

공동주택관리규약의 개정 관련, 「**공동주택관리법 시행령**」 제20조제5항에서 "제3조에 따른 '1. 입주자대표회의의 의결로 **제안**하고, 전체 입주자 등의 과반수가 찬성, 2. 전체 입주자 등의 10분의 1 이상이 서면으로 **제안**하고, 전체 입주자 등의 과반수가 찬성'하는 방법으로 **결정**한다."고 규정되어 있습니다.

1. 그렇다면, "입주자 등의 10분의 1 이상 **제안(提案)**하고"라는 문구는 전체 입주자 등의 10분의 1 이상이 모여서 입주자대표회의에 제안하는 것인가요?

2. 아니면, 전체 입주자 등의 10분의 1 이상이 공동주택관리규약의 개정안을 서면으로 **제시(提示)**하고, 전체 입주자 등의 과반수가 **찬성(贊成)**하면 되는가요? 입주자대표회의의 **승인**을 받아야 하는지 **여부**가 궁금합니다.

답변 내용

공동주택관리규약의 **개정**은 "1. 입주자대표회의의 의결로 **제안(提案)**하고, 전체 입주자 등의 과반수가 **찬성(贊成),** 2. 전체 입주자 등의 10분의 1 이상이 서면으로 **제안(提案)**하고, 전체 입주자 등의 과반수가 **찬성(贊成)**"하는 방법에 따릅니다(영

제20조제5항, 제3조). 따라서, 입주자대표회의의 의결이나, 전체 입주자 등의 10분의 1 이상이 **제안**하는 두 가지 **방법** 모두 가능합니다. 또한, 전체 입주자 등의 10분의 1 이상이 제안하고, 전체 입주자 등의 과반수가 찬성하는 방법으로 개정하는 경우에는 별도의 입주자대표회의의 의결(議決)을 필요로 하지 아니 합니다.154)

공동주택관리규약에서 정한 방법으로 관리규약 개정, 공포

〈주택건설공급과 – 서면 민원, 2015.01.08.〉 수정 2023.12.18.

질문 사항

"공동주택관리규약의 **개정**은 입주자대표회의 의결로써 **제안**하거나, 전체 입주자 등의 10분의 1 이상이 서면으로 **제안**하고, 전체 입주자 등의 과반수가 **찬성**하는 방법에 따른다."에서 그 **찬성 방법**이란 찬반 표시로 결정하는지요, 서면 동의로 하는지요. 그리고, 개정 관리규약의 **공포(公布)**는 누구 **명의**로 하여야 하는 것인지요.

답변 내용

공동주택관리법령에서 '**관리규약의 개정**은 전체 입주자 등의 과반수가 찬성하는 방법(方法)'에 따르도록 규정하고 있으나(「공동주택관리법」 제18조제3항, 같은 법 시행령 제20조제5항·제3조), 그 **방법** 또는 **개정 규약**의 **공포(公布)**에 관하여 공동주택관리법령에서 별도로 정하는 사항은 없다. 이에, **개별 공동주택 관리규약**에서 정한 **방법·절차에 따라** 그 관리규약을 **개정(改定)**하고, **공포(公布)**하여야 할 것이다(cf. **준칙** 제50조제2항제17호·제104조·**제105조**, 법 제19조, 영 제21조).

장기수선충당금의 적립 요율 변경과 장기수선계획 조정 여부

성명 OOO 등록일 2015.11.27. 수정 2023.02.19.

---

154) cf. 「공동주택관리법 시행령」 제20조제5항, '서울특별시공동주택관리규약 준칙' 제104조

질문 사항

공동주택관리규약에 "장기수선충당금의 세대별 부담액 산정 방법"이 있는데, 공동주택의 사정에 의하여 **장기수선충당금**의 적립 **요율**을 **조정**할 경우 장기수선계획을 변경하여야 하는지요? (참고 : 적립 요율 변동에 따른 세대별 장기수선충당금이 변경되기 때문에 서로 직접적인 연관이 있지 않나 하는 생각이 듭니다.)

답변 내용

「공동주택관리법 시행령」 제31조(장기수선충당금의 적립 등) 제1항·제4항에 "① 법 제30조제4항에 따라 **장기수선충당금의 (적립) 요율(料率)**은 해당 공동주택의 공용부분의 내구 연한 등을 고려하여 **관리규약**으로 정한다(cf. 준칙 제65조제1항). ④ 장기수선충당금의 **적립 금액**은 **장기수선계획**으로 정한다. 이 경우 **국토교통부장관**이 주요 시설의 계획적인 교체 및 보수를 위하여 **최소 적립 금액의 기준**을 정하여 **고시(告示)**하는 경우에는 **그에 맞아야** 한다."고 규정되어 있습니다.

이와 관련, 공동주택관리규약에 명시된 **적립 요율(料率)**을 **변경(變更)**하는 경우 반드시 **장기수선계획**을 **조정**하여야 하는 것은 아니며, 해당 공동주택에서 입주자 등의 요구와 여건 등 필요성을 감안하여 **자율적**으로 **결정**할 **사항**으로 판단됩니다.

장기수선충당금의 적립 요율은 공동주택관리규약으로 정해야

〈주택건설공급과 - 서면 민원, 2014.06.30.〉 수정 2023.02.19.

질문 사항

공동주택의 장기수선계획에 따라 공사를 하여야 하나, **적립**된 **장기수선충당금**이 **부족**하여 장기수선충당금을 **인상**하려는 경우에 필요한 **절차**를 알고 싶습니다.

답변 내용

"「공동주택관리법」 제30조제4항에 따라 **장기수선충당금의 요율(料率)**은 해당 공동주택의 공용부분의 내구 연한 등을 고려하여 **관리규약**으로 정한다. 장기수선충당금의 **적립 금액**은 장기수선계획으로 정한다. 이 경우 **국토교통부장관**이 주요 시설의 계획적인 교체 및 보수를 위하여 **최소 적립 금액의 기준**을 정하여 **고시**하는 경우에는 **그에 맞아야** 한다."고 규정(같은 법 시행령 제31조제1항·제4항)하고 있다.

따라서, 장기수선계획에 반영된 공사의 시행에 필요한 충당금이 부족하여 장기수선충당금의 **적립 요율**을 **조정**하기 위한 것이라면, **공동주택관리규약**을 **변경**하여야 할 것이다. (cf. 영 제19조제1항제14호·제31조제1항, 준칙 제65조제1항)

✿ 관리규약으로 감사의 업무 범위를 제한할 수 있는지 등

[법제처 14 - 0819, 2015.02.06.] 수정 2020.07.04.

【질의 요지】

가. 주택법 제44조제2항(현행 '공동주택관리법' 제18조제2항)에 따른 공동주택관리규약에 "감사는 주택법 시행규칙 제21조제5항(현행 '공동주택관리법 시행규칙' 제4조제3항)에 규정된 **감사의 업무 범위** 중 입주자대표회의의 의결로 감사(監査)하도록 결정한 사항에 **한정**하여 실시하도록 한다."는 내용을 규정할 수 있습니까?

나. 주택법 제44조제2항(현행 '공동주택관리법' 제18조제2항)에 따른 공동주택관리규약에 "**감사**로 하여금 감사 시기·감사 대상·감사 자료 등의 구체적인 **계획서**를 입주자대표회의에 **제출**하도록 한다." 라는 내용을 규정할 수 있는지요?

【회답】

가. 질의 가에 대하여

주택법 제44조제2항(현행 '공동주택관리법' 제18조제2항)에 따른 공동주택관리규약에 "감사로 하여금 주택법 시행규칙 제21조제5항(현행 '공동주택관리법 시행규칙' 제4조제3항)에 규정된 **감사(監事)**의 **업무(業務) 범위(範圍)** 중 입주자대표회의의 의결로 감사하도록 결정한 사항에 **한정(限定)**하여 감사(監査)하도록 한다." 라는 내용을 **규정**하는 것은 **허용되지 아니 합**니다.

나. 질의 나에 대하여

주택법 제44조제2항(현행 '공동주택관리법' 제18조제2항)에 따른 **공동주택관리규약**에 "**감사**로 하여금 감사 시기·감사 대상·감사 자료 등의 구체적인 **계획서(計劃書)**를 입주자대표회의에 **제출**하도록 한다."는 내용을 **규정**할 수 있을 것입니다.

【이유】

가. 질의 가 및 질의 나의 공통사항

'**공동주택관리법 시행령**' 제12조제1항제2호에 "입주자대표회의에서는 동별 대표자 중에서 감사 1명(현행 2명) 이상을 그 임원으로 두어야 한다."고 규정하고 있습니다. 그리고, '**공동주택관리법 시행규칙**' 제4조제3항에는 "감사는 관리비·사용료 및 장기수선충당금 등의 부과·징수·지출·보관 등 회계 관계 업무와 관리 업무 전반에 대하여 관리주체의 업무를 감사한다."고 규정되어 있으며, '**공동주택관리법 시행규칙**' 제4조제4항에서는 "감사는 같은 조 제3항에 따라 감사를 한 경우에는 감사 보고서를 작성하여 입주자대표회의와 관리주체에게 제출하고, 인터넷 홈페이지[인터넷 홈페이지가 없는 경우에는 인터넷포털을 통하여 관리주체가 운영·통제하는 유사한 기능의 웹사이트(Web Site) 또는 관리사무소의 게시판을 말한다. 이하 같다.] 및 동별 게시판(통로별 게시판이 설치된 경우에는 이를 포함한다. 이하 같다.)에 공개하여야 한다(개정 2019. 10. 24.)."고 규정하고 있습니다.

한편, '**공동주택관리법**' 제18조제1항에 "시·도지사는 공동주택의 입주자 및 사용자를 보호하고, 주거 생활의 질서를 유지하기 위하여 대통령령으로 정하는 바에 따라 공동주택의 관리 또는 사용에 관하여 준거가 되는 공동주택관리규약(이하 '관리규약'이라 한다.)의 준칙을 정하여야 한다."고 규정되어 있으며, 같은 조 제2항에서는 "입주자와 사용자는 관리규약의 준칙을 참조하여 관리규약을 정한다." 라고 규정하고 있습니다. 그리고, '**공동주택관리법 시행령**' 제14조제2항제17호에서는 입주자대표회의 의결 사항의 하나로 "그 밖에 공동주택의 관리와 관련하여 관리규약으로 정하는 사항(cf. 준칙 제38조)"을 명시하고 있습니다.

나. 질의 가에 대하여

이 사안은 공동주택관리규약에 "감사(監事)로 하여금 공동주택관리법 시행규칙 제4조제3항에 규정된 감사의 업무(業務) 범위(範圍) 중 입주자대표회의(入住者代表會議)의 의결(議決)로 감사하도록 결정한 사항에 한정(限定)하여 감사하도록 하는 내용"을 규정할 수 있는지에 관한 것이라 하겠습니다.

먼저, **관리규약**은 **사적 자치**에 근거한 **사인 사이의 규범**이므로(헌법재판소 2011. 4. 12. 선고 2011헌마170 결정례 참조), 사인끼리의 **합의**에 따라 관리규약에는 공동주택의 관리에 관한 사항을 **자율**적으로 **반영**할 수 있습니다. 다만, 관리규약도 **법령(法令)**을 **벗어**나 법령에 **위반**되는 **내용**을 **정할 수는 없다**고 할 것입니다.

그런데, '공동주택관리법'에서 감사를 두어 **감사 제도**를 운영하는 취지는 공동주택의 입주자 등 **이해관계인**을 **보호(保護)**하고, **부정한 회계 처리 등**으로 인한 **피해(被害)**를 **방지(防止)**함으로써 **공동주택**의 **건전한 관리와 발전**을 **도모하려는 것**이라 할 것입니다. 또한, 입주자대표회의 임원인 **감사의 감사 업무**와 **관련**된 **규정**은 공동주택의 입주자 등 이해관계인에게 중요한 영향을 미치는 사항이고, '공동주택관리법 시행령' 제12조제1항제2호에서는 "감사 1명(현행 2명) 이상"을 입주자대표회의의 임원으로 선출하여야 한다고 함으로써 일정 규모 이상의 공동주택에는 반드시 감사를 두도록 의무 사항으로 규정하고 있는 점을 고려할 때, 감사(監事)의 업무(業務) 범위(範圍)에 관한 규정은 **강행규정(强行規定)**으로 보아야 할 것입니다.

그리고, 이 사안처럼 감사로 하여금 '공동주택관리법 시행규칙' 제4조제3항에 규정된 감사의 업무 범위 중 입주자대표회의의 의결로 감사하도록 결정한 사항에 한정하여 감사하도록 하는 것은, 결국 같은 법 시행규칙 제4조제3항을 위반하여 감사의 업무 범위를 축소하거나, 제한하는 것이므로 허용되지 않는다고 하겠습니다.

이상과 같은 점을 종합해 볼 때, 주택법 제44조제2항(현행 '공동주택관리법' 제18조제2항)에 따른 공동주택관리규약에 "감사로 하여금 주택법 시행규칙 제21조제5항(현행 '공동주택관리법 시행규칙' 제4조제3항)에 규정된 감사의 업무 범위 중 입주자대표회의의 의결로 감사(監查)하도록 결정한 사항에 한정(限定)하여 감사하도록 하는 내용"을 규정하는 것은 허용되지 아니 합니다.

다. 질의 나에 대하여

이 사안은 공동주택관리규약에 "감사로 하여금 감사(監査) 시기·감사 대상·감사 자료 등의 구체적인 계획서(計劃書)를 입주자대표회의에 제출(提出)하도록 하는 내용"을 규정할 수 있는지 여부에 관한 것이라 하겠습니다.

먼저, **관리규약**은 **사적 자치**에 근거한 **사인 사이**의 **규범**이므로(헌법재판소 2011. 4. 12. 선고 2011헌마170 결정례 참조), 사인끼리의 **합의**에 따라 관리규약에는 공동주택의 관리에 관한 사항을 **자율**적으로 **반영**할 수 있습니다. 다만, 관리규약도 **법령(法令)**을 **벗어**나 법령에 위반되는 **내용**을 **정할 수**는 **없다**고 할 것입니다.

이와 관련, '공동주택관리법 시행규칙' 제4조제3항에서는 입주자대표회의의 임원으로서의 감사가 실시하는 **감사 업무**의 **범위(範圍)**에 대해서 **규정**하고 있을 뿐이고, 해당 규정 외에는 공동주택관리법령에서 입주자대표회의 임원으로서의 감사가 실시하는 **감사 업무**의 **절차(節次) 등**에 대하여 별다른 **제한**을 **두고 있지 않**습니다.

한편, 감사 제도의 운영을 위해서는 **감사의 독립성(獨立性)** 보장과 함께 **중복(重複) 감사(監査)**를 **방지**하고, **감사의 효율성**을 높이기 위한 **절차 규정**이 마련되어야 할 **필요**가 **있습**니다. 또한, 감사 계획을 수립하고, 감사 대상, 감사 범위, 감사 기간 및 감사 인원이 포함된 문서로 **감사 계획(計劃)**을 감사받을 자에게 **통보(通報)하는 등의 절차**를 마련하여 **운영**하고 있는 다른 입법 사례에 비추어 볼 때('공공 감사에 관한 법률' 제19조 및 같은 법 시행령 제12조 참조), 관리규약에서 감사 시기·감사 대상·감사 자료 등의 구체적인 계획서를 입주자대표회의에 제출하도록 규정하는 것은 **감사의 효율성(效率性)**을 높이기 위한 **절차(節次) 규정**을 마련하는 것으로서, 그 구체적 내용이 법령에 규정된 감사의 업무를 배제하거나, 제한하는 등 법령을 위반하였다고 볼만한 특별한 사정이 없는 한 가능하다고 할 것입니다.

이상과 같은 점을 종합해 볼 때, 주택법 제44조제2항(현행 '공동주택관리법' 제18조제2항)에 따른 공동주택관리규약에 "감사로 하여금 감사(監査) 시기·감사 대상·감사 자료 등의 구체적인 계획서(計劃書)를 입주자대표회의에 제출(提出)하도록 하는 내용"을 규정(規定)할 수 있다고 할 것입니다.

✿ 지방자치단체의 장이 관리규약의 개정을 명할 수 있는지

[법제처 12 - 0510, 2012.12.10.] 수정 2024.08.29.

【질의 요지】

지방자치단체(地方自治團體)의 장(長)이 주택법 제59조제1항(현행 '공동주택관리법' 제93조제1항) 및 같은 법 시행령 제82조제4호(현행 '공동주택관리법 시행령' 제96조제4호)에 따라 공동주택관리규약의 제정·개정에 관한 사항을 보고하게 하거나, 자료의 제출이나 그 밖에 필요한 명령(命令)을 하는 권한에 **공동주택관리규약 내용의 개정(改定)을 명하는 권한(權限)**이 포함되는 것인지요?

【회답】

지방자치단체의 장이 주택법 제59조제1항(현행 '공동주택관리법' 제93조제1항) 및 같은 법 시행령 제82조제4호(현행 '공동주택관리법 시행령' 제96조제4호)에 따라 관리규약의 제정·개정에 관한 사항을 보고하게 하거나, 자료의 제출이나 그 밖에 **필요한 명령(命令)을 하는 권한**에는 **공동주택관리규약 내용(內容)의 개정(改定)을 명하는 권한(權限)**이 **포함(包含)**된다고 할 것입니다.

【이유】

'공동주택관리법' 제93조제1항에서 지방자치단체의 장은 입주자대표회의, 관리주체 또는 공동주택의 관리사무소장 등에게 공동주택 관리의 효율화와 입주자 및 사용자의 보호를 위하여 대통령령으로 정하는 업무에 관한 사항을 보고하게 하거나, 자료의 제출이나 그 밖에 필요한 명령을 할 수 있으며, 소속 공무원으로 하여금 영업소·관리사무소 등에 출입하여 공동주택의 시설·장부·서류 등을 조사 또는 검사하게 할 수 있다고 규정하고 있습니다. 그리고, '공동주택관리법 시행령' 제96조에서는 "대통령령으로 정하는 업무" 중 하나로 관리규약의 제정·개정(제4호)을 규정하고 있는데, 이에 따라 **지방자치단체의 장**이 갖게 되는 "관리규약의 제정·개정에 관한 사항을 보고하게 하거나, 자료의 제출이나 그 밖에 필요한 명령을 할 수 있는 권한"에 **관리규약 내용 개정**을 **명하는 권한**이 **포함**되는지 문제될 수 있습니다.

먼저, '공동주택관리법' 제93조제1항 및 같은 법 시행령 제96조제4호에서 지방자치단체의 장으로 하여금 관리규약의 제정·개정에 관한 사항을 보고하게 하거나, 자료의 제출이나 그 밖에 필요한 명령을 할 수 있도록 한 것은, 관리규약의 제정·개정에 관하여 이러한 **감독(監督)**을 함으로써 **관리의 효율화**와 **입주자** 및 **사용자**의 **보호**를 통하여 궁극적으로 **국민**의 **주거 생활**의 **안전을 도모하기 위한 것**(현행 - **"주거 수준**의 **향상**에 **이바지**하기 **위한 것")**이라고 할 것입니다. 이에, 관리규약이 사인끼리의 규약으로서 사적 자치의 원칙이 존중되는 영역이라 하더라도 거기에는 공동주택 관리의 효율화와 입주자 및 사용자의 보호라는 관리규약 제정·개정의 한계가 있다고 할 수 있습니다. 그리고, 위 규정에 따른 지방자치단체의 장의 권한에는 **관리규약**의 제정·개정의 절차(節次)에 대한 것뿐만 아니라 그 **실질적 내용(內容)**에 대한 것까지 **감독**할 수 있는 **권한**이 **포함(包含)**된다고 보아야 할 것입니다.

만약, '**공동주택관리법**' 제93조제1항이 '**관리규약**의 **개정 등** 절차 외의 **내용**에 대해서는 **필요한 명령**을 **할 수 없다는 의미**'라고 **해석**한다면, **관리규약**이 **공동주택 관리**의 **효율화** 또는 **입주자** 및 **사용자**의 **보호**에 **위배**되거나, **법령**에 **위반**되는 **내용**을 포함하고 있는 경우에도 아무 **감독**을 할 수 없게 되어, 해당 **규정**의 취지가 **무의미**하게 될 것이고, **위법**한 **규정**을 정한 입주자나 사용자가 **스스로 위법 상태**를 **시정하기 전까지**는 아무 **조치**를 **할 수 없게 되는 불합리한 결과**를 가져오게 됩니다.

따라서, 지방자치단체의 장이 '공동주택관리법' 제93조제1항 및 같은 법 시행령 제96조제4호에 따라 관리규약의 제정·개정에 관한 사항을 보고하게 하거나, 자료의 제출이나 그 밖에 필요한 명령(命令)을 하는 권한에는 공동주택관리규약 내용의 개정(改定)을 명하는 권한(權限)이 포함(包含)된다고 보아야 할 것입니다.

☞ 규약의 설정 등에 관한 집합건물법 규정(제28조·제29조)

- **집합건물법 제28조(규약의 내용)** ① 건물과 대지 또는 부속 시설의 관리(管理) 또는 사용(使用)에 관한 **구분소유자**들 사이의 사항 중 이 법에서 규정하지 아니

한 사항은 규약(規約)으로써 정할 수 있다. (cf. 「공동주택관리법」 제18조 제2항)

* **집합건물법 제28조(일부공용부분에 관한 사항의 규약)** ② 일부공용부분에 관한 사항으로서 **구분소유자** 전원에게 이해관계가 있지 아니 한 사항은, 구분소유자 전원의 규약에 따로 정하지 아니 하면, 일부공용부분(一部共用部分)을 공용(共用)하는 **구분소유자**의 규약으로써 정할 수 있다.

* **집합건물법 제28조(규약의 한계)** ③ 제1항과 제2항의 경우에 구분소유자 외의 자의 권리(權利)를 침해(侵害)하지 못한다.

* **집합건물법 제28조(표준 규약의 마련)** ④ **법무부장관**은 이 법을 적용받는 건물과 대지 및 부속 시설이 효율적이고 공정한 관리를 위하여 **표준 규약**을 **마련**하여야 한다. 〈신설 2012.12.18., 2023.3.28.〉

* **집합건물법 제28조(지역별 표준 규약의 마련, 보급)** ⑤ **시·도지사**는 제4항에 따른 표준 규약을 참고하여 대통령령으로 정하는 바에 따라 **지역별 표준 규약**을 **마련**하여 **보급**하여야 한다. 〈신설 2023.3.28.〉

* **집합건물법 시행령 제12조(표준 규약)** 법 제28조 제4항에 따라 법무부장관이 마련해야 하는 표준 규약과 같은 조 제5항에 따라 특별시장·광역시장·특별자치시장·도지사 및 특별자치도지사(이하 "시·도지사"라 한다)가 마련해야 하는 지역별 표준 규약에는 각각 다음 각 호의 사항이 포함되어야 한다. 〈개정 2023.9.26.〉

1. 구분소유자의 권리와 의무에 관한 사항
2. 규약의 설정·변경·폐지에 관한 사항
3. 구분소유자 공동의 이익과 관련된 전유부분의 사용에 관한 사항
4. 건물의 대지, 공용부분 및 부속 시설의 사용 및 보존·관리·변경에 관한 사항
5. 관리위탁계약 등 관리단이 체결하는 계약에 관한 사항
6. 관리단 집회의 운영에 관한 사항
7. 관리인의 선임 및 해임에 관한 사항
8. 관리위원회에 관한 사항
9. 관리단의 임직원에 관한 사항
10. 관리단의 사무 집행(事務 執行)을 위한 분담 금액(分擔 金額)과 비용(費用)의 산정 방법, 징수·지출·적립 내역에 관한 사항

11. 제10호 외에 관리단이 얻은 수입의 사용 방법에 관한 사항

12. 회계 처리 기준 및 회계 관리 · 회계감사에 관한 사항

13. 의무 위반자에 대한 조치에 관한 사항

14. 그 밖에 집합건물의 관리에 필요한 사항

 - **집합건물법 제29조(규약의 설정·변경·폐지)** ① 규약의 설정·변경 및 폐지는 관리단 집회에서 **구분소유자**의 4분의 3 이상 및 **의결권**의 4분의 3 이상의 찬성을 얻어서 한다. 이 경우 규약의 설정·변경 및 폐지가 일부 구분소유자의 권리에 특별한 영향을 미칠 때에는 그 **구분소유자**의 승낙(承諾)을 받아야 한다.

 * **집합건물법 제29조(규약의 설정·변경·폐지)** ② 제28조 제2항에 규정한 사항에 관한 **구분소유자** 전원의 규약의 설정·변경 또는 폐지는 그 일부공용부분을 공용하는 **구분소유자**의 4분의 1을 초과하는 자 또는 **의결권**의 4분의 1을 초과하는 의결권을 가진 자가 반대할 때에는 할 수 없다. [전문 개정 2010.3.31.]

규약의 설정 방법, 성립 및 효력(집합건물법)

질의 요지

관리단 집회 등을 통한 충분한 검토 없이 해당 집합건축물의 시행사가 개별 **구분소유자**에게 **서명날인**을 받은 **규약(規約)**도 「집합건물의 소유 및 관리에 관한 법률」에 따라 유효하게 **성립**한 것으로 볼 수 있는지요.

회 신(수정 2023. 9. 17.)

ㅇ 집회에서 구분소유자들이 다양한 의견을 개진하고 충분히 심의하여 결의하도록 하는 것이 바람직하지만, 실질적으로 다수의 구분소유자가 일시에 한 곳에 모여 **집회 결의**를 하는 것이 곤란한 경우가 많으므로 집합건물법은 '**서면 또는 전자적 방법에 의한 결의**'라는 보다 간편한 제도를 두고 있습니다(제41조 제1항).

 - 이와 관련, **규약의 설정·변경·폐지**를 위해서는 구분소유자의 4분의 3 이상 및 의결권의 4분의 3 이상 찬성의 **집회 결의**가 있어야 하지만(제29조), 집회를 개

최하지 않고도 구분소유자의 4분의 3 이상 및 의결권의 4분의 3 이상의 **서면** 또는 **서면과 전자적 방법**에 의한 **합의**가 있으면 집회 결의를 한 것으로 보게 됩니다.

○ 따라서 구체적 사안에서 구분소유자 전원이 서면으로 규약 설정에 대해서 동의하였다면 집회를 개최하지 않았더라도 **적법(適法)**한 **절차(節次)**에 따라 **유효(有效)**하게 성립하였다고 볼 수 있을 것입니다(대법원 1995. 3. 10. 자 94마2377 결정; 대법원 2005. 4. 21. 선고 2003다4969 전원합의체 판결 참조).

– 다만, 구체적 사정 등을 종합적으로 고려하여, 결의 방법이 현저하게 불공정하게 이루어진 경우에는 집회 결의 사실을 안 날로부터 6개월 이내에, 결의를 한 날로부터 1년 이내에 **결의 취소의 소(訴)**를 제기할 수 있을 것입니다(제42조의 2).

규약의 설정·변경·폐지(집합건물법)

질의 요지

집합건물의 **규약**(관리 규정)을 관리단 집회 결의가 아닌 관리위원회 회의에서 **변경**할 수 있는지 여부와 관리단 대표자 회의에서 정하도록 한 규약이 유효한지요.

회 신(수정 2024. 3. 2.)

○ 집합건물법에 따라 건물과 대지 등의 관리나 사용에 관한 구분소유자 상호 간의 사항 중 집합건물법이 규정하지 아니 한 사항은 규약으로써 정할 수 있습니다(제28조 제1항). 이와 관련, 집합건물법에 규약의 설정·변경·폐지는 **관리단 집회**에서 **구분소유자의 4분의 3 이상** 및 **의결권의 4분의 3 이상의 찬성**을 받도록 규정되어 있습니다(제29조 제1항). 그리고, 다수의 구분소유자가 일시에 한곳에 모여 집회 결의를 하는 것이 곤란한 경우가 많으므로, 집합건물법은 "**구분소유자의 4분의 3 이상** 및 **의결권의 4분의 3 이상의 서면(書面) 합의(合意)**"가 있는 때에는 **관리단 집회의 결의**가 있는 것으로 **간주**하고 있습니다(제41조 제1항).

○ 위의 규정에서 보는 바와 같이 **규약**의 **설정·변경·폐지**에 관한 집합건물법 제29조는 **강행규정**으로써 규약으로 이와 다르게 규정할 수 없으며, 그러한 규약이

관리단 집회에서 결의되더라도 그 규약 조항은 **효력**이 없습니다. 따라서, '집합건물의 규약 설정·변경 때 관리위원회의 결의로써 정할 수 있다.'거나 '의결 정족수를 구분소유자 및 의결권의 과반수로 한다.' 라는 규약 조항은 집합건물법 제29조에 저촉하여 효력이 없을 것으로 판단됩니다.

규약 설정의 범위와 효력 등(집합건물법)

질의 요지

집합건물의 관리에 관한 사안으로 **정기 관리단 집회**를 **개최**하지 않을 수 있는지 여부와 **규약의 효력**에 관한 사항을 문의합니다.

회 신(수정 2020. 2. 4.)

○ 정기 관리단 집회에 관한 규정(제32조)은 **강행규정(强行規定)**이므로, 비록 구분소유자의 참석 율이 지극히 저조하더라도 임원 회의, 관리위원회, 관리단 집회의 결의나 규약으로 이를 폐지(閉止)할 수 없는 것입니다.

○ 규약(規約)은 **집합건물법**에서 **규정**하지 **아니 한 사항**(관리인의 자격, 기타 집합건물 관리 관련 자치 기관 등)이나 **"규약으로 달리 정할 수 있다."**고 **규정**한 **사항**(제38조 제1항 **보통결의 요건** 등)에 대해서 정할 수 있으며, 규약(規約) 설정(設定) 요건(제29조)이나 공용부분(共用部分) 변경(變更)에 관한 사항(제15조, 제15조의 2) 등에 대해서는 규약으로 달리 정할 수 없습니다. 따라서, 집합건물법의 내용에 어긋나는 규약은 효력이 없습니다.

규약에 의한 통상결의 요건의 변경(집합건물법)

질의 요지

집합건물법 제38조 **"의결의 방법"**의 해석 및 **관리인 선임**을 위한 관리단 집회(集

會) 의결(議決) 정족수(定足數)를 규약으로 정할 수 있는지 알려주시기 바랍니다.

회 신(수정 2023. 9. 17.)

○ 집합건물법에 **공용부분의 변경**(제15조, 제15조의 2)이나 **규약의 설정**(제29조)과 같이 법률이 직접 관리단 집회의 의결 정족수를 규정하고 있는 경우가 있는가 하면, **공용부분의 관리**(제16조) 등에서는 그 정족수를 적시하고 있지 않습니다.

－ 후자와 같이 **집합건물법**에서 **의결 정족수**를 **규정**하고 있지 **않은 사항**에 관하여 **규약**에 **별도**로 **의결 정족수**를 **명시**하고 있지 **않은 경우**나 **규약**에서 **관리단 집회 결의 사항**으로 규정하면서 **의결 정족수**를 **명시**하지 **않은 경우**에는 집합건물법 제38조 제1항에 따라 **구분소유자 과반수 및 의결권**의 **과반수**로 **의결**하며, 이를 **통상 결의**라고 합니다. 통상 결의에 관하여는 규약에 특별한 규정을 둘 수 있으므로(제38조), 규약에 의해서 통상 결의 요건을 경감하거나 가중할 수 있습니다.

○ 집합건물법에 따르면 건물의 관리나 사용에 관한 구분소유자 상호 간의 사항 중 **집합건물법**이 **규정**하지 **아니 한 사항**을 **규약(規約)**으로 정할 수 있습니다(제28조 제1항). 그리고, **관리인 선임**에 관한 같은 법 제24조에서 **관리단 집회**의 **결의**(또는 규약에 정함이 있는 경우에는 **관리위원회**의 **결의**)로 선임된다는 것을 정하고 있을 뿐 그 **의결 정족수**에 관하여 규정을 두고 있지 않으므로, 규약에 관리인 선임을 위한 집회 결의 때의 의결 정족수에 관한 **규정**을 두는 것은 **가능**합니다. 따라서 제38조 제1항에서 규정하는 통상 의결 정족수와 다른 비율로 정한 해당 집합건물의 규약은 유효한 것으로 볼 수 있습니다.

공동주택관리규약, 입주자대표회의 구성 등의 신고

법 제19조(관리규약 등의 신고) ① 입주자대표회의의 회장(관리규약의 제정의 경우에는 사업주체 또는 의무 관리 대상 전환 공동주택의 <u>관리인</u>을 말한다)은 다음 각 호의 사항을 대통령령으로 정하는 바에 따라 시장·군수·구청장에게 신고(申告)하여야 하며, 신고한 사항이 변경되는 경우에도 또한 같다. 다만, '의무 관리 대상 전환 공동주택'의 관리인이 관리규약의 제정 신고를 하지 아니 하는 경우에는 입주자 등의 10분의 1 이상이 연서(連署)하여 신고할 수 있다. 〈개정 2019.4.23., 2021.8.10.〉

   1. 관리규약의 제정·개정

   2. 입주자대표회의의 구성·변경(cf. 법 제11조제3항 – 관리방법의 결정·변경)

   3. 그 밖에 필요한 사항으로서 대통령령으로 정하는 사항

 * 법 제102조(과태료) ③ 다음 각 호의 어느 하나에 해당하는 자에게는 500만 원 이하의 과태료(過怠料)를 부과한다. 〈개정 2021.8.10., 시행 2021.9.11.〉

   3. 제10조의 2 제1항 본문과 제4항에 따른 의무 관리 대상 공동주택의 전환 및 제외, 제11조제3항에 따른 관리방법의 결정 및 변경, 제19조제1항에 따른 관리규약의 제정 및 개정, 입주자대표회의의 구성 및 변경 등의 신고(申告)를 하지 아니 한 자

 영 제21조(관리규약의 제정 및 개정 등 신고) 법 제19조제1항에 따른 신고를 하려는 입주자대표회의의 회장(관리규약 제정의 경우에는 사업주체 또는 의무 관리 대상 전환 공동주택의 관리인을 말한다)은 관리규약(管理規約)이 제정·개정되거나 입주자대표회의(入住者代表會議)가 구성·변경된 날부터 30일 이내에 신고서(申告書)를 시장·군수·구청장에게 제출(提出)하여야 한다. 〈개정 2021.10.19.〉

 규칙 제6조(관리규약의 제정 및 개정 등 신고 서식) ① 영 제21조에 따른 신고서(申告書)는 [별지 제5호 서식]과 같다.

 규칙 제6조(관리규약의 제정 및 개정 등 신고서 첨부 서류) ② 입주자대표회의의 회장(관리규약 제정의 경우에는 사업주체 또는 법 제10조의 2 제1항에 따른 의무 관리 대상 전환 공동주택의 관리인을 말한다)은 영 제21조에 따라 시장·군수·구청장에게 제1항에 따른 신고서를 제출할 때에는 다음 각 호의 구분에 따른 서류(書類)를 첨부(添附)하여야 한다. 〈개정 2020.4.24.〉

   1. 관리규약의 제정(制定)·개정(改定)을 신고하는 경우: 관리규약의 제정·개정 제안서(提案書) 및 그에 대한 입주자 등의 동의서(同意書)

   2. 입주자대표회의의 구성(構成)·변경(變更)을 신고하는 경우: 입주자대표회의의 구성 현황[임원 및 동별 대표자의 성명·주소·생년월일 및 약력(略歷)과 그 선출(選出)에 관한 증명(證明) 서류(書類)를 포함한다]

 법 제19조(관리규약 등의 신고 수리 여부 통지) ② 시장·군수·구청장은 제1항

에 따른 신고(申告)를 받은 날부터 7일 이내에 신고 수리(修理) 여부(與否)를 신고인에게 통지(通知)하여야 한다. 〈신설 2021.8.10., 시행 2021.9.11.〉

법 제19조(관리규약 등의 신고 수리 간주) ③ 시장·군수·구청장이 제2항에서 정한 기간 내에 신고 수리 여부 또는 민원 처리 관련 법령에 따른 **처리 기간**의 연장을 신고인에게 통지하지 아니 하면 그 기간(민원 처리 관련 법령에 따라 처리 기간이 연장 또는 재연장된 경우에는 해당 처리 기간을 말한다)이 **끝난 날의 다음 날**에 신고를 수리한 것으로 본다. 〈신설 2021.8.10., 시행 2021.9.11.〉

✿ 입주자대표회의의 구성 신고는 수리를 요하는 신고인지

법제처 법령해석총괄과 - 802(2012.02.17.) 수정 2021.09.11.

1. 질의 요지

주택법 제43조제3항(현행 '공동주택관리법' 제19조제1항제2호)에 따르면, 입주자 등은 **입주자대표회의**를 **구성**하여 이를 관할 시장·군수·구청장에게 **신고**하여야 하는바, 입주자대표회의의 구성 등 신고가 '수리(受理)를 요하는 신고'인지요?

2. 회답

주택법 제43조제3항(현행 '공동주택관리법' 제19조제1항제2호)에 따른 입주자대표회의의 구성에 관한 신고는 **'수리(受理)를 필요로 하는 신고(申告)'**입니다.

3. 이유

'공동주택관리법' 제19조제1항제2호, '공동주택관리법 시행령' 제21조, '공동주택관리법 시행규칙' 제6조제2항제2호 및 제6조제1항 [별지 제5호 서식]에 따르면, 입주자가 **입주자대표회의**를 **구성**한 경우 입주자대표회의의 명칭 및 구성 현황 등을 관할 시장·군수·구청장에게 **신고**하도록 규정하면서, 임원 및 동별 대표자의 성명·주소·생년월일 및 약력과 그 **선출**에 관한 **증빙 서류**를 **포함**한 입주자대표회의 **구성 현황**에 대한 **서류**를 **제출**하여야 한다고 규정되어 있습니다. 그리고, 같은 규칙

[별지 제5호 서식] 신고서의 뒤쪽에는 신고서가 작성되면, "접수 → **확인** → 처리 결과 통보"의 순서로 진행된다고 기재되어 있어 **확인 절차**를 거치도록 한 점, 같은 법 제14조제1항 및 같은 영 제11조에서 입주자대표회의는 4명 이상의 동별 대표자로 구성하되, 선거구 입주자 등의 보통·평등·직접·비밀선거를 통하여 "입후보자가 2명 이상인 경우에는 해당 선거구 전체 입주자 등의 과반수가 투표하고, 후보자 중 최다 득표자를 선출, 입후보자가 1명인 경우에는 해당 선거구 전체 입주자 등의 과반수가 투표하고, 투표자 과반수의 찬성으로 선출"하며, 공동주택 관리와 관련하여 벌금형(罰金刑)을 선고받은 후 5년(현행 "2년")이 지나지 아니 한 사람 등의 경우 동별 대표자가 될 수 없으며, 그 자격을 상실한다고 규정하는 등 **입주자대표회의의 구성, 기능, 운영 등**을 **법령**에서 **직접 규정**하고 있는 점, '공동주택관리법 시행령' 제14조에 따르면, 입주자대표회의는 **입주자 등**을 **대표**하여 입주자 등 전원에 대하여 적용되는 관리규약 개정안의 제안 및 공동주택 관리방법의 제안, 관리비 등의 집행을 위한 사업계획 및 예산의 승인, 공용시설물 사용료 부과 기준의 결정, 회계감사의 요구 및 회계감사 보고서의 승인, 관리비 등 결산의 승인 등에 관한 사항을 **결정**할 **권한**이 있는 점, 쾌적한 주거 생활에 필요한 주택의 건설·공급·관리와 이를 위한 자금의 조달·운용 등에 관한 사항을 정함으로써 국민의 주거 안정과 주거 수준의 향상에 이바지함(현행 – "공동주택의 관리에 관한 사항을 정하여 공동주택을 투명하고 안전하며, 효율적으로 관리할 수 있게 함으로써 국민의 주거 수준 향상에 이바지함")을 목적으로 하는 주택법(현행 '공동주택관리법')의 입법 목적 등을 종합하여 볼 때, **입주자대표회의 구성 신고**를 받은 **행정관청**으로서는 **신고 당시**에도 당해 입주자대표회의가 **적법**하게 **운영**될 수 있도록 **조치**하여야 할 **의무**가 있습니다. 따라서, 입주자대표회의의 **구성원**을 **선출**하는 **과정**이 **적법**하였는지 **여부 등** 그 입주자대표회의가 위 **법령**에 정한 **요건**을 갖추었는지 **여부**를 **심사**하여 그 **신고의 수리 여부**를 **결정**할 수 있다고 할 것입니다.

또한, '공동주택관리법' 제93조제1항 및 '공동주택관리법 시행령' 제96조에 따르면, 지방자치단체의 장은 입주자대표회의에게 공동주택 관리의 효율화와 입주자 및 사용자의 보호를 위하여 입주자대표회의의 구성 및 의결 업무 등에 관한 사항을 보고하게 하거나, 자료의 제출이나 그 밖에 필요한 명령을 할 수 있으며, 소속 공무원으로 하여금 영업소·관리사무소 등에 출입하여 공동주택의 시설·장부·서류 등을 조사 또는 검사하게 할 수 있다고 규정하고 있어, **신고 당시**에 이미 그와 같은 **사유**가 있다면, **신고 단계**에서 이를 **심사(審査)**하도록 함으로써 불필요한 **행정력의 낭비** 및 **신청인의 불이익을 줄일 수 있다**는 점 등에 비추어 보면, 시장·군수 또는 구청장은 입주자대표회의 구성 신고에 대하여 실질적인 요건을 심사하여 신고를 수리하거나, 거부(拒否)할 수 있다고 할 것입니다(대법원 2009. 6. 11. 선고 2008두18021 판결 참고).

따라서, 주택법 제43조제3항(현행 '공동주택관리법' 제19조제1항제2호)에 따른 입주자대표회의 구성에 관한 신고는 "수리를 필요로 하는 신고"입니다.

최초 동별 대표자의 선출 및 입주자대표회의의 구성 신고

성명 OOO 등록일 2013.03.06. 수정 2024.12.04.

질문 사항

소유권 이전 등기(登記)를 마치지 못한 사람이 분양 대금과 취득세를 납부하고, 이전 등기를 하려고 법무 법인을 통해 시행사에 자료 요청을 한 상태에서 **동별 대표자** 선거에 당선된 경우 입주자대표회의의 구성 신고를 할 수 있는지 궁금합니다.

답변 내용

공동주택의 동별 대표자는 동별 대표자 선출 공고에서 정한 각종 서류 제출 마감일을 기준으로 해당 공동주택단지 안에서 주민등록을 마친 후 계속하여 대통령령으로 정하는 기간(3개월) 이상 거주하며, 해당 선거구에 주민등록을 마친 후 거주하고 있는 입주자 중에서 해당 선거구 입주자 등의 보통·평등·직접·비밀선거를 통하여 선출합니다. 다만, 입주자인 동별 대표자의 후보자가 없는 선거구에서는 「공동주택관리법」 제14조제3항 및 같은 법 시행령 제11조제2항 각 호에서 정하는 요건을 모두 갖춘 사용자도 동별 대표자로 선출될 수 있습니다(시행 2020. 4. 24., cf. 법 제14조제3항 본문·제1호·제2호, 영 제11조제3항·제11조제2항·제13조제3항). 이 경우 입주자란 해당 공동주택의 소유자(所有者) 또는 그 소유자를 대리하는 배우자 및 직계존비속을 말하는 것이며,[155) 소유자는 건물 등기부(등본)에 기재된 소유자(명의자)를 가리키는 것입니다.

한편, **법제처 법령 해석**에 따르면, **공동주택**을 분양받아 분양 대금 및 **취득세 등**을 **납부**하고, 해당 공동주택에 **주민등록**을 마친 후 **거주**하면서 **사업주체의 사정**으로 **소유권 이전 등기(登記)**를 마치지 **못한 자**는 소유권 이전 등기를 경료하기 전이라도 '주택법 시행령' 제50조제3항(현행 '공동주택관리법' 제14조제3항, '공동주택관리법 시행령' 제11조제1항)에 따라 **동별 대표자**로 **선출**될 수 있는 **입주자(入住者)로 볼 수 있다**고 할 것이니 참고하시기 바랍니다. [법제처 법령 해석, 법제처 12 – 0549, 2013. 1. 14.] [cf. 舊 (2019. 2. 22.) 준칙 제9조제1항 괄호 규정]

개정 공동주택관리규약의 효력 발생 일

성명 OOO 등록일 2015.01.16. 수정 2021.09.11.

질문 사항

공동주택관리규약을 입주자 등의 10분의 1이 서면으로 제안하고, 전체 입주자 등의 과반수가 찬성하는 방법으로 개정(改定)하였습니다. **개정**된 **관리규약**의 **효력(效力)**이 **발생**하는 **시점**은 입주자 등의 과반수의 동의를 받은 때인지, 개정 확정 공고를 한 날인지, 관리규약 부칙에 정해진 날짜인지, 개정 관리규약을 관할 관청에 제출한 날인지, 관할 관청이 검토 후 신고를 수리한 날짜인지 알려주시기 바랍니다.

답변 내용

관리규약의 제정 및 개정 사항은 입주자대표회의의 회장(관리규약의 제정의 경우에는 사업주체를 말한다.)이 시장·군수·구청장에게 **신고**하여야 합니다(법 제19조제1항제1호, 영 제21조, 규칙 제6조제2항제1호). 또한, 입주자대표회의 구성 신고가 수리를 필요로 하는 신고인지에 대하여 법제처에서는 **"수리를 요하는 신고"**라고 판단한 바 있습니다(cf. 법제처 법령해석총괄과 – 802, 2012. 2. 17.). 그러므

---

155) 「공동주택관리법」 제2조제1항제5호 – 5. "입주자(入住者)"란 공동주택의 소유자(所有者) 또는 그 소유자를 대리하는 배우자(配偶者) 및 직계존비속(直系尊卑屬)을 말한다.

로, **관리규약의 개정 사항**은 관련 절차에 따라 시장·군수·구청장에게 신고하고, 관할 지방자치단체에서 **개정 과정**의 **적법 여부 등**을 **심사, 수리**하였을 때 완전하게 **효력**이 있는 것으로 사료됩니다. [cf. 영 제20조제2항·제5항, 준칙 부칙 제1조(시행일), 법제처 법령 해석 → 법제처 14 - 0539, 2014. 10. 20.]

입주자 등 10분의 1 이상 제안 관리규약의 개정, 신고 절차 등

주택건설공급과 - 2578, 2013.08.07. 수정 2024.08.29.

질문 사항

가. 해당 공동주택 전체 입주자 등의 10분의 1 이상이 서면으로 **공동주택관리규약**의 **개정**을 **제안**한 경우 관리사무소장이 입주자 등에게 그 개정안을 제안하는 **절차**를 거쳐야 하는지요(관리규약에 정한 내용임. cf. 준칙 제104조제1항).

나. 입주자 등의 10분의 1 이상이 **관리규약의 개정**을 제안하여 선거관리위원회에서 방문 투표 등을 통해 입주자 등의 과반수 찬성을 받았으나, 입주자대표회의의 회장이 이를 **공포**하지 않을 경우 해당 관리규약은 **효력(效力)**이 없는 것인지요(입주자대표회의의 회장은 관리규약의 개정 신고 의사가 없는 것으로 판단됨).

답변 내용

가. 공동주택관리규약의 개정은 **입주자대표회의**의 **구성원 과반수**의 **의결**로써 **제안**하거나, 또는 **전체 입주자 등의 10분의 1 이상**이 **서면**으로 **제안**하고, 전체 입주자 등의 과반수가 찬성하는 방법으로 **결정**됩니다(「공동주택관리법 시행령」 제20조제5항, 제3조 준용). 따라서, 전체 입주자 등의 10분의 1 이상이 제안(提案)한 경우, 별도로 관리사무소장이 입주자 등에게 그 개정안에 대하여 다시 제안하는 과정을 거치지 않더라도 전체 입주자 등의 과반수가 찬성한다면, 관리규약(管理規約)을 **개정(改定)**할 수 있을 것으로 판단됩니다(cf. 준칙 제104조제1항제3호).

나. 입주자대표회의의 구성 신고가 수리를 필요로 하는 신고인지에 대하여 법제처에서는 **'수리를 요하는 신고'**라고 판단한 바 있으므로(법제처 법령 해석, 법령해

석총괄과 - 802, 2012. 2. 17.), 관리규약의 개정도 관련 절차에 따라 관할 시장·군수·구청장에게 신고하고, 그 지방자치단체가 개정 과정의 적법 여부 등을 심사·수리하였을 때 완전하게 효력이 있는 것으로 사료됩니다. (* 부칙 - 시행일)

이와 관련, 적법한 절차를 통해 관리규약을 개정하였으나, **입주자대표회의의 회장**이 정당한 사유 없이 이의 **신고**를 **거부**할 경우에는 **해당 관리규약의 개정**을 발의한 **입주자 등(入住者 等)**이 **신고(申告)**할 수 있을 것으로 판단됩니다.[156]

☞ 공동주택관리규약의 제정·개정 신고에 관한 사항

- **공동주택관리법 제19조(관리규약 등의 신고)** ① 입주자대표회의의 **회장**(관리규약의 제정의 경우에는 **사업주체** 또는 의무 관리 대상 전환 공동주택의 **관리인**을 말한다)은 **다음 각 호의 사항**을 대통령령(大統領令)으로 정하는 바에 따라 시장·군수·구청장에게 **신고**하여야 하며, 신고한 사항이 **변경**되는 경우에도 또한 **같다**. 다만, 의무 관리 대상 전환 공동주택의 관리인이 관리규약의 제정 신고를 하지 아니하는 경우에는 입주자 등의 10분의 1 이상이 연서하여 신고할 수 있다. 〈개정 2019.4.23., 2021.8.10.〉 (cf. 준칙 제105조, 법 제11조제3항, 영 제9조).

1. 관리규약의 제정·개정
2. 입주자대표회의의 구성·변경(cf. 법 제11조제3항 - 관리방법의 신고)
3. 그 밖에 필요한 사항으로서 대통령령으로 정하는 사항

* **공동주택관리법 시행령 제21조(관리규약의 제정 및 개정 등 신고)** 법 제19조제1항에 따른 신고를 하려는 입주자대표회의의 **회장**(관리규약 제정의 경우에는 **사업주체** 또는 의무 관리 대상 전환 공동주택의 **관리인**을 말한다)은 관리규약이 제정·개정되거나, 입주자대표회의가 구성·변경된 날부터 **30일 이내**에 **신고서(申告書)**를 시장·군수·구청장에게 **제출(提出)**하여야 한다. 〈시행 2021.9.11.〉

* **공동주택관리법 시행규칙 제6조(관리규약의 제정 및 개정 등 신고 서식)** ① 영 제21조에 따른 신고서는 [별지 제5호 서식]과 같다.

---

156) cf. 준칙 제104조·제105조, 법 제19조제1항제1호, 영 제21조

* **공동주택관리법 시행규칙 제6조(관리규약의 제정 및 개정 등 신고 방법)** ② 입주자대표회의의 <u>회장</u>(관리규약 제정의 경우에는 사업주체 또는 법 제10조의 2 제1항에 따른 의무 관리 대상 전환 공동주택의 <u>관리인</u>을 말한다)은 영 제21조에 따라 시장·군수·구청장에게 제1항에 따른 **신고서**를 **제출할 때**에는 다음 각 호의 구분에 따른 **서류(書類)**를 **첨부(添附)**하여야 한다. 〈개정 2020.4.24.〉

1. 관리규약의 제정·개정을 신고하는 경우: 관리규약의 제정·개정 제안서(提案書) 및 그에 대한 입주자 등의 동의서(同意書)

2. 입주자대표회의의 구성·변경을 신고하는 경우: 입주자대표회의의 구성 현황[임원 및 동별 대표자의 성명·주소·생년월일 및 약력(略歷)과 그 선출(選出)에 관한 증명(證明) 서류(書類)를 포함한다]

– **공동주택관리법 제19조(관리규약 등의 신고 수리 여부의 통지)** ② 시장·군수·구청장은 제1항에 따른 신고를 받은 날부터 **7일 이내**에 **신고 수리 여부**를 신고인에게 **통지**하여야 한다. 〈신설 2021.8.10.〉

– **공동주택관리법 제19조(관리규약 등의 신고 수리 간주)** ③ 시장·군수·구청장이 제2항에서 정한 기간 안에 **신고 수리 여부** 또는 민원 처리 관련 법령에 따른 **처리 기간**의 **연장**을 신고인에게 **통지**하지 아니 하면 그 기간(민원 처리 관련 법령에 따라 처리 기간이 연장 또는 재연장된 경우에는 해당 처리 기간을 말한다)이 끝난 날의 다음 날에 신고를 **수리**한 것으로 본다. 〈신설 2021.8.10.〉

[시행일 : 2021.9.11.] 법 제19조

입주자대표회의 구성 신고 반려, 회의 소집·의결할 수 있나

〈주택건설공급과 - 서면 민원, 2014.04.07.〉 수정 2023.02.19.

질문 사항

공동주택관리법령 및 관련 규정에 위반된 사유로 **입주자대표회의의 구성 신고**가 **반려**되었음에도 불구하고 **해당 구성원**이 회의를 **소집**하고 **의결**할 수 있는지요.

답변 내용

입주자대표회의의 **구성 신고**는 **수리(受理)**를 요하는 신고이므로(법제처 법령 해석, 법령해석총괄과 - 802, 2012. 2. 17.), 해당 행정관청에서 그 신고를 수리할 경우 **효력**이 발생한다. 따라서, 입주자대표회의 **구성 신고**가 **반려(返戾)**된 상태에서는 그 '신고된 구성원'들을 입주자대표회의의 **구성원**으로 볼 수 없으므로, 당해 구성원들에게 의한 입주자대표회의의 **소집** 및 **의결**은 **가능하지 아니 하다**.[157]

입주자대표회의 구성 신고의 수리 없이 의결 가능한지 여부

성명 OOO 등록일 2015.04.03. 수정 2021.08.15.

질문 사항

공동주택관리규약에 의하여 합법적 보궐선거 절차를 거쳐 선출된 현재 동별 대표자의 **입주자대표회의 구성(構成) 신고(申告)**가 관할 관청의 보완 요구로 **반려**된 상태에서 입주자대표회의가 **의결(議決)** 행위를 할 수 있을까요?

답변 내용

ㅇ 주택법 제43조제3항(현행 「공동주택관리법」 제19조제1항제2호)에 따른 **공동주택 입주자대표회의의 구성 또는 변경**에 관한 **신고**를 시장, 군수, 구청장이 **수리**하기 **전**에 입주자대표회의에서 같은 법 시행령 제51조제1항(현행 「공동주택관리법 시행령」 제14조제2항, 준칙 제38조) 각 호의 사항을 **의결**한 경우에도 그 의결 행위는 **유효(有效)**하다고 할 것입니다(법령 해석, 법제처 14 - 0539, 2014. 10. 20.).

− 따라서, 관할 지방자치단체에서 **구성 신고**가 **반려(返戾)**된 경우에도 그 구성원의 과반수 찬성으로 입주자대표회의의 **의결**이 **가능**하다는 것을 알려드립니다.

---

157) cf. 법제처 법령 해석, [법제처 14 - 0539, 2014.10.20.], 영 제11조제1항·제13조제1항·제19조제1항제3호, 준칙 제28조제1항 앞글, 법 제14조제1항·제2조제1항제8호

최초 입주자대표회의 구성원(후보자)의 자격 요건 등

성명 OOO 등록일 2016.06.10. 수정 2024.12.04.

질문 사항

1. 해당 공동주택은 20**년 9월 30일 준공 처리되었고, 최초의 입주자대표회의 구성 신고는 다음 해 5월 30일 수리되었습니다. 그 후 **최초의 입주자대표회의 구성원의 사퇴**로 인하여 **보궐선거(補闕選擧)** 또는 **재선거(再選擧)**를 진행할 경우 3개월 이상 **주민등록(住民登錄)** 및 **거주(居住) 요건(要件)**을 갖춰야 하는지요?

2. 또한, 1번 답변과 관련하여 최초의 구성 신고로 인정해서 3개월 이상 거주 요건(要件)을 만족시키지 않아도 된다면, **최초의 입주자대표회의의 임기(2년)** 동안 **구성원의 사퇴**로 인한 **보궐선거** 때 같은 적용을 받는지 알고 싶습니다.

3. 동별 대표자 **선출** 공고 때 해당 공동주택에서 거주하고 있으나, 해당 **선거구**에 **거주하고 있지 않을 경우** 본인 거주지 이외의 선거구에서 입후보할 수 있는지요?

답변 내용

1 ~ 2. 최초(最初) 입주자대표회의를 구성(構成)하고 결원(缺員)이 생겨 **입주한 지 3개월 이상 경과**된 후에 **보궐선거(補闕選擧)·재선거(再選擧)**를 실시할 경우에는 「공동주택관리법」 제14조제3항 및 같은 법 시행령 제11조제3항·제2항에 따라 **주민등록(住民登錄)을 마친 후 3개월 이상 거주(居住)**하고 있는 입주자 등에 한정하여 동별 대표자 보궐선거 등에 **입후보** 할 수 있을 것으로 판단됩니다.

3. 동별 대표자는 개별 선거구(두 개 이상의 동을 합치거나, 하나의 동을 나누어 복수의 선거구를 운영하는 것도 가능)를 대표하는 자이며, 동별 대표자를 둔 것은 자기 선거구에 거주하는 사람을 대표자로 뽑아 이해관계가 얽힌 부분에 대해서는 관련 선거구의 의견을 개진하고, 그 사정을 관리 업무에 반영할 수 있도록 한 것입니다. 따라서, 같은 법 제14조제3항제2호에 따른 **동별 대표자 선거 공고**에서 정한 "**각종 서류 제출 마감 일**"을 기준으로 해당 **선거구(選擧區)**에 **주민등록**을 마친 후 **거주**하고 있는 입주자 등인 경우에 그 선거구의 동별 대표자가 될 수 있습니다.

동별 대표자 임기의 산입 여부(구성 신고를 하지 않은 경우)

성명 OOO 등록일 2014.03.04. 수정 2023.02.19.

질문 사항

동별 대표자 중임 제한과 관련된 사항입니다. 동별 대표자로 선출되었으나, 입주자대표회의 구성원의 수가 4인에 미달되어 **입주자대표회의의 구성 신고를 하지 않은 상태로 임기를 마치게 되었을 경우**(해당 동별 대표자는 1회 중임한 상태임), 중임 제한을 적용하여 다음 동별 대표자 선거에 입후보할 수 없는 것인지요.

답변 내용

「공동주택관리법」 제14조제9항에 따라 **동별 대표자**의 **임기**는 2년으로 하며, 한 번만 중임할 수 있습니다(舊 주택법 시행령 제50조제8항, 현행 「공동주택관리법 시행령」 제13조제1항·제2항). 그리고, 해당 규정에 따른 동별 대표자의 **중임 제한**은 2010. 7. 6. 이후 새로이 선출된 동별 대표자부터 적용합니다(2010. 7. 6. 대통령령 제22254호로 개정된 "주택법 시행령" 부칙 제2조제2항, cf. 대법원 2016. 9. 8. 선고 2015다39357 판결). 따라서, 특정 공동주택의 어떤 입주자가 적법한 절차에 의하여 동별 대표자로 선출되어 2010. 7. 6. 이후(2010. 7. 5. 이전 해당 공동주택 관리규약에 중임 제한을 규정한 경우를 포함한다.) 동별 대표자로 **2회 선출**되어 그 **임기**가 **시작**되었으면, 입주자대표회의의 구성 신고를 하지 않았다 하더라도, 다음 동별 대표자 선거에 입후보하거나 동별 대표자로 선출될 수 없는 것입니다.

다만, 같은 영 제13조제3항에 따라, **2회의 선출 공고**(직전 선출 공고일부터 2개월 이내에 공고하는 경우만 2회로 계산한다.)를 하였으나 **동별 대표자의 후보자가 없거나 선출된 사람**이 없는 선거구에서 직전 선출 공고일부터 2개월 이내에 선출 공고를 하는 경우에는 **동별 대표자를 중임(重任)한 사람**도 해당 선거구 입주자 등의 과반수 찬성으로 다시 동별 대표자로 **선출(選出)될 수 있습**니다. 이 경우 후보자 중 동별 대표자를 중임하지 아니 한 사람이 있으면, 동별 대표자를 중임한 사람은 후보자의 자격을 상실(喪失)하는 것이니 참고하기 바랍니다. (cf. 「공동주택관리법 시행령」 제13조제3항, 개정 2018. 9. 11., 2020. 4. 24.)

결격사유 있는 동별 대표자, 입주자대표회의 구성 신고의 효력 등

〈주택건설공급과 – 4024, 2013.10.17.〉 수정 2021.07.04.

질문 사항

가. 2010년 7월 6일 이후 동별 대표자로 선출된 자가 사퇴서를 제출한 경우 **사퇴**한 날부터 4년(현행 1년 또는 2년)이 **경과**되어야 동별 대표자가 될 수 있는지요?

나. 동별 대표자 임기 중 **사퇴(辭退)**한 지 4년(현행 1년 또는 2년)이 경과되지 않은 입주자가 동별 대표자 선거에 입후보해서 **선출**되어 일정 기간 그 직무를 수행한 경우 동별 대표자 **결격사유**가 **해소(解消)**되는 것인지요?

다. 동별 대표자를 **사퇴(辭退)**한 지 4년(현행 1년 또는 2년)이 경과하지 않은 사람이 동별 대표자 선거에 입후보해서 **선출**되었고, 관할 지방자치단체에서 입주자대표회의의 **구성 신고(申告)**가 **수리(受理)**되면 동별 대표자 **결격사유**가 **해소(解消)**되는 것인지요(구성 신고가 수리될 경우 그 자격이 인정되는 것인지요)? 입주자대표회의 구성 신고를 수리한 관할 구청이 위와 같은 동별 대표자 선출에 **하자**가 있는 경우 이를 **조사**하거나, **심의**하여야 할 의무가 있는지요?

라. 관리규약을 개정할 때 종전의 관리규약과 달라진 내용, 관리규약 준칙과 달라진 내용 등을 입주자 등에게 통지(通知)하여야 하나, 이를 하지 않고 입주자 등으로부터 과반수의 서면 동의를 받으면, 관리규약의 개정이 유효한 것인지요? 유효하지 않다면, 관련 절차를 다시 밟아 개정하여야 하는지요?

답변 내용

가. 해당 공동주택의 동별 대표자를 **사퇴(辭退)**한 날부터 **1년**(해당 동별 대표자에 대한 **해임**이 **요구된 후 사퇴**한 경우에는 **2년**을 말한다.)이 지나지 아니 하거나, 해임된 날부터 2년이 지나지 아니 한 사람은 동별 대표자가 될 수 없으며, 그 자격을

상실합니다.158) 따라서, 동별 대표자를 사퇴한 사람은 그 사퇴한 날로부터 1년(또는 해당 동별 대표자에 대한 해임이 요구된 후 사퇴한 경우에는 2년)이 경과한 후에 다른 결격사유가 없을 경우 동별 대표자 선거에 입후보하여 선출될 수 있습니다.

나. ~ 다. 동별 대표자 **결격사유(缺格事由)**에 해당하는 사람이 일정 기간 동별 대표자 직무를 수행하였다거나, 관할 지방자치단체에 입주자대표회의의 구성·변경 신고를 하였다고 해서 동별 대표자 결격 사유가 **해소(解消)되는 것**은 **아닙**니다.

라. 관리규약을 개정할 때에는 그 개정안에 "개정 목적, 종전의 관리규약과 달라진 내용, 시·도 관리규약의 준칙과 달라진 내용"을 **적고,** 해당 공동주택단지의 인터넷 홈페이지[인터넷 홈페이지가 없는 경우에는 인터넷포털을 통하여 관리주체가 운영·통제하는 유사한 기능의 웹사이트(Web Site) 또는 관리사무소의 게시판을 말한다. 이하 같다.] 및 동별 게시판(통로별 게시판이 설치된 경우에는 이를 포함한다. 이하 같다.)에 제안 내용을 **공고(公告)하고,** 입주자 등에게 **개별 통지(通知)**하여야 합니다(영 제20조제5항·제3항, 준칙 제104조제2항). 따라서, 입주자 등에 대하여 개별 통지하는 절차를 지키지 않았다면, 그 관리규약의 개정은 유효하지 않을 것이며, 적법한 절차(節次)에 따라 개정하여야 할 것입니다.

✿ 입주자대표회의 변경 신고의 요건(제2기 이후)

[법제처 16 - 0126, 2016.05.20.] 수정 2021.09.11.

【질의 요지】

주택법 시행령 제50조제1항(현행 '공동주택관리법' 제14조제1항)에서 입주자대표회의는 **4명 이상으로 구성**하도록 규정하고 있고, 같은 영 제52조제3항 전단[현행 '공동주택관리법' 제11조제3항, 제19조제1항(제1호·제2호) 본문]에는 주택법 제43조제3항 및 제8항(현행 '공동주택관리법' 제5조제1항, 제18조제2항, 제11조제2항)에 따라 해당 공동주택의 관리방법을 결정·변경한 경우, 관리규약을 제정·개정한 경우나 입주자대표회의를 구성·변경한 경우 등에는 시장·군수·구청장에게

---

158) cf. 「공동주택관리법」 제14조제4항·제5항, 같은 법 시행령 제11조제4항제5호

신고(申告)하도록 규정되어 있으며, 각 같은 항 후단(또는 뒷글)에서는 신고한 사항이 변경(變更)된 경우에도 신고하도록 규정하고 있습니다.

이에 최초로 구성된 공동주택 입주자대표회의(이하 "제1기 입주자대표회의"라 함.) 동별 대표자 전원의 임기 만료를 이유로 제2기 이후의 공동주택 입주자대표회의 구성원인 동별 대표자를 선출하여 주택법 시행령 제52조제3항(현행 '공동주택관리법' 제19조제1항제2호, 같은 법 시행령 제21조, 같은 법 시행규칙 제6조제2항제2호)에 따른 신고를 할 때에 같은 영 제50조제1항(현행 '공동주택관리법' 제14조제1항)에 따른 **"4명 이상"**의 입주자대표회의 **구성 요건**을 충족하여야 하는지요?

〈질의 배경〉

민원인이 관리사무소장으로 있는 공동주택의 제1기 입주자대표회의가 4명 이상으로 구성된 이후에, 그 임기가 종료되어 새로이 동별 대표자를 선출하였으나, 선출된 동별 대표자가 4명에 미달함. 해당 지방자치단체에서 입주자대표회의 구성 요건(要件) 미달(未達)을 이유로 입주자대표회의 구성 변경 신고(申告)를 반려(伴侶)한 것에 대하여 민원인이 국토교통부에 질의하였는데, 국토교통부에서는 제2기 이후의 입주자대표회의의 경우에도 **"4명 이상"**의 입주자대표회의 **구성 요건(要件)**을 충족하여야 한다고 답변하자, 이에 민원인은 이견이 있어 법제처에 법령 해석을 요청함.

【회답】

제1기 입주자대표회의 동별 대표자 **전원의 임기(任期) 만료(滿了)**를 이유로 제2기 이후의 입주자대표회의 구성원인 동별 대표자를 **선출**하여 주택법 시행령 제52조제3항(현행 '공동주택관리법' 제19조제1항제2호, 같은 법 시행령 제21조)에 따른 신고를 할 때에도 같은 영 제50조제1항(현행 '공동주택관리법' 제14조제1항)에 따른 **"4명 이상"**의 **입주자대표회의 구성 요건(構成 要件)**을 **충족하여야** 합니다.

【이유】

'공동주택관리법' 제11조제1항에 입주자 등이 사업주체로부터 공동주택의 관리를 요구받은 때에는 입주자대표회의를 구성하도록 규정되어 있고, '공동주택관리법'

제19조제1항제2호, 같은 법 시행령 제21조 뒷절에서는 해당 공동주택의 입주자대표회의를 구성(構成)한 경우 그 날부터 30일 이내에 시장·군수·구청장에게 신고하도록 규정하고 있으며, '공동주택관리법' 제19조제1항 본문 뒷글에는 신고한 사항이 변경(變更)된 경우에도 신고하도록 규정되어 있습니다.

한편, '공동주택관리법' 제14조제9항에는 "동별 대표자의 임기나 그 제한에 관한 사항, 동별 대표자 또는 입주자대표회의 임원의 선출이나 해임 방법 등 입주자대표회의의 구성 및 운영에 필요한 사항과 입주자대표회의의 의결 방법은 대통령령으로 정한다."라고 규정되어 있고, '공동주택관리법' 제14조제1항에서는 "입주자대표회의는 4명 이상으로 구성(構成)하되, 동별 세대 수에 비례하여 '공동주택관리법' 제18조제2항에 따른 공동주택관리규약으로 정한 선거구에 따라 선출된 대표자(이하 '동별 대표자'라 한다.)로 구성한다."고 규정하고 있습니다.

이에, 이 사안은 제1기 입주자대표회의 동별 대표자 전원의 임기(任期) 만료(滿了)를 이유로 제2기 이후의 공동주택 입주자대표회의 구성원인 동별 대표자를 선출하여 '공동주택관리법' 제19조제1항제2호, 같은 법 시행령 제21조에 따른 신고(申告)를 할 때에 '공동주택관리법' 제14조제1항에 따른 "4명 이상"의 입주자대표회의 구성 요건(構成 要件)을 충족(充足)하여야 하는지에 관한 것이라고 하겠습니다.

먼저, 공동주택의 **입주자대표회의**는 그 **법적 성격**이 스스로 권리·의무의 주체가 될 수 있는 단체로서의 조직을 갖추고 의사결정기관과 대표자가 있을 뿐만 아니라, 현실적으로도 자치관리기구를 지휘·감독하는 등 공동주택의 관리 업무를 수행하고 있으므로, 특별한 다른 사정이 없는 한 **법인 아닌 사단(社團)**에 해당합니다(대법원 2007. 6. 15. 선고 2007다6307 판결 참고). 이와 관련하여, 법인 아닌 사단으로서 **입주자대표회의의 구성과 관련된 규정**은 그 **구성원과 제3자**의 **이해관계**에 **중요한 영향을 미치는 사항**이고, 종전에는 입주자대표회의의 구성원의 수에 관하여 전혀 규정하지 않던 것을 2010년 7월 6일 대통령령 제22254호로 '주택법 시행령' 제50조제1항을 개정하여 **입주자대표회의의 최소 구성원의 수를 "4명 이상"으로 명시**한 점을 고려할 때, 입주자대표회의의 구성 요건에 관한 규정은 **강행규정(强行規定)**으로 보아야 할 것입니다(법제처 2014. 11. 14. 회신 14 - 0628 해석 참고).

그런데, 입주자대표회의를 **"구성(構成)"**한다는 것은 **입주대표회의의 구성원과 임**

원을 선출함으로써 **법인 아닌 사단**으로서 **입주자대표회의**가 그 **목적 달성**에 **이바지**할 수 있도록 그 **형식(形式)**과 **실질(實質)**을 **갖추는 것**을 **의미**한다고 할 것입니다. 이에, 입주자대표회의 **구성원 전원**의 **임기 만료**로 인하여 **새로운 임기**의 **구성원으로 변경(變更)**하는 경우에는 입주자 등으로부터 **새로 위임**을 받아 **새로운 임기의 구성원**으로 **종전 임기**의 **입주자대표회의와는 실질적**으로 **구별**되는 **입주자대표회의의 형식과 실질을 새로이 갖추도록 하는 것**이므로, 전임 입주자대표회의 동별 대표자 전원의 임기 만료로 후임 입주자대표회의 동별 대표자와 임원을 선출하는 것을 **최초로 입주자대표회의**를 **구성**하는 것과 **달리 볼 이유**가 **없다**고 할 것입니다.

그렇다면, 제1기 입주자대표회의 동별 대표자 전원의 임기(任期) 만료(滿了)를 이유로 제2기 이후의 입주자대표회의의 동별 대표자를 새로이 선출하여 신고(申告)하는 경우에도 "4명 이상"으로 입주자대표회의의 구성원 수를 갖추어야 한다고 해석하는 것이 '공동주택관리법' 제14조제1항의 취지에 부합한다고 할 것입니다.

한편, **'공동주택관리법' 제14조제1항**에서 규정하는 "4명 이상"의 입주자대표회의 구성 요건은 입주자대표회의를 최초(最初)로 구성(構成)하는 경우에만 갖추어야 하는 것이므로, 제2기 이후의 입주자대표회의의 구성 변경의 경우에는 적용(適用)되지 않는다는 의견(意見)이 있을 수 있습니다.

그러나, 주택법 시행령 제50조제1항(현행 **'공동주택관리법' 제14조제1항**)은 **입주자대표회의 구성**의 **최소(最少) 요건(要件)**을 **규정한 것**이므로, 전임 입주자대표회의 동별 대표자 전원의 임기 만료로 제2기 이후의 입주자대표회의의 구성원 및 임원을 신고하는 것과 제1기 입주자대표회의 구성 신고를 달리 보기 어려울 뿐만 아니라, 원래 적법하게 "4명 이상"의 입주자대표회의 구성 요건을 갖추었다가 임기 중간에 일부 구성원의 궐위 등으로 "4명 이상"의 구성 요건을 갖추지 못하는 경우라도, 입주자대표기구로서의 성격을 상실하지 않은 경우라면 계속하여 그 기능을 수행할 수 있을 것입니다(법제처 14 – 0628, 2014. 11. 14.). 이와 관련, 궐위된 구성원은 주택법령(현행 '공동주택관리법령')과 관리규약이 정하는 바에 따라 언제든 선출될 수 있고, 새로 선출된 구성원의 임기는 궐위된 전임자의 잔여 임기라는 점 등을 고려할 때 동별 대표자 전원의 임기 만료로 제2기 이후의 입주자대표회의 구성원을 새로이 선출할 때부터 "4명 이상"의 구성 요건을 갖추지 못하는 경우와 동일하게 취급하기 어렵다는 점에서 그러한 의견은 타당하지 않다고 할 것입니다.

이상과 같은 점을 종합해 보면, 제1기 입주자대표회의 동별 대표자 전원의 임기(任期) 만료(滿了)를 이유로 제2기 이후의 입주자대표회의 구성원인 동별 대표자를 선출하여 주택법 시행령 제52조제3항(현행 '공동주택관리법' 제19조제1항제2호, 같은 법 시행령 제21조, 같은 법 시행규칙 제6조제2항제2호)에 따른 신고를 할 때에도 같은 영 제50조제1항(현행 '공동주택관리법' 제14조제1항)에 따른 "4명 이상"의 입주자대표회의 구성 요건(構成 要件)을 충족하여야 한다고 할 것입니다.

✿ 입주자대표회의 구성 신고 수리 전 의결 행위의 효력

[법제처 14 - 0539, 2014.10.20.] 수정 2021.09.11.

【질의 요지】

주택법 제43조제3항(현행 '공동주택관리법' 제11조제3항·제19조제1항제2호, 같은 법 시행령 제21조)에 따른 공동주택의 **입주자대표회의 구성(構成)**에 관한 **신고(申告)**를 시장·군수·구청장이 **수리(受理)**하기 **전(前)**에 그 입주자대표회의가 같은 법 시행령 제51조제1항(현행 '공동주택관리법 시행령' 제14조제2항)의 사항을 **의결(議決)**한 경우 그 의결 **행위(行爲)**가 **효력**있는 것인지 궁금합니다.

※ 질의 배경

부산광역시에서 공동주택의 입주자대표회의 구성에 대한 신고 후 그 수리 전에 있은 의결 행위의 유효 여부에 대해서 국토교통부에 질의하였고, 이에 대하여 국토교통부 안에 이견이 있어 국토교통부가 법령 해석을 요청함.

【회답】

주택법 제43조제3항(현행 '공동주택관리법' 제11조제3항·제19조제1항제2호, 같은 법 시행령 제21조)에 따른 **공동주택의 입주자대표회의 구성(構成)**에 관한 **신고(申告)**를 **시장·군수·구청장**이 **수리(受理)**하기 **전(前)**에 입주자대표회의에서 같은 법 시행령 제51조제1항(현행 '공동주택관리법 시행령' 제14조제2항)의 사항을 의결한 경우에도 그 **의결(議決) 행위(行爲)**는 **유효(有效)하다**고 할 것입니다.

【이유】

'공동주택관리법' 제11조제2항·제3항, '공동주택관리법' 제19조제1항제2호 및 같은 법 시행령 제21조에서 입주자 등이 사업주체로부터 공동주택을 관리할 것을 요구받았을 때에는 그 날부터 3개월 이내에 입주자대표회의를 구성하고, 그 공동주택의 관리방법을 결정(주택관리업자에게 위탁하여 관리하는 방법을 선택한 경우에는 그 주택관리업자의 선정을 포함한다.)하여 이를 30일 이내에 국토교통부령으로 정하는 바에 따라 사업주체에게 통지하고, 관할 시장·군수·구청장에게 신고하도록 규정하고 있습니다. 그리고, '공동주택관리법 시행령' 제14조제2항에는 공동주택 관리방법의 제안(제3호) 등을 입주자대표회의의 의결 사항으로 규정되어 있습니다.

이에, 이 사안은 '공동주택관리법' 제11조제3항·제19조제1항제2호 및 같은 법 시행령 제21조에 따른 공동주택의 입주자대표회의 구성에 관한 신고를 시장·군수·구청장이 수리하기 전에 입주자대표회의에서 '공동주택관리법 시행령' 제14조제2항 각 호의 사항을 의결한 경우 그 행위가 유효한지에 관한 것이라 하겠습니다.

먼저, '공동주택관리법' 제11조제2항 및 제3항의 문장 구조를 살펴보면, 사업주체로부터 공동주택을 관리할 것을 요구받았을 때 입주자 등이 하여야 할 사항은 3개월 이내에 입주자대표회의를 구성하는 것, 공동주택의 관리방법을 결정하여 사업주체에게 통지하는 것, 그리고 관할 시장·군수·구청장에게 신고하여야 하는 것으로 나누어집니다. 이에, 관련 절차 및 서식[159] 등을 규정한 '공동주택관리법 시행규칙' 제3조·제6조를 고려하면, 시장·군수·구청장에게 신고하여야 하는 사항은 "공동주택 관리방법의 결정"과 "입주자대표회의의 구성"이라고 하겠습니다.

여기서, **공동주택**의 **관리방법**을 **결정**하려면 **'공동주택관리법 시행령' 제14조제2항제3호**에 **규정**된 **"공동주택 관리방법의 제안(提案)"**이라는 입주자대표회의의 **의결(議決) 사항(事項)**이 **전제(前提)**되어야 하고, 그러한 **제안**을 하려면 **입주자대표회의**가 **이미 구성(構成)되어 있어야 할 것**입니다. 즉, 입주자대표회의를 구성하고,

---

159) 「공동주택관리법 시행규칙」 제6조 관련 [별지 제5호 서식]

그 공동주택의 관리방법을 결정하여 관할 시장·군수·구청장에게 신고하여야 하므로, 이는 **구성된 후** 아직 **신고되지 않은 입주자대표회의**에서도 **의결**이 **전제**된 **행위**인 **공동주택의 관리방법 등의 결정(決定)**을 **예정(豫定)**하고 있는 것으로써 **입주자대표회의의 구성**에 대한 **신고의 수리 여부**와 **관계없이 의결 행위**를 **비롯**한 **입주자대표회의의 활동 개시**를 **인정(認定)**하는 것으로 보는 것이 **타당**할 것입니다.

또한, 입주자대표회의는 그 법적 성격이 스스로 권리·의무의 주체가 될 수 있는 단체로서의 조직을 갖추고 의사결정기관과 대표자가 있을 뿐만 아니라, 또 현실적으로도 자치관리기구를 지휘·감독하는 등 공동주택의 관리 업무를 수행하고 있으므로, 특별한 다른 사정이 없는 한 **법인 아닌 사단**에 해당(대법원 1991. 4. 23. 선고 91다4478 판결, 대법원 2007. 6. 15. 선고 2007다6307 판결)합니다. 따라서, 이 사안과 같이 사단으로서의 실체를 갖추고, 이미 구성된 입주자대표회의의 명칭, 회장, 감사, 동별 대표자 등의 사항을 '공동주택관리법 시행규칙' 제6조 등에 따라 신고하는 경우에는 그 **신고의 수리 여부와**는 **별개**로 **스스로 구성·운영**되고 있는 **자율적인 조직**으로서 **입주자대표회의의 실체를 부인할 수는 없다** 할 것입니다.

한편, 입주자대표회의 구성에 대한 신고가 **수리를 요하는 신고**이므로(법제처 2012. 4. 3. 회신, 12 - 0117 해석) 시장·군수·구청장이 신고의 적법성을 확인하여 이를 수리한 다음에 의결 행위 등 입주자대표회의의 활동을 시작하는 것이 타당하다는 주장이 제기될 수 있습니다. 그러나, **입주자대표회의의 구성**에 관한 **신고**는 앞으로 구성될 입주자대표회의의 내용에 관한 사전적 신고가 아니라 이미 구성된 **입주자대표회의의 구성 내용**에 관한 **사후적 신고**입니다. 그리고, 이 경우 수리를 요하는 신고라는 것은 시장·군수·구청장의 **"수리를 필요로 한다."**는 **뜻**으로서 **수리를 통해 입주자대표회의 구성**에 관한 **적법성을 확인한다는 것**이지, 수리가 있기 전까지는 행위가 제한되고, 수리 이후의 행위만 유효하게 인정할 수 있다는 의미는 아니라는 점, 입주자대표회의의 구성에 관한 신고가 수리되어야만 유효한 활동이 가능하다고 하면, 위 **신고 전 의결 행위**의 **유효 여부**는 전적으로 **시장·군수·구청장의 판단에 의존**하게 되어 **이미 구성된 입주자대표회의의 존재 및 자율성을 부정**하게 된다는 점 등을 고려할 때 그러한 주장은 **타당하지 않다**고 할 것입니다.

그러므로, 주택법 제43조제3항(현행 '공동주택관리법' 제11조제3항·제19조제1

항제2호 및 같은 법 시행령 제21조)에 따른 공동주택의 입주자대표회의의 구성에 관한 신고를 시장·군수·구청장이 수리(受理)하기 전(前)에 입주자대표회의에서 같은 법 시행령 제51조제1항(현행 '공동주택관리법 시행령' 제14조제2항)의 사항을 의결한 경우에도 그 의결(議決) 행위(行爲)는 유효(有效)하다고 할 것입니다.

충간소음의 방지 등[법 제20조, 준칙 제98조 ~ 제101조]

법 제20조(충간소음의 방지 등) ① 공동주택의 **입주자 등**(임대주택의 임차인을 포함한다. 이하 이 조에서 같다)은 공동주택에서 뛰거나 걷는 동작에서 발생하는 소음이나 음향기기를 사용하는 등의 활동에서 발생하는 소음 등 충간소음[層間騷音 - 벽간소음 등 인접한 세대 간의 소음(대각선에 위치한 세대 간의 소음을 포함한다)을 포함하며, 이하 "충간소음"이라 한다]으로 인하여 다른 입주자 등에게 피해를 주지 아니 하도록 노력하여야 한다. 〈개정 2017.8.9., 2023.10.24.〉

법 제20조(충간소음 발생 사실의 고지와 조치 등) ② 제1항에 따른 충간소음으로 피해를 입은 입주자 등은 **관리주체**에게 충간소음 발생 사실을 알리고, 관리주체가 충간소음 피해를 끼친 해당 입주자 등에게 충간소음 발생을 중단(中斷)하거나, 소음 차단(遮斷) 조치(措置)를 권고(勸告)하도록 요청(要請)할 수 있다. 이 경우 관리주체는 사실 관계 확인(確認)을 위하여 세대 안 확인 등 필요한 조사(調査)를 할 수 있다.

법 제20조(충간소음의 발생 방지 등) ③ 충간소음 피해를 끼친 입주자 등은 제2항에 따른 **관리주체**의 조치 및 권고에 협조(協助)하여야 한다. 〈개정 2017.8.9.〉

법 제20조(충간소음 분쟁의 조정 신청) ④ 제2항에 따른 관리주체의 조치에도 불구하고 충간소음 발생이 계속될 경우에는 충간소음 피해를 입은 입주자 등은 제7항에 따른 공동주택 충간소음관리위원회에 조정(調停)을 신청(申請)할 수 있다.

법 제20조(충간소음의 범위·기준) ⑤ 공동주택 충간소음의 범위(範圍)와 기준(期間)은 국토교통부와 환경부의 공동 부령으로 정한다.

「 '**공동주택 충간소음의 범위와 기준에 관한 규칙**' [시행 2023.1.2.] [국토교통부령 제1185호, 2023.1.2., 일부 개정] [환경부령 제1019호, 2023.1.2., 일부 개정]

* '**공동주택 층간소음의 범위와 기준에 관한 규칙**' 제2조(**층간소음의 범위**) 공동
주택 층간소음의 범위는 **입주자 또는 사용자의 활동으로 인하여 발생하는 소음**으로서
다른 입주자 또는 사용자에게 피해를 주는 다음 각 호의 소음으로 한다. 다만, 욕실, 화
장실 및 다용도실 등에서 급수 · 배수로 인하여 발생하는 소음은 제외한다.

　1. 직접 충격 소음: 뛰거나 걷는 동작 등으로 인하여 발생하는 소음

　2. 공기 전달 소음: 텔레비전, 음향기기 등의 사용으로 인하여 발생하는 소음

 * '**공동주택 층간소음의 범위와 기준에 관한 규칙**' 제3조(**층간소음의 기준**) 공동
주택의 입주자 및 사용자는 공동주택에서 발생하는 층간소음을 [별표]에 따른 기준 이
하가 되도록 노력(努力)하여야 한다. (* cf. [별표])」

　법 제20조(층간소음의 방지 등) ⑥ 관리주체는 필요한 경우 입주자 등을 대상으로
층간소음의 예방, 분쟁의 조정 등을 위한 교육(敎育)을 실시할 수 있다.

　법 제20조(층간소음의 방지 등) ⑦ 입주자 등은 층간소음에 따른 분쟁을 예방하고
조정하기 위하여 관리규약으로 정하는 바160)에 따라 다음 각 호의 **업무**를 **수행**하는 공
동주택 **층간소음관리위원회**(이하 "층간소음관리위원회"라 한다)를 **구성 · 운영**할 수 있
다. 다만, 제2조제1항제2호에 따른 의무 관리 대상 공동주택 중 **대통령령으로 정하는
규모 이상**인 경우에는 층간소음관리위원회를 구성하여야 한다. 〈개정 2023.10.24.〉

　1. 층간소음 민원의 청취 및 사실관계 확인

　2. 분쟁의 자율적인 중재 및 조정

　3. 층간소음 예방을 위한 홍보 및 교육

　4. 그 밖에 층간소음 분쟁 방지 및 예방을 위하여 관리규약으로 정하는 업무

　영 제21조의 2(층간소음관리위원회 구성 의무 대상 공동주택) 법 제20조제7항 각
호 외의 부분 단서에서 "대통령령으로 정하는 규모"란 700세대를 말한다.

　[본조 신설 2024.10.25., 시행 2024.10.25.]

　법 제20조(층간소음의 방지 등) ⑧ 층간소음관리위원회는 다음 각 호의 사람으로
구성한다. 〈신설 2023.10.24., 시행 2024.10.25.〉

　1. 입주자대표회의 또는 임차인대표회의의 구성원

　2. 선거관리위원회 위원

---

160) cf. 「서울특별시공동주택관리규약의 준칙」 제98조 ~ 제101조

3. 제21조에 따른 공동체 생활의 활성화를 위한 단체에서 추천하는 사람

4. 제64조제1항에 따른 관리사무소장

5. 그 밖에 공동주택 관리 분야에 관한 전문지식과 경험을 갖춘 사람으로서 관리규약으로 정하거나 지방자치단체의 장이 추천하는 사람

법 제20조(층간소음의 방지 등) ⑨ 국토교통부장관은 층간소음의 피해 예방 및 분쟁 해결을 지원하기 위하여 다음 각 호의 업무를 수행하는 기관 또는 단체를 지정하여 고시할 수 있다. 〈신설 2023.10.24., 시행 2024.10.25.〉

1. 층간소음의 측정 지원

2. 피해 사례의 조사·상담

3. 층간소음관리위원회의 구성원에 대한 층간소음 예방 및 분쟁 조정 교육

4. 그 밖에 국토교통부장관 또는 지방자치단체의 장이 층간소음과 관련하여 의뢰하거나 위탁하는 업무

법 제20조(층간소음의 방지 등) ⑩ 층간소음관리위원회의 구성원은 제9항에 따라 고시하는 기관 또는 단체에서 실시하는 교육을 성실히 이수하여야 한다. 이 경우 **교육의 시기·방법 및 비용 부담 등에 필요한 사항**은 **대통령령**으로 정한다.

영 제21조의 3(층간소음관리위원회 구성원의 교육) ① 법 제20조제9항에 따라 국토교통부장관이 정하여 고시하는 기관 또는 단체(이하 이 조에서 "층간소음분쟁해결지원기관"이라 한다)는 같은 조 제7항에 따른 공동주택 층간소음관리위원회(이하 "층간소음관리위원회"라 한다)의 구성원에 대하여 **같은 조 제10항에 따라** 층간소음 예방 및 분쟁 조정 교육(이하 이 조에서 "층간소음예방 등 교육"이라 한다)을 하려면 다음 각 호의 사항을 교육 10일 전까지 공고하거나 교육 대상자에게 알려야 한다.

1. 교육 일시, 교육 기간 및 교육 장소

2. 교육 내용

3. 교육 대상자

4. 그 밖에 교육에 관하여 필요한 사항

영 제21조의 3(층간소음관리위원회 구성원의 교육 이수) ② 층간소음관리위원회의 구성원은 매년 4시간의 층간소음예방 등 교육을 이수해야 한다.

영 제21조의 3(층간소음관리위원회 구성원의 교육 방법) ③ 층간소음예방 등 교육

은 집합교육의 방법으로 한다. 다만, 교육 참여 현황의 관리가 가능한 경우에는 그 전부 또는 일부를 온라인 교육으로 할 수 있다.

영 제21조의 3(층간소음관리위원회 구성원의 교육 수료증 발급 등) ④ 층간소음분쟁해결지원기관은 층간소음예방 등 교육을 이수한 사람에게 수료증을 내주어야 한다. 다만, 교육 수료 사실을 층간소음관리위원회의 구성원이 소속된 층간소음관리위원회에 문서로 통보함으로써 수료증의 수여를 갈음할 수 있다.

영 제21조의 3(층간소음관리위원회 구성원의 교육 수강 비용 회계 처리) ⑤ 층간소음관리위원회의 구성원에 대한 층간소음예방 등 교육의 수강 비용은 제23조제8항 후단에 따른 잡수입에서 부담한다.

영 제21조의 3(층간소음관리위원회 구성원의 교육 참여 현황 관리) ⑥ 층간소음분쟁해결지원기관은 층간소음관리위원회 구성원의 층간소음예방 등 교육 참여 현황을 엄격(嚴格)히 관리하여야 한다.

[본조 신설 2024.10.25., 시행 2024.10.25.]

법 제20조(층간소음의 방지 등) ⑪ 층간소음 피해를 입은 입주자 등은 관리주체 또는 층간소음관리위원회의 조치에도 불구하고 층간소음 발생이 계속될 경우 제71조에 따른 공동주택 관리 분쟁조정위원회나 「환경 분쟁 조정법」 제4조에 따른 환경분쟁조정위원회에 조정을 신청할 수 있다. 〈신설 2023.10.24., 시행 2024.10.25.〉

[시행일: 2024.10.25.] 제20조제4항, 제20조제7항 ~ 제20조제11항

* 준칙 제98조부터 제101조까지 – 층간소음(層間騷音)의 예방과 분쟁 조정 등 해결 관련 사항(cf. 영 제19조제1항제22호) 〈개정 2024.7.31.〉

☞ **층간소음에 대한 항의는 어떻게 하나?**

한국아파트신문 2013.05.16. 수정 2024.11.20. 법률상담

질문 사항

고3 수험생을 둔 학부모입니다. 아파트 바로 위층에서 시도 때도 없이 쿵쾅거리고 있어 스트레스를 많이 받습니다. **층간소음**에 대한 **대처법**은 뭐가 있는지요?

답변 내용

아파트 층간소음에 대해서는 다음과 같은 방법을 생각할 수 있습니다.

첫 번째로, 건설사가 아파트 시공 때 층간소음에 대한 기준을 준수하지 아니 하고 시공한 경우 그 건설사를 상대로 손해배상 청구(損害賠償 請求)를 할 수 있습니다.

2005. 7. 1.부터 시행된 「주택 건설 기준 등에 관한 기준」은 아파트 바닥에 대하여 경량충격음은 58데시벨 이하, 중량충격음은 50데시벨 이하가 되게 시공하도록 하고 있습니다. 2005. 7. 1. 이후 사업계획승인을 받은 아파트의 경우 이러한 기준에 미달하면, 정신적 피해와 층간소음을 경감하는 공사 비용 등을 손해배상으로 청구할 수 있습니다. 하지만, 2005. 7. 1. 전에 사업계획승인을 받은 아파트에 대해서는 이러한 층간소음 제한 기준(基準)이 없었으므로, 손해배상 청구는 어렵습니다.

두 번째로, 윗집을 상대로 손해배상 청구를 할 수 있습니다. 소송을 제기하기 전에 소음 발생을 미리 녹음하는 등 입증 자료를 만들어야 하는 어려움이 있습니다. 민사소송으로 인하여 이웃 간 사이가 더욱 악화될 수도 있습니다.

세 번째로, 환경부 '층간소음 이웃사이센터(www.noiseinfo.or.kr)'와 "서울특별시 층간소음 상담실, 이웃분쟁조정센터"라는 곳이 있는데, 접수된 민원에 대하여 전문가 전화 상담 및 현장 소음 측정 서비스를 제공하여 당사자 간의 이해와 분쟁 해결을 유도하고 있으나, 강제 조사 등 법적 권한이 없어 윗집에서 문을 열어주지 않으면 현장 조사 자체를 진행할 수가 없는 등 그 한계점이 있어 피해자의 하소연을 듣는 것 외에 아무것도 할 수 없는 경우가 많다고 합니다. (cf. 「공동주택관리법」 제20조, 「공동주택관리법 시행령」 제21조의 3, 준칙 제98조 ~ 제101조)

네 번째로, 아랫집 사람이 윗집 사람에게 직접 항의하는 방법으로, 윗집에 들어가거나, 초인종을 누르거나, 현관문을 두드리는 등의 행위는 할 수 없고, 다만 전화하거나 문자 메시지 발송, 천장을 가볍게 두드리는 정도의 항의는 가능합니다.

이와 관련하여, 서울중앙지방법원은 '아래층 사람이 층간소음에 항의하면서 윗집 초인종을 누르고, 천장을 두드리는 등의 항의를 하자 위층 사람이 아래층 사람을 상대로 낸 접근 금지 가처분 신청 사건'에서 아래층 사람이 위층 사람의 집을 찾아오거나, 현관을 두드리는 행위 등으로 위층 가족의 평온한 생활을 침해하고 있으므로,

위층 사람의 <u>피보전</u> <u>권리</u>와 <u>보전</u>의 <u>필요성</u>을 인정하여 "아래층 사람은 위층 사람의 집에 들어가거나, 위층 사람 집의 초인종을 누르거나, 현관문을 두드리는 행위를 해서는 아니 된다."며, <u>일부</u> <u>인용</u> <u>결정</u>을 하면서 "전화하거나 문자 메시지 보내지 마라.", "고성 지르지 마라.", "천장 두드리지 마라." 등은 받아들이지 않았습니다. (서울중앙지방법원 2013. 4. 14. 선고 2013카합67 참고)

이번 결정은 두 당사자들이 직접 만나면 폭행(暴行) 등이 발생할 수 있으므로, 이를 금지(禁止)한다는 취지라고 보이며, 전화를 걸거나 문자 메시지 발송, 천장을 가볍게 두드리는 정도의 항의(抗議)는 용인(容認)될 수 있지만 위층 주민을 지나치게 괴롭히는 행위는 하여서는 아니 된다는 뜻이라고 보겠습니다.

간접 흡연의 방지 등[법 제20조의 2, 준칙 제93조ㆍ제94조]

법 제20조의 2(간접 흡연으로 인한 피해의 방지 노력) ① 공동주택의 입주자 등은 발코니, 화장실 등 **세대 안**에서의 **흡연(吸煙)**으로 인하여 다른 입주자 등에게 피해를 주지 아니 하도록 노력하여야 한다. (cf. 준칙 제93조 – 같은 제목, 같은 내용)

법 제20조의 2(간접 흡연의 방지 등) ② 간접 흡연으로 피해를 입은 입주자 등은 관리주체에게 간접 흡연 발생 사실을 알리고, **관리주체**가 간접 흡연 피해를 끼친 해당 입주자 등에게 일정한 장소에서 흡연을 중단하도록 권고할 것을 요청할 수 있다. 이 경우 관리주체는 사실 관계 확인을 위하여 세대 안 확인 등 필요한 조사를 할 수 있다.

– 준칙 제94조(흡연의 중단 권고 등) ① 간접 흡연으로 피해를 입은 입주자 등은 관리주체에게 간접 흡연 발생 사실을 알리고, **관리주체**는 간접 흡연 피해를 끼친 해당 입주자 등에게 일정한 장소에서 흡연을 중단하도록 권고(勸告)할 수 있다.

법 제20조의 2(간접 흡연의 방지 등) ③ 간접 흡연 피해를 끼친 입주자 등은 제2항에 따른 관리주체(管理主體)의 권고(勸告)에 협조(協助)하여야 한다.

* 준칙 제94조(간접 흡연 분쟁 조정 신청 절차 등) ② 간접 흡연 피해를 끼친 입주자 등은 제1항에 따른 관리주체(管理主體)의 조치(措置)에 따라 간접 흡연의 발생 원인 행위를 중단하는 등 협조(協助)하여야 한다.

법 제20조의 2(간접 흡연의 방지 등) ④ 관리주체는 필요한 경우 입주자 등을 대상으로 간접 흡연의 예방, 분쟁의 조정 등을 위한 교육(教育)을 실시할 수 있다.

법 제20조의 2(간접 흡연의 방지 등) ⑤ 입주자 등은 필요한 경우 간접 흡연에 따른 분쟁의 예방, 조정, 교육 등을 위하여 자치적인 조직을 구성하여 운영할 수 있다.

* 준칙 제94조(간접 흡연 분쟁 조정 신청의 안내) ③ 관리주체는 간접 흡연 분쟁 조정에도 불구하고, 분쟁이 계속될 경우에는 간접흡연으로 피해를 입은 입주자 등이 **자치구 공동주택 관리 분쟁조정위원회에 조정을 신청하도록 안내하여야 한다.**[161]

[본조 신설 2017.8.9., 개정 2024.7.31.] [시행일 2018.2.10.]

공동체 생활의 활성화[법 제21조, 준칙 제54조 ~ 제58조]

법 제21조(공동체 생활의 활성화 활동 – 조직 구성, 운영 등) ① 공동주택의 입주자 등은 입주자 등의 소통(疏通) 및 화합(和合) 증진(增進) 등을 위하여 필요한 활동을 자율적으로 실시할 수 있고, 이를 위하여 필요한 조직을 구성하여 운영할 수 있다.

법 제21조(공동체 생활의 활성화 경비의 지원 – 잡수입) ② 입주자대표회의 또는 관리주체는 공동체 생활의 활성화에 필요한 경비의 일부를 재활용품의 매각 수입 등 공동주택을 관리하면서 부수적으로 발생하는 수입에서 지원(支援)할 수 있다.[162] (cf.

---

161) 서울특별시 층간소음·간접흡연 상담실(02-2133-7298), 층간소음 이웃사이센터(1661-2642), 중앙환경분쟁조정위원회(044-201-7969)

162) **준칙 제62조(잡수입의 집행 및 회계 처리 공개) ①** 법 제21조제2항 및 영 제25조제1항 제1호 나목에 따른 잡수입(雜收入 – 총수입 금액에서 노무 인력 지원 비용 등 관련 부대 지출을 차감한 **순액**을 말한다. 이하 이 조에서 같다)은 관리비 등의 회계(會計)와 같은 방법으로 처리(處理)한다. 〈개정 2020.6.10.〉
② 제1항의 잡수입 중 다음 각 호의 사항은 입주자가 적립에 기여한 것으로 보아 **장기수선충당금**으로 **적립하**는 것을 **원칙**으로 하되, 입주자대표회의 의결 후 입주자 3분의 2 이상의 동의를 얻은 경우, 공용부분에 대한 하자 조사, 하자보수 청구, 하자보수보증금 청구 및 하자 소송의 비용으로 적립하거나 지출할 수 있다. 단, 제2호의 경우 제84조제7항에 따라 임대료 수입의 100분의 50 이상을 어린이집 수선에 우선 지출하거나 어린이집 수선을 위하여 적립한다. 〈개정 2023.9.26.〉
1. 중계기 설치에서 발생한 잡수입
2. 공동주택 어린이집 운영에 따른 임대료 등 잡수입
3. 장기수선충당금을 사용한 공사 및 하자보수 관련 공사 공용부분의 보수로 인하여 발생한 폐기물 등의 매각 잡수입
4. 그 밖에 입주자가 적립에 기여한 것이 명백한 잡수입

영 제23조제8항 뒷글·제25조제1항제1호 나목, 준칙 제62조제3항·제5항)

법 제21조(공동체 생활의 활성화 경비의 지원 절차) ③ 제2항에 따른 경비(經費)의 지원(支援)은 관리규약으로 정하거나, 관리규약에 위배되지 아니 하는 범위에서 입주자대표회의의 의결로 정한다(cf. 준칙 제56조제2항, 제62조제3항·제5항. * 영 제19

---

③ 제2항 각 호를 제외한 잡수입은 입주자와 사용자가 함께 적립에 기여한 것으로 간주하며, 제4항 및 제5항에 따라 사용한다. 다만, 주민공동시설(住民共同施設)에서 발생한 잡수입은 제5항의 절차를 준용하여 주민공동시설의 유지 보수(장기수선계획에 따른 장기수선충당금 사용 항목은 제외한다)를 위한 적립금으로 적립(처분)할 수 있다. (cf. 준칙 제62조제5항)

④ 관리주체는 제3항에 따른 잡수입 중 개별 세대가 적립에 기여한 정도를 정량적으로 측정하여 기록·관리할 수 있는 잡수입(재활용품 매각 등)의 경우에, 입주자대표회의 의결을 거쳐 기타 잡수입과는 별도로 해당 잡수입을 세대별 기여도에 따라 차등을 두어 관리비 차감에 사용할 수 있다.

⑤ 관리주체는 제3항에 따른 입주자와 사용자가 함께 적립에 기여한 잡수입은 영 제26조에 따라 편성된 **잡수입 예산액**의 100분의 40 범위 안에서 다음 각 호의 비용을 우선(優先) 지출(支出)할 수 있으며, 잡수입을 지출하는 경우 입주자대표회의 의결(議決)을 거쳐야 한다.

1. 공동체 활성화 단체 지원 비용
2. 주민자치 활동 비용(자율 방범대 운영, 경로잔치 등) : 연간 ○만 원
3. 투표 참여 촉진 비용(온라인 투표 등)
4. **소송비용**(단, 입주자 등의 전체 이익에 부합하여야 하며 소송 대상자, 목적, 소요 비용, 손익 계산 등에 대하여 사전에 공지한 후 입주자 등 과반수의 동의를 받은 경우에 한정한다)
5. 기부금, 불우이웃돕기성금, 수재의연금 등
6. 제100조제2항에 따른 제 비용
7. 제88조제8항에 따른 기계 환기장치 미세먼지 필터 구입 비용

⑥ 제5항제4호의 소송비용을 지원받은 자가 최종적으로 공동주택 관련 법령 및 관리규약 위반에 따른 불법행위로 **유죄판결**(민사소송의 경우 고의 또는 과실이 인정되어 패소한 경우)을 받은 경우, 지원받은 금액은 **반환**하여야 한다.〈신설 2023.9.26.〉

⑦ 관리주체는 「공동주택 회계처리기준」 제41조 규정에 따라 이익잉여금처분계산서를 작성할 때 제4항 및 제5항에 따라 우선(優先) 지출(支出) 후 남은 금액은 다음 각 호와 같이 처분(處分)하고, 영 제14조에 따라 입주자대표회의의 승인(承認)을 받는다.
   1. 우선(優先) 지출(支出) 후 남은 금액의 100분의 ○○ 이상을 다음 회계년도 관리비(管理費)로 차감(差減)할 목적(目的)으로 별도(別途) 적립(積立)한다.
   2. 우선 지출 후 남은 금액에서 제1호에 따라 적립한 나머지 금액은 예비비(豫備費)로 적립한다.

⑧ 예비비(豫備費)는 영 제23조제1항에서 규정하는 관리비 비목에 한정하여 예측할 수 없는 긴급 사유(緊急 事由) 발생 때 예산이 책정되지 않았거나 예산이 부족한 경우에 사용하되, 관리주체가 예비비를 집행하고자 할 때에는 관리비의 지출 비목·지출 사유·금액 등을 작성하여 입주자대표회의의 의결을 받아야 하며, 예비비를 사용한 때에는 그 금액을 관리비 부과 명세서에 별도로 기재하고, 동별 게시판과 공동주택 통합정보마당에 공개하여야 한다.〈개정 2023.9.26.〉

⑨ 관리주체는 잡수입(雜收入)의 발생 현황, 사용 명세 및 잔액을 다음 달 말일까지 동별 게시판과 공동주택 통합정보마당에 공개(公開)하여야 하며, 그에 따른 영수증 및 증빙 자료를 5년 간 관리 보관(保管)하여야 한다.〈개정 2023.9.26.〉

⑩ 관리주체는 영 제26조에 따라 수립하는 사업계획서 및 예산안에 제3항 후단에 따른 주민공동시설의 유지 보수 계획 및 제7항제1호에 따라 적립한 적립금의 차감 계획을 반영하여야 한다.

⑪ 혼합주택단지의 경우 분양주택과 임대주택의 잡수입 배분 방식은 제18조제5항에 따른 협약서로 정하며, 분양주택 단지 몫의 잡수입은 제2항부터 제5항까지와 제7항의 규정에 따라 적립, 지출한다.

조제1항제26호 - 26. "공동체 생활의 활성화에 관한 사항").

　- 준칙 제54조(공동체 생활의 활성화 단체 - 구성 및 활동의 승인 등) ① 단지 안 입주자 등은 법 제21조에 따라 입주자 등의 소통(疏通) 및 화합(和合) 증진(增進)을 위하여 **10명 이상으로** 공동체 생활의 활성화 단체(團體)를 구성(構成)할 수 있고, 필요한 경우 전문가를 예외적으로 포함시킬 수 있다. 〈개정 2023.9.26.〉

　* 준칙 제54조 ② 제1항에 따라 공동체 활성화 단체를 구성하려는 경우에는 그 구성 일시, 구성원의 명단(대표자 등 직위, 주소, 연락처 포함), 활동 목적, 회칙 등이 포함된 [별지 제5 - 1호 서식] "공동체 활성화 단체 구성 신고서"를 **입주자대표회의**에 **제출**하고 **승인**을 **빋아야** 하며, 입주자대표회의는 해당 공동체 활성화 단체 활동이 공동체 활성화와 부합하지 않는 특별한 사정이 없는 한 그 구성 및 활동을 승인하여야 한다.

　* 준칙 제54조 ③ 공동체 생활의 활성화 단체 구성에 따른 세부 운영 사항은 관리규약의 하위 규정으로 정하되, 서울특별시에서 제작·배포한 「공동체 활성화 단체 운영 규정(안)」을 참조할 수 있다. 〈개정 2023.9.26.〉

　- 준칙 제55조(공동체 생활의 활성화 단체의 기능) 단지 안 공동체 생활의 활성화 단체는 입주자 등의 상호 교류를 통한 공동체 생활의 활성화를 유도하며, 봉사활동 등 건전한 커뮤니티 활동을 지원하여 지역사회에 기여하는 것을 목적으로 하며, 활동의 내용은 국토교통부가 정한 「아파트 공동체 활성화 프로그램 운영 매뉴얼」의 내용과 취지에 부합하여야 한다. 〈개정 2020.6.10., 2024.7.31.〉

　- 준칙 제56조(활동과 필요 비용의 지원) ① 제54조제2항에 따라 구성 승인된 공동체 생활의 활성화 단체가 활동 지원을 받고자 할 때에는 사업의 목적, 대상, 기간, 추진 방법, 기대 효과 및 소요 비용 등이 포함된 [별지 제5 - 2호 서식] "사업비 지원 신청서"를 입주자대표회의에 제출하고 승인을 받아야 한다. 〈신설 2020.6.10.〉

　- 준칙 제56조 ② 입주자대표회의는 해당 공동체 생활의 활성화 단체의 활동이 공동체 활성화와 부합하지 않는 특별한 사정이 없는 한 그 활동을 지원(支援)하여야 한다. 사업비 지원 여부 및 지원 액이 결정(決定)되면 그 결정일로부터 7일 이내에 [별지 제5 - 3호 서식] "사업비 결정 통지서"를 해당 단체에 교부(交付)하여야 하며, 동일한 내용을 동별 게시판과 통합정보마당에 공지(公知)하여야 한다. 〈개정 2023.9.26.〉

　* 준칙 제56조 ③ 입주자대표회의는 공동체 생활의 활성화 단체가 추진하는 사업에

필요한 비용을 제62조제5항의 규정에 따른 잡수입으로 사업계획 및 추진 실적 등에 따라 매월 집행할 수 있다(cf. 준칙 제62조제5항). 〈개정 2023.9.26.〉

  * **준칙 제56조 ④** 공동체 생활의 활성화 단체는 활동별 사업 실적 및 결과 보고서(報告書)를 매월(每月) 입주자대표회의에 제출(提出)하여야 한다.

  * **준칙 제56조 ⑤** 공동체 지원 이사는 제54조에 따른 공동체 생활의 활성화 단체 구성 때 사업계획 수립을 지원하여야 하며, 위 제1항에 따른 사업비 지원 신청 때 관련 서류의 적정성 및 구비 여부 등을 확인하여 보완·정정을 요구할 수 있다.

  * **준칙 제56조 ⑥** 관리사무소장은 공동체 생활의 활성화 단체 구성 및 활동 지원과 관련하여 소요 비용 정산에 대한 회계 사무(장부 작성, 지출 증빙, 결산 등)를 지원한다. 이 경우 공동체 생활의 활성화 단체는 적격 지출 증빙 서류(신용카드 매출 전표, 현금 영수증, 세금 계산서 등)를 관리사무소에 제출하여야 한다. 〈개정 2024.7.31.〉

  – **준칙 제57조(공동체 생활의 활성화 단체의 활동 제한)** ① 단지 안 공동체 생활의 활성화 단체는 사전에 입주자대표회의의 의결 또는 사전 협의를 거치지 아니 하고 입주자 등에게 부담을 주는 행위나 기업체 등으로부터 금전의 기부 등을 받을 수 없다.

  * **준칙 제57조 ②** 공동체 생활의 활성화 단체는 제1항 또는 제56조제3항에도 불구하고 시·자치구로부터 공모 사업 등을 통해 예산 등을 지원받을 수 있다.

  – **준칙 제58조(봉사활동을 위한 전담 운영자)** ① 단지 안 공동체 생활의 활성화 단체는 공동체 활성화 사업을 체계적으로 운영하기 위하여 전담 운영자를 지정할 수 있고, 소정의 사례비(현금 외에도 명칭을 불문하고 단지 안에서 물품, 서비스와 교환할 수 있는 봉사 점수 등을 포함한다)를 지급할 수 있다. 〈개정 2024.7.31.〉

  * **준칙 제58조 ②** 전담 운영자는 단지 안·밖 공동체 생활의 활성화 사업을 위한 외부의 자원봉사 네트워크를 갖추기 위한 활동을 할 수 있다.

입주자대표회의 운영비 증액, 공동체 활성화 사업비 사용 절차

주택건설공급과 – 4434, 2012.08.16. 수정 2024.08.29.

질문 사항

1) 입주자대표회의 **운영비**(관리규약에 규정)를 입주자대표회의에서 **증액**이 가능한지 여부와 공동체 활성화를 위한 운영비 중 **공란**("00만 원") **확정** 때의 **절차**.

2) 공동주택 입주자 등의 색소폰(Saxophone) 연주회(演奏會) **행사 경비**를 입주자대표회의의 의결로 **잡수입**에서 **지출**이 가능한지 여부 문의.

답변 내용

1) 입주자대표회의 **운영비**가 관리규약에 규정되어 있거나 '공란(00)'으로 되어 있다면, 입주자대표회의의 의결로 운영비를 증액하거나 결정 등 변경할 수는 없습니다. 이에, **공동주택관리규약**을 **개정**(입주자대표회의의 의결에 따른 제안 또는 입주자 등 10분의 1 이상이 서면으로 제안하여 전체 입주자 등의 과반수가 찬성하는 방법으로 결정)하고,[163] **개정 관리규약**을 시·군·구에 **신고**(법 제19조제1항제1호, 영 제21조, 규칙 제6조)한 후 그 **'운영비 사용 규정'**에 따라야 할 것입니다.

2) 질의 사안 색소폰(Saxophone) 연주회 행사 경비는 **공동체 생활의 활성화**에 관한 사항으로 봐 **입주자대표회의**의 **의결**로써 잡수입에서 지출이 가능할 것으로 사료됩니다(법 제21조제2항·제3항, 영 제14조제2항제16호, cf. 영 제19조제1항제18호·제26호, 준칙 제56조제3항·제62조제5항, 영 제26조제1항제1호).[164]

공동체 생활의 활성화 사업비의 지출(잡수입 등)

〈주택건설공급과 – 4125, 2011.07.14.〉 수정 2023.10.10.

질문 사항

우리 공동주택 입주자대표회의 **운영비** 중 **공동체 활성화 비용**(관리사무소 야유회 지원금, 부녀회·노인정 지원금, 체육대회 지원금)을 책정하고, 입주자 등의 부담 없이 **예비비(豫備費)**에서 **지출**하기로 **의결**하여 입주자 등 과반수의 동의를 받아 공동주택 관리규약을 개정·신고하였으나, 관할 지방자치단체에서 이 개정 내용이

---

163) 舊 주택법 시행령 제57조제3항, 현행 「공동주택관리법 시행령」 제20조제5항·제3조
164) cf. 「공동주택관리법」 제21조제2항·제3항, 준칙 제54조 ~ 58조

잘못되었다고 하는 것이 타당한지요?

답변 내용

질의 사항의 '공동체 생활의 활성화 사업비'는 ① 「공동주택관리법 시행령」 제26조제1항에 따라 관리비 등의 **사업계획(서)** 및 **예산(서)**에 편성하여 입주자대표회의의 **승인**을 받거나, ② 같은 영 제14조제2항제16호에 따라 **공동체 생활의 활성화**에 관한 사항 등으로 입주자대표회의의 **의결**을 받은 경우,[165] 또는 ③ 같은 영 제19조제1항제18호 · 제26호에 따라 개별 **공동주택 관리규약**에 **규정**한 경우[166] 잡수입(雜收入) 등에서 **지출**이 가능할 것입니다(cf. 예비비 - 준칙 제62조제8항).

공동체 생활의 활성화(영 제14조제2항제16호) 요건 등

성명 OOO 등록일 2014.01.05. 수정 2024.11.20.

질문 사항

「공동주택관리법 시행령」 제14조제2항제16호에 **"공동체 생활의 활성화** 및 질서 유지에 관한 사항"이 입주자대표회의의 의결 사항으로 규정되어 있고, 국토교통부는 "같은 조의 공동체 생활의 활성화에 관한 사항으로 **의결**을 받은 경우 **잡수입**을 **사용**할 수 있다."라고 답변하고 있습니다. 이 규정에 따라 잡수입의 방만한 집행과 부당 사용이 이루어지고, 모든 잡수입 집행에 명목을 붙이면 그만인 상황입니다.

질문) 「공동주택관리법 시행령」 제14조제2항제16호의 **공동체 생활의 활성화**의 법률적 **정의,** 이 규정의 도입 **취지,** 공동체 활성화가 되기 위한 최소한의 **요건**은 무엇입니까? 법령에 규정된 사항에 대하여 법제처의 법령 해석을 요청합니다.

답변 내용

"공동체 생활의 활성화 및 질서 유지에 관한 사항"은 **입주자대표회의 의결 사항(「**

---

165) cf. 법 제21조제2항 · 제3항, 준칙 제56조제1항 · 제2항, 제62조제3항 ~ 제5항
166) cf. 준칙 제56조제3항, 제62조제3항 ~ 제5항, 제62조제8항(* 예비비), 법 제21조제3항

공동주택관리법 시행령」 제14조제2항제16호)입니다. 그리고, 공동주택의 **잡수입**은 ① 관리비 등의 **사업계획** 및 **예산안**에 반영하여 입주자대표회의의 **승인**을 받은 경우(같은 영 제26조제1항 · 제14조제2항제4호), ② **공동체 생활의 활성화**에 관한 사항 등으로 입주자대표회의의 **의결**을 받은 경우(「공동주택관리법」 제21조제2항 · 제3항, 같은 영 제14조제2항제16호), ③ 또는 당해 **공동주택 관리규약**에 **규정**한 경우[같은 법 제18조제2항, 같은 영 제19조제1항제18호(관리 등으로 인하여 발생한 수입의 용도 및 사용 절차) · 제26호)[167]에 한정하여 **사용**할 수 있을 것입니다.

부녀회 업무추진비(공동체 생활의 활성화 사업비)의 지급

성명 OOO 등록일 2014.02.05. 수정 2024.08.29.

질문 사항

우리 아파트 **관리규약**에 "**공동체 활성화**를 위한 **비용**으로 잡수입(雜收入)의 30% 이내에서 사용할 수 있으며, 자생단체는 공동체 활성화 사업을 하기 위하여 사업비(事業費)를 필요로 하는 경우에는 해당 자생단체의 명의로 입주자대표회의에 사업계획서(事業計劃書)를 작성하여 제출하여야 한다."고 **규정**되어 있습니다.

따라서, 부녀회에서 매월 정기적으로 50만 원을 업무추진비(業務推進費)로 요구할 경우 입주자대표회의에서 **공동체 활성화**를 위한 **지원금**으로 **처리**가 가능한가요? 또한, 입주자대표회의의 의결로 업무추진비의 명목으로 지급이 가능합니까? 지출에 대한 영수증이나 증빙 자료가 있어야 하는지요?

답변 내용

ㅇ 공동주택관리법령에 부녀회의 업무추진비에 대하여 정하고 있는 내용은 없으나, 개별 공동주택에서 공동체 생활의 활성화를 위하여 **잡수입**으로 **공동체 생활의 활성화 단체**로서의 부녀회를 **지원**할 수는 있을 것입니다(cf. 준칙 제3조제12호).

─ 이와 관련, 공동주택의 **잡수입**은 ① 관리비 등의 **사업계획** 및 **예산안**에 편성하

---

167) cf. 준칙 제54조 ～ 제58조, 제62조제3항 ～ 제5항(· 제56조제3항) · 제8항(예비비)

여 입주자대표회의의 **승인(承認)**을 받은 경우(「공동주택관리법 시행령」 제26조제1항 · 제14조제2항제4호), **② 공동체 생활의 활성화**에 관한 사항 등으로 입주자대표회의의 **의결(議決)**을 받은 경우(「공동주택관리법」 제21조제2항 · 제3항, 같은 영 제14조제2항제16호), **③** 또는 당해 **공동주택 관리규약**에 **규정(規定)**한 경우(같은 영 제19조제1항제18호 · 제26호)168)에 한정하여 **사용**할 수 있을 것입니다.

  – 또한, 의무 관리 대상 공동주택의 **관리주체**는 관리비 등의 징수 · 보관 · 예치 · 집행 등 **모든 거래 행위**에 관하여 **월별**로 **작성**한 **장부**를 그 **증빙서류**와 함께 **해당 회계년도 종료일부터 5년 동안 보관**하여야 합니다(같은 법 제27조제1항제1호). 따라서, 관리주체가 부녀회 등 공동체 생활의 활성화 단체에 업무추진비(공동체 생활의 활성화 사업비)를 지급할 때 이를 기록하고, 수령증 등을 첨부하여 관리하는 등 세부적인 사항에 대하여는 **개별 공동주택**에서 **관리규약 등**이 **정하는 바**에 따라 **합리적**으로 **결정**하여 **처리**할 **사항**입니다. (cf. 「공동주택 회계처리기준」 제17조)

공동체 생활의 활성화 단체 지원금의 예산 과목

성명 OOO 등록일 2014.03.05. 수정 2024.08.11.

질문 사항

자생단체(경로회) 지원금은 잡수입 재원을 가지고 예산을 편성할 때 잡지출 항목으로 하여야 하나요? 또는, 일반관리비 항목으로 **계정**을 설정하여야 하는지요?

답변 내용

공동주택의 "회계 관리 및 회계감사에 관한 사항"은 **관리규약**으로 정하도록 규정하고 있으므로(법 제18조제2항, 영 제19조제1항제15호),169) 공동주택 관리규약으로 정한 내용에 따르기 바랍니다. 이와 관련, 해당 공동주택 관리규약에 '관리 외 수익(잡수입)'의 집행 및 회계 처리를 공동관리비(共同管理費)에서 차감(差減)하거

---

168) cf. 준칙 제56조제2항, 제62조제3항 ~ 제5항, 제62조제7항제2호 · 제8항(예비비 사용)

169) cf. 준칙 제29조제6항 [별첨 2] 「입주자대표회의의 감사 업무 규정」, 제77조. 제82조

나, 관리비 예비비(豫備費)로 **적립(積立)**하도록 **용도**를 **한정**(cf. 준칙 제62조제7항 제2호)하고 있다면, 그에 따라 잡수입(雜收入)을 **집행**하여야 할 것입니다.[170]

전자적 방법을 통한 의사결정[법 제22조, 준칙 제51조]

법 제22조(전자적 방법을 통한 입주자 등의 의사결정) ① 입주자 등은 동별 대표자나 입주자대표회의의 임원을 선출하는 등 공동주택의 관리와 관련하여 의사(意思)를 결정(決定)하는 경우(**서면 동의**에 의하여 **의사**를 **결정**하는 경우를 **포함**한다) 대통령령으로 정하는 바에 따라 **전자적 방법**(「전자 문서 및 전자 거래 기본법」 제2조제2호에 따른 정보처리시스템[171]을 사용하거나, 그 밖에 정보통신기술을 이용하는 방법을 말한다)을 통하여 그 **의사**를 **결정**할 수 있다. 〈개정 2017.8.9., 2021.4.13.〉

영 제22조(전자적 방법을 통한 입주자 등의 의사결정) ① 입주자 등은 법 제22조제1항에 따라 전자적 방법으로 의결권을 행사(이하 **"전자 투표"**라 한다)하는 경우에는 다음 각 호의 어느 하나에 해당하는 방법으로 **본인(本人) 확인(確認)**을 거쳐야 한다.

1. 휴대 전화를 통한 본인 인증 등 「정보통신망 이용 촉진 및 정보 보호 등에 관한 법률」 제23조의 3에 따른 본인 확인 기관에서 제공하는 본인 확인의 방법

2. 「전자 서명법」 제2조제2호에 따른 전자(電子) 서명(署名) 또는 같은 법 제2조제6호에 따른 인증서(認證書)를 통한 본인 확인의 방법 〈개정 2020.12.8.〉

3. 그 밖에 관리규약에서 「전자 문서 및 전자 거래 기본법」 제2조제1호에 따른 전자문서를 제출하는 등 본인 확인 절차를 정하는 경우에는 그에 따른 본인 확인의 방법

영 제22조(전자적 방법을 통한 입주자 등의 의사결정) ② 관리주체, 입주자대표회의, 의무 관리 대상 전환 공동주택의 관리인(管理人) 또는 선거관리위원회는 제1항에 따라 전자(電子) 투표(投票)를 실시하려는 경우에는 다음 각 호의 사항을 입주자 등에

---

170) cf. 준칙 제62조(잡수입의 회계 처리) 1. 장기수선충당금 적립, 2. 공동체 생활의 활성화 사업비, 3. 공동관리비 차감, 4. 예비비 적립, 「공동주택 회계처리기준」 제47조

171) 「전자 문서 및 전자 거래 기본법」 제2조 1. "전자(電子) 문서(文書)"란 정보처리시스템에 의하여 전자적 형태로 작성, 송신·수신 또는 저장된 정보를 말한다.
제2조 2. "정보처리시스템"이란 전자 문서의 작성·변환, 송신·수신 또는 저장을 위하여 이용되는 정보 처리 능력을 가진 전자적 장치 또는 체계를 말한다.

게 미리 알려야 한다. 〈개정 2020.4.24., 시행 2020.4.24.〉

1. 전자 투표를 하는 방법

2. 전자 투표 기간

3. 그 밖에 전자 투표의 실시에 필요한 기술적인 사항

– 준칙 제51조(전자적 방법을 통한 입주자 등의 의사결정) ① 입주자 등은 공동주택의 관리와 관련하여 의사를 결정하는 경우**(서면 동의**에 의하여 의사를 결정하는 경우 **포함)** 전자적 방법(「전자 문서 및 전자 거래 기본법」 제2조제2호에 따른 정보 시스템을 사용하거나 그밖에 정보통신기술을 이용하는 방법)으로 의사를 결정할 수 있으며, 이는 **서면 동의**에 의한 의사결정과 **동일**한 **효력**을 갖는다. 〈개정 2021.4.5.〉

* 준칙 제51조(전자 투표를 하는 경우 본인 확인 방법) ② 입주자 등이 법 제22조제1항에 따라 전자적 방법으로 의결권을 행사하는 경우에는 영 제22조제1항 각 호 중 하나의 방법으로 본인 확인 절차를 거쳐야 하며, 영 제22조제1항제3호에 따른 본인(本人) 확인(確認)의 방법(方法)은 다음 각 호와 같다. 〈개정 2021.4.5.〉

1. 전자우편 또는 휴대 전화 문자 등 「전자 서명법」 제2조제1호에 따른 전자 문서(電子 文書)를 제출(提出)하는 방법 〈개정 2024.7.31.〉

2. 「전산 조직에 의한 투표 및 개표에 관한 규칙」 제3조에 따른 터치 스크린[Touch Screen] 전자 투표 때 「공직 선거법」 제157조제1항에 따른 신분증명서(身分證明書)를 확인(確認)한 후, 같은 규칙 제9호에 따른 투표권 카드를 사용하는 방법

* 준칙 제51조(전자 투표를 실시하는 방법 등) ③ 제1항에 따른 **전자 투표**를 실시하는 경우에도 보통·평등·직접·비밀(秘密) 투표가 보장(保障)되어야 하며, **현장 투표(전자적 방법을 포함**한다)가 가능하도록 **별도**의 **투표소(投票所)**를 **운영(運營)**하여야 한다. 〈개정 2023.9.26., 2024.7.31.〉

* 준칙 제51조(전자 투표를 실시하는 경우 다른 투표 방법 병행) ④ 제1항에 따른 **전자 투표**를 실시하는 경우에도 선거관리위원회의 의결을 통하여 전자 투표 외의 **다른 투표 방식**을 **병행(竝行)**할 수 있다. 이 때 다른 투표 방식도 보통·평등·직접·비밀 투표가 보장되어야 하며, **전자 투표와 같은 기간** 동안 **투표**를 **실시**하여야 한다. 또한 해당 투표 방법의 공지에 관하여서는 제5항을 준용한다. 〈개정 2023.9.26.〉

* 준칙 제51조(전자 투표에 필요한 사항 등의 공지) ⑤ 선거관리위원회는 전자 투표

를 실시하려는 경우에는 전자 투표 방법, 전자 투표 기간, 그 밖에 전자 투표에 필요한 사항 등을 투표 전 날부터 역산(逆算)하여 **5일 전까지** 입주자 등에게 동별 게시판 및 공동주택 통합정보마당에 공개하여야 한다. 〈개정 2023.9.26.〉

법 제22조(전자적 방법을 통한 입주자 등의 의사결정) ② 의무 관리 대상 공동주택의 입주자대표회의, 관리주체 및 선거관리위원회는 입주자 등의 참여를 확대하기 위하여 제1항에 따른 공동주택의 관리와 관련한 의사결정에 대하여 전자적 방법을 우선적으로 이용하도록 노력(勞力)하여야 한다. 〈신설 2021.4.13.〉

[시행일 : 2021.10.14.] 제22조

관리규약의 변경 등 입주자 등의 의사결정 방법

성명 OOO 등록일 2014.12.29. 수정 2024.08.29.

질문 사항

관리규약의 변경을 입주자대표회의에서 제안하고, 전체 입주자 등의 과반수가 동의(찬성)하는 방법으로 진행하기 위하여 전자 투표를 실시하고자 합니다. **관리규약 변경**을 위한 **전자 투표**를 하였을 경우 전자 투표 기간(2일) 전체 입주자 등의 과반수 참여가 이루어지지 않거나, 설사 약 55%가 투표에 참여하여 찬성이 49%, 반대자가 6%일 경우, 이 안건은 부결인지 궁금합니다. 만약, **방문 투표**와 **겸**하여 **실시**하여도 된다면, 어떤 **방법**으로 전자 투표와 방문 투표를 병행할 수 있는지요.

답변 내용

질의 사안 주택법 제43조의 5(현행 「공동주택관리법」 제22조제1항) **"전자적 방법**을 통한 입주자 등의 **의사결정**[舊 주택법 시행일: 2014. 6. 25.]"은 주택법 시행령 제56조의 2 제1항(현행 「공동주택관리법 시행령」 제22조제1항)에 따라 **본인 확인 절차**(cf. 준칙 제51조제2항)를 거친다면, 중앙선거관리위원회 전자 투표 서비스 외에 다른 온라인 투표 사이트를 이용할 수 있으며, **전자투표**를 실시하는 경우에도 선거관리위원회의 의결을 통하여 전자투표 외의 **다른 투표 방식**을 **병행(竝行)**할 수 있습니다(cf. 준칙 제51조제3항 뒷절·제4항). 이와 관련, 안건의 부결 여부 등 보다 실무적인 사항은 「공동주택관리법」 제93조제1항에 기하여 공동주택 관리에 대한 지도·감독 업무를 담당하는 지방자치단체에 문의하기 바랍니다.

'전자 투표제'와 기존 '종이 투표제'의 병행 실시 가능 여부

성명 OOO 등록일 2014.10.28. 수정 2024.08.29.

질문 사항

주택법 제43조의 5(현행 「공동주택관리법」 제22조), 같은 법 시행령 제56조의 2(현행 「공동주택관리법 시행령」 제22조)에 근거하여 동별 대표자, 회장, 감사의 선거와 관리규약 개정 방법으로 **'온라인 투표제'**를 **도입**하고자 합니다. 이 경우 '전자 투표제'와 **'종이 투표제'**를 **함께 시행**할 수 있는지 궁금합니다.

질문 내용

주택법 제43조의 5(현행 「공동주택관리법」 제22조) **"전자적 방법**을 통한 입주자 등의 **의사결정**[舊 주택법 시행일: 2014. 6. 25.]"은 주택법 시행령 제56조의 2 제1항(현행 「공동주택관리법 시행령」 제22조제1항)에 따라 **본인 확인** 절차(cf. 준칙 제51조제2항)를 거친다면, 중앙선거관리위원회 온라인 투표 서비스 외에 다른 전자 투표 사이트를 이용할 수 있으며, **현장 투표(**전자적 방법을 포함한다)가 **가능하도록 별도**의 **투표소(投票所)**를 **운영(運營)**하여야 합니다(cf. 준칙 제51조제3항 뒷절·제4항). 이와 관련, 공동주택관리규약의 개정에 대한 사항은 「공동주택관리법」 제18조, 같은 법 시행령 제19조·제20조·제21조(cf. 준칙 제104조, 제105조, 제106조)와 같은 법 시행규칙 제6조를 참고하기 바랍니다.

입주자대표회의 구성되지 않아도 전자 투표 도입할 수 있어

〈주택건설공급과 – 2014.04.16.〉 수정 2021.08.16.

질문 사항

우리 아파트는 입주하고 얼마 되지 않아 **입주자대표회의**가 **구성**되지 않았습니다. 입주자대표회의가 구성되지 않으면, **전자 투표제**를 **도입**할 수 없는 것인지요.

답변 내용

– 「공동주택관리법」 제22조(전자적 방법을 통한 의사결정) 제1항에 따라 **"입주자 등(入住者 等)**은 동별 대표자나 입주자대표회의의 임원을 선출하는 등 **공동주택**의 **관리**와 **관련**하여 **의사**를 **결정**하는 경우(**서면 동의**에 의하여 **의사**를 **결정**하는 경우를 **포함**한다.) 대통령령으로 정하는 바에 따라 **전자적 방법(電子的 方法** – 「전자문서 및 전자 거래 기본법」 제2조제2호에 따른 정보처리시스템을 사용하거나, 그밖에 정보통신기술을 이용하는 방법을 말한다. 이하 같다.)을 통하여 그 **의사(意思)**를 **결정(決定)**할 수 있다.**〈개정 2017. 8. 9., 2021. 4. 13.〉

– 따라서, 입주자대표회의가 구성되지 않은 경우에도 해당 공동주택에서 **입주자 등이** 필요성 여부 등을 **판단**하여 **선거관리위원회**나 관리인 또는 **관리주체**의 **주관**으로 **전자적(電子的) 방법(方法)**을 통해서 동별 대표자 등을 선출하는 등 **입주자 등**의 **의사**를 **결정**할 수 있는 것이다(cf. 영 제22조제2항, 준칙 제51조제1항).

전자 투표 (유권자) 본인 인증 방법 – 해당 기관 지정

작성일 2023.05.22. 수정 2023.07.21.

질문 사항 : 전자투표 본인 인증 방법

금연 아파트 지정 투표를 진행하려고 합니다. 「공동주택관리법」 제22조에 따라 **전자적 방법**으로 **의사 결정 절차**를 **진행**할 경우 **본인 인증 방법** 중 XpERP 회계 프로그램을 통한 전자투표는 제22조에 해당하지 않는다고 하는데요.

1. 맞는 것인지요. 2. 이미 전자투표를 하였을 경우(회계 프로그램을 통한) 무효가 되는 것인지요. 3. 본인 인증 방법은 어떻게 하는 하여야 맞는 것인지요.

답변 내용 : 전자투표 운영사에 본인 확인 방법 합법 여부 확인해야

1. 공동주택관리법령에서 인정하고 있는 전자적 방법을 통한 의결권을 행사할 때의 **본인 확인 방법**은 "**1.** 휴대전화를 통한 본인 인증 등 「정보통신망 이용 촉진 및 정보 보호 등에 관한 법률」 제23조의 3에 따른 본인 확인 기관에서 제공하는 **본인 확인의 방법**. **2.** 「전자 서명법」 제2조제2호에 따른 전자 서명 또는 같은 법 제2조제6호에 따른 인증서를 통한 **본인 확인의 방법**. **3.** 그 밖에 관리규약에서 「전자 문서 및 전자 거래 기본법」 제2조제1호에 따른 전자 문서를 제출하는 등 본인 확인 절차를 정하는 경우에는 그에 따른 **본인 확인의 방법"**입니다.

1.의 방법에 따라 정보통신위원회에서 지정한 본인 확인 기관(4개 금융사 등)에서 제공하는 본인 확인의 방법인 경우, **2.의 방법**에 따라 'XpERP 전자투표시스템'으로 진행하는 본인 서명의 입력이 서명자의 신원, 서명자가 해당 전자 문서에 서명하였다는 사실을 나타내는 데 이용하기 위하여 전자 문서에 첨부되거나 논리적으로 결합된 전자적 형태의 정보에 해당하는 경우, **3.의 방법**에 따라 정보처리시스템에 의하여 전자적 형태로 작성·변환되거나 송신·수신 또는 저장된 정보를 제출하는 본인 확인 절차인 경우라면 **공동주택관리법령에 따른 전자투표 방법으로 인정**될 수 있을 것입니다(cf. 준칙 제51조제2항). 다만, 기술적으로 위의 3가지 경우에 해당하는지 여부는 해당 공동주택에서 이용하고자 하는 전자투표시스템의 운영사에 문의하여야 할 사항으로서, 어떤 전자투표 방법이 공동주택관리법령에 적합한 것인지는 답변하기 어렵다는 것을 양해하시기 바랍니다.

전자투표비용의 회계 처리(잡수입, 선거관리위원회 운영경비)

작성일 2020.10.14. 수정 2024.02.16.

질문 사항

동별 대표자 선거 및 입주자대표회의의 회장, 감사 선거에 필요한 **전자투표비용**의 **회계 처리**에 대하여 질의 드립니다. 우리 아파트는 k-voting 시스템을 이용하여 전자투표를 해오고 있으며, 현재 동별 대표자 선거를 진행 중에 있습니다.

이와 관련하여, 동별 대표자 선거 등 입주자 등의 의사결정 때 발생하는 전자투표 수수료(세대당 770원, 재선거 세대당 550원)를 **'선거관리위원회 운영경비'**로 회계 **처리**할 수 있는지 알고 싶습니다.

답변 내용

「공동주택관리법」 제22조제1항에 "입주자 등은 동별 대표자나 입주자대표회의의 임원을 선출하는 등 공동주택의 관리와 관련하여 의사를 결정하는 경우 대통령령으로 성하는 바에 따라 **전자투표**를 통하여 그 의사를 결정할 수 있다."고 규정되어 있습니다. 그리고, **같은 법 제18조제2항** 및 **같은 법 시행령 제19조제1항**제3호에서 "동별 대표자의 선거구, 선출 절차와 해임 사유, 절차 등에 관한 사항"을, **제4호**에서는 **"선거관리위원회의 구성, 운영, 업무, 경비,** 위원의 선임, 해임 및 임기 등에 관한 사항"**을 **관리규약**에 정하여야 하는 것으로 규정하고 있습니다.

한편, □□□□도 공동주택관리규약 준칙 제36조에 "선거관리위원회는 **전자투표** 때 시행령 제22조에 따른다."고 규정되어 있고, 제63조에서는 **"전자투표 등의 투표 참여 촉진 비용**은 입주자와 사용자 공동 기여 **잡수입**의 우선 **지출 항목**으로 집행한다."고 규정하고 있습니다(cf. 「서울특별시공동주택관리규약 준칙」 제51조제1항, 제53조제1항제7호, 제62조제5항제3호).

이와 관련, 「공동주택관리법」에서 "전자투표를 할 수 있다."고 정하고 있고, 해당 공동주택의 **관리규약**에도 전자투표 시행에 대하여 **규정**되어 있다면, **전자투표비용**은 **선거관리위원회 운영경비**에 포함시킬 수 있는 **성격**의 것으로 판단되나 이 비용에 대한 **내용**은 관리규약의 "선거관리위원회 운영경비" 조항에 명확하게 **반영**한 후 **집행**하는 것이 타당할 것으로 사료됩니다.

제4장 관리비 및 회계 운영

관리비 등의 구성 내용과 납부, 부과·징수 등[법 제23조]

법 제23조(관리비 등의 납부 의무) ① 의무 관리 대상 **공동주택**의 **입주자 등**은 그 공동주택의 **유지 관리**를 위하여 필요한 **관리비**를 관리주체에게 **납부**하여야 한다.

법 제23조(관리비의 내용 등에 필요한 사항) ② 제1항에 따른 관리비(管理費)의 내용(內容) 등에 필요한 사항은 **대통령령(大統領令)**으로 정한다.

영 제23조(관리비의 비목별 세부 명세 등) ① 법 제23조에 따른 **관리비**는 **다음 각 호의 비목**의 **월별 금액**의 **합계액**으로 하며, **비목별 세부 명세**는 **[별표 2]**와 같다.

  1. 일반관리비
  2. 청소비
  3. 경비비
  4. 소독비
  5. 승강기유지비
  6. 지능형 홈네트워크 설비 유지비
  7. 난방비(「주택 건설 기준 등에 관한 규정」 제37조에 따라 난방 열량을 측정하는 계량기 등이 설치된 공동주택의 경우에는 그 계량에 따라 산정한 난방비를 말한다)
  8. 급탕비(給湯費)
  9. 수선유지비(냉방·난방시설의 청소비를 포함한다)
  10. 위탁관리수수료

영 제23조(관리비와 구분하여 징수하는 비용) ② 관리주체는 다음 각 호의 비용(費用)에 대해서는 제1항에 따른 관리비와 구분(區分)하여 징수(徵收)하여야 한다.

  1. 장기수선충당금(cf. 집합건물법 시행령 제5조의 4 제1항)

2. 제40조제2항 단서에 따른 안전진단 실시 비용

법 제23조(사용료 등의 납부 대행) ③ 제1항에 따른 관리주체는 입주자 등이 납부하는 **대통령령**으로 정하는 **사용료 등(使用料 等)**을 입주자 등을 **대행(代行)**하여 그 사용료 등을 받을 자에게 **납부(納付)**할 수 있다.

영 제23조(사용료 등의 비목별 세부 명세) ③ 법 제23조제3항에서 "대통령령으로 정하는 사용료 등(使用料 等)"이란 다음 각 호의 사용료 등을 말한다.

1. 전기료(공동으로 사용하는 시설의 전기료를 포함한다)

2. 수도료(공동으로 사용하는 수도료를 포함한다)

3. 가스사용료

4. 지역난방 방식인 공동주택의 난방비와 급탕비

5. 정화조오물수거수수료

6. 생활폐기물수거수수료

7. 공동주택단지 안의 건물 전체를 대상으로 하는 보험료

8. 입주자대표회의 운영 경비

9. 선거관리위원회 운영 경비

10. 「방송법」 제64조에 따른 텔레비전방송수신료 〈신설 2024.6.11.〉

영 제23조(공용 시설물 이용료의 부과·징수) ④ 관리주체는 **주민공동시설**, 인양기 등 공용 시설물(共用 施設物)의 **이용료(利用料)**를 **해당 시설**의 **이용자**에게 **따로 부과(賦課)**할 수 있다. 이 경우 제29조에 따라 주민공동시설의 **운영**을 **위탁**한 경우의 주민공동시설 **이용료**는 주민공동시설의 **위탁**에 따른 **수수료 및** 주민공동시설 **관리 비용 등의 범위**에서 정하여 **부과·징수**하여야 한다.[172] 〈개정 2017.1.10.〉

영 제23조(2세대 이상 공동 사용 시설의 보수 등) ⑤ 관리주체는 보수가 필요한 시설[누수(漏水)되는 시설을 포함한다]이 2세대 이상의 공동 사용에 제공되는 것인 경우에는 직접 보수하고, **해당 입주자 등**에게 그 비용을 **따로 부과**할 수 있다.[173]

영 제23조(관리비 등의 통합 부과 절차) ⑥ 관리주체는 제1항부터 제5항까지의

---

172) cf. 영 제29조의 3 제1항. 공동주택 입주자 등의 생활 편의·복리를 위한 주민공동시설(住民共同施設)을 영리(營利) 목적(目的)으로 위탁 운영(運營)하는 것을 금지(禁止)한다는 의미를 내포하고 있다. 같은 취지의 판결 사례 – 대법원 2007.5.10. 선고 2007도376 판결

173) cf. 「집합건물의 소유 및 관리에 관한 법률」 제10조 제1항 단서 규정, 제14조, 제28조 제2항(* 일부 공용부분의 귀속 – 비용 부담·수익의 취득, 관리, 규약 설정)

규정에 따른 관리비 등을 통합하여 부과하는 때에는 그 **수입(收入) 및 집행(執行)** 세부 **내용(內容)**을 쉽게 알 수 있도록 **정리**하여 입주자 등에게 **알려주어야** 한다.

1. 관리비 등의 납부 의무[법 제23조제1항] 등

입주지정기간 중 관리비 등 납부 의무자

성명 OOO 등록일 20*#.09.13. 수정 2023.02.21.

질문 사항

분양이 완료되고, 시행사가 입주지정기간을 정해서 입주예정자에게 안내문을 발송하였는데, **입주지정기간**은 (20*#년 07월 31일 – 20*#년 09월 21일)입니다. 입주지정기간(入住指定期間) 중 **미입주 세대**의 **일반관리비(一般管理費)**를 누구가 **부담(負擔)**하여야 하는지 정확한 답변을 부탁합니다. 선수관리비(관리비예치금)로 대체하여야 맞는지, 아니면 시행사가 부담하여야 하는 것인지 궁금합니다.

답변 내용

「공동주택관리법」 제23조제1항에 따라 **의무 관리 대상 공동주택**의 **입주자 등**은 그 공동주택의 유지 관리를 위하여 필요한 **관리비**를 관리주체에게 **납부**하여야 합니다. 주택 분양 잔금 미납 세대로서 **등기부상 소유자**가 사업주체라면, 그 공동주택의 소유자는 사업주체인 것으로 **간주**되며(다만, 이는 공동주택관리법령에 따른 것이 아니라 '민사법' 관련 내용이다.), 질의 사안 **입주지정기간 관리비 등**의 **납부 의무자**는 해당 공동주택의 사업주체와 수분양자(입주예정자)가 체결하는 **「주택 공급(분양) 계약서」 등**에서 정하는 내용에 따를 사항인 것으로 추단됩니다(cf. 집합건물법 제17조, 준칙 제70조제2항·제23조제4항·제26조제2항).

도시형 생활주택의 입주지정기간과 관리비 등 부담

성명 OOO 등록일 2014.06.05. 2022.12.01.

질문 사항

도시형 생활주택의 사업주체가 입주지정기간을 두지 않고, 소유권을 이전한 날부터 해당 주택의 소유권자에게 바로 관리비를 부과하는 것이 법에 저촉되는지의 여부를 알고 싶습니다. 소유권을 이전받은 사람들은 '계약서에 **입주지정기간**이 없더라도 통상 2달 정도의 입주지정기간을 주는 것을 감안하여 그 기간 동안 입주를 하지 않은 세대의 **관리비**를 사업주체에서 부담하여야 한다.'고 주장하고 있습니다.

답변 내용

o 「주택 공급에 관한 규칙[국토교통부령 제1112호, 2022. 2. 28., 일부 개정]」 제21조제3항제26호에 따라 사업주체는 '**입주자 모집 공고**' 때 **"입주 예정일"**을 **포함**하여 **공고**하여야 하며, 같은 '규칙' 제59조제3항제1호에는 **주택 공급 계약** 체결 때 '주택 공급 계약서'의 내용으로 **"입주 예정일"**을 **포함**하도록 규정되어 있다.

o 공동주택관리법령에서는 앞의 글에서 적시한 조항 외에 "입주 예정일"과 관련하여 별도로 규정하고 있지 않으며, 해당 사안에 대하여서는 주택을 공급받는 자와 사업주체가 체결한 「주택 공급(분양) 계약서」의 내용 및 '입주자 모집 공고문' 등에 따라 처리하여야 할 것이다 . 〈국토교통부 주택기금과〉

o **미입주 세대**에 부과한 관리비 등의 납부 의무는 '**입주 지정 기일**'까지는 해당 공동주택의 사업주체가 부담하고, '**입주지정기간**' **경과 후**에는 해당 주택의 입주예정자(소유자)가 부담하여야 할 것이다. 또한, **분양되지 않은 주택**의 경우는 사업주체가 해당 세대의 관리비 등을 부담하여야 하며, 분양은 되었으나 소유권을 이전하기 전인 경우에도 사업주체가 해당 주택의 관리비 등을 부담하여야 할 것이다.[174]

- 다만, 해당 사업주체와 입주예정자(주택을 공급받는 자)가 체결하는 「**주택 공급(분양) 계약서**」 등에 **별도(別途)**로 **명시(明示)**된 **사항(事項)**이 있다면, 그에 따

---

174) cf. 「민법」 제186조(부동산 물권의 公示主義), 「공동주택관리법」 제23조제1항(법 제24조제1항, 영 제24조), 「집합건물의 소유 및 관리에 관한 법률」 제17조, 준칙 제23조제4항

를 수 있을 것으로 판단된다. 〈국토교통부 주택건설공급과 〉

입주지정기간 경과 후 관리비 등 납부 의무자

성명 OOO 등록일 2014.10.15. 수정 2024.11.22.

질문 사항

분양은 되었으나, **'입주지정기간'** 종료 후 **주택 분양 잔금**과 **관리비예치금**을 **납부**하지 **않은 세대**에 대해서는 **관리비**를 누구에게 **청구**하여야 하는지요?

답변 내용

미분양 공동주택의 **관리비예치금**은 해당 공동주택의 **소유자**인 사업주체가 납부하여야 할 것으로 판단됩니다. 그리고, 의무 관리 대상 공동주택의 **입주자 등**은 그 공동주택의 **유지 관리**를 위하여 필요한 **관리비**를 관리주체에게 납부하여야 하므로 (법 제23조제1항), **분양 후 미입주 세대**의 **관리비 등** 공동주택의 유지 관리에 드는 비용은 해당 공동주택의 **'소유자'**가 **부담**하여야 할 것으로 추단됩니다.[175]

입주지정기간 경과 미입주, 책임 따라 관리비 등 부담

주택건설공급과 2016.01.04. 수정 2024.11.22.

질문 사항: 소유권이 이전되지 않은 주택의 미납 관리비

'입주 지정 기일' 이전에 사업주체와 **주택 분양 계약**을 체결하고, **'입주지정기간'** 이 지난 **후 주택 분양 잔금**의 **미납**으로 **소유권(所有權)**을 **이전**하기 **전**인 공동주택의 **관리비(管理費) 납부 의무**는 누구가 **부담(負擔)**하여야 하는지 궁금합니다.

---

175) 주택 분양 후 잔금 지급 채무 불이행, 소유권 이전 등기 경료 여부, 기타 '주택 공급 계약' 등 별도의 약정에 따른다는 것은 사업주체(분양자)와 입주예정자(수분양자, 주택을 공급받는 자) 사이의 '민사법'상의 법률 관계 등에 따른 문제이다. cf. 각주 174)

답변 내용: 미입주 책임 여부 따라 관리비 등 부담

질의 사안과 관련하여, 「공동주택관리법」 제23조제1항에 따라 **"**의무 관리 대상 공동주택의 **입주자 등**은 그 공동주택의 유지 관리를 위하여 필요한 **관리비**를 관리주체에게 **납부**하여야 한다.**"** 따라서, 분양되었으나 주택 분양 잔금의 미납 등으로 인하여 소유권을 이전하지 못하고, '입주지정기간' 종료 후 입주를 하지 않은 경우 해당 공동주택 관리비 등의 부담 의무자는 그 '입주하지 않거나, 입주하지 못한 **책임(責任)**이 누구에게 있는지'에 **따라 구별**되어야 할 것으로 판단된다(cf. 각주 174).

입주지정기간의 관리비 부담(임대주택)

〈민간임대정책과 2022.03.04., 수정 2024.11.22.〉

질문 사항 : 입주지정기간 발생하는 미입주 세대의 관리비 부담

여기는 **민간임대아파트**다. **입주지정기간**에 **발생**하는 **관리비**는 누가 내는 것이며, 그 내용과 관련된 법규에 대해서 상세하게 알려주기 바란다. 〈2022.2.14.〉

답변 내용 : 입주지정기간 중 입주 때 그 시점부터 관리비 부담

「민간임대주택에 관한 특별법」 제51조제5항 및 같은 법 시행규칙 제22조제2항에 따라 임대사업자는 **임차인**에게 관리비를 받을 수 있고, 관리비의 세대별 부담액 산정 방법은 사용자 부담과 공평한 부담의 원칙에 따라야 한다.

이에 따라 **입주지정기간(入住指定期間)**의 관리비는 **임대사업자**가 부담(負擔)하고, 입주지정기간 중 **입주(入住)**한 **세대(世帶)**는 **입주한 날부터** 관리비를 부담하여야 하며, 입주지정기간 중 **입주하지 않은 세대**는 입주지정기간이 **경과(經過)**된 날부터 관리비를 **부담**하여야 할 것이다. (cf. 각주 174)

입주하지 않은 주택의 미납 관리비 등 납부 의무자

〈주택건설공급과 - 3628, 2013.09.30.〉 수정 2024.12.05.

질문 사항

아파트를 **분양**받아 1차 **중도금**을 냈으나, 사정에 의하여 나머지 **잔금**을 납부하지 못해서 입주를 미뤘고, **관리비**가 **체납(滯納)**되었습니다. 이와 같은 경우 **미입주 세대**에 부과된 **관리비(管理費) 등의 납부 의무 부담자**는 누구인지 궁금합니다.

답변 내용

「공동주택관리법」 제23조제1항에 따라 의무 관리 대상 공동주택의 **입주자 등**은 그 공동주택의 유지 관리를 위하여 필요한 **관리비**를 관리주체에게 **납부**하여야 한다. 따라서, **입주**하지 **않은 세대**에 부과(발생)한 관리비 등은 **'입주 지정 기일'까지**는 사업주체가 부담하고, **'입주지정기간' 종료 후**에는 해당 주택의 입주예정자(소유자)가 부담하여야 한다. 또한, **분양**되지 **않은 세대**의 경우, 해당 주택의 **소유자**인 사업주체가 관리비 등을 납부하여야 하며, 분양은 되었으나 소유권이 이전되기 전인 경우에도 주택의 **소유자**로서 사업주체가 그 세대의 관리비 등을 부담하여야 할 것이다[cf. 각주 174)]. 다만, 사업주체와 입주예정자(주택 수급자)가 체결한 주택 「**공급(분양) 계약서**」 등에 **별도**로 **명시**된 **사항**이 있다면, 그에 따를 수 있을 것이다.

☞ 지역난방 방식 공동주택의 난방비 납부 의무

한국아파트신문 2015.11.19. 수정 2024.08.29. 법률상담

질문 사항

질의자가 살고 있는 아파트는 **지역난방(地域煖房) 방식**으로 난방 공급이 제대로 되지 않아, 난방 문제의 개선을 위하여 개별적으로 다용도실에 가스보일러를 설치하였습니다. 그리고, 한국지역난방공사에서 공급하는 난방용 온수를 더는 사용하지 않는데, 사용하지도 않는 **난방비(煖房費)**를 부담하여야 하는지요?

답변 내용

공동주택의 입주자 및 사용자는 그 **공동주택**의 **유지 관리**를 위하여 필요한 **관리비**를 관리주체에게 납부하여야 하며(「공동주택관리법」 제23조제1항), 관리주체는 입주자 등이 납부하는 대통령령으로 정하는 **사용료 등**을 입주자 등을 대행하여 그 사용료 등을 받을 자에게 납부할 수 있습니다(같은 법 제23조제3항).

관리비는 "일반관리비, 청소비, 경비비, 소독비, 승강기유지비, 지능형 홈네트워크 설비 유지비, 난방비, 급탕비, 수선유지비, 위탁관리수수료" 월별 금액의 합계액으로 구성합니다(「공동주택관리법 시행령」 제23조제1항). 다만, **"지역난방 방식**인 **공동주택**의 **난방비**와 **급탕비"**는 관리비가 아닌 **사용료**의 항목에 해당합니다.[176]

'관리비'는 집합건물의 **공용부분** 그 자체의 직접적인 **유지·관리**를 위하여 지출되는 비용과 입주자 **전체 공동**의 **이익**을 위하여 집합건물을 **통일적(統一的)**으로 **유지·관리**하여야 할 **필요**가 있어 **일률적(一律的)**으로 **지출**하지 않으면 아니 되는 성격의 비용을 의미하며, **'사용료'**는 **개별 가구**가 공동주택에 공급하는 재화·에너지 등과 공동시설 등의 **사용량**에 따라 납부한다는 점에서 관리비와 차이가 있습니다. 따라서, 입주자대표회의가 부과하고 있는 난방비를 **'관리비'**로 볼 경우 난방 온수 사용량에 상관없이 난방 온수 총 사용 요금에 대하여 **주택공급 면적**에 따라 **안분**한 금액을 입주자 등에게 난방비로 부과할 수 있고,[177] 이를 **'사용료'**로 본다면 **세대별 사용량**에 따라 **비례 정산**하여 난방비를 부과하여야 합니다.[178]

이와 관련하여, 서울남부지방법원(2015. 1. 8. 선고 2013가단204557 판결)은 "중앙집중식 난방 방식과 지역난방 방식은 열 공급원(熱 供給源)을 공동주택 시설에서 발생시키는 것인지, 아니면 열 공급원을 외부 시설로부터 공급받는 것인지에 따라 구분된다. 살피건대, 이 사건 아파트는 한국지역난방공사로부터 공급받은 중온수를 열원으로 하여 아파트 기관실에서 개별 가구에 공급하는 점, 주택법령(현행 '공동주택관리법령') 및 이 사건 아파트 관리규약에서는 지역난방 방식의 경우 난방비를 사용료로 규정하고 있는 점, 이 사건 아파트 관리규약을 보면 입주 세대별로 계량기(計量器)가 설치될 것을 정하고, 그와 같이 설치된 계량기는 공용부분으로

---

176) cf. 「공동주택관리법」 제23조제3항, 같은 법 시행령 제23조제3항제4호

177) "중앙집중식 난방 방식"의 공동주택

178) "지역난방 방식"의 공동주택

하여 관리주체가 관리한다는 것을 전제로 정하고 있다. 그런데, (재판부는) '규약과 달리 아파트 가구별로 계량기가 설치되지 않아 사용량을 측정할 수 없다.'는 사유로 난방 온수를 사용하지 않는 세대에 난방 온수 사용 요금을 부담시킨다면, '**규약**대로 **계량기**를 **설치**하지 **않은 과실**을 **입주자**의 **부담**으로 **전가**시키는 것이 **부당하다.**'는 이유를 들어, 이 사건 쟁점 난방비는 사용료에 해당하고, 따라서 난방 온수를 난방 열(熱)로 사용하지 않았다면, 이를 납부할 의무가 없다." 라고 판단하였습니다.

따라서, **지역난방(地域煖房) 방식(方式)**인 경우 특히 가구별로 계량기가 설치되어 있지 않더라도, **난방비(煖房費)는 사용료(使用料)**에 해당한다고 할 것이므로, 기존의 **난방 온수**를 **사용**하지 않는다면 **난방비**를 **부담**할 **의무**가 없는 것입니다.

☞ 관리비·공용 시설물의 이용료 등 납부 의무

한국아파트신문 2015.06.26. 수정 2024.08.29. 법률상담

질문 사항

질의자는 가족과 함께 해외에 나가 있던 관계로 약 1년 6개월 동안 집을 비워두었는데, 아파트 관리사무소에서 밀린 관리비를 내라고 합니다. 청구서에 **주차비(駐車費)**도 포함되어 있으며, 외국에 있는 동안 자동차를 아파트에 두지 않아 주차시설을 전혀 사용하지 않은 경우에도 주차비까지 부담하여야 하는지요?

답변 내용

"**가.** 300세대 이상인 공동주택, **나.** 150세대 이상으로서 승강기가 설치된 공동주택, **다.** 150세대 이상으로서 중앙집중식 난방 방식(지역난방 방식을 포함)의 공동주택, **라.** '건축법' 제11조에 따른 건축허가를 받아 주택 외의 시설과 주택을 동일 건축물로 건축한 건축물로서 주택이 150세대 이상인 건축물, **마.** 가목부터 라목까지에 해당하지 아니 하는 공동주택 중 입주자 등이 대통령령으로 정하는 기준에 따라 동의하여 정하는 공동주택"의 입주자와 사용자(이하 "입주자 등")는 그 **공동주택**의 **유지 관리**를 위하여 필요한 **관리비**를 관리주체에게 납부하여야 합니다(주택법

제45조제1항, 제43조제1항, 같은 법 시행령 제48조. — 현행 '공동주택관리법' 제23조제1항·제2조제1항제2호, 같은 법 시행령 제23조제1항·제3항·제4항).

주택법(현행 '공동주택관리법')은 **관리비**의 **비목**을 10가지로 구분하여 규정하고 있는데, "① 일반관리비, ② 청소비, ③ 경비비, ④ 소독비, ⑤ 승강기유지비, ⑥ 지능형 홈네트워크 설비 유지비(지능형 홈네트워크 설비가 설치된 경우만 해당한다.), ⑦ 난방비('주택 건설 기준 등에 관한 규정' 제37조에 따라 난방 열량계 등이 설치된 공동주택의 경우에는 난방 열량계 등의 계량에 의하여 산정한 난방비를 말한다.), ⑧ 급탕비, ⑨ 수선유지비(냉방·난방시설의 청소비를 포함한다.), ⑩ 위탁관리수수료"가 관리비의 구성 항목이 됩니다. 가구가 비어 있는 경우에도 해당 공동주택의 공용부분 및 입주자 공유인 부대·복리시설의 관리에 필요한 비용은 입주자(入住者)가 부담(負擔)하여야 하므로, 밀린 관리비를 납부하여야 합니다.

한편, 관리주체는 입주자 등으로부터 "공동전기료, 공동수도료, 가스사용료, 지역난방 방식인 아파트의 난방비와 급탕비, 정화조오물수거수수료, 생활폐기물수거수수료, 공동주택단지 안의 건물 전체를 대상으로 하는 보험료, 입주자대표회의의 운영 경비, 선거관리위원회의 운영 경비"를 **사용료(使用料)**로써 징수(徵收)하여, 입주자 등을 대신해서 그 사용료 등을 받을 자에게 납부(納付)할 수 있으며(주택법 제45조제3항 및 같은 법 시행령 제58조제3항, 현행 '공동주택관리법' 제23조제3항 및 같은 법 시행령 제23조제3항), 주민운동시설, 인양기 등 **공용 시설물의 이용료(利用料)**를 해당 시설의 이용자에게 따로 부과할 수 있습니다(주택법 시행령 제58조제4항 전단, 현행 '공동주택관리법 시행령' 제23조제4항 앞글).

위와 같이 **관리비와 사용료(이용료 포함)**는 **명확히 구별되는 것**이므로, **관리주체**는 **관리비와 사용료**를 **구분**해서 **청구**하여야 하는 것이 **원칙**이며, 만약 관리주체가 **관리비, 사용료 및 장기수선충당금 등**을 **통합**하여 **부과**하는 경우에는 그 **수입** 및 **집행 내역**을 쉽게 알 수 있도록 **정리**하여 **입주자 등에게 알려줄 의무를 관리주체**에게 **부과**하고 있습니다(주택법 시행령 제58조제6항, '현행 공동주택관리법 시행령' 제23조제6항). 관리비 고지서에 주차비 항목으로 기재되어 있는 것은 관리비가 아니라 이용료에 해당하며, **공용 시설물의 이용료**는 **해당** 공동주택의 **공용 시설**을 **이용**하여 **편의**를 **얻는 세대에게만 부과**하여야 합니다(* 주차시설충당금, 승강기전기료 등 → 공용 시설물 이용료). 이와 관련, 관리주체에게 주차시설을 이용하지 않았다는 사실을 통지하고, 주차비 액수를 제외한 만큼의 관리비 등을 납부하면 됩니다. '주차비'뿐만 아니라 다른 공용 시설물의 이용료에 대하여서도 그 시설을 실제로 이용하지 않았다면, 그 부분을 공제(控除)한 관리비 등을 납부하면 될 것입니다.

잡수입 사용, 적십자회비의 일괄 납부 여부

〈주택건설공급과 – 2014.11.13.〉 수정 2023.10.10.

질문 사항

입주자대표회의의 의결을 통해 **잡수입(雜收入)**에서 해당 공동주택 **모든 세대** (1,400세대)의 **적십자회비**를 **일괄**하여 **납부**할 수 있는 것인지 여부가 궁금합니다.

답변 내용

잡수입(雜收入)[179]은 ① 주택법 시행령 제55조의 2 제1항(현행 「공동주택관리법 시행령」 제14조제2항제4호, 제26조제1항)에 따라 관리비 등의 **사업계획** 및 **예산(안)**에 **편성**하여 입주자대표회의의 **승인**을 받은 경우, ② 주택법 시행령 제51조제1항제8의 2(현행 「공동주택관리법 시행령」 제14조제2항제16호)에 따라 **공동체 생활의 활성화**에 관한 사항 등으로 입주자대표회의의 **의결**을 받은 경우,[180] 또는 ③ 같은 법 시행령 제57조제1항제17호(현행 「공동주택관리법」 제18조제2항, 「공동주택관리법 시행령」 제19조제1항제18호)에 따라 개별 **공동주택 관리규약**에 **규정**한 경우(cf. 영 제19조제1항제26호, 준칙 제62조제3항·제4항·제5항·제6항·제7항·제8항)에 한정하여 **해당 용도(用途)**로 **사용(使用)**할 수 있습니다.

---

179) 관리비 등(잡수입 포함)의 **사용**은 해당 공동주택의 공용부분의 유지·관리, 공동체 생활의 활성화, 입주자 등의 권익 보호(權益 保護) 등 전체 입주자 등의 공동 이익에 **부합**하고 공동 주거 생활과 **관계**되는 경우에 **한정**하여야 한다는 것을 **전제**로 하여야 할 것이다.

180) '공동주택관리법' 제21조제2항·제3항, '서울특별시공동주택관리규약 준칙' 제56조제2항

ㅎ 사용자가 체납한 관리비 등 – 입주자, 납부 의무 있어

아파트관리신문 2011.09.12. 수정 2024.11.01.

관리주체가 관리비를 체납한 세입자에게 관리비의 지급을 수차 통보하고, 내용증명을 보내는 등 납부를 독촉하였다면, 관리규약에 따른 단전·단수 조치를 하지 않았어도 그 주택의 입주자는 관리비 납부 의무가 있다[181]는 법원의 판결이 나왔다.

의정부지방법원 제7민사 단독(판사 안희길)은 최근 경기 양주시 S아파트 **소유자** P씨가 "관리규약에 따라 단전·단수 조치를 하여야 함에도 불구하고 이를 이행하지 않아 관리비 체납액을 증가시켰으므로, 5백66만여 원의 체납 관리비 납부 의무는 존재하지 않음을 확인해 달라."며, 이 아파트 입주자대표회의를 상대로 제기한 **채무 부존재 확인 청구 소송**에서 "원고 P씨의 청구를 **기각**한다."는 **판결**을 하였다.

재판부는 판결문에서 "이 아파트 관리규약(管理規約)에서 관리주체는 입주자 등이 관리비 등을 체납한 경우 독촉장을 발부할 수 있고, 관리주체가 독촉장을 발부한 후에도 관리비에 포함된 사용료 등을 체납한 세대에 대해서는 **징수권자**와 위탁·수탁 **계약** 등을 체결한 경우, 그 계약서에 의하여 **난방** 및 **급탕** 공급 중단, **수도** 공급 중단, 전기 공급 중단, **가스 등**의 **공급 중단**의 **조치**를 취할 수 있으며, **독촉장**을 **발부**한 후에도 관리비 등을 체납하는 입주자 등을 **제소**할 수 있다."고 밝혔다.

그리고, 재판부는 "원고 P씨는 지난해 7월부터 이 아파트 관리사무소장 K씨에게 관리비를 체납하고 있는 임차인 B씨에 대하여 관리비를 독촉하라는 내용증명을 2차례 보냈으며, 임차인 B씨를 여러 차례 찾아가 체납 관리비의 지급을 요청하였지만, 단수·단전 조치를 취하지는 않은 사실이 인정된다."고 설명하였다.

한편, 재판부는 "공동주택에 대한 **단전 등의 조치**는 구분소유자 또는 임차인의 생활에 미치는 영향(影響)이 매우 크고, 이 아파트에 임차인 B씨가 거주하고 있었으며, 제재조치(制裁措置)를 그 위반의 정도에 따라 세분화(細分化)하지 않은 채 수 개월의 관리비 연체만으로 바로 단수·단전 조치를 할 수 있도록 하고 있는 점 등에 비춰 이 **규약**의 **내용**은 **유효**하다고 보기 **어렵다.**"라고 지적하였다.

---

181) cf. '서울특별시공동주택관리규약 준칙' 제23조제4항, 집합건물법 제17조

이어 "이 아파트 관리업체는 원고 P씨에게 **연체**된 **관리비**의 **지급**을 여러 차례 **통보**하였을 뿐만 아니라 2차례 임차인 B씨에게 관리비 등의 **납부**를 **독촉**하는 내용증명을 보내고, 여러 차례 B씨를 찾아가 체납 관리비의 **지급**을 **독촉**하였으며, **위법한 단수·단전 조치**를 할 경우 그로 인해서 **차임(借賃) 상당**의 **손해배상(損害賠償) 책임**을 **부담**할 수 있는 점 **등**을 종합하면, 피고 입주자대표회의가 이 세대에 대한 단수·단전 조치를 취하지 않은 것은 **불법행위**에 **해당**하지 **않는다.**"고 보았다. 이에 따라 재판부는 "원고 P씨의 청구는 이유 없으므로 **기각**한다." 라고 판시하였다.

이 아파트 입주자대표회의는 관리비를 체납한 임차인 B씨에게 내용증명을 보내는 등 수 차례 납부를 독촉하였지만 관리비를 계속 연체하자, 이 주택의 소유자 P씨는 관리비 등의 연체를 이유로 B씨를 상대로 아파트 인도를 구하는 소(訴)를 제기하여 아파트를 인도받았다. 이후 피고 **입주자대표회의**는 B씨가 **체납**한 5백66만여 원의 **관리비**를 모두 **대납**하였고, 소유자 P씨에게 **대납**한 관리비의 **납부**를 **요구**하였다.

이에, 원고 입주자 P씨는 지난해 12월 "관리규약에 따라 단전·단수 조치를 취하지 않아 관리비 체납액을 증가시켜 손해가 발생하였으므로, 체납(滯納) 관리비(管理費) 납부 의무는 존재(存在)하지 않음을 확인(確認)하여 달라."며 이 아파트 입주자대표회의를 상대로 소송을 제기하였으나, 이같이 기각되었다.

주차 위반금(공동주택관리규약 위반)의 부과 방법

〈주택건설공급과 – 3197, 2013.09.10.〉 수정 2024.08.29.

질문 사항

아파트 단지 주차와 관련하여 **주차 위반금(違反金)**을 부과할 수 있도록 관리규약에 정해 놓았을 경우, 해당 위반금을 관리비에 포함하여 **부과**할 수 있는가요?

답변 내용

공동주택단지 안의 주차와 관련하여 **관리규약**을 **어긴 경우**에 **부과**하도록 되어 있는 "**위반금**"은 **관리비 등**(「공동주택관리법 시행령」 제23조제1항 ~ 제5항)에 **해당**

되지 아니 하므로, 해당 위반금을 관리비 고지서에 통합하여 부과하는 것은 적법 · 타당하지 않은 것으로 판단됩니다(cf. 준칙 제102조, 영 제19조제1항제20호).[182]

공동주택관리규약 위반금의 부과 · 고지 방법

〈주택건설공급과 – 3586, 2013.09.27.〉 수정 2024.08.29.

질문 사항

공동수택관리규약을 **위반**한 경우 **별과금**을 내노록 규정하고 있습니다. 이에 관련 **위반금**을 해당 세대의 관리비 고지서에 부과하여도 법령상 문제가 없는지요?

답변 내용

개별 공동주택의 **자치 규범**인 관리규약을 **지키지 않아서** 발생하는 **"위반금(違反金)"**은 관리비 등(「공동주택관리법 시행령」 제23조제1항 ~ 제5항)에 **해당**되지 **아니 하므로, 관리비에 포함**하여 **부과시킬 수 없습**니다(cf. 준칙 제102조, 영 제19조제1항제20호). 따라서, 사안의 "위반금"을 관리비 고지서에 함께 통합하여 부과하는 것은 적법 · 타당하지 않은 것으로 판단됩니다. (cf. 같은 영 제23조제6항)

임차인의 관리비 부담 여부 및 공실(空室) 관리비

질의 요지

임차인이 사용하는 **집합건물의 관리비(管理費)**는 누구가 **부담**하며, 현재 사용하지 않고 비어있는 전유부분 등에 대한 관리비의 부담 의무가 있는지 궁금합니다.

회 신(수정 2021. 5. 18.)

○ 집합건물법에서는 집합건물의 관리비에 관하여 별도의 규정을 두지 않으며, 다

---

182) cf. 「공동주택관리법 시행령」 제23조제6항, (제23조제1항 ~ 제23조제5항)

만 제17조에서 "각 공유자는 **규약(規約)**에 달리 정한 바가 없으면, 그 **지분(持分)**의 **비율**[183]에 따라 **공용부분**의 **관리 비용**과 **그 밖의 의무**를 **부담**하며, 공용부분에서 생기는 **이익**을 **취득**한다."고 규정하고 있습니다. 이와 같이 공용부분에 대한 관리비 부담의 책임은 구분소유자에게 있으나, **임차인**이 건물을 사용하고 있는 경우 구분소유자와 임차인의 **임대차 계약**에 따라 그 **임대 기간**은 임차인이 **관리비**를 **부담**하는 것이 **일반적인** 거래 **관습(慣習)**입니다(cf. 준칙 제23조 제4항, 제70조).

ㅇ 또한, **공용부분**은 **전유부분**의 **사용 여부**와 **관계없**이 그 필요성에 따라 **관리**가 이루어지므로, **공실(空室)**의 **구분소유자**도 **공용부분**의 **관리**에 관한 **비용**을 **부담**할 **책임**이 **있습**니다(cf. 「공동주택관리법」 제23조 제1항). 따라서, 규약에 공실의 관리비 부담에 관한 규정이 있으면 그에 따르고, 규정이 없다면 공실 구분소유자도 지분 비율에 따라 공용부분의 관리비를 부담하여야 할 것입니다(제17조).

ㅎ 체납 관리비 등의 승계(경락인의 연체료 승계 여부)

대법원 2006.06.29. 선고 2004다3598, 3604 판결

【판시 사항】

[2] 집합건물 전(前) 구분소유자의 **특정승계인(特定承繼人)**에게 **승계(承繼)**되는 **공용부분 관리비**의 **범위(範圍)** 및 공용부분 관리비에 대한 **연체료(延滯料)**가 특별승계인(特別承繼人)에게 승계되는 공용부분 관리비에 포함되는지 여부(소극).

【판결 요지】

[2] 집합건물 전(前) 구분소유자의 특정승계인에게 승계되는 공용부분 관리비에는 집합건물의 공용부분 그 자체의 직접적인 유지·관리를 위하여 지출되는 비용뿐 아니라, 전유부분을 포함한 집합건물 전체의 유지·관리를 위하여 지출되는 비용 가운데에서도 **입주자 전체의 공동 이익**을 위하여 **집합건물**을 **통일적**으로 **유지·관리**하여야 **할 필요**가 있어 이를 **일률적**으로 **지출**하지 않으면 안 되는 **성격**의 **비용**은

---

183) '전유부분의 면적' 비율을 말한다(cf. 집합건물법 제12조 제1항). * 지분(持分) – 공유 관계(공유 재산이나 권리 등)에서 공유자 각자가 가지는 몫, 또는 비율

그것이 입주자 각자의 개별적인 이익을 위하여 현실적·구체적으로 귀속되는 부분에 사용되는 비용으로 명확히 구분될 수 있는 것이 아니라면, 모두 이에 포함되는 것으로 봄이 상당하다. 한편, **관리비 납부**를 **연체**할 경우 **부과**되는 **연체료**는 위약벌(**違約罰**)의 **일종**이고, 전(前) 구분소유자의 특별승계인이 체납된 공용부분 관리비를 승계한다고 하여 **전 구분소유자**가 **관리비 납부**를 **연체**함으로써 이미 **발생**하게 된 **법률 효과**까지 그대로 **승계하는 것**은 **아니라 할 것**이어서, 공용부분 관리비에 대한 연체료는 특별승계인에게 승계되는 공용부분 관리비에 포함되지 않는다.

특별승계인의 범위(경락인 포함 여부, 집합건물법 제18조)

질의 요지

법원 **경매(競賣)** 절차에 의하여 집합건물의 전유부분을 **경락(競落)받은 자**가 집합건물법 제18조 등의 '**특별승계인(特別承繼人)**'에 해당하는지 궁금합니다.

회 신(수정 2023. 9. 18.)

ㅇ 전(前) 구분소유자가 체납한 관리비의 승계와 관련한 사안에서, 경락인이 '특별승계인'에 해당하는지 여부를 둘러싸고 하급심 판결에서 다소 엇갈린 판단이 있었으나, 대법원 2001. 9. 20. 선고 2001다8677 전원합의체 판결에서 "**경락인(競落人)**이 **특별승계인에 포함**된다."고 **판시**한 후에는 다른 판결에서도 일관되게 인정되고 있습니다(예를 들어, 대법원 2006. 6. 29. 선고 2004다3598, 3604 판결 등).

- 따라서, 집합건물법 제18조 등의 '특별승계인'에는 매매, 증여에 있어서 매수인, 수증자뿐만 아니라 경매 절차에서의 경락인이 포함되는 것으로 판단됩니다.

관리비 채권의 소멸시효(消滅時效, 「민법」 제163조)

질의 요지

소멸시효란 일정 기간 동안 행사되지 않은 권리를 소멸시키는 제도인데요, 집합건물 **관리비(管理費)**의 **소멸시효(消滅時效)**가 몇 년인지 궁금합니다.

회 신

○ <u>「민법」</u> <u>제163조</u> <u>제1호</u>에서 3년의 단기 소멸시효에 걸리는 것으로 규정한 **'1년 이내의 기간으로 정한 채권'**이란 1년 이내의 정기로 지급되는 채권을 말하는 것으로서(대법원 1996. 9. 20. 선고 96다25302 판결 참조) 1개월 단위로 지급되는 **집합건물의 관리비 채권**은 이에 해당한다고 할 것입니다.

○ 이에, 관리비 채권에 대하여는 「민법」 제168조 이하[184]의 "소멸시효의 중단·정지 사유"가 존재하지 않는다면, 「민법」 제163조 제1호의 규정에 따라 3년의 소멸시효가 적용됩니다(대법원 2007. 2. 22. 선고 2005다65821 판결).

※ **「민법」 제163조(3년의 단기 소멸시효)** 다음 각 호의 채권은 **3년** 동안 행사하지 아니 하면, 소멸시효(消滅時效)가 완성(完成)한다. 〈개정 1997. 12. 13.〉

1. 이자, 부양료, 급료, 사용료 기타 1년 이내의 기간으로 정한 금전 또는 물건의 지급을 목적으로 한 채권 [2. ~ 7. 생략]

2. 관리비 등의 부과 · 징수[법 제23조제2항 · 제3항]

일부 공용부분에 대한 관리 비용의 부담(집합건물법 제14조)

질의 요지

공동주택의 옥상에 설치된 상수도·난방·급탕 등 가압 펌프가 **일부(一部) 세대(世帶)**를 위한 **용도(用途)**인 경우 그 **관리 비용의 부담**은 누구가 하는 것인지요.

회 신

---

184) cf. 「민법」 제168조부터 제184조까지

○ '집합건물의 소유 및 관리에 관한 법률'에 따른 공용부분은 구분소유자 전원의 공용에 제공되는 '(전체) 공용부분'과 일부 구분소유자의 공용에만 제공되는 것이 명백한 **'일부 공용부분'**으로 나뉘며, 전자는 구분소유자 전원의 공유에 속하고, 후자는 **해당 구분소유자**의 **공유**에 속합니다(제10조). 따라서, **관리 비용**을 (전체) 공용부분은 구분소유자 전원이 분담하며, 일부 공용부분은 그 **일부 구분소유자**가 **분담**하여야 할 것입니다(제17조, '공동주택관리법 시행령' 제23조 제1항·제5항).

○ 질의 사안의 가압(加壓) 펌프가 객관적으로 그 구조나 사용 목적 등에 비추어 일부 세대의 공용에만 제공되는 것이 명백한 **일부 공용부분(一部 共用部分)**인 때에는 그 관리 비용을 해당 구분소유자 등이 부담하여야 할 것입니다. 이는 '공동주택관리법'에 따른 관리비 배분의 원칙과도 다르지 않다고 생각되나(cf. '공동주택관리법 시행령' 제23조 제5항), '공동주택관리법'상 관리 비용에 관한 자세한 사항은 '공동주택관리법'을 담당하는 국토교통부로 문의하여 도움을 받으시기 바랍니다.

집합건물법에 따른 관리비 등의 부과 기준(제17조)

질의 요지

집합건물을 관리하려면 인건비, 수리 자재 구입 등 비용이 발생하며, 수선적립금을 적립하게 됩니다. 이 경우 공용부분 **관리비(管理費)** 등과 **수선적립금**은 어떤 **근거**와 **기준**에 따라 부과·징수하며, 그 징수권자는 누구인지 궁금합니다.

회 신(수정 2024. 8. 29.)

○ 「집합건물의 소유 및 관리에 관한 법률」에 따르면, **집합건물(集合建物)**은 구분소유권의 목적물인 전유부분(專有部分)과 구분소유자 전원 또는 일부의 공용에 제공되는 **공용부분(共用部分)**으로 구성(構成)되어 있습니다(제2조, 제3조).

○ 또한, 집합건물법은 전유부분 외의 건물 부분과 전유부분에 속하지 않는 건물의 부속물(대지 포함) 및 부속 건물을 **공용부분**으로 보고 있으며(제2조 제4호), 공용부분은 구분소유자 전원의 공용에 제공되는 **'(전체) 공용부분'**과 일부 구분소유자

의 공용에만 제공되는 것이 분명한 **'일부 공용부분'**으로 이뤄져 있습니다.

　ㅇ 관리비(管理費)에 관하여 집합건물법 제17조에 **"각 공유자(구분소유자)는 규약에 달리 정한 바가 없으면, 그 지분(持分 – 전유부분의 면적)의 비율에 따라 공용부분의 관리 비용**과 그 밖의 **의무를 부담한다."**고 규정되어 있습니다.

　ㅇ 그리고, 신설 제17조의 2에서 **"①** 제23조에 따른 관리단(이하 "관리단"이라 한다.)은 규약에 달리 정한 바가 없으면 관리단 집회 결의에 따라 건물이나 대지 또는 부속 시설의 교체 및 보수에 관한 수선계획을 수립할 수 있다. **②** **관리단**은 **규약**에 달리 정한 바가 없으면 **관리단 집회**의 **결의**에 따라 **수선적립금**을 **징수**하여 **적립**할 수 있다. 다만, 다른 법률에 따라 장기 수선을 위한 계획이 수립되어 충당금 또는 적립금이 징수 · 적립된 경우에는 그러하지 아니 하다. **③** 제2항에 따른 **수선적립금**은 **구분소유자**로부터 **징수**하며, **관리단**에 **귀속**된다."고 규정하고 있습니다(신설 2020. 2. 4.). 따라서, **관리비**와 **수선적립금 등**의 **부과 · 징수**에 관한 **구체적**인 **사항**은 **관리단 집회 결의**나 **규약(規約)**에서 정하거나 **지분 비율**에 **따라** 이뤄지게 될 것입니다(cf. 시행령 제5조의 4 제4항, 준칙 제65조 · 제63조 · 제64조).

　ㅇ 이와 같이 집합건물법이 수선적립금 제도 등을 새롭게 채택(신설 제17조의 2, 2020. 2. 4.)하고 있으며, 「공동주택관리법」에는 공동주택의 공용부분 주요 시설의 교체 및 보수를 위한 장기수선계획에 따라 해당 주택의 소유자로부터 장기수선충당금을 징수하여 적립하도록 규정되어 있습니다.[185]

관리비 부과 · 징수와 관리인 직무대행의 업무(규약 없는 경우)

전자 민원 2016.06.29.　수정 2021.04.11.

질문 사항

000개 점포의 집합건물 관리소사무장입니다. 건축된 지 9년이 된 상가에 현재 **관리규약**이 **없는 상태**입니다. 여러 다툼 때문에 현재 법원에서 **관리인 대행**이 선임되어 있습니다. 현재의 상황 때문에 입점자 간의 다툼이 있어 질의하게 되었습니다.

---

185) cf. 「공동주택관리법」 제29조 · 제30조제1항, 같은 법 시행규칙 제7조제1항 · 제9조

1. 법원에서 선임된 **관리인(管理人) 대행**이 관리인으로서 **관리비 징수**를 할 수 있는지의 여부와 직무대행(職務代行)으로서 행사할 수 있는 **권한**의 범위.

2. 관리규약이 없다는 이유로 **관리비(管理費) 납부**를 거부할 수 있는지 여부.

3. 같은 이유로 **관리비 연체료(延滯料) 납부**를 거부할 수 있는지 여부.

4. 관리비 납부 거부 사례로 인하여 관리규약 제정 전 현재의 입점주만을 상대로 3개월 연체 때 **단전(斷電), 단수(斷水)** 조치에 대한 동의서를 받아 집계한 결과 83%로 통과되었고, 한국전력공사에 대한 단전 의뢰 등의 절차적, 재정적 어려움을 여러 차례 통지문과 공고를 통해서 알려 주었음에도 불구하고 납부 거부하는 업체를 상대로 단전, 단수 조치를 할 수 있는지의 여부.

질의 요지

1. 집합건물 관리인 직무대행의 관리비 징수 권한 유무 및 직무 수행의 범위

2. 집합건물 관리규약(管理規約)이 부존재(不存在 - 제정되지 않음)하는 경우 구분소유자가 관리비(管理費) 납부(納付)를 거부(拒否)할 수 있는지 여부

3. 관리규약이 없는 경우 구분소유자가 관리비 연체료의 납부를 거부할 수 있는지

4. 관리비 납부 거부를 사유로 단전(斷電)·단수(斷水) 조치가 가능한지 여부

검토 의견 – 관련 규정 등(법무부 질의회신 사례)

「집합건물의 소유 및 관리에 관한 법률」

제17조(공용부분의 부담·수익) 각 공유자는 규약(規約)에 달리 정한 바가 없으면, 그 지분(持分)의 비율(比率)에 따라 공용부분의 관리 비용(管理 費用)과 그 밖의 의무(義務)를 부담(負擔)하며, 공용부분에서 생기는 이익을 취득한다.

제25조(집합건물 관리인의 권한과 의무) ① 관리인(管理人)은 다음 각 호의 행위를 할 권한(權限)과 의무(義務)를 가진다.

1. 공용부분의 보존·관리 및 변경을 위한 행위

2. 관리단의 사무 집행을 위한 분담 금액과 비용을 각 구분소유자에게 청구(請求)·수령(受領)하는 행위 및 그 금원(金員)을 관리(管理)하는 행위(cf. 「공동주택

관리법」 제23조 제1항, 제64조 제2항 제1호 나목)

3. 관리단의 사업 시행과 관련하여 관리단을 대표하여 행하는 재판상 또는 재판 외의 행위(cf. 「공동주택관리법」 제64조 제3항)

4. 그 밖에 규약(規約)에 정하여진 행위(cf. 준칙 제88조 ~ 제103조)

제25조(집합건물 관리인의 대표권 제한) ② 관리인의 대표권은 제한할 수 있다. 다만, 이로써 선의의 제3자에게 대항할 수 없다.

제28조(규약) ① 건물과 대지 또는 부속 시설의 관리 또는 사용에 관한 구분소유자들 사이의 사항 중 이 법에서 규정하지 아니 한 사항은 규약으로써 정할 수 있다.

제31조(집회의 권한) 관리단의 사무(事務)는 이 법 또는 규약으로 관리인에게 위임한 사항 외에는 관리단(管理團) 집회의 결의(決議)에 따라 수행한다.

「민법」

제52조의 2(직무집행정지 등 가처분의 등기) 이사의 직무 집행을 정지하거나, 직무대행자를 선임하는 가처분을 하거나, 그 가처분을 변경·취소하는 경우에는 주사무소와 분사무소가 있는 곳의 등기소에서 이를 등기하여야 한다.

제60조의 2(직무대행자의 권한) ① 제52조의 2의 직무대행자는 가처분 명령에 다른 정함이 있는 경우 외에는 **법인**의 **통상 사무(通常 事務)**에 속하지 아니 한 행위를 하지 못한다. 다만, 법원의 허가를 얻은 경우에는 그러하지 아니 하다.

제60조의 2 ② 직무대행자가 제1항의 규정에 위반한 행위를 한 경우에도 법인은 선의(善意)의 제3자(第3者)에 대하여 책임(責任)을 진다.

가. 질문 1.에 대하여

○ 「민법」상 직무대행자(職務代行者)는 이사가 직무 집행을 정지당함으로써 사실상 직무를 수행할 수 없는 경우에 **이해관계인의 신청**에 의하여 **법원(法院)**이 **가처분(假處分)**으로 **선임(選任)**하는 자입니다(「민법」 제52조의 2, cf. 「공동주택관리법 시행령」 제14조 제4항, 같은 법 시행규칙 제4조 제2항, 준칙 제29조 제4항).

○ 가처분 결정으로 선임된 이사 직무대행자(職務代行者)는 법인을 전과 같이 그대로 유지하면서 관리하는 한도 안의 **통상(通常)** 업무에 속하는 **사무(事務)**만을 집

행(執行)할 수 있고, 이를 넘어서는 행위를 하려는 경우에는 **법원(法院)**의 **허가(許可)**를 얻어야 하는 것입니다(「민법」 제60조의 2 제1항; 대법원 2000. 2. 11. 선고 99다30039 판결; 대법원 2006. 1. 26. 선고 2003다36225 판결).

○ 이 사안의 경우, 법원이 관리인 직무대행자를 선임하였다면, 그는 관리단의 통상 업무에 속하는 사무를 행할 수 있으므로, 관리단의 사무 집행을 위한 분담 금액과 비용을 각 구분소유자에게 청구·수령하는 행위를 할 수 있을 것입니다.

나. 질문 2.에 대하여

○ 집합건물법상 **공용부분**의 **관리 비용**과 **그 밖의 의무 부담**, 관리인의 **신임**이나 **관리단 집회 결의 등**은 **규약(規約)**의 **설정(設定)**을 **전제(前提)로 하지 않습니다**(제17조, 제24조, 제25조, 제31조 ~ 제42조의 2, cf. 「공동주택관리법」 제2조 제1항 제2호·제10호, 제23조, 제24조, 제5조, 제6조, 제7조, 제14조 제1항).

○ 따라서, **관리인** 또는 그 **직무대행자**가 각 구분소유자에게 **관리비**를 **청구**하였다면, 이는 **집합건물법 제25조**에 **근거한 행위**이므로, 구분소유자는 해당 관리단에 규약이 설정되지 않았다는 이유로 그 청구를 거부할 수는 없을 것입니다.

다. 질문 3.에 대하여

○ 관리비(管理費) 납부를 지체(遲滯)할 경우 부과되는 **연체료(延滯料)**는 **위약벌(違約罰)**의 **일종**으로(대법원 2006. 6. 29. 선고 2004다3598 판결), 집합건물법에서는 이에 관하여 규율하고 있지 아니 합니다. (cf. 「공동주택관리법」 제18조 제2항, 「공동주택관리법 시행령」 제19조 제1항 제13호, 준칙 제69조)

○ 그러나, 연체료에 관한 사항은 **규약**이나 **집회 결의(決議)**로 정할 수 있을 것이므로(제28조 제1항, 제31조 참조), 만약 해당 관리단에서 집회 결의로 이에 관한 사항을 정하였다면, 그 집회 결의를 **근거**로 **연체료**를 **청구**할 수 있을 것입니다.

○ 그러므로, 규약이 존재하지 않는 경우에도 연체료에 관한 사항을 **관리단(管理團) 집회 결의(決議)**로 결정하였다면, 관리인은 관리비를 납부하지 않은 구분소유자에 대하여 **연체료**를 **부과(賦課)**할 수 있을 것이고, 그 구분소유자는 규약의 부존재를 이유로 연체료 납부를 거부할 수 없다고 할 것입니다. (cf. 준칙 제103조)

라. 질문 4.에 대하여

○ 집합건물법은 구분소유자의 관리비 체납 때 단전·단수 조치에 관하여 별도의 규정을 두고 있지 않습니다. 다만, 집합건물법에서 규정하지 아니 한 사항은 규약이나 집회 결의(決議)로 정할 수 있으므로(제28조 제1항), 집회 결의에서 관리비 연체로 인한 단전·단수 조치에 관한 사항을 정하여 이를 규율하는 것은 가능합니다.

○ 아울러, **관리비 체납** 때 **단전·단수 조치**와 관련하여 대법원은 "**단전(斷電)·단수(斷水) 등의 조치**가 적법한 행위로서 **불법행위를 구성**하지 **않기 위해서는** 그 조치가 **관리규약을 따른** 것이었다는 **점**만으로는 **부족**하고, 그와 같은 **조치**를 하게 된 **동기**와 **목적**, **수단**과 **방법**, **조치**에 이르게 된 **경위**, 그로 인하여 **입주자**가 입게 된 **피해의 정도 등** 여러 가지 **사정**을 **종합**하여 **사회통념(社會通念)**상 **허용**될 만한 **정도**의 **상당성**이 있어 **위법성(違法性)**이 **결여(缺如)**된 **행위**로 볼 수 있는 **경우**에 **한정**한다."고 **판시**한 바 있습니다(대법원 2006. 6. 29. 선고 2004다3598 판결).

○ 따라서, 사안의 경우, 관리비 체납으로 인한 단전·단수 조치에 관한 집회 결의뿐만 아니라 앞에서 인용한 대법원 판결이 설시(說示)하고 있는 사정을 종합적으로 고려하여 "위법성(違法性)이 결여(缺如)되었다고 판단될 수 있는 정도"에 이르러야 적법(適法)하게 단전·단수 조치를 할 수 있을 것으로 사료됩니다.

전유부분의 전기료 부과 방식(집합건물법)

질의 요지

집합건물 각 **전유부분**의 **전기요금(電氣料金)** 부과와 관련하여 관리인 등 관리주체를 통하지 않고, **한국전력공사**가 **세대(전유부분)별**로 **직접 부과·징수**하는 것이 「집합건물의 소유 및 관리에 관한 법률」에 위반되는지 여부를 알고 싶습니다.

회 신(수정 2021. 5. 19.)

○ **전유부분**은 구분소유권이 미치는 영역으로서 다른 **구분소유자**들의 공동생활

에 영향을 미치지 않는 한 **배타적**으로 **사용, 수익**할 수 있으므로, 그 **관리 책임**과 **비용**을 해당 구분소유자가 **부담**합니다[cf. 준칙 제70조 제1항, 제5조 제1항 [별표 2], 제25조(배상 책임 등)]. 한편, 집합건물의 **공용부분**은 구분소유자 전원 또는 일부의 공유에 속하므로(제10조 제1항, cf. 준칙 제5조 제2항 [별표 3]), 그 관리 비용은 **구분소유자**들이 **일정 비율**로 **분담(分擔)**하며(제17조, cf. 준칙 제70조 제2항), **관리인**이 그에 관한 **업무**를 **담당**하게 됩니다(제25조, cf.「공동주택관리법」제23조).

　○ 따라서, 전유부분에 대한 전기요금은 관리주체를 거치지 않고, 직접 개별 세대(전유부분)에 부과하더라도 집합건물법에 위반되지는 아니 합니다. 다만, 집합건물의 관리에 관하여 집합건물법이 규정하지 않는 사항은 **규약**으로 징할 수 있으므로(제28조 제1항), 구분소유자들의 편의 등을 위하여 전기요금을 관리주체를 통하여 부과하도록 하는 규약을 정하였다면, 그 **규약**의 **효력**에 의하여 세대별로 부과할 수 없으며, 이를 위해서는 규약 변경의 절차를 거쳐야 할 것입니다(제29조, cf.「공동주택관리법」제18조 제2항·같은 법 시행령 제19조 제1항 제12호, 준칙 제64조).

관리비 연체료 비율의 제한(집합건물법)

질의 요지

아파트와 오피스텔 등의 **관리비**를 납부기한까지 내지 않으면 **연체료**를 물리고 있습니다. 상가 건물의 관리비 연체료를 일정 범위로 **제한하**고 있는 **규정**이 있는지요.

회 신(수정 2023. 9. 17.)

　○ 관리비(管理費)를 체납할 경우 부과되는 **연체료(延滯料)**는 **위약벌(違約罰)**의 **일종**으로서(대법원 2006. 6. 29. 선고 2004다3598, 3604 판결) 집합건물법에서는 그 비율에 대해서 규정하고 있지 않으며, 자치 규범인 관리규약에서 연체료를 정할 경우 그 **규약(規約)**에 근거하여 **효력**을 가집니다(제28조 제1항, cf.「공동주택관리법」제18조 제2항·같은 법 시행령 제19조 제1항 제13호, 준칙 제69조).

　○ 따라서, **규약(規約)**으로 구분소유자의 관리비 연체료 부담 의무를 규정하고

있을 경우(cf. 준칙 제69조) 그에 따라 **연체료 부담 의무**를 지게 될 것이나, 그 **비율**이 지나치게 높아 구분소유자의 권리를 침해(侵害)하는 경우에는 효력이 없을 것입니다. 구체적으로 어느 정도의 비율이 이에 해당하는지는 법령 해석을 담당하는 행정기관이 답변하기 곤란하나, 연체 이자를 **「이자제한법」**에 따라 연 30%를 초과하지 못하는 것으로 해석할 수 있습니다(cf. 「이자제한법」 제2조 제1항).

관리비 연체료의 귀속(집합건물법)

질의 요지

집합건물 관리규약에 근거하여 **관리비**를 납부 기한까지 내지 않은 입점자 등에게 위약금을 부과·징수하는 경우, 그 **연체료**는 어디로 **귀속**되는 것입니까?

회 신(수정 2024. 7. 31.)

○ 집합건물법 제17조에서 "각 공유자는 **규약**에 달리 정한 바가 없으면, 그 지분의 비율에 따라 공용부분의 관리 비용과 그 밖의 의무를 부담하며, 공용부분에서 생기는 이익을 취득"하도록 규정하고 있습니다. 한편, **관리비**의 **연체료**는 관리비를 **제때 납부**하지 **않은** 데 대한 **사적(私的) 제재**로서 **위약벌(違約罰)의 성격**을 **갖는 것**이며(대법원 1989. 10. 10. 선고 88누1417 판결, 대법원 2006. 6. 29. 선고 2004다3598, 3604 판결), 그 연체료를 '공용부분에서 생기는 이익'으로 볼 수는 없으므로 제17조에 따라 지분별로 구분소유자에 귀속되는 것이라 하기는 어렵습니다.

○ 따라서, 연체료의 귀속 주체나 사용처에 대해서 **규약(規約)**으로 정할 수 있으며(제28조 제1항), 규약이 이에 대하여 **규정하고 있지 않다면**, 관리비 연체료는 집합건물에 대한 관리 권한이 있는 해당 **집합건물 관리단(管理團)**에게 **귀속(歸屬)**될 것입니다(제17조의 2 제3항, 제23조 제1항, cf. 「공동주택관리법」 제18조 제2항, 같은 법 시행령 제19조 제1항 제18호, 준칙 제62조 제3항·제69조).

☞ 관리비 청구권자(준총유, 관리비 청구권 처분 등)

법률상담 한국아파트신문 2015.10.21. 수정 2024.08.11.

질문 사항

아파트 재건축사업이 진행되고 있습니다. 주택의 소유자들이 **재건축조합**에 소유권을 신탁하고, 이주하여 **빈집**이 많습니다. 이주한 조합원이나 소유권을 신탁받은 재건축조합의 **미납 관리비(管理費)**가 쌓이고 있으며, 많은 입주자들이 이주하여 **입주자대표회의는 새석 구성원의 과반수를 채우시 못하고 있습**니다. 이 성우 새선축 조합을 상대로 미납 관리비 청구를 할 수 있는지요? 한편, 자치관리를 하고 있는데, 관리규약에 '관리주체는 입주자 등이 관리비 등을 체납한 경우 독촉장을 발부할 수 있다.', '관리주체가 독촉장을 발부한 후에도 관리비 등을 체납한 세대에 대해서는 가산금 징수 및 독촉장 발부, 관리비 청구를 제소할 수 있다.'고 규정되어 있습니다. 관리주체인 관리사무소장이 **미납 관리비 청구 소송**을 하여야 하는 것인지요?

답변 내용

주택법(현행 '공동주택관리법')에 의하여 구성한 공동주택의 **입주자대표회의**는 법인 아닌 **사단(社團)**으로 보아야 하므로, 입주자대표회의가 입주자 등에 대하여 갖는 **관리비 청구권(管理費 請求權)**은 입주자대표회의 구성원들이 **준총유(準總有)**[186]하는 **재산권(財産權)**에 해당합니다. 따라서, 입주자대표회의가 입주자 등에 대한 **관리비 청구권**을 **관리처분**하려면, 입주자대표회의의 **정관 기타 규약**에 따르거나, 그러한 규약이 없는 경우 「민법」 제275조의 규정에 따라 입주자대표회의 구성원 **총회**의 **결의**에 따라야 합니다(대법원 2007. 1. 26. 2002다73333 판례 참고).

한편, 재건축사업의 시행으로 인하여 대다수 가구가 아파트에 대한 소유권을 재

---

186) 준공동소유의 한 유형으로 **'법인 아닌 사단'**이 **소유권 이외의 재산권**을 **소유**하는 것을 말한다. **준총유**에 관하여 다른 법률에 특별한 규정이 없으면 총유에 관한 규정을 준용한다('민법' 제278조). 준총유가 인정될 수 있는 **소유권 이외의 재산권**에는 지상권·전세권·지역권·저당권 등의 '민법'상 물권과, 주식·광업권·저작권·특허권·어업권 등이 있다. 채권에 관하여도 준총유가 인정되나, 채권의 내용이나 효력에 관하여는 불가분채권의 규정에 따라야 하고, 채권에 대한 지배에 관하여서만 준총유로서 관계되는 규정에 따르게 된다.

건축조합에 **이전**하고, 점유를 **인도**하여 입주자대표회의를 구성하는 동별 대표자의 수가 재건축 이전에 정상적으로 운영되던 시기에 비해서 상당히 줄었더라도, 입주자대표회의가 형해화(形骸化)되어 입주자대표회의로서의 실체가 없다고 볼 수는 없습니다. 설령, 아파트의 모든 가구가 이주함으로써 입주자대표회의의 구성원이 전혀 없게 되어 비법인 사단인 입주자대표회의에게 해산 사유가 발생하는 경우에도 (「민법」 제77조제2항 참조), **비법인 사단인 입주자대표회의는 청산의 목적 범위**에서 여전히 **권리·의무의 주체**가 되고(대법원 2007. 11. 16. 2006다41297 참고), 그러한 **권리·의무 관계**를 **청산**하기 위한 **소송**을 **제기·유지**할 수 있습니다.

따라서, 남아 있는 가구의 동별 대표자로 구성된 입주자대표회의는 재건축조합을 상대로 미납 관리비를 청구할 수 있습니다. 입주자대표회의가 주택법(현행 '공동주택관리법')에 따라 관리사무소장을 자치관리기구의 대표자로 선임하고, 공동주택을 **자치관리**하는 경우 아파트 **관리사무소**는 **입주자대표회의**의 관리·감독을 받는 **내부 관리기구**로서 별개의 독립된 단체로 볼 수 없으므로, **관리비 청구 소송**에 관한 **당사자 능력(當事者 能力)**이 **없고,** 관리사무소는 입주자대표회의로부터 **관리비 징수 업무**를 위임받아 **수행하는 것**으로서 **관리비 채권**은 **입주자대표회의**에 **귀속**되어 입주자대표회의가 **직접 입주자**를 상대로 **관리비 청구 소송**을 **제기하여야** 합니다.

주택법(현행 '공동주택관리법')의 **관리주체**는 **자치관리**인 경우 **입주자대표회의**이며, 위탁관리인 경우는 주택관리업자입니다. 위와 같이 관리비 독촉이나 관리비 청구 소송을 할 수 있다고 관리규약에 정한 관리주체에는 자치관리인 경우 **관리사무소장** 외에 **대외적**으로 **소**를 **제기**할 **당사자 능력**이 있는 **입주자대표회의**를 **포함**하는 것입니다(서울고등법원 2014. 7. 11. 2013나76453). (cf. 준칙 제103조제2항)

재건축 안전진단비의 관리비 부과 부적당

〈주택건설공급과 - 2023.03.29.〉 수정 2024.03.03.

질문 사항

공동주택의 입주자대표회의가 **재건축** 사업 추진과 **관련한 사항**을 **의결·승인**하는 업무를 수행할 수 있는지 궁금합니다. 그리고, 해당 공동주택단지의 **재건축**을 실시하기에 앞서 소요되는 **안전진단비용**을 입주자대표회의의 의결을 거쳐 아파트 관리비 항목에 포함하여 **부과**할 수 있는지요.

답변 내용

ㅇ 「공동주택관리법」 제2조제1항제8호에 따르면, <u>입주자대표회의</u>란 "공동주택의 입주자 등을 대표하여 **관리**에 관한 **주요 사항**을 **결정**하기 위해서 제14조에 따라 구성하는 자치 <u>의결기구</u>"입니다. 이와 관련, 같은 법 제14조제11항에서 **"입주자대표회의의 의결 사항**은 **관리규약, 관리비, 시설의 운영**에 관한 **사항 등**으로 하며, 그 구체적인 내용은 **대통령령**으로 정한다."라고 규정하고 있으며, 같은 법 시행령 제14조제2항에 정하고 있는 입주자대표회의의 의결 사항에 **재건축·리모델링 사업**과 **관련한 사항**은 **규정하고 있지 아니 합**니다. 따라서, 입주자대표회의에서 재건축 등 사업 추진을 위한 회의·의결·승인은 타당하지 않은 것으로 판단됩니다.

– **재건축(再建築)**에 <u>소요</u>되는 **경비(經費)**는 그 **재건축**을 추진하는 **공동주택 소유자(所有者)**의 **재화로 부담(負擔)**하는 것이 합당하므로, 재건축 추진 안전진단비용(安全診斷費用)을 관리주체가 **"공동주택 공용부분의 유지(維持) 관리(管理)**를 위하여 **필요"**한 **관리비(管理費)**로 **입주자 등**에게 **부과**하는 것은 **적법**하지 <u>않은 것</u>으로 판단됩니다(cf. 「공동주택관리법」 제23조제1항·제2항).[187]

주차료와 관리비의 통합 부과, 고지 여부

<주택건설공급과 – 2015. 11. 03.> 수정 2023. 02. 21.

질문 사항

차량 2대 이상을 보유하거나 운행하는 입주자 등에게 부담시키는 **주차료**와 **관리비**는 별도의 고지서에 따로 **부과**하여야 하는 것인지 궁금합니다.

---

187) 「공동주택관리법 시행령」 제23조제2항제2호 "2. 제40조제2항 단서에 따른 안전진단 실시 비용"은 하자판정을 위한 내력구조부의 안전진단에 드는 비용을 말하는 것이다.

답변 내용

관리비 **고지서**는 **"관리비의 구성 비목(費目)"** 등을 **통합**하여 **고지**하는 것이며(「공동주택관리법」 제23조제2항, 「공동주택관리법 시행령」 제23조제1항 [별표 2]·제23조제6항), 주민공동시설 등 **공용 시설물의 이용료(利用料)**를 해당 시설의 **이용자(利用者)에게 따로 부과(賦課)**할 수 있다('같은 영' 제23조제4항 앞글)."는 규정 등을 고려하면, 질의 사안의 **"주차료"**는 관리비 고지서와 **별도**로 **부과**하는 것이 **타당**한 방법입니다. **다만,** '같은 영' 제23조제6항에 따라 "관리주체는 제1항부터 제5항까지의 규정에 따른 **관리비 등**을 **통합**하여 **부과**하는 **때**에는" 관리비 **항목**과 **구분**하여 **부과**하여야 할 것이며, 그 수입 및 집행 세부 내용을 쉽게 알 수 있도록 **정리**하여 입주자 등에게 **알려주어야** 합니다.

납부액을 초과하여 징수한 전기료 등 사용료의 처리

〈주택건설공급과 – 2015.11.13.〉 수정 2020.06.10.

질문 사항

한국전력공사와의 **전기료(電氣料)** 납부 방식을 변경하면서 관리비 고지서에 따라 입주자 등에게 **부과·징수한 금액**과 한국전력공사에 **납부한 금액**의 **차이(差異)**가 발생한 경우, 그 **잉여금**을 입주자와 사용자에게 환불(還拂)하여야 하는지요?

답변 내용(수정 2020. 6. 24.)

관리주체는 공동주택의 입주자 및 사용자가 부담하는 전기료·수도료 등 **사용료**를 입주자 및 사용자를 **대행**하여 그 사용료 등을 받을 자에게 **납부**하고 있는 것이므로(「공동주택관리법」 제23조제3항, 같은 법 시행령 제23조제3항), 개별 세대 및 공용부분 사용량의 합계에 따라 해당 전기 등의 **공급 사업자**가 **부과**한 전기료·수도료 등에 맞춰 그 **사용료**를 **배분**하여 입주자 등에게 **부과·징수하여야** 합니다.[188]

따라서, 공동주택의 관리주체는 해당 재화·에너지 등의 공급 사업자에게 납부하

---

188) cf. 영 제19조제1항제12호, 「서울특별시공동주택관리규약 준칙」 제64조제1항·제2항

여야 하는 전기료·수도료·가스료·난방비·급탕비 등을 초과하여 입주자 등으로부터 징수할 수 없으며, 부과 체계에 따라 부득이 **초과 징수**한 경우에는 이를 **정산**하여 **해당 입주자 등에게 환급(還給)**하여야 한다는 것을 알려드립니다.[189]

체납 관리비의 승계 여부와 확정 채권의 소멸시효

질의 요지

구분소유자가 **체납**한 **관리비(管理費)** 지급 청구에 대한 **인용 판결**을 받은 경우 관리인이 집합건물을 경락받은 자에게 체납 관리비를 **청구**할 수 있는지 궁금합니다.

회 신(수정 2023. 9. 19.)

○ 집합건물법 제18조에서 **"공유자**가 다른 공유자에 대하여 가지는 **채권(債權)**은 그 **특별승계인(特別承繼人)**에 대하여도 **행사(行使)**할 수 있다."고 규정하고, 판례에서는 **관리단을 공유자에 준하는 지위**에 있는 것으로 보고 있으므로(대법원 2001. 9. 20. 선고 2001다8677 판결) 관리단의 사무를 집행하는 **관리인**은 구분소유자 및 경락인(競落人)에 대하여 **체납**된 관리비를 **청구, 징수(徵收)**할 수 있습니다.

○ 한편, 채권의 소멸시효와 관련하여 **판결(判決)**에 의하여 **확정(確定)**된 **채권(債權)**의 **소멸시효(消滅時效)** 기간은 **10년**이므로(「민법」 제165조) 관리비 채권의 소멸시효인 3년이 지난 경우에도 **경락인(競落人)**은 전(前) 구분소유자가 체납한 관리비 중 공용부분에 관하여는 **승계(承繼)** 의무가 있습니다(위 판결 및 대법원 2006. 6. 29. 선고 2004다3598, 3604 판결).

관리비 등의 예치, 관리 및 공개[영 제23조제7항·제8항 등]

영 제23조(관리비 등의 예치·관리 등) ⑦ 관리주체는 제1항부터 제5항까지의 규

---

189) cf. 「서울특별시공동주택관리규약 준칙」 제64조제3항

정에 따른 **관리비 등**을 다음 각 호의 금융기관 중 **입주자대표회의**가 **지정**하는 **금융기관**(金融機關)에 예치(預置)하여 관리하되, 장기수선충당금은 **별도(別途)**의 **계좌**로 **예치·관리(管理)**하여야 한다. 이 경우 **계좌**는 법 제64조제5항에 따른 **관리사무소장**의 **직인(職印)** 외에 **입주자대표회의**의 **회장 인감(印鑑)**을 복수로 **등록**할 수 있다.

1. 「은행법」에 따른 은행

2. 「중소기업은행법」에 따른 중소기업은행

3. 「상호저축은행법」에 따른 상호저축은행

4. 「보험업법」에 따른 보험회사

5. 그 밖의 법률에 따라 금융 업무를 하는 기관으로 국토교통부령으로 정하는 기관

   규칙 제6조의 2(관리비 등을 예치할 수 있는 금융기관의 범위) 영 제23조제7항제5호에서 "국토교통부령으로 정하는 기관"이란 다음 각 호의 기관을 말한다.

1. 「농업협동조합법」에 따른 조합, 농업협동조합중앙회 및 농협은행

2. 「수산업협동조합법」에 따른 수산업협동조합 및 수산업협동조합중앙회

3. 「신용협동조합법」에 따른 신용협동조합 및 신용협동조합중앙회

4. 「새마을금고법」에 따른 새마을금고와 새마을금고중앙회

5. 「산림조합법」에 따른 산림조합 및 산림조합중앙회

6. 「한국주택금융공사법」에 따른 한국주택금융공사

7. 「우체국 예금·보험에 관한 법률」에 따른 체신 관서

[본조 신설 2017.10.18.]

   * 법 제23조(관리비 등의 산출·부과 명세 공개) ④ 제1항에 따른 관리주체는 **다음 각 호의 명세(明細** – 항목별 산출 내역을 말하며, 세대별 부과 내역은 제외한다)를 **대통령령으로 정하는** 바에 **따라** 해당 공동주택단지의 **인터넷 홈페이지**(인터넷 홈페이지가 없는 경우에는 인터넷포털을 통하여 관리주체가 운영·통제하는 유사한 기능의 웹사이트 또는 관리사무소의 게시판을 말한다. 이하 같다)와 **동별 게시판**(통로별 게시판이 설치된 경우에는 이를 포함한다. 이하 같다) 및 제88조제1항에 따라 국토교통부장관이 구축·운영하는 **공동주택관리정보시스템**(이하 "공동주택관리정보시스템"이라 한다)에 **공개(公開)**하여야 한다. 다만, 공동주택관리정보시스템에 공개하기 곤란한 경우로서 대통령령으로 정하는 경우에는 해당 공동주택단지의 인터넷 홈페이지에만 공개할

수 있다(cf. 준칙 제60조제3항, 집합건물법 시행령 제6조제2항). 〈개정 2019.4.23.〉

1. 제2항에 따른 관리비

2. 제3항에 따른 사용료 등

3. 제30조제1항에 따른 장기수선충당금과 그 적립 금액

4. 그 밖에 대통령령으로 정하는 사항

영 제23조(관리비 등의 부과 명세 및 잡수입의 공개) ⑧ 제1항부터 제5항까지의 규정에 따른 **관리비 등(管理費 等)**을 입주자 등에게 **부과**한 관리주체는 법 제23조제4항에 **따라** 그 **명세**(제1항제7호·제8호 및 제3항제1호부터 제4호까지는 **사용량**을, 장기수선충당금은 그 **적립 요율** 및 **사용한 금액**을 **각각 포함**한다)를 **다음 달 말일까지** 해당 공동주택단지의 **인터넷 홈페이지** 및 **동별 게시판**과 법 제88조제1항에 따른 **공동주택관리정보시스템**(이하 "공동주택관리정보시스템"이라 한다)에 **공개**하여야 한다. **잡수입(雜收入** – 재활용품의 매각 수입, 복리시설의 이용료 등 공동주택을 관리하면서 부수적으로 발생하는 수입을 말한다. 이하 같다)의 경우에도 **동일**한 **방법**으로 **공개**하여야 한다. (cf. 「공동주택관리법」 제23조제4항, 같은 법 시행령 제23조제8항, 「서울특별시공동주택관리규약 준칙」 제60조제3항, 제61조제1항, 제62조제7항)

* 법 제102조(과태료) ③ 다음 각 호의 어느 하나에 해당하는 자에게는 500만 원 이하의 과태료를 부과한다. 〈개정 2015.12.29., 2016.1.19., 2019.4.23.〉

5. **제23조제4항** 또는 **제5항**을 **위반**하여 관리비 등의 내역을 공개하지 아니 하거나, 거짓으로 공개한 자 〈개정 2019.4.23., 시행 2020.4.24.〉

* 법 제23조(관리비 등의 명세 공개 대상 소규모 공동주택) ⑤ <u>의무 관리 대상</u>이 <u>아닌</u> 공동주택으로서 **대통령령(大統領令)**으로 정하는 **세대 수 이상**인 **공동주택**의 **관리인(管理人)**은 관리비 등의 **내역**을 제4항의 공개 방법에 따라 **공개(公開)**하여야 한다. 이 경우 **대통령령으로 정하는 세대 수 미만**의 **공동주택** 관리인은 공동주택관리정보시스템 **공개**를 <u>생략</u>할 수 있으며, 구체적인 **공개 내역·기한 등**은 **대통령령**으로 정한다. 〈신설 2019.4.23., 시행 2020.4.24.〉〈개정 2023.10.24., 시행 2024.10.25.〉

영 제23조(의무 관리 대상 아닌 공동주택 중 관리비 등의 명세 공개 대상 공동주택) ⑨ 법 제23조제5항 앞글에서 "**대통령령으로 정하는 세대 수**"란 **50세대**(주택 외의 시설과 주택을 동일 건축물로 건축한 건축물의 경우 **주택**을 **기준**으로 한다)를 말한다. 〈신

설 2019.10.22.〉〈개정 2023.6.13.〉

영 제23조(의무 관리 대상 아닌 공동주택 중 관리비 등의 명세 공개 방법 등) ⑩ 법 제23조제5항 앞글에 따른 공동주택의 **관리인**은 **다음 각 호의 관리비 등**을 **제8항의 방법**에 따라 **다음 달 말일까지 공개**하여야 한다. 다만, **100세대**(주택 외의 시설과 주택을 동일 건축물로 건축한 건축물의 경우 **주택**을 **기준**으로 한다) **미만**인 공동주택의 **관리인**은 법 제23조제5항 후단에 따라 **공동주택관리정보시스템 공개**를 **생략**할 수 있다(cf. 집합건물법 시행령 제6조제2항). 〈신설 2019.10.22., 2023.6.13., 2024.4.9.〉

1. 제1항제1호부터 제10호까지의 비목별 월별 합계액

2. 장기수선충당금

3. 제3항 각 호에 따른 각각의 사용료 등(세대 수가 50세대 이상 100세대 미만인 공동주택의 경우에는 각각의 사용료 등의 합계액을 말한다) 〈개정 2024.6.11.〉

4. 잡수입

법 제23조(관리비 등의 내역 적정성 점검, 확인) ⑥ 지방자치단체의 장은 제4항에 따라 공동주택관리정보시스템에 공개된 관리비 등의 적정성을 확인하기 위하여 필요한 경우 관리비 등의 내역에 대한 점검을 **대통령령으로 정하는 기관 또는 법인**으로 하여금 수행하게 할 수 있다. 〈신설 2023.10.24., 시행 2024.4.25.〉

영 제23조(관리비 등의 내역 적정성 점검 기관, 법인) ⑪ 법 제23조제6항에서 "대통령령으로 정하는 기관 또는 법인"이란 다음 각 호의 어느 하나에 해당하는 기관 또는 법인을 말한다. 〈신설 2024.4.9.〉

1. 법 제86조에 따른 공동주택 관리 지원 기구

2. 법 제86조의 2에 따른 지역공동주택관리지원센터

3. 제95조제2항에 따라 공동주택관리정보시스템의 구축·운영 업무를 위탁받은 「한국부동산원법」에 따른 한국부동산원

4. 그 밖에 관리비 등 내역의 점검을 수행하는 데 필요한 전문인력과 전담 조직을 갖추었다고 지방자치단체의 장이 인정하는 기관 또는 법인

규칙 제6조의 3(관리비 점검의 내용 등) ① 지방자치단체의 장은 법 제23조제6항에 따라 관리비 등의 내역을 점검할 때 다음 각 호의 사항을 점검하여야 한다.

1. 관리비의 공개 및 관리비 변동 율에 관한 사항

2. 장기수선충당금의 적립·사용에 관한 사항

3. 영 제25조에 따른 관리비 등의 집행을 위한 사업자 선정에 관한 사항

4. 회계감사에 관한 사항

5. 그 밖에 지방자치단체의 장이 점검이 필요하다고 인정하는 사항

규칙 제6의 3 ② 지방자치단체의 장은 법 제23조제6항에 따라 관리비 등의 내역을 점검하기 위하여 필요한 경우에는 법 제88조제1항에 따른 공동주택관리정보시스템(이하 "공동주택관리정보시스템"이라 한다)의 정보를 활용할 수 있다.

법 제23조(관리비 등의 내역 개선 권고) ⑦ 지방자치단체의 장은 제6항에 따른 점검 결과에 따라 관리비 등의 내역이 부적정하다고 판단되는 경우 공동주택의 입주자대표회의 및 관리주체에게 개선을 권고할 수 있다. 〈신설 2023.10.24.〉

규칙 제6조의 3 ③ 지방자치단체의 장은 법 제23조제7항에 따라 개선을 권고하는 경우에는 권고 사항 및 개선 기한 등을 명시한 서면으로 하여야 한다.

법 제23조(관리비 등의 적정성 점검에 필요한 사항) ⑧ 제6항에 따른 점검의 내용·방법·절차 및 제7항에 따른 개선 권고 등에 필요한 사항은 국토교통부령으로 정한다. 〈신설 2023.10.24.〉 [시행일: 2024.10.25.] 제23조제5항 후단

규칙 제6조의 3 ④ 제1항부터 제3항까지에서 규정한 사항 외에 법 제23조제6항에 따른 관리비 등의 내역에 대한 점검 및 같은 조 제7항에 따른 개선 권고에 필요한 사항은 국토교통부장관이 정하여 고시한다. [본조 신설 2024.4.25., 시행 2024.4.25.]

– 준칙 제60조(관리비 등의 집행 방법) ① 관리주체는 영 제26조제1항에 따라 입주자대표회의에서 승인(承認) 받은 **예산(豫算)에 따라 관리비 등을 집행(執行)**한다. 〈개정 2022.8.17., 2023.9.26.〉

* 준칙 제60조(사용료 등의 납부 방법) ② 영 제23조제3항 각 호에 따른 전기·수도 등의 사용료 등(使用料 等)은 **금융기관(金融機關)에서 자동 이체(自動 移替)**하여 **납부(納付)**하는 것을 원칙(原則)으로 한다. 다만, 입주자대표회의의 운영 경비 및 선거관리위원회 운영 경비 등 예산으로 정하는 비목은 제1항에 따른다.

* 준칙 제60조(관리비 및 사용료 등의 징수·사용·보관 및 예치 등 자료 공개) ③ 관리주체는 관리비 등의 월별 징수·사용·보관 및 예치 등에 관한 자료를 동별 게시판 및 공동주택 **통합정보마당에 공개**하여야 한다. 다만, 법 제27조제3항제1호와 제2

호, 영 제28조제2항 단서 규정에 따른 정보는 제외한다(cf. 준칙 제91조제3항제2호). 〈개정 2022.8.17., 2023.9.26.〉

1. 관리비 등의 예치 및 관리[영 제23조제7항]

장기수선충당금의 예치·관리(원금 손실 가능성 금융 상품)

성명 OOO 등록일 2016.06.23. 수정 2021.07.05.

질문 사항

아파트 관리사무소장이 입주자대표회의의 의결을 거치지 않고 펀드 같은 원금 손실이 가능한 상품에 **장기수선충당금(長期修繕充當金)**을 **예치**하여 상당 부분 손실이 발생하였습니다. 과연 장기수선충당금을 원금 손실이 발생할 가능성이 있는 **상품**에 가입할 수 있는지 궁금합니다. 관련 규정 등이 있으면, 답변 부탁드립니다.

답변 내용

ㅇ 「공동주택관리법 시행령」 제23조제7항에 따라 관리주체는 **관리비 등**을 **입주자대표회의**가 **지정**하는 **금융기관**(같은 영 제23조제7항 각 호의 금융기관)에 **예치**하여 **관리**하되, **장기수선충당금**은 **별도**의 **계좌**로 **예치·관리**하여야 합니다.

‒ 이와 관련, 「공동주택관리법 시행령」 제23조제7항 각 호의 금융기관에는 「은행법」에 따른 은행, 「중소기업은행법」에 따른 중소기업은행, 「상호저축은행법」에 따른 상호저축은행, 「보험업법」에 따른 보험회사, 그 밖의 법률에 따라 금융 업무를 행하는 기관으로서 국토교통부령으로 정하는 기관(농협, 수협, 신협, 새마을금고, 산림조합, 한국주택금융공사, 체신 관서)이 이에 해당하는 것임을 알려드립니다(cf. 「공동주택관리법 시행규칙」 제6조의 2, 신설 2017. 10. 18.).

ㅇ 그리고, 공동주택관리법령상 **장기수선충당금**을 **적립·예치**하도록 한 **취지**에 적합하기 위해서는 원금 손실의 우려가 있거나, 개인의 명의로 할 수 있어 특정인이

임의로 입금·출금할 수 있는 상품 등이 아니어야 할 것이며, 장기수선계획에 따라 장기수선충당금을 **필요한 시기**에 **사용**할 수 있도록 **예치·관리**하여야 할 것입니다 (cf. 법 제30조제2항, 제90조제3항, 제102조제2항제9호, 「형법」 제356조).

장기수선충당금의 예치, 관리(채권 매입) 및 사용

성명 OOO 등록일 2016.01.20. 수정 2023.02.21.

질문 사항

「공동주택관리법 시행령」 제23조제7항의 규정에 따라 **장기수선충당금(長期修繕充當金)**을 같은 영 같은 조 같은 항 각 호의 금융기관에 **예치**하여 **관리**함에 있어, 그 장기수선충당금으로 해당 금융기관에서 판매하는 **채권(債券 - 국채, 공채, 지역개발 채권 등)**을 **매입(買入)**하여 관리하여도 무방한지 여부를 질의합니다.

답변 내용

「공동주택관리법」 제30조제1항에 터잡아 관리주체는 장기수선계획에 따라 공동주택 주요 시설의 교체 및 보수에 필요한 **장기수선충당금**을 해당 주택의 소유자로부터 징수하여 적립하여야 한다. 그리고, 주택의 소유자로부터 징수된 장기수선충당금은 같은 법 시행령 제23조제7항에 좇아 입주자대표회의가 지정하는 금융기관(영 제23조제7항 각 호의 금융기관)에 별도의 계좌로 예치·관리하여야 한다.

또한, 장기수선충당금은 **장기수선계획**에 **따라 공동주택**의 **공용부분 주요 시설**의 **교체** 및 **보수 등**의 **용도로 사용**하여야 하며(cf. 법 제30조제2항·영 제31조제5항, 법 제90조제3항·제102조제2항제9호, 「형법」 제356조), 장기수선충당금으로 채권(국채, 공채, 지역개발 채권 등)을 매입하여 관리하는 것은 적법하지 아니 하다.

금융기관 거래용 관리비 통장의 인장 등록

성명 OOO 등록일 2015.04.24. 수정 2023.02.21.

질문 사항

「공동주택관리법」에서 관리주체를 자치관리 방법인 경우 관리사무소장, 위탁관리 때는 주택관리업자로 정의하고 있습니다(같은 법 제2조제1항제10호). 주택관리업자가 관리사무소장을 대리인으로 하여 운영하고 있는 경우, **공동주택**의 관리비, 각종 자금을 관리하기 위한 **금융기관 거래용 통장**에 사용하고 있는 **인감**은 관리사무소장과 입주자대표회의 회장의 인장(印章)만을 **등록**할 수 있는 것인지요? 아니면, 주택관리업자의 도장(圖章)도 같이 사용할 수 있는지 알려주시기 바랍니다.

답변 내용

"관리주체는 제1항부터 제5항까지의 규정에 따른 관리비 등을 다음 각 호의 금융기관[190] 중 **입주자대표회의**가 **지정**하는 **금융기관**에 **예치**하여 **관리**하되, 장기수선충당금은 별도의 계좌로 예치·관리하여야 한다. 이 경우 **계좌**는 법 제64조제5항에 따른 **관리사무소장**의 **직인** 외에 **입주자대표회의**의 **회장 인감**을 복수로 등록할 수 있다(「공동주택관리법 시행령」 제23조제7항)."[191] 이러한 공동주택관리법령의 내용 등을 감안할 때 관리사무소장의 직인과 입주자대표회의의 회장 인감을 복수로 등록할 수 있고, **주택관리업자**의 **인장 등록**은 **적법하지 않은 것**으로 판단된다.[192]

입주자대표회의 임원의 관리 업무 결재 여부

주택건설공급과 - 4025, 2013.10.17. 수정 2024.03.03.

---

190) 1. '은행법'에 따른 은행 2. '중소기업은행법'에 따른 중소기업은행 3. '상호저축은행법'에 따른 상호저축은행 4. '보험업법'에 따른 보험회사 5. 그 밖의 법률에 따라 금융 업무를 하는 기관으로서 국토교통부령으로 정하는 기관 - 규칙 제6조의 2(신설 2017.10.18.)

191) 「공동주택 회계처리기준」 제8조(회계 업무 처리 직인) ① 관리사무소장이 금융 계좌 및 출납 관련 회계(會計) 업무(業務)를 집행할 때에는 법 제64조제5항에 따라 시장·군수 또는 구청장에게 신고한 직인(職印)을 사용(使用)한다. (cf. 법 제64조제2항제1호 나목)

192) cf. 「서울특별시공동주택관리규약 준칙」 제78조(회계 관계자의 의무 및 책임) ① 관리비 등의 각종 예금통장은 회계 담당자가 관리하고, 그 직인(職印)은 관리사무소장이 보관한다. ② 영 제23조제7항에 따라 입주자대표회의의 회장이 도장(圖章)을 관리사무소장과 함께 등록한 경우에는 금융기관에 예금을 청구하는 용도로 사용하며, 인장은 각각 보관한다.

질문 사항

가. **입주자대표회의**의 구성원(임원)이 집행 기구인 관리주체의 자금 집행 사항에 대한 결재(決裁)를 하도록 하는 것이 법령에 위반되는 사항인지요? 법령에 위반되는 사항이 아니라면, 입주자대표회의에서 의결된 사항에 대한 자금을 사용하기 위해서는 매번 입주자대표회의의 **임원**의 **결재**를 받아야 하는 것인지요?

나. 질의 '가'의 경우 공동주택관리법령 위반이 아니라면, 관리주체의 업무를 **감사**하는 감사가 **결재(決裁)**를 할 수 있는지요? 감사의 결재가 가능하다고 하면, 자금을 집행한 자가 자신의 업무를 자신이 감사하는 것이 아닌지요?

답변 내용

가 ~ 나. 공동주택관리법령에 관리주체의 업무 수행에 대한 결재와 관련된 별도의 조항은 없습니다. 다만, **관리주체**의 **업무**로 공동주택의 공용부분의 유지·보수와 경비·청소·소독, 입주자대표회의에서 의결한 사항의 집행 등을 규정하고 있고 (「공동주택관리법」 제63조제1항), **관리사무소장**의 **업무**로 입주자대표회의에서 의결하는 공동주택의 유지·보수 등에 관한 업무, 관리비 등의 지출 업무 등을 규정하고 있습니다(같은 법 제64조제2항). 이러한 **관리주체(**또는, **실무적**으로 **집행**하는 **관리사무소장)**의 **업무**는 **자기**(관리주체 또는 **관리사무소장)**의 **책임**으로 **수행**하는 것이 **합당**하며,[193] 공동주택 관리 업무에 대한 '최종의 권한'인 **결재권(決裁權)**은 해당 **관리주체(또는 관리사무소장)**가 갖는 것이 타당할 것입니다.

다만, 최종 결재 성격의 권한을 갖거나 행사하는 것은 아니나, 입주자대표회의 회장 등의 **협조(協助)** 또는 **확인(確認) 행위(**예컨대, 입주자대표회의에서 의결한 내용대로 집행이 되는지 점검, 관찰 등)를 **필요**로 하는 것입니다(cf. 법 제2조제1항제2호 본문·제8호·제10호, 법 제14조제6항·제8항, 영 제12조제4항, 규칙 제4조, 법 제6조·영 제4조, 법 제9조·영 제6조, 제14조제6항, 법 제65조제1항·제65조의 3, 준칙 제6조제1항·제2항, 준칙 제24조제2항).

---

193) 「공동주택관리법」 제64조제2항제3호, 같은 법 시행규칙 제30조제1항제1호; 같은 법 제65조제1항, 같은 법 시행령 제14조제6항, 준칙 제24조제2항

관리 업무의 수행(입주자대표회의를 구성하지 못한 경우)

성명 OOO 등록일 2014.08.20. 수정 2023.02.21.

질문 사항

우리 아파트 **동별 대표자**의 **임기**가 **종료**되기에 동별 대표자 선거의 입후보 신청을 받고 있으나 아직까지 선출하지 못하고 있으며, 이런 여건으로는 임기 만료일까지 입주자대표회의의 구성이 어렵다고 판단됩니다. 동별 대표자의 임기가 종료된 후 발생하는 **각종 경비 지출 문제**에 대하여 임기 만료된 입주자대표회의 회장이 차기 입주자대표회의가 구성될 때까지 **결재권**을 가지고 모든 집행을 할 수 있는지요.

답변 내용

ㅇ 기존 동별 대표자의 임기가 만료되었으나 새로이 동별 대표자를 미처 선출하지 못한 경우에는, 기존 동별 대표자가 그 **임무**를 **수행**함이 **부적당**하다고 **인정**될 만한 **특별한 사정**이 **없는** 한 그 **급박(急迫)한** 사정을 **해소**하기 위하여 **필요한 범위** 안에서 **새로운 동별 대표자가 선출될 때까지**는 그 **직무**를 계속 **수행**할 수 있을 것입니다(대법원 2007. 6. 15. 선고 2007다6307 판결 참고).[194] (cf. 「민법」 제691조)

— 이 경우에도 임기가 만료된 동별 대표자는 **"필요한 임무를 최소한의 범위에서"** 수행하여야 할 것이므로, 조속히 궐위된 선거구의 동별 대표자를 선출하여 공동주택 관리 업무와 입주자대표회의의 정상적인 운영을 도모하시기 바랍니다.

---

[194] cf. "③ 제1항에도 불구하고 입주자대표회의가 그 구성원의 과반수에 미달하여 의결할 수 없는 경우에는 전체 입주자 등의 과반수의 찬성으로 의결을 대신할 수 있다. 다만, 장기수선계획의 수립과 조정, 공동주택 공용부분의 담보책임 종료 확인에 관하여는 제2항제1호를 준용한다(준칙 제38조제3항, 舊 준칙 제30조 단서)." * 국토교통부는 같은 내용을 "공동주택관리법 시행령 (제정안)" 제13조제1항 단서 규정으로 입법예고[국토교통부 공고 제2016－481호(2016.04.11.), 2016.04.11. ~ 2016.05.23.]한 바 있다. '지침' 제4조제6항, 준칙 제75조제1항 * 입주자대표회의의 회장 직무대행 관련 규정 – 법 제14조제9항, 영 제12조제4항 · 제14조제4항, 규칙 제4조제2항, 준칙 제29조제4항 · 제34조제1항 · 제36조제2항 *

☞ 입주자대표회의의 회장에게는 집행 업무의 결재권 없다!

1. 우리나라 「공동주택관리법」의 체계상 **공동주택 관리 업무의 법정 기관**이라 할 수 있는 「공동주택관리법」 제2조제1항제10호 각 목의 **관리주체**(같은 법 제64조제1항 각 호 외의 부분 본문 등의 **관리사무소장**을 **포함**한다. – 같은 법 제64조제2항제3호에 따라 관리사무소장은 관리사무소의 업무를 지휘·총괄한다는 것을, 같은 법 시행규칙 제30조제1항제1호는 관리사무소장이 관리주체의 업무를 지휘·총괄한다는 것을 규정하고 있으니, 같은 법 제63조제1항은 관리주체의 업무를, 같은 법 제64조제2항 등은 관리사무소장의 업무를 각기 규정하고 있다.)와 같은 법 제2조제1항제8호 등에 따른 **입주자대표회의**는 **각기 독립**된 **별개의 존재**(「상법」상의 상사회사 또는 「민법」상 자연인, 인격 없는 社團인 단체)이다. 뿐만 아니라, **입주자대표회의**는 **의결** 기구(관리주체의 업무에 대한 **감독** 기능 포함)로서 「공동주택관리법 시행령」 제14조제2항 또는 해당 공동주택 관리규약(cf. 서울특별시공동주택관리규약 준칙 제38조제4항)으로 정한 "의결 사항"을 같은 법 제14조제10항에 따른 같은 법 시행령 제14조제1항에 따라 그 구성원 과반수의 찬성으로 결정하는 것이며, **관리주체**는 같은 법 제63조제1항제6호(같은 법 제64조제2항제1호 포함)에 따라 입주자대표회의가 의결하는 사항을 **집행**하는 것을 업무로 하고 있으므로, 입주자대표회의와 관리주체(관리사무소장을 포함한다.)는 **동일**한 **조직**(系線 – LINE 조직도 아니며, **參謀** – STAFF 조직도 아님)이 **아니다**.

이와 관련하여, 관리비 등의 사용을 위한 회계 처리 등 **관리주체**의 **업무**를 **결정**하고 **통합**하는 **행위**는 같은 법 제64조제2항제1호 나목에 따른 **관리사무소장**의 "**집행 업무**"에 **해당**하므로, 공동주택관리기구의 **집행 사무**에 대한 **결재 행위**는 같은 조직이 아님은 물론, 지휘·명령 계통이 아닌 의결·감독 기구의 대표로서 입주자대표회의의 회장(이하 **이사 등 포함) 등의 업무가 아닌 것이다(cf. 「공동주택관리법」 제65조제1항·제65조의 3, 같은 법 시행령 제14조제6항, 준칙 제24조제2항).

2. 따라서, 입주자대표회의의 이사 등은 물론 그 단체의 대표자인 회장은 **별개의 독립**된 **조직**인 관리주체의 업무(관리사무소장의 업무 포함)에 대한 **결재권**을 보유

하지 않는다는 사실이 자명하다. 이에 "감독 차원의 결재권은 입주자대표회의의 회장에게 있다."는 일부 검토 의견 등은 바로잡아야 한다고 보겠다.[195]

2012. 04. 28.

주택관리사 김덕일

2. 관리비 등의 공개[영 제23조제8항·제10항 등]

사업자 선정 결과의 공개(수의계약)

성명 OOO 등록일 2016.05.19. 수정 2024.08.11.

질문 사항

직접 입찰의 경우 사업자(事業者)가 선정되면, 즉시 **k - ap**t에 **등록**을 할 수 있고, 전자입찰은 서류 확인 후 체크하면, 사업자 선정(選定) 결과(結果)가 자동으로 표시(등록)됩니다. 「사업자 선정 지침」 제11조제2항에 따라 **수의계약(隨意契約)**도 즉시 공개하여야 하는데, **"계약 일자"**를 **기재(記載)**하여야 등록을 할 수가 있습니다. 수의계약의 경우, 즉시 **선정 결과**를 공개(公開)하지 않고, 계약 체결 이후 사업자 선정 결과를 등록하여도 되는지 궁금합니다.

답변 내용

ㅇ 「주택관리업자 및 사업자 선정 지침」 제11조제2항에서 "관리주체는 제1항에 따른 **통지**를 받거나, **사업자 선정**의 **낙찰자**를 **결정**한 경우, 제1항 각 호의 사항(**선정 결과 내용**)을 해당 공동주택단지의 **인터넷 홈페이지**[인터넷 홈페이지가 없는 경

195) * 이는 의결·감독권과 집행 업무를 분리하여 각기 다른 기관에 부여함으로써 민주성과 전문성을 함께 추구하고자 하는 우리나라 '공동주택관리법령'의 이념·체계에 배치되는 것이다. 그리고, 타인 관리(또는 제3자 관리)를 의미하는 공동주택 관리 제도의 취지로 보아 적절하지 아니 하다. 공동주거연구회(2008.2.28.), 「공동주거관리이론」 서울 : (주) 교문사, p. 74. * 같은 취지 - 서울대학교 행정대학원 부설 행정조사연구소(1983.9.), 「共同住宅管理上 養成 및 制度化에 관한 研究」. p. p. 21 ~ 23.

우에는 인터넷포털을 통하여 관리주체가 운영·통제하는 유사한 기능의 웹사이트 (Web Site) 또는 관리사무소의 게시판을 말한다. 이하 같다.]와 **동별 게시판**(통로 별 게시판이 설치된 경우에는 이를 포함한다. 이하 같다.**), 공동주택관리정보시스템 (k - apt)에 낙찰자(落札者) 결정 일(決定日)의 다음날**(토요일과 「관공서의 공휴 일에 관한 규정」 제2조에 따른 공휴일 및 제3조에 따른 대체공휴일을 제외한 날을 말한다.) **18시까지 공개(公開)**하여야 한다." 라고 규정하고 있습니다.

   - 이와 관련, 공동주택관리정보시스템에 **사업자 선정 결과를 공개**하기 위하여 수 의계약 등록 때 **"계약 일자"를 입력**하도록 하고 있으므로, **수의계약의 경우**에는 **계 약 체결**한 **다음날 18시까지** 그 **선정 결과를 공개**하여야 할 것으로 판단됩니다.

물품 구매 계약서의 작성 및 공개 여부 등

성명 OOO 등록일 2015.10.20. 수정 2023.06.13.

질문 사항

국토교통부 고시 「주택관리업자 및 사업자 선정 지침」에 따라 공사나 용역 등의 사업자를 선정한 경우에는 **계약서(契約書)**를 작성하고, 공동주택 인터넷 홈페이지 와 동별 게시판에 **공개(公開)**하도록 되어 있습니다.

1. 공산품 등 **물품(物品) 구입(購入)**으로 **500만 원 이하**인 경우 입찰 없이 입주 자대표회의의 결의로 복수 **견적**을 받아 그 사업자 중 최저가 업체에서 구입한 경우 에도 **계약서**를 작성하고, k - apt에 **수의계약 등록**을 하여야 하는지요?

2. 공산품 등 **물품(物品) 구입(購入)**을 위 1.과 같이 진행한 경우 **500만 원**을 **초 과**하게 되면 **계약서**를 작성하고, k - apt에 **수의계약 등록**하여야 하는지요?

3. 공사 중 아주 **소규모 금액(小規模 金額** - 예를 들어, 계약 금액 100만 원 이하, 또는 50만 원 이하)으로 수의계약을 한 경우에도 **계약서(契約書)**를 반드시 작성(作 成)하고, 그 내용을 k - apt에 **등록(登錄)**을 하여야 하는지요?

4. 이상과 같이 **계약서(契約書)**를 꼭 **작성(作成)**하여야 하는 **기준(基準) 금액(金 額)**이 있는지요? 계약서의 유무와 관계없이 k - apt 등록(登錄)은 필수인지요. 아

니면, 계약서가 있으면 무조건 k – apt에 등록하여야 되는지 궁금합니다.

답변 내용

「공동주택관리법」 제28조에서 "의무 관리 대상 공동주택의 관리주체 또는 입주자대표회의는 제7조제1항 또는 제25조에 따라 선정한 주택관리업자 또는 공사, 용역 등을 수행하는 사업자와 **계약**을 **체결**하는 경우 계약 체결 일부터 **1개월 이내**에 그 **계약서(契約書)**를 해당 공동주택단지의 **인터넷 홈페이지** 및 **동별 게시판**에 **공개**하여야 한다(cf. 같은 법 제23조제4항, '지침' 제11조제2항). 이 경우 제27조제3항제1호의 정보196)는 제외하고 공개(公開)하여야 한다."고 규정하고 있습니다.

따라서, **수의계약**이나 **소액**의 경우에도 **계약서(契約書)**를 상기 규정에 따라 해당 공동주택단지의 인터넷 홈페이지[인터넷 홈페이지가 없는 경우에는 인터넷포털을 통하여 관리주체가 운영·통제하는 유사한 기능의 웹사이트(Web Site) 또는 관리사무소의 게시판을 말한다.]와 동별 게시판(통로별 게시판이 설치된 경우에는 이를 포함한다.)에 **공개(公開)**하여야 합니다(cf. 준칙 제91조제3항제8호).

관리비 등 통장 거래 명세의 공개 여부

주택건설공급과 – 2016.04.16. 수정 2021.08.21.

질문 사항

관리주체가 관리, 보관하고 있는 **공동주택 관리비 등**의 예금(預金) 등 **거래 내용(통장)**을 동별 대표자에게 **공개(公開)**하여도 되는지 질의합니다.

답변 내용

관리주체는 공동주택의 입주자 등이 관리비 등의 **회계 서류 등 공동주택 관리** 관련 **정보**의 **열람**을 **청구**하거나 자기의 비용으로 **복사**를 **요구**하는 때에는 **관리규약**으

---

196) 「개인 정보 보호법」 제24조에 따른 고유 식별 정보 등 개인의 사생활(私生活)의 비밀 또는 자유를 침해할 우려가 있는 정보(情報)

로 정하는 바(cf. 준칙 제91조제1항제13호, 제91조제2항)에 **따라** 이에 **응하여야** 합니다(「공동주택관리법」 제27조제3항 본문). 다만, 개인 사생활의 비밀 또는 자유를 침해할 우려가 있는 정보와 의사결정 과정 또는 내부 검토 과정에 있는 사항 등으로서 공개될 경우 업무의 공정한 수행에 현저한 지장을 초래할 우려가 있는 정보는 관리주체의 정보 공개 대상에서 제외됩니다(같은 법 제27조제3항 본문 외 각 호).

따라서, 질의 사안의 **관리비 등 통장 입금·출금 등 내용**을 **공개(公開)**할 수 있으나, 이 경우 **개인의 기본권**이나 **사생활의 비밀** 또는 **자유**를 **침해할 우려가 있는 정보 등**은 **해당 정보 주체**로부터 **별도로 동의**를 받아 **제공**하거나, **마스킹(Masking) 처리 등**을 거쳐 **특정 개인을 식별할 수 없는 상태**로 **제공**하는 것이 바람직할 것입니다(cf. 같은 법 시행령 제28조제2항 본문 단서 규정, 준칙 제91조제2항).

✿ 공동주택 관리 자료의 공개 홈페이지(법 제23조 등 관련)

[법제처 15 - 0519, 2015.09.30.] 수정 2023.02.09.

【질의 요지】

공동주택의 관리주체는 주택법 제45조제4항, 제45조의 3 제3항, 제45조의 5(현행 '공동주택관리법' 제23조제4항, 제26조제3항, 제28조)에 따라 **공동주택**의 **인터넷 홈페이지가 있는 경우** 관리비·사용료·장기수선충당금과 그 적립 금액 등의 내역, 감사 보고서, 계약서 등을 공동주택단지의 인터넷 홈페이지와 동별 게시판(통로별 게시판이 설치된 경우에는 이를 포함한다. 이하 같다.)에 공개하여야 합니다.

이와 관련, 공동주택의 관리주체가 관리비 명세 등을 **해당 공동주택단지**의 **인터넷 홈페이지가 아닌** 같은 법 제44조제2항(현행 '공동주택관리법' 제18조제2항)에 따른 **관리규약**에서 정하는 **별도의 홈페이지**(cf. 준칙 제3조제14호)에 **공개**한 경우, 이를 해당 공동주택단지의 인터넷 홈페이지에 공개한 것으로 볼 수 있는지요?

〈질의 배경〉

민원인은 공동주택의 관리주체가 **공동주택단지**의 **인터넷 홈페이지가 있음**에도 불구하고 관리비 부과 명세 등을 **공동주택단지**의 **인터넷 홈페이지** 대신 **관리규약**에서 정한 **인터넷 홈페이지**에만 **공개**하여도 **법령상 의무 이행**으로 **볼 수 있는지**에 관하여 국토교통부에 질의하였고, 국토교통부가 공동주택단지의 인터넷 홈페이지가 있는 이상 관리규약에서 정한 홈페이지에 공개하는 것으로는 의무를 이행한 것으로 볼 수 없다는 회신을 하자, 법제처에 법령 해석을 요청함.

【회답】

공동주택의 관리주체가 관리비·사용료·장기수선충당금과 그 적립 금액 등의 내역, 감사 보고서, 계약서 등을 주택법 제45조제4항, 제45조의 3 제3항, 제45조의 5(현행 '공동주택관리법' 제23조제4항, 제26조제3항, 제28조)에 따른 해당 공동주택단지의 인터넷 홈페이지가 아니라 같은 법 제44조제2항(현행 '공동주택관리법' 제18조제2항)에 따른 관리규약에서 정하는 별도의 홈페이지에 공개한 경우, 이를 해당 **공동주택단지**의 **인터넷 홈페이지**에 **공개**한 것으**로 볼 수 없습**니다.

【이유】

'공동주택관리법' 제23조제4항에서 "의무 관리 대상 공동주택의 관리주체는 관리비(제1호), 사용료 등(제2호), 장기수선충당금과 그 적립 금액(제3호), 그 밖에 대통령령으로 정하는 사항(제4호)을 대통령령으로 정하는 바에 따라 **해당 공동주택단지**의 **인터넷 홈페이지**[인터넷 홈페이지가 **없는 경우**에는 인터넷포털을 통하여 관리주체가 운영·통제하는 유사한 기능의 웹사이트(Web Site) 또는 관리사무소의 게시판을 말한다. 이하 같다.]와 동별 게시판(통로별 게시판이 설치된 경우에는 이를 포함한다. 이하 같다.) 및 같은 법 제88조제1항에 따른 공동주택관리정보시스템에 공개하여야 한다."고 규정하고 있습니다.

그리고, '공동주택관리법' 제26조제3항에 "관리주체는 제1항 또는 제2항에 따라 회계감사를 받은 경우에는 감사 보고서 등 회계감사의 결과를 제출받은 날부터 1개월 이내에 입주자대표회의에 보고하고, 해당 공동주택단지의 인터넷 홈페이지 및 동별 게시판에 공개하여야 한다(개정 2019. 4. 23.)."고 규정되어 있습니다. 또한, '공동주택관리법' 제28조 앞글에서 "의무 관리 대상 공동주택의 관리주체 또는 입주자대표회의는 '공동주택관리법' 제7조제1항 또는 '공동주택관리법' 제25조에 따라 선정한 주택관리업자 또는 공사, 용역 등을 수행하는 사업자와 계약을 체결하는 경우 체결 일부터 1개월 이내에 그 계약서를 해당 공동주택단지의 인터넷 홈페이지 및 동별 게시판에 공개하여야 한다(개정 2019. 4. 23.).".고 규정하고 있습니다.

이와 관련, '공동주택관리법' 제102조제3항에서는 "제23조제4항에 따른 관리비 등을 공개하지 아니 한 자(제5호), 제26조제3항을 위반하여 회계감사의 결과를 보고 또는 공개하지 아니 하거나, 거짓으로 보고 또는 공개한 자(제6호), 제28조를 위반하여 계약서를 공개하지 아니 하거나, 거짓으로 공개한 자(제9호)"에게 5백만 원 이하의 과태료(過怠料)를 부과한다고 규정하고 있습니다.

한편, '공동주택관리법' 제18조제1항에 시·도지사는 공동주택의 입주자 및 사용자를 보호하고, 주거 생활의 질서를 유지하기 위하여 대통령령으로 정하는 바에 따라 공동주택의 관리 또는 사용에 관하여 준거가 되는 공동주택관리규약(이하 "관리규약"이라 한다.)의 준칙(準則)을 정하여야 한다고 규정되어 있고, '공동주택관리법' 제18조제2항에서 입주자와 사용자는 '공동주택관리법' 제18조제1항에 따른 관리규약의 준칙을 참조하여 관리규약을 정한다고 규정하고 있습니다.

이에, 이 사안은 공동주택의 관리주체가 관리비·사용료·장기수선충당금과 그 적립 금액 등의 내역, 감사 보고서, 계약서 등(이하 "관리비 내역 등"이라 한다.)을 '공동주택관리법' 제23조제4항, 제26조제3항, 제28조에 따른 해당 공동주택단지의 인터넷 홈페이지가 아니라, '공동주택관리법' 제18조제2항에 따른 관리규약에서 정하는 별도의 홈페이지에 공개한 경우, 이를 해당 공동주택단지의 인터넷 홈페이지에 공개한 것으로 볼 수 있는지에 관한 것입니다(cf. 준칙 제3조제14호).

먼저, 법령의 문언 자체가 비교적 명확한 개념으로 구성되어 있다면, 원칙적으로 더 이상 다른 해석 방법은 활용할 필요가 없거나 제한될 수밖에 없다고 할 것인데, '공동주택관리법' 제23조제4항, 제26조제3항, 제28조에 **공동주택**의 **관리주체**는 **관리비 명세 등**을 **공동주택단지**의 **인터넷 홈페이지** 및 **동별 게시판 등**에 **공개**하도록 **규정**되어 있고, **"인터넷 홈페이지가 <u>없는</u> 경우**에는 인터넷포털을 통하여 관리주체가 운영·통제하는 <u>유사한 기능</u>의 <u>웹사이트(Web Site)</u> <u>또는</u> 관리사무소의 <u>게시판</u>" 및 <u>동별</u> 게시판에 <u>공개</u>할 수 있도록 <u>규정</u>하고 있으므로, **공동주택단지**의 **인터넷 홈**

페이지가 **있는 경우**에 **명문(明文)**의 **규정(規定) 없이** 관리비 내역 등을 공개하는 방법을 공동주택단지의 인터넷 홈페이지가 아닌 **개별 공동주택관리규약에서 정한 인터넷 홈페이지에 공개**하는 것으로 **대체(代替)할 수는 없다**고 할 것입니다.

또한, 종전 '주택법(2013. 12. 24. 법률 제12115호로 개정되기 전의 것)'에서는 "공동주택의 관리주체는 다음 각 호의 내역을 대통령령으로 정하는 바에 따라 공개하여야 한다."고 규정하여 관리비 내역의 공개 방법을 대통령령에 위임하였다가 舊 '주택법(2013. 12. 24. 법률 제12115호로 개정된 것)'에서 "공동주택의 관리주체는 다음 각 호의 내역을 대통령령으로 정하는 바에 따라 해당 공동주택단지의 인터넷 홈페이지와 제45조의 7 제1항(현행 '공동주택관리법' 제88조제1항)에 따른 공동주택관리정보시스템에 공개하여야 한다."고 규정함으로써 법률에서 직접 관리비 내역을 해당 공동주택단지의 인터넷 홈페이지 등에 공개하도록 하였습니다. 그리고, 주택법 제45조의 3 제3항, 제45조의 5(현행 '공동주택관리법' 제26조제3항, 제28조)에서 **감사 보고서** 및 **계약서 등**을 **공동주택단지의 인터넷 홈페이지에 공개**하도록 **개정**한 **취지**는 **공동주택 관리**에 있어 **투명성**을 **확보**하고 그 **효율성**을 **증대하려는 데 있음**을 고려할 때(2013. 12. 24. 법률 제12115호로 일부 개정되어 2014. 4. 25. 시행된 '주택법' 제안 이유 참조), **관리비 명세 등**은 **입주자와 사용자**가 **예측 가능하도록 법률(法律)**에서 **규정**한 **방법**으로 **공개하여야** 할 것입니다.

아울러, "관리규약은 법령(法令)을 벗어나 법령에 위반되는 내용을 정할 수는 없다."고 할 것입니다(대법원 2001. 9. 20. 선고 2001다8677 판결 참고). 그리고, '공동주택관리법'은 공동주택의 관리주체에게 관리비 내역 등을 공개할 의무를 규정하고 있으며, 공동주택의 관리주체가 관리비 내역 등을 공개하지 않은 경우에는 과태료를 부과한다('공동주택관리법' 제102조제3항제5호)는 제재 규정을 두고 있는 점에 비추어 볼 때, '공동주택관리법' 제23조제4항, 제26조제3항, 제28조는 강행법규로 보아야 할 것이므로, 관리규약에서 관리비 내역 등을 공개하는 방법을 '공동주택관리법'과 상충(相衝)되는 내용으로 정하는 것은 허용되지 않는다고 할 것입니다.

이상과 같은 점을 종합해 볼 때, 공동주택의 관리주체가 관리비 내역 등을 주택법 제45조제4항, 제45조의 3 제3항, 제45조의 5(현행 '공동주택관리법' 제23조제4항, 제26조제3항, 제28조)에 따른 해당 공동주택단지의 인터넷 홈페이지가 아니라 같은 법 제44조제2항(현행 '공동주택관리법' 제18조제2항)에 따른 관리규약에서 정하는 별도의 홈페이지에 공개한 경우, 이를 해당 공동주택단지의 인터넷 홈페이지에 공개한 것으로 볼 수는 없다고 할 것입니다.

관리비 미납 세대 등의 명세 공개 여부

성명 OOO 등록일 2015.06.19. 수정 2024.03.04.

질문 사항

입주자 등이 관리사무소에 **관리비(管理費) 미납(未納) 세대(世帶) 현황(現況)**의 **공개 등을 요구**하는 경우 이를 열람·복사해 주어야 하는지, 개인 정보이므로 열람하도록 하거나 복사해 주면 아니 되는 것인지 알려주시기 바랍니다.

답변 내용

○ 관리주체는 공동주택의 입주자 등이 **관리비 등의 집행 등**에 관한 **정보의 열람**을 **청구**하거나, 자기의 비용으로 **복사를 요구**하는 때에는 **관리규약으로 정하는 바에 따라** 이에 **응하여야 합**니다(「공동주택관리법」 제27조제3항 본문). 다만, **개인의 사생활**의 비밀 또는 **자유를 침해**할 우려가 있는 **정보**는 관리주체의 **공개 대상** 정보에서 **제외**됩니다(cf. 법 제27조제3항 단서 및 본문 외 제1호, 영 제28조제2항 단서 규정, 준칙 제91조제1항제13호·제91조제2항·제91조제3항제2호).

– 이와 관련, **공동주택관리법령**에서는 **개인**의 **사생활(私生活)**의 비밀 또는 **자유**를 **침해**할 **우려**가 있는 **정보(情報)**를 별도로 **규정**하고 있지 **아니 하므로, 구체적인 사안**에 대하여 어느 정보가 이에 **해당**하는지 **여부를 판단하여야** 할 것입니다. 예컨대, 공동주택 개별 세대의 관리비 명세나 연체자, 어떤 입주자 등의 가족관계 증명서와 같이 어느 **특정인**에 대한 **사생활**을 알 수 있는 **정보 등**이 이에 포함되는 것으로 판단됩니다(cf. 「공동주택관리법 시행령」 제28조제2항 단서 규정).[197]

---

197) 관리 현황의 공개 등 공개 대상 정보와 관련하여, 「공동주택관리법 시행령」 제28조제2항 단서 규정에 "다만, 입주자 등의 세대별 사용 명세 및 연체자의 동·호수 등 기본권 침해의 우려가 있는 것은 공개하지 아니 한다."고 규정되어 있다. cf. 준칙 제91조제2항

관리비 등 부과 명세의 공개 방법

성명 OOO 등록일 2014.06.24. 수정 2023.02.09.

질문 사항

공동주택관리법령에 **관리비, 사용료, 장기수선충당금 등의 사용 명세 등**을 공동주택관리정보시스템 외 해당 공동주택단지의 인터넷 홈페이지(없는 경우 해당 공동주택단지의 관리사무소와 게시판 등)에도 의무적으로 **공개(公開)**하여야 하며, 이를 위반한 경우 1백만 원의 과태료를 부과한다는 규정이 있습니다.

우리 아파트는 공동주택관리정보시스템에의 등록은 물론 관리비 고지서에 관리비 사용 명세가 표기되어 배포되고 있습니다(부과 내역서 및 잡수입 명세). 이 경우, 별도로 **게시판**에 관리비 사용 게시물을 따로 **부착**하여야 하는지요.

답변 내용

ㅇ 관리주체는 **"관리비 등(管理費 等)의 부과 명세**(영 제23조제1항부터 제4항까지의 관리비, 사용료 및 이용료 등에 대한 항목별 산출 명세를 말한다.) 및 **연체 내용"**을 그 공동주택단지의 **"인터넷 홈페이지**[인터넷 홈페이지가 없는 경우에는 인터넷포털을 통하여 관리주체가 운영·통제하는 **유사한 기능의 웹사이트**(Web Site) 또는 **관리사무소의 게시판**을 말한다. 이하 같다.]와 **동별 게시판(통로별 게시판**이 설치된 경우에는 이를 **포함**한다. 이하 같다.) 및 「공동주택관리법」 제88조제1항에 따라 국토교통부장관이 구축·운영하는 **공동주택관리정보시스템"**에 **공개(公開)**하고, 입주자 등에게 **개별 통지(通知)**하여야 합니다.[198]

— 따라서, 해당 공동주택단지에 **인터넷 홈페이지가 없다면**, 인터넷포털을 통하여 관리주체가 운영·통제하는 **유사한 기능의 웹사이트**(Web Site) 또는 **관리사무소의 게시판 및 동별 게시판(통로별** 게시판이 설치된 경우에는 이를 포함한다.) 등에 관리비 등의 부과 명세와 연체(延滯) 내용을 **공개(公開)**하고, 입주자 등에게 **개별(個**

---

[198] 「공동주택관리법 시행령」 제28조제2항제2호, 같은 법 제23조제4항 본문 괄호·같은 영 제23조제8항(~ 제1항부터 제5항까지의 ~), 준칙 제91조제3항제2호

別) 통지(通知)하여야 한다는 것을 알려드립니다(cf. 준칙 제3조제14호).

임대주택 관리비 등 사용 명세의 공개 여부

성명 OOO 등록일 2014.06.26. 수정 2019.11.15.

질문 사항

질의자의 근무처는 **민영임대아파트** 관리사무소입니다. 공동주택관리법령에 **관리비, 사용료 등**에 대한 내용을 아파트 인터넷 홈페이지나 홈페이시가 없을 경우 게시판에 **게시**하여야 한다는 조항이 있습니다. 매월 관리비 고지서에 관리비 사용료에 대한 내용(부과 내역서)을 기재하여 모든 세대에 배포하고 있으며, 우리 아파트는 인터넷 홈페이지가 없습니다. 이 경우, 입주민 게시판에 별도로 **공개**하여야 하는 것인지, 우리 아파트 관리비 고지서로 대신하여도 되는지 문의합니다.

답변 내용

관리주체는 **"관리비 등의 부과 명세(**영 제23조제1항부터 제4항의 관리비, 사용료 및 이용료 등에 대한 항목별 산출 명세를 말한다.**)** 및 **연체 내용"**을 그 공동주택단지의 인터넷 홈페이지[인터넷 홈페이지가 없는 경우에는 인터넷포털을 통하여 관리주체가 운영·통제하는 유사한 기능의 웹사이트(Web Site) 또는 관리사무소의 게시판을 말한다. 이하 같다.] 및 동별 게시판(통로별 게시판이 설치된 경우에는 이를 포함한다. 이하 같다.)에 **공개**하고, 입주자 등에게 **개별 통지**하여야 한다.199) 이는 **임대**를 **목적**으로 **건설**한 **공동주택**의 **관리**에도 **준용**된다.200)

따라서, 이 질의 사안 **민간임대주택**의 경우 개별 공동주택에 인터넷 홈페이지가 없다면, 인터넷포털을 통하여 관리주체가 운영·통제하는 유사한 기능의 웹사이트(Web Site) 또는 해당 공동주택단지 관리사무소의 게시판 및 동별 게시판 등에 관

---

199) 「공동주택관리법 시행령」 제28조제2항제2호 및 각 호 외 부분 본문 앞글, 제23조제8항

200) cf. 민간임대주택(民間賃貸住宅)의 관리(管理)에 대한 사항은 **「민간임대주택에 관한 특별법 시행령」 제41조제2항제6호**에서 「공동주택관리법」 제23조제4항(같은 법 시행령 제23조제8항)의 규정을 **준용(準用)**하도록 규정하고 있다.

리비 등의 부과 명세를 **공개(公開)**하여야 하는 것이다.[201]

관리비 등의 명세 공개 방법(50세대 이상 공동주택)

등록일 2013.06.13. 수정 2024.04.09.

질문 사항

관리비 등의 **내역** 공개 대상에 포함되는 **50세대 이상 비의무 관리 대상 공동주택**의 경우 이를 공동주택관리정보시스템(K-apt)에 **공개**하여야 합니까? 또한, 50세대 이상인 공동주택은 관리비 등을 꼭 13개 항목으로 공개하여야 되는 것인지요?

답변 내용

○ 공동주택관리법 제23조제5항에 따라 **"의무 관리 대상이 아닌 공동주택으로서 대통령령으로 정하는 세대 수**(cf. 50세대) **이상인 공동주택의 관리인은 관리비 등의 내역**을 제4항의 공개 방법(공개 매체 — 해당 공동주택단지의 인터넷 홈페이지와 동별 게시판 및 공동주택관리정보시스템)에 따라 **공개**"하여야 합니다. 다만, **100세대 미만**인 경우 **공동주택관리정보시스템 공개**는 **생략**할 수 있으므로 해당 공동주택은 공동주택관리정보시스템 관리비 등의 명세 공개 대상이 아니나,[202] 자율적으로 공개할 수 있는 기능을 제공하고 있으며, 자세한 공개 방법은 '비의무 관리 대상 공동주택 관리인 전용 매뉴얼' 또는 공개 방법 영상을 참고하시기 바랍니다.

※ K-apt(www.k-apt.go.kr) 〉 소통마당 〉 K-apt 매뉴얼

○ 그리고, 대상 공동주택의 **관리인**은 관리비 등을 최소 13개 항목*으로 구분하여 **공개**하여야 하며,[203] 이를 세분화하여 13~ 48개 항목**으로 공개 가능합니다. 그리고, 발생되지 않는 항목은 0원으로 공개하거나 생략할 수 있습니다.

* 1. 일반관리비, 2. 청소비, 3. 경비비, 4. 소독비, 5. 승강기유지비, 6. 지능형홈

---

201) cf. '공동주택관리법 시행령' 제23조제8항, '민간임대주택에 관한 특별법' 제51조제1항, 같은 법 시행령 제41조제2항제6호, '공공주택 특별법' 제50조, 같은 법 시행령 제53조

202) cf. 「공동주택관리법」 제23조제5항ㆍ제4항, 같은 법 시행령 제23조제9항ㆍ제10항ㆍ제8항

203) cf. 「공동주택관리법 시행령」 제23조제10항ㆍ제8항, 「공동주택관리법」 제23조제4항

네트워크설비유지비 7. 난방비, 8. 급탕비, 9. 수선유지비, 10. 위탁관리수수료, 11. 장기수선충당금, 12. 사용료 등 합계액, 13. 잡수입

**ex. '사용료 등 합계액' 또는 '전기료, 수도료, 난방비, ...' 세분화 공개 가능

집합건물 관리비 사용 명세의 공개(열람, 복사) 등

법무부 법무심의관 2014.06.23. 수정 2023.09.19.

질문 사항

집합건물 월세 거주자입니다. 소유주에게는 **관리비 사용 내용**이 공개되는 것 같으나, 관리비를 납부하는 **세입자(貰入者)**에게는 공개하지 않고 있습니다. 질의자가 살고 있는 주상복합 오피스텔에서는 관리비 고지서와 사용 내역이 함께 오는데, 소형 상가는 법적 근거가 없어서 **공개**를 하지 않습니다. 관리비를 내는 세입자들에게 사용 내용을 공개(公開)하도록 해주시기 바랍니다.

검토 의견(수정 2023. 9. 19.)

ㅇ 관리인은 매년 1회 이상 **구분소유자** 및 그의 승낙을 받아 전유부분을 **점유하는 자에게** 관리단의 사무 집행을 위한 분담 금액과 비용의 산정 방법, 징수·지출·적립 내역에 관한 사항에 관한 **보고**를 하여야 합니다(법 제26조 제1항, 시행령 제6조 제1항 제1호). 또한 **관리인**은 규약에 달리 정한 바가 없으면 **월 1회 구분소유자** 및 그의 승낙을 받아 전유부분을 **점유하는 자에게** 관리단의 사무 집행을 위한 분담 금액과 비용의 산정 방법을 **서면**으로 **보고**하여야 합니다(시행령 제6조 제2항).

ㅇ 그리고, **이해관계인**(구분소유자, 점유자, 세입자 등)은 **관리인에게** 집합건물법 제26조 제1항에 따른 보고 자료의 **열람**을 **청구**하거나 자기 비용으로 **등본의 교부**를 **청구**할 수 있습니다(법 제26조 제3항, 개정 2023. 3. 28.). 다만, 관리비 사용 내역에 관한 자료의 열람·등본 교부를 청구하는 것은 집합건물법 제30조 제3항, 제39조 제4항에 따른 것이 아닙니다. 따라서 이에 **불응**할 경우 집합건물법 제66조 제3항 제6호에 따라서 과태료를 부과할 수는 없습니다.

* 「집합건물의 소유 및 관리에 관한 법률」 제26조(관리인의 보고 의무 등) ① 관리인은 대통령령으로 정하는 바에 따라 **매년(每年) 1회 이상** 구분소유자 및 그의 승낙을 받아 전유부분을 점유하는 자에게 그 **사무(事務)**에 관한 **보고(報告)**를 하여야 한다. 〈개정 2012. 12. 18., 2023. 3. 28.〉

② 전유부분이 50개 이상인 건물의 관리인은 관리단의 **사무 집행**을 위한 **비용**과 **분담금 등 금원**의 징수·보관·사용·관리 등 **모든 거래 행위**에 관하여 **장부(帳簿)**를 **월별**로 **작성**하여 그 **증빙서류(證憑書類)**와 함께 **해당 회계년도 종료일부터 5년**간 **보관**하여야 한다. 〈신설 2023. 3. 28.〉

③ **이해관계인**은 관리인에게 제1항에 따른 **보고 자료**, 제2항에 따른 **장부**나 **증빙서류**의 **열람**을 청구하거나 자기 비용으로 **등본**의 **교부**를 **청구**할 수 있다. 이 경우 관리인은 다음 각 호의 정보를 제외하고 이에 응하여야 한다. 〈개정 2023. 3. 28.〉

1. 「개인 정보 보호법」 제24조에 따른 고유식별정보 등 개인의 사생활의 비밀 또는 자유를 침해할 우려가 있는 정보

2. 의사결정 과정 또는 내부 검토 과정에 있는 사항 등으로서 공개될 경우 업무의 공정한 수행에 현저한 지장을 초래할 우려가 있는 정보

④ 「공동주택관리법」에 따른 의무 관리 대상 공동주택 및 임대주택과 「유통산업발전법」에 따라 신고한 대규모점포등관리자가 있는 대규모점포 및 준대규모점포에 대해서는 제1항부터 제3항까지를 적용하지 아니 한다. 〈신설 2023. 3. 28.〉

⑤ 이 법 또는 규약에서 규정하지 아니 한 관리인의 권리 의무에 관하여는 「민법」의 위임에 관한 규정을 준용한다. 〈개정 2012. 12. 18., 2023. 3. 28.〉

* 「집합건물의 소유 및 관리에 관한 법률 시행령」 제6조(관리인의 보고 의무) ① 법 제26조 제1항에 따라 관리인이 **보고**하여야 하는 **사무**는 다음 각 호와 같다.

1. 법 제23조에 따른 관리단(이하 "관리단"이라 한다)의 **사무 집행**을 위한 **분담 금액**과 **비용**의 **산정 방법, 징수·지출·적립 내역**에 관한 사항

2. 제1호 외에 관리단이 얻은 수입(收入) 및 그 사용(使用) 내역에 관한 사항

3. 관리 위탁 계약 등 관리단이 체결하는 계약(契約)의 당사자(當事者) 선정(選定) 과정(過程) 및 계약 조건(契約 條件)에 관한 사항

4. 법 제28조에 따른 규약(規約 - 이하 "규약"이라 한다) 및 규약에 기초하여 만

든 규정(規程)의 설정·변경·폐지에 관한 사항

5. 관리단 임직원(任職員)의 변동(變動)에 관한 사항

6. 건물의 대지, 공용부분 및 부속 시설의 보존·관리·변경에 관한 사항

7. 관리단을 대표한 재판상 행위에 관한 사항

8. 그 밖에 규약, 규약에 따라 만든 규정이나 관리단 집회의 결의에서 정하는 사항

② **관리인은** 규약에 달리 정한 바가 없으면, **월 1회 구분소유자** 및 그의 승낙을 받아 전유부분을 **점유하는 자에게 관리단**의 **사무 집행**을 위한 **분담 금액**과 **비용**의 **산정 방법을 서면**으로 **보고**하여야 한다. 〈개정 2023. 3. 28.〉

③ 관리인은 법 제32조에 따른 정기 관리단 집회에 출석하여 관리단이 수행한 사무의 주요 내용과 예산·결산 내역을 보고하여야 한다.

관리비예치금의 징수·관리 및 운영 등[법 제24조]

법 제24조(관리비예치금의 징수 – 관리주체) ① 관리주체(管理主體)는 **해당 공동 주택의 공용부분**의 **관리** 및 **운영 등**에 **필요한 경비**(이하 **"관리비예치금"**이라 한다)를 공동주택의 **소유자(所有者)로부터** 징수(徵收)할 수 있다.

법 제24조(관리비예치금의 반환) ② 관리주체는 소유자가 공동주택의 **소유권을 상실**한 경우에는 제1항에 따라 징수한 관리비예치금을 **반환**하여야 한다. 다만, 소유자가 관리비·사용료 및 장기수선충당금 등을 **미납**한 때에는 관리비예치금에서 **정산**한 후 그 **잔액을 반환**할 수 있다. (cf. 인천지방법원 민사1부 부장판사 박준민 판결 사례)

법 제24조(관리비예치금의 징수·관리 및 운영 등에 필요한 사항) ③ 관리비예치금의 징수·관리 및 운영 등에 필요한 사항은 **대통령령(大統領令)**으로 정한다(***** 시행령 등 하위 법령 보완 필요 – cf. 영 제19조제1항제11호, 준칙 제59조).

영 제24조(관리비예치금의 징수 – 사업주체) 사업주체(事業主體)는 법 제11조제1항에 따라 입주예정자의 과반수가 입주할 때까지 공동주택을 직접 관리하는 경우에는 입주예정자(入住豫定者)와 **관리 계약(管理 契約)**을 체결하여야 하며, 그 관리 계약에 따라 법 제24조제1항에 따른 관리비예치금을 **징수(徵收)**할 수 있다.[204]

* **영 제10조(관리 업무의 인계 – 관리비예치금)** ④ 사업주체는 법 제13조제1항에 따라 공동주택의 관리 업무를 해당 관리주체에 인계할 때에는 입주자대표회의의 회장 및 1명 이상의 감사의 참관(參觀)하에 인계자와 인수자가 인계·인수서에 각각 서명·날인하여 <u>다음</u> 각 호의 <u>서류</u>를 인계하여야 한다. 기존 관리주체가 같은 조 제2항에 따라 새로운 관리주체에게 공동주택의 관리 업무를 인계하는 경우에도 또한 같다.

1. 설계도서(設計圖書), 장비(裝備)의 명세(明細), 장기수선계획 및 법 제32조에 따른 안전관리계획(이하 "안전관리계획"이라 한다)

2. 관리비·사용료·이용료의 부과·징수 현황 및 이에 관한 회계 서류

3. 장기수선충당금의 적립 현황

4. 법 제24조제1항에 따른 <u>관리비예치금(管理費預置金)</u>의 명세(明細)

5. 법 제36조제2항제1호에 따라 세대 전유부분을 입주자에게 인도한 날의 현황

6. 관리규약과 그 밖에 공동주택의 관리 업무에 필요한 사항

* **영 제19조(공동주택관리규약의 준칙에 포함되어야 하는 사항) 제1항 11.** 법 제24조제1항에 따른 관리비예치금(管理費預置金)의 관리(管理) 및 운용(運用) 방법

* **준칙 제59조(관리비예치금의 징수 – 관리주체)** ① 관리주체는 법 제24조제1항에 따라 공동주택의 소유자로부터 관리비예치금을 징수할 수 있다.

* **준칙 제59조(관리비예치금의 반환 – 관리주체)** ② 관리주체는 소유자가 소유권을 상실하는 경우에는 관리비예치금을 반환하여야 한다. 다만, 소유자가 관리비, 사용료 및 장기수선충당금 등을 미납한 때에는 정산 후 잔액을 반환할 수 있다.

1. 관리비예치금의 부과, 징수 등[법 제24조제1항 등]

관리비예치금은 언제·누구가 납부하여야 하는지

성명 OOO 등록일 2014.01.23. 수정 2023.02.21.

---

204) 「민간임대주택에 관한 특별법」 제51조제6항, 「공공주택 특별법」 제50조제2항

질문 사항

해당 아파트는 입주한 지 11개월째 되며, **미분양 주택**의 **관리비**를 사업주체가 납부하고 있습니다. 이 경우 미분양 아파트의 **"선수관리비"**는 언제 관리사무소에서 **고지**하여야 하는지요? 관리주체는 입주할 때 "선수관리비"를 미리 받고 있는데, "선수관리비"의 납부 기일이 언제이며, 미분양 아파트(사업주체 보유)의 "선수관리비"는 관리사무소에서 언제·누구에게 **청구**하여야 되는 것인지 질문 드립니다.

답변 내용

o 「공동주택관리법」 제24조제1항에 **"관리주체(管理主體)**는 해당 공동주택의 공용부분(共用部分)의 관리(管理) 및 운영(運營) 등에 필요한 경비(經費 – 이하 "관리비예치금"이라 한다.)를 **공동주택의 소유자로(所有者)부터 징수**할 수 있다.**"라고 규정되어 있습니다(cf.「민법」 제186조 – 부동산 물권 변동의 효력).

o 한편, **사업주체(事業主體)**는 「공동주택관리법」 제11조제1항에 따라 입주예정자의 과반수가 입주할 때까지 공동주택을 **직접 관리하**는 경우에는 **입주예정자와 관리 계약**을 **체결**하여야 하며, 그 관리 계약에 따라 같은 법 제24조제1항에 따른 관리비예치금을 **징수**할 수 있습니다(「공동주택관리법 시행령」 제24조).

관리비예치금의 부과에 대한 법적 근거와 징수권자

성명 ○○○ 등록일 2013.06.26. 수정 2023.02.21.

질문 사항

1. 아파트를 분양받거나 매입을 하면, **관리비예치금**을 분양받는 자(매입자)에게 부과시키는데, 관리비예치금을 **부과**시키는 **권한**을 가진 주체는 누구입니까?

2. 관리비예치금 부과 **금액**은 어떤 법적 **근거**와 **기준**으로 책정하여 부과하나요?

답변 내용

o 「공동주택관리법」 제24조제1항에 **"관리주체(管理主體)**는 해당 공동주택의 공

용부분(共用部分)의 관리(管理) 및 운영(運營) 등에 필요한 경비(經費 - 이하 "관리비예치금"이라 한다.)를 공동주택의 소유자로(所有者)부터 **징수**할 수 있다."라고 규정되어 있습니다(cf.「민법」제186조 - 부동산 물권 변동의 공시주의).

ㅇ 한편, **사업주체(事業主體)**는 「공동주택관리법」제11조제1항에 따라 입주예정자의 과반수가 입주할 때까지 공동주택을 직접 관리하는 경우에는 입주예정자와 관**리 계약**을 **체결**하여야 하며, 그 관리 계약에 따라 같은 법 제24조제1항에 따른 관리비예치금을 **징수**할 수 있는 것입니다(「공동주택관리법 시행령」제24조).

관리비예치금 미납 세대에 대한 부과·고지의 방법

성명 OOO 등록일 2016.06.27. 수정 2021.07.07.

질문 사항

20**년 3월에 입주한 신축 아파트입니다. 3세대가 **관리비예치금(管理費豫置金)**을 납부하지 않고 입주를 하였습니다. 이에, 관리비예치금을 관리비 고지서에 통합하여 **부과(賦課)·징수(徵收)**할 수 있는지 여부를 알고 싶습니다.

답변 내용

관리비예치금은 **관리비**와 서로 **성격(性格)**이 **다른 금원**이므로, **별도(別途)의 고지 등 절차**를 통하여 **징수**하는 것이 타당할 것으로 판단됩니다(cf. 법 제24조제1항·영 제24조, 같은 법 제23조제1항·같은 영 제23조제1항·제6항, 준칙 제59조).

관리비예치금의 근거 법령 및 미납 때 강제 징수의 방법

성명 OOO 등록일 2013.07.22. 수정 2021.07.07.

질문 사항

새로 지은 아파트의 입주민 한 명이 **관리비예치금**을 납부하지 않고 입주하였습니다. 지금도 납부를 하고 있지 않으며, 앞으로도 낼 생각이 없답니다.

「공동주택관리법」상 관리비예치금의 **징수**는 명시되어 있으나, 납부하지 않는 사람에 대한 **강제 징수 방법**은 어떻게 정해져 있으며, 규정되지 않았다면 관리사무소에서 임의로(단전, 단수 등) 강제 조치를 취할 수 있는지 질의 드립니다.

답변 내용

– 관리주체는 해당 공동주택의 공용부분의 관리 및 운영 등에 필요한 경비(이하 "관리비예치금"이라 한다.)를 공동주택의 소유자로부터 징수할 수 있습니다(「공동주택관리법」 제24조제1항). (cf. 인천지방법원 제1민사부 부장판사 박준민 판결)

– 또한, 사업주체(事業主體)는 「공동주택관리법」 제11조제1항에 따라 입주예정자의 과반수가 입주할 때까지 공동주택을 직접 관리하는 경우에는 입주예정자와 관리 계약을 체결하여야 하며, 그 관리 계약에 따라 같은 법 제24조제1항에 따른 관리비예치금을 징수할 수 있습니다(「공동주택관리법 시행령」 제24조).

– 이와 관련하여, **납부**하지 **않은 관리비예치금**에 대한 **강제 조치**는 <u>민사적인 사안이므로</u>, 법률 전문가에게 문의하시기 바랍니다. 다만, 공동주택관리법령에서 단전·단수에 대하여 정하고 있는 내용은 없으나, <u>단전</u> 및 <u>단수</u>는 해당 공동주택 입주자 등의 기본적인 생활과 권리를 침해하는 행위이므로, 타당하지 않은 것으로 판단되니 양지(諒知)하시기 바랍니다. (cf. 준칙 제59조, 제69조, 제103조)

미분양 주택의 관리비예치금 등 사업주체가 납부해야

주택건설공급과 – 2014.10.15. 수정 2021.08.16.

질문 사항

입주지정기간 종료 후, 주택의 **분양**은 되었으나, 분양 잔금과 관리비예치금을 납부하지 않은 세대에 발생한 **관리비 등**은 누구에게 **청구**하여야 하는지요.

답변 내용

미분양 공동주택의 **관리비예치금**은 **해당 주택**의 **소유자(所有者)**인 사업주체가 **부담**하여야 할 것이다(cf. 「공동주택관리법」 제24조제1항·같은 법 시행령 제31조제7항). 또한, 의무 관리 대상 공동주택의 **입주자 및 사용자**는 그 **공동주택**의 **유지 관리**를 위하여 **필요**한 **관리비**를 관리주체에게 **납부**하여야 하므로(같은 법 제23조제1항), 분양 주택으로서 <u>입주지정기간</u> 종료 후 <u>입주하지 아니 한 세대</u>의 **관리비 등 공동주택**의 유지 관리를 위하여 **필요**한 **비용**은 해당 공동주택의 **소유자(所有者)**인 사업주체 **또는 분양받은 자**가 **납부**하여야 할 것으로 판단된다.[205] (cf. 「공동주택 관리법 시행령」 제23조제1항, 집합건물법 제17조, 준칙 제23조제4항)

관리비예치금(미분양 주택)의 부담 주체

성명 OOO 등록일 2013.12.26. 수정 2021.10.21.

질문 사항

"사업주체는 「공동주택관리법」 제11조제1항의 규정에 의하여 입주예정자의 과반수가 입주할 때까지 공동주택을 직접 관리하는 경우에는 입주예정자와 관리 계약을 체결하여야 하며, 그 관리 계약에 따라 해당 공동주택의 공용부분의 관리 및 운영 등에 필요한 경비(이하 **'관리비예치금'**이라 한다.)를 징수할 수 있다(「공동주택관리법 시행령」 제24조)." 라고 규정되어 있습니다. 이와 관련, **미분양(미입주) 주택**의 관리비예치금(管理費豫置金) **부담 주체**가 누구인지요?

답변 내용

"공동주택의 **공용부분**의 **관리** 및 **운영** 등에 **필요**한 **경비**"로서 "**관리비예치금**"은 관리주체(또는 사업주체)가 해당 공동주택의 **소유자(所有者)**로부터 미리 징수·적립하는 재원(財源, 「공동주택관리법」 제24조제1항, 「공동주택관리법 시행령」 제24조)입니다. 따라서, 미분양(未分讓) 주택(住宅)의 관리비예치금 등은 **소유자**인 사

---

205) 민사법적(民事法的)으로는 '주택 공급 계약' 또는 해당 주택의 소유권이 이전(cf. 「민법」 제186조)되지 아니 하거나, 입주하지 아니 한 책임(責任)이 누구에게 있는지 여부 등 구체적인 사실 관계에 따라 관리비 등의 부담자가 달라진다고 보겠다.

업주체가(cf. 같은 영 제31조제7항), 소유권은 이전되었으나 입주하지 아니 한 세대의 관리비예치금과 관리비·사용료·장기수선충당금 등은 당해 주택의 **소유자**(입주예정자)가 **부담**하여야 할 것으로 판단됩니다(cf. 「민법」 제186조).

2. 관리비예치금의 관리, 운영 등[법 제24조제2항·제3항]

관리비 등의 금원 지출 업무와 관리비예치금의 인계

〈주택건설공급과 - 2014.09.08.〉 수정 2022.12.06.

질문 사항

1) 주택관리업자의 대표자가 **관리비 등 금원의 지출 등**을 직접 할 수 있는지요?

2) 관리비예치금 인계·인수와 관련하여 사업주체가 **관리비예치금(管理費豫置金)**을 입주자대표회의에 먼저 **인계**하고, 후에 그 내역을 넘겨주어야 하는 것인지요?

답변 내용

1) 관리비·장기수선충당금이나 그 밖의 경비의 청구·수령·지출 및 그 금원의 관리 등은 **관리사무소장(管理事務所長)**의 **업무(業務)**이므로(「공동주택관리법」 제64조제2항제1호 나목), 질의 사안의 경우 공동주택의 관리사무소장이 관리비 등 해당 공동주택의 관리 업무에 수반되는 비용의 지출 등을 할 수 있을 것입니다. (cf. 영 제23조제7항, 준칙 제77조 - 「공동주택 회계처리기준」 제5조·제8조)

2) 사업주체가 자치관리기구 또는 주택관리업자에게 **공동주택 관리 업무를 인계**하면서 "관리비예치금의 명세(明細)" 서류를 인도하므로(「공동주택관리법 시행령」 제10조제4항제4호), 질의 사안의 경우에는 관리 업무를 인계할 때 관리비예치금의 목록과 그 예치금을 함께 넘겨주는 것이 적합한 것으로 판단됩니다.[206]

---

206) ***** 통상 물품과 그 명세(목록)는 함께 인계하는 것이므로, 공동주택 관리 업무의 인계·인수와 별도로 관리비예치금의 인계·인수를 규정한 것은 아닌 것으로 판단된다.

관리비예치금의 사용(하자진단비용) 여부

성명 OOO 등록일 2014.08.28. 수정 2024.01.23.

질문 사항

입주한 지 2년 되는 아파트입니다. 외부 하자진단 사업자의 공동주택 '**하자진단비용**(瑕疵診斷費用)'으로 '**선수관리비(관리비예치금)**'를 일부 **사용**하려고 합니다. 이런 경우 선수관리비의 사용이 가능한지 여부에 대한 답변을 부탁드립니다.

답변 내용

공동주택의 "**하자진단비용**"은 **하자보수 업무**와 **관련**하여 **하자진단**에 드는 **금원(金員)**으로서 주택 소유자가 부담하여야 하여야 하는 경비(cf. 법 제48조제3항)이며, "**관리비예치금**"은 "**공동주택**의 **공용부분**의 **관리** 및 **운영 등**에 **필요한 자금**"입니다.[207] 따라서, 관리비예치금을 하자진단의 용도로 지출하는 것은 적법하지 아니하며, 하자진단비용은 해당 주택의 소유자가 **별도**로 **부담**하는 것이 타당합니다.

관리비예치금의 반환(법 제24조제2항, 준칙 제59조제2항)

성명 OOO 등록일 2013.07.22. 수정 2022.12.06.

질문 사항

선수관리비(先受管理費)를 현재 거주하는 입주민에게 **반환(返還)**하여야 하는지 궁금합니다. 질의자는 아파트를 매매할 때 관리사무실에서 선수관리비 영수증 사본을 교부받아 상호 주고받는 것으로 알고 있습니다. 그런데, 입주민 한 분이 선수관리비를 돌려 달라고 하는 경우 어떻게 하여야 적정한 것인지요?

---

207) 「공동주택관리법」 제24조제1항, 같은 법 시행령 제24조, 준칙 제59조

답변 내용

- 사업주체는 「공동주택관리법」 제11조제1항에 따라 입주예정자의 과반수가 입주할 때까지 공동주택을 **직접 관리**하는 경우에는 입주예정자와 **관리 계약(管理 契約)**을 **체결**하여야 하며, 그 관리 계약에 따라 같은 법 제24조제3항에 따른 **관리비예치금**을 징수(徵收)할 수 있습니다(「공동주택관리법 시행령」 제24조).

ㅇ 또한, **관리주체**는 해당 **공동주택**의 **공용부분**의 **관리** 및 **운영** 등에 **필요한 경비**(이하 "관리비예치금"이라 한다.)를 **공동주택**의 **소유자로부터** 징수할 수 있습니다(법 제24조제1항). 그리고, 관리주체는 소유자가 공동주택의 **소유권**을 **상실**한 경우에는 제1항에 따라 징수한 관리비예치금을 **반환**하여서야 합니다. 다만, 그에게기 관리비 · 사용료 및 장기수선충당금 등을 미납한 때에는 관리비예치금에서 **공제**한 후 그 **잔액**을 **반환**할 수 있습니다(법 제24조제2항, 준칙 제59조제1항 · 제2항).

따라서, 사업주체 등이 징수한 관리비예치금은 해당 주택의 소유자가 그 공동주택의 소유권을 상실한 경우에 반환하여야 하는 것입니다(cf. 「민법」 제186조).

관리비예치금, 이삿날 관리비 등의 정산 때 반환

주택건설공급과 – 2014.03.25. 수정 2022.12.06.

질문 사항

관리비예치금(管理費豫置金)의 **반환(返還)**은 부동산 소유권 이전 등기 시점을 기준으로 하는지, 아니면 관리비 정산 시기(時期)를 기준으로 하는 것인지요.

답변 내용

- 사업주체(事業主體)는 「공동주택관리법」 제11조제1항에 따라 입주예정자의 과반수가 입주할 때까지 공동주택을 직접 관리하는 경우에는 **입주예정자**와 관리 계약(管理 契約)을 **체결**하여야 하며, 그 **관리 계약**에 **따라** 같은 법 제24조제1항에 따른 관리비예치금(管理費豫置金)을 **징수(徵收)**할 수 있다(같은 법 시행령 제24조).

ㅇ 또한, 관리주체는 해당 공동주택의 공용부분의 관리 및 운영 등에 필요한 경비

(이하 "관리비예치금")를 공동주택의 **소유자로부터 징수**할 수 있다. 그리고, 소유자가 공동주택의 **소유권**을 **상실**한 경우 징수한 관리비예치금을 **반환**하여야 한다. 다만, 소유자가 관리비 등을 미납한 때에는 관리비예치금에서 공제(控除)한 후 그 잔액을 반환할 수 있다(같은 법 제24조제1항·제2항, 준칙 제59조제1항·제2항).

    — 이 규정의 의미는 공동주택의 **소유자 변동**에 따라 기존 소유자가 해당 **공동주택**을 **매도**한 후 이사를 갈 경우에 관리비예치금을 돌려받아갈 수 있다는 의미이며, 부동산등기부상 소유자가 변동된 날을 기준으로 관리비예치금을 반환한다는 내용이 아니다. 따라서, 이 질의 사안의 경우 **이사**하는 **날 관리비 등**을 **정산(精算)할 때** 관리비예치금을 함께 **반환**하는 것이 타당하다고 보겠다(cf. 준칙 제67조제2항).

관리비예치금 예금 이자의 귀속 주체(사용)

성명 OOO 등록일 2014.02.06. 수정 2022.12.06.

질문 사항

아파트 **선수관리비**의 **금융 이자**는 잡수입[208] 계정으로 **처리**해야 하나요? 원물(장기수선충당금, 하자보수충당금)의 개념으로 소유자 몫으로 **정산**하여야 하나요?

답변 내용

「공동주택관리법」 제21조제2항, 「공동주택관리법 시행령」 25조제1항제1호 나목의 규정에 따른 **잡수입**은 ① 같은 영 제26조에 따라 관리비 등의 사업계획 및 예산(안)에 편성하여 입주자대표회의의 승인을 받거나, ② 같은 영 제14조제2항제16호에 따라 공동체 생활의 활성화에 관한 사항 등으로 입주자대표회의의 의결을 받은 경우(cf. 준칙 제38조제4항제9호), ③ 또는 같은 영 제19조제1항제18호에 따라 해당 공동주택관리규약에 반영한 경우(cf. 준칙 제56조제2항, 제62조제2항·제3항·

---

208) 잡수입(雜收入)이라 함은 금융기관의 예금 이자, 연체료 수입, 재활용품의 매각 수입, 부대시설·복리시설의 이용료 등 공동주택을 관리하면서 부수적으로 발생하는 수입을 말한다(cf. 법 제21조제2항, 영 제23조제8항 뒷글·제25조제1항제1호 나목). * 舊 '주택법 시행령' 제55조제2항 – 잡수입(금융기관의 예금 이자, 연체료 수입, 부대시설·복리시설의 사용료 등 공동주택의 관리로 인하여 발생하는 수입을 말한다.)

제4항·제5항)에 한정하여 필요한 용도에 **사용**할 수 있을 것입니다.[209]

관리비예치금을 임의로 다른 예금통장에 입금한 경우 등

〈주택건설공급과 – 3291, 2010.04.20.〉 수정 2023.02.21.

질문 사항

1) 입주자대표회의의 회장이 **관리비예치금** 통장(예탁금 2억6,000만 원)을 **보관**하던 중 임의로 다른 예금통장으로 입금한 것은 횡령 및 배임에 해당하는지요?

2) 또한, 동별 대표자 전원 해임 등 입주자대표회의가 해산된 후에도 **관리비예치금 통장을** 돌려주지 않고 있는데, 이에 어떤 처벌을 받도록 할 수 있는지요?

3) 관리사무소의 **명칭**으로 생활지원센터를 사용하는 것이 불법인지요?

답변 내용

1), 2) 위의 1번과 2번에 대한 답변에 대해서는 사법기관이나 법률 전문가에게 문의하기 바랍니다. 참고로, 「공동주택관리법」 제90조제2항을 위반하여 부정(不正)하게 재물 또는 재산상의 이익을 취득하거나, 제공한 자를 같은 법 제98조제3호에 따라 2년 이하의 **징역(懲役)** 또는 2,000만 원 이하의 **벌금형(罰金刑)**에 처할 수 있습니다(cf. 「형법」 제355조제1항, 제355조제2항, 제356조).

3) "관리사무소"는 「주택법」 제2조제13호 가목에 따라 설치하는 공동주택의 부대시설이고, 공동주택의 "관리사무소장"은 **「공동주택관리법」** 제64조제2항·제3항과 같은 법 시행규칙 제30조제1항 등에서 **규정**하는 관리사무소의 업무를 지휘·총괄 집행하는 **직명(職名)**입니다. 이와 관련하여, 공동주택의 관리사무소를 '생활지원센터' 또는 '생활지원실' 등으로, 관리사무소장을 '센터장' 또는 '실장' 등으로 명칭을 다르게 사용하는 것은 **주택법령**과 **공동주택관리법령**에 **저촉(抵觸)**되는 **행위**이므로,

---

209) 잡수입(공동주택을 관리하면서 부수적으로 발생하는 수입)은 입주자가 적립에 기여하였는지, 입주자와 사용자가 함께 기여하였는지 그 발생 원인에 따라 회계 처리하여야 할 것이다. 이와 관련, 관리비예치금은 주택의 소유자(입주자)가 납부하여 예치하는 것이므로 그 예금 이자는 「서울특별시공동주택관리규약 준칙(예시)」 제62조제2항제4호에 따라 장기수선충당금으로 적립하여야 할 것으로 사료된다(cf. 준칙 제62조제2항제4호).

앞으로는 "관리사무소" 및 "관리사무소장"이라는 용어를 쓰기 바랍니다(cf. 법 제6조제1항, 제64조제1항, 제65조, 제66조, 제93조제1항 등).

ㅎ 관리비예치금 반환할 필요 없다 - 경락자, 소송 패소

2012/12/05 한국아파트신문 수정 2020.06.10.

아파트 경락자(競落者)가 본인이 납부(納付)한 '관리비예치금(管理費預置金)을 돌려달라.'며 입주자대표회의를 상대로 소송(訴訟)을 제기하였지만, 받아들여지지 않았다. 공동주택 관리규약 등에서 정한 관리비예치금의 반환(返還) 사유가 발생하지 않는 이상 관리비예치금을 반환하여야 할 의무는 없다고 판단하여서다.

인천지방법원 제4민사부(재판장 부장판사 김우수)는 최근 경기 김포시 풍무동 소재 모 아파트의 경락자가 "경락자인 자신에게는 관리비예치금 납부 의무가 없음에도 관리비 내역에 관리비예치금 42만 원을 포함시켜 납부 받았으므로, 부당이득한 관리비예치금 42만 원 등을 반환할 의무가 있다."며 이 아파트 입주자대표회의를 상대로 제기한 관리비예치금 반환 청구 소송 항소심에서 원고의 항소를 기각하여 원고 패소 판결한 원심을 유지하였다. [cf. 인천지방법원 2017나544 판결, 2017. 10. 19. 선고("입주 초기 아니어도 소유권 이전 때 관리비예치금 납부 의무 있다" - 제1민사부 재판장 부장판사 박준민), 2017. 11. 8., 한국아파트신문]

앞서 제1심 법원인 인천지방법원 부천지원 김포시법원(판사 송승찬)은 "주택법(현행 '공동주택관리법') 등 관계 법령의 규정과 피고의 공동주택관리규약 등에 의하면, 원고가 이 아파트의 경락자일지라도 관리비예치금을 예치하여야 할 의무가 있다."며, "이는 피고가 전 소유자에게 관리비예치금을 반환하지 않았다고 가정하더라도 원고와 전 소유자 사이에서 관리규약 소정의 상계가 이뤄지지 않은 이상 여전히 관리비예치금을 예치할 의무를 가진다."고 판단, 원고 패소 판결한 바 있다.

이에 불복한 원고는 항소하였지만, 상급심의 판단도 제1심 법원과 다르지 않았다. 항소심 재판부는 판결문에서 "이 아파트 입주자 등에게 적용되는 공동주택 관리규약에 의하면, '주택법(현행 공동주택관리법)'에 따라 소유자는 해당 주택을 소유하는 기간에 **관리비예치금**을 **관리주체에게** **예치하여야 한다.**"면서 "관리주체는 매매 등으로 인하여 소유권이 변동되는 때에도 소유자가 전출하는 경우에 관리비예치금 을 매도자에게 반환하여야 하고, 관리비예치금을 재건축 등의 사유로 입주자가 해 산할 경우 해산 당시의 소유자에게 반환하여야 한다."고 설명하였다. 이어 "이 아파 트 관리규약은 경매 절차를 통해 이 아파트를 취득한 소유자인 원고에게도 당연히 적용된다."며, **"관련 법령**과 **관리규약**에서 **소유자**로 하여금 **해당 주택**을 **소유**하는 **기간**에 **관리비예치금**을 **관리주체**에게 **예치**하도록 정하고 있는 이상 **관리규약 등**의 **적용을 받는 원고**에게도 **관리비예치금**의 **납부 의무가 있다.**" 라고 지적하였다.

항소심 재판부는 또 "관리규약 등에서 정한 관리비예치금의 반환 사유가 발생하 지 않는 한 피고가 원고에게 관리비예치금을 당연히 반환하여야 할 의무는 없다(cf. 법 제24조제2항, 준칙 제59조제2항)."며, "게다가 피고가 납부 받은 관리비예치금 은 전 소유자의 관리비예치금을 승계한 것이 아니고, 반면 이 **아파트**에 관한 **매매 등**으로 **소유권**이 **변동**되어 **원고**가 **전출**하는 경우나 **재건축 등**으로 **입주자**가 **해산**할 경우 **원고**는 **피고로부터 관리비예치금**을 **반환받을 수 있을 뿐**"이라고 밝혔다.

따라서, "제1심 판결은 이와 결론을 같이 하여 정당하다."며 "원고의 항소(抗訴) 는 이유 없어 기각(棄却)한다."고 판시하였다.

임대주택의 선수관리비(관리비예치금) 등

성명 OOO 등록일 2014.12.22. 수정 2023.10.10.

질문 사항

우리 아파트는 준공 검사를 받은 후 10년 되었습니다. 사업주체와 회계 업무가 분 리되지 않아 관리비를 관리사무소에서 자체적으로 운영하고자 하며, 운영할 자금이 없어 사업주체에게 **선수관리비**를 요구하였으나, 확실한 답변이 없습니다. 선수관리 비란 무엇이고, **임대아파트**의 선수관리비를 누가 부담하여야 하며, 이를 사업주 체가 부담할 경우 특별하게 청구할 방법이 있는지에 대해서 알고 싶습니다.

답변 내용

 - '민간임대주택에 관한 특별법' 제51조제5항 및 같은 법 시행규칙 제22조제1항에서 **임대사업자**는 임차인으로부터 **임대주택**을 **관리**하는 데에 **필요**한 **경비**를 받을 수 있도록 하고, 관리비는 인건비 등 일반관리비, 수선유지비 등의 합계액으로 하고 있으며, 관리비의 세대별 부담액 산정 방법은 '사용자 부담의 원칙'과 '공평한 부담의 원칙'에 따르도록 하고 있습니다(cf. '민간임대주택에 관한 특별법' 제51조제5항, 같은 법 시행규칙 제22조, '공공주택 특별법' 제50조, 같은 법 시행령 제53조).

 - 관리비의 부담 주체와 관련하여, 임대주택의 내구성 연장 등 주택의 자산 가치 증가를 수반하는 **자본적 지출(資本的 支出)**에 해당하는 비용은 **임대사업자**가 **부담**하고, '민간임대주택에 관한 특별법 시행규칙' 제22조제1항 관련 [별표]에 따라 수선유지비 등 임차인의 주거 생활의 편익을 위하여 사용되는 금원(金員)으로서 **소모적 지출(消耗的 支出)**에 해당되는 비용은 **임차인**이 **부담**하도록 하고 있습니다(cf. '민간임대주택에 관한 특별법' 제51조제5항, 같은 법 시행규칙 제22조, '공공주택 특별법' 제50조, 같은 법 시행령 제53조). 따라서, 해당 **임대주택**의 **관리**에 **필요**한 **비용**에 대한 사항은 상기 규정에 따라 판단하여야 할 것으로 사료됩니다.

 - 질의 사안의 **선수관리비**[210]는 분양주택의 경우 공동주택관리법령에서 정하는 **관리비예치금**을 이르는 것으로 추정됩니다. '공동주택관리법 시행령' 제24조에 **사업주체**는 같은 법 제11조제1항에 따라 입주예정자의 과반수가 입주할 때까지 공동주택을 직접 관리하는 경우 입주예정자와 **관리 계약**을 체결하여야 하며, 그 관리 계약에 따라 같은 법 제24조제1항에 따른 **관리비예치금**(해당 공동주택의 공용부분의 관리 및 운영 등에 필요한 경비)을 **징수**할 수 있도록 규정되어 있습니다. 그리고, 입주자대표회의에 **관리 업무**를 **인계**할 때 해당 공동주택의 관리주체에게 **관리비예치금**을 **넘겨주도록** 하고 있습니다(cf. 법 제13조제2항, 영 제10조제4항제4호).

 - 또한, 관리주체는 해당 공동주택의 공용부분의 관리 및 운영 등에 필요한 경비("관리비예치금")를 공동주택의 소유자로부터 징수할 수 있으며, 소유자가 공동주택의 소유권(所有權)을 상실(喪失)한 경우에는 징수한 관리비예치금을 반환(返還)하여야 하고, 관리비 등을 미납한 때에는 관리비예치금에서 차감(差減)한 후 그 잔

---

210) 「공공주택 특별법」 제50조제2항, 같은 법 시행령 제53조제2항·제3항·제4항

액을 반환할 수 있습니다('공동주택관리법' 제24조제1항, 제2항).

– 다만, 위 사항은 분양주택에 대하여 규정한 것으로서, **임대주택의 관리비예치금에 대하여** 「민간임대주택에 관한 특별법」제6항에 "⑥ **임대사업자**는 민간임대주택을 관리하는 데 필요한 경비를 임차인이 최초로 납부하기 전까지 해당 민간임대주택의 유지 관리 및 운영에 필요한 경비(이하 **"선수관리비"**라 한다.)를 대통령령으로 정하는 바에 따라 **부담**할 수 있다. 〈신설 2023. 8. 16., 시행 2024. 2. 17.〉"고 규정되어 있습니다. 그리고, –「공공주택 특별법」제50조제2항 및 같은 법 시행령 제53조제2항부터 제4항까지에서 "② **공공주택사업자**는 공공임대주택을 관리하는 데 필요한 경비를 임차인이 최초로 납부하기 전까지 해당 공공임대수택의 유지 관리 및 운영에 필요한 경비(이하 **"선수관리비"**라 한다.)를 대통령령으로 정하는 바에 따라 **부담**할 수 있다. 〈신설 2019. 4. 30.〉 –「공공주택 특별법 시행령」제53조 **(선수관리비)** ② 공공주택사업자는 법 제50조제2항에 따라 공공임대주택의 유지 관리 및 운영에 필요한 경비(이하 **"선수관리비"**라 한다.)를 부담하는 경우에는 해당 임차인의 입주 가능일 전까지 「공동주택관리법」제2조제1항제10호에 따른 관리주체(이하 "관리주체"라 한다.)에게 선수관리비를 지급하여야 한다. 〈신설 2019. 10. 29.〉 * 「공공주택 특별법 시행령」제53조**(선수관리비)** ③ 관리주체는 해당 임차인의 임대 기간이 종료되는 경우 제2항에 따라 지급받은 **선수관리비**를 공공주택사업자에게 반환하여야 한다. 다만, 다른 임차인이 해당 주택에 입주할 예정인 경우 등 공공주택사업자와 관리주체가 협의하여 정하는 경우에는 **선수관리비**를 반환하지 않을 수 있다. 〈신설 2019. 10. 29.〉 * 「공공주택 특별법 시행령」제53조**(선수관리비)** ④ 제2항에 따라 관리주체에게 지급하는 **선수관리비**의 금액은 해당 공공임대주택의 유형 및 세대수 등을 고려하여 **공공주택사업자**와 **관리주체**가 **협의**하여 정한다. 〈신설 2019. 10. 29.〉"라고 규정하고 있습니다.

따라서, 임대주택의 경우 임차인이 부담하는 관리비예치금의 징수 여부 등에 관해서는 **임대사업자와 임차인**이 **임대차 계약**(혹은 **관리규약**) **등 상호 약정**한 바에 **따라야 할 것**으로 사료되며, 선납(先納)한 관리비의 경우 "관리비 사용자 부담 원칙"에 따라 임차인의 퇴거 일까지의 사용 분을 공제한 후 관리주체로부터 반환받아야 할 것으로 판단됨을 알려드립니다.

관리비 등의 집행을 위한 사업자 선정[법 제25조]

법 제25조(관리비 등의 집행을 위한 사업자 선정 기준) 의무 관리 대상 공동주택의 관리주체 또는 입주자대표회의가 제23조제4항제1호부터 제3호까지의 어느 하나에 해당하는 금전 또는 제38조제1항에 따른 하자보수보증금과 그 밖에 **해당 공동주택단지**에서 **발생**하는 **모든 수입**에 따른 **금전**(이하 "**관리비 등**"이라 한다)을 **집행**하기 위하여 **사업자(事業者)**를 **선정(選定)**하려는 경우 다음 각 호의 **기준(基準)**을 따라야 한다.

1. 전자입찰방식(電子入札方式)으로 사업자를 선정할 것. 다만, 선정 방법 등이 전자입찰방식을 적용하기 곤란한 경우로서 국토교통부장관이 정하여 고시(告示)하는 경우[211]에는 전자입찰방식으로 선정하지 아니 할 수 있다(cf. '지침' 제3조제3항).

2. 그 밖에 입찰의 방법 등 대통령령으로 정하는 방식(方式)을 따를 것

* 법 제102조(과태료) ③ 다음 각 호의 어느 하나에 해당하는 자에게는 500만 원 이하의 과태료(過怠料)를 부과한다. 〈개정 2015.12.29., 2016.1.19.〉

2. 제7조제1항 또는 제25조를 위반하여 주택관리업자 또는 사업자를 선정한 자

영 제25조(관리비 등의 집행을 위한 사업자 선정 · 집행) ① 법 제25조에 따라 관리주체 또는 입주자대표회의는 다음 각 호의 구분에 따라 사업자를 **선정(계약의 체결**을 **포함**한다. 이하 이 조에서 같다)하고 집행하여야 한다. 〈개정 2021.3.30.〉

1. **관리주체**가 사업자를 **선정**하고, **집행**하는 다음 각 목의 사항

가. 청소, 경비, 소독, 승강기 유지, 지능형 홈네트워크, 수선 · 유지(냉방 · 난방시설의 청소를 포함한다)를 위한 용역 및 공사[212]

나. 주민공동시설의 위탁, 물품의 구입과 매각, 잡수입의 취득(제29조의 3 제1항

---

211) 국토교통부 고시 「주택관리업자 및 사업자 선정 지침」 제3조제3항에서 규정하는 수의계약의 방법으로 주택관리업자와 사업자를 선정하는 것을 말한다. 〈시행 2022.3.1.〉

212) 「민간임대주택에 관한 특별법 시행령」 제41조(민간임대주택의 관리) ② 법 제51조제1항에 해당하는 민간임대주택의 관리에 대해서는 「공동주택관리법」 및 「공동주택관리법 시행령」 중 다음 각 호의 규정만을 적용한다. 〈개정 2016.8.11.〉 cf. 「공공주택 특별법」 제50조, 「공공주택 특별법 시행령」 제53조
5. 영 제25조제1항제1호 가목에 따른 관리비의 집행을 위한 사업자 선정에 관한 사항

각 호의 시설의 임대에 따른 잡수입의 취득은 제외한다), 보험 계약 등 국토교통부장관이 정하여 고시하는 사항(cf. '지침' 제7조제2항 [별표 7] 제2호 다목·라목)

2. **입주자대표회의**가 사업자를 **선정**하고, **집행**하는 다음 각 목의 사항

가. 법 제38조제1항에 따른 하자보수보증금을 사용하여 보수하는 공사

나. 사업주체로부터 지급받은 공동주택 공용부분의 하자보수비용을 사용하여 보수하는 공사(cf. 법 제38조제2항, 영 제43조·제44조제1항제2호)

3. **입주자대표회의**가 사업자를 **선정(選定)**하고, **관리주체**가 **집행(執行)**[213]하는 다음 각 목의 사항(공사, 용역) 〈개정 2021.3.30.〉

가. 장기수선충당금을 사용하는 공사

나. 전기안전관리(「전기안전관리법」 제22조제2항 및 제3항에 따라 전기설비의 안전관리에 관한 업무를 위탁 또는 대행하게 하는 경우를 말한다)를 위한 용역

영 제25조(관리비 등의 집행을 위한 사업자 선정 – 전자입찰방식) ② 법 제25조제1호에 따른 전자입찰방식에 대해서는 **제5조제1항**을 **준용**한다(cf. '지침' 제3조).

* 영 제5조(주택관리업자의 선정 – 전자입찰방식) ① 법 제7조제1항제1호에 따른 전자입찰방식의 세부 기준, 절차 및 방법 등은 **국토교통부장관**이 정하여 **고시**한다.

영 제25조(관리비 등의 집행을 위한 사업자 선정 방식) ③ 법 제25조제2호에서 "입찰의 방법 등 대통령령으로 정하는 방식"이란 다음 각 호에 따른 방식을 말한다.

1. 국토교통부장관이 정하여 고시하는 경우 외에는 **경쟁입찰(競爭入札)**로 할 것. 이 경우 다음 각 목의 사항은 **국토교통부장관**이 정하여 **고시(告示)**한다.

가. 입찰의 절차

나. 입찰 참가 자격

다. 입찰의 효력

라. 그 밖에 사업자의 적정한 선정을 위하여 필요한 사항

2. 입주자대표회의의 감사가 입찰 과정을 참관(參觀)할 수 있도록 할 것

---

213) 「공동주택관리법 시행령」 제25조제1항제3호에 장기수선충당금을 사용하는 공사와 전기안전관리 대행 사업자를 선정할 경우, 그 사업자 선정 관련 업무는 "입주자대표회의가 사업자를 선정하고, 관리주체가 집행"한다고 규정되어 있는데, 집행의 의미는 계약을 뜻하는 것이 아니다. 이는 장기수선공사 등 사업자의 선정은 입주자대표회의, 계약은 입주자대표회의의 회장이 체결하고, 그 후 행정 사무 처리, 공사 감독 등 관리, 자금 집행 및 회계 업무 등을 관리주체가 하는 것을 의미한다. cf. 규칙 제30조제1항제2호

영 제25조(기존 사업자의 입찰 참가 제한) ④ 입주자 등은 기존 사업자(용역 사업자만 해당한다. 이하 이 항에서 같다)의 서비스가 만족스럽지 못한 경우에는 **전체 입주자 등의 과반수**의 **서면 동의로** 새로운 사업자의 선정을 위한 입찰에서 기존 사업자의 참가를 제한하도록 관리주체 또는 입주자대표회의에 **요구(要求)**할 수 있다. 이 경우 관리주체 또는 입주자대표회의는 그 요구에 따라야 한다(cf. 준칙 제73조).

* **영 제5조(기존 주택관리업자의 입찰 참가 제한)** ③ 법 제7조제2항 전단에 따라 입주자 등이 새로운 주택관리업자 선정을 위한 입찰에서 기존 주택관리업자의 참가를 제한하도록 입주자대표회의에 요구(要求)하려면, **전체 입주자 등 과반수(過半數)의 서면(書面) 동의(同意)**가 있어야 한다(cf. 준칙 제16조).

법 제28조의 "사업자", 제25조제1항 "관리비 등"의 의미

성명 ○○○ 등록일 2015.07.24. 수정 2023.06.13.

질문 사항

'공동주택관리법' 제28조[계약서의 공개]의 내용은 다음과 같습니다. "의무 관리 대상 공동주택의 관리주체 또는 입주자대표회의는 제7조제1항 또는 제25조에 따라 선정한 주택관리업자 또는 공사, 용역 등을 수행하는 **사업자**와 계약을 체결하는 경우 계약 체결 일부터 1개월 이내에 그 **계약서**를 해당 공동주택단지의 인터넷 홈페이지 및 동별 게시판에 **공개**하여야 한다. 이하 생략 ~."

질의 1) 이 경우, 위에서 말하는 **"사업자"**란 그 범위가 소방·경비·미화·승강기 유지 보수 등 각각의 법률에 의한 허가, 신고, 등록 등을 한 용역 사업자에 한정되는 것인지요. 아니면, 종목, 업태를 불문하고 일반 사업자 등록증을 갖춘 모든 사업자를 포함하는 것인지 궁금합니다. 그리고, 위 본문 내용 관련 법 제25조에 " ~ 공동주택 단지에서 발생하는 모든 수입에 따른 금전(이하 "관리비 등"이라 한다.)을 집행하기 위하여 사업자를 선정하려는 경우 ~." 라고 규정되어 있습니다.

질의 2) 여기에서의 **"사업자(事業者)"**란 어떤 사업자를 말하는 것인지요?

질의 3) **"금전을 집행하기 위하여"**란 **금액**의 많고·적음을 불문한다는 뜻입니까?

질의 4) 또한, 점검, 수리, 부품 일부 교체 등으로 **지출**되는 어떤 **"금전(金錢)"**에 대하여도 **계약서**는 분명 **작성**이 되어야 되는지를 알고 싶습니다.

〈질의 번호별 답변〉

1 ~ 2. '공동주택관리법' 제28조에 규정된 **"사업자"**의 범위 - '공동주택관리법' 제28조에 규정된 "사업자"는 **'주택관리업자 및 사업자 선정 지침'**을 **적용**하여 **선정**된 **사업자**를 의미합니다. 같은 "지침을 적용하여 선정된 사업자"라 함은, **일반경쟁입찰**의 경우 '지침'에서 규정하고 있는 **"참가 자격의 제한"** 사항에 **해당**되지 **않은 사업자** 중에서 선정하며, **재한경쟁입찰**의 경우는 해당 공동주택에서 정한 **제한 요건 (사업 실적, 기술 능력, 자본금)**을 **추가**로 **충족**한 **사업자** 가운데서 선정된 사업자를 뜻합니다. 또한, **지명경쟁입찰**과 **수의계약**의 경우에는 '지침'에서 규정하고 있는 수의계약 등의 대상 및 절차 등에 적합하게 선정된 사업자를 말합니다.[214]

3. '공동주택관리법' 제25조에 규정된 **"관리비 등(管理費 等)"**의 의미 - '공동주택관리법' 제25조에서 **"의무 관리 대상 공동주택의 관리주체 또는 입주자대표회의가 제23조제4항제1호부터 제3호까지의 어느 하나에 해당하는 금전 또는 제38조제1항에 따른 하자보수보증금과 그 밖에 **해당 공동주택단지**에서 발생하는 **모든 수입에 따른 금전**(이하 '관리비 등'이라 한다.)을 집행하기 위하여 사업자(事業者)를 선정하려는 경우 다음 각 호의 기준을 따라야 한다."**고 규정하고 있습니다. 상기 규정의 "관리비 등"에 해당하는 경우에는 그 **금액**의 **많고 적음**에 **관계없이** '공동주택관리법' 제25조 본문 외 부분 각 호[215])의 기준(基準)을 따라야 합니다.

4. 질의 내용이 모호하여 답변에 어려움이 있습니다. 의무 관리 대상 공동주택의 관리주체 또는 입주자대표회의가 **관리비 등**을 **집행**하기 위하여 같은 **"지침"**에 **따라 사업자(事業者)**를 **선정(選定)**한 경우라면, **계약서(契約書)**가 **작성(作成)**되어야 하는 것이 맞습니다.[216] 이와 관련, 보다 구체적인 사항은 '공동주택관리법' 제93조에

---

214) cf. 「주택관리업자 및 사업자 선정 지침」 제1조·제2조, 제4조제2항 [별표 1] 제1호, 제4조제3항 [별표 2], 제6조 [별표 3], 제18조, 제26조

215) 1. 전자입찰방식으로 사업자를 선정할 것. 다만, 선정 방법 등이 전자입찰방식을 적용하기 곤란한 경우로서 국토교통부장관이 정하여 고시하는 경우에는 전자입찰방식으로 선정하지 아니 할 수 있다. 2. 그 밖에 입찰의 방법 등 대통령령으로 정하는 방식을 따를 것(→ 「공동주택관리법 시행령」 제25조제3항·제1항·제2항·제4항)

따라 공동주택 관리에 대한 지도 감독 업무를 담당하는 해당 공동주택의 소재지 관할 지방자치단체에 문의하여 도움을 받기 바랍니다.

수의계약 절차(관리주체가 사업자를 선정하고 집행하는 사항)

성명 OOO 등록일 2015.01.09. 수정 2024.08.29.

질문 사항

「주택관리업자 및 사업자 선정 지침」 제4조제3항 관련 **수의계약(隨意契約)**의 대상 [별표 2] 제2호 및 제7호에 "공산품(생활용품)을 구입하는 경우와 공사 및 용역 등의 금액이 500만 원(부가가치세를 제외한 금액을 말한다.) 이하인 경우로서, 2인 이상의 견적서를 받은 경우(다만, 이 경우 동일한 목적을 달성하기 위한 공사 및 용역 등을 시기나 물량으로 나누어 계약할 수 없다.)"에는 수의계약을 할 수 있다고 규정되어 있습니다. 이와 관련, 관리주체가 **사업자**를 **선정**하고 **집행**하는 **사항**에 대해서는 입주자대표회의의 **의결(議決)** 없이 수의계약을 할 수 있는 것인지요?

답변 내용

관리주체(管理主體)는 「공동주택관리법」 제63조제1항제6호에 따른 **"입주자대표회의에서 의결(議決)한 사항(事項)의 집행(執行)"**을, 관리사무소장(管理事務所長)은 같은 법 제64조제2항제1호에 따라 **"입주자대표회의가 의결(議決)하는 공동주택의 운영·관리·유지·보수·교체·개량에 관한 업무와 관리비·장기수선충당금이나 그 밖의 경비의 청구·수령·지출 및 그 금원을 관리하는 업무(業務) 등을 집행(執行)"**하는 것입니다.[217] 따라서, 수의계약으로 **사업자**를 **선정**하고자 할 경우에는 입주자대표회의의 **의결**을 받은 **후 추진**하는 것이 **적법**합니다.[218]

---

216) cf. 법 제25조제2호, 영 제25조제1항 본문 괄호 규정, '지침' 제11조제1항제2호·제3호

217) cf. '지침' 제4조제5항 "제3항에 따른 수의계약의 경우 수의계약 전에 계약 상대자 선정, 계약 조건 등 계약과 관련한 중요 사항에 대하여 영 제14조제1항에 따른 방법으로 입주자대표회의의 의결을 거쳐야 한다." ([별표 2] 〈비고〉 삭제, 2018.10.31. 제4조제5항 신설)

218) cf. 「주택관리업자 및 사업자 선정 지침」 제4조제2항 [별표 1] 제2호, 제4조제5항, 제7조

승강기 유지 · 관리의 수의계약 여부(승강기 교체 공사 사업자)

성명 OOO 등록일 2016.05.13. 수정 2021.07.08.

질문 사항

우리 아파트는 **승강기(昇降機) 교체 공사**를 하고, 오는 7월이 되면, 무상 A/S 기간이 종료됩니다. 따라서, 무상 A/S 기간이 종료되면 유지 보수 사업자를 선정하여야 하는데, 기존의 무상 A/S를 해순 교체(交替) 공사(工事) 사업사를 기존 사업자로 보아 수의계약으로 연장할 수 있는지요? 아니면, 무상 A/S는 별도의 것이므로 입찰 방법으로 승강기 **유지(維持) 관리(管理) 사업자를 선정**하여야 하는지요?

답변 내용

o 「주택관리업자 및 사업자 선정 지침」 제4조제3항 관련 [별표 2] 수의계약의 대상 제9호에서는 "계약 기간이 만료되는 **기존(既存) 사업자(事業者 – [별표 7]의 사업자로서 공사 사업자는 제외**한다.)의 사업수행실적(事業遂行實績)을 관리규약에서 정하는 절차(cf. 준칙 제72조)에 따라 평가(評價)하여 다시 계약이 필요하다고 「공동주택관리법 시행령」 제14조제1항에 따른 방법으로 입주자대표회의에서 의결(議決 – 임대주택의 경우 임대사업자가 임차인대표회의와 협의)한 경우" 수의계약(隨意契約)이 가능한 것으로 명시하고 있습니다.

– 즉, 계약 기간이 만료되는 **기존 '승강기 유지 관리 용역**(승강기 **설치 및 교체 공사**가 **아닌** 유지 관리 **용역)' 사업자**의 사업수행실적을 관리규약에서 정하는 절차에 따라 평가하여 다시 계약이 필요하다고 입주자대표회의에서 그 구성원 과반수의 찬성으로 의결(임대주택의 경우 임대사업자가 임차인대표회의와 협의)한 경우에는 수의계약이 가능하나, **'승강기 교체 공사' 사업자**와 '승강기 유지 관리 용역' 계약을 수의계약의 방법으로 체결하는 것은 같은 '지침'에 적합하지 아니 합니다.

제2항 [별표 7] 〈비고〉 제1호, 법 제63조제1항제6호, 제64조제2항제1호 · 제3호(관리사무소의 업무의 지휘 · 총괄), 규칙 제30조제1항제1호(관리주체의 업무의 지휘 · 총괄)

승강기 유지·관리 사업자의 선정 방법

<주택건설공급과, 2016.08.22.> 수정 2022.12.06.

질문 사항

사용검사일이 20**년 8월 28일부터 1년이 경과되는 아파트로서 공동주택단지 안에 설치된 **승강기(昇降機)**의 **유지(維持)·보수 관리(管理) 대행 계약(契約)**을 체결하고자 하는 경우 국토교통부 고시에 따른 경쟁입찰 방식만 가능한지, 승강기 제조 및 설치 사업자(새로운 기종 설치)와 수의계약이 가능한지 궁금합니다.

답변 내용

'주택관리업자 및 사업자 선정 지침' 제4조제3항 관련 [별표 2] 제9호에서 "계약 기간이 만료되는 **기존(旣存) 사업자(事業者)** — [별표 7]의 사업자로서 **공사 사업자** 는 **제외**한다.)의 사업수행실적(事業遂行實績)을 관리규약에서 정하는 절차[219]에 따라 평가하여 다시 계약이 필요하다고 '공동주택관리법 시행령' 제14조제1항에 따른 방법으로 입주자대표회의에서 의결(임대주택의 경우 임대사업자가 임차인대표 회의와 협의)한 경우" 수의계약(隨意契約)을 할 수 있도록 규정하고 있습니다.

이와 관련, 질의 대상 공동주택의 **승강기 제조·설치 사업자**가 현재 해당 공동주 택의 승강기 **유지·관리 용역**을 하고 있다면, 전술한 조건에 적합할 경우 수의계약 의 방법으로 다시 선정할 수 있습니다. 그러나, 기존 승강기 유지·관리 사업자가 아니라면, 같은 '지침'에서 정하는 경쟁입찰, 최저가낙찰제(또는 적격심사제)의 방 법으로 해당 승강기 유지·관리 사업자를 선정하여야 하는 것입니다.

수의계약의 대상이 되는 기존 사업자

성명 OOO 등록일 2016.05.12. 수정 2022.12.06.

---

219) cf. 「서울특별시공동주택관리규약의 준칙」 제72조(기존 사업자와의 재계약)

질문 사항

「주택관리업자 및 사업자 선정 지침」 [별표 2] 제9호와 관련하여, 입주자대표회의가 구성된 후 계약을 체결함에 있어 아파트 시행사(사업주체)와 계약된 **승강기 제조·공사 업체**를 기존 사업자로 보아 **수의계약의 대상**이 되는지 알고 싶습니다.

답변 내용

o 「주택관리업자 및 사업자 선정 지침」 제4조제3항 관련 [별표 2] 제9호에서 "계약 기간이 만료되는 **기존(既存) 사업자**[별표 7]의 사업자로서 공사 사업자는 제외한다.)의 사업수행실적을 관리규약에서 정하는 절차220)에 따라 평가하여 다시 계약이 필요하다고 「공동주택관리법 시행령」 제14조제1항에 따른 방법으로 입주자대표회의에서 의결(임대주택은 임대사업자가 임차인대표회의와 협의)한 경우" 수의계약의 대상이라는 것을 명시하고 있습니다(* 제조, 설치 공사 사업자 제외).

‒ 이와 관련, **사업주체가 적법**하게 **선정한 사업자**의 경우 **'기존 사업자'**로 보아 같은 '지침'에 따른 수의계약의 요건에 적합하다면, 앞에서 인용한 규정에서 정한 절차[사업수행실적 평가 + 입주자대표회의의 의결(임대주택의 경우 임대사업자가 임차인대표회의와 협의)]에 따라 재계약을 할 수 있는 것으로 운용하고 있습니다.

o 다만, **사업주체 관리 기간**에 관리주체인 **사업주체**가 용역 사업자를 선정할 때에는 「공동주택관리법」 제25조제2호에 따른 「공동주택관리법 시행령」 제25조제1항에 따라 **"경쟁입찰"**의 **방법**으로 **사업자를 선정**하여야 합니다.221) 따라서, 사업주체 관리 기간 동안 공동주택관리법령에 적합(適合)하지 않게 "수의계약"으로 선정된 사업자라면, 「주택관리업자 및 사업자 선정 지침」 제4조제3항 [별표 2] 제9호 기존 사업자와의 "수의계약의 대상" 규정을 적용할 수 없는 것으로 판단됩니다.

주민공동시설 위탁 운영 사업자의 선정 방법 등

성명 OOO 등록일 2016.05.16. 수정 2017.03.04.

---

220) cf. 「서울특별시공동주택관리규약의 준칙」 제72조(기존 사업자와의 재계약)

221) 「주택관리업자 및 사업자 선정 지침」 제2조제2항, 영 제25조제1항제1호 가목

질문 사항

1. 질의자가 살고 있는 아파트에서 자격 요건이 된다면, 해당 **아파트 운동 시설**을 위탁 관리할 수 있는지요. 그리고, 운동 시설을 **위탁**할 수 있는 **자격**이라는 것의 기준이 있는지도 질문합니다. 이 것 역시 어떤 법령에 있는지 알고 싶습니다.

2. 아파트 운동 시설을 위탁 운영할 때 위탁 운영을 하러 들어오는 사업자가 운동 시설 기구 등을 **기부(寄附)**하는 형식은 위법인 것으로 알고 있는데, 관련 법령(法令)을 찾아봐도 찾을 수가 없습니다. 법령이 있다면, 어디서 찾을 수 있는지요.

답변 내용

o 주민공동시설의 **위탁 운영 사업자 선정**은 국토교통부장관이 고시하는 「주택관리업자 및 사업자 선정 지침」에 따른 **경쟁입찰의 방법**으로 하도록 되어 있습니다(「공동주택관리법 시행령」 제25조제1항제1호 나목, '지침' [별표 7] 제2호 나목). 또한, 같은 '지침' 제4조제2항 관련 [별표 1]에 따르면, 경쟁입찰의 경우 "사업 종류별로 관련 법령에 따른 면허, 등록 또는 신고 등을 마치고 사업을 영위하는 자 중에서 선정"하도록 규정하고 있다는 것을 알려드립니다.

o 주민운동시설은 **복리시설**의 하나로(「주택법」 제2조제14호), 복리시설의 **관리**에 **소요**되는 **비용**은 관리비(「공동주택관리법 시행령」 제23조제1항)로 **부과**할 수 있을 것입니다. 그리고, "수익자 부담 원칙"에 따라 그 비용의 일부(또는 전부)를 해당 시설을 이용하는 사람에게 **이용료**로 **따로 부과**(같은 영 제23조제4항)할 수 있으나, 주민운동시설의 운영을 위탁하면서 운동 기구, 인테리어 비용 등을 부담(負擔)하는 조건으로 운영 사업자를 선정하는 것은 타당하지 않은 것으로 판단됩니다.[222]

관리비 등의 집행을 위한 사업자, 경쟁입찰로 선정

〈주택건설공급과 – 2014.12.30.〉 수정 2016.07.17.

---

222) cf. 「주택관리업자 및 사업자 선정 지침」 제18조제1항제5호, 제26조제1항제4호

질문 사항

아파트 공용 오수 배관의 역류로 인한 전유부분의 피해가 발생하여 그 복구를 위한 사업자를 선정한 후 관련 공사 대금을 **보험(保險) 사업자(事業者)**가 **지불(支佛)**하는 경우 해당 **사업자 선정**을 수의계약(隨意契約)으로 진행하여도 되는지요.

답변 내용

'공동주택관리법' 제25조에 따라 관리주체 또는 입주자대표회의는 **"관리비, 사용료, 장기수선충당금과 그 적립 금액 또는 하자보수보증금, 그 밖에 해당 공동주택단지에서 발생하는 모든 수입에 따른 금전(관리비 등)"**을 **집행**하기 위한 **사업자**를 '주택관리업자 및 사업자 선정 지침'에 따른 **경쟁입찰**의 **방법**으로 **선정**하여야 한다.[223] 이와 관련, 질의 내용의 "보험금 지불"이 위 내용에 상당하는 '관리비 등(管理費 等)의 집행'이 아니라면, 공동주택관리법령과 '주택관리업자 및 사업자 선정 지침'에는 해당 금원(金員)의 집행에 대하여 별도로 규정하고 있는 내용이 없다.

✿ 관리사무소장이 사업자를 선정할 수 있는지

[법제처 15 - 0358, 2015.09.24.] 수정 2024.11.20.

【질의 요지】

주택법 제43조제2항(현행 '공동주택관리법' 제5조제1항)에 따라 공동주택의 관리를 주택관리업자에게 위탁한 경우에, 관리비 등의 집행을 위한 사업자 선정에 대하여 주택관리업자의 위임을 받지 않은 **관리사무소장**에게 주택법 제55조(현행 '공동주택관리법' 제64조)를 근거로 같은 법 제45조제5항(현행 '공동주택관리법' 제25조) 및 같은 법 시행령 제55조의 4 제1항제1호(현행 '공동주택관리법 시행령' 제25조제1항제1호)에 따른 관리비 등의 집행을 위하여 관리사무소장(管理事務所長) 자신의 명의로 **사업자**를 **선정**하고, **계약**을 **체결할 권한(權限)**이 있는지요?

---

223) cf. 「공동주택관리법」 제25조, 같은 법 시행령 제25조제1항제1호 ~ 제3호, 「주택관리업자 및 사업자 선정 지침」 제1조・제2조・제4조제2항 [별표 1]・제7조제2항 [별표 7]

〈질의 배경〉

o 민원인이 거주하는 공동주택의 관리를 주택관리업자에게 위탁(委託)하였는데, 주택관리업자의 **위임 없이** 관리사무소장이 자신의 명의로 사업자를 선정하고 계약을 체결하자, 이것이 적법한 것인지에 대하여 국토교통부에 질의함.

o 국토교통부에서 "관리사무소장(管理事務所長)이 그의 명의(名義)로 사업자를 선정(選定)하고, 계약(契約)을 체결할 수 있다."는 회신하자, 이에 민원인이 국토교통부의 회신에 이견이 있어 법제처로 해석을 요청한 사안임.

【회답】

주택법 제43조제2항(현행 '공동주택관리법' 제5조제1항)에 따라 공동주택의 관리를 주택관리업자에게 위탁한 경우에, 관리비 등의 집행을 위한 사업자 선정에 대하여 주택관리업자의 위임을 받지 않은 **관리사무소장(管理事務所長)**에게 주택법 제55조(현행 '공동주택관리법' 제64조)를 근거로 같은 법 제45조제5항(현행 '공동주택관리법' 제25조) 및 같은 법 시행령 제55조의 4 제1항제1호(현행 '공동주택관리법 시행령' 제25조제1항제1호)에 따른 관리비 등의 집행을 위하여 관리사무소장 자신의 명의로 사업자를 선정하고 계약을 체결할 권한은 없으며, 관리사무소장은 **관리주체(管理主體)**인 주택관리업자의 **위임(委任)**이 있는 경우에 **관리주체**의 **명의(名義)**로 **권한(權限)**을 **대행(代行)할 수 있습**니다(cf.「상법」제48조).

【이유】

'공동주택관리법' 제5조제1항은 입주자 등으로 하여금 의무 관리 대상 공동주택을 자치관리하거나, 주택관리업자에게 위탁하여 관리하도록 규정하고 있습니다. 그리고, '공동주택관리법' 제64조제1항에 의무 관리 대상 공동주택을 관리하는 주택관리업자 등에게 주택관리사를 해당 공동주택의 관리사무소장(管理事務所長)으로 배치하라고 규정되어 있으며, '공동주택관리법' 제64조제2항에서 관리사무소장은 공동주택을 안전하고, 효율적으로 관리하여 공동주택의 입주자 및 사용자의 권익을 보호하기 위하여 입주자대표회의에서 의결하는 공동주택의 운영·관리·유지·보수·교체 및 개량에 관한 업무 등을 집행(執行)하도록 규정하고 있습니다.

한편, '공동주택관리법' 제25조에 관리주체가 관리비 등을 집행하기 위하여 사업자를 선정하려는 경우에는 전자입찰방식으로 사업자를 선정할 것과 그 밖에 입찰의 방법 등 대통령령으로 정하는 방식을 따르도록 규정되어 있습니다. 또한, 그 위임에 따라 '공동주택관리법 시행령' 제25조제1항제1호에서는 관리주체로 하여금 청소, 경비, 소독, 승강기 유지, 지능형 홈네트워크, 수선·유지를 위한 용역 등에 대하여 경쟁입찰의 방법으로 사업자를 선정하고, 집행하도록 규정하고 있습니다.

이에, 이 사안은 '공동주택관리법' 제5조제1항에 따라 공동주택의 관리를 주택관리업자에게 위탁(委託)한 경우에, 관리비 등의 집행을 위한 사업자 선정에 대하여 주택관리업자의 위임을 받지 않은 관리사무소장에게 '공동주택관리법' 제64조를 근거로 '공동주택관리법' 제25조 및 '공동주택관리법 시행령' 제25조제1항제1호에 따른 관리비 등의 집행을 위하여 관리사무소장 자신의 명의(名義)로 사업자를 선정하고, 계약을 체결할 권한(權限)이 있는지에 관한 것이라 하겠습니다.

먼저, 법령의 문언 자체가 비교적 명확한 개념으로 구성되어 있다면, 원칙적으로 더 이상 다른 해석 방법은 활용할 필요가 없거나, 제한될 수밖에 없다고 할 것인데 (대법원 2009. 4. 23. 선고 2006다81035 판결 참고), **'공동주택관리법' 제25조** 및 **같은 법 시행령 제25조제1항제1호**에서는 **관리비 등**을 **집행**하기 위하여 **사업자를 선정하는 자**를 **"관리주체"**라고 명확하게 **규정**하고 있는바, **관리비 등**을 **집행**하기 위하여 **사업자**를 **선정**할 **권한**은 **관리주체**에게 있다는 것이 **문언상 명백**합니다.

또한, 외부적으로 '공동주택관리법 시행령' 제25조제1항제1호에 따른 관리비 등의 집행을 위한 법률행위를 할 수 있는 자는 관리주체(管理主體)인 주택관리업자 (住宅管理業者)라 할 것이므로, 사업자 선정 및 계약의 권리(權利)·의무(義務)의 주체(主體)도 주택관리업자라고 할 것이고, 관리사무소장은 관리주체의 집행기관 (執行機關)으로서 피용자(被傭者)인 직원에 불과하다고 할 것입니다. 이에, 관리사무소장은 관리주체의 위임(委任)이 있는 경우에만 관리주체의 권한(權限)을 대행 (代行)할 수 있으며, 권한을 대행하는 경우에도 관리사무소장 자신의 명의(名義)로 할 수는 없고, '관리주체(管理主體)의 이름'으로 하여야 할 것입니다.[224]

---

224) cf. 법 제64조제2항제3호, 같은 법 시행규칙 제30조제1항제1호, 준칙 제14조제1항 '공동주택 위탁·수탁관리 계약서(안)' 제3조제1항, 「민법」 제114조·제115조, 「상법」 제48조

이와 관련, **'공동주택관리법' 제64조**에서 관리주체가 **관리사무소장**을 해당 공동주택에 **배치**하도록 하고, 관리사무소장의 **업무**를 규정하고 있으므로, 관리사무소장은 **별도의 위임 없이도** 관리비 등의 **집행**을 위하여 사업자를 **선정**하고, **계약**을 체결할 수 있다는 **의견**이 있을 수 있습니다. 이와 관련하여, '주택법 제55조(현행 공동주택관리법 제64조)'는 입법 연혁적으로는 1987년 12월 4일 법률 제3998호로 舊 '주택건설촉진법'에 도입된 "주택관리사의 업무"를 계수한 것으로, 이후에 이를 "관리사무소장의 업무"로 규정한 것은 주택관리사 또는 주택관리사보의 자격을 가진 전문가인 관리사무소장에 의한 업무 집행을 통하여 입주자대표회의 내부의 난맥상을 극복하고, 공동주택의 적정한 관리를 도모하기 위한 취지입니다. 그리고, **'공동주택관리법' 제64조제2항**에서 관리사무소장의 **업무**로 **규정**한 것도 입주자대표회의의 **의결**이 있어야 하는 **업무**이거나(제1호·제2호), 관리사무소의 **업무**를 그 **소속 직원으로서 지휘·총괄**하는 **업무(제3호·제4호)**이므로, 이를 근거로 관리사무소장이라는 지위 자체에 **사법상의 권리능력(權利能力)**을 **인정**하기는 **어렵다**(자치관리하는 공동주택 관리사무소장의 법적 지위에 관한 대법원 2015. 1. 29. 선고, 2014다62657 판결 참고)는 점에서, 그러한 의견은 타당하지 않다고 할 것입니다.

이상과 같은 점을 종합해 볼 때, 주택법 제43조제2항(현행 '공동주택관리법' 제5조제1항)에 따라 공동주택의 관리를 주택관리업자에게 위탁(委託)한 경우에, 관리비 등의 집행을 위한 사업자(事業者) 선정(選定)에 대하여 주택관리업자의 위임을 받지 않은 관리사무소장에게 주택법 제55조(현행 '공동주택관리법' 제64조)를 근거로 같은 법 제45조제5항(현행 '공동주택관리법' 제25조) 및 같은 법 시행령 제55조의 4 제1항제1호(현행 '공동주택관리법 시행령' 제25조제1항제1호)에 따른 관리비 등의 집행을 위하여 관리사무소장 자신의 명의(名義)로 사업자를 선정하거나, 계약을 체결할 권한(權限)은 없다고 할 것입니다. [cf. 각주 224)]

ㅎ 관리사무소장이 체결한 공사 도급계약, 효력 발생

수원지방법원 안산지원 한국아파트신문 2016.11.02. 제999호

위탁관리를 하고 있는 아파트에서 통합경비시스템 공사 도급계약을 위탁관리업체가 아닌 관리사무소장(管理事務所長)의 명의로 체결한 것을 두고 입주자대표회의와 공사 업체 사이의 계약 효력 여부를 둘러싼 법적 다툼으로 비화되었다.

경기도 안산시의 A아파트는 지난 2013년 1월경 입주자대표회의의 의결(議決)에 따라 통합경비시스템 공사를 추진, 제한경쟁입찰을 통해 B사를 공사(工事) 업체로 선정하였으며, 관리사무소장이 도급계약(都給契約)을 체결한 이후 계약금으로 총 14억여 원 중 약 5억6,000만 원을 B사에 지급한 바 있다.

하지만, 입주자대표회의가 이 도급계약과 관련하여 2014년 11월경 B사 등을 상대로 손해배상 청구 소송을 제기하자 B사는 반소(反訴)로 입주자대표회의에 대하여 공사대금 청구 소송을 제기하며 맞섰다.

한편, 입주자대표회의는 당시 위탁관리업체 D사와의 계약 기간 만료 3개월을 앞두고 계약을 중도 해지한 후 C사와 위탁·수탁관리 계약을 맺은 것으로 나타났다.

우선, 입주자대표회의는 도급계약의 효력을 입주자대표회의에 귀속시키려면, 입주자대표회의 명의로 직접 계약을 체결하였거나 '주택관리업자 및 사업자 선정 지침'에 의하여 입주자대표회의로부터 위임받은 관리주체가 입주자대표회의를 대리하여 계약을 체결하였어야 함에도 관리사무소장 개인 명의로 도급계약을 체결하였기에 입주자대표회의에 계약 효력(效力)은 귀속되지 않는다고 주장하였다.

또한, 설령 입주자대표회의에 도급계약의 효력이 귀속되더라도 B사의 불완전한 시공으로 많은 하자가 발생하여 도급계약의 목적을 달성할 수 없게 되었으므로, 이 사건 소(訴)로써 도급계약을 해제한다면서 계약금으로 지급한 약 5억6,000만 원을 B사는 반환하고, 입주민들이 공사로 인하여 입은 정신적 고통에 따른 위자료 약 5억 6,100만 원(세대당 30만 원)을 손해배상금으로 지급하라고 청구하였다.

이에 대해서 수원지방법원 안산지원 제2민사부(재판장 신혁재 부장판사)는 최근 대법원 판례(2007다21986)를 참조하여 "舊 주택법령 및 아파트 관리규약에 의하면 **아파트 관리 업무와 관련**한 **계약 체결 여부, 계약 상대방**의 **결정, 계약 내용**의 **결정 등**에 관한 **권한은 입주자대표회의**에 있으나, **계약(契約) 체결** 자체의 **권한(權限)**은 아파트 **관리주체(管理主體)**에 있다."라고 전제하였다.[225]

---

225) 관리비 등의 집행을 위한 사업자 선정권자가 계약 당사자임을 간과(看過)한 오류(誤謬)가 있다. cf. 영 제25조제1항 본문 및 같은 조항 제3호 가목, '지침' 제7조제2항 [별표 7]

아울러, "**D위탁회사의 도급계약 체결 행위**는 **상행위**로 **추정**되어 '**상법**' **제48조** 본문이 **적용**되므로, D위탁회사의 **대리인**인 **관리사무소장**이 **도급계약 체결 당시** D위탁회사를 **위한 것**임을 **표시**하지 **않아도** **D위탁회사**에 대해서 **도급계약**의 **효력**이 발생하고, **계약**에 따른 **권리·의무**가 **입주자대표회의**에 **귀속**된다."고 판시하였다.

도급계약(都給契約)의 해제 여부와 관련하여서는 "공사가 불완전하게 이행되어 목적물에 하자가 있음은 별론으로 하고, 늦어도 2013년 말경에는 당초 예정된 최후의 공정(工程)까지 종료(終了)되고, 주요 구조 부분이 약정한 대로 시공(施工)되어 사회통념상 일이 완성(完成)되었다."고 판단(判斷)하면서 "해당 공사가 완성된 이상 미시공 또는 하자가 중대한 것으로 보완이 불가능하거나, 적어도 상당 기간 내에는 보완 또는 수정 작업으로 해결할 수 없어 계약의 목적이 달성할 수 없을 경우에만 해제가 허용되는데, 이에 해당한다고 보기 어렵다." 라고 선을 그었다.

재판부는 오히려 입주자대표회의는 B사에 미지급한 공사대금 약 8억4,000만 원을 지급할 의무가 있다면서 다만, B사의 시공상 하자를 인정, 하자보수에 갈음하는 손해배상금을 상계한 약 7억6,600만 원을 지급하여야 한다고 주문하였다.

기존 사업자와의 수의계약 절차(사업수행실적평가 등)

성명 OOO 등록일 2016.04.04. 수정 2020.06.10.

질문 사항

공동주택관리규약에 기존 주택관리업자의 재계약 관련 사항은 있지만, 기존 용역사업자에 대한 재계약 규정이 없어 수의계약(隨意契約)은 안 되고, 입찰을 하여야 한다고 합니다. 현행 관리규약에 사업수행실적평가 절차가 없거나, 해당 과정을 거치지 않고 **기존 사업자와 동일 금액, 동일 기간**으로 **수의계약을 하는 경우** '선정 지침' 위반이 되는 것인지요? 모든 '공동주택관리규약 준칙'과 '국토교통부 고시'에 기존 사업자는 재계약 때 수의계약이 가능한 것으로 되어 있습니다. 공동주택 관리규약에 없으면, 상위법을 적용받아 수의계약이 가능한 것 아닙니까?

답변 내용

 '주택관리업자 및 사업자 선정 지침' 제4조제3항 [별표 2] 제9호에 "계약 기간이 만료되는 **기존 사업자**([별표 7]의 사업자로서 공사 사업자는 제외한다.)의 **사업수행 실적**을 **관리규약**에서 **정하는 절차**(cf. 준칙 제72조)에 **따라 평가**하여 다시 계약이 필요하다고 '공동주택관리법 시행령' 제14조제1항에 따른 방법으로 입주자대표회의에서 의결(임대주택의 경우 임대사업자가 임차인대표회의와 협의)한 경우" 수의계약을 할 수 있다고 명시되어 있습니다. 즉, "계약 기간이 만료되는 기존 사업자의 **사업수행 실적**을 **개별 공동주택 관리규약**에서 **정하는 절차**에 **따라 평가**하여 다시 계약이 필요하다고 입주자대표회의에서 그 구성원 과반수의 찬성으로 의결(임대주택의 경우 임대사업자가 임차인대표회의와 협의)한 경우"에 수의계약을 할 수 있는 것입니다.

 참고로, 국토교통부 고시 제2015 - 784호(2015. 11. 16.) '주택관리업자 및 사업자 선정 지침' 부칙 제2조에서 "[별표 2] 제9호에 따른 기존 사업자의 사업수행실적(事業遂行實績) 평가(評價) 절차에 대하여 관리규약에서 정한 사항이 없는 경우에는 이 '지침' 시행일 이후 3개월 이내에 관리규약을 개정하여 시행한다." 라고 규정하고 있습니다. 따라서, 같은 [별표 2] 제9호에 따른 관리규약의 개정이 필요한 경우, 같은 '지침'의 시행일인 2015. 11. 16.로부터 3개월이 경과하기 전인 2016. 2. 15.까지 해당 공동주택 관리규약(管理規約)을 개정(改定)하는 절차를 거쳤어야 합니다.

 아울러, 앞에서 인용한 규정에 따라 공동주택관리규약을 개정하지 않는(았)다면, 2016. 2. 16. 이후에는 같은 '지침' [별표 2] 제9호에 따른 수의계약을 체결할 수 없다는 것을 알려드립니다. (cf. 법 제102조제3항제2호, 제22호)

관리비 등의 사업계획 및 예산안 수립 등[영 제26조]

 영 제26조(관리비 등의 사업계획 및 예산안 수립 등) ① 의무 관리 대상 공동주택의 관리주체는 다음 회계년도에 관한 관리비 등의 사업계획(事業計劃) 및 예산안(豫算案)을 매 **회계년도 개시 1개월 전까지** 입주자대표회의에 **제출**하여 **승인(承認)**을 받아야 하며, 승인 사항에 **변경(變更)**이 있는 때에는 변경 **승인(承認)**을 받아야 한다(cf. 「

공동주택 회계처리기준」 제50조제1항, 준칙 제60조제1항 – 예산주의).

영 제26조(관리비 등의 사업계획 및 예산안 수립 등 – 관리주체 변경) ② 제10조제1항에 따라 사업주체 또는 의무 관리 대상 전환 공동주택의 관리인(管理人)으로부터 공동주택의 관리 업무를 인계받은 관리주체는 **지체 없이 다음 회계년도가 시작되기 전까지의 기간**에 대한 **사업계획 및 예산안을 수립**하여 입주자대표회의의 **승인**을 받아야 한다. 다만, 다음 회계년도가 시작되기 전까지의 기간이 3개월 미만인 경우로서 입주자대표회의 의결이 있는 경우에는 생략할 수 있다. 〈개정 2020. 4. 24.〉

– 공동주택 회계처리기준 제50조(예산편성) ① 관리주체는 영 제26조제1항에 따라 다음 회계년도에 관한 예산안을 매 회계년도 개시 1개월 전까지 입주자대표회의에 제출하여 승인을 받아야 하며, 승인 사항에 변경이 있는 때는 변경 승인을 받아야 한다.

* 공동주택 회계처리기준 제50조(세입세출예산 첨부 서류) ② 관리주체가 입주자대표회의에 제출하는 세입세출예산에는 다음 서류를 첨부하여야 한다.

1. 세입세출예산(歲入歲出豫算) 편성 지침
2. 세입세출예산(歲入歲出豫算) 사항별 설명서
3. 세입세출예산(歲入歲出豫算) 총계표 및 순계표
4. 기타 재무의 상황과 세입세출예산의 내용을 명백히 할 수 있는 서류

* 공동주택 회계처리기준 제50조(예산의 수정 절차) ③ 관리주체는 세입세출예산을 입주자대표회의에 제출한 후 부득이한 사유로 인하여 그 내용의 일부를 수정(修正)하고자 할 때에는 수정 세입세출예산을 입주자대표회의에 제출할 수 있다.

영 제26조(관리비 등의 사업 실적서 및 결산서 제출) ③ 의무 관리 대상 공동주택의 관리주체는 회계년도(會計年度)마다 사업 실적서(事業 實績書) 및 결산서(決算書)를 작성하여 **회계년도 종료(終了) 후 2개월 이내**에 입주자대표회의에 제출(提出)하여야 한다(cf. 영 제27조제1항, 「공동주택 회계처리기준」 제41조제1항).

– 준칙 제77조(회계처리기준) 관리주체(管理主體)의 회계(會計) 처리에 관한 사항은 국토교통부 고시 「공동주택 회계처리기준」에 따른다(cf. 영 제27조제2항·제3항, 국토교통부 고시 제2023 – 300호, 2023. 6. 13., 「공동주택 회계처리기준」).

관리비 (예산의) 승인, 집행 및 관리비 심의, 부과 절차

주택건설공급과 - 2014.09.25. 수정 2021.07.08.

질문 사항

관리주체가 입주자대표회의에서 **관리비 등의 예산(豫算)**을 **승인**받지 않고 **관리비(管理費)**를 **집행(執行)**하거나, 관리비의 심의(審議) 없이 입주자 등에게 **부과(賦課)**가 가능한지요. 관리비를 집행한 후 심의하여도 되는 것인지요?

답변 내용

"관리주체는 다음 회계년도에 관한 관리비 등의 <u>사업계획</u> 및 <u>예산안</u>을 매 회계년도 개시 1개월 전까지 <u>입주자대표회의</u>에 제출하여 <u>승인을 받아야</u>" 합니다(영 제26조제1항). 또한, <u>입주자대표회의</u>에서는 "관리비 등의 <u>집행</u>을 위한 사업계획 및 예산의 <u>승인</u>, 관리비 등의 <u>결산의 승인</u>"을 의결합니다(영 제14조제2항제4호·제7호).[226] 이와 관련, **관리비 등의 세대별 부담액 산정 방법**(관리비 등의 산정·세대별 배분, 예산제 또는 정산제) 및 회계 처리 방법 등을 관리규약에 정한 경우 <u>관리비 등의 예산(豫算)의 승인(承認)</u>을 포함하여 **관리비 등의 집행(執行)과 부과(賦課) 등**에 관한 사항은 **입주자대표회의의 의결(議決)을 필요(必要)**로 합니다.[227]

사업계획 및 예산 승인을 받은 사업의 입찰공고 절차

성명 OOO 등록일 2015.09.18. 수정 2023.05.09.

질문 사항

---

226) cf. 「공동주택관리법」 제63조(관리주체의 업무 등) 제1항제6호 – 입주자대표회의에서 의결한 사항의 집행. * 승인받은 예산대로 집행하고, 입주자 등에게 배분·부과한 경우 *

227) cf. 「공동주택관리법」 제64조(관리사무소장의 업무) 제2항제1호 – 입주자대표회의에서 의결하는 업무의 집행. 「공동주택 회계처리기준」 제50조제1항, 준칙 제60조제1항, 준칙 제14조제1항 관련 「공동주택 위탁·수탁관리 계약서(안)」 제8조, 제2조제1항

중앙집중식 난방 방식의 공동주택입니다. 매년 보일러 세관 공사를 실시하여야 하므로, 「공동주택관리법 시행령」 제26조제1항에 따라 **사업계획** 및 **예산안**에 반영하여 입주자대표회의의 **승인**을 이미 얻었습니다. **입찰공고(入札公告)**를 낼 때 다시 입주자대표회의의 **의결**을 받아야 하는지 답변하여 주시기 바랍니다.

답변 내용

장기수선계획은 "공동주택을 오랫동안 안전하고 효율적으로 사용하기 위해서 필요한 **주요 시설**의 **교체** 및 **보수 등**에 관하여 제29조제1항에 따라 수립하는 장기 계획"을 말합니다(「공동주택관리법」 제2조제1항제18호). 이와 관련하여, 보일러 배관은 공용부분의 주요 시설이므로, 보일러 배관(配管) 교체(交替) 및 보수(補修)는 **장기수선계획에 반영**하여 주택의 소유자로부터 징수·적립한 **장기수선충당금**을 **사용**하여 실시하여야 하는 **장기수선공사(長期修繕工事)**에 해당합니다.[228]

「공동주택관리법 시행령」 제25조제1항제3호 가목에 따라 **장기수선충당금**을 **사용**하는 **공사 사업자 선정**의 **주체**는 **"입주자대표회의"**입니다. 따라서, 질의하신 내용에 대하여 반드시 의결 절차를 거쳐야 한다는 내용이 공동주택관리법령 등에 명시적으로 규정되어 있지는 않습니다만(cf. '지침' 제7조제2항 [별표 7] 〈비고〉 1.), **입찰 과정** 전반에 걸쳐 입주자대표회의가 **협의**하여 **선정 절차**를 **진행**하는 것이 타당할 것입니다. 아울러, 전원 동의가 아닌 경우 논란을 최소화하기 위하여 입주자대표회의의 의사결정 단계마다 **의결(議決)로써 결정**을 하는 것이 바람직한 것으로 판단됨을 알려드립니다.

* 「주택관리업자 및 사업자 선정 지침」 제4조제4항, 제7조제2항 [별표 7] 〈비고〉 제2호에서 **"2. 입찰공고 전**에 입찰의 종류 및 방법, 참가 자격 제한 등 **입찰과 관련된 중요한 사항**에 대하여 영 제14조제1항에 따른 방법으로 **입주자대표회의의 의결(議決)을 거쳐야** 한다."라고 규정하고 있으니 참고하기 바랍니다.[229]

---

228) 보일러 중 노통연관보일러나 수관식 보일러인 경우 축로(築爐)의 내화(耐火) 벽돌 및 보일러 용수의 파이프(보일러수관)를 교체하거나, 보수하는 사항은 장기수선계획에 반영하여 장기수선충당금을 사용하는 것이 합리적이라고 보겠다.

229) cf. 「공동주택관리법」 제63조제1항제6호·제64조제2항제1호, '지침' 제4조제4항

입주자대표회의의 의결 사항(관리비 등의 사업계획 및 예산안)

성명 OOO 등록일 2013.05.16. 수정 2024.11.08.

질문 사항

「공동주택관리법 시행령」 제26조제1항 : 의무 관리 대상 공동주택의 관리주체는 다음 회계년도에 관한 **관리비 등**의 **사업계획(事業計劃)** 및 **예산안(豫算案)**을 매 회계년도 개시 1개월 전까지 입주자대표회의에 제출하여 승인(承認)을 받아야 하며, 승인 사항에 변경(變更)이 있는 때에는 변경 승인(承認)을 받아야 한다.

「공동주택관리법 시행령」 제14조(입주자대표회의 의결 사항 등) 제2항제4호 : 제23조제1항부터 제5항까지에 따른 관리비 등의 집행을 위한 사업계획(事業計劃) 및 예산(豫算)의 승인(변경 승인을 포함한다.)

관리주체가 1건의 사업 또는 용역을 위하여 **관리비 등**을 **사용**할 때 사업 혹은 용역 개별 건당 입주자대표회의의 **의결(議決)**을 거쳐야 하는 것인지요. 아니면, 연간 관리비 등의 사업계획 및 예산안에 대하여 입주자대표회의 의결을 받았으므로, 개별 사업 또는 용역은 별도의 의결 없이 「주택관리업자 및 사업자 선정 지침」에 따라 관리주체가 해당 사업자를 선정하거나, 계약하여도 되는 것인지 해석 바랍니다.

답변 내용

관리주체는 「공동주택관리법 시행령」 제26조제1항(ᆞ제2항)에 따라 **사업계획 및 예산(안)**에 대하여 입주자대표회의의 **승인**을 받았다고 하더라도 그 사업계획의 **시행 여부**, 기존 사업자와의 **수의계약** 또는 **입찰 여부, 입찰의 종류** 및 **방법,** (참가 자격) **제한 사항, 여건 변화 등**에 대하여 **검토**가 **필요**하므로, **개별 공사**나 **용역별**로 입주자대표회의에서 **별도**의 **의결**을 거치는 것이 합당할 것입니다.[230]

---

230) cf. 「공동주택관리법」 제63조제1항제6호ᆞ제64조제2항제1호, '지침' 제4조제4항ᆞ제5항

관리비 등의 사업계획 및 예산안 수립 규정 위반의 효과

성명 OOO 등록일 2015.12.02. 수정 2024.11.08.

질문 사항

「공동주택관리법 시행령」 제26조제1항에 "관리주체는 **다음 회계년도에 관한 관리비 등의 사업계획** 및 **예산안을 매 회계년도 개시 1개월 전까지** 입주자대표회의에 **제출**하여 **승인**을 받아야 한다." 라고 규정하고 있는데, 1개월 전에 제출하지 않고, 이를 어긴 관리주체는 「공동주택관리법」상 어떤 처벌을 받게 되는지요?

답변 내용

「공동주택관리법 시행령」 제26조제1항을 위반하거나 이행하지 아니 한 자에 대한 제재 또는 과태료 부과 등 처벌 규정을 별도로 정한 법조(法條)는 없으나, "다음 회계년도에 관한 **관리비 등의 사업계획 및 예산안**을 매 회계년도 개시 1개월 전까지 **입주자대표회의**에 제출하여 **승인**"을 받지 아니 하였다면, 관리주체가 **"공동주택관리법령을 위반**하여 **공동주택을 관리"**한 것으로 됩니다. 이와 관련, 해당 관리주체에게 같은 법 제102조제3항제22호(* 제63조제2항[231])을 위반하여 공동주택을 관리한 자)에 따라 과태료(500만 원 이하)가 부과될 수 있을 것으로 사료됩니다.

적격심사 평가 항목에 다른 사업계획서 포함 안 돼

주택건설공급과 – 2014.10.22. 수정 2024.11.08.

질문 사항: '현안 해결 사업계획서' 평가

적격심사제로 경비, 청소 등 사업자를 선정할 때 **"협력업체와의 상생 발전 지수"** **평가 항목**에 해당 공동주택단지 관리의 주요 현안(懸案) 해결을 위한 사업계획서를

---

231) 「공동주택관리법」 제63조(관리주체의 업무 등) ② 관리주체는 공동주택을 이 법(法) 또는 이 법에 따른 명령(命令)에 따라 관리하여야 한다. cf. 법 제93조제1항·제94조제1항

제출받아 **평가**할 수 있는 것인지 궁금합니다.

답변 내용: '평가 항목'은 별도로 관리규약에 정하여 운용해야

「주택관리업자 및 사업자 선정 지침」[별표 4]·[별표 6]의 평가 항목 중 **'협력업체와의 상생 발전 지수'**는 공동주택 관리 때 **"협력업체와의 공생(共生) 발전을 위한 상생 협력 계획서"**를 **제출받아** 이를 **평가**하는 것으로, 질의 내용과 같이 개별 공동주택의 "현안(懸案) 해결을 위한 사업계획서"를 해당 적격심사 항목에 포함(包含)시켜 평가(評價)하는 것은 같은 '지침'에 적합하지 않다고 판단된다.

참고로, 위 '지침' [별표 4]·[별표 6]의 각 〈비고 1〉에 따라 **입주자 등의 과반수 찬성**을 받아 **관리규약(管理規約)**으로 정할 경우에는 **평가(評價) 항목(項目)**과 **점수(點數), 평가(評價) 내용(內容)을 달리 정할 수 있다.** 따라서, 개별 공동주택 "현안(懸案)" 해결의 평가 항목을 포함(包含)하는 적격심사제 평가표(評價表)를 해당 공동주택 관리규약으로 정해서 운용하는 것은 가능(可能)한 것이다.

소송비용을 관리비 등으로 지출할 수 있는지(절차)

성명 OOO 등록일 2014.08.18. 수정 2024.11.08.

질문 사항

우리 아파트 입주자대표회의의 회의 결과 **동별 대표자**를 대상으로 관리규약에 의거 정직 2개월의 **징계 처분**을 **의결**하여 시행하였으나, 징계 당사자인 동별 대표자(비행인)가 이에 불복하여 입주자대표회의의 대표자인 회장을 소송 당사자(피고)로 **소송(訴訟)**을 제기하였습니다. 이에 입주자대표회의의 대표자인 회장이 법적 대응을 위하여 변호사를 선임, 관리비 중 잡수입에서 지출하고자 합니다. 관리비(잡수입 등)로 **소송비용(訴訟費用)**을 지출할 수 있는지 여부를 질의합니다.

답변 내용

o 변호사 선임 비용 등 **소송비용**의 **사용·부과**는 먼저 그 소송이 해당 **공동주택**

입주자 등 전체의 이익(利益)에 부합(符合)하는지 여부(與否)에 따라 판단하여야 할 것입니다. 입주자 등 전체의 이익에 상응하는 사안에 한정하여 **입주자 등의 동의** (**同意** – 동의 비율에 대하여는 자체적으로 판단하되, 최소한 과반수의 동의 필요) 를 받은 경우 소송비용으로 **관리비**를 **사용**할 수 있을 것으로 판단됩니다.[232]

　- 또한, **개별 공동주택 입주자 등 전체**의 **이익**에 **적합**하고, ① 공동주택 관리<u>규약</u> 에 <u>규정</u>한 경우[「공동주택관리법 시행령」 제19조제1항제18호·제26호, <u>준칙 제62 조제5항(제4호)</u>], ② 관리비 등의 사업계획(서) 및 예산안에 반영하여 입주자대표 회의의 승인을 받은 경우(같은 영 제14조제2항제4호, 제26조제1항), ③ 공동체 생 활의 활성화에 관한 사항 등으로(「공동주택관리법」 제21조제2항·제3항, 같은 법 시행령 제14조제2항제16호, 준칙 제56조제2항·제62조제5항제4호) 입주자대표회 의의 <u>의결</u>을 받은 경우에 한정하여 **잡수입(雜收入)**을 **사용**할 수 있을 것입니다.

행정소송 비용의 사용(잡수입 또는 관리비 등)

성명 OOO 등록일 2015.03.19. 수정 2024.11.08.

질문 사항

질의자가 근무 중인 공동주택(아파트) 단지 앞에 **지하철 공사**가 진행 중입니다. 지하철 **역명**이 주민의 뜻과는 다르게 진행되고 있어 입주민들의 뜻을 모아 **행정소 송(行政訴訟)**을 준비하고 있습니다. 현재 아파트 관리규약상에는 **소송비용(訴訟費 用)**에 대한 지출이 명확하게 명기되지 않아 질의 드립니다.

1. 아파트 예비비나 **잡수입 등**으로 **행정소송 비용**의 지출이 가능한지요?

---

232) cf. **준칙 제62조(잡수입의 집행 및 회계 처리 공개)** ③ 제2항 각 호를 제외한 잡수입(雜 收入)은 **입주자와 사용자가 함께 적립에 기여한 잡수입**으로 간주하며, 제4항 및 제5항에 따 라 사용한다. 다만, 주민공동시설에서 발생한 잡수입은 제5항의 절차를 준용(準用)하여 주 민공동시설의 유지 보수(장기수선계획에 따른 장기수선충당금 사용 항목은 제외한다)를 위 한 적립금으로 적립(積立)할 수 있다. ⑤ 관리주체는 제3항에 따른 입주자와 사용자가 함께 적립에 기여한 **잡수입**을 영 제26조에 따라 편성된 잡수입(雜收入) 예산액(豫算額)의 100분 의 40 범위 안에서 다음 각 호의 비용을 우선(優先) **사용(使用)**할 수 있으며, 잡수입을 지 출하는 경우 입주자대표회의의 의결(議決)을 거쳐야 한다. **4. 소송비용(訴訟費用)** – 입주자 등의 전체 이익에 부합하여야 하며, 소송 대상자, 목적, 소요 비용, 손익 계산 등에 대하여 사전에 공지한 후 입주자 등 과반수의 동의를 받은 경우로 한정한다) 〈개정 2023.9.26.〉

2. 아파트 입주자대표회의 운영비를 **행정소송 비용**으로 지출이 가능한지요?

답변 내용

1. **소송비용(訴訟費用)의 사용·부과**는 먼저 그 소송이 **해당 공동주택 입주자 등 전체의 이익(利益)에 적합(適合)**한지 **여부에 따라 판단**하여야 할 것입니다. 해당 공동주택 **입주자 등 전체**의 이익에 **합당**한 **사안**에 **한정**하여 **전체 입주자 등의 동의** (동의 비율에 대하여는 자체적으로 판단하되, 최소한 과반수의 동의 필요)를 받은 경우 소송비용으로 **관리비(管理費)**를 **사용**할 수 있을 것으로 판단됩니다.233)

– 이와 관련, **해당 공동주택 입주자 등 전체**의 **이익**에 **부합**하고, ① 공동주택 관리규약에 규정한 경우[「공동주택관리법 시행령」 제19조제1항제18호·제26호, 준칙 제62조제5항(제4호)], ② 관리비 등의 사업계획 및 예산안에 편성하여 입주자대표회의의 승인을 받은 경우(같은 영 제14조제2항제4호, 제26조제1항), ③ 또는 공동체 생활의 활성화에 관한 사항 등으로234) 입주자대표회의가 의결한 경우(「공동주택관리법」 제21조제2항·제3항, 같은 영 제14조제2항제16호, 준칙 제56조제2항·제62조제5항제4호)에 한정하여 **잡수입(雜收入)**을 **사용**할 수 있을 것입니다.

2. "**입주자대표회의 운영 경비의 용도 및 사용 금액**"은 **관리규약(管理規約)**으로 정하도록 되어 있으므로(같은 법 제18조제2항, 같은 영 제19조제1항제6호), 개별 공동주택 관리규약[cf. 준칙 제45조제2항, '입주자대표회의 운영비 사용 규정(안)' 제8조·제9조] 등에 따라 **자율적(自律的)**으로 **판단(判斷)**할 **사항**입니다.

관리비, 소송비용으로 사용할 수 있는 경우는?

2021.08.10., 수정 2023.10.10. | (제1352호) 아파트관리신문

질문 사항

소송당사자가 선거관리위원회 및 입주자대표회의일 경우 **변호사 수임료 등 소송**

---

233) cf. 「서울특별시공동주택관리규약 준칙」 제62조제5항제4호
234) cf. 「서울특별시공동주택관리규약 준칙」 제56조제2항·제62조제5항(제1호)

관련 제반 비용을 관리비로 지출이 가능한지요? 공동주택에서 관리비를 소송비용으로 **사용**할 수 있으려면 어떤 **요건**이나 **절차**를 구비하여야 하는지 알고 싶습니다.

답변 내용

ㅇ 공동주택의 관리비는 입주자 등이 공동주택의 유지 관리를 위하여 납부하는 것으로 공동주택관리법령에서는 관리비 등의 내용과 용도에 대해서 구체적으로 규정하고 있다. 따라서, 아파트에서 발생한 분쟁이라고 하여 모두 관리비를 사용할 수 있는 것은 아니며, 소송의 실질적인 목적을 살펴봐야 한다.

이와 관련하여 **대법원**은 "**원칙**적으로 **단체**의 **비용**으로 **지출할** 수 있는 **변호사 선임료**는 **단체(團體)** 자체가 **소송당사자(訴訟當事者)**로 **된 경우**에 **한정**하므로, 단체의 대표자 개인이 당사자가 된 민·형사 사건의 변호사 비용은 단체의 비용으로 지출할 수 없고, **예외**적으로 **분쟁**에 대한 **실질적**인 **이해관계**는 **단체**에게 있으나 **법적**인 **이유**로 그 **대표자**의 **지위**에 있는 **개인**이 **소송** 기타 **법적 절차**의 **당사자**가 됐다거나 **대표자로서** 단체를 위해서 **적법**하게 행한 **직무 행위** 또는 **대표자의 지위**에 있음으로 말미암아 **의무적**으로 행한 **행위 등**과 **관련**하여 **분쟁**이 **발생**한 **경우**와 같이, 당해 법적 분쟁이 단체와 업무적인 관련이 깊고 당시의 제반 사정에 비춰 단체의 이익을 위해서 소송을 수행하거나 고소에 대응하여야 할 특별한 필요성이 있는 경우에 한정해서 **단체(團體)**의 **비용(費用)**으로 변호사 선임료를 지출(支出)할 수 있다(대법원 2006. 10. 26. 선고 2004도6280 판결 참조)."

반대로 "단체 자체가 소송당사자가 된 경우에는 원칙적으로 그 소송의 수행이 단체의 업무수행이라고 볼 수 있으므로 그 변호사 선임료를 단체의 비용으로 지출할 수 있을 것이나, 그 **소송**에서 **단체**가 **형식적**으로 **소송당사자**가 돼 있을 뿐 **실질적**인 **당사자**가 따로 있고 **단체**로서는 그 **소송**의 **결과**에 있어서 별다른 **이해관계**가 **없다**고 볼 **특별한 사정**이 **있는 경우**에는, 그 소송의 수행이 단체의 업무수행이라고 볼 수 없어 단체의 비용으로 이를 위한 변호사 선임료를 지출할 수 없다(대법원 2008. 6. 26. 선고 2007도9679 판결 참조)."고 **판시**하고 있다.

또한, "단체의 비용으로 변호사 선임료를 지출하는 것이 위법(違法)한 이상 그에 대한 입주자 총회의 결의 등이 있었다고 하더라도 그러한 결의는 의결권(議決權)의 내재적(內在的) 한계(限界)를 벗어나는 것으로서 횡령죄(橫領罪)의 성립에 영향을 미치지 않는다고 봐야 하며, 입주자 총회(總會) 결의(決議)가 규약 변경에 필요한 의사정족수 및 의결 정족수를 충족하였다는 사정만을 들어 위 입주자 총회 결의가 규약(規約) 변경(變更)의 실질을 갖는다고 볼 수 없다(대법원 2011. 9. 29. 선고 2011도4677 판결 참조)."고 판시하였다.

위에서 살펴본 바와 같이 **단체**의 **비용**으로 **변호사 선임료**를 **지출**할 수 있는 경우는 **단체 자체**가 **소송당사자**가 된 경우나, **당해 법적 분쟁**이 **단체**와 **업무적**인 **관련**이 깊고 당시의 제반 사정에 비춰 **단체**의 **이익**을 위해 **소송**을 **수행**하거나 **고소**에 **대응**하여야 할 특별한 **필요성**이 있는 경우로 **제한**된다. 따라서, 아파트의 관리비를 소송 비용으로 사용하려면 입주자대표회의가 소송당사자인 경우이거나 당해 법적 분쟁이 입주자대표회의의 업무와 관련이 깊고 입주자대표회의 또는 전체 입주자 등의 이익을 위해서 특별히 필요한 경우여야 한다.

– 한편, 소송비용의 사용과 관련하여 관련 국토교통부(國土交通部)에서는 다음과 같이 해석하고 있으니 참고하기 바랍니다.

"전체 입주자 등의 이익에 부합되는 소송에 한정하여 입주자 등의 동의(동의 비율에 대하여는 자체적으로 판단하되, 최소 과반수 필요)를 거칠 경우 관리비를 소송 비용으로 사용할 수 있을 것으로 판단됩니다." (cf. 준칙 제62조제5항제4호)

* 「서울특별시공동주택관리규약 준칙」 제62조(잡수입의 집행 및 회계 처리 공개 – 소송비용) ⑤ 관리주체는 제3항에 따른 입주자와 사용자가 함께 적립에 기여한 잡수입 중 영 제26조에 따라 편성된 잡수입 예산액의 100분의 40 범위 안에서 다음 각 호의 비용을 우선 지출할 수 있으며, 잡수입을 지출할 경우 입주자대표회의 의결을 거쳐야 한다. **4. 소송비용**(단, 입주자 등의 전체 이익에 부합하여야 하며, 소송 대상자, 목적, 소요 비용, 손익계산 등에 대하여 사전에 **공지**한 후 입주자 등 과반수의 **동의**를 받은 경우로 한정한다)

ㅎ 사업계획·예산안 제출하지 않아, 과태료 처분 '정당'

〈아파트관리신문〉 2013.12.23. 수정 2021.05.10.

회계년도 개시 1개월 전 입주자대표회의에 사업계획·예산안을 제출하지 않아 주택법령(舊 주택법 시행령 제55조의 2 제1항, **현행 '공동주택관리법 시행령' 제26조제1항**)을 **위반**하였다면, 아파트 **관리사무소장**에게 **부과**한 **과태료 부과 처분**은 **정당**하다는 **법원**의 **결정**이 나왔다(舊 주택법 제43조제1항, 법 제101조제3항제4호).

대전지방법원 제4민사부(재판장 부장판사 정정미)는 최근 대전광역시 **구 A아파트 관리사무소장 B씨에 대한 주택법(현행 '공동주택관리법') 위반 항고심에서 "관리사무소장 B씨를 과태료 1백만 원에 처한다."는 제1심 결정을 인정, 관리사무소장 B씨의 항고를 기각하였다(cf. 법 제63조제2항, 제102조제3항제22호).

이 아파트 관리사무소장 B씨는 관리비 등의 사업계획 및 예산안을 입주자대표회의에 제출하지 않아 '주택법령(현행 공동주택관리법령)'을 위반하였다는 이유로, 지난 3월 관할 구청장으로부터 과태료(過怠料) 1백50만 원을 부과 받았다.[235]

이에 관리사무소장 B씨가 이의를 제기하자, 제1심 법원은 지난 9월 '관리사무소장 B씨를 과태료 1백만 원에 처한다.'는 결정을 하였다. 하지만, 관리사무소장 B씨는 이 같은 행위에 고의·과실이 없다며, 항고를 제기하였다.

이에 대하여 재판부는 결정문에서 "이 아파트 2011년도 사업계획 및 예산안 제출 기한 종기(終期)인 지난 2010년 12월에는 관할 지방자치단체에서 이 아파트 입주자대표회의 구성 변경 신고를 반려(伴侶)하였다."며, "지난해 사업계획 및 예산안 제출 기한의 종기인 지난 2011년 12월에는 입주자대표회의의 회장 직무대행과 일부 동별 대표자가 사퇴하는 등 이 아파트 입주자대표회의가 정상적으로 구성되지 않아 관리사무소장 B씨가 지난 2011년과 지난해(2010년) 각 사업계획 및 예산안을 입주자대표회의에 제출할 수 없었던 사정은 인정(認定)된다."고 밝혔다.

그러나, 재판부는 "이 아파트 입주자대표회의가 지난해 12월에는 정상적으로 구성되어 있었음에도 관리사무소장 B씨는 **2013년도 사업계획** 및 **예산안**을 **지난 1월 입주자대표회의에 제출**하여 '매 회계년도 개시 1개월 전'이라는 **사업계획** 및 **예산안 제출 시한**을 **초과**하였으므로, **주택법령***을 **위반**하였음이 **명백**하다."며, "이 아파트가 지난해까지 월 단위 사업계획 및 예산을 운영하였다는 관리사무소장 B씨의 주장

---

235) cf. 영 제26조제1항, 「공동주택 회계처리기준」 제50조제1항, 준칙 제60조제1항

을 인정할 자료도 없다."고 지적하였다(* 舊 주택법 시행령 제55조의 2 제1항).

또한, "과태료 부과 경위 등 그 밖에 나타난 사정을 종합하면, 제1심 재판부가 관리사무소장 B씨의 주장 사유를 참작하여 주택법(현행 '공동주택관리법')상 규정된 과태료 3백만 원에서 1백만 원으로 감경한 결정은 정당하다."고 덧붙였다.

이에 재판부는 "관리사무소장 B씨를 과태료 1백만 원에 처한다는 제1심 결정은 정당하므로, 관리사무소장 B씨의 항고는 이유 없어 기각한다."고 판단하였다.

관리비 등의 부과 · 징수 방법(예산제 또는 정산제)

주택건설공급과 - 2684, 2013.08.14. 수정 2024.11.03.

질문 사항

가. 00광역시 00구 공동주택관리규약의 준칙(準則)에는 공동주택 **관리비 등의 세대별 부담액 산정 방법**에 관하여 예산제(豫算制)로 규정하고 있는데, 반드시 예산제로만 공동주택관리규약을 정하여야 하는지요?

나. 「공동주택관리법 시행령」 제26조제1항에 따라 모든 **수입(收入)**과 **지출(支出)**은 반드시 예산제로(豫算制)만 집행(執行)하여야 하는지 궁금합니다.

답변 내용

가. 관리비 등의 세대별 부담액 산정 방법, 징수, 보관, 예치 및 사용 절차에 관한 사항은 공동주택 관리규약으로 정하도록 규정하고 있으므로,[236] 개별 **공동주택 관리규약(管理規約)**으로 **관리비 등의 세대별 부담액 산정 방법 · 징수 · 사용 절차 등 부과 방법**(예산제 또는 정산제)을 **정하여 운영**할 수 있을 것입니다.[237]

나. 관리비 등의 사업계획 및 예산안의 수립에 관한 조항(「공동주택관리법 시행령」 제26조제1항)의 취지는 **관리비 등의 운영, 집행**에 있어 **보다 계획적**이고 **체계적**이며, **규모 있는 관리**를 **유도(誘導)**하고자 **하는 것**으로서 관리비 등 모든 수입과

---

236) 「공동주택관리법」 제18조제2항, 같은 법 시행령 제19조제1항제12호, 준칙 제60조제1항
237) cf. 영 제26조제1항 · 제2항, 준칙 제60조제1항 - "예산제"를 전제로 하고 있다.

지출을 반드시 **예산제**로 **집행**하도록 하라는 의미의 **규정**은 **아닙**니다.[238]

* [별표 5] 「관리비의 세대별 부담액 산정 방법(준칙 제63조 관련)」

비 목	세대별 부담액 산정 방법(정산제, 예산제)
1. 일반관리비	• 정산제(精算制) : 월간 실제 소요(所要)된 비용(費用)을 매월 주택공급면적에 따라 배분(配分)한다. • 예산제 : 월 예산액을 매월 주택공급면적에 따라 배분한다.
2. 청소비 3. 경비비 4. 소독비	• 정산제 : 월간 실제 소요된 비용을 매월 ○○에 따라 배분한다. • 예산제 : 월 예산액을 매월 ○○에 따라 배분한다. 다만, 용역인 경우에는 월간 용역 대금을 매월 ○○에 따라 배분한다.
5. 승강기유지비	• 정산제 : 월간 실제 소요된 비용을 매월 ○○에 따라 배분한다. • 예산제 : 월 예산액을 매월 ○○에 따라 배분한다. 다만, 용역인 경우에는 월간 용역 대금을 매월 ○○에 따라 배분한다. * 단, ○층 이하 세대는 사용 신청이 있는 경우에 한정하여 승강기유지비의 배분 대상에 포함한다.
6. 지능형 홈네트워크 설비 유지비	• 정산제 : 월간 실제 소요된 비용을 매월 ○○에 따라 배분한다. • 예산제 : 연(年) 예산액(豫算額)을 12개월로 분할(分割)하여 매월 ○○에 따라 배분(配分)한다. 다만, 용역(用役)인 경우에는 월간 용역 대금을 매월 ○○에 따라 배분한다.
7. 난방비 * 유류대(가스비) – 급탕비	• 중앙집중식 난방 방식의 공동주택에서 난방 계량기가 설치된 경우 그 계측(計測)된 양에 따라 세대별 난방비를 산정한다. • 난방 계량기가 설치되지 아니 하였거나, 이를 사용할 수 없는 경우에는 월간 실제 소요된 비용을 ○○에 따라 배분한다.
8. 급탕비	• 세대별로 사용량(m^3당)에 단가(單價 – 원/m^3, 입주자대표회의에서 의결한다)를 곱하여 산정한다.
9. 수선유지비	• 정산제 : 월간 실제 소요된 비용을 주택공급면적에 따라 배분한다. • 예산제 : 월 예산액을 주택공급면적에 따라 배분한다.
10. 위탁관리수수료	• 주택관리업자에게 위탁하여 관리하는 경우, 주택관리업자와 입주자대표회의가 체결(締結)한 매월 위탁관리수수료를 세대별 주택공급면적에 따라 배분한다.
도급계약의 경우	• 제1호부터 제6호까지와 제9호·제10호 비용의 합계를 입주자대표회의와 주택관리업자의 계약으로 정한 월간 비용을 ○○에 따라 배분하고, 제7호·제8호의 비용은 정산제로 한다.

〈비고〉 예비비(豫備費)[239]는 영 제23조제1항의 비목에 한정하여 예산(豫算)이 책정(策

---

238) cf. 「공동주택 회계처리기준」 제7장 예산 제50조 ~ 제55조 – "예산주의" 채택

239) cf. 「서울특별시공동주택관리규약 준칙」 제62조제8항

定)·반영되지 아니 한 경우 또는 예산이 부족(不足)한 경우에 사용(使用)할 수 있으며, 예비비를 사용한 때에는 그 금액을 관리비 부과 명세서에 별도로 기재하여야 한다.

 ※ 배분 원칙 : 주택공급 면적(분양 면적 ≒ 지분)의 비율에 따라 부담[참고: 영 제31조 제3항, 집합건물법 제17조, 제12조제1항] * 준칙 [별표 5]는 정산제 방식임 *

* [별표 6] 「공동 사용료의 산정 방법(준칙 제64조제1항 관련)」

공 동 전기료	공용시설 전기료	• 공용 시설인 중앙난방 방식 보일러, 급수펌프, 소방펌프, 가로등, 지하주차장 및 관리사무소 등의 부대시설 및 복리시설에서 사용하는 전기료로 구성하며, 월간 실제 소요된 비용을 주택공급면적에 따라 배분한다. ※ 일반용, 산업용, 가로등 전기료를 구분하고, 승강기 전기료는 제외한다.
	승강기 전기료	• 동별(棟別)로 구분하여(동별 계량기가 설치된 경우) 월간 실제 소요된 비용을 ㅇ층 이하(*층, *층)를 제외하고, ㅇㅇ에 따라 배분한다. 다만, ㅇ층 이하 세대의 사용 신청이 있을 경우 전기료 배분 대상에 포함한다.
공동 수도료 공동 난방비		• 월간 실제 소요된 비용을 주택공급면적에 따라 배분한다.

회계감사, 감사 결과의 보고·공개 등[법 제26조, 영 제27조]

법 제26조(회계감사 - 의무 관리 대상 공동주택) ① 의무 관리 대상 공동주택의 관리주체는 대통령령으로 정하는 바에 따라 「주식회사 등의 외부 감사에 관한 법률」 제2조제7호에 따른 **감사인**(이하 이 조에서 "감사인"이라 한다)의 회계감사를 **매년 1회 이상 받아야** 한다. **다만**, 다음 각 호의 구분에 따른 연도(年度)에는 그러하지 아니 하다. 〈개정 2022.6.10.〉 〈시행 2024.1.1.〉 (cf. 집합건물법 제26조의 2)

 1. 300세대 이상인 공동주택: 해당 연도에 회계감사를 받지 아니 하기로 입주자 등의 3분의 2 이상의 서면 동의를 받은 경우 그 연도

 2. 300세대 미만인 공동주택: 해당 연도에 회계감사를 받지 아니 하기로 입주자 등의 과반수의 서면 동의를 받은 경우 그 연도

법 제26조(300세대 미만인 의무 관리 대상 공동주택의 회계감사) ② 삭제

 * **법 제99조(벌칙)** 다음 각 호의 어느 하나에 해당하는 자는 1년 이하의 징역 또는

1천만 원 이하의 벌금에 처한다. 〈개정 2022.6.10.〉[시행일 : 2024.1.1.]

   1. 법 제26조제1항을 위반하여 회계감사(會計監査)를 받지 아니 하거나, 부정한 방법으로 받은 자 (cf. 집합건물법 제66조제1항제1호)

법 제26조(회계감사인의 선정) ④ 제1항에 따른 회계감사의 감사인은 **입주자대표회의가 선정(選定)**한다. 이 경우 입주자대표회의는 시장·군수·구청장 또는 「공인회계사법」 제41조에 따른 한국공인회계사회에 감사인의 **추천(推薦)**을 **의뢰(依賴)**할 수 있으며, 입주자 등의 10분의 1 이상이 연서하여 감사인의 추천(推薦)을 요구(要求)하는 경우 입주자대표회의는 감사인의 추천을 의뢰(依賴)한 후 추천을 받은 자 중에서 감사인을 **선정(選定)**하여야 한다. 〈개정 2022.6.10.〉

법 제26조(회계감사 관련 금지 행위) ⑤ 제1항에 따라 회계감사를 받는 관리주체는 다음 각 호의 어느 하나에 해당하는 행위를 하여서는 아니 된다.

   1. 정당한 사유 없이 감사인의 자료 열람·등사·제출 요구 또는 조사를 거부(拒否)·방해(妨害)·기피(忌避)하는 행위

   2. 감사인에게 거짓 자료를 제출하는 등 부정한 방법으로 회계감사를 방해하는 행위

  * 법 제99조(벌칙) 다음 각 호의 어느 하나에 해당하는 자는 1년 이하의 징역 또는 1천만 원 이하의 벌금에 처한다. 〈개정 2017.3.21.〉[시행일 : 2017.9.22.]

   1의 2. 제26조제5항을 위반하여 회계감사를 방해(妨害)하는 등 같은 항 각 호의 어느 하나에 해당하는 행위를 한 자

영 제27조(관리주체에 대한 회계감사 기일, 감사 자료) ① 법 제26조제1항 각 호 외의 부분 본문에 따라 회계감사를 받아야 하는 공동주택의 관리주체는 **매 회계년도 종료 후 9개월 이내**에 다음 각 호의 **재무제표(財務諸表)**에 대하여 회계감사를 받아야 한다(cf. 영 제26조제3항, 「공동주택 회계처리기준」 제41조제1항·제49조).

   1. 재무상태표

   2. 운영성과표

   3. 이익잉여금처분계산서(또는 결손금처리계산서)

   4. 주석(註釋) [* 세입·세출 결산서 – 「공동주택 회계처리기준」 제41조제1항 *]

영 제27조(관리주체의 재무제표 작성 회계처리기준 제정·고시) ② 제1항의 재무제표를 작성하는 회계처리기준은 국토교통부장관이 정하여 고시한다.[240]

영 제27조(관리주체 회계처리기준의 제정 또는 개정) ③ 국토교통부장관은 제2항에 따른 회계처리기준의 제정 또는 개정의 업무를 외부 전문기관에 위탁할 수 있다.

영 제27조(관리주체에 대한 회계감사기준) ④ 제1항에 따른 회계감사는 공동주택 회계의 특수성을 고려하여 제정된 회계감사기준에 따라 실시되어야 한다.

영 제27조(관리주체에 대한 회계감사기준의 제정) ⑤ 제4항에 따른 회계감사기준은 「공인회계사법」 제41조에 따른 **한국공인회계사회**가 정하되, 국토교통부장관의 승인(承認)을 받아야 한다. (* 2016.8.31. 「공동주택 회계감사기준」 승인)

영 제27조(회계감사 보고서 제출) ⑥ 법 제26조제1항 각 호 외의 부분 본문에 따른 감사인(이하 이 조에서 "감사인"이라 한다)은 제1항에 따라 관리주체가 회계감사를 받은 날부터 1개월 이내에 관리주체에게 감사 보고서를 제출하여야 한다.

영 제27조(회계감사 보고서 설명 요청) ⑦ 입주자대표회의는 감사인에게 감사 보고서에 대한 설명(說明)을 하여 줄 것을 요청할 수 있다. 〈개정 2022.12.9.〉

법 제26조(회계감사 결과의 보고 및 공개) ③ **관리주체**는 제1항에 따라 회계감사를 받은 경우에는 **감사 보고서 등 회계감사**의 **결과**를 제출받은 날부터 **1개월 이내**에 입주자대표회의에 **보고**하고, 해당 공동주택단지의 인터넷 홈페이지 및 동별 게시판에 **공개**하여야 한다(cf. 준칙 제91조제3항제8호). 〈개정 2022.6.10.〉

* 법 제102조(과태료) ③ 다음 각 호의 어느 하나에 해당하는 자에게는 500만 원 이하의 과태료(過怠料)를 부과한다. 〈개정 2015.12.29., 2016.1.19.〉

6. 제26조제3항을 위반하여 회계감사(會計監査)의 결과(結果)를 보고(報告) 또는 공개(公開)하지 아니 하거나, 거짓으로 보고 또는 공개한 자

법 제26조(회계감사 결과의 제출 및 공개) ⑥ 제1항에 따른 회계감사의 **감사인**은 회계감사 **완료** 일부터 **1개월 이내**에 회계감사 결과를 해당 공동주택을 관할하는 시장·군수·구청장에게 **제출**하고 공동주택관리정보시스템에 **공개**하여야 한다. 〈신설 2017.3.21., 개정 2022.6.10., 시행 2024.1.1.〉

법 제26조(회계감사 관련 동의서 기재 사항) ⑦ 관리주체는 제1항 단서에 따라 서면 동의를 받으려는 경우에는 **회계감사를 받지 아니 할 사유**를 입주자 등이 명확히 알 수 있도록 동의서에 **기재**하여야 한다. 〈신설 2022.6.10.〉

---

240) 「공동주택관리법 시행령」 제27조제2항 및 제3항에 따른 국토교통부 고시 제2023 - 300
(제정 2016.8.31., 개정 2023.6.13.)호 「공동주택 회계처리기준」을 말한다.

법 제26조(회계감사 관련 동의서 보관) ⑧ 관리주체는 제7항에 따른 동의서를 관리규약으로 정하는 바에 따라 보관하여야 한다. 〈신설 2022.6.10.〉

영 제27조(공동주택 회계감사에 필요한 사항) ⑧ 공동주택 회계감사의 원활한 운영 등을 위하여 필요한 사항은 국토교통부령으로 정한다.

1. 회계감사 대상, 면제 등[법 제26조제1항·제2항]

공동주택 외부 회계감사를 꼭 받아야 하는지

성명 OOO 등록일 2021.10.23. 개정 2024.11.03.

질문 사항

2015년 1월 1일부터 의무적으로 시행된 공동주택 관리주체의 **회계감사(會計監査)**와 관련하여 궁금한 점이 있어 아래와 같이 질의하오니, 답변 부탁드립니다.

1. 단지 현황

- 세대수 : 539세대
- 사용검사일 : 2024년 10월 10일(입주 시작일 : 2024년 10월 13일)
- 입주자대표회의 : 2025년 1월 27일 구성 신고, 1월 27일 구성 신고 수리
- 관리규약 : 2025년 1월 27일 제정 신고, 1월 27일 제정 신고 수리
- 입주자대표회의 임기 : 2025년 1월부터 2026년 12월(2년)
- 관리규약 회계 기간 : 매년 1월 1일부터 12월 31일까지

2. 질의 요지

– 위와 같이 입주 1년가량 된 아파트로서 전년도 회계감사 대상 기간이 2024년 10월 13일부터 2024년 12월 31일까지로서 3개월도 되지 않습니다. 이와 같음에도 우리 아파트는 외부 회계감사를 받을 경우 250만 원의 비용이 들어가는데, 2024 회

계년도 재무제표에 대한 외부 **회계감사**를 2025년도에 반드시 받아야 하는지요?

　- 2024년도 분 외부 회계감사를 받지 않고, 2025년 1월 1일부터 2025년 12월 31일까지의 **회계 기간**에 대한 감사를 2026년 9월 31일까지 받으면 되는지요?

　- 2024년도 분의 외부 **회계감사**를 반드시 받아야 한다면, 외부 회계감사 **제외** 방법과 관리비를 **절감**할 수 있는 **방법**에 대한 답변을 부탁드립니다.

답변 내용

ㅇ 의무 관리 대상 공동주택의 관리주체는 「주식회사 등의 외부 감사에 관한 법률」 제2조제7호에 따른 감사인의 **회계감사를 매년 1회 이상 받아야** 합니다. **다만**, 해당 연도에 회계감사를 받지 아니 하기로 **입주자 등**의 (300세대 이상인 공동주택 - 3분의 2 이상, 300세대 미만인 공동주택 - 과반수)의 **서면 동의**를 받은 경우 그 연도에는 그러하지 아니 할 수 있습니다(「공동주택관리법」 제26조제1항).

　- 법 제26조제1항 각 호 외의 부분 본문에 따라 회계감사를 받아야 하는 공동주택의 관리주체는 **매 회계년도 종료 후 9개월 이내**에 다음 각 호[1. 재무상태표, 2. 운영성과표, 3. 이익잉여금처분계산서(또는 결손금처리계산서), 4. 주석]의 재무제표에 대하여 **회계감사**를 받아야 합니다(「공동주택관리법 시행령」 제27조제1항).

ㅇ 따라서, 질의 사안의 경우 2025년에 회계감사를 받아야 하며, 그 회계감사는 「공동주택관리법 시행령」 제26조제3항에 따라 관리주체가 **매 회계년도 종료 후 2개월 이내**에 **작성**하여 입주자대표회의에 **제출**하는 **전년도**(2024년도) **재무제표**[1. 재무상태표, 2. 운영성과표, 3. 이익잉여금처분계산서(또는 결손금처리계산서), 4. 주석] 등241)을 **대상**으로 실시하는 것이 가능할 것으로 판단됩니다.

　- 덧붙여서, 이 질의 사안 관리주체의 외부 회계감사 제외 방법은 위에서 말한 바와 같이 입주자 등의 3분의 2 이상이 서면으로 회계감사를 받지 않는 데 동의한 회계년도의 회계감사를 받지 않을 수 있다는 것입니다(cf. 법 제26조제1항 단서 규정).

---

241) 「공동주택관리법 시행령」 제27조제2항 및 제3항에 따른 국토교통부 고시 제2023 - 300 (2023.6.13.)호 「공동주택 회계처리기준」 제41조(결산) 제1항에 "① 관리주체는 영 제26조제3항에 따라 다음 각 호[1. 재무상태표, 2. 운영성과표, 3. 이익잉여금처분계산서(또는 결손금처리계산서), 4. 주석(註釋), **5. 세입·세출 결산서**]의 결산서(決算書)를 작성하여 회계년도 종료 후 2개월 이내 입주자대표회의에 제출하여야 한다."고 규정되어 있다.

회계감사 시기 및 대상 기간(입주 공동주택)

성명 OOO 등록일 2020.11.11. 수정 2024.11.03.

질문 사항

2024년 9월 30일 입주를 시작한 471세대 아파트 단지입니다. 회계감사(會計監査)를 매년 받게 되어 있는데, 우리 아파트 단지의 경우 회기가 12월 말에 끝나긴 하지만, **2024년 회계** 기간이 3개월 밖에 되지 않은 경우에도 **2025년도**에 **회계감사**를 받아야 하는지 궁금합니다. 우리 입장으로서는 다음해(2026년)에 15개월 합하여 감사를 받았으면 하는데요, 가능한지요?

답변 내용

「공동주택관리법」 제26조제1항에 따라 회계감사를 받아야 하는 공동주택의 **관리주체는 매 회계년도 종료 후 9개월 이내**에 다음 각 호[1. 재무상태표, 2. 운영성과표, 3. 이익잉여금처분계산서(또는 결손금처리계산서), 4. 주석]의 **재무제표**에 대하여 **회계감사**를 받아야 합니다(「공동주택관리법 시행령」 제27조제1항).

이와 관련, 질의 사안 공동주택의 경우 2025년도의 회계감사는 「공동주택관리법 시행령」 제26조제3항에 따라 **관리주체가 매 회계년도**(해당 회계 기간 1월 1일부터 12월 31일까지) **종료** 후 **2개월 이내**에 **작성**하여 **입주자대표회의**에 **제출**하는 **재무제표**[1. 재무상태표 2. 운영성과표 3. 이익잉여금처분계산서(또는 결손금처리계산서) 4. 주석]와 **세입·세출 결산서**를 **대상**(회계 기간 2024. 9. 30. ~ 2024. 12. 31.)으로 실시하는 것이 적법·타당한 것으로 판단됩니다.[242]

입주 공동주택의 외부 회계감사

성명 OOO 등록일 2022.12.07. 수정 2024.11.03.

---

242) cf. 영 제27조제1항, 「공동주택 회계처리기준」 제41조제1항·제49조

질문 사항

2024년 10월 22일 사용 검사, **10월 23일**부터 **입주**한 1,500세대 아파트입니다.

1) 2025년 9월 31일까지 외부 회계감사를 받아야 하는지요? − 관리규약에 '회계년도(회기)는 매년 1월 1일부터 12월 31일까지로 한다.' 라고 되어 있습니다.

2) 외부 회계감사를 받아야 한다면, 외부 **회계감사(會計監査)**의 **대상(對象) 기간 (회계년도)**은 어떻게 되는지요? − 예) ① 2024년 10월 23일 ~ 2024년 12월 31일 ② 2024년 10월 23일 ~ 2025년 10월 22일

답변 내용

ㅇ **300세대 이상**인 **공동주택**의 관리주체는 대통령령으로 정하는 바에 따라 「주식회사 등의 외부 감사에 관한 법률」 제2조제7호에 따른 감사인(이하 "감사인"이라 한다.)의 **회계감사**를 **매년 1회 이상 받아야** 합니다. 다만, 해당 연도에 회계감사를 받지 아니 하기로 **입주자 등**의 **3분의 2 이상**의 **서면 동의**를 받은 경우 그 연도에는 그러하지 아니 할 수 있습니다(「공동주택관리법」 제26조제1항제1호).

− 이와 관련, 법 제26조제1항에 따라 회계감사를 받아야 하는 공동주택의 관리주체는 매 **회계년도 종료** 후 **9개월 이내**에 다음 각 호[1. 재무상태표, 2. 운영성과표, 3. 이익잉여금처분계산서(또는 결손금처리계산서), 4. 주석]의 **재무제표**에 대하여 **회계감사**를 받아야 합니다(「공동주택관리법 시행령」 제27조제1항).

ㅇ 질의 사안의 경우, 2025년도의 회계감사는 「공동주택관리법 시행령」 제26조제3항에 따라 관리주체가 매 **회계년도**(해당 공동주택 회계 기간 1월 1일부터 12월 31일) 종료 후 **2개월 이내**에 **작성**하여 입주자대표회의에 **제출**하는 **재무제표**[1. 재무상태표, 2. 운영성과표, 3. 이익잉여금처분계산서(또는 결손금처리계산서), 4. 주석] 등 결산서(회계 기간 2024. 10. 23. ~ 2024. 12. 31.)]를 대상으로 시행하여야 합니다(cf. 영 제27조제1항, 「공동주택 회계처리기준」 제41조제1항·제49조).

✿ 외부 회계감사를 받지 않기 위한 동의 기일

[법제처 15 − 0879, 2016.02.23.] 수정 2023.10.19.

주택법 제45조의 3 제1항(현행 '공동주택관리법' 제26조 제1항) 본문 및 같은 법 시행령 제55조의 3 제1항(현행 '공동주택관리법 시행령' 제27조 제1항)에 따르면, **의무 관리 대상 공동주택**의 관리주체는 매년 10월 31일까지(현행, 매 회계년도 종료 후 9개월 이내에) '주식회사 등의 외부 감사에 관한 법률' 제2조 제7호에 따른 감사인의 회계감사를 받아야 합니다. 그리고, 같은 법 제45조의 3 제1항 단서(현행 '공동주택관리법' 제26조 제1항 단서)에서는 "다만, 다음 각 호243)의 구분에 따른 연도에는 그러하지 아니 하다."고 규정하고 있습니다.

이에, 국가의 회계년도 방식에 따르는 의무 관리 대상 공동주택의 경우에 있어서, 주택법 제45조의 3 제1항 단서(현행 '공동주택관리법' 제26조 제1항 단서)에 따른 **회계감사를 받지 않기로 하는 경우,** 그 **동의**는 해당 연도의 회계감사 종료일인 10월 31일까지(현행, 해당 회계년도 종료 후 9개월 이내에) 받아야 하는지요?

질의 배경

민원인은 주택법 제45조의 3 제1항 단서(현행 '공동주택관리법' 제26조 제1항 단서)에 따른 회계감사를 받지 않기로 하는 **동의를 언제까지 받아야 하는지** 국토교통부에 질의하였는데, 국토교통부에서는 매년 10월 31일까지(현행, 해당 회계년도 종료 후 9개월 이내에) 서면(書面) 동의(同意)를 받아야 한다고 회신하자, 이에 이의가 있어 직접 법제처에 법령 해석을 요청함.

【회답】

국가의 회계년도 방식에 따르는 **의무 관리 대상 공동주택**의 **관리주체**는 주택법 제45조의 3 제1항 단서(현행 '공동주택관리법' 제26조 제1항 단서)에 따른 **회계감사를 받지 않기로 하는** 경우, 그 **서면 동의**를 늦어도 **해당 연도의 회계감사 종료일**

---

243) 1. 300세대 이상인 공동주택: 해당 연도에 회계감사를 받지 아니 하기로 입주자 등의 3분의 2 이상의 서면 동의를 받은 경우 그 연도
2. 300세대 미만인 공동주택: 해당 연도에 회계감사를 받지 아니 하기로 입주자 등의 과반수의 서면 동의를 받은 경우 그 연도

인 10월 31일까지(현행, **해당 회계년도 종료 후 9개월 이내**에) **받아야** 합니다.

【이유】

　'공동주택관리법' 제26조 제1항 본문에 의무 관리 대상 공동주택의 관리주체는 대통령령으로 정하는 바에 따라 '주식회사 등의 외부 감사에 관한 법률' 제2조 제7호에 따른 감사인의 회계감사를 받아야 한다고 규정되어 있고, '공동주택관리법' 제26조 제1항 단서는 "다만, 다음 각 호의 구분에 따른 연도[244]에는 그러하지 아니하다."고 규정하고 있습니다. 그리고, '공동주택관리법 시행령' 제27조 제1항에서는 "공동주택관리법 제26조 제1항 각 호 외의 부분 본문에 따라 회계감사를 받아야 하는 공동주택의 관리주체는 매 회계년도 종료 후 9개월 이내에 다음 각 호[1. 재무상태표, 2. 운영성과표, 3. 이익잉여금처분계산서(또는 결손금처리계산서), 4. 주석]의 재무제표에 대하여 회계감사를 받아야 한다." 라고 규정하고 있습니다.

　이에, 이 사안은 국가의 회계년도 방식에 따르는 **의무 관리 대상 공동주택**의 경우에 있어서, '공동주택관리법' 제26조 제1항 단서에 따른 **회계감사를 받지 아니 하기로 하는** 경우, 그 **동의**를 해당 연도의 **회계감사 종료일**인 **해당 회계년도 종료 후 9개월 이내**에 **받아야 하는지**에 관한 것이라 하겠습니다.

　먼저, '주택법(현행 공동주택관리법)'에서는 공동주택의 관리비·장기수선충당금 등을 둘러싼 관리주체의 부정행위가 지속적으로 발생함에 따라, 공동주택 관리의 투명성을 제고함으로써 공동주택 관리와 관련한 비리를 근절하기 위하여 300세대 이상인 공동주택의 관리주체에 대한 외부 회계감사를 의무화 하였습니다(2013. 11. 국회 국토교통위원회, '주택법' 일부 개정 법률안 검토 보고서 참고).

　그리고, 주택법 제45조의 3 제1항 단서(현행 '공동주택관리법' 제26조 제1항 단서)는 같은 항 본문에 따른 300세대 이상(현행 "의무 관리 대상", 이하 같다.)인 공동주택 관리주체의 회계감사 의무화에 대한 '예외 규정'이라고 할 것인데, 법령에서 일정한 원칙을 규정한 후 그 원칙에 대한 예외 규정을 두는 경우, 이러한 **"예외 규정을 해석할 때에는 합리적인 이유 없이 해당 문언의 의미를 확대하여 해석해서는 아니 된다."**고 할 것입니다(법제처 2015. 8. 12. 회신, 15 – 0404 해석 참고).

---

244) cf. 각주 243)

또한, 공동주택 관리의 투명성을 제고하기 위하여 300세대 이상(**의무 관리 대상**)인 **공동주택**의 관리주체에 대한 외부 회계감사를 의무화 하고, 그 실효성을 확보하기 위하여 기한(期限)까지 외부 회계감사를 받지 않은 자에 대하여는 7백만 원의 과태료(**1천만 원 이하의 벌금**)를 부과하도록 **규정**하고 있습니다[주택법 제101조 제2항 제4호 및 같은 법 시행령 [별표 13] 제2호 하목(현행 '**공동주택관리법**' 제99조 제2호)]. 따라서, **회계감사를 받아야 하는 기한인 해당 회계년도 종료 후 9개월 이내**에 '공동주택관리법' 제26조 제1항 단서에 따라 외부 회계감사가 **면제**되는지 **여부**를 **확정**하고, 회계감사를 받지 않기로 하는 **동의가 없는 경우**에는 **매 회계년도 종료 후 9개월 이내**에 외부 **회계감사를 받아야 한다**고 해석하는 것이 해당 규정의 입법 취지에 부합하는 것이라고 하겠습니다. 이와 달리, 예를 들어, 2023 회계년도 종료 후 9개월 이내에 '공동주택관리법' 제26조 제1항 단서에 따른 동의를 받지 못하였고, 같은 날까지 외부 회계감사도 받지 않은 경우라고 하더라도, 2024년 12월 31일까지 입주자 및 사용자의 동의를 사후적으로 받거나, 혹은 더 나아가 2023년도에 외부 회계감사를 실시하지 아니 한(또는 못한) 것에 대하여 2024년도에 사후적으로 동의를 받을 수 있다고 확대하여 해석할 수는 없다고 하겠습니다.

아울러, '**공동주택관리법 시행령**' 제27조 제1항에서 외부 **회계감사의 기한**을 **정하면서**, "공동주택관리법 제26조 제1항 본문"에 따라 "매 회계년도 종료 후 9개월 이내에 회계감사를 받아야 한다." 라고 규정하지 않고, **본문과 단서를 구분하지 않은 채** "법 제26조 제1항"에 따라 "매 회계년도 종료 후 9개월 이내에 회계감사를 받아야 한다."고 **규정**하고 있습니다. 이와 관련하여, '**공동주택관리법**' **제26조 제1항 단서에 따른** 외부 **회계감사의 면제**를 위한 **동의를 포함**한 외부 회계감사와 **관련**된 **일련(一連)의 절차(節次)**를 **해당(該當) 기한(期限)까지 종결(終結)**하여야 한다고 보는 것이 **합리적**인 **해석**이라고 할 것입니다.

그리고, '공동주택관리법' 제26조 제1항 단서에 따른 동의를 받지 못한 경우에는 '공동주택관리법' 제26조 제1항 본문 및 같은 법 시행령 제27조 제1항에 따라 매 회계년도 종료 후 9개월 이내에 회계감사를 받아야 하는데, 통상 회계감사에 상당한 기간이 필요하다는 점을 고려할 때, 해당 회계년도 종료 후 9개월 이내에 '공동주택관리법' 제26조 제1항 단서에 따른 서면 동의를 받을 것이 확실히 예견되는 예외적인 경우를 제외하고는 '공동주택관리법' 제26조 제1항 단서에 따른 동의(同意)를 받는 절차(節次)는 "해당 회계년도 종료 후 9개월이 되는 날"보다 앞서 이행(履行)되어야 할 것이라는 점도 이 사안을 해석할 때 고려되어야 할 것입니다.

이상과 같은 점을 종합하여 볼 때, 국가의 회계년도 방식에 따르는 **의무 관리 대상** 공동주택의 관리주체는 주택법 제45조의 3 제1항 단서(현행 '공동주택관리법' 제26조 제1항 단서 규정)에 따른 **회계감사를 받지 않기로 하는** 경우, 그 **동의(同意)**를 늦어도 해당 연도의 회계감사 종료일인 10월 31일까지[현행, **해당 회계년도(會計年度) 종료(終了) 후 9개월 이내에] 받아야 한다**고 할 것입니다.

공동주택 외부 회계감사의 대상·범위(면제 대상)

성명 OOO 등록일 2020.04.28. 수정 2024.08.29.

질문 사항

아파트 회계감사 실시 여부에 대한 입주자 등의 동의 문제에 대하여 서로 다른 의견이 있어 질의하오니, 전문가의 시원한 답변을 부탁드립니다.

◇ 원인 : 「공동주택관리법」 제26조제1항 단서 규정에 의거 **** 아파트 입주자 등에게 **2023년도·2024년도 회계 자료**에 대한 **회계감사를 받지 아니 하는** 데 **동의** 여부를 물은 결과, 총 541세대 중 367세대로서 3분의 2 이상의 동의를 받음.

* 갑설 : 2024년 9월 16일자로 주민 동의를 받았으니 2023년도 회계 자료와 2024년도 회계 자료는 모두 회계감사를 받지 않아도 된다.

* 을설 : 2024년 9월 16일자로 입주자 등의 동의를 받았으므로, 2023년도 회계 자료는 회계감사를 받지 않아도 무방하다. 그러나, 2024년도 회계 서류는 외부 감사인의 회계감사를 2026년 9월 말일까지 받아야 한다.

답변 내용

300세대 이상인 공동주택의 **관리주체**는 대통령령으로 정하는 바에 따라 「주식회사 등의 외부 감사에 관한 법률」 제2조제7호에 따른 **감사인**(이하 "감사인"이라 한다.)의 **회계감사**를 **매년 1회 이상 받아야** 합니다. 다만, **해당 연도**에 회계감사를 받지 아니 하기로 입주자 등의 3분의 2 이상의 **서면 동의**를 받은 경우 **그 연도**에는 그러하지 아니 할 수 있습니다(「공동주택관리법」제26조제1항제1호).

공동주택 회계감사 제도는 2015. 1. 1.부터 다시 시행된 것으로 그 **회계감사의 대상**은 **직전 회계년도 재무제표**[1. 재무상태표, 2. 운영성과표, 3. 이익잉여금처분계산서(또는 결손금처리계산서), 4. 주석] 등입니다(cf. 영 제26조제3항ㆍ제27조제1항, 「공동주택 회계처리기준」제41조). 따라서, 2024. 9. 16. 입주자 등의 3분의 2 이상의 서면 동의를 받은 경우에는 그 직전 회계년도(이 사안 2023년도 회계) 재무제표에 한정하여 외부 회계감사를 받지 않아도 된다는 것을 의미합니다.

회계감사를 받지 않기로 하는 입주자 등의 서면 동의 기일

성명 OOO 등록일 2016.04.12. 수정 2023.10.18.

질문 사항

「공동주택관리법 시행령」제27조(관리주체의 회계감사 등) ① "법 제26조제1항 각 호 외의 부분 본문에 따라 회계감사를 받아야 하는 공동주택의 관리주체는 매 회계년도 종료 후 9개월 이내에 다음 각 호의 재무제표에 대하여 회계감사를 받아야 한다."와 관련하여 질의하니 검토 후 회신하여 주실 것을 요청합니다.

가. 외부 **회계감사를 받지 않기로** 하는 **입주자 등의 (3분의 2 이상) 서면 동의 절차**는 반드시 해당 회계년도 종료 후 9개월 이내 기간에 완료하여야 하는지 여부.

나. 직전 연도에 내년도의 회계감사(會計監査)를 받을 것인지 여부에 대한 입주자 등의 서면 동의 절차가 가능한 경우, 그 **동의 절차의 완료 시기**는 다음(해당 연도) 회계년도 종료 후 9개월 이내까지인지 여부.

답변 내용

국가의 회계년도 방식에 따르는 **의무 관리 대상 공동주택**의 경우에 있어서, 주택법 제45조의 3 제1항 단서(현행 「공동주택관리법」제26조제1항 단서 규정)에 따른 회계감사를 받지 않기로 하는 경우, 그에 대한 **입주자 등**의 **서면 동의**는 늦어도 **해당 연도**의 **회계감사 종료일**인 10월 31일까지(현행, **해당 회계년도 종료 후 9개월 이내에**) **받아야** 합니다[법제처 법령 해석, 법제처 15 – 0879, 2016. 2. 23.].

따라서, 「공동주택관리법」 제26조제1항에 따른 공동주택 관리주체의 외부 **회계 감사 면제**를 위한 **입주자 등**의 **서면 동의**는 **해당 회계년도 종료 후 9개월**이 **되는 날까지 받아야** 하는 것입니다(cf. 「공동주택관리법 시행령」 제27조제1항).

분양·임대 혼합주택단지의 외부 회계감사 대상 여부

성명 OOO 등록일 2015.10.21. 수정 2023.10.18.

질문 사항

o 우리 아파트는 당초 **분양**을 **목적**으로 **300세대**를 **건설**하였으나 일부 세대가 분양되지 않아 **"건설임대주택"**으로 **운영**되어, 총 300세대 중 **분양(分讓) 214세대,** 임대(賃貸) 86세대로 운영, 관리되고 있습니다.

o 2015년부터 실시하는 외부 회계감사(會計監査) 때 세대수는 거의 무시하고 감사 비용을 산정하여 관리비 부담 또한 만만치 않아 문의하므로, 우리 아파트가 외부 회계감사 대상(對象)인지 아닌지의 여부에 대한 답변을 부탁드립니다.

답변 내용

주택법 제45조의 3 제1항(현행 「공동주택관리법」 제26조제1항)에 **"의무 관리 대상 공동주택"**의 관리주체는 대통령령으로 정하는 바에 따라 「주식회사 등의 외부 감사에 관한 법률」 제2조제7호에 따른 감사인의 회계감사(會計監査)를 매년 1회 이상 받도록 규정되어 있습니다. 이와 관련, 의무 관리 대상이라 함은 **공동주택**의 **분양 호수**를 의미하는바, 질의 사안 공동주택은 분양 세대가 214세대이므로 외부 회계감사의 의무 수감(收監) 대상에 해당한다는 것을 알려드립니다.[245]

---

245) cf. 「민간임대주택에 관한 특별법」 제51조(민간임대주택의 관리) 제1항, 같은 법 시행령 제41조(민간임대주택의 관리) 제2항. 「공공주택 특별법」 제50조, 같은 법 시행령 제53조

회계감사 대상 공동주택의 여부(공동 관리)

성명 OOO 등록일 2015.09.30. 수정 2023.10.18.

질문 사항

의무 관리 대상 공동주택의 관리주체는 대통령령으로 정하는 바에 따라 「주식회사 등의 외부 감사에 관한 법률」 제2조제7호에 따른 감사인의 **회계감사**를 매년 1회 이상 받아야 한다(舊 주택법 제45조의 3 제1항, 「공동주택관리법」 제26조제1항).

이와 관련, 우리 ***##1차 · 2차아파트는 1단지 140세대, 2단지 266세대이고, 1 · 2차를 **공동 관리**하고 있습니다. 각각 단지의 지출과 예금은 단지별로 회계 처리하는 등 관리하고 있으며, 관리비 절약을 위하여 관리 직원의 인건비만 공동으로 부과하고 있습니다. 각각 단지의 세대수는 300세대 이하이나, 공동으로 관리하여 406세대일 경우에는 공동주택관리법령에 따른 회계감사 대상이 되는지 알고 싶습니다.

답변 내용

ㅇ 의무 관리 대상 공동주택의 관리주체는 대통령령으로 정하는 바에 따라 「주식회사 등의 외부 감사에 관한 법률」 제2조제7호에 따른 감사인(이하 "감사인"이라 한다.)의 **회계감사**를 **매년 1회 이상 받아야** 합니다. 다만, 해당 연도 회계감사를 받지 아니 하기로 공동주택 입주자 등의 3분의 2 이상(300세대 미만인 공동주택인 경우는 공동주택 입주자 등의 과반수)의 서면 동의를 받은 경우 그 연도에는 그러하지 아니 할 수 있습니다(「공동주택관리법」 제26조제1항제1호, 제2호).

- 이와 관련, **공동**으로 **관리**하는 **공동주택**이 **각각 300세대 미만인** 266세대와 140세대인 **경우**, <u>266세대</u> 단지는 「공동주택관리법」 제26조제1항에 따른 외부 **회계감사 대상 공동주택**에 해당되며, **140세대 단지는** 이에 **해당되지 아니 합**니다(cf. 규칙 제2조제1항제2호, 준칙 제17조제1항제1호 나목).

회계감사 대상의 여부(혼합주택단지)

성명 OOO 등록일 2015.09.21. 수정 2023.10.19.

질문 사항

1. 「공동주택관리법」 제26조 ① "의무 관리 대상 공동주택의 관리주체는 대통령령으로 정하는 바에 따라 「주식회사 등의 외부 감사에 관한 법률」 제2조제7호에 따른 감사인(이하 이 조에서 "감사인"이라 한다.)의 회계감사를 매년 1회 이상 받아야 한다. 다만, 다음 각 호의 구분에 따른 연도에는 그러하지 아니하다."

2. 우리 아파트는 **혼합주택단지[318세대(분양 : 215세대 + 임대 : 103세대)]**이며, 우리 공동주택의 회계감사의 대상 여부를 질의하고자 하오니, 다음의 ① 또는 ②로 회신하여 주시기 바랍니다.

① 같은 규정 "300세대 이상"인 318세대(분양 215세대 + 임대 103세대)이므로, 회계감사의 의무 수감(收監) 대상(對象) 공동주택이다.

② "300세대 이상"은 분양 주택을 기준으로 하는 것으로서 분양 주택이 "300세대 미만"이므로(우리 단지 분양 주택 215세대), 회계감사의 대상이 아니다.

답변 내용

o 의무 관리 대상 공동주택의 관리주체는 대통령령으로 정하는 바에 따라 「주식회사 등의 외부 감사에 관한 법률」 제2조제7호에 따른 감사인(이하 "감사인"이라 한다.)의 회계감사를 매년 1회 이상 받아야 합니다. 다만, 해당 연도에 회계감사를 받지 아니 하기로 입주자 등의 (300세대 이상인 공동주택 - 3분의 2 이상, 300세대 미만인 공동주택 - 과반수)의 서면 동의를 받은 경우 그 연도에는 그러하지 아니할 수 있습니다(「공동주택관리법」 제26조제1항).

– 그러므로, 이 질의 사안 공동주택은 **분양 주택**이 **215세대**이므로 「**공동주택관리법**」 **제26조제1항제2호**에 따라 의무 관리 대상 공동주택 중 300세대 미만인 공동주택의 관리주체가 받아야 하는 「**주식회사 등의 외부 감사에 관한 법률**」 **제2조제7호**에 따른 **감사인**의 **회계감사 대상**에 **해당**됩니다(cf. 민간임대주택 특별법 제51조

제1항·같은 법 시행령 제41조제1항·같은 법 시행규칙 제22조제7항, 「공공주택 특별법」 제50조·같은 법 시행령 제53조).

현금 흐름 관련 없는 업무, 회계감사 범위에서 제외

〈주택건설공급과 - 2015.08.10.〉 수정 2023.10.19.

질문 사항

공동주택관리법령에 따른 외부 **회계감사(會計監査)의 범위(範圍)**에서 관련 법령에 따라 관리주체의 회계 관리 업무 전부를 감사할 수 있는지요.

답변 내용: 현금 흐름 관련 없는 업무, 회계감사 대상에서 제외

- 의무 관리 대상 공동주택의 관리주체는 「공동주택관리법」 제26조제1항·제3항, 같은 법 시행령 제27조제1항에 따라 매 회계년도 종료 후 9개월 이내에 해당 회계년도 재무제표[1. 재무상태표, 2. 운영성과표, 3. 이익잉여금처분계산서(또는 결손금처리계산서), 4. 주석(註釋)]에 대하여 회계감사를 받아야 합니다.

ㅇ 따라서, **공동주택의 외부 회계감사 업무 범위**는 **결산서의 재무제표**[1. 재무상태표, 2. 운영성과표, 3. 이익잉여금처분계산서(또는 결손금처리계산서), 4. 주석], **세입·세출 결산서, 회계장부** 및 그 **증빙 서류**로 한정된다고 할 것이므로, **현금(現金) 흐름**과 직접 **관련 없는 업무**는 **제외**하는 것이 타당하다고 봅니다.[246]

---

246) 「공동주택관리법 시행령」 제27조제2항·제3항에 따른 국토교통부 고시 「공동주택 회계처리기준」 제41조제1항은 "결산서"를 "1. 재무상태표, 2. 운영성과표, 3. 이익잉여금처분계산서(또는 결손금처리계산서), 4. 주석, 5. 세입·세출 결산서"라 규정하고 있다.

2. 감사인 선정, 감사 결과의 공개 등[법 제26조제3항 등]

회계감사의 감사인, 「공동주택관리법」 따라 선정

〈주택건설공급과, 2016.01.12.〉 수정 2023.10.19.

질문 사항: 회계감사 감사인의 선정 방법

아파트 외부 **회계감사**를 실시하기 위한 **감사인(監査人) 선정(選定)** 입찰(入札)을 공동 입찰의 방법으로 행정기관이 대행할 수 있는지요?

「주택관리업자 및 사업자 선정 지침」에서 500만 원 이상인 용역은 입찰하여야 한다고 하나, 회계감사는 예외라고 하여 입찰 금액보다는 저렴하게 수의계약을 하고 있습니다. 회계감사인 선정은 500만 원 이상이더라도 수의계약이 가능한지요?

답변 내용: 회계감사 감사인의 선정은 '지침' 적용 제외

「공동주택관리법」 제26조제4항에 따라 **회계감사**의 **감사인**은 **입주자대표회의**가 **선정**하며, 입주자대표회의는 **시장·군수·구청장** 또는 「공인회계사법」 제41조에 따른 **한국공인회계사회**에 감사인의 **추천(推薦)**을 **의뢰(依賴)**할 수 있습니다.

그리고, 「공동주택관리법」 제26조제1항에 따른 **회계감사인(會計監査人)**의 **선정(選定)**은 회계감사 업무의 성격상 **「주택관리업자 및 사업자 선정 지침」**의 **적용 대상**이 **아니므로**, 회계감사인의 선정에 관한 문제는 개별 공동주택 관리규약 및 제반 여건 등에 따라 해당 공동주택에서 **입주자대표회의**가 공인회계사회의 추천 방법 등 **자율적(自律的)**으로 **결정(決定)**할 수 있는 **사항**입니다.[247]

이에 의무 관리 대상 공동주택의 관리주체에 대한 회계감사를 시행하기 위한 **감사인**은 **「공동주택관리법」 제26조제4항** 또는 **「주택관리업자 및 사업자 선정 지침」 제4조제3항 [별표 2]**에 따른 **방법 등** 해당 공동주택에서 **합리적**으로 정한 **절차**에 따라 **선정**하면 될 것으로 판단됩니다.[248]

---

247) cf. 법 제25조(영 제25조)·제26조제4항, '지침' 제2조·제4조제3항 [별표 2]·[별표 7]

248) cf. 「공동주택관리법」 제26조 ④ 제1항 또는 제2항에 따른 회계감사의 감사인은 입주자

회계감사의 감사인 선정은 사업자 입찰 규정 적용 안 돼

[법제처 21 – 0396, 2021.09.14.] 수정 2023.07.25.

【질의 요지】

「공동주택관리법」 제25조제1호에서 의무 관리 대상 공동주택의 관리주체 또는 입주자대표회의가 같은 법 제23조제4항제1호부터 제3호까지의 어느 하나에 해당하는 금전 또는 같은 법 제38조제1항에 따른 하자보수보증금과 그 밖에 해당 공동주택단지에서 발생하는 모든 수입에 따른 금전(이하 "관리비 등"이라 한다.)을 집행하기 위하여 **사업자**를 **선정**하려는 경우 전자입찰방식으로 선정하도록 규정하고 있고, 같은 법 제26조제4항 전단에서는 **회계감사**의 **감사인**[249]은 입주자대표회의가 **선정**한다고 규정하고 있습니다.

이와 관련하여, 입주자대표회의가 「공동주택관리법」 제26조제4항 전단에 따라 해당 공동주택 관리 회계감사의 감사인을 선정하는 경우 같은 법 제25조제1호에 따른 전자입찰방식을 따라야 하는 것인지요[250]?

【회답】

이 사안에서 「공동주택관리법」 제26조제4항 전단에 따라 입주자대표회의가 공동주택 관리 **회계감사**의 **감사인**을 **선정**하는 경우 같은 법 제25조제1호에 따른 전자입찰방식을 따라야 하는 것은 아닙니다.

대표회의가 선정(選定)한다. 이 경우 입주자대표회의는 시장·군수·구청장 또는 「공인회계사법」 제41조에 따른 한국공인회계사회에 감사인의 추천(推薦)을 의뢰(依賴)할 수 있으며, 입주자 등의 10분의 1 이상이 연서하여 감사인의 추천(推薦)을 요구(要求)하는 경우 입주자대표회의는 감사인의 추천을 의뢰(依賴)한 후 추천을 받은 자 중에서 감사인을 선정(選定)하여야 한다. 〈개정 2019.4.23., 시행 2019.10.24.〉

249) 「주식회사 등의 외부 감사에 관한 법률」 제2조제7호에 따른 감사인을 말하며, 이하 같다.

250) 「공동주택관리법」 제26조제4항 후단에 따라 입주자대표회의가 시장·군수·구청장 또는 「공인회계사법」 제41조에 따른 한국공인회계사회에 감사인의 추천을 의뢰하거나 입주자 등이 감사인의 추천을 요구하는 경우는 아닌 것을 전제로 한다.

【이유】

「공동주택관리법」 제25조제1호에 의무 관리 대상 공동주택의 관리주체 또는 입주자대표회의가 **관리비 등**을 **집행**하기 위하여 **사업자**를 선정하려는 경우 **전자입찰방식**으로 사업자를 **선정**하여야 한다고 규정되어 있고, **같은 법 제26조**제1항·제2항에서 공동주택의 회계감사 의무를 규정하면서, 같은 조 **제4항**에서는 **회계감사의 감사인**을 **입주자대표회의가** **선정**한다고 규정하여, **공동주택** 관련 **용역** 및 **공사 등 관리비 등**의 **집행**을 위한 **사업자 선정**과 공동주택 관리의 투명성 확보를 위한 **회계감사의 감사인 선정**을 **명확히 구분**하고 있습니다. 이에, 그 문언 및 체계상 관리비 등의 집행을 위한 사업자 선정 때 따라야 할 기준인 전자입찰방식이 법적 근거의 성격이 다른 회계감사의 감사인 선정에도 당연히 적용된다고 볼 수는 없습니다.

그리고, 「공동주택관리법」 제26조제4항 전단에서 회계감사의 감사인은 입주자대표회의가 선정(選定)한다고 규정하고 있을 뿐, 같은 법 제25조에서와 같이 입주자대표회의가 감사인을 선정하는 경우 따라야 할 기준(基準)을 별도로 규정하고 있지는 않은데, 이는 **입주자대표회의**가 **회계감사**의 **감사인**을 **선정**할 때 입찰을 통한 공개경쟁, 입주자 및 사용자 등의 투표, 추천 요청 등 해당 공동주택의 제반 사정을 고려하여 가장 적합한 방식에 따라 회계감사의 감사인을 선정할 수 있도록 **일정한 재량(裁量)**을 **부여한 것**으로 보아야 할 것입니다. 따라서, 선정 방식을 제한하는 명시적인 규정도 없이 전자입찰방식으로만 회계감사의 감사인을 선정하여야 한다고 보는 것은 회계감사의 감사인을 선정하는 방식을 다양한 선정 방식 중에 선택할 수 있도록 입주자대표회의에 재량을 부여하고 있는 같은 법 제26조제4항 전단의 취지와 문언에 반한다고 할 것입니다.

아울러, 「공동주택관리법」 제25조에 따른 전자입찰방식에 의한 관리비 등의 집행을 위한 사업자 선정과 같은 법 제26조에 따른 회계감사 감사인 선정 의무 규정은 2013년 12월 24일 법률 제12115호로 일부 개정된 「주택법」에서 동시에 신설한 규정(같은 법 제45조제5항 및 제45조의 3)으로, 회계감사의 감사인을 선정하려는 경우에도 관리비 등의 집행을 위한 사업자 선정과 동일하게 전자입찰방식에 따르게 하려는 의도였다면 이에 대한 명시적 규정을 둘 수 있었음에도 불구하고, 국회 입법과정에서 입주자대표회의가 의무적으로 전자입찰제를 하여야 하는 대상을 주택관리업자 및 공사·용역 사업자를 선정하려는 경우로 한정하여 논의를 진행하였음[251])에 비추어 볼 때, 관리비 등의 집행을 위한 사업자 선정 절차와 회계감사의 감사인 선정 절차를 별개의 제도로 운영하려는 것이 그 입법 취지라는 점도 이 사안을 해석할 때 고려하여야 합니다.

이와 같은 사항들을 종합해 볼 때, 입주자대표회의가 「공동주택관리법」 제26조제4항 전단에 따라 회계감사의 감사인을 선정하는 경우 같은 법 제25조제1호에 따른 전자입찰방식에 따라야 하는 것은 아니라고 보아야 합니다.

회계감사인의 선정 절차·방법(수의계약, 재선정 등)

공동주택관리지원센터 2023.04.25. 수정 2024.08.11.

질문 사항

우리 아파트는 **회계감사업체** 선정 때 3 ~ 4곳 견적을 받아 회계감사 비용을 비교하여 제일 저렴한 업체를 입주자대표회의에서 의결하는 방법으로, 낮은 가격을 제시한 업체가 지난 수년 동안 우리 아파트의 회계감사를 하여 왔습니다. 이 경우도 기존 사업자의 **사업수행평가표**를 작성하여 입주자 등에게 게시한 후 입주자 등의 1/10 이상의 이의가 없을 경우에 한정하여 **재계약**을 체결하여야 하는 것이 맞는지요? 혹은 500만 원 이하 및 **수의계약** 대상이므로 기존 사업자 사업수행평가표 게시 없이 계약을 진행하는 것이 맞는지요?

답변 내용

「공동주택관리법」 제26조제1항에 "의무 관리 대상 공동주택의 관리주체는 대통령령으로 정하는 바에 따라 주식회사 등의 외부 감사에 관한 법률 제2조제7호에 따른 감사인(이하 이 조에서 "감사인"이라 한다.)의 **회계감사**를 매년 1회 이상 받아야 한다. 다만, 다음 각 호의 구분에 따른 연도에는 그러하지 아니 하다."라고 규정되어 있고, 같은 법 제26조제4항에서 "제1항에 따른 **회계감사**의 **감사인**은 입주자대표회

---

251) (각주: 2013.5.10. 의안 번호 1904920호로 발의된 후 2013.12.9. 대안 반영 폐기된 「주택법」 일부 개정 법률안 국회 국토교통위원회 검토 보고서 참조)

의가 **선정**하며, 이 경우 입주자대표회의는 시장·군수·구청장 또는 「공인회계사법」제41조에 따른 한국공인회계사회에 감사인의 **추천**을 **의뢰**할 수 있다."라고 규정하고 있습니다. 아울러, 「공동주택관리법」제25조 및 같은 법 시행령 제25조에 따라 의무 관리 대상 공동주택의 관리주체 또는 입주자대표회의가 관리비, 사용료 등 장기수선충당금, 잡수입, 하자보수보증금과 그 밖에 해당 공동주택단지에서 발생하는 **모든 수입**에 따른 **금전("관리비 등**"이라 한다.)을 **집행**하기 위하여 **사업자를 선정**하려는 경우에는 「주택관리업자 및 사업자 선정 지침」을 좇아야 하는 것입니다.

따라서, 개별 공동주택에서 시장·군수·구청장 또는 한국공인회계사회에 감사인의 **추천**을 받아 **감사인**을 **선정**하려는 경우에는 「주택관리업자 및 사업자 선정 지침」의 적용 대상에서 제외되는 것입니다만, 시장·군수·구청장 또는 한국공인회계사회의 **추천**이 **아닌 방법**으로 **선정**하려는 경우에는 상기 지침에 따라 감사인을 선정하여야 할 것으로 사료됩니다.

그리고, 「주택관리업자 및 사업자 선정 지침」제4조제3항 **[별표 2]** 수의계약의 대상 **제9호**에 "계약 기간이 만료되는 기존 사업자([별표 7]의 사업자로서 공사 사업자는 제외한다.)의 **사업수행실적**을 관리규약에 정하는 절차에 따라 **평가**하여 다시 계약이 필요하다고 영 제14조제1항에 따른 방법으로 입주자대표회의에서 의결(임대주택의 경우 임대사업자가 임차인대표회의와 협의)한 경우 수의계약을 할 수 있다."라고 규정되어 있습니다.

회계감사인과 변호인의 선정 방법

성명 OOO 등록일 2016.02.04. 수정 2023.10.23.

질문 사항

의무 관리 대상 공동주택의 입주자대표회의가 **회계감사**의 **감사인**을 **선정할** 때 「주택관리업자 및 사업자 선정 지침」을 적용하는지요. 그리고, 하자 관련 소송 대리 **변호사**의 **선임**은 「주택관리업자 및 사업자 선정 지침」에 따라야 하는지 알고 싶습니다.

답변 내용

가. 「공동주택관리법」 제26조제4항에 "제1항에 따른 회계감사의 감사인은 입주자대표회의가 **선정**한다. 이 경우 입주자대표회의는 시장·군수·구청장 또는 「공인회계사법」 제41조에 따른 한국공인회계사회에 감사인의 **추천**을 **의뢰**할 수 있으며, 입주자 등의 10분의 1 이상이 연서하여 감사인의 **추천(推薦)**을 **요구(要求)**하는 경우 입주자대표회의는 감사인의 **추천**을 의뢰(依賴)한 후 추천을 받은 자 중에서 감사인을 **선정(選定)**하여야 한다." 라고 규정되어 있습니다. 따라서, **입주자대표회의가 감사인을 선정**하는 **방법**은 「공동주택관리법」 제25조제2호·「공동주택관리법 시행령」 제25조제1항에 따라 **「주택관리업자 및 사업자 선정 지침(指針)」**을 **적용(適用)**하는 **사항**과는 **구별(區別)**됩니다. 즉, 한국공인회계사회의 추천을 받는 등 **"입주자대표회의가 자율적(自律的)**으로 관리주체에 대한 **회계감사의 감사인을 선정(選定)"**할 수 있는 것입니다.

나. 「공동주택관리법 시행령」 제25조제1항에 따라 **"관리비 등"**의 집행을 위한 **사업자**를 **선정**하는 **법률행위(法律行爲)**가 **「주택관리업자 및 사업자 선정 지침」**의 **적용 대상**('지침'이 정하는 바에 따른 경쟁입찰 등)입니다. 이와 관련, **관리비 등과 관계없는 금원**을 **사용·취득**하거나, **해당 용역 업무의 성격 등 경쟁입찰**에 **적합**하지 **아니 한 사항**은 같은 **'지침'**의 **적용 대상**이 **아닌 것**이니 참고하기 바랍니다.[252]

회계감사인 선정(입주자대표회의가 구성되지 않은 경우)

성명 OOO 등록일 2015.06.08. 수정 2023.10.19.

질문 사항

현재 **입주자대표회의가 구성**되어 있지 **않은 아파트**로서 자치관리를 하고 있으며, 입주자 등의 70%가 세입자로 입주자대표회의 구성이 어려운 실정입니다. 의무 관리 대상 공동주택은 매년 **회계감사**를 받아야 하는데, 관리사무소장이 회계감사 전문가를 선정하여 회계감사를 실시할 수 있는지 궁금합니다.

---

252) cf. 법 제25조, 영 제25조, '지침' 제2조, 제4조제3항 [별표 2])

답변 내용

공동주택의 관리주체에 대한 외부 **회계감사**의 **감사인**은 **입주자대표회의(入住者代表會議)가 선정**하여야 합니다(「공동주택관리법」 제26조제4항). 따라서, 입주자대표회의가 구성되지 않은 상태에서는 회계감사의 감사인을 선정할 수 없으므로, 관리주체의 업무에 대한 외부 회계감사를 실시하기 곤란하며, 조속히 입주자대표회의를 구성하여 공동주택 관리 업무를 정상적으로 운영되도록 하여야 할 것입니다.

회계감사의 계약 당사자

성명 OOO 등록일 2015.12.09. 수정 2023.10.19

질문 사항

외부 **회계감사**의 감사인 선정 때 입주자대표회의 의결을 통하여 공인회계사를 결정하였는데, **계약(契約) 당사자(當事者)**는 입주자대표회의인지, 관리주체인지요? 「주택관리업자 및 사업자 선정 지침」에 명기되어 있지가 않아서요.

답변 내용

「공동주택관리법」 제26조제1항에 따라 의무 관리 대상 공동주택의 관리주체가 매년 1회 이상 받아야 하는 「주식회사 등의 외부 감사에 관한 법률」 제2조제7호에 따른 감사인(監査人)은 입주자대표회의(入住者代表會議)가 **선정(選定)**하므로(「공동주택관리법」 제26조제4항), 그 회계감사 **계약(契約)**의 **주체(主體)**는 해당 공동주택의 입주자대표회의가 되는 것입니다.[253]

회계감사 계약이행보증금의 징구 여부

성명 OOO 등록일 2015.09.04. 수정 2018.12.13.

---

253) cf. 법 제25조, 영 제25조제1항 (각 호), '지침' 제7조제2항 [별표 7] "계약자"

질문 사항

국토교통부는 공동주택에서 외부 **회계감사**의 **감사인 선정**은 「주택관리업자 및 사업자 선정 지침」을 적용하지 않는다고 행정 해석을 하였습니다. 그렇다면, 계약 금액이 300만 원을 초과하여도 계약이행보증금(契約履行保證金) 또는 계약이행보증 증권(證券)을 징구하지 않아도 문제가 없는지요?

답변 내용

국토교통부는 외부 회계감사의 감사인 선정은 그 **감사 업무**의 **성격**에 비추어 「주택관리업자 및 사업자 선정 **지침(指針)**」의 **의무 적용 대상**이 **아닌 것**으로 같은 '지침'을 **규정·운영**하고 있습니다(cf. 「공동주택관리법」 제26조제4항). 이와 관련, 질의 내용의 회계감사 계약이행보증금 징구 여부 등의 경우 계약 당사자들이 서로 협의 등을 통하여 자율적(自律的)으로 결정(決定)할 사항임을 알려드립니다.[254]

회계감사 결과의 입주자대표회의 보고 및 공개

〈주택건설공급과 - 2016.02.13.〉 수정 2023.10.23.

질문 사항

공동주택의 관리주체는 외부 **회계감사(會計監査)** **결과(結果)**를 입주자대표회의에 **보고(報告)**하지 않고, 공동주택관리정보시스템에만 **공개**하여도 되는지요?

답변 내용

공동주택의 "관리주체는 제1항에 따라 회계감사를 받은 경우에는 감사 **보고서 등 회계감사**의 **결과**를 **제출**받은 날부터 **1개월 이내**에 입주자대표회의에 **보고(報告)**하고, 해당 공동주택단지의 인터넷 홈페이지 및 동별 게시판에 공개(公開)하여야 합니다(법 제26조제3항, 제23조제4항, cf. 준칙 제91조제3항제8호)."

---

254) cf. 「주택관리업자 및 사업자 선정 지침」 제31조제3항·제4항

이와 관련하여, 회계감사 결과를 보고 또는 공개하지 아니 하거나, 거짓으로 보고 또는 공개한 경우「공동주택관리법」제102조제3항제6호에 따라 500만 원 이하의 과태료가 부과됩니다. 따라서, 관리주체가 회계감사 결과를 입주자대표회의에 보고 하지 아니 한 경우 소관청의 **행정지도 등 과태료 부과 대상**으로 판단됩니다.

회계감사 불이행에 따른 제재의 대상(입주자대표회의)

성명 OOO 등록일 2017.06.10. 수정 2023.10.19.

질문 사항

우리 아파트는 300세대 이상이며, 자치관리를 하고 있습니다. 20**. 6. 8. 입주자 대표회의에서 관리사무소장은 관계 법규 및 벌칙 조항을 첨가하여 **회계감사(會計監査)를 안건**으로 **상정**하였습니다. 해당 회의에서는 비용이 문제가 되어 **보류 결정**이 났습니다. 이 아파트와 같이 비용을 이유로 '공동주택관리법' 제26조에서 정한 외부 회계감사 불이행 때 과태료 처분 대상은 누구가 되는 것인지 궁금합니다.

답변 내용

o 의무 관리 대상 공동주택의 관리주체는 '주식회사 등의 외부 감사에 관한 법률' 제2조제7호에 따른 감사인의 회계감사(會計監査)를 매년 1회 이상 받아야 합니다. 다만, 300세대 이상인 공동주택의 관리주체는 해당 연도에 회계감사를 받지 아니 하기로 입주자 등의 3분의 2 이상의 서면 동의를 받은 경우 그 연도에는 그러하지 아니 할 수 있습니다('공동주택관리법' 제26조제1항제1호). 그리고, 300세대 미만 인 공동주택으로서 의무 관리 대상 공동주택의 관리주체는 해당 연도에 회계감사를 받지 아니 하기로 입주자 등의 과반수의 서면 동의를 받은 경우 그 연도에는 감사인 의 회계감사를 받지 않을 수 있습니다(같은 법 제26조제1항제2호).

  - 같은 법 제26조제1항에 따라 회계감사를 받아야 하는 공동주택의 **관리주체(管理主體)**는 매 **회계년도 종료 후 9개월 이내**에 "1. 재무상태표, 2. 운영성과표, 3. 이 익잉여금처분계산서(또는 결손금처리계산서), 4. 주석, (5. 세입·세출 결산서)"에

대하여 **회계감사(會計監査)**를 **받아야** 합니다(cf. '공동주택관리법 시행령' 제27조 제1항, '공동주택 회계처리기준' 제41조제1항).

ㅇ 이와 관련하여, 회계감사의 **감사인**은 입주자대표회의가 **선정**(cf. '공동주택관리법' 제26조제4항)하므로, 의무 관리 대상 공동주택의 회계감사 불이행에 따른 벌칙 적용 등 **제재 대상**은 입주자대표회의가 될 것으로 사료됩니다.[255]

회계감사 불이행 때 벌금 등의 처벌 대상

성명 OOO 등록일 2015.10.06. 수정 2024.11.03.

질문 사항

공동주택은 매년 **회계감사(會計監査)**를 받도록 규정되어 있습니다. 만약, 회계감사를 **실시하지 않을 경우** 과태료 부과 등 **제재(制裁) 대상**은 관리주체인지, 입주자대표회의인지를 알고 싶습니다. 관리주체는 집행·피감 기관이고, 의결·감독 기관은 입주자대표회의인 상황에서 입주자대표회의가 외부 감사를 실시하지 않고 있는데, 관리주체에 과태료를 부과한다는 것은 이치에 맞지 않는 것 같습니다.

답변 내용

ㅇ 의무 관리 대상 공동주택의 **관리주체**는 '주식회사 등의 외부 감사에 관한 법률' 제2조제7호에 따른 **감사인**의 회계감사를 **매년 1회 이상 받아야** 합니다. 다만, 해당 연도에 회계감사를 받지 아니 하기로 입주자 등의 (300세대 이상인 공동주택 - 3분의 2 이상, 300세대 미만인 공동주택 - 과반수)의 서면 동의를 받은 경우 그 연도에는 그러하지 아니 할 수 있습니다(「공동주택관리법」 제26조제1항).

− 이와 관련, 「공동주택관리법」 제26조제1항에 따라 회계감사를 받아야 하는 공동주택의 관리주체는 매 **회계년도 종료** 후 **9개월 이내**에 다음 각 호[1. 재무상태표, 2. 운영성과표, 3. 이익잉여금처분계산서(또는 결손금처리계산서), 4. 주석, (5. 세입·세출 결산서)]의 **재무제표**에 대하여 **회계감사**를 받아야 합니다.[256]

---

255) 「공동주택관리법」 제99조제1호, 제99조제1호의 2 〈개정 2017.3.21.〉

ㅇ 한편, "**감사인**"은 같은 법 제26조제4항에 따라 **입주자대표회의**가 **선정**합니다. 따라서, 회계감사를 받지 않은 경우 **벌칙 적용 대상**은 그에 대한 **책임이 있는 자**가 되어야 할 것으로 판단되나, 보다 자세한 사항은 같은 법 제93조제1항에 기하여 사안 공동주택의 관리 감독 권한을 갖는 해당 지방자치단체에 문의하시기 바랍니다.

회계 서류의 작성 · 보관, 열람 · 공개 등[법 제27조 등]

법 제27조(회계 서류 등의 작성 · 보관) ① 의무 관리 대상 공동주택의 **관리주체**는 다음 각 호의 구분에 따른 기간 동안 해당 장부(帳簿) 및 증빙 서류(證憑書類)를 보관하여야 한다. 이 경우 관리주체는 「전자 문서 및 전자 거래 기본법」 제2조제2호에 따른 정보처리시스템을 통하여 장부 및 증빙 서류를 작성하거나, 보관할 수 있다.

1. 관리비 등의 징수 · 보관 · 예치 · 집행 등 모든 거래 행위에 관하여 월별로 작성한 장부 및 그 증빙 서류: 해당 회계년도 종료일부터 5년 동안[257]

2. 제7조 및 제25조에 따른 주택관리업자 및 사업자 선정 관련 증빙 서류: 해당 계약 체결 일부터 5년 동안 〈개정 2022.6.10., 시행 2022.12.11.〉

* **법 제99조(벌칙)** 다음 각 호의 어느 하나에 해당하는 자는 1년 이하의 징역(懲役) 또는 1천만 원 이하의 벌금(罰金)에 처한다. 〈개정 2017.3.21.〉

1의 3. 제27조제1항을 위반하여 장부(帳簿) 및 증빙 서류(證憑 書類)를 작성 또는 보관(保管)하지 아니 하거나, 거짓으로 작성한 자

법 제27조(회계 서류에 필요한 사항의 고시) ② 국토교통부장관은 제1항제1호에 따른 회계 서류에 필요한 사항을 정하여 고시할 수 있다. 〈개정 2022.6.10.〉

법 제27조(회계 서류 등의 열람 · 복사 등 공개) ③ 제1항에 따른 관리주체는 **입주자 등**이 제1항에 따른 **장부**나 **증빙 서류,** 그 밖에 **대통령령**으로 정하는 **정보**의 **열람**을

---

256) cf. 「공동주택관리법 시행령」 제27조제1항, 「공동주택 회계처리기준」 제41조제1항

257) cf. 舊 '주택법 시행령[시행 2010.7.6.]' [대통령령 제22254호, 2010.7.6., 일부 개정] 제55조 ② 관리주체는 월별로 관리비 등과 잡수입(금융기관의 예금 이자, 연체료 수입, 부대시설 · 복리시설의 사용료 등 공동주택의 관리로 인하여 발생하는 수입을 말한다. 이하 같다.)의 징수 · 사용 · 보관 및 예치 등에 관한 장부(帳簿)를 작성하여 이를 그 증빙(證憑) 자료(資料)와 함께 회계년도 종료 후 5년 동안 보관(保管)하여야 한다. 〈개정 2010.7.6.〉

요구하거나, 자기의 비용으로 **복사**를 요구하는 때에는 **관리규약**으로 정하는 바에 따라 이에 **응하여야** 한다. 다만, 다음 각 호의 정보는 제외하고 요구에 응하여야 한다.

1. 「개인 정보 보호법」 제24조[258])에 따른 고유 식별 정보 등 개인의 사생활(私生活)의 비밀 또는 자유를 침해(侵害)할 우려가 있는 정보

2. 의사결정 과정 또는 내부 검토 과정에 있는 사항 등으로서 공개될 경우 업무의 공정한 수행에 현저한 지장을 초래할 우려가 있는 정보(cf. 준칙 제91조제3항제1호)

[시행일 : 2022.2.11.] 제27조제2항

영 제28조(열람·복사 등 공개 대상 정보의 범위) ① 법 제27조제3항 각 호 외의 부분 본문에서 "**대통령령**으로 정하는 **정보(情報)**"란 제26조에 따른 **관리비 등의 사업 계획, 예산안, 사업 실적서** 및 **결산서**를 말한다. 〈개정 2022.2.11.〉

* **법 제102조(과태료)** ③ 다음 각 호의 어느 하나에 해당하는 자에게는 500만 원 이하의 과태료(過怠料)를 부과한다. 〈개정 2015.12.29., 2016.1.19., 2021.8.10.〉

8. 제27조제3항을 위반하여 장부나 증빙 서류 등의 정보에 대한 열람(閱覽), 복사(複寫)의 요구에 응하지 아니 하거나 거짓으로 응한 자

* '**개인 정보 보호법 시행령**' **제19조(고유 식별 정보의 범위)** 법 제24조제1항 각 호 외의 부분에서 "대통령령으로 정하는 정보(情報)"란 다음 각 호의 어느 하나에 해당하는 정보(이하 "고유 식별 정보"라 한다)를 말한다. 다만, 공공(公共) 기관(機關)이 법 제18조제2항제5호부터 제9호까지의 규정에 따라 다음 각 호의 어느 하나에 해당하는 정보를

---

258) 「개인 정보 보호법」 제24조(고유 식별 정보의 처리 제한) ① 개인 정보 처리자는 다음 각 호의 경우를 제외하고는 법령에 따라 개인을 고유하게 구별하기 위하여 부여된 식별 정보로서 대통령령으로 정하는 정보(이하 "고유 식별 정보"라 한다.)를 처리할 수 없다.
1. 정보 주체에게 제15조제2항 각 호 또는 제17조제2항 각 호의 사항을 알리고 다른 개인 정보의 처리에 대한 동의와 별도로 동의를 받은 경우
2. 법령에서 구체적으로 고유 식별 정보의 처리를 요구하거나 허용하는 경우
② 삭제 〈2013.8.6.〉
③ 개인 정보 처리자가 제1항 각 호에 따라 고유 식별 정보를 처리하는 경우에는 그 고유 식별 정보가 분실·도난·유출·위조·변조 또는 훼손되지 아니 하도록 대통령령으로 정하는 바에 따라 암호화 등 안전성 확보에 필요한 조치를 하여야 한다. 〈개정 2015.7.24.〉
④ 보호위원회는 처리하는 개인 정보의 종류·규모, 종업원 수 및 매출액 규모 등을 고려하여 대통령령으로 정하는 기준에 해당하는 개인 정보 처리자가 제3항에 따라 안전성 확보에 필요한 조치를 하였는지에 관하여 대통령령으로 정하는 바에 따라 정기적으로 조사하여야 한다. 〈신설 2016.3.29., 2017.7.26., 2020.2.4.〉
⑤ 보호위원회는 대통령령으로 정하는 전문기관으로 하여금 제4항에 따른 조사를 수행하게 할 수 있다. 〈신설 2016.3.29., 2017.7.26., 2020.2.4.〉

처리하는 경우의 해당 정보는 제외한다. 〈개정 2017.6.27., 2020.8.4.〉

1. 「주민등록법」 제7조의 2 제1항에 따른 주민등록번호
2. 「여권법」 제7조제1항제1호에 따른 여권 번호
3. 「도로교통법」 제80조에 따른 운전면허의 면허 번호
4. 「출입국관리법」 제31조제5항에 따른 외국인등록번호

부녀회가 관리하는 잡수입 등의 귀속

한국아파트신문 2015.03.10. 수정 2024.08.29.

질문 사항

우리 아파트 **부녀회(婦女會)**는 재활용품 판매로 발생한 수입과 알뜰시장 운영에서 발생한 수입(收入), 단지 안 게시판 광고 협찬금 등을 **관리**하고 있습니다. 그런데, 부녀회장이 부녀회의 수익금을 부녀회장 개인 명의의 통장에 **보관**하여 관리하는 등 그 운영이 매우 불투명하고, 입주자대표회의에 수익금의 처리에 관한 결산을 보고하여 승인받거나, 감사에도 응하지 않고 있습니다. 입주자대표회의가 부녀회를 해산하고, 부녀회장을 상대로 **수익금(收益金)**의 **반환**을 **청구**할 수 있는지요.

답변 내용

부녀회(婦女會)는 공동주택에 거주하는 부녀자를 회원으로 구성, 입주자 등을 위하여 봉사활동 등을 하는 공동체 활성화 단체로 **「민법」상 비법인 사단(社團)**의 실체를 갖고 있습니다. 판례 역시 부녀회의 법적 성격에 관하여 "아파트에 거주하는 부녀를 **회원**으로 하여 입주자의 복지 증진 및 지역사회 발전 등을 **목적**으로 설립된 부녀회가 **회칙**과 **임원**을 두고서 주요 업무를 월례회나 임시회를 개최하여 **의사 결정**을 해 온 경우에는 법인 아닌 사단의 실체를 갖추고 있다." 라고 하였습니다. (대법원 2006. 12. 21. 선고 2006다52723 판결 참고) [cf. 부녀(자) – 성년 여성]

한편, 주택법 시행령 제51조제1항제9호(현행 '공동주택관리법 시행령' 제14조제2항제16호) 및 '서울특별시공동주택관리규약 준칙(예시)' 제38조제4항제9호에 따

르면, 입주자대표회의는 단지 안 공동체 생활의 활성화에 관한 사항인 부녀회의 지원 등에 대하여 그 구성원 과반수의 찬성으로 의결할 수 있지만, 공동주택 관리에 관한 법적인 권한은 입주자대표회의에만 있을 뿐 임의 단체인 부녀회에는 원칙적으로 없습니다. 따라서, 부녀회는 입주자대표회의로부터 알뜰시장의 관리권 및 재활용품 수집 등의 권한을 위탁받아 관리한다고 볼 수 있습니다. **알뜰시장 제공, 재활용품 처리, 게시판 광고 협찬 등**으로 얻은 **수입**을 '**잡수입**'이라고 하는데, 공동주택의 관리 등으로 인하여 발생한 수입의 **용도** 및 **사용 절차**는 **공동주택 관리규약에 따라야** 하므로,[259] **원칙적으로** 이러한 잡수입은 **부녀회**에서 **관리할 수 없습니다.**

단, 입주자대표회의의 의결이나 공동주택 관리규약에 잡수익(雜收益)의 일부를 부녀회에서 관리하도록 정하는 것은 가능합니다(cf. 법 제27조제1항, 영 제19조제1항제18호, 준칙 제62조·제56조). 그런 경우에도 부녀회는 입주자대표회의에 잡수입 등의 처리에 관한 내용을 보고(報告)하여 승인(承認)받고, 그에 대한 감사(監査) 등에 응하여야 합니다. 그러나, 입주자대표회의는 관련 법규나 공동주택의 관리규약에 부녀회 해산(解散)에 관한 아무런 근거 규정이 없다면, 입주자대표회의와 독립하여 설립되고 운영되는 자생단체인 부녀회를 해산할 권한을 가진다고는 할 수 없습니다(부산지방법원 2008. 12. 12. 선고 2008가합13756 판결 참고).

한편, 법인 아닌 사단의 실체를 갖춘 부녀회의 수익금이 부녀회 회장 개인 명의의 예금 계좌에 입금되어 있는 경우에도, 그 수익금은 회장 개인이 아니라 **비법인 사단**인 아파트 **부녀회**에 귀속된 것이므로, 그 지급 청구의 상대방도 회장 개인이 아니라 부녀회라고 할 것입니다(대법원 2006. 12. 21. 선고 2006다52723 판결 참고).

부녀회의 기금 해당 여부(장터 개설에 따른 수입)

성명 OOO 등록일 2014.08.05. 수정 2023.10.10.

질문 사항

아파트 부녀회(婦女會)의 기금(基金) 마련을 위하여 해당 공동주택단지 안에서

---

259) cf. 舊 '주택법 시행령' 제57조제1항제17호, 「공동주택관리법 시행령」 제19조제1항제18호, 「공동주택관리법」 제27조제1항, 준칙 제62조(제1항)

과일 등을 판매한다고 합니다. 우리 아파트는 매주 금요일에 알뜰장이 열리고 있으며, 장터 운영 사업자는 입찰하여 선정하였습니다.

　1. **부녀회**의 이름으로 과일 등을 판매하였을 때 **수익금(收益金)**은 부녀회 통장에 입금하여 부녀회에서 **사용**하여도 되는 것인지요? 아니면, 관리비 잡수입으로 처리하여 입주자대표회의의 의결을 받아 사용하여야 되는 것인지요?

　2. 또한, **부녀회**에서 **바자회**라는 명목으로 여러 가지 물건을 팔았을 경우에 그 **수익금(收益金)**의 **처리**는 어떻게 하여야 하는지요?

답변 내용

　ㅇ 질의 내용의 알뜰장 개설에 따른 수입은 "잡수입(雜收入)"으로 판단되며, **관리주체**는 관리비 등(잡수입 포함 관리비 등의 집행을 위한 사업자 선정 - 법 제25조, 영 제25조제1항제1호 나목)의 징수·보관·예치·집행 등 **모든 거래 행위**에 관하여 월별로 작성한 **장부(帳簿)**와 그 **증빙 서류**를 해당 회계년도 종료일부터 5년 동안 **보관(保管)하여야** 합니다(같은 법 제27조제1항제1호). 따라서, **잡수입**의 수취·보관 등을 부녀회에서 하여서는 아니 되고, 공동주택의 **관리주체**가 해당 금원의 징수·집행 등 **관리(* 회계 처리)하여야** 하는 것으로 판단됩니다.

　ㅇ **다만**, 개별 공동주택에서 **공동체 생활의 활성화**를 위하여 **관리규약(管理規約)**으로 정하는 바에 **따라 잡수입**(재활용품의 매각 수입 등 공동주택을 관리하면서 부수적으로 발생하는 수입 - 법 제21조제2항 괄호 규정)으로 **공동체 생활의 활성화 단체**에 그 운영 경비의 **일부**를 **지원(支援)할 수는** 있을 것입니다.[260]

부녀회의 바자회 수익금(잡수입) 회계 처리

성명 OOO　등록일 2014.02.10.　수정 2022.12.07.

민원 내용

우리 아파트 **부녀회(婦女會)**에서 회원(會員)들이 벌어들인 수익으로 자체 운영

---

260) cf. '공동주택관리법' 제21조제2항·제3항, 같은 법 시행령 제19조제1항제18호·제26호, '서울특별시공동주택관리규약 준칙' 제54조·제56조제2항, 같은 준칙 제62조제3항·제5항

경비(運營 經費)를 마련하기 위하여 생활문화지원실 앞에 있는 주민공동시설인 파고라에서 2회에 걸쳐 **바자회**를 진행하였습니다.

1. 부녀회 활동 바자회 **수익(收益)**은 (「공동주택관리법」 제27조제1항제1호에 따라) 아파트 잡수익 계정으로 들어가야 하는지요?

2. 공용 시설물(共用 施設物)을 이용(利用)하는 대가(代價)로 발생하는 **수익**은 먼저 아파트 잡수익 계정으로 들어가고, 추후 사업계획서 및 예산안을 통하여 입주자대표회의의 승인을 받아 **사용**하여야 하는 것인지요?

답변 내용

o 부녀회(婦女會) 등 특정 단체 등의 노무 제공이나 활동으로 발생한 **수익**은 그 **권원(權原)**을 가진 단체 등에 **귀속**되어야 할 것이며, **"회계 관리 및 회계감사에 관한 사항"**은 관리규약으로 정하도록 하고 있으므로(법 제18조제2항, 영 제19조제1항제15호), 주민공동시설의 이용 대가 등 **잡수입**에서 **발생**한 **당기순익**의 **회계 처리** 방법은 해당 **공동주택 관리규약**으로 정한 내용에 따르기 바랍니다(cf. 같은 영 제19조제1항제18호, 「서울특별시공동주택관리규약 준칙」 제62조).[261] 덧붙여서, **공동주택관리규약** 및 **자체 규정 등** 그 구체적인 **해석**은 **해당** 관리규약의 조항을 제정한 **공동주택**에서 제반 여건을 감안하여 **자율적(自律的)**으로 **판단(判斷)**하거나, **보다 상세**하게 **관리규약 등**에 **정하여 운영(運營)**할 수 있을 것입니다.

부녀회 운영비의 조달 및 사용

성명 OOO 등록일 2014.02.20. 수정 2023.06.29.

질문 사항

우리 아파트에서는 재활용품 판매, 장터에서 발생한 수입, 광고판 게시 등에서 발생한 수입에 대해서는 잡수입(雜收入) 계정으로 처리하고 있습니다만, **부녀회(婦女會)** 자체 **활동 수익금[收益金** — 쌀을 판매하여 발생한 수익금, 설날 떡국떡(가래

---

261) cf. 「공동주택 회계처리기준」 제47조(관리 외 손익). * 알뜰장터, 시설 등 사용료 수익 – 잡수입, 부녀회 등 구성원의 노무 제공·활동으로 발생한 수익 – 해당 단체 등 귀속

떡)을 판매하여 발생한 이익 등]에 대해서는 부녀회 자체 운영비(運營費)로 **사용**하고 있습니다. 이와 관련하여 몇 가지 질의하니 직접 답변 부탁드립니다.

1. 부녀회 자체 활동 수익금도 아파트 잡수입 계정으로 **처리**하여야 하는지요?

2. 회원의 활동으로 발생한 **수익**이므로, 자체 운영비로 **사용** 가능한지요?

3. 부녀회 등 단체 **운영**에 필요한 **경비**는 어떤 방법으로 **확보**할 수 있는지요?

답변 내용

ㅇ "회계 관리 및 회계감사에 관한 사항"은 관리규약으로 정하도록 하고 있습니다(「공동주택관리법」 제18조제2항, 같은 법 시행령 제19조제1항제15호). 따라서, 잡수입으로 발생한 당기순이익의 회계 처리에 대한 방법·절차 등은 해당 **공동주택 관리규약으로 정한 내용**에 따르기 바라며,[262] 그 구체적인 **해석**은 해당 **관리규약**의 조항을 **제정·개정**한 개별 **공동주택**에서 제반 여건을 감안하여 **자율적**으로 **판단· 적용**하거나, **보다 구체적**으로 **관리규약 등**에 **정하여 운영**하기 바랍니다.

ㅇ 공동주택관리법령에 부녀회의 운영비에 대하여 정하고 있는 내용은 없으나, 개별 공동주택에서 공동체 생활의 활성화를 위하여 잡수입으로 부녀회를 지원할 수는 있을 것입니다(cf. 「공동주택관리법」 제21조제2항 등, 준칙 제56조제2항).

– 이와 관련, 공동주택의 **잡수입(雜收入)**은 개별 **공동주택 전체 입주자 등의 이익**에 **부합하고,** ① 해당 공동주택 **관리규약**에 규정한 경우(「공동주택관리법 시행령」 제19조제1항제18호, 준칙 제62조제4항), ② 관리비 등의 **사업계획(서)** 및 **예산안**에 편성하여 입주자대표회의의 **승인**을 받은 경우(같은 영 제26조제1항·제14조제2항제4호), ③ 또는 **공동체 활성화**에 관한 **사항 등**으로 입주자대표회의가 **의결**한 경우(「공동주택관리법」 제21조제2항·제3항, 같은 영 제14조제2항제16호·제19조제1항제26호, 준칙 제56조제2항)에 한정하여 **사용**할 수 있을 것입니다.

ㅇ 또한, 의무 관리 대상 공동주택의 관리주체는 관리비 등의 징수·보관·예치·집행 등 모든 거래 행위에 관하여 월별로 작성한 **장부(帳簿)**와 그 **증빙 서류**를 해당 회계년도 종료 일부터 5년 동안 보관하여야 하므로(「공동주택관리법」 제27조제1항), 부녀회의 운영비 지급 때 이를 기록하고, 지급증(수령증) 등을 첨부하여 관리

---

262) cf. 「공동주택관리법 시행령」 제19조제1항제18호, 「서울특별시공동주택관리규약 준칙」 제62조(제1항), 「공동주택 회계처리기준」 제47조(관리 외 손익)

하는 등263) 세부적인 사항은 해당 공동주택에서 합리적으로 처리하기 바랍니다.

알뜰시장 개설 수입을 부녀회가 관리하도록 의결한 경우

주택건설공급과 - 6312, 2012.11.14. 수정 2022.12.07.

질문 사항

입주자대표회의가 알뜰시장 개설에 대한 **수입**을 계속 부녀회에서 **관리**하도록 **의결**한 경우, 이를 근거로 관련 동별 대표자들의 **해임**을 진행할 수 있는지요?

답변 내용

동별 대표자의 해임 사유·절차 등에 관한 사항은 '공동주택관리규약의 준칙'에 포함되도록 하고 있으며(영 제19조제1항제3호), **잡수입**의 징수·사용 등 모든 **관리 업무**는 **관리주체**가 **수행**하거나 **집행**하여야 합니다(법 제27조제1항·제63조제1항제5호·제64조제2항제1호 나목·제3호, 영 제25조제1항제1호 나목, 「주택관리업자 및 사업자 선정 지침」[별표 7] 제2호 라목, 준칙 제62조).

따라서, 이를 위반하여 부녀회에서 잡수입을 관리하도록 의결한 경우는 입주자대표회의의 업무상 **공동주택관리규약 위반 행위**264)에 해당되어 그 구성원인 동별 대표자의 해임 사유가 될 수 있습니다. 다만, 해임을 위한 절차는 해당 공동주택 관리규약에서 정한 내용에 따르기 바랍니다(cf. 영 제19조제1항제3호, 준칙 제31조).

잡수입을 부녀회 운영비 등으로 사용할 수 있는지요?

성명 OOO 등록일 2013.05.28. 수정 2024.11.09.

---

263) cf. 국토교통부 고시 제2023 - 300호('23.6.13.) '공동주택 회계처리기준' 제17조제2호

264) 「서울특별시공동주택관리규약 준칙」 제62조(잡수입의 집행 등)·제46조(입주자대표회의의 의무와 책임). cf. 법 제27조제1항제1호·제90조제2항

질문 사항

다음 사항을 공동체 생활의 활성화와 주민 자치활동 촉진에 관한 사항으로 보아 입주자대표회의의 의결로 **잡수입(雜收入)**을 **사용(使用)**할 수 있는지 질의합니다.

질의 1. 잡수입을 **부녀회(婦女會) 운영비(運營費)**로 사용할 수 있는지요?

질의 2. 잡수입을 연말연시 **불우이웃돕기 성금(誠金)**으로 사용할 수 있는지요?

답변 내용

공동주택의 **잡수입(雜收入)**은 해당 **공동주택 전체 입주자 등**의 **이익**에 **부합**하고, ① 공동주택 **관리규약**에 규정한 경우(「공동주택관리법 시행령」 제19조제1항제18호, 준칙 제62조제5항), ② 관리비 등의 **사업계획** 및 **예산안**에 편성하여 입주자대표회의 **승인**을 받은 경우(같은 영 제26조제1항, 제14조제2항제4호), ③ 또는 **공동체 활성화**에 관한 **사항** 등으로 입주자대표회의가 **의결**한 경우(「공동주택관리법」 제21조제2항·제3항, 같은 법 시행령 제14조제2항제16호, 준칙 제56조제2항)에 한정하여 **사용(使用)**할 수 있습니다. 이와 관련, 질의한 사안이 **공동체 생활**의 **활성화**에 관한 **사항**(cf. 준칙 제3조제12호, 제6장 제54조부터 제58조까지)에 **해당**하는지 **여부**는 개별 공동주택에서 **자율적(自律的)**으로 **판단(判斷)**할 문제입니다.

부녀회 등 자생단체 수입의 귀속과 회계 처리(야시장 운영 등)

성명 OOO 등록일 2013.02.22. 수정 2020.06.10.

질문 사항

아파트 입주자 등의 **자생단체(自生團體)**인 부녀회에서 자체적으로 관할 해당 관청의 허락을 얻고, 아파트 단지가 아닌 외부 도로변 노상에서 **야시장**과 **바자회**를 열어 얻은 **수입(收入)**도 반드시 관리주체로 **귀속**시켜야 하는지 답변 바랍니다.

답변 내용

공동주택관리법령에서 **'잡수입(雜收入)'**이라 함은 "금융기관의 예금 이자, 연체료 수입, 게시판 이용에 따른 수입, 재활용품의 매각 수입, 부대시설·복리시설의 이용료 등 해당 **공동주택**을 **관리**하면서 **부수적(附隨的)**으로 **발생**하는 **수입**"을 말합니다(cf. 법 제21조제2항, 영 제23조제8항 뒷글).265) 따라서, 공동주택의 관리와 무관하게 부녀회의 수익 사업 활동 등 순수한 노동력의 제공으로 인하여 발생한 수입은 해당 공동주택의 잡수입으로 처리하지 않는 것이 타당한 것으로 판단됩니다.

일반 보수공사의 계약자, 회계 서류의 보관

한국아파트신문 2015-07-24 수정 2023.06.29.

질문 사항

1) **잡수입**(공유 부지 이용료)을 **사용**하여 공동주택단지 차선 도색 **공사**를 실시할 경우 **계약자(契約者)**는 누구인지요? 해당 공사의 계약자가 입주자대표회의의 회장으로 되어 있을 경우 「주택관리업자 및 사업자 선정 지침」에 적합한 것인지요?

2) 아파트의 경비, 청소 등을 시행하는 **용역 사업자**의 **4대 보험, 임금(賃金)** 지급 관련 **서류(書類)**를 5년 동안 **보관(保管)**하여야 하는지 궁금합니다.

답변 내용

1) 잡수입(雜收入)으로 차선 도색 공사를 실시하였다면, 그 공사는 일반 보수공사로 판단됩니다(cf. 「공동주택관리법」 제30조제2항 본문, 「공동주택 회계처리기준」 제47조제2항, 같은 법 시행령 제19조제1항제18호, 준칙 제62조). 「주택관리업자 및 사업자 선정 지침」 [별표 7] 제2호 가목에 따르면, **"일반 보수공사"**의 **계약자(契約者)**는 **관리주체**로 명시되어 있으므로, 해당 공사의 계약을 입주자대표회의의 회장이 체결한 행위는 같은 '지침'에 적합하지 않은 것으로 사료됩니다.

2) 의무 관리 대상 공동주택의 **관리주체**는 **관리비** 등의 징수·보관·예치·집행

---

265) '공동주택 회계처리기준' 제47조(관리 외 손익) ② 관리 외 수익은 **관리 수익 외에 관리주체에게 유입되는 수익**으로, **복리시설의 운영, 자치 활동 등을 통하여 발생하는 수익**과 **경상적이고 반복적으로 발생하는 이자 수익 등**을 말하며, 입주자 적립에 기여한 수익, 입주자와 사용자가 함께 적립에 기여한 수익으로 구분하여 표시한다. 준칙 제62조제2항·제3항

등 **모든 거래 행위**에 관하여 월별로 작성한 **장부(帳簿)**와 그 **증빙 서류**를 **해당 회계 년도 종료 일부터 5년** 동안 **보관(保管)**하여야 하며(「공동주택관리법」 제27조제1항 제1호), 이를 위반할 경우에는 1년 이하의 징역 또는 1천만 원 이하의 벌금에 처하 게 됩니다(「공동주택관리법」 제99조제1호의 3).[266] 따라서, 질의 사안의 경우 청 소 비용이나 경비비는 관리비에 포함되므로(같은 법 시행령 제23조제1항 관련 [별 표 2] 제2호 및 제3호), 관리주체는 그 비용과 관련된 장부와 증빙 서류를 해당 회 계년도 종료 일부터 5년 동안 보관하여야 합니다.

경비비·청소비 등 회계 관련 서류 5년 동안 보관 필요

주택건설공급과 – 서면 민원, 2014.12.30. 수정 2023.06.29.

질문 사항: 경비·청소 용역 계약 때 서류 보관

공동주택 경비·청소 등 **용역 사업자(事業者) 선정(選定) 관련 서류(書類)**를 해당 공동주택의 관리주체가 **보관(保管)**하지 않아도 되는지요.

답변 내용: 경비·청소비 관련 장부, 증빙 서류 5년 간 보관

– 의무 관리 대상 공동주택의 **관리주체**는 **관리비 등**의 징수·보관·예치·집행 등 **모든 거래 행위**에 관하여 월별로 작성한 **장부(帳簿)**와 그 **증빙 서류**를 **해당 회계 년도 종료 일부터 5년** 동안 **보관**하여야 한다(「공동주택관리법」 제27조제1항).

ㅇ 따라서, 질의 사안의 경우 경비·청소 등의 용역 비용(用役 費用)은 관리비에 포함되므로(같은 법 시행령 제23조제1항 관련 [별표 2] 제2호 및 제3호), 관리주체 는 해당 비용과 관련된 장부와 증빙 서류(證憑 書類) 등을 해당 회계년도 종료 일부 터 5년 동안 보관(保管)하여야 하는 것이다(cf. 같은 법 제99조제1호의 3).

---

266) 「공동주택관리법」 제99조 1의 3 – 제27조제1항을 위반하여 장부(帳簿) 및 증빙(證憑) 서류(書類)를 작성 또는 보관하지 아니 하거나, 거짓으로 작성한 자

입찰 관련 서류의 공개 여부 등

주택건설공급과 - 1390, 2014.03.19. 수정 2024.08.11.

질문 사항

1. 「주택관리업자 및 사업자 선정 지침」에 따라 사업자를 선정하였으나, **낙찰자 (落札者)** 결정 후 서류(書類)의 하자(瑕疵)를 발견(發見)하여 1순위 사업자의 선정을 무효(無效)로 한 경우 다음 순위 업체를 **선정**하여도 되는지요?

2. 입찰에 참가한 사업자가 해당 **입찰(入札) 관련(關聯) 서류(書類)** 등의 **공개 (公開)**를 요구할 경우 이에 응하여야 하는 것인지 궁금합니다.

답변 내용

1. 「주택관리업자 및 사업자 선정 지침」에 따라 **입찰**을 진행하여 **낙찰자**를 **선정**한 경우에는 **해당 입찰**이 **완료(完了)된 것**이므로, 그 입찰에 참가한 차순위 사업자를 낙찰자로 결정하는 것은 입찰의 취지에 어긋나는 것이라고 할 것이며, 재입찰을 실시하여야 할 것입니다. (cf. 같은 '지침' 제12조, 제21조제3항, 제29조제3항)

2. 입찰 서류의 공개와 관련하여, 「주택관리업자 및 사업자 선정 지침」 제11조제2항에 따라 관리주체는 입주자대표회의로부터 주택관리업자와 사업자 선정 결과의 **통지**를 받거나 사업자 선정의 **낙찰자**를 **결정**한 경우, **"선정(**수의계약을 포함한다.**) 결과 내용(가.** 주택관리업자 또는 사업자의 상호·주소·대표자 및 연락처, **나.** 계약 금액, **다.** 계약 기간, **라.** 수의계약인 경우 그 사유, **마.** 적격심사인 경우 그 평가 결과. 다만, 「개인정보 보호법」에 따른 개인 정보는 제외한다.**)"**을 해당 공동주택단지의 **인터넷 홈페이지**[인터넷 홈페이지가 없는 경우에는 인터넷포털을 통하여 관리주체가 운영·통제하는 유사한 기능의 웹사이트(Web Site) 또는 관리사무소의 게시판을 말한다. 이하 같다.]와 **동별 게시판**(통로별 게시판이 설치된 경우에는 이를 포함한다. 이하 같다.), 같은 법 제88조제1항에 따라 국토교통부장관이 구축·운영하는 **공동주택관리정보시스템**에 낙찰자 결정 일의 다음날 18시까지 **공개**하여야 합니다. 다만, 공동주택관리정보시스템에 공개하기 곤란한 경우로서 대통령령으로 정

하는 경우에는 해당 공동주택단지의 인터넷 홈페이지와 동별 게시판에만 공개할 수 있습니다(cf. 「공동주택관리법」 제23조제4항 단서 규정, 같은 법 시행령 제28조제2항 단서 규정, 준칙 제91조제3항제8호·제91조제1항제15호·제2항).

한편, 응찰 사업자에 대한 **입찰 관련 서류 등의 공개(公開)**에 관한 사항은 공동주택관리법령과 「주택관리업자 및 사업자 선정 지침」에 별도로 정하는 것이 없으므로, 해당 사항은 개별 공동주택에서 **자율**적으로 **판단**하여 **결정**하기 바랍니다.267)

입주자 등이 열람·복사 요구할 수 있는 서류의 범위

주택건설공급과 – 4023, 2013.10.17. 수정 2023.02.09.

질문 사항

공동주택의 입주민이 해당 관리주체에 대하여 **열람(閱覽)·복사(複寫)**를 요구할 수 있는 공동주택 관리 관련 **서류의 범위(範圍)**는 어디까지인가요? 입주자대표회의의 의결 과정이 담긴 **회의록(會議錄)**도 복사해 줄 의무가 있는지요?

답변 내용

의무 관리 대상 공동주택의 관리주체는 「공동주택관리법」 제27조제3항에 따라 "입주자 등이 제1항에 따른 **장부**나 **증빙 서류(*** 관리비 등의 징수·보관·예치·집행 등 모든 거래 행위에 관하여 월별로 작성한 장부와 그 증빙 서류, 주택관리업자 및 사업자 선정 관련 증빙 서류**)**, 그 밖에 **대통령령으로 정하는 정보(*** 같은 법 시행령 제26조에 따른 관리비 등의 사업계획, 예산안, 사업 실적서 및 결산서) 및 같은 법 제26조에 따른 **회계감사 보고서**의 **열람**을 요구하거나, 자기의 비용으로 **복사**를 요구하는 때에는 **관리규약**으로 정하는 바에 **따라** 이에 **응하여야**" 합니다(cf. 영 제28조제1항·제2항). 다만, "「개인 정보 보호법」 제24조에 따른 고유 식별 정보 등 개인의 사생활의 비밀 또는 자유를 침해할 우려가 있는 정보, 의사 결정 과정 또는 내부 검토 과정에 있는 사항 등으로서 공개될 경우 업무의 공정한 수행에 현저한 지

---

267) cf. 영 제19조제1항제8호, '지침' 제11조제2항, 준칙 제91조제1항제15호·제2항

장을 초래할 우려가 있는 정보"는 공개하지 않을 수 있습니다(법 제27조제3항 각 호 외의 부분 본문 단서·제1호 및 제2호).

또한, **"입주자대표회의**는 그 회의를 개최한 때에는 **회의록(會議錄)**을 **작성**하여 **관리주체**에게 **보관**하게 하고, 관리주체는 입주자 등이 회의록의 **열람(閱覽)**을 청구하거나 자기의 비용으로 **복사(複寫)**를 요구하는 때에는 **관리규약**으로 정하는 바에 **따라** 이에 **응하여야"** 합니다(법 제14조제8항·제9항, 준칙 제91조제3항제1호).

따라서, 질의 내용은 앞에서 인용한 조항을 참고하여 개별 공동주택 관리규약(共同住宅 管理規約)에서 정한 것에 따라야 할 것이며,[268] 보다 자세한 사항은 「공동주택관리법」 제93조제1항 등에 기하여 해당 공동주택 관리에 관한 지도·감독 업무를 담당하는 지방자치단체에 문의하기 바랍니다.

열람·복사 등 공개 제외 대상(급여, 퇴직금 지급 명세)

[법제처 22 – 0711, 2022.12.19., 민원인] 수정 2023.07.21.

【질문 사항】

「공동주택관리법」 제27조제1항에 의무 관리 대상 공동주택의 관리주체(이하 "관리주체"라 한다)는 "관리비 등의 징수·보관·예치·집행 등 모든 거래 행위에 관하여 장부"를 작성하여 보관하도록 규정되어 있고, 같은 조 제3항에서 관리주체는 입주자 등이 제1항에 따른 장부나 증빙 서류, 그 밖에 대통령령으로 정하는 정보(이하 "회계정보"라 한다)의 열람을 요구하거나 자기의 비용으로 복사를 요구하는 때에는 관리규약으로 정하는 바에 따라 이에 응하여야 하되, 「개인 정보 보호법」 제24조에 따른 고유식별정보(이하 "고유식별정보"라 한다) 등 개인의 사생활의 비밀 또는 자유를 침해(侵害)할 우려가 있는 정보(제1호)는 제외(除外)하고 요구에 응하여야 한다고 규정하고 있습니다.

이에 관리사무소 직원의 급여와 퇴직금에 대한 개인별 지급 명세는 「공동주택관리법」 제27조제3항제1호에 따라 관리주체가 입주자 등의 열람(閱覽) 또는 복사(複

---

268) cf. 준칙 제91조(관리주체가 보관 및 관리하는 자료의 종류, 열람·공개 방법 등)

寫) 요구에 응하여야 하는 대상에서 제외되는지요? (* 열람ㆍ복사에 대한 해당 관리사무소 직원의 동의가 없고, 「공동주택관리법」 제27조제3항제2호의 정보에 해당하지 않는 경우를 전제로 한다)

【질문 요지】

공동주택 관리사무소 직원의 개인별 급여와 퇴직금 지급 명세가 「공동주택관리법」 제27조제3항제1호에 따른 열람ㆍ복사 제외 대상인지 여부 문의(「공동주택관리법」 제27조제3항 등 관련)

【회답】

공동주택 관리사무소 직원의 급여와 퇴직금에 대한 개인별 지급 명세는 「공동주택관리법」 제27조제3항제1호에 따라 관리주체가 입주자 등의 열람 또는 복사 요구에 응하여야 하는 대상에서 제외됩니다.

【이유】

「공동주택관리법」 제27조제1항 전단에 관리주체가 '관리비 등의 징수ㆍ보관ㆍ예치ㆍ집행 등 모든 거래 행위'에 관한 장부를 월별로 작성하여 보관하도록 되어 있고(제1호), 같은 조 제3항 각 호 외의 부분 본문에서 입주자 등이 "제1항에 따른 장부"의 열람이나 복사를 요구하는 경우 이에 응하도록 규정하고 있는데, 「공동주택관리법」 제25조에서는 제23조제4항제1호에 따른 관리비를 포함하여 그 밖에 해당 공동주택단지에서 발생하는 모든 수입에 따른 금전을 "관리비 등"으로 약칭하고 있습니다. 그리고, 「공동주택관리법」 제23조제2항의 위임에 따라 관리비의 내용을 규정한 「공동주택관리법 시행령」 제23조제1항제1호 및 [별표 2] 제1호 가목에 일반관리비 항목의 세부 명세에 인건비로서 급여와 퇴직금이 규정되어 있으므로, 관리사무소 직원의 급여와 퇴직금의 지급에 관한 사항은 관리비 등의 집행에 관한 사항으로서 「공동주택관리법」 제27조제1항에 따라 관리주체가 작성 및 보관하여야 하는 회계정보의 범위에 포함됩니다.

그런데, 「공동주택관리법」 제27조제3항에서 관리주체가 회계정보의 열람ㆍ복사 요구에 응하도록 하면서 고유식별정보 등 개인의 사생활의 비밀 또는 자유를 침해할 우려가 있는 정보(제1호) 및 공개될 경우 업무의 공정한 수행에 현저한 지장을 초래할 우려가 있는 정보(제2호)는 제외하고 회계정보의 열람·복사 요구에 응하도록 하고 있는바, 이 사안에서는 관리사무소 직원의 개인별 급여와 퇴직금의 지급에 관한 사항이 "고유식별정보 등 개인의 사생활의 비밀 또는 자유를 침해할 우려가 있는 정보"에 해당하여 관리주체가 해당 사항을 제외하고 입주자 등의 열람·복사 요구에 응하여야 하는지가 문제됩니다.

먼저 , 「공동주택관리법」 제27조제3항 각 호 외의 부분 단서 및 각 호의 내용은 2010년 7월 6일 대통령령 제22254호로 일부 개정된 「주택법 시행령」 제55조제3항으로 신설되었다가 회계장부의 투명성을 제고하기 위하여 회계정보에 대한 입주자 등의 열람·복사 요구권을 법률에서 규정하기 위해서 2013년 12월 24일 법률 제12115호로 일부 개정된 「주택법」(이하 "구「주택법」"이라 함) 제45조의 4 제2항으로 상향 입법되었습니다. 상향 입법 당시 이미 「개인 정보 보호법」이 시행 중이어서 그에 따라 개인정보처리자의 개인 정보 수집·이용 및 제3자 제공이 제한되고 있었음에도 불구하고 구「주택법」 제45조의 4 제2항제1호에서 열람·복사에서 제외되는 대상으로 "고유식별정보 등 개인의 사생활의 비밀 또는 자유를 침해할 우려가 있는 정보"를 명시하여 규정하였다는 점에 비추어 보면, 「공동주택관리법」 제27조제3항제1호에 따라 열람·복사에서 제외되는 대상은 고유식별정보 등 개인 정보로 한정되지 않고, 공개됨으로써 개인의 사생활의 비밀이나 자유를 침해할 우려가 있는 정보까지를 포함하는 것으로 해석하여야 합니다.

그리고, 구「주택법」 제45조의 4 제2항의 입법 과정에서 개인 사생활의 비밀을 침해할 우려가 있거나 입찰 계약 등 내부 검토 과정에 있는 자료 등의 경우는 열람 등을 제한하는 것이 합리적이라는 검토가 있었던 점에 비추어 보면, 상향 입법 과정에서 그 문언이 종전의 "개인의 사생활의 비밀 또는 자유를 침해할 우려가 있는 정보"에서 "고유식별정보 등 개인의 사생활의 비밀 또는 자유를 침해할 우려가 있는 정보"로 변경되었다고 하더라도 그 공개 제한의 범위를 고유식별정보에 국한하려는 취지가 있었다고 보기는 어렵습니다. 이에 관리사무소 직원의 개인별 급여와 퇴직금의 지급에 관한 사항 중에서 고유식별정보 외의 정보에 해당하는 부분이더라도 개인 사생활의 비밀 또는 자유를 침해할 우려가 있다면 공개를 제한하는 것이 해당 규정의 입법 취지에 부합합니다.

또한, 사생활과 관련된 사항의 공개가 사생활의 비밀을 침해하는 것에 해당하려면 공개된 사항이 일반인의 감수성을 기준으로 하여 그 개인의 입장에 섰을 때 공개되기를 바라지 않을 것에 해당하고, 아울러 일반인에게 아직 알려지지 않은 것으로서 그것이 공개됨으로써 그 개인이 불쾌감이나 불안감을 가질 사항 등이어야 합니다. 따라서, 특정인의 급여에 관한 사항은 일반적으로 당사자가 외부 공개를 원하지 않는 정보에 해당하고, 공개될 경우 그 개인이 불쾌감이나 불안감을 갖게 되는 등 개인의 프라이버시의 사적 비밀, 경제생활의 자유에 심각한 침해가 발생할 것이 우려되며, 관리사무소 직원의 개인별 급여와 퇴직금에 대한 사항은 성명이나 고유식별정보를 제외하고 공개하더라도 실제로 공동주택의 관리사무소가 비교적 소규모로 소수의 직원으로 구성·운영되고 있어 특정 시기에 취업 또는 퇴직한 사실 등을 통하여 특정 급여 및 퇴직금을 지급받은 대상이 누구인지 파악할 수 있게 된다는 점을 종합하면, 관리사무소 직원의 개인별 급여와 퇴직금에 대한 사항은 공개될 경우 그 내용에서 성명이나 고유식별정보를 제외했는지와 관계없이 개인의 사생활의 비밀이나 자유를 침해할 우려가 큰 사항이라고 보아야 합니다.

아울러 「공동주택관리법」 제23조제4항에서는 관리비(제1호) 등의 내용을 공동주택단지의 인터넷 홈페이지 및 동별 게시판 등에 공개하여야 한다고 규정하면서 그 내용으로 "항목별 산출 내역을 말하며, 세대별 부과 내역은 제외한다."고 규정하고 있고, 같은 법 시행령 제23조제1항 및 [별표 2]에서는 관리비 항목 중 일반관리비에 인건비를 포함하여 규정하면서 인건비에 급여, 퇴직금 등이 포함되는 것으로 규정하고 있습니다. 이에 관리비 산출과 관련된 공개 대상이 "항목별 산출 내역"임에 비추어보면, 그에 대응하는 관리비 집행과 관련된 공개 대상도 개인별 집행 내역이 아니라 항목별 집행 내역으로 보는 것이 합리적이라는 점도 이 사안을 해석할 때 고려할 필요가 있습니다.

그러므로, 관리사무소 직원의 급여와 퇴직금에 대한 개인별 지급 명세는 「공동주택관리법」 제27조제3항제1호에 따라 관리주체가 입주자 등의 열람 또는 복사 요구에 응하여야 하는 대상에서 제외됩니다.

계약서 등 관리 현황의 공개[법 제28조, 영 제28조제2항]

법 제28조(계약서의 공개) 의무 관리 대상 공동주택의 관리주체 또는 입주자대표회의는 제7조제1항 또는 제25조에 따라 선정한 **주택관리업자** 또는 **공사, 용역 등**을 수행하는 사업자와 **계약**을 체결하는 경우 계약 체결 일부터 **1개월 이내**에 그 **계약서**를 해당 공동주택단지의 **인터넷 홈페이지** 및 **동별 게시판**에 **공개**하여야 한다. 이 경우 제27조제3항제1호의 정보[269]는 제외하고 공개하여야 한다(cf. 준칙 제91조제3항제8호).

 * **법 제102조(과태료)** ③ 다음 각 호의 어느 하나에 해당하는 자에게는 500만 원 이하의 과태료(過怠料)를 부과한다. 〈개정 2015.12.29., 2016.1.19.〉

 9. 제28조를 위반하여 계약서를 공개하지 아니 하거나, 거짓으로 공개한 자

 * **법 제7조(주택관리업자의 선정 기준)** ① 의무 관리 대상 공동주택의 입주자 등이 공동주택을 위탁 관리(委託 管理)할 것을 정한 경우에는 입주자대표회의는 다음 각 호의 기준(基準)에 따라 주택관리업자(住宅管理業者)를 선정(選定)하여야 한다.

 1. 「전자 문서 및 전자 거래 기본법」 제2조제2호에 따른 정보처리시스템을 통하여 선정(이하 "전자입찰방식(電子入札方式)"이라 한다)할 것. 다만, 선정 방법 등이 전자입찰방식을 적용하기 곤란한 경우로서 국토교통부장관이 정하여 고시하는 경우에는 전자입찰방식으로 선정하지 아니 할 수 있다(cf. '지침' 제3조제3항).

 1의 2. 다음 각 목의 구분에 따른 사항에 대하여 **전체(全體) 입주자 등(入住者等)의** [과반수(過半數)가 참여하고 참여자(參與者)] **과반수**의 동의(同意)를 얻을 것 〈신설 2022.6.10., 시행 2022.12.11., 개정 20**.**.**.〉

 가. 경쟁입찰: 입찰의 종류 및 방법, 낙찰 방법, 참가 자격 제한 등 입찰(入札)과 관련(關聯)한 중요(重要) 사항(事項)

 나. 수의계약: 계약 상대자 선정, 계약 조건 등 계약과 관련한 중요 사항

 2. 그 밖에 입찰의 방법 등 대통령령으로 정하는 방식을 따를 것

---

269) '공동주택관리법' 제27조제3항제1호 "1. '개인 정보 보호법' 제24조에 따른 고유 식별 정보 등 개인의 사생활(私生活)의 비밀 또는 자유를 침해(侵害)할 우려가 있는 정보(情報)"

* 법 제7조(기존 주택관리업자의 입찰 참가 제한) ② 입주자 등은 기존 주택관리업자의 관리 서비스가 만족스럽지 못한 경우에는 대통령령으로 정하는 바에 따라 새로운 주택관리업자 선정을 위한 입찰에서 기존 주택관리업자의 참가를 제한하도록 입주자대표회의에 요구할 수 있다. 이 경우 입주자대표회의는 그 요구에 따라야 한다.

* 영 제5조(기존 주택관리업자의 입찰 참가 제한) ③ 법 제7조제2항 전단에 따라 입주자 등이 새로운 주택관리업자 선정을 위한 입찰(入札)에서 기존(旣存) 주택관리업자(住宅管理業者)의 참가(參加)를 제한(制限)하도록 입주자대표회의에 요구(要求)하려면, 전체 입주자 등 과반수의 서면 동의가 있어야 한다.

* 법 제25조(관리비 등의 집행을 위한 사업자의 선정 기준) 의무 관리 대상 공동주택의 관리주체 또는 입주자대표회의가 제23조제4항제1호부터 제3호까지의 어느 하나에 해당하는 금전 또는 제38조제1항에 따른 하자보수보증금과 그 밖에 해당 공동주택단지에서 발생하는 모든 수입에 따른 금전(이하 "관리비 등"이라 한다)을 집행하기 위하여 사업자를 선정하려는 경우 다음 각 호의 기준(基準)을 따라야 한다.

1. 전자입찰방식으로 사업자를 선정할 것. 다만, 선정 방법 등이 전자입찰방식을 적용하기 곤란한 경우로서 국토교통부장관이 정하여 고시하는 경우에는 전자입찰방식으로 선정하지 아니 할 수 있다(cf. '지침' 제3조제3항).

2. 그 밖에 입찰의 방법 등 대통령령으로 정하는 방식을 따를 것

* 영 제25조(기존 사업자의 입찰 참가 제한) ④ 입주자 등은 기존 사업자(용역 사업자만 해당한다. 이하 이 항에서 같다)의 서비스가 만족스럽지 못한 경우에는 전체 입주자 등의 과반수의 서면 동의로 새로운 사업자의 선정을 위한 입찰에서 기존 사업자의 참가를 제한하도록 관리주체 또는 입주자대표회의에 요구(要求)할 수 있다. 이 경우 관리주체 또는 입주자대표회의는 그 요구에 따라야 한다(cf. 준칙 제73조).

영 제28조(관리 현황의 공개) ② 관리주체는 **다음 각 호의 사항**(입주자 등의 세대별 사용 명세 및 연체자의 동·호수 등 기본권 침해의 우려가 있는 것은 제외한다)을 그 공동주택단지의 **인터넷 홈페이지** 및 **동별 게시판**에 각각 **공개(公開)**하거나(cf. 영 제20조제3항 괄호 규정·제23조제8항, 법 제23조제4항 각 호외 부분 본문 괄호 규정 등) 입주자 등에게 **개별 통지**하여야 한다. 이 경우 동별 게시판에는 정보의 주요 내용을 요약하여 공개할 수 있다. 〈개정 2024.4.9.〉

1. 입주자대표회의의 소집 및 그 회의에서 의결한 사항

2. 관리비 등의 부과(賦課) 명세(明細 – 제23조제1항부터 제4항까지의 관리비, 사용료 및 이용료 등에 대한 항목별 산출 명세를 말한다) 및 연체(延滯) 내용(內容)

3. 관리규약 및 장기수선계획ㆍ안전관리계획의 현황

4. 입주자 등의 건의 사항에 대한 조치 결과 등 주요 업무의 추진 상황

5. 동별 대표자의 선출 및 입주자대표회의의 구성원에 관한 사항

6. 관리주체 및 공동주택관리기구의 조직에 관한 사항

– 준칙 제91조(관리주체 보관ㆍ관리 자료의 종류, 보존 기간) ① 관리주체(管理主體)가 보관(保管) 및 관리(管理)하여야 하는 **자료(資料)**의 종류는 **다음 각 호**와 같다. 자료의 **보존 기간**은 공동주택관리법령 및 자료의 중요도(重要度)에 따라서 정하되, 제1호부터 제10호는 **영구 보존**하여야 하며, 제11호부터 제19호의 보존 기간은 최소 **5년 이상**으로 입주자대표회의에서 정할 수 있다. (cf. 영 제19조제1항제8호)

1. 이 관리규약 및 하위 규정

2. 장기수선계획서

3. 안전관리계획서

4. 영 제10조제4항에 따라 사업주체로부터 인수한 설계도서 및 시설 장비의 명세

5. 공사 도면 및 준공 도면

6. 안전점검 결과 보고서

7. 교체 및 보수 등에 따른 사진 정보

8. 감리 보고서(監理 報告書 – 사업주체가 공동주택 시공 중 촬영한 동영상을 인수한 경우 해당 동영상 포함) 〈개정 2023.9.26.〉

9. 시설물(施設物)의 교체(交替) 및 유지(維持) 보수(補修) 등의 이력(履歷 – 시설 공사 전ㆍ후의 도면 및 공사 사진을 포함한다)

10. 사업주체의 공용부분에 관한 하자보수(瑕疵補修) 이력(履歷)

11. 입주자대표회의 회의록, 녹화ㆍ녹음물, 회의 참석자 전원의 개인 정보 수집ㆍ이용 및 제3자 제공 동의서와 선거관리위원회 회의록(會議錄) 〈개정 2024.7.31.〉

12. 사업비를 지원받는 공동체 활성화 단체의 사업 실적 및 결과 보고서

13. 관리비, 사용료, 장기수선충당금 및 잡수입 등의 부과ㆍ징수ㆍ사용ㆍ보관 및 예

치 현황 및 이에 관한 회계(會計) 서류(書類)

14. 세대별(世帶別) 관리비예치금(管理費豫置金)의 명세(明細)

15. 주택관리업자 및 사업자 선정 관련 자료[계약서, 도면, 내역서, 설계 변경, **입찰 참여 업체의 제출 서류 일체,** 적격심사제 운영 관련 서류(회의록, 적격심사 평가표), 재계약 관련 서류(사업수행실적 평가표, 입주자 등의 의견 청취서)]〈개정 2019.2.22.〉

16. 입주자 등의 민원 처리 기록부(전화, 방문, 서면 민원 포함)

17. 입주자대표회의 및 선거관리위원회 운영 경비 사용 명세

18. 입주자 등으로부터 받은 동의서 및 관련 서류〈신설 2023.9.26.〉

19. 그 밖에 관리 업무에 필요한 시류〈개정 2023.9.26.〉

  * 준칙 제91조(관리주체 보관 자료의 열람·복사 방법 등) ② 입주자 등이 관리주체에게 제1항과 법 제27조 및 영 제28조의 서류를 **단일 건씩 열람**하거나 **복사를 서면**으로 **요구**하는 경우, 관리주체는 법 제27조제3항 각 호의 정보가 포함된 경우 해당 **정보**를 식별하지 못하도록 **조치**한 후, 다음 각 호에 따라 비용을 청구할 수 있다. 단, 통합정보마당에 공개된 자료는 열람·복사 대상에서 제외하며, 관리주체는 입주자 등이 통합정보마당에서 해당 자료를 확인할 수 있도록 안내하여야 한다.

1. 법 제27조제3항 각 호의 정보 제외 비용 : 실제 소요 비용

2. 자료 열람

  가. 방법 : 즉시 해당 자료 열람(반출 금지)

  나. 비용 : 없음 〈개정 2023.9.26.〉

3. 복사

  가. 복사를 요구한 날로부터 1일(관리사무소 근무 일 기준) 이내에 해당 자료 수량 파악 및 복사 수수료 알림(장당 흑백은 ○원, 칼라는 ○원) 〈신설 2023.9.26.〉

  나. 수수료를 납부한 날부터 5일(관리사무소 근무 일 기준) 이내에 복사본 제공

  * 준칙 제91조(관리 주체 보관 자료의 공개 방법 등) ③ 관리주체는 다음 각 호의 자료를 영 제28조에 따라 동별 게시판 및 통합정보마당에 공개하거나 입주자 등에게 개별 통지하여야 하며, 이 경우 동별 게시판에는 자료의 주요 내용을 요약하여 게시할 수 있다. 변경 사항이 발생하면 변경 후 5일(관리사무소 근무 일 기준) 이내에 위와 같은 방법으로 공개하여야 한다. 다만, 입주자 등의 세대별 사용 명세 및 연체자의 동·호

수 등 사생활 침해의 우려가 있는 것은 식별하지 못하도록 조치한 후 공개하여야 한다.

1. 입주자대표회의의 소집 내용 및 그 회의에서 의결한 사항을 포함한 회의록(동별 대표자에게 배포하는 회의 자료를 포함한다) (cf. 법 제27조제3항제2호)

2. 관리비 등의 부과(賦課) 명세(明細 – 관리비와 사용료 등에 대한 항목별 산출 명세, 장기수선충당금의 산출 명세와 그 적립금, 기타 회계 자료 등)

3. 이 관리규약 및 하위 규정, 장기수선계획 및 안전관리계획의 현황

4. 입주자 등의 건의 사항에 대한 조치 결과 등 주요 업무의 추진 상황

5. 동별 대표자의 선출 및 입주자대표회의의 구성원에 관한 사항

6. 선거관리위원회의 위촉 및 구성에 관한 사항

7. 관리주체 및 공동주택관리기구의 조직에 관한 사항

8. 주택관리업자 및 사업자 선정과 관련한 **입찰공고(入札公告) 내용, 선정(選定) 결과(結果) 내용,** 계약을 체결하는 경우 그 **계약서(契約書 –** 「개인 정보 보호법」 제24조에 따른 고유 식별 정보 등 개인의 사생활의 비밀 또는 자유를 침해할 우려가 있는 사항은 식별하지 못하도록 조치한 후 공개) 등

9. 법 제26조제3항의 회계감사(會計監査) 결과

10. 영 제26조의 사업계획서 및 예산안, 사업 실적서 및 결산서

* **준칙 제91조(통보받은 명령, 조사 또는 검사, 감사의 결과 등의 공개) ④** 법 제93조제7항에 따라 명령, 조사 또는 검사, 감사의 결과 등을 **통보(通報)**받은 관리주체(管理主體)는 **10일**(관리사무소 근무 일 기준) **이내**에 그 내용을 동별 게시판 및 공동주택 통합정보마당에 **7일 이상 공개(公開)**하여야 한다. 이 경우 게시판에는 통보받은 일자, 통보한 기관 및 관계 부서, 주요 내용 및 조치 사항 등을 요약하여 공개할 수 있다. 〈개정 2022.8.17., 2023.9.26.〉

* **준칙 제91조(행정처분 등을 받은 사실의 공개) ⑤** 입주자대표회의, 선거관리위원회, 관리주체가 「공동주택관리법」 또는 「주택법」, 「건축법」, 「민간임대주택에 관한 특별법」, 「공공주택 특별법」, 「집합건물의 소유 및 관리에 관한 법률」 위반(違反)과 관련하여 행정처분(行政處分) 또는 벌금 등 불이익(不利益) 확정(確定) 처분(處分)을 받은 경우 해당 아파트 입주자 등이 그 사실을 알 수 있도록 처분 내용을 제4항의 절차에 따라 공개(公開)하여야 한다(cf. 법 제93조제7항·제8항, 제94조제2항·제3항).

1. 계약서의 공개[법 제28조]

승강기 부품 교체 관련 사항(비용 부담자, 계약자 등)

성명 OOO 등록일 2016.04.27. 수정 2021.08.17.

질문 사항

1. 우리 아파트에서는 대부분의 **승강기(昇降機) 부품(部品) 교체(交替)**는 수의계약으로 처리하고 있습니다. 그 이유는 주민들의 안전을 고려하다 보니 어쩔 수 없는 상황이라고 생각합니다. 대부분의 승강기 부품 교체는 **장기수선충당금**으로 이루어져야 하는지요. 아니면, **수선유지비**나 예비비로 이루어지는지 문의합니다.

2. 승강기 부품 교체 **계약서** 역시 주민들에게 **공개**를 하는 것이 맞는 것인지요.

3. 승강기 부품 교체 계약 때 **계약자**는 입주자대표회의인지요, 관리주체인지요.

답변 내용

1. 주택법 시행규칙 [별표 5] (현행 '공동주택관리법 시행규칙' 제7조제1항 · 제9조 관련 [별표 1])에 규정되어 있는 공동주택 공용부분의 주요 시설에 대한 수선 공사를 하려는 경우, 입주자대표회의와 관리주체는 반드시 이를 장기수선계획에 반영하여야 한다고 할 것이며(법제처 법령 해석, 법제처 14 - 0076, 2014. 2. 27., 국토교통부), 같은 [별표 5] (현행 '공동주택관리법 시행규칙' [별표 1])에 명시되어 있지 않은 사항 중 **단순 소모성 부품 등**의 경우에는 장기수선계획에 반영하지 아니 하고 관리비 중(주택법 시행령 [별표 5], 현행 '공동주택관리법 시행령' 제23조제1항 [별표 2]) **'수선유지비'**로 사용, 부과하는 것은 가능할 것으로 판단됩니다.

＊ (다만, 많은 비용이 소요되고, 공동주택의 자산 가치를 증진하는 내용의 공사라

면, 이를 장기수선계획에 반영하여 입주자(주택의 소유자)가 부담하는 장기수선충 당금을 사용하여 시행하는 것이 합리적인 것이니 참고하기 바란다.)

2. 「공동주택관리법」 제28조·제23조제4항 본문 괄호에서는 "의무 관리 대상 공 동주택의 관리주체 또는 입주자대표회의는 제7조제1항 또는 제25조에 따라 선정한 주택관리업자 또는 공사, 용역 등을 수행하는 사업자와 계약을 체결하는 경우 계약 체결 일부터 1개월 이내에 그 **계약서(契約書)**를 해당 **공동주택단지**의 **인터넷 홈페 이지**[인터넷 홈페이지가 없는 경우에는 인터넷포털을 통하여 관리주체가 운영·통 제하는 **유사**한 **기능**의 **웹사이트**(Web Site) 또는 **관리사무소의 게시판**을 말한다. 이 하 같다.] 및 **동별 게시판(통로별 게시판**이 설치된 경우에는 이를 **포함**한다. 이하 같 다.)에 **공개(公開)**하여야 한다. 이 경우 제27조제3항제1호[270]의 정보는 제외하고 공개하여야 한다."고 규정하고 있습니다.

따라서, 계약서의 내용 중 앞에서 인용한 조항에 따른 "고유 식별 정보 등의 개인 정보(個人 情報)"는 제외하고 스캔(SCAN) 등의 방법을 이용하여 인터넷 홈페이지 에 계약서를 공개하는 것이 타당하며, **인터넷 홈페이지가 없는 경우**에는 **인터넷포 털**을 통하여 **관리주체가 운영·통제**하는 **유사**한 **기능**의 **웹사이트**(Web Site) 또는 **관리사무소의 게시판** 및 **동별 게시판(통로별 게시판**이 설치된 경우에는 이를 **포함** 한다.)에 공개하여야 **하는 것**입니다(cf. 준칙 제91조제3항제8호).

3. 「공동주택관리법 시행령」 제25조제1항제3호 가목과 「주택관리업자 및 사업자 선정 지침」 제7조제2항 관련 [별표 7]에 따르면, **장기수선충당금**을 **사용**하는 **공사** 의 **계약자(契約者)**는 **입주자대표회의**이며, 수선유지비를 사용하는 일반 공사의 경 우 관리주체가 계약자가 된다는 것을 알려드립니다.

계약서, 사업자 선정 결과 공개 의무자(계약자, 관리주체)

〈전자 민원 주택건설공급과 2022.04.01.〉

질문 사항: 공동주택관리법 제28조에 따른 계약서의 공개 주체

---

270) '공동주택관리법」 제27조제3항제1호 "1. '개인 정보 보호법' 제24조에 따른 고유 식별 정 보 등 개인의 사생활(私生活)의 비밀 또는 자유를 침해(侵害)할 우려가 있는 정보(情報)"

「공동주택관리법(이하 "법"이라 한다.)」 제28조에 **"의무 관리 대상 공동주택의 관리주체** 또는 **입주자대표회의**는 제7조제1항 또는 제25조에 따라 선정한 주택관리업자 또는 공사, 용역 등을 수행하는 사업자와 계약을 체결하는 경우 계약 체결일부터 1개월 이내에 그 **계약서(契約書)**를 해당 공동주택단지의 인터넷 홈페이지 및 동별 게시판에 **공개(公開)**하여야 한다."고 규정되어 있습니다.

1. 법에서 관리주체 또는 입주자대표회의라고 명시한 것은 「주택관리업자 및 사업자 선정 지침」 [별표 7]에 따른 계약자가 계약서를 공개하여야 한다는 뜻인지요.

2. 법 제28조에서 규정하는 제7조제1항 · 제25조는 「주택관리업자 및 사업자 선정 지침」에 적용되는 내용이고, 같은 '지침' 제11조에 따라 입주자대표회의는 통지(通知)의 의무, 관리주체에게는 공개(公開)의 의무가 있으므로 모든 계약서의 공개를 관리주체가 하여야 하는지 궁금합니다.

답변 내용: 계약자가 누구냐에 따라 계약서의 공개 의무자 달라져

「공동주택관리법」 제28조는 의무 관리 대상 공동주택의 **관리주체** 또는 **입주자대표회의**가 제7조제1항 또는 제25조에 따라 선정한 주택관리업자 또는 공사, 용역 등을 수행하는 사업자와 **계약**을 체결하는 경우 계약 체결일부터 1개월 이내에 그 **계약서**를 해당 공동주택단지의 인터넷 홈페이지 및 동별 게시판에 **공개**하도록 한 규정입니다. 따라서, 같은 법 제7조와 제25조, 「주택관리업자 및 사업자 선정 지침」 [별표 7]에 따라 **계약**을 **체결**하는 **자**가 **계약서**를 **공개**하여야 할 것으로 판단됩니다.

한편, 「주택관리업자 및 사업자 선정 지침」 제11조제2항은 **"관리주체**가 입주자대표회의로부터 낙찰자 결정 통지를 받거나 사업자 선정의 낙찰자를 결정한 경우,"** **입찰 공고 내용**과 **사업자 선정 결과 내용**을 **공개**하도록 한 규정입니다.

계약서의 공개 의무 여부(소액 계약, 수의계약)

성명 OOO 등록일 2015.09.24. 수정 2023.06.13.

질문 사항

'공동주택관리법' 제28조(계약서의 공개) "~ 사업자와 계약을 체결하는 경우 계약 체결 일부터 1개월 이내에 그 **계약서**를 **공개**하여야 한다."고 규정되어 있습니다.

　질문 1: 500만 원 이하로 **수의계약** 체결한 계약서도 공개하여야 되는지요? 계약서 없이 20만 원을 장기수선충당금으로 지출한 것도 공개하여야 되는지요?

　질문 2: 이러한 사항이 **위반**한 경우라면, '공동주택관리법' 제102조제3항제9호의 **제재(制裁)** 조항에 해당되는지 궁금합니다.

답변 내용

　'공동주택관리법' 제28조·제23조제4항 본문 괄호에서 "의무 관리 대상 공동주택의 관리주체 또는 입주자대표회의는 제7조제1항 또는 제25조에 따라 선정한 주택관리업자 또는 공사, 용역 등을 수행하는 사업자와 **계약**을 체결하는 경우 계약 체결 일부터 **1개월 이내**에 그 **계약서(契約書)**를 해당 공동주택단지의 **인터넷 홈페이지**[인터넷 홈페이지가 없는 경우에는 인터넷포털을 통하여 관리주체가 운영·통제하는 유사한 기능의 웹사이트(Web Site) 또는 관리사무소의 게시판을 말한다. 이하 같다.] 및 **동별 게시판**(통로별 게시판이 설치된 경우에는 이를 포함한다. 이하 같다.)에 **공개(公開)**하여야 한다. 이 경우 제27조제3항제1호의 정보('개인 정보 보호법' 제24조에 따른 고유 식별 정보 등 개인의 사생활의 비밀 또는 자유를 침해할 우려가 있는 정보)는 제외하고 공개하여야 한다."라고 규정하고 있습니다(cf. '서울특별시공동주택관리규약 준칙' 제91조제3항제8호).

　이에 **소액(少額) 계약**이나 **수의계약(隨意契約)**의 경우에도 그 **계약서**는 앞에서 인용한 규정에 따라 해당 공동주택단지의 인터넷 홈페이지와 동별 게시판에 **공개(公開)하여야** 하는 것이며, 이를 위반한 경우에는 '공동주택관리법' 제102조제3항제9호 "제28조를 위반하여 계약서를 공개하지 아니 하거나, 거짓으로 공개한 자"에 해당되어 5백만 원 이하의 과태료가 부과되는 것이니 참고하기 바랍니다.

공동주택 인터넷 홈페이지 개설 여부(계약서 등 공개 관련)

성명 OOO 등록일 2015.08.20. 수정 2024.02.22.

질문 사항

공동주택관리법령에 따르면, 공사·용역 계약서 및 각종 문서들을 **아파트 홈페이지(Homepage)**에 등록하게 되어 있는데, 우리 아파트는 인터넷 홈페이지가 없으며, 관계 법령에 따른 게시물들은 각 동 게시판(揭示板)에 공개하고 있습니다. 홈페이지의 필요성을 못 느낀다면 종전과 같이 홈페이지를 운영하지 않고 게시판에 공개를 하면 되는 것인지, 아니면 무조건 홈페이지를 **개설**·공개하여야 되는 것인지요.

답변 내용

"의무 관리 대상 공동주택의 관리주체 또는 입주자대표회의는 제7조제1항 또는 제25조에 따라 선정한 주택관리업자 또는 공사, 용역 등을 수행하는 사업자와 **계약**을 체결하는 경우 계약 체결 일부터 **1개월 이내**에 그 **계약서**를 해당 **공동주택단지의 인터넷 홈페이지**[인터넷 홈페이지가 없는 경우에는 인터넷포털을 통하여 관리주체가 운영·통제하는 유사한 기능의 **웹사이트(Web Site)** 또는 **관리사무소의 게시판**을 말한다. 이하 같다.] 및 **동별 게시판**(통로별 게시판이 설치된 경우에는 이를 **포함**한다. 이하 같다.)**에 공개**하여야 한다. 이 경우 제27조제3항제1호의 정보(「개인정보 보호법」 제24조에 따른 고유 식별 정보 등 개인의 사생활의 비밀 또는 자유를 침해할 우려가 있는 정보)는 제외하고 공개하여야 한다(법 제28조, 영 제28조제2항, cf. 법 제23조제4항 본문 괄호, 영 제23조제8항, 준칙 제91조제1항제15호·제91조제2항·제91조제3항제8호)."고 규정되어 있습니다.

따라서, **인터넷 홈페이지가 없는 경우**에는 **인터넷포털**을 통하여 **관리주체가 운영·통제**하는 유사한 기능의 **웹사이트(Web Site)** 또는 **관리사무소의 게시판** 및 **동별 게시판**(통로별 게시판을 포함한다.)에 **공개**(법 제23조제4항 본문 괄호, 영 제20조제3항 본문 괄호 규정·제23조제8항)**하는 것**이며, **인터넷 홈페이지가 없는 공동주택의 홈페이지**를 **신설**하도록 하는 **규정**은 **아닙**니다(cf. 준칙 제3조제14호).

계약서 계약 금액의 세부 견적 자료 열람 및 복사 여부

성명 OOO   등록일 2015.07.31.   수정 2022.12.06.

질문 사항

1. 우리 아파트는 수전(수도시설)을 설치하기 위하여 입찰(일반경쟁입찰, 적격심사제)을 통해 **공사** 업체를 선정하고, 그 **계약서**를 게시판에 **공고**하고 있습니다.

2. 입찰 때 **산출 내역서**를 반드시 제출하게 되어 있습니다. 이에, 세부 사항을 확인하러 관리사무소에 **견적서**의 **열람** 및 **복사**를 요청하였더니 공동주택관리법령과 관리규약에 따라 계약서를 공개하는 것이므로, 견적서는 공개할 수 없다고 합니다.

3. 그래서, **구청 주거개선과 담당자를 찾아 문의를 하였더니, 분명하게 이야기를 못하시고, 자기도 국토교통부의 입장을 받아 해당 아파트에 공문으로 답변을 전달하여야 된다는 말씀을 하고 있습니다.

4. 주민의 알권리를 위하여 「개인 정보 보호법」 제24조에 따른 "고유 식별 정보 등 개인의 사생활의 비밀 또는 자유를 침해할 우려가 있는 사항은 제외하고 공개하여야 한다."고 「공동주택관리법」 제28조 단서 규정에서 규정하고 있으며, 관리규약준칙 제91조제3항제8호에서도 규정하고 있습니다. 이런 규정들로 볼 때 **견적서 복사** 및 **열람**이 가능하다고 판단되는데, 이에 대한 답변을 해주시기 바랍니다.

답변 내용

ㅇ "의무 관리 대상 공동주택의 관리주체 또는 입주자대표회의는 제7조제1항 또는 제25조에 따라 선정한 주택관리업자 또는 공사, 용역 등을 수행하는 사업자와 **계약**을 체결하는 경우 계약 체결 일부터 **1개월 이내**에 그 **계약서**를 해당 공동주택단지의 인터넷 홈페이지[인터넷 홈페이지가 없는 경우에는 인터넷포털을 통하여 관리주체가 운영·통제하는 유사한 기능의 웹사이트(Web Site) 또는 관리사무소의 게시판을 말한다.] 및 동별 게시판(통로별 게시판이 설치된 경우에는 이를 포함한다.)에 **공개**하여야 한다. 이 경우 제27조제3항제1호의 정보(「개인 정보 보호법」 제24조에 따른 고유 식별 정보 등 개인의 사생활의 비밀 또는 자유를 침해할 우려가 있

는 정보)는 제외하고 공개하여야 합니다(「공동주택관리법」 제28조. cf. 같은 법 제23조제4항 본문 괄호. 준칙 제91조제3항제8호). " 이와 관련하여, 계약서의 공개에 관한 세부적인 사항을 공동주택관리법령에 별도로 규정하는 내용은 없으나, 계약서 일체를 공개하는 것보다 **계약(契約) 현황(現況)**"에 대한 **내용**을 **공개(公開)**하는 것이 **합당**할 것입니다(cf. 준칙 제91조제1항제15호 · 제2항).

ㅇ 참고로, 관리주체는 공동주택의 입주자 등이 **회계 업무** 관련 **정보**의 **열람**을 요구하거나, 자기의 비용으로 **복사**를 요구하는 때에는 **관리규약**으로 정하는 바에 **따라** 이에 **응하여야** 합니다(「공동주택관리법」 제27조제3항).[271] 다만, 개인의 사생활(私生活)의 비밀 또는 자유를 침해가 우려가 있는 정보는 관리주체의 정보 공개 대상에서 제외됩니다. 이와 관련, 공동주택관리법령에서는 개인의 사생활의 비밀 또는 자유를 침해할 우려가 있는 정보를 구체적으로 나열하고 있지 않습니다. 그러므로, 구체적인 사안에 대하여 그 정보가 이에 해당하는지 여부를 판단하여야 할 것이며, 공동주택 특정 입주자 등의 세대별 관리비 등의 사용 명세 및 연체자의 동 · 호수, 가족관계증명서 등 국민의 기본권 침해의 우려가 있는 것과 같이 어느 특정인에 대한 사생활을 알 수 있는 정보 등이 이에 포함되는 것으로 판단됩니다.[272]

계약서, 사업자 선정 결과의 공개 방법 등에 관한 사항

성명 OOO 등록일 2015.01.19. 수정 2024.08.11.

질문 사항

질의 1. '사업자 선정 지침' [별표 2]의 제6호 **"공사 및 용역 등의 금액이 500만원**(부가가치세를 제외한 금액을 말한다.) **이하**인 경우로서, 2인 이상의 **견적서**를 받은 경우."에도 그 **계약서(契約書)**를 해당 공동주택단지의 인터넷 홈페이지에 **공개**하여야 하는지요(공사 금액이 소액이라서, 계약서를 작성하기 애매함).

− 계약서를 게시할 때 **계약서** 전체를 **복사**하여 **게시**하여야 하는 것입니까?

---

271) 준칙 제91조(관리주체가 보관하는 자료 및 열람 · 공개 방법 등) 제1항제13호 · 제2항
272) cf. 「공동주택관리법 시행령」 제28조제2항 단서 규정

– 계약서를 해당 공동주택단지 안에 게시(揭示)하지 않고, 공동주택관리정보시스템에만 **등록(登錄)**하여도 되는지 궁금합니다.

질의 2. 우리 공동주택단지에 **인터넷 홈페이지(Internet Homepage)가 없는 경우,** 주택관리업자 또는 사업자와 체결한 **계약서(契約書)**를 우리 아파트 관리사무소 안에 있는 게시판 또는 우리 아파트 입주민 카페에 **공개**하여도 되는지요. 아니면, 반드시 각 동 각 라인의 현관 게시판에 계약서를 게첨(揭添)하여야 되는 것인지요 (계약서 원본의 수량이 많을 뿐 아니라 라인 현관 게시판이 많음)?

답변 내용

ㅇ 「공동주택관리법」 제28조·제23조제4항 본문 괄호에서 "의무 관리 대상 공동주택의 관리주체 또는 입주자대표회의는 제7조제1항 또는 제25조에 따라 선정한 **주택관리업자** 또는 **공사, 용역 등**을 **수행**하는 **사업자와 계약을 체결**하는 **경우** 계약 체결 일부터 1개월 이내에 그 **계약서**를 해당 공동주택단지의 인터넷 홈페이지[인터넷 홈페이지가 없는 경우에는 인터넷포털을 통하여 관리주체가 운영·통제하는 유사한 기능의 웹사이트(Web Site) 또는 관리사무소의 게시판을 말한다.] 및 동별 게시판(통로별 게시판이 설치된 경우에는 이를 포함한다.)에 **공개**하여야 한다. 이 경우 제27조제3항제1호의 정보273)는 제외하고 공개하여야 한다." 라고 규정하고 있습니다(cf. 준칙 제91조제2항·제91조제3항제8호).

따라서, 선정된 사업자 등과 체결하는 계약서의 내용 중 상기 조항에 따른 고유 식별 정보 등의 개인 정보는 제외(Masking 처리 등)하고, 스캔(Scan) 등의 방법을 이용하여 계약서를 공개하는 것이 타당하며, 인터넷 홈페이지가 없는 경우에는 인터넷포털을 통하여 관리주체가 운영·통제하는 유사한 기능의 웹사이트(Web Site) 또는 관리사무소의 게시판 및 동별 게시판(통로별 게시판이 설치된 경우에는 이를 포함한다.)에 공개하여야 한다는 것을 알려드립니다.

이와 관련하여, 「공동주택관리법」 제28조를 **위반**하여 계약서를 공개(公開)하지 아니 하거나, 거짓으로 공개한 자에 대하여는 같은 법 제102조제3항제9호에 따라 5백만 원 이하의 **과태료(過怠料)**가 부과되는 것이니 참고하시기 바랍니다.

---

273) "「개인 정보 보호법」 제24조에 따른 고유 식별 정보 등 개인의 사생활(私生活)의 비밀 (秘密) 또는 자유(自由)를 침해(侵害)할 우려가 있는 정보(情報)"를 말한다.

– 덧붙여서, 주택관리업자나 공사 및 용역 등 사업자 선정의 낙찰자가 결정된 경우, 관리주체는 「주택관리업자 및 사업자 선정 지침」 제11조제2항에 따라 다음 각 호의 내용**(선정 결과 내용 등 – 수의계약을 포함한다.)**을 해당 공동주택단지의 인터넷 홈페이지[인터넷 홈페이지가 없는 경우에는 인터넷포털을 통하여 관리주체가 운영·통제하는 유사한 기능의 웹사이트(Web Site) 또는 관리사무소의 게시판을 말한다.] 및 동별 게시판(통로별 게시판이 설치된 경우에는 이를 포함한다.), 공동주택관리정보시스템(cf. 법 제23조제4항)에 낙찰자 결정 일의 다음날(토요일과 「관공서의 공휴일에 관한 규정」 제2조에 따른 공휴일 및 제3조에 따른 대체공휴일을 제외한 날을 말한다.) 18시까지 **공개**하여야 합니다. **소액(小額)**의 **수의계약(隨意契約)**일지라도 **공개의 예외가 되지 아니 합**니다(cf. 「서울특별시공동주택관리규약 준칙」 제91조제3항제8호 – 공동주택 통합정보마당).

  1. 주택관리업자 또는 사업자 상호·주소·대표자, 연락처·사업자등록번호

  2. 계약 금액

  3. 계약 기간

  4. 수의계약인 경우 그 사유

  5. 적격심사(適格審査)인 경우 그 평가(評價) 결과(結果). 다만, 「개인 정보 보호법」에 따른 개인 정보는 제외한다. 〈개정 2023. 6. 13.〉

500만 원 이하 공사의 계약서 작성 여부 등

성명 OOO 등록일 2014.12.12. 수정 2023.06.13.

질문 사항

국토교통부 「주택관리업자 및 사업자 선정 지침」에 의하면, 500만 원 이상은 꼭 **계약서(契約書)**를 쓰고, 입찰보증금, 계약이행보증금, 하자보수보증금 등을 모두 징구하도록 하고 있습니다. 500만 원 이하의 공사는 수의계약(隨意契約)이 가능한데, 소소한 공사 등 450,000원짜리 공사, 300,000원짜리 외주 작업 등......

  1. 계약서는 꼭 써야 하는지! **계약서**를 **생략하여도 되는 것인지** 알고자 합니다.

2. **계약이행보증 증권, 하자보증 증권**은 꼭 **징구**하여야 하는지 알고 싶습니다.

답변 내용

1. 공동주택관리법령 및 「주택관리업자 및 사업자 선정 지침」에 '**계약서**를 반드시 **작성**하여야 한다.'고 **명시**하고 있는 **조문(條文)**은 **없다**는 것을 알려드립니다.

2. 「주택관리업자 및 사업자 선정 지침」 제31조제4항 단서 조항에 따라 "**계약 금액이 500만 원 이하인 경우**에는 **입찰보증금** 및 **계약보증금**의 **납부**를 **면제**"할 수 있습니다. 아울러, **하자보증금**의 **면제**에 관한 사항은 같은 '지침' 제32조(하자보수보증금)에 별도로 "공사상의 하자보수보증금 예치 율은 「국가를 당사자로 하는 계약에 관한 법률 시행령」 제62조제1항부터 제4항까지274)를 준용한다."라고 규정하고 있으니 업무에 참고하기 바랍니다.

계약서의 공개(공동주택관리법 제28조)에 관한 사항

성명 OOO 등록일 2014.10.16. 수정 2023.02.09.

질문 사항

---

274) 「국가를 당사자로 하는 계약에 관한 법률 시행령[시행 2022.9.15. 대통령령 제32690호, 2022.6.14. 개정]」 제62조(하자보수보증금) ① 법 제18조의 규정에 의한 하자보수보증금은 기획재정부령이 정하는 바에 의하여 계약 금액의 100분의 2 이상 100분의 10 이하로 하여야 한다. 다만, 공사의 성질상 하자보수가 필요하지 아니 한 경우로서 기획재정부령이 정하는 경우에는 하자보수보증금을 납부하지 아니 하게 할 수 있다. 〈개정 2008.2.29.〉
② 각 중앙관서의 장 또는 계약 담당 공무원은 제1항의 규정에 의한 하자보수보증금(瑕疵補修保證金)을 당해 공사의 준공 검사 후 그 공사의 대가를 지급하기 전까지 납부하게 하고, 제60조의 규정에 의한 하자담보책임기간 동안 보관(保管)하여야 한다.
③ 장기 계속 공사에 있어서는 연차 계약별로 제1항 및 제2항의 규정에 의한 하자보수보증금을 납부하게 하여야 한다. 다만, 연차 계약별로 하자담보책임을 구분할 수 없는 공사인 경우에는 총 공사의 준공 검사 후 하자보수보증금을 납부하게 하여야 한다.
④ 법 제18조제1항 단서의 규정에 의하여 하자보수보증금(瑕疵補修保證金)의 납부를 면제(免除)할 수 있는 경우는 다음 각 호와 같다. 〈개정 1996.12.31.〉
 1. 삭제 〈2010.7.21.〉
 2. 제37조제3항제1호 내지 제4호에 규정된 자와 계약을 체결한 경우
⑤ 제37조제2항·제4항 및 제38조의 규정은 하자보수보증금(瑕疵補修保證金)의 납부 및 국고 귀속의 경우에 이를 준용(準用)한다. 〈개정 1998.2.2.〉

「공동주택관리법」제28조에 관하여 질의합니다. **"의무 관리 대상 공동주택의 관리주체 또는 입주자대표회의는 제7조제1항 또는 제25조에 따라 선정한 주택관리업자 또는 공사, 용역 등을 수행하는 사업자와 계약을 체결하는 경우 계약 체결 일부터 1개월 이내에 그 계약서(契約書)**를 해당 공동주택단지의 인터넷 홈페이지 및 동별 게시판에 **공개(公開)**하여야 한다. 이 경우 제27조제3항제1호의 정보(「개인 정보 보호법」제24조에 따른 고유 식별 정보 등 개인의 사생활의 비밀 또는 자유를 침해할 우려가 있는 정보)는 제외하고 공개하여야 한다."라고 규정하고 있습니다.

1) **인터넷 홈페이지(Homepage)**가 없는 아파트는 어떻게 되는지요?

2) 다음 카페와 같은 사이트로 아파트 **인터넷 홈페이지**가 될 수 있습니까?

3) 계약할 때마다 게시판에 **계약서** 사본 공고를 해야 되는지요. 아니면, 계약서를 보관하고 있다가 입주민이 열람을 요구하면 보여드리는 걸로 공개가 되는지요?

4) '「공동주택관리법」제28조(계약서의 공개)가 **설정**되었고, 관리사무소에 계약서 열람 준비가 되어 있으므로, 언제든지 **열람**이 가능하다.'고 **공고**를 해야 합니까?

답변 내용

1. 의무 관리 대상 공동주택의 관리주체 또는 입주자대표회의는 제7조제1항 또는 제25조에 따라 선정한 주택관리업자 또는 공사, 용역 등을 수행하는 사업자와 **계약**을 체결하는 경우 계약 체결 일부터 **1개월 이내**에 그 **계약서**를 해당 공동주택단지의 **인터넷 홈페이지**와 **동별 게시판**에 **공개**하여야 합니다(「공동주택관리법」제28조, 준칙 제91조제3항제8호). 그러나, 인터넷 홈페이지가 없는 경우에는 인터넷포털을 통하여 관리주체가 운영·통제하는 유사한 기능의 웹사이트(Web Site) 또는 관리사무소의 게시판 및 동별 게시판(통로별 게시판이 설치된 경우에는 이를 포함한다.)에 공개하는 것이며,[275] 홈페이지(Home Page)를 개설하지 아니 한 공동주택의 홈페이지를 새롭게 개설하도록 하는 규정은 아닙니다.

2. 해당 공동주택단지의 **'인터넷 홈페이지'**가 **없다면,** "인터넷포털을 통하여 관리주체가 운영·통제하는 유사한 기능의 웹사이트(Web Site) 또는 관리사무소의 게시판"에 한정하여 관리주체가 관리 현황을 공개하여야 하는 인터넷 홈페이지로 **갈**

---

275) 「공동주택관리법」제23조제4항 각 호 외의 부분 본문 괄호

음할 수 있습니다(cf. 법 제23조제4항 본문 괄호, 영 제20조제3항).

3 ~ 4. 계약서의 **공개** 및 **열람 등**에 대한 세부적인 사항은 '공동주택관리법령'에 별도로 규정하는 내용이 없으므로, **개별 공동주택 관리규약 등 관계 규정에 따라** 자율적으로 **판단**하는 사항입니다(cf. 준칙 제91조제1항·제2항·제3항).

2. 관리 현황(공개 대상 정보)의 공개[영 제28조제2항]

동별 대표자 선거 관계 서류의 열람 및 복사

성명 OOO 등록일 2014.01.15. 수정 2024.04.09.

질문 사항

동별 대표자 선거가 얼마 전에 있었던 것으로 알고 있는데, 어느 날 동별 대표자 당선 공고가 있어, 보니 선거 절차 없이 **선거관리위원**들이 **임명**한 것으로 보여집니다. 따라서, 동별 대표자 및 입주자대표회의 회장 선출 과정 등 **선거관리**에 대하여 알아보려고 관리사무소장에게 요구하였으나 동별 대표자를 통해서 하라고 거부하고 있는데, 이런 관리사무소장의 처사가 타당한 것인지요.

답변 내용

ㅇ 「공동주택관리법」 제27조제3항에서 "제1항에 따른 관리주체는 입주자 등이 제1항에 따른 **장부**나 **증빙 서류**, 그 밖에 **대통령령**(같은 법 시행령 제28조제1항)으로 정하는 **정보(情報)**의 **열람(閱覽)**을 요구하거나, 자기의 비용으로 **복사(複寫)**를 요구하는 때에는 **관리규약**으로 정하는 바에 따라 **이에 응하여야** 한다. 다만, 다음 각 호의 정보(1. 「개인 정보 보호법」 제24조에 따른 고유 식별 정보 등 개인의 사생활의 비밀 또는 자유를 침해할 우려가 있는 정보, 2. 의사결정 과정 또는 내부 검토 과정에 있는 사항 등으로서 공개될 경우 업무의 공정한 수행에 현저한 지장을 초래할 우려가 있는 정보)는 제외하고 요구에 응하여야 한다."고 규정하고 있습니다.

- 그리고, 「공동주택관리법 시행령」 제28조제2항제5호에 "관리주체는 '5. **동별 대표자**의 **선출** 및 **입주자대표회의**의 **구성원**에 **관한 사항**'을 그 공동주택단지의 인터넷 홈페이지(Home Page) 및 동별 게시판(통로별 게시판이 설치된 경우에는 이를 포함한다. 이하 같다.)에 **공개(公開)**하거나, 입주자 등에게 **개별(個別) 통지(通知)**하여야 한다."고 규정되어 있으므로, 입주자 등은 동별 대표자 등의 선출 등에 관한 사항의 열람(閱覽) 및 복사(複寫)를 관리주체에게 요구할 수 있습니다.

- 따라서, **동별 대표자 선출 등 선거관리(選擧管理) 관계 서류(書類)**의 **공개(公開) 여부**는 개별 **공동주택 관리규약**으로 **정한 내용**(관리주체가 공동주택관리법령에 따라 공개하여야 하는 정보는 아닙니다.)[276]을 **따르거나** 「**공동주택관리법 시행령**」 **제28조제2항제5호**에 따라 **동별 대표자 등의 선출 관련 정보**의 **공개**를 **요청할 수 있을 것**입니다. 다만, 「개인 정보 보호법」 위반 여부는 해당 법령에 관한 업무를 담당하는 개인정보보호위원회(개인정보보호정책과)로 문의하여 주시기 바랍니다.

* 「공동주택관리법 시행령」 제28조(관리 현황의 공개) ② 관리주체는 **다음 각 호**의 사항(입주자 등의 세대별 사용 명세 및 연체자의 동·호수 등 기본권 침해의 우려가 있는 것은 제외한다)을 그 공동주택단지의 인터넷 홈페이지 및 동별 게시판에 각각 **공개(公開)**하거나, 입주자 등에게 **개별 통지(通知)**하여야 한다. 이 경우 동별 게시판에는 정보의 주요 내용을 요약하여 공개할 수 있다. 〈개정 2024. 4. 9.〉

5. 동별 대표자의 선출 및 입주자대표회의의 구성원에 관한 사항

관리 자료, 동별 대표자 선거 후보 등록 서류의 공개 여부

주택건설공급과 – 2741, 2009.08.24. 수정 2023.02.09.

질문 사항

관리주체가 보관하는 입주자대표회의의 **회의록(會議錄)**, **공동주택 관리(管理) 관련 자료(資料)**와 개인 정보인 **동별 대표자 선거 후보 등록 서류**를 입주자 등이 **열람·복사**를 청구하면, 이에 의무적으로 응하여야 하는지 궁금합니다.

---

276) cf. 영 제19조제1항제8호, 「서울특별시공동주택관리규약 준칙」 제91조제3항제5호

답변 내용

ㅇ 「공동주택관리법」 제14조제8항 및 제27조제1항제1호에 따라 **입주자대표회의**는 그 회의를 개최한 때에는 **회의록(會議錄)**을 **작성**하여 **관리주체**에게 **보관**하게 하고, 의무 관리 대상 공동주택의 관리주체는 **관리비 등**의 징수·보관·예치·집행 등 **모든 거래 행위**에 관하여 월별로 작성한 **장부(帳簿)**와 그 **증빙 서류(證憑書類)**를 해당 **회계년도**의 **종료일부터 5년** 동안 **보관(保管)**하여야 합니다.

ㅇ 그리고, 관리주체는 입주자 등이 '법 제14조제8항에 따른 **회의록(會議錄)**', "제27조제1항에 따른 **장부(帳簿)**와 **증빙 서류(證憑書類)**, 그 밖에 **대통령령으로 정하는 정보**[277]의 **열람(閱覽)**을 요구하거나, 자기의 비용으로 **복사(複寫)**를 요구하는 때에는 **관리규약**으로 정하는 바(cf. 영 제19조제1항제8호, 준칙 제91조)에 **따라** 이에 **응하여야** 합니다. 다만, 다음 각 호의 정보(**1.** 「개인 정보 보호법」 제24조에 따른 고유 식별 정보 등 개인의 사생활의 비밀 또는 자유를 침해할 우려가 있는 정보, **2.** 의사결정 과정 또는 내부 검토 과정에 있는 사항 등으로서 공개될 경우 업무의 공정한 수행에 현저한 지장을 초래할 우려가 있는 정보)"는 제외하고 요구에 응하여야 합니다(「공동주택관리법」 제27조제3항 본문 및 제1호·제2호).

ㅇ 한편, **동별 대표자 등** 선거 **후보자(候補者)**의 **성명(姓名)**·**주소(住所)** 및 **약력(略歷 – 주민등록번호 제외)**은 해당 선거구와 공동주택의 **입주자 등**이 **동별 대표자**나 **입주자대표회의의 회장 등 임원**을 **선출(選出)**하는 데 **필요(必要)**한 **정보**이므로, 「공동주택관리법 시행령」 제28조제2항제5호에 따라 공동주택의 **입주자 등에게 공개(公開)할** 수 있는 **사항**으로 판단됩니다.[278]

ㅎ 관리주체, 입주자 등의 서류 열람·복사 청구에 응해야

2013/03/20 한국아파트신문 수정 2022.12.06.

---

277) 법 제27조제3항 각 호 외의 부분 본문에서 "대통령령으로 정하는 정보"란 영 제26조에 따른 관리비 등의 사업계획, 예산안, 사업 실적서 및 결산서를 말한다(영 제28조제1항).

278) cf. 「서울특별시공동주택관리규약 준칙」 제91조제3항제5호

입주민이 각종 서류(書類)의 등사(謄寫)·열람(閱覽)을 요구(要求)하였을 경우 위탁관리업체 등은 입주민이 청구한 자료의 양이 방대하더라도 업무 처리상의 편의 만으로 자료(資料) 전부(全部)에 대한 열람(閱覽)·등사(謄寫)를 거절(拒絕)하는 것은 부당(不當)하다는 판결(判決)이 나왔다(cf. 준칙 제91조제2항 단서 규정).

춘천지방법원 강릉지원 제3민사부(재판장 이환승 부장판사)는 모 아파트 입주민 이 위탁관리업체와 관리사무소장을 상대로 제기한 자료(資料) 열람(閱覽)·등사 (謄寫) 가처분(假處分) 신청(申請) 사건(事件)에서 "채무자들은 결정문을 송달받 은 날의 3일 후부터 **토요일 및 공휴일**을 **제외**한 **20일** 동안 **근무시간 중**에 관리사무 소에서 채권자로 하여금 입주자대표회의 회의록(會議錄) 및 안건(案件) 자료(資 料) 등을 열람(閱覽)·등사(謄寫)하게 하여야 한다."고 결정하였다. 아울러, "이를 이행하지 않을 경우, 채무자들은 위 기간 만료 일 다음날부터 이행 완료 일까지 채 권자에게 1일 30만 원의 비율에 의한 금원을 지급하여야 한다."고 덧붙였다.

앞서, 채권자(債權者)는 이 아파트 공동주택 관리규약(cf. 영 제19조제1항제8호, 준칙 제91조제1항·제2항)에 의하면, "관리주체는 입주자대표회의의 회의록, 관리 비·사용료와 장기수선충당금 등의 부과·징수·사용·보관 및 예치 현황, 이에 관 한 회계 서류 등을 보관 및 관리하여야 하며, 입주자 등은 관리주체에게 관리주체가 보관 및 관리하는 서류를 단일 건으로 열람하거나, 복사를 서면으로 요구할 수 있다. 이 경우 관리주체는 '주택법 시행령' 제55조제3항 단서의 경우[279]를 제외하고는 열 람(閱覽) 요청이 있으면 즉시(卽時) 열람하게 하고, 복사 요청 때 복사 수수료를 납 부한 날부터 7일 이내에 사본을 교부하여야 한다." 라고 주장하였다. 더불어, 자신이 관리사무소장에게 관리비 등의 회계 장부와 서류에 관한 등사를 요청하였으나, 관 리사무소장은 자신이 등사를 요청한 장부 및 서류의 양(量)이 방대(厖大)하여 관리 사무소 업무(業務)에 방해(妨害)가 된다는 이유 등을 들어 이를 거절(拒絕)하였다 고 주장(主張)하며, 자료 열람·등사 가처분 신청을 하였다.

반면, 채무자(債務者)들은 **"**이 아파트 **관리규약(管理規約)**에 의하면, 입주자 등 은 관리주체에게 관리주체가 보관 및 관리하는 서류(書類)를 **'단일(單一) 건(件)으 로' 열람(閱覽)**하거나 **복사(複寫)**를 **서면**으로 **요구(要求)**할 수 있다. 그런데, 채권

---

279) 현행 「공동주택관리법」 제27조제3항 단서 규정 (제1호, 제2호)

자는 단일 건이 아니라 2007년부터 2012년까지의 관리 업무에 관한 서류 일체에 대하여 열람 및 등사를 요구하고 있는바, 이는 입주민으로서의 자료 열람·등사 청구권(請求權)을 남용(濫用)한 것으로 청구에 응할 수 없다.”며 맞섰다.

이에 대하여 재판부(裁判部)는 결정문에서 ‘주택법 시행령’ 제55조제3항[280]은 “개인의 사생활의 비밀 또는 자유를 침해할 우려가 있는 정보와 감사·입찰 계약·인사 관리·의사결정 과정 또는 내부 검토 과정에 있는 사항 등으로서 공개될 경우 업무의 공정한 수행에 현저한 지장을 초래할 우려가 있는 정보를 제외하고는 관리주체는 입주민의 열람 및 등사 청구에 대하여 관리규약(管理規約)으로 정하는 바에 따라 응하여야 한다.”고 규정하고 있다. 이와 관련, **“관리규약은 열람 및 등사할 수 있는 자료(資料)의 범위(範圍)에 제한(制限)을 두고 있지 않고, 다만 열람 및 등사 청구를 단일(單一) 건(件)으로 접수(接受)할 것만을 규정(規定)하고 있을 뿐이기에 위 규정은 채무자들의 업무(業務) 처리상의 편의(便宜)를 고려한 것”**이라고 설명하였다(cf. ‘서울특별시공동주택관리규약 준칙’ 제91조제2항).

이어서 “채권자가 열람 및 등사를 청구한 자료가 개인의 사생활의 비밀 또는 자유를 침해할 우려가 있는 정보라거나, 감사·입찰 계약·인사 관리·의사결정 과정 또는 내부 검토 과정에 있는 사항 등으로서 공개될 경우 업무(業務)의 공정한 수행(遂行)에 현저한 지장(支障)을 초래할 우려가 있는 정보에 해당한다는 점은 소명(疏明)할 자료(資料)가 없다.”며, **“채권자가 열람(閱覽)·등사(謄寫)를 청구(請求)한 자료(資料)의 양(量)이 방대(厖大)하더라도 채무자들의 업무 처리상의 편의만으로 자료 전부에 대한 열람(閱覽) 및 등사(謄寫)를 거절(拒絕)한 것은 부당(不當)하기에 채무자들의 위 주장은 이유 없다.”** 라고 지적하였다.

해당 재판부는 또 “주택법 시행령 제55조제2항[281]은 관리주체의 회계 장부 등 회계 서류의 보존 기한(保存 期限)을 5년으로 정하고 있어, 채권자의 열람·등사 청구권(請求權)이 적기(適期)에 시행되지 않으면, 그 실효성(實效性)을 잃게 될 염려가 있으므로, 이 사건 피보전 권리(被補塡 權利)의 보전(補塡)의 필요성(必要性)도 소명(疏明)된다.”며, “채무자들이 가처분 결정을 받고도 이를 위반할 개연성이 있으

---

280) 현행 「공동주택관리법」 제27조제3항 (본문, 단서, 각 호)
281) 현행 「공동주택관리법」 제27조제1항제1호

므로, 가처분 결정과 함께 간접 강제(間接 强制) 결정을 하기로 하되, 간접 강제 금액은 채권자의 피해 정도 및 피해 회복의 곤란성, 기타 제반 사정을 참작하여 위반 행위 1회당 30만 원으로 정한다."고 밝혔다.

♻ 주택관리업자는 각종 서류 등사 허용하라

2013/03/21 한국아파트신문 수정 2020.06.10.

내진지방법원 제21민사부(재판장 김종서 부장판사)는 최근 대전 유성구 소재 모 아파트 입주자대표회의 감사 A씨가 이 아파트를 위탁관리하고 있는 B사를 상대로 제기한 문서 제출 및 방해 금지 가처분 신청에서 "B사는 이 사건 결정이 송달된 날의 3일 후부터 공휴일 및 토요일을 제외한 15일 동안 오전 9시부터 오후 6시까지의 시간 중 영업시간에 한정하여 B사의 사무실에서 A씨에 대하여 이 아파트의 회계 업무, 관리 업무 전반과 관련된 문서(전자 문서 포함)를 열람하게 하여야 하고, 600장에 한정하여 복사하도록 허용하여야 한다."고 결정하였다. 아울러, "B사가 위 명령을 위반할 경우 위반 행위 1일당 50만 원씩을 지급한다." 라고 덧붙였다.

재판부는 결정문에서 "주택법 시행규칙 제21조제5항,[282] 이 아파트 공동주택 관리규약 제29조제5항에 따라 이 아파트 입주자대표회의의 감사인 A씨는 입주자대표회의를 상대로 이 아파트의 관리비·사용료 및 장기수선충당금 등의 부과·징수·지출·보관 등 **회계 관계 업무**와 **관리 업무 전반**에 대하여 **관리주체**의 **업무**를 **감사**할 수 있는 **권한**이 있다. 따라서, **관련 서류**를 **보관**하고 있는 **B사**를 **상대**로 관련 서류의 **열람·등사**를 **청구**할 **권리**가 있다."며, "그럼에도 불구하고 B사가 A씨에 대하여 이 아파트의 업무를 감사하기 위해서 필요한 문서의 열람·등사를 거부하고 있는 이상 B사로 하여금 A씨에게 관련 서류의 열람(閱覽)·등사(謄寫)를 허용하도록 명할 피보전 권리 및 보전의 필요성이 인정된다."고 지적하였다.

다만, "A씨가 B사가 보관하고 있는 이 아파트의 회계 업무, 관리 업무에 관련된 서류를 열람한 후 그 중 필요한 부분을 등사함에 있어서 600장 이내에서 등사를 하

---

282) 현행 「공동주택관리법 시행규칙」 제4조제3항

더라도 A씨의 감사로서의 업무를 충분히 수행할 수 있을 것으로 보이는 점, A씨가 아무런 제한 없이 등사를 하게 되면 B사의 이 아파트 관리 업무 수행에 지장이 있을 것으로 보이는 점, 관련 서류를 열람한 결과 600장 이내로 등사해서는 감사 업무를 제대로 수행할 수 없는 상황이 발생할 경우 이를 소명하여 다시 열람·등사 청구를 할 수도 있는 점 등을 감안하면, 관련 서류를 600장에 한정하여 등사하는 것을 허용토록 함이 상당하다고 판단된다." 라고 설명하였다.

재판부는 이어 "이 사건 가처분의 실효성을 보장하기 위하여 간접 강제를 명하되, 간접강제 금액은 B사의 이 사건 가처분 결정 위반 가능성 등 제반 사정을 고려하여, B사는 위반 행위 1일당 50만 원을 지급하도록 정하는 것이 상당하다."며, "A씨는 B사에 대하여 감사 업무의 방해 금지도 구하고 있으나, 방해 금지를 명할 감사 업무의 범위가 특정되지 않았을 뿐만 아니라, A씨가 제출한 자료만으로는 B사가 이 아파트의 회계 업무, 관리 업무에 관한 서류의 제출을 거부하는 이외의 방법으로 채권자의 감사 업무를 방해하고 있다는 점을 소명하기에 부족하고, 달리 이를 소명할 자료가 없으므로, A씨의 이 부분 신청은 이유가 없다."고 밝혔다.

♂ 관리비 예금 거래 명세서 등 입주자 등에게 열람·복사 허용해야

〈아파트관리신문〉 2013년 12월 23일 수정 2021.08.17.

아파트 입주민들은 자료 열람·복사 청구권을 갖고 있으므로, 관리주체는 관계 법령 등에 따라 관리비 예금 거래 내역서, 하자 관련 서류, 입주자대표회의 회의록 등에 대한 입주민의 열람·복사를 허용하여야 한다는 법원의 판단이 나왔다.

수원지방법원 제31민사부(재판장 이재권 부장판사)는 최근 경기 용인시 H아파트 입주민 S씨가 이 아파트 위탁관리업체 J사를 상대로 제기한 열람 등사 허용 가처분 신청 사건에서 "이 아파트 관리주체인 J사는 **관리사무소**에서 **공휴일**을 **제외**한 **20일** 동안 **오전 9시부터 오후 6시까지** 입주민 S씨에게 지난 2009년 1월부터 2013년 6월 말까지의 **관리비 예금 거래 내역서** 및 **영수 증빙 일체**, 5년차 하자보수 종결 합의서, 하자 내역서 및 공사 금액 내역서, 5년차 하자 종결 입주자대표회의 회의록,

주민 동의서, 지난 **2009년 1월부터 2013년 7월 말까지의 입주자대표회의 회의록 (會議錄) 등**에 대한 **열람·복사를 허용하여야 한다.**"는 결정을 하였다.

재판부는 결정문에서 "입주민 S씨가 관리업체 J사에게 이 아파트 입주자대표회의 회의록과 관리비 징수 및 사용 내역, 하자보수 공사 내역 등에 관한 자료의 열람(閱覽)·복사(複寫)를 청구하였음에도 관리업체 J사는 정당한 사유 없이 이에 응하지 않았다."며, **"입주민** S씨는 관계 법령 및 이 **아파트 관리규약**에 따라 **관리업체** J사에게 이 **문서**의 **열람·복사를 청구(請求)할 권리(權利)가 있다."** 라고 밝혔다(cf. 법 제27조제3항, 영 제28조제1항·제2항, 준칙 제91조제2항).

다만, 재판부는 "입주민 S씨가 열람·복사를 신청한 문서 중 '회계 전산 장부 사이트의 인터넷 주소·아이디·패스워드'는 회계 전산 장부 사이트에 이 아파트 입주민의 성명, 동·호수, 연락처 등 각종 개인 정보가 저장되어 있어 그것이 유출될 경우 개인 사생활의 비밀 또는 자유를 침해할 우려가 있다."면서, "'잡수입·잡지출 내역서 관련 영수 증빙', '주차충당금 사용 내역서 관련 영수 증빙'은 입주민 S씨가 가처분 신청 전 이미 열람·복사를 하도록 허용하였으므로, 보전(補塡)의 필요성(必要性)이 없다." 라며 이를 받아들이지 않았다.

이에 따라 재판부는 **"이** 아파트 관리주체 J사는 입주민 S씨가 **지난 2009년 1월부터 2013년 6월 말까지의 관리비 예금(預金) 거래(去來) 내역서(內譯書) 및 영수(領收) 증빙(證憑) 일체(一切),** 5년차 하자보수 종결 합의서, 하자 내역서 및 공사 금액 내역서, 5년차 하자 종결 입주자대표회의 회의록, **주민 동의서, 지난 2009년 1월부터 2013년 7월 말까지의 입주자대표회의 회의록 등을 열람·복사**하도록 허용하여야 한다."며, "입주민 S씨의 나머지 신청은 기각한다."는 **판결**을 하였다.

이 아파트 입주민 S씨는 관리주체를 상대로 관리비 예금 거래 내역서 및 영수 증빙, 하자보수 종결 합의서, 회계 전산 장부 사이트의 인터넷 주소·아이디·패스워드 등 서류의 열람·복사를 요청하였으나, 거부당하자 주택관리업자 J사를 상대로 지난 10월 가처분(假處分)을 신청, 이 같은 결정을 받았다.

색인(찾아보기 : 질의 · 회신 등 '가나다' 순 정리)

ㄱ

ㅇ

김덕일

한국외국어대학교 법과대학 졸업
서울특별시 행정직 공무원 10년
주택관리사(주택관리사보 제1회)
공동주택 관리사무소장 등 30년
서울특별시공동주택상담실 상담위원
서울특별시집합건물분쟁조정위원회 조정위원
서울특별시 공동주택 관리 실태조사(감사) 전문위원
서울특별시 찾아가는아파트관리주치의 자문의원
서울특별시 공동주택 관리 전문가 자문의원
한국외국어대학교 총장상

기고문(한국아파트신문 외)

'한달음에 이해할 수 있는 공동주택의 관리'
'공사 및 용역 등의 사업자 선정 주체'
'비정규직이란 무엇인가'
'관리사무소장의 관리주체 · 대리인 등의 지위를 설(說)한다'
'관리사무소장의 손해배상책임'
'주택법 제55조의 2의 규정은 태어나지 않았어야 했다'
'공동주택 관리비에 부가가치세를 부과하여서는 아니 된다'
'최저임금 제도란 무엇인가'
'근로시간, 휴게 · 휴일에 관한 고찰'
'관리비 선수금의 제도화 필요성에 관한 고찰'
'공동주택의 관리방법에 관한 小考' 외 다수

저서(출판)

초   판)「공동주택 및 집합건물 관리의 길라잡이」(2014.10.30. 법률출판사)
전정판) 例解「주택관리업자 및 사업자 선정 지침」(2016.03.25. 법률출판사)
전정판)「공동주택 및 집합건물 관리의 길라잡이」(2017.01.30. 법률출판사)
개정판)「공동주택 및 집합건물 관리의 길라잡이 (상 · 하)」(2019.04.03. 주 - 광문당)

2025 改訂增補版
공동주택 및 집합건물
관리의 길라잡이(상)

2014년	10월	30일	초판 발행
2017년	1월	30일	전정판 발행
2019년	4월	3일	개정판 발행
2025년	1월	30일	개정증보판 발행

엮은이 김 덕 일
발 행 인 김 용 성
발 행 처 법률출판사
　　　　서울시 동대문구 휘경로 2길3. 4층
　　　　☎ 02 - 962 - 9154　팩스 02 - 962 - 9156
등록번호　제1-1982호
E - mail : lawnbook@hanmail.net

정가 38,000원　　　　ISBN 978-89-5821-446-5　　13360